DROEMER

Über das Buch

Vier Jahre nach den ersten Fällen von COVID-19, dem plötzlichen Stillstand der Welt im Lockdown und den erschütternden Bildern aus Bergamo und New York legt der renommierte Soziologe Eric Klinenberg eine Gesamtschau der Corona-Pandemie vor. Meisterhaft verbindet er dabei Feldforschungen aus New York mit Einordnungen des globalen Geschehens. So entsteht ein beeindruckendes Panorama des Epochenjahres 2020.

»Die Geschichte dessen, was 2020 und in den folgenden Pandemiejahren geschah, geht tiefer und hat weitreichendere Folgen, als viele konventionelle Berichte anerkennen. Überall auf der Welt leben die Menschen heute anders als vor der Pandemie. Aber was genau sich wo und wie verändert hat, ist vielfach noch immer nicht ganz klar. Die meisten von uns waren so sehr damit beschäftigt, die Krise zu bewältigen, dass uns kaum Zeit und Raum blieb, uns darüber Gedanken zu machen, was wir erlebten, oder uns zu fragen, warum sich die Dinge so entwickelten, wie sie es taten.« *Eric Klinenberg*

Über den Autor

Eric Klinenberg ist Professor für Soziologie an der New York University. Er forscht sozialstatistisch und ethnologisch, unter anderem zum Verlauf der Chicagoer Hitzewelle 1995, zur Funktionsweise von Singlehaushalten, zur städtischen Infrastruktur und dem Wandel der US-Medienlandschaft. Der amerikanische Bestsellerautor schreibt u. a. auch für den *New Yorker*, das *New York Times Magazine*, *This American Life* und den *Rolling Stone*.

ERIC KLINENBERG

2020

Das Jahr, das die Welt veränderte

*Aus dem Englischen von Sylvia Bieker,
Cornelius Hartz, Karsten Singelmann, Anke Wagner-Wolff
und Henriette Zeltner-Shane*

Die Originalausgabe erschien 2024 unter dem Titel
2020. One City, Seven People, and the Year Everything Changed
bei Alfred A. Knopf/New York,
einem Imprint von Penguin Random House LLC.

Besuchen Sie uns im Internet:
www.droemer-knaur.de

Deutsche Erstausgabe März 2024
© 2024 by Eric Klinenberg
© 2024 der deutschsprachigen Ausgabe Droemer Verlag
Ein Imprint der Verlagsgruppe Droemer Knaur GmbH & Co. KG, München
Alle Rechte vorbehalten. Das Werk darf – auch teilweise – nur mit
Genehmigung des Verlags wiedergegeben werden.
Die Nutzung unserer Werke für Text- und Data-Mining im Sinne
von § 44b UrhG behalten wir uns explizit vor.
Redaktion: Jürgen Bolz
Covergestaltung: Kristin Pang
Satz und Layout: Adobe InDesign im Verlag
Druck und Bindung: GGP Media GmbH, Pößneck
ISBN 978-3-426-27881-9

2 4 5 3 1

*Für Lila, Cyrus und Kate.
Meine Familie, meine schützende Hülle.*

Inhalt

Vorwort
Atmen!
13

Kapitel 1
»Es war eine Schlacht«
May Lee
35

Kapitel 2
Erste Reaktion
56

Kapitel 3
»Rund um die Uhr«
Sophia Zayas
99

Kapitel 4
Vertrauen
124

Kapitel 5
»Nichts mehr zu verlieren«
Daniel Presti
159

Kapitel 6
Die Bedeutung von Masken
185

Kapitel 7
»Meiner Seele ist etwas verloren gegangen«
Enuma Menkiti
210

Kapitel 8
Das Problem mit dem Abstandhalten
229

Kapitel 9
»Die Brücke«
Nuala O'Doherty
262

Kapitel 10
Stadtviertel
286

Kapitel 11
»Corona war nicht meine größte Sorge«
Brandon Englisch
310

Kapitel 12
Race
333

Kapitel 13
»Travels Far«
Thankachan Mathai
358

Kapitel 14
Allein zu Haus
374

Kapitel 15
Erwachsen werden
396

Kapitel 16
Amerikanische Anomie
429

Nachwort
447

Anhang
473

Anmerkungen zur Recherche
475

Dank
485

Bildnachweis
488

Anmerkungen und Quellen
489

MANHATTAN
May Lee

BROOKLYN
Enuma Menkiti
Brandon English

STATEN ISLAND
Daniel Presti

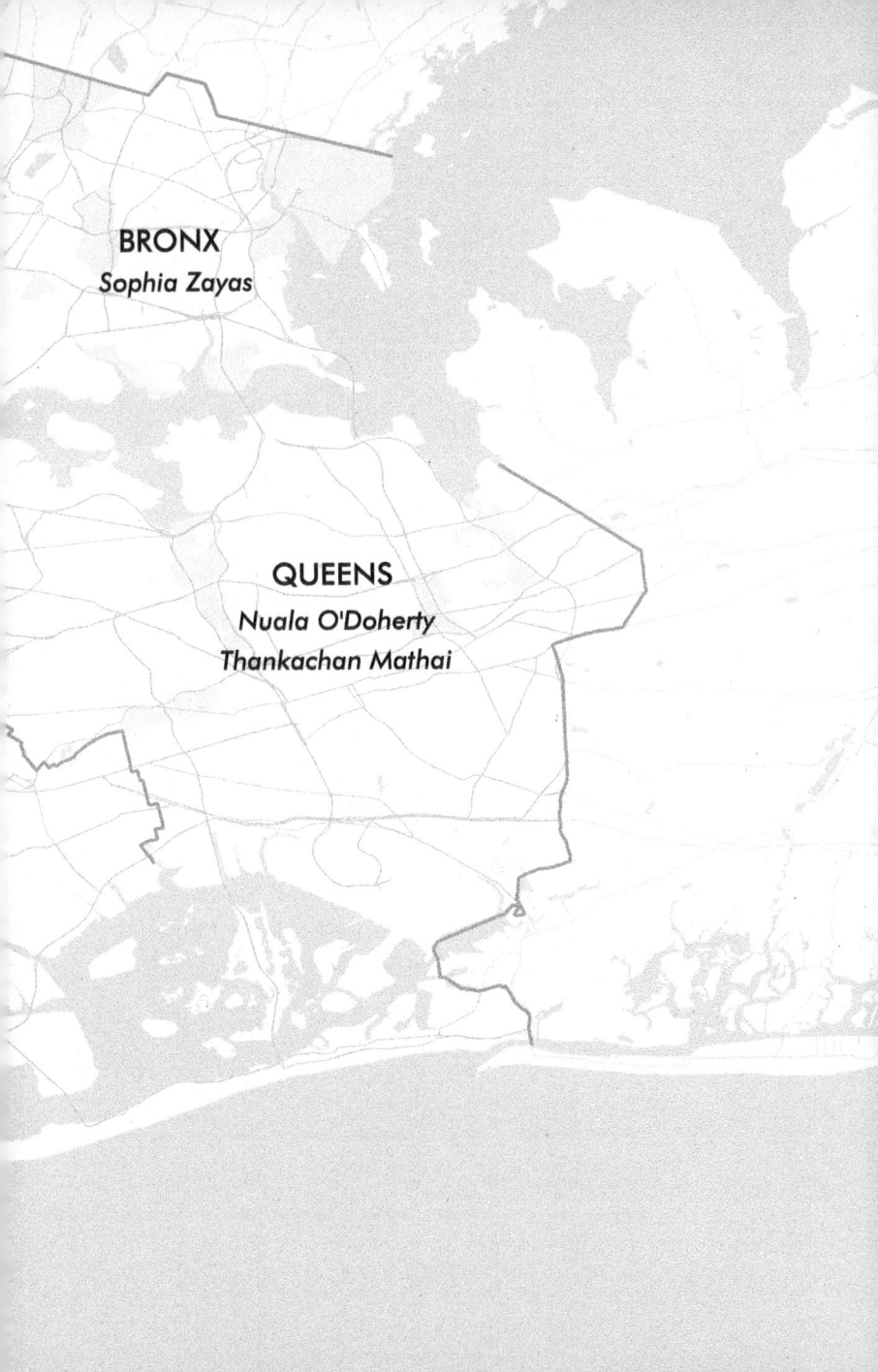

Vorwort

Atmen!

Atmen ist viel mehr als bloß eine Funktion des Körpers, die uns am Leben erhält. Beim Atmen geht es nicht nur darum, dass wir leben, sondern wie und wo wir leben. Wo wir arbeiten. Wo wir essen. Wenn wir die Luft einsaugen, nehmen wir die Welt in uns auf. Wenn wir ausatmen, geben wir etwas zurück. Das Atmen ist unsere grundlegende Chemie, hier beginnen all unsere Verbindungen. Und genau deshalb fand ich Corona so schlimm, so gruselig. Plötzlich hatte ich Angst davor, Luft zu holen, wenn ich vor die Tür ging.«

Benjamin Bier ist Kardiologe und Intensivmediziner in New York City. Anfang 2020 war er 31 Jahre alt und arbeitete am Mount Sinai Hospital, als das, was man mehr als alles andere zum Überleben brauchte, sich plötzlich in etwas verwandelte, das einen umbringen konnte. Im Januar und Februar sprach die gesamte medizinische Fachwelt über das neue Coronavirus, das gerade in China aufgetaucht war und sich bereits in Ländern rund um den Globus ausbreitete. »Einer meiner Kollegen kam aus Italien und hatte Freunde, die in Mailand im Gesundheitswesen arbeiteten. Sie schickten uns SMS mit Berichten aus den dortigen Krankenhäusern. Schrecklich. Die Ärzte sagten: ›So etwas haben wir noch nie erlebt.‹ Dieses mulmige Gefühl in meinem Bauch werde ich nie vergessen.«

Dass COVID-19* nach New York City kam, schien unvermeidlich. Am 1. März wurde der erste bestätigte Fall öffentlich bekannt

---

* »COVID-19« ist das Akronym für Coronavirus Disease 2019, die Infektionskrankheit, die durch das Virus SARS-CoV-2 (Severe acute respiratory syndrome coronavirus type 2) ausgelöst wird. »COVID-19«, »COVID« und »Corona« werden im deutschen Sprachgebrauch synonym verwendet.

gegeben. »Ich arbeitete auf der kardiologischen Intensivstation, meinem primären klinischen Schwerpunkt. Anfang März sprach ich mit dem Pflegeteam. Sie sagten: ›Wir werden die erste Anlaufstelle für die Patienten sein. Aus der Intensivstation wird eine COVID-Station werden. Es wird uns hart treffen.‹« Bier bewunderte die Art und Weise, wie die Verantwortlichen im Mount Sinai sich auf den Anstieg der Patientenzahlen in ihrem Haus vorbereiteten. Sie statteten die Krankenzimmer mit besseren Luftfiltersystemen aus. Schafften Schutzausrüstung an. Stellten auf der Intensivstation zusätzliche Betten auf. »Damals dachten wir noch: ›Alles klar, wir sind auf alles vorbereitet.‹ Wir wussten, dass es schlimm werden würde. Aber wir hatten keine Ahnung, *wie* schlimm.«

So ging es damals allen. Normalerweise wendet man sich mit solch einer Frage an die medizinische Wissenschaft und Forschung. Es gibt richtige Methoden, etwas zu behandeln, und falsche Methoden. Wir möchten, dass unsere Ärzte das eine vom anderen unterscheiden können, dass sie entsprechende Daten haben. Wir wollen Fakten. Bei COVID-19 herrschte jedoch zunächst einmal vor allem eine große Unsicherheit: Wurde das Virus durch Tröpfchen oder Aerosole übertragen? Waren Kinder betroffen? Würde eine Intubation helfen oder schaden? Sonst ganz alltägliche Routinen wurden in diesem Kontext zu folgenschweren Entscheidungen. Biers Freunde fragten ihn, ob sie die Stadt verlassen sollten. Er und seine Frau, bei der vor Kurzem ein seltenes Lymphom behandelt worden war, weshalb ihr Immunsystem immer noch geschwächt war, unterhielten sich darüber, ob sie nicht lieber auch aufs Land flüchten sollte. Sie befürchteten, dass sich das Krankenhaus zu einer Gefahr für Leib und Leben entwickeln würde. Bier war jung und gesund, und wenn er eines konnte, dann Herzen am Schlagen halten. Er würde im Zentrum des Geschehens ausharren und alles mitbekommen, was geschah.

Biers Vorgesetzter wusste von seiner familiären Situation und wollte ihm helfen. Im März bekam er eine Woche Zeit, um sich daheim in Quarantäne zu begeben und seine Frau ins Haus seiner Eltern in Massachusetts zu bringen. Dort würde sie frische Luft und mehr Platz haben, und es war jemand da, der sich um sie kümmerte. Anschließend fuhr Bier zurück nach New York und kehrte an seinen Arbeitsplatz im Krankenhaus zurück. »Ich hatte Angst«, wie er mir erzählte. »Es war eine ganze Weile her, dass sie uns N95-Masken angepasst hatten. Man ging in einen Raum, und sie setzten einem so eine Haube auf und sprühten irgendetwas hinein, um sicherzustellen, dass man es nicht riechen konnte. Im Grunde nahm das nie einer ernst, weil man es nie brauchte. Aber bei COVID wussten wir auf einmal: Okay, das hier ist keine Übung.« Auf der Intensivstation reichte eine Krankenschwester Bier eine neue Maske. »Ich weiß noch, dass ich den Atem anhielt, bevor ich sie aufsetzte, und dann überprüfte, ob sie überall dicht war, wie man es uns beigebracht hatte, weil ich die Luft auf der Intensivstation nicht einatmen wollte. Erst dann wurde mir klar: Das Ding werde ich den Rest des Tages nicht mehr abnehmen. So werde ich arbeiten. So werde ich atmen.«

Aber es war nicht nur der eine Tag, nicht einmal der eine Monat. Der Ausbruch von SARS-CoV-2 wurde zur Corona-Pandemie, und die Corona-Pandemie wurde zu einer permanenten Realität. Bier arbeitete die ganze Zeit über im Krankenhaus, und die Maske wurde, wie er sagte, »mein Schutz vor jeglicher Exposition, das, was dafür sorgte, dass ich okay war«. Natürlich nahm er sie ab, wenn er konnte. »In den ersten Monaten der Pandemie fuhr ich viel durch die Gegend«, erzählte er. »Mein Auto war mein sicherer Ort. Es war erstaunlich. Da war kein Verkehr, niemand auf der Straße. Ich fuhr zum Krankenhaus und fühlte mich einfach frei.« Aber als seine Frau nach dem Abklingen der ersten Welle nach Hause kam, musste er immer noch vorsichtig sein. An den meisten Orten – bei der Arbeit, in Geschäften, eigentlich immer, wenn er sich in der Nähe anderer Menschen aufhielt – behielt er seine eng anliegende, sichere Maske auf. »Es ist schon seltsam«, sagte er, »aber die Maske wurde so etwas wie mein Lebensraum, nur mit Maske fühlte ich mich wohl.«

Ich lernte Bier im Herbst 2021 bei der ersten großen Indoor-Veranstaltung kennen, die er seit Beginn der Pandemie besuchte, einem Jom-Kippur-Gottesdienst in Brooklyn. Jom Kippur ist der höchste Feiertag im jüdischen Kalender, das Versöhnungsfest, an dem Juden um Vergebung bitten und für ihre Sünden büßen. Es ist der Tag des Gedenkens und der Trauer um die Toten. Es ist auch der Tag, an dem das himmlische Buch des Lebens versiegelt wird, der heilige Text, in den Gott die Namen aller Menschen schreibt, die sich mit ihren Taten ein weiteres Jahr auf der Erde verdient haben. Ich kenne nicht viele der Gebete, die wir Juden an diesem Tag sprechen, aber eines, *Unetaneh tokef*, kann ich seit meiner Kindheit auswendig. Übersetzt heißt der Text: »An Rosch ha-Schana wird es eingeschrieben und an Jom Kippur besiegelt, wie viele vergehen und wie viele geboren werden, wer leben und wer sterben wird, wer zur gekommenen Zeit und wer durch einen vorzeitigen Tod, wer durch Wasser und wer durch Feuer, wer durch Schwert und wer durch wilde Tiere, wer an Hunger und wer an Durst, wer durch Erdbeben und wer durch Pestilenz ...« Das Gebet geht noch weiter, aber im Gottesdienst konnte ich mich ab dieser Stelle nicht mehr auf den Text konzentrieren. Stattdessen musste ich an die Millionen Menschen denken, die seit Beginn 2020 an COVID-19 gestorben waren, und an die weiteren Millionen, deren Namen an jenem Tag nicht in das Buch des Lebens eingeschrieben werden würden.

An Millionen Menschen zu denken, bedeutet jedoch, an Statistiken zu denken, und in Wahrheit haben die meisten – ich eingeschlossen – Schwierigkeiten, über den Tod in solchen Größenordnungen zu reflektieren. Stattdessen ertappte ich mich dabei, wie ich mir Gedanken über die Menschen machte, die mir besonders nahestanden. Meine betagten Eltern und Verwandten, um deren Schicksal ich mir Sorgen machte. Den Onkel meiner Frau, der ein paar Monate zuvor an COVID gestorben war, und ihre Mutter, die allein lebte und während der Pandemie ziemlich isoliert war, obwohl sie nur ein paar Straßen von uns entfernt wohnte. Meine Kolleginnen und Kollegen, von denen einige in den ersten Wochen und Monaten der Pandemie ums Leben kamen. Meine Kinder, die die Pandemie in ihrem Leben einschränkte, die in ihren Träumen von Corona heimgesucht wurden und deren Zukunft sich in einer Weise verändern würde, die wir noch gar nicht absehen konnten. Zugleich war mir klar, dass wir großes Glück hatten, zu jenen zu gehören, die Zugang zu einer guten Gesundheitsversorgung hatten und Essen auf dem Tisch; die über ein stabiles Einkommen und Ersparnisse verfügten, die mit Liebe und Unterstützung gesegnet waren. Wer würde leben, wer würde sterben? Ich wusste es nicht. Aber ich wusste, dass es davon abhängen würde, ob und auf welche Weise jemand vor dem Virus geschützt oder ihm ausgesetzt war.[1]

Trotz seines Jobs hatte Bier einen Weg gefunden, sich und seine Frau sicher durch die Pandemie zu bringen. »Ich fühlte mich immer geschützt, weil ich sozusagen mein Gesicht versiegelte«, sagte er mir. »Ich weiß, dass viele Leute diese Masken ganz furchtbar fanden, aber ich mochte sie, denn damit konnte ich wieder ein Mensch sein.« Aber gegen seine Angst vor der Situation, die das Virus geschaffen hatte, im Krankenhaus, in der Stadt und darüber hinaus, konnte auch die Maske nichts ausrichten. Genau wie das Virus entwickelte sich auch diese Situation weiter. Sie löste neue Krisensituationen aus, führte zu neuen Traumata und stellte alles und jeden auf die Probe, auf ganz unterschiedliche Weise.

Für Bier war das Jahr 2020 nicht nur deshalb so traumatisch, weil er an einem Ort arbeitete, wo er ständig vom Tod umgeben war, sondern weil er das Gefühl hatte, dass seine Welt kleiner geworden war; dass er und seine Familie die Krise überstanden hatten, indem sie sich in einer Kammer eingeschlossen und den Atem angehalten hatten. Bier war nach New York City gezogen, weil es den Duft der großen weiten Welt verströmte – mit den vielen Menschen und dem geschäftigen Treiben, mit Restaurants, Konzerten, Theatern usw. Die Pandemie hatte seine Beziehung zu alledem auf den Kopf gestellt. Sein Leben war jetzt anders. Die grundlegende Chemie stimmte nicht mehr.

Aber es geht nicht nur ums Atmen. Die Geschichte dessen, was 2020 und in den folgenden Pandemiejahren geschah, geht tiefer und hat weitreichendere Folgen, als viele konventionelle Berichte anerkennen. Überall auf der Welt leben die Menschen heute anders als vor der Pandemie. Aber was genau sich wo und wie verändert hat, ist vielfach noch immer nicht ganz klar. Wie Bier waren die meisten von uns so sehr damit beschäftigt, die Krise zu bewältigen, dass uns kaum Zeit und Raum blieb, uns darüber Gedanken zu machen, was wir erlebten, oder uns zu fragen, warum sich die Dinge so entwickelten, wie sie es taten. Viele sind damit überfordert, sich genau daran zu erinnern, was in jenem schicksalhaften Jahr alles geschehen ist. Unsere privaten Gespräche, aber auch der öffentliche Diskurs sind geprägt von dem, was Soziologen als den »Willen, nichts wissen zu wollen« bezeichnen.

Um unsere grundlegende Chemie wieder in Ordnung zu bringen, müssen wir mit diesen Gewohnheiten brechen und uns schwierigen Fragen über das gesellschaftliche Leben der Pandemie stellen, die wir bisher vermieden haben: Warum wurden die Gesichtsmasken an einigen Orten zu einem Objekt, das kulturelle, politische und sogar physische Konflikte auslöste, während sie andernorts allgemein akzeptiert waren und kaum für Kontroversen oder Debatten sorgten? Warum waren manche Gegenden so viel anfälliger für Corona als andere, und warum waren einige, bei denen man davon ausgegangen war, sie würden am meisten leiden, am Ende relativ wenig betroffen? Wieso konnten die Bewohner mancher Länder im Jahr 2020 Vertrauen in ihre Regierung, in die Wissenschaft und in ihre Mitbürger aufbauen, während anderswo das Gegenteil geschah? Welche Rolle spielten ethnischer Hintergrund und sozialer Status in der Pandemie? Was konnten die Mitglieder einer Gemeinschaft tun, um sich gegenseitig dabei zu helfen, zu überleben?

Um all das zu untersuchen und Erkenntnisse für die Zukunft zu gewinnen, müssen wir uns zunächst in das Jahr 2020 zurückbegeben und uns genauer anschauen, was wir damals eigentlich erlebt haben.

Im Januar 2020 unterrichtete ich ein Soziologieseminar an der New York University. Eines der Hauptthemen war die kognitive Herausforderung, mit Gefahren umzugehen, die zwar bedrohlich sind, aber in weiter Ferne liegen. Das menschliche Nervensystem ist darauf ausgelegt, bei einer unmittelbaren Gefahr schnell zu handeln, aber wenn die Bedrohung weiter entfernt scheint, ordnet unser Gehirn die Fakten neu, und das Resultat ist eine To-do-Liste, bei der die Gefahr verdrängt und als Aufgabe definiert wird, mit der man sich später irgendwann beschäftigen kann.

Das ist ein immerwährendes Problem, das bei einer ganzen Reihe von gesellschaftlichen Themen eine Rolle spielt. Man denke nur an den Klimawandel: Egal, wie sehr wir die wachsende Bedrohung durch steigende Temperaturen, den Anstieg des Meeresspiegels und gefährliche Wetterlagen anerkennen, andere Themen – Kriminalität, Wohnungsbau, Bildung, Arbeitslosigkeit, Flüchtlinge, Inflation – erscheinen meistens dringlicher. Der Klimawandel ist beängstigend, aber in der Regel keine Krise, die wir dort erleben, wo die politischen Entscheidungen getroffen werden: im Hier und Jetzt.

Bei der ersten Sitzung meines Seminars präsentierte ich den Studierenden dieses Problem, das ich die »Tragödie der Erkenntnis« nenne. Ich bat alle, die schon von dem neuen Coronavirus gehört hatten, das gerade in China aufgetaucht war, die Hand zu heben. Nur wenige wussten, wovon die Rede war, einer von ihnen war ein Student aus China, der im selben Monat in New York City eingetroffen war. Dann bat ich die Studierenden, die Hand zu heben, falls dieses Virus zu den Dingen gehöre, über die sie sich in ihrem Leben besonders viel Sorgen machten. Alle Hände blieben unten. Einige der Anwesenden lachten.

Ich konnte diese Reaktion nachvollziehen. Ich habe meine ganze Karriere lang Krisen und Katastrophen erforscht, aber diese Krise sah ich nicht kommen. Noch nicht einmal, als sie bereits vor meiner Tür stand.

Am 9. März 2020 sollte ich nach Cleveland fliegen und auf einer großen städtischen Veranstaltung einen Vortrag halten. Seit Monaten hatte ich mich darauf gefreut, in einem überfüllten Theater in der Innenstadt zu sprechen und für Hunderte Leute Bücher zu signieren. Jetzt machte ich mir plötzlich nur noch Sorgen. In der

Vorwoche war COVID-19 offiziell in New York City eingetroffen. Täglich wurden neue Fälle gemeldet. Ich schickte eine E-Mail an den Hauptorganisator in Cleveland: »Meinen Sie, wir sollten über die Situation dort sprechen?« Er bot mir an, die Veranstaltung zu verschieben. Aber schließlich entschied ich mich doch, hinzufliegen.

Der Flughafen LaGuardia war leer, mein Flugzeug auch. Niemand trug eine Maske, aber immerhin bot mir die Flugbegleiterin ein Hygienetuch an. Als wir landeten, hatte sich vieles verändert. Die Börse stürzte ab und war drauf und dran, binnen eines Tages fast 8 Prozent an Wert zu verlieren. Ohio meldete die ersten drei bestätigten COVID-Fälle, mit Sicherheit würden Einschränkungen des öffentlichen Lebens folgen. Die Straßen waren leer. »Sie bekommen ein Gratis-Upgrade«, teilte mir die Rezeptionistin des Hotels mit. »Sie sind einer unserer wenigen Gäste.« Mehr als die Hälfte der Leute, die Karten für meinen Vortrag hatten, blieben an dem Abend zu Hause, aber die Stimmung im Theater war dennoch gut. »Sie wissen es vielleicht noch nicht, aber heute war nicht der beste Tag, um mit dem Flugzeug zu fliegen«, verkündete ich. Nervöses Lachen im Saal. »Eine Stimme in mir sagte: ›Steig heute besser nicht in einen Flieger!‹ Aber eine andere Stimme meinte: ›Wenn du das hier verpasst, bereust du es für den Rest deines Lebens.‹« Es war der letzte Abend in jenem Jahr, den ich in der Öffentlichkeit verbringen sollte.

Am nächsten Morgen, dem 10. März, kehrte ich nach New York zurück. Meine Frau war an diesem Tag ebenfalls unterwegs, ihre Mutter hatte bei uns übernachtet und auf die Kinder aufgepasst. Auf dem Rückweg vom Flughafen rief sie mich an: Unser dreizehnjähriger Sohn hätte Fieber. Auf der Lexington Avenue ging ein Passant an mir vorbei, der eine Gasmaske trug. Eine Frau auf der Fifth Avenue trug ein Gesichtsvisier und Handschuhe. Als ich zu Hause ankam, lag mein Sohn auf der Couch, verstört und erschöpft. Meine Schwiegermutter, Mitte siebzig und sich der Gefahr des neuen Virus nur allzu bewusst, wirkte kaum weniger verzweifelt.

»Glaubst du, ich habe Corona?«, fragte mein Sohn.

Wir konnten es nicht herausfinden, denn es gab noch keine Tests. Wie alle waren auch wir auf uns allein gestellt. Was sollten wir tun? Unseren Sohn umarmen und trösten oder ihn isolieren und in seinem Zimmer einsperren? Wie sollten wir miteinander umgehen, uns umeinander kümmern? Würde unser Instinkt, die Nähe des anderen zu suchen, die Situation noch schlimmer machen?

Am nächsten Morgen schloss die Uni ihre Räumlichkeiten und verlegte alle Kurse ins Internet. Als Nächstes war die Schule unserer Kinder dran. Dann der Fußballverein. Gymnastik, Klavierunterricht. Basketballspiele und Geburtstagsfeiern wurden abgesagt. Die Stadt, die angeblich »niemals schläft«, kam zum Stillstand. Wir packten unser Auto, nahmen unsere Kinder und den Hund und fuhren zu einem Haus etwa 80 Kilometer außerhalb von Manhattan.

In der folgenden Nacht stieg bei unserem Sohn das Fieber. Er hatte Kopfschmerzen und Bauchschmerzen. Er war so müde, dass er nicht von der Couch aufstehen konnte. Seine Großmutter fühlte sich nun auch krank. Bald darauf fing meine Frau zu husten an. »Das ist nur die Allergie«, beharrte sie. »Mein PNDS.« Und spürte ich da nicht selbst ein leichtes Kratzen im Hals?

Wir wollten auf keinen Fall ins Krankenhaus gehen; dort waren zu viele COVID-Fälle, das medizinische Personal lief in Mondanzügen herum, lange Schlangen von Kranken warteten darauf, getestet zu werden, und in den Zimmern starben einsam die Patienten. Ein Kinderarzt hätte uns auch nichts genützt, da der nicht auf das Coronavirus testen konnte und nicht wusste, wie man COVID behandelt. Stattdessen tat ich, was ich oft tue, um meine Angst in den Griff zu kriegen und mir Gedanken darüber zu machen, was eigentlich los ist: Ich setzte mich hin und schrieb.

In dem Essay, der dabei entstand und der in der *New York Times* veröffentlicht wurde, brachte ich meine Befürchtung zum Ausdruck, dass der tiefe Riss, der durch die US-amerikanische Gesellschaft verlief, die Pandemie schlimmer als nötig machen würde. Ich räumte ein, dass *Social Distancing* unerlässlich schien, um die Ausbreitung des Coronavirus zu verlangsamen. Aber das war definitiv eine plumpe Strategie, die ziemlich kostspielig für das Gesundheitswesen war. Wie wäre es, wenn wir auf die Bedrohung durch Corona nicht mit Distanzierung reagierten, sondern mit Solidarität? Wenn wir unsere gegenseitige Abhängigkeit und unser gemeinsames Schicksal anerkennen und alles tun würden, um uns gegenseitig zu schützen?

Mir war klar, dass dieser Vorschlag ziemlich weit hergeholt war. Zu Beginn des Jahres 2020 waren die USA politisch gespaltener denn je. Die Menschen stritten nicht nur über ihre Meinungen, sondern über grundlegende Tatsachen. Die Nation mochte auf den Idealen Freiheit, Gerechtigkeit und Wohlstand gegründet worden sein, aber in den vergangenen Jahrzehnten war den Amerikanern immer mehr das Gefühl dafür verloren gegangen, dass sie gemeinsame Ziele verfolgten. Das Land war polarisiert, entzweit, ungleich. Überall herrschte Misstrauen – gegenüber der Regierung, den Medien, der Wissenschaft und den eigenen Mitbürgern. Jeder Appell für Maßnahmen im Bereich der öffentlichen Gesundheit oder zugunsten des Gemeinwohls würde diese gesellschaftlichen Gräben überwinden müssen. Aber manchmal sind Krisen ja auch Wendepunkte für Staaten und Gesellschaften. Waren die USA in der Lage, eine neue Richtung einzuschlagen? Und wenn nicht: Wie würden wir das Ganze überleben?

Als diese schreckliche Woche schließlich zu Ende ging, hatte ich den Eindruck, als hätte unsere Familie sie relativ unbeschadet überstanden. In Wirklichkeit war das erst der Anfang – die Umwälzungen, die fast jeden Haushalt und jede nationale Regierung dieser Welt erschüttern sollten, hatten gerade erst begonnen. Es dauerte nicht lange, da mussten wir uns mit psychischen Problemen herumschlagen, unsere Kinder auf eine neue Schule schicken, Familienfeiern absagen und fassungslos zusehen, wie unsere Nachbarn verrücktspielten. Für uns alle, so schien es, wurde aus dieser ersten schrecklichen Woche ein Monat. Aus dem Monat ein Jahr. Und so wurde 2020 zu einem Jahr, das in die Weltgeschichte einging und das die Menschheit nie mehr vergessen wird – wie 1492, 1776, 1918, 1939 oder 1968.

Die Ereignisse des Jahres 2020 sollten erheblich mehr Schaden anrichten und weitaus tiefgreifendere Veränderungen bewirken, als sich zu Beginn der Pandemie irgendjemand hätte ausmalen können. Doch wie wir heute wissen, war das Coronavirus nur die Ursache. Die größere Bedrohung ging von uns aus.

Gesellschaften neigen dazu, in Krisenzeiten ihr wahres Wesen zu offenbaren: Wenn es hart auf hart kommt, zeigen wir, wer wir wirklich sind. Was uns lieb und teuer ist. Wie sehr wir einander und unserer Regierung vertrauen. Ob wir eher kooperationsbereit oder konfliktorientiert sind. Wessen Leben besonders viel zählt. Wen wir bereit sind, über die Klinge springen zu lassen.

Man denke nur an den Kontrast zwischen der Reaktion Japans und der Reaktion der USA, als auf zwei Kreuzfahrtschiffen, die von der Reederei Princess Cruises betrieben wurden und dem britisch-amerikanischen Konglomerat Carnival Corporation & PLC gehören, direkt zu Beginn der Pandemie Corona ausbrach. Das eine Kreuzfahrtschiff, die *Diamond Princess,* war auf dem Ostchinesischen Meer unterwegs, als die Behörden in Hongkong feststellten, dass mindestens einer der 3700 Passagiere und Besatzungsmitglieder COVID hatte. Die andere, die *Grand Princess,* befand sich mit etwa 3600 Personen in den Gewässern vor Mexiko, als die Behörden erfuhren, dass auch dort an Bord das Virus ausgebrochen war. Die *Diamond Princess* kehrte in ihren Heimathafen, Yokohama in Japan, zurück, wo die nationale Regierung sofort die Verantwortung übernahm. Die *Grand Princess* steuerte ihren Heimathafen in der San Francisco Bay an. Doch hier reagierten die Behörden auffallend anders.

Als die *Diamond Princess* in Yokohama in der Nähe von Tokio anlegte, gingen japanische Beamte an Bord, um die Situation zu beurteilen und Maßnahmen einzuleiten, damit sich das Virus an Bord nicht weiter ausbreitete. Zehn Passagiere wurden positiv getestet, und die Regierung gab bekannt, dass sie eine zweiwöchige Quarantäne verhängte, um Epidemiologen und Medizinern Zeit zu geben, die Situation zu untersuchen. Es war keine leichte Entscheidung: So viele Menschen auf engem Raum festzuhalten, ist immer schwierig und mitunter auch gefährlich. Aber die japanische Regierung machte sich weitaus größere Sorgen über das Risiko, das eine Heimreise möglicherweise infizierter Menschen für eine Ausbreitung des Virus innerhalb des Landes bedeuten würde und dass man sie für die weltweite Ausbreitung des Virus verantwortlich machen würde, wenn sie infizierte Ausländer abreisen ließ. Mangels besserer Optionen beschloss Japan, Vorsicht walten zu lassen, und entschied sich für die Vorgehensweise, die der öffentlichen Gesundheit am zuträglichsten schien.

Japans Vorgehen beim Bewältigen dieser Krise war sicher nicht perfekt. Die erste Phase der Quarantäne verlief chaotisch, die Menschen liefen ständig zwischen Zonen hin und her, die eigentlich isoliert hätten sein sollen. Die strategische Vorgehensweise, wer vom Schiff durfte und wer an Bord bleiben musste, wurde mehrfach geändert, manchmal ohne ausreichende Erklärungen, was die Passagiere und ihre Familien zusätzlich verunsicherte und verwirrte. Die Besatzungsmitglieder wurden zwar mit persönlicher Schutzausrüstung versorgt, waren aber unhygienischen Bedingungen ausgesetzt. Das Gleiche galt für Mitarbeiter des Gesundheitsamts und Pflegekräfte, die sich auf dem Schiff befanden. Mindestens eine Person aus Japan, die nach einem negativen Test von Bord gehen durfte, wurde noch auf der Heimreise per Eisenbahn positiv getestet. Vierzehn Menschen, die sich auf der *Diamond Princess* infiziert hatten, starben.[2]

Alles in allem war die Reaktion Japans jedoch ebenso human wie nützlich – für die Bürger Japans, für die ausländischen Passagiere und für den internationalen wissenschaftlichen Austausch. Die japanische Regierung stellte für 712 Passagiere und Besatzungsmitglieder, die sich auf der *Diamond Princess* mit Corona infiziert hatten, stationäre Versorgung bereit und bot psychologische Unterstützung für all jene an, die auf dem Schiff unter Stress, Angstzuständen und Schlaflosigkeit litten. Beispielsweise ließ sie rund zweitausend iPhones verteilen und WLAN-Router einrichten, um den unter Quarantäne stehenden Personen eine bessere Kommunikation zu ermöglichen. Die Behörden boten jedem, der an einer chronischen Krankheit litt, medizinische Hilfe an. Sie reduzierten drastisch die Ausbreitung des Virus unter den Personen, die an Bord festsaßen, und konnten den Ausbruch eindämmen, bevor er noch schlimmer wurde.[3]

Darüber hinaus nutzten japanische Wissenschaftler und Beamte die Entwicklungen auf dem und rund um das Kreuzfahrtschiff dazu, ihr Verständnis einer wirksamen Bekämpfung des neuen Virus zu erweitern, womit sie auch Beamten in anderen Ländern halfen, ihrerseits bessere Strategien zu entwickeln.[4] Die Beobachtungen der Fachleute auf der *Diamond Princess* führten beispielsweise zu der Vermutung, dass auch asymptomatische Menschen das Virus weitergeben konnten, was bedeutete, dass es umso wichtiger war, umfassend zu testen und die Bewegungen und das Verhalten positiver Fälle nachzuverfolgen.[5] Sie fanden heraus, dass zwischen Menschen, die sich zusammen in Innenräumen aufhielten, ein hohes Übertragungsrisiko bestand, was darauf hindeutete, dass Aerosole bei der Verbreitung der Krankheit eine Rolle spielten und eine verbesserte Luftzirkulation eine wirksame Maßnahme zur Eindämmung des Virus sein könnte. Sie fanden heraus, dass die Gefahr einer schweren Erkrankung bei älteren und vorerkrankten Menschen besonders groß war. Sie fanden heraus, wie schnell sich bei denen, die stationär behandelt werden mussten, die Symptome verschlimmern konnten, was den Krankenhäusern half, sich auf einen Ansturm auf ihre Intensivstationen vorzubereiten. Und sie fanden heraus, wie gefährlich Superspreading-Ereignisse waren, bei denen eine geringe Anzahl infizierter Menschen viele andere in ihrem Umfeld ansteckten. Das galt auch für das Pflegepersonal, das die Bewohner von Pflegeheimen gefährdete, wo in Ländern, die eine solche Verbreitung nicht aktiv verhinderten, bald die Todesraten in die Höhe schnellen würden. All diese Erkenntnisse sollten die Strategie des japanischen Gesundheitswesens für den Rest der Krise prägen, was erklärt, warum Japan während der ersten Phasen der Pandemie eines der sichersten Länder der Welt war – im Jahr 2020 lag die dortige Todesrate nur geringfügig höher als sonst.

Die USA begegneten der Krisensituation auf der *Grand Princess* deutlich weniger vorausschauend, umsichtig und großzügig. Als die Behörden vom COVID-Ausbruch an Bord erfuhren, gab Vizepräsident Mike Pence eine Pressekonferenz, auf der er erklärte, das Schiff befinde sich derzeit in internationalen Gewässern und sei auf dem Rückweg in die Vereinigten Staaten, und an Bord seien 21 Passagiere und Besatzungsmitglieder positiv auf COVID getestet worden. Dies war den Passagieren auf der *Grand Princess* völlig neu: Niemand hatte sie bislang über die Situation informiert. Pence versprach, das Schiff werde so schnell wie möglich in einem nicht kommerziellen Hafen anlegen, alle an Bord befindlichen Personen würden getestet und unter Quarantäne gestellt, dann dürften sie von Bord gehen.[6]

Am selben Tag meldete sich auch Präsident Donald Trump auf einer Pressekonferenz im Hauptquartier der U.S. Centers for Disease Control and Prevention (CDC) zu Wort. Trump sprach sich dagegen aus, an COVID erkrankte Menschen, ob US-Staatsbürger oder Ausländer, von Bord der *Grand Princess* und auf US-amerikanischen Boden zu lassen. Offenbar sorgte er sich vor allem um die Statistik und wollte verhindern, dass die Zahl der Corona-Fälle im Land stieg. »Ich möchte, dass die Leute [an Bord] bleiben ..., damit die Zahlen so bleiben, wie sie sind«, sagte der Präsident. »Ich habe keine Lust, dass sich wegen einem Schiff, für das wir nichts können, die Zahlen verdoppeln.«[7]

Die nächsten zwei Tage blieb die *Grand Princess* auf See, und weder die Passagiere noch die Besatzung wussten, wohin sie fahren würden und was bei der Ankunft mit ihnen geschehen würde. Präsident Trump twitterte, die Regierung habe »im Weißen Haus einen perfekt koordinierten und optimierten Plan für unseren Angriff auf das CoronaVirus«.[8] Dummerweise verkündeten seine eigenen Kabinettsmitglieder genau das Gegenteil: Im nationalen Fernsehen räumte der Leiter der obersten US-Gesundheitsbehörde ein, die Regierung habe noch überhaupt keinen Plan.

Die Trump-Administration war bereits unter Beschuss geraten, weil sie US-amerikanische Passagiere mit Corona zur Rückführung in dasselbe Flugzeug gesetzt hatte wie negativ getestete. Und sie hatte versäumt, diesen Umstand den Passagieren mitzuteilen, die entsprechend wütend waren, als sie hinterher davon erfuhren. Laut Michael Osterholm, dem Leiter des Center for Infectious Disease Research and Policy der University of Minnesota, war diese Entscheidung »eines der grausamsten Experimente an Menschen, die ich in meiner gesamten Laufbahn erlebt habe«.[9]

Wie Versuchspersonen eines grausamen Experiments mussten sich auch die Passagiere der *Grand Princess* vorkommen, die in ihren Kabinen auf das Ende der Quarantäne warteten und keine verlässlichen Informationen erhielten, was um sie herum geschah. Die Regierung erlaubte dem Kreuzfahrtschiff schließlich doch, in Kalifornien anzulegen, aber nicht im wohlhabenden San Francisco, wo es ursprünglich vor Anker gehen sollte, sondern in Oakland, einer Stadt der Schwarzen, der Latinos und der Arbeiter. »Vor allem unter den People of Colour in dieser Stadt herrscht das Gefühl vor, dass immer wieder etwas *mit* uns geschieht und nicht *für* uns«, berichtete die Aktivistin Cat Brooks dem *Guardian*. »So etwas schafft bloß einen Nährboden für Hysterie und Misstrauen.«[10]

Passagiere, die an Corona erkrankt waren, wurden mit denkbar wenigen Informationen in Hotels oder Militärbasen in Kalifornien, Texas und Georgia in Quarantäne gebracht.[11] Auf der Travis Air Force Base weigerten sich mehr als achthundert Personen, sich untersuchen zu lassen. Einige von ihnen prangerten die Regierung dafür an, dass sie in ihr Privatleben eingriff und auf so drastische Weise Kontrolle ausübte. Andere bestanden darauf, dass es ihr gutes Recht sei, nach Hause zurückzukehren. »Sie sind NICHT verpflichtet, sich testen zu lassen. Es ist Ihre Entscheidung«, hieß es in einem Aushang in Travis.[12] Obwohl die ersten Ergebnisse derer, die sich testen ließen, viele neue Infektionen ergaben, hinderte die Gesetzeslage die Behörden daran, genau zu beurteilen, wie viele Menschen krank waren und wie viele weiterhin Gefahr liefen, SARS-CoV-2 zu verbreiten.[13] Der Vorgang endete im Chaos und führte zu einer Reihe von Gerichtsverfahren.

Wie viele Menschen nach Hause zurückkehrten, während sie noch infektiös waren, und wie es an ihrem Wohnort mit diesen Menschen weiterging, werden wir wohl nie erfahren. Auch werden wir nie wissen, ob die USA, die im Jahr 2020 zu einem der tödlichsten Standorte auf dem Planeten wurden, die Katastrophe hätten abwenden können, wenn die Behörden mit der Krise auf der *Grand Princess* ähnlich besonnen und konsequent umgegangen wären wie die japanischen Behörden mit der Krise auf ihrem Schwesterschiff. Denn die Unterschiede in der Art und Weise, wie einzelne Länder bei ihrer ersten Begegnung mit dem Virus handelten, insbesondere wie sie versuchten, die Ausbreitung zu stoppen, welche Erkenntnisse sie aus der Situation zogen und welche gesundheitlichen Notfallmaßnahmen sie entwickelten, waren von enormer Tragweite. Sie bestimmten das Schicksal ganzer Bevölkerungen und prägten entscheidend die Art und Weise, wie ihre Bürger den Verlauf der Pandemie in den folgenden Jahren erlebten.

Die Virologie kann uns die speziellen Merkmale des neuen Coronavirus SARS-CoV-2 erklären, die COVID-19 so tödlich machten, und die Wirtschaftswissenschaft kann uns erklären, warum sich einige finanzielle Maßnahmen als so viel wirksamer erwiesen als andere. Soziale Faktoren, von denen einige buchstäblich auf der Straße zum Tragen kamen, andere in Regierungsgebäuden und Vorstandsetagen, spielten eine entscheidende Rolle bei der Frage, wer überlebte und wer starb, wer gut versorgt war und wer hungerte, wer deprimiert und erschöpft war und wer neue Kraft fand. Wir benötigen eine »gesellschaftliche Autopsie«, eine Untersuchung der gesellschaftlichen, politischen und institutionellen Organe, die im Jahr 2020 kollabierten, um die zugrunde liegenden Bedingungen und Traumata zu identifizieren, die diese Muster prägten. Und wir sollten untersuchen, auf welch unterschiedliche Weise ganz normale Menschen die Pandemie erlebt haben.

Das alles bietet dieses Buch, aber darüber hinaus etwas noch viel Wichtigeres. Die Zahl »2020« im Titel bezieht sich natürlich zunächst auf das Jahr der großen Umwälzungen, aber im Englischen bezeichnet der Ausdruck »2020« darüber hinaus die Fähigkeit, besonders klar und deutlich zu sehen.* In den letzten zwei Jahrzehnten habe ich mich bei meinen Forschungen von dem Gedanken leiten lassen, dass Krisen stets außergewöhnliche Chancen bieten, und zwar nicht nur für Politiker und Unternehmen (deren Interesse daran, Katastrophen für ihre eigenen Zwecke zu instrumentalisieren, inzwischen gut dokumentiert ist), sondern auch für eine Gesellschaft als Ganzes.

Extreme Ereignisse können Gegebenheiten und Verhältnisse sichtbar machen, die immer vorhanden sind, die man sonst aber kaum wahrnimmt. Zur Bewältigung der Traumata, die eine Krise auslöst, müssen wir uns fragen, weshalb wir manche Situationen auf eine bestimmte Weise erleben, und wir müssen uns im Nachhinein eingehend damit beschäftigen, wie wir das Geschehene verarbeitet haben. 2020 war nicht nur das Jahr, in dem Schulen, Restaurants und Geschäfte schlossen, es war auch das Jahr, in dem die Welt einen Riss bekam, der vieles bislang Verborgene ans Tageslicht brachte. Ich möchte mich im Folgenden mit Themen und Erkenntnissen beschäftigen, die so viele von uns verleugnet oder gemieden oder einfach nicht wahrgenommen haben.

So unterschiedlich die Art und Weise war, wie sich COVID in einem Land, einer Region oder einem Stadtviertel ausbreitete, es gab starke gesellschaftliche Kräfte, die jeden Aspekt der Krise beeinflussten, von der Versorgung mit lebenswichtigen Gütern und zuverlässigen Informationen bis hin zur Bereitstellung von medizinischer Versorgung und Pflege. Manche Gegenden waren allen möglichen Gefahren ausgesetzt, andere sahen sich besonders gut gewappnet. Hier und da fanden Menschen zusammen, um füreinander zu sorgen; anderswo griff man zu den Waffen und bereitete sich auf einen Bürgerkrieg vor. New York City mit seinen 8,5 Millionen Einwohnern, die sich auf rund 250 Stadtteile in fünf Bezirken verteilten, erlebte das alles auf einmal, und zwar besonders intensiv: Im März 2020 wurde die Stadt zum globalen Hotspot des

---

* Nicht zuletzt verwendet man den Ausdruck in dem Sprichwort: »*Hindsight is always 2020*«, dt.: »Hinterher ist man immer klüger« (Anm. d. Ü.).

Coronavirus, im ganzen Jahr erkrankten und starben dort mehr Menschen an Corona als in irgendeiner anderen Stadt auf der Welt.

Letztendlich erreichte COVID-19 fast jede Stadt und jedes Dorf auf der Erde, und alle erlebten die Seuche auf ihre eigene Art und Weise. Angesichts des Ausmaßes und der Dauer der Pandemie gibt es weltweit wohl keinen einzelnen Ort, an dem man sämtliche Variationen dessen hätte beobachten können, wie mit COVID umgegangen wurde. Doch wenn man eine Stadt nennen müsste, in der es so viele verschiedene Perspektiven und eklatante Unterschiede gab, dass sie eine besonders breite Perspektive ermöglichten, dann war es New York City. In vielerlei Hinsicht war es ein furchtbares Schicksal, dass ich in New York festsaß, als Corona ausbrach. Für meine Forschung war es ein Segen.

Zu Beginn der Pandemie, als in New York City – abgesehen von den Krankenhäusern, die bald am Rande eines Kollapses waren – alles zum Stillstand kam, machte ich mich daran, die Situation in den fünf Bezirken (Brooklyn, Bronx, Manhattan, Queens und Staten Island) zu beobachten. Schnell stellte ich auffällige Unterschiede fest. Ich beschloss, in jedem Bezirk ein ausführliches Interview mit jeweils einer Person zu führen, deren Erfahrungen stellvertretend für größere Muster in der dortigen Gemeinschaft standen (siehe Anmerkungen zur Recherche). Ich sprach mit einer Grundschulleiterin, deren Viertel zu den ersten zählte, die erkannten, welche Bedrohung von dem Virus ausging; einer Beamtin in der Bronx, deren Aufgabe es war, den örtlichen Krankenhäusern zu den benötigten Ressourcen zu verhelfen und die Bürger am Leben zu erhalten; einem Barbesitzer in Staten Island, der große Probleme hatte, über die Runden zu kommen; einem pensionierten Staatsanwalt in Queens, der ein Netzwerk für gegenseitige Hilfe initiierte; einem Ehepaar in Brooklyn mit systemrelevanten Jobs, das jemanden brauchte, der sich um seine kleinen Kinder kümmerte.

Später kamen noch zwei Personen hinzu: das Kind eines Mannes, der im öffentlichen Nahverkehr arbeitete (ein »systemrelevanter Arbeitsplatz«) und der sich in den ersten Wochen der Pandemie bei der Arbeit mit Corona infizierte und starb, und ein Künstler, der sich bei den *Black Lives Matter*-Protesten engagierte. Beide hatten mit Problemen zu kämpfen, die für das Jahr 2020 von zentraler Bedeutung waren: Wie trauert man um einen Menschen, der sterben musste, weil die Gesellschaft einen kompletten Lockdown ablehnte? Wie setzt man sich mit der rassistischen Gewalt auseinander, die das heutige Leben so viel brutaler macht, als es sein müsste? Diese sieben biografischen Berichte aus verschiedenen Bezirken der Stadt gewähren uns nicht nur Einblicke in Erfahrungen rund um die Pandemie, die weder Statistiken noch Daten bieten können, sondern obendrein etwas, wofür sich solche Erzählungen ganz besonders eignen: Sie zeigen auf, wie Menschen in ihrem Leben einen neuen Sinn fanden, als es für sie und ihre Angehörigen buchstäblich um Leben und Tod ging.

Ich habe aber auch in einem größeren Rahmen geforscht und einige Mysterien rund um die Pandemie unter die Lupe genommen, die nach einer gründlicheren soziologischen Untersuchung verlangten. In den USA hört man zum Beispiel immer wieder, *Social Distancing* und Isolation seien schuld daran gewesen, dass das Land während der Pandemie so viele Konflikte erlebte, mit besonders krassen Fällen körperlicher Gewalt (wie Totschlag per Auto) und asozialen Verhaltens (wie Auseinandersetzungen in Flugzeugen), die zu einer Verrohung des Alltags in den USA führten. Die Soziologie hat eine Theorie dafür, warum es in Krisenzeiten zu einem Anstieg destruktiven Verhaltens kommt. Émile Durkheim hat den Begriff der »Anomie« geprägt, der einen Zustand fehlender sozialer Normen und Regeln infolge des gesellschaftlichen Zerfalls und des Zusammenbruchs einer gemeinsamen moralischen Ordnung bezeichnet. Die Gesellschaft, so Durkheim, hat einen tiefgreifenden Einfluss auf die individuelle Entwicklung und das kollektive Leben. Sie versorgt uns mit einer Vorstellung davon, was es eigentlich bedeutet, Mensch zu sein; sie legt die Normen, Werte, Überzeugungen und Routinen fest, die uns zu dem machen, was wir sind; sie teilt uns in kulturelle Gruppen und moralische Gemeinschaften ein; sie veranlasst uns, Beziehungen einzugehen, und legt bürgerliche Pflichten fest; sie pflanzt uns unsere Leidenschaften und Interessen ein, aber sie reguliert sie auch, unterdrückt unsere egozentrischen Tendenzen und lenkt uns in Richtung gemeinsamer Ziele. Doch in Zeiten eines besonders rapiden gesellschaftlichen Wandels – aufgrund wirtschaftlicher Umwälzungen, einer Abkehr von der Religion, massenhafter Verstädterung oder einer Seuche – knickt die Gesellschaft ein. Dann kommen uns die gesellschaftlichen Strukturen, die uns normalerweise zusammenhalten, mit einem Mal gar nicht mehr so solide vor. Autoritäten erscheinen unzuverlässig, wir vertrauen unseren Nachbarn nicht mehr. Statt die Nähe anderer zu suchen, verkriechen wir uns zu Hause und vermeiden Interaktionen. Gegenseitige Verpflichtungen werden nicht mehr eingehalten. Wir lassen uns nur noch von unseren privaten Bedürfnissen und Wünschen leiten. Wenn Anomie herrscht, löst Narzissmus die Solidarität ab. Der gesellschaftliche Kitt schwindet.[14]

Es gibt Gründe genug, den Ausbruch antisozialen Verhaltens in den USA im Jahr 2020 als direkte Folge einer Anomie infolge der Corona-Pandemie zu erklären. Das Problem ist nur: Durkheims Theorie des gesellschaftlichen Zerfalls in Zeiten des Umbruchs erklärt nicht, was in fast allen anderen Ländern der Erde geschah. Auch dort wuchs die allgemeine Angst, als die Pandemie begann. Es gab umfassende Lockdowns. Das gesellschaftliche Miteinander wurde eingeschränkt. Grenzen wurden abgeriegelt. Büros wurden geschlossen. Und trotzdem verzeichnete kein anderes Land als die USA einen Rekordanstieg bei den Tötungsdelikten. Nirgendwo sonst gab es einen Anstieg tödlicher Autounfälle. Und selbstverständlich erlebte auch kein anderes Land einen sprunghaften Anstieg der Waffenverkäufe. Im Jahr 2020 erlebte die ganze Welt einen Umbruch historischen Ausmaßes, verbunden mit einer Vielzahl gesellschaftlicher Probleme. Aber keine Nation erlebte die Pandemie in ähnlicher Weise wie die USA. Woran liegt das?

Was die USA während der Krise zu einem so außergewöhnlichen Nährboden für Aggressionen machte und was anderen Ländern wie Japan half, ihre Bürger im Kampf gegen das Virus zu einen, ist eine Frage, deren Relevanz weit über die Pandemie und das Jahr 2020 hinausgeht. Dass wir nachvollziehen, wie und warum es zu diesen Entwicklungen kam, ist nach der Pandemie wichtiger denn je, denn heute steht zum ersten Mal in der jüngeren Geschichte alles auf dem Spiel. In den kommenden Jahren werden sich Nationen auf der ganzen Welt mit grundlegenden Fragen hinsichtlich ihrer Prinzipien und Ziele auseinandersetzen müssen: Wählen wir die Demokratie oder den Despotismus? Wie lässt sich individuelle Freiheit mit dem Gemeinwohl in Einklang bringen? Was unternehmen wir gegen die immer schlimmer werdende Klimakrise? Wie können wir Rassismus bekämpfen? Werden wir mit der nächsten Bedrohung besonnener umgehen, oder steuern wir unaufhaltsam auf etwas zu, das weitaus katastrophaler ist als das, was wir gerade hinter uns haben?

Wenn uns die Corona-Pandemie eines gelehrt hat, dann dass wir schlauer sein müssen als die Katastrophe; dass wir die Entschlusskraft benötigen, (scheinbar) weit entfernte Bedrohungen, mit denen wir uns konfrontiert sehen, rechtzeitig anzupacken, bevor es zu spät ist.

Kapitel 1

»Es war eine Schlacht«

May Lee

Zu Beginn des Jahres 2020 machte der Kalender vielen einen Strich durch die Rechnung. In Jahren, in denen der 1. Januar an einem Donnerstag oder Freitag lag, wurden die Schulferien in New York meist noch über das folgende Wochenende ausgedehnt. Ein paar Tage mehr zum Entspannen nach Neujahr. Diesmal fiel der 1. Januar aber auf einen Mittwoch, und das New York City Department of Education beschloss, dass die Weihnachtsferien, die am 24. Dezember begonnen hatten, direkt am 1. Januar enden würden. Am Donnerstag mussten die 150 000 Mitarbeiter des größten öffentlichen Schulsystems der USA und die fast 1,1 Millionen New Yorker Schüler, von denen mehr als 100 000 obdachlos waren, wieder zur Schule. Aber so ist das halt in manchen Jahren.

May Lee, Schulleiterin der Grundschule P.S. 42 in Chinatown in Manhattan, war nicht gerade begeistert, dass sie direkt nach Neujahr schon wieder ins Büro musste, aber sie wusste, dass es für viele auch Vorteile hatte. Lee war 59 und arbeitete seit über 25 Jahren an der P.S. 42, zunächst als Lehrerin, dann als stellvertretende Schulleiterin und jetzt als Schulleiterin. Früher war sie hier selbst zur Schule gegangen, genau wie ihr Bruder, ihr Ehemann und das jüngste ihrer vier Kinder, ein Mädchen, das sie aus Äthiopien adoptiert haben, weil ihre Familie noch Liebe übrig hatte. Lee ist ein Kind chinesischer Einwanderer und beschreibt sich selbst als »streitlustig und widerborstig«, als »Kämpferin«, die sich »voll und ganz für meine Familien [so bezeichnet sie alle, die Schüler an der P.S. 42 haben] und meine Kinder« einsetzt. Sie hat gewelltes schwarzes Haar, manchmal mit blonden Strähnen, mehrere Piercings und im Nacken das Wort »Grace« (»Gnade«) tätowiert.

»Meine Mutter war sehr liberal und sehr aggressiv«, erzählt Lee mit einem breiten New Yorker Dialekt. »Sie hat mir beigebracht, dass ich mir von niemandem etwas gefallen lassen darf. Sie hat mir beigebracht zu kämpfen.«

Als Kind der Lower East Side, einem der am dichtesten besiedelten urbanen Gebiete Nordamerikas, wuchs Lee nur wenige Häuserblocks von dem riesigen Backsteingebäude entfernt auf, bei dem an jedem Schultag rund 550 Schüler fünf Betonstufen hinaufsteigen, durch drei riesige Doppeltüren gehen und sich auf etwa sechzig Klassenzimmer verteilen. Sie wohnt in einem großen Mehrgenerationenhaus in der Forsyth Street, das sie, ihr Mann und die Familie ihres Bruders zusammen mit ihren Eltern 1999 gekauft haben.[1] Dort teilen sie alles miteinander: Essen, Platz, Kinderbetreuung, Gefühle ... wirklich alles. In Chinatown leben viele Tausend Einwandererfamilien gemeinsam mit ihren Freunden, Kollegen oder Verwandten in kleinen Wohnungen, oft teilen sich mehrere Personen ein Zimmer, Erwachsene, die je nach Schicht im Restaurant oder der Fabrik ein und aus gehen. »In einer einzigen Wohnung wohnen manchmal drei Parteien«, so Lee. »Viele meiner Familien wohnen mit ein, zwei weiteren Familien zusammen, teilen sich eine Küche und ein Badezimmer. Die Welt der Kinder ist das Etagenbett.«

Als Schulleiterin und langjährige Bewohnerin von Chinatown weiß Lee nur zu gut, wie in solchen Familien die Schulferien aussehen. Es fängt nett an: ein schönes Essen, ein Film, ein Videoanruf bei Freunden oder Verwandten in China, ein Ausflug in die Bibliothek oder den Park. Dann kommt der zweite Ferientag. Die Erwachsenen müssen wieder zur Arbeit, die Großeltern brauchen Ruhe. Die Kinder wollen fernsehen, telefonieren oder Videospiele spielen, aber es gibt nicht genug Geräte. Es gibt Streit. In der Wohnung wird es unerträglich laut. Dann muss auch noch der Abwasch erledigt werden, und die Ferien haben gerade erst angefangen. Ende Dezember brauchen alle Urlaub, aber spätestens am 2. Januar haben die Erwachsenen genug vom Gebrüll der Kinder. Zum Glück sorgt die Stadt dafür, dass sie wieder zur Schule müssen.

Insofern bietet die P.S. 42 nicht nur den Familien, die ihre Kinder dort hinschicken, Erleichterung, sondern auch all den Menschen, die mit ihnen zusammenwohnen und nicht mit ihnen verwandt sind. Die Schule ist in erster Linie dazu da, junge Menschen auszubilden, und das gelingt der P.S. 42 so gut, dass sie bei den Leistungstests der Stadt immer ganz oben rangiert, obwohl etwa 60 Prozent der Schüler aus armen Familien kommen und 70 Prozent Eltern haben, die wenig bis gar kein Englisch können. »Aber das ist längst nicht alles, was die Kinder hierherbringt«, erzählte mir Lee. Die meisten Schüler der P.S. 42 sind darauf angewiesen, dass die Schule sie mit Frühstück, Mittagessen und einem Snack nach der Schule versorgt. Hier gibt es kostenlos Musikunterricht, Fußballtraining, man kann lesen, malen, werken, das Internet nutzen. Jahrelang hat Lee dafür gesorgt, dass der YMCA ihren Schülern Schwimmunterricht anbietet – wie sollten sie sonst schwimmen lernen? »Ich tue alles, damit diese Kinder genauso aufwachsen können wie meine eigenen«, so Lee. »Ich mache den Kollegen klar, dass wir Dienst an der Gemeinschaft leisten. Für viele unserer Familien ist der Lehrer die Sonne, der Mond und Gott. Wir müssen uns um sie kümmern, das ist unsere Aufgabe.«

In New York begann das neue Jahr ohne größere Dramen. Für Unruhe sorgte höchstens das Wetter, das viel zu mild für die Jahreszeit war. 18 °C mitten im Januar? Das musste ein schlechtes Omen sein! Aber es brachte mit sich, dass die Straßen voller Menschen waren. Die Spielplätze voller Kinder. Die Restaurants überfüllt. New York City war voller Leben. Doch schon bald hörte Lee von einer ganz anderen, viel schwerer wiegenden Sorge, die ihre Familien umtrieb, von denen mehr als 80 Prozent asiatischer – vor allem chinesischer – Abstammung waren: Deren Verwandte in China berichteten von einem tödlichen neuen Virus, das sich offenbar in Wuhan in der Provinz Hubei ausbreitete. Die dicht bevölkerte Stadt Wuhan mit ihren rund elf Millionen Einwohnern war ein wichtiger Verkehrsknotenpunkt in China. Das war kein ganz unwichtiges Detail, denn am 10. Januar begann das chinesische Neujahrsfest, das die Chinesen traditionell damit begehen, dass sie verreisen – zu Freunden, Verwandten oder touristischen Zielen im ganzen Land. Laut Berechnungen der Regierung werden während des vierzigtägigen Festes alles in allem etwa drei Milliarden Reisen unternommen, was das chinesische Neujahrsfest zum größten alljährlichen Migrationsereignis der Welt macht. Anfangs, so erinnerte sich Lee, war niemandem so richtig klar, was man von den Geschichten zu halten hatte; was Gerüchte waren und was Fakten. Es gab nicht viele offizielle Nachrichten aus China, und den Aussagen der Regierung konnte man nicht unbedingt trauen. Sie wusste noch genau, wie die chinesische Gesundheitsbehörde im Jahr 2003 den Ausbruch von SARS vertuscht hatte, einer Atemwegserkrankung, die durch ein neuartiges Coronavirus verursacht wurde und an der fast jeder zehnte Erkrankte starb, bei den über Sechzigjährigen sogar mehr als die Hälfte. Damals beharrte die chinesische Regierung monatelang darauf, dass es kaum Fälle gäbe und die Situation »unter Kontrolle« sei. Erst später räumte sie ein, dass es allein in China mehr als fünftausend Fälle gegeben hatte und dass es der Regierung nicht gelungen war, die Ausbreitung des Virus auf andere Länder zu verhindern.[2] Als die Wahrheit ans Licht kam, versuchten die nationalen Behörden, ihr Gesicht zu wahren, indem sie den Gesundheitsminister und den Bürgermeister von Beijing entließen, doch das trug wenig dazu bei, Chinas Ruf in der internationalen Gemeinschaft wiederherzustellen, erst recht nicht bei chinesischstämmigen US-Amerikanern in Städten wie New York. Dort nahm man aus dem SARS-Debakel vor allem eine Lektion mit: Wenn du von einem tödlichen Virus erfährst, hör genau hin, was die Regierung sagt, und geh davon aus, dass die Situation viel schlimmer ist, als die Regierung zugibt. Schütze dich und deine Familie. Vertraue niemandem außer deiner Familie und deinen Freunden.

Am 31. Dezember 2019 meldete die chinesische Regierung der Weltgesundheitsorganisation WHO erstmals offiziell eine Lungenentzündung unbekannter Ätiologie und bestätigte mehrere Dutzend Fälle dieser Erkrankung in Wuhan. Heute gehen Wissenschaftler davon aus, dass ein neuartiges Coronavirus ab Oktober oder, was wahrscheinlicher ist, ab November 2019 in China erstmals Menschen infizierte. Im Laufe des Dezembers stieg die Zahl der Patienten, die wegen »grippeähnlicher Symptome« in Krankenhäuser in der Region Wuhan eingeliefert wurden, sprunghaft an.[3] Wie wir heute wissen, wurden ab 15. Dezember in der chinesischen Social-Media-App WeChat extrem häufig die chinesischen Wörter für SARS und Lungenentzündung verwendet.[4] Im Januar, als auch andere Länder ihre ersten Fälle meldeten, wurden diese Begriffe von einem anderen abgelöst: COVID-19.

Die Entfernung zwischen Wuhan und New York City beträgt gut 12 000 Kilometer, aber eine WeChat-Nachricht zwischen Freunden und Verwandten braucht für diese Distanz nur eine Sekunde. May Lee kann sich nicht genau erinnern, ob ihre Familien schon im Dezember darüber sprachen, dass vielleicht SARS oder ein neues Coronavirus ausgebrochen war, aber Ende Januar war die allgemeine Angst spürbar, und im Februar brachte sie bereits den Schulalltag durcheinander. »Meine Familien sind alle auf WeChat«, so Lee. »Tag für Tag erfuhren sie von ihren eigenen Familien, wie sie in China litten, und erhielten eine Menge verrückter Nachrichten. Sie erzählten, wie schlimm die Lage in China sei und dass es hier bei uns genauso schlimm werden würde. Sie wussten Bescheid, und sie deckten sich mit Desinfektionsmittel, Taschentüchern, Masken und Einweghandschuhen ein. Sie bereiteten sich auf den Ernstfall vor! Sie horteten Instantnudeln. Alles, was man sich vorstellen kann. Und sie drängten mich immer wieder, eine Schulversammlung abzuhalten. Sie wollten wissen, was wir zu tun gedachten.«

Lee wollte sich bei der Stadtverwaltung informieren, bei den Behörden des Staates New York, beim Weißen Haus, bei den Medien. Nirgends konnte man ihr weiterhelfen: »Ich weiß noch, dass es immer hieß: ›Na ja, könnte sein, dass das herkommt, aber das kriegen wir schon unter Kontrolle.‹« Ihre Familien kauften den Behörden das nicht ab. Sie würden sicher nicht darauf warten, dass die US-Politik eine Vorstellung entwickelte, wie sie die Lage in den

Griff bekommen könnte. »Immer mehr Familien nahmen ihre Kinder aus der Schule«, so Lee. »Zuerst waren es nur meine asiatischen Familien, aber dann wurden auch die anderen unruhig. Einer unserer Lehrer kam von einer Asienreise zurück. Einige unserer Familien saßen dort fest. Und die nichtasiatischen Familien hatten viel weniger Informationen. Die flippten aus!«

Ende Februar fand sich eine Gruppe von Eltern zusammen, die Lee drängten, die P.S. 42 komplett zu schließen. »Sie wussten, was in China vor sich ging, und fragten mich: ›Warum ist die Schule überhaupt noch auf?‹ Ich konnte ihnen nur sagen, dass ich das nicht zu entscheiden hatte, sondern die Schulbehörde.« Als immer mehr Familien ihre Kinder vom Unterricht abmeldeten, machte sich Lee Sorgen um die Anwesenheitsstatistik ihrer Schule. Wie es der Zufall wollte, führte die Stadt gerade an der P.S. 42 ihre alljährliche Qualitätskontrolle durch, für Mitte März war eine persönliche Inspektion vorgesehen. Normalerweise musste sich Lee um die Fehlzeiten ihrer Schüler keine Sorgen machen, doch jetzt braute sich eine veritable Krise zusammen, und zwar nicht nur für die Schule. »Die Fehlzeiten sind in New York City ein sehr wichtiger Faktor, wenn es darum geht, welche Mittelschule man besuchen darf«, berichtete sie mir. Hatten ihre Viertklässler zu viele Fehlstunden, würden die besseren öffentlichen Schulen sie automatisch ablehnen. Um das zu verhindern, musste sie dafür sorgen, dass Eltern ihre Kinder nicht einfach nur zu Hause behielten, sondern sie als krank meldeten. Trotzdem hätte sie der Schulbehörde erklären müssen, warum so viele ihrer Schüler nicht zum Unterricht erschienen.

Anfang März, so Lee, »war mir klar, dass bald Chaos herrschen würde«. Sie war hin- und hergerissen zwischen ihrer Unterstützung der Familien, die Angst hatten, ihre Kinder könnten sich mit COVID anstecken und die Krankheit mit nach Hause bringen, und ihren Anstrengungen, die Schule durch die behördliche Qualitätsprüfung zu steuern. »Einige Kinder waren tatsächlich krank«, erinnerte sie sich. »Die hatten wahrscheinlich COVID, aber niemand wusste es, weil es zu diesem Zeitpunkt noch keine Schnelltests gab.« Es gab Gerüchte, dass auch die Eltern, Tanten und Onkel krank wurden. »Da wurde mir klar, dass wir wahrscheinlich die Schulen schließen würden.« Doch genau zu dem Zeitpunkt sah Lee Bürgermeister Bill de Blasio im Fernsehen. »Er sagte: ›Machen Sie sich keine Sorgen! Gehen Sie ins Theater. Gehen Sie ins Restaurant. Gehen Sie ins Kino.‹« Sie war skeptisch. Restaurant? Kino? Ihre Familien trugen OP-Masken und hamsterten Lebensmittel.

In der Öffentlichkeit sahen sie sich immer mehr Anfeindungen ausgesetzt. Rassistische Ressentiments entluden sich in zum Teil gewalttätigen Übergriffen. Die Leute bekamen Angst vor dem gefährlichen neuen Virus, und immer öfter beschuldigten sie Chinesen und chinesischstämmige Mitbürger, es zu verbreiten. Prominente Konservative, darunter die Moderatoren bekannter rechtsgerichteter Nachrichtensendungen und hochrangige Beamte der Trump-Administration, förderten ganz unverhohlen diese Ressentiments. Am 7. März trat Außenminister Mike Pompeo auf *Fox News* auf und warnte vor einer diplomatischen Krise im Zusammenhang mit dem »China-Virus«. Am nächsten Tag verkündete der Kongressabgeordnete Paul Gosar, ein für seine rechtsextremen Positionen bekannter Republikaner aus Arizona, dass er sich in Quarantäne begeben werde, da er sich mit dem »Wuhan-Virus« infiziert habe.[5] Mitte März setzte Präsident Trump selbst diese Rhetorik ein und widersetzte sich damit den Aufforderungen der Weltgesundheitsorganisation, das Virus nicht mit einem bestimmten Volk oder einem Land in Verbindung zu bringen, was im Jahr 2020 wie bei früheren Viruserkrankungen mit Sicherheit zu Stigmatisierung, Diskriminierung und rassistischen Übergriffen führen würde. Auf Twitter, bei Kundgebungen und auf Pressekonferenzen bezeichnete Trump SARS-CoV-2 routinemäßig als »chinesisches Virus« oder »China-Virus«, und er forderte alle in seinem Umfeld auf, dies ebenfalls zu tun.

»Wir hatten in Chinatown schon immer mit Rassismus zu kämpfen«, so Lee. »Junge Leute kommen hier nachts in die Bars und beleidigen unsere älteren Mitbürger. Gruppen von Obdachlosen rufen antiasiatische Beleidigungen, weil sie das witzig finden.«

Manchmal entlud sich der Hass auch in handgreiflichen Auseinandersetzungen. Seit vielen Jahren waren Asiaten in der Lower East Side die Opfer von Messerstechereien und Überfällen, ihre Kinder wurden regelmäßig angepöbelt und beschimpft. Zwar waren Hassverbrechen gegen Asiaten in den ersten beiden Jahrzehnten des 21. Jahrhunderts drastisch zurückgegangen, wie Daten des FBI belegen,[6] doch der März 2020 markierte in New York wie im Rest der USA auch in dieser Hinsicht einen Wendepunkt. Ab dem Moment, da die US-Amerikaner COVID-19 mit Chinesen in Verbindung brachten, stieg die Gewalt gegen die asiatischen Mitbürger sprunghaft an.

Ihre erste Begegnung mit rassistischen Anfeindungen im Zusammenhang mit dem neuen Virus hatte Lee bereits im Februar, als sie auf dem Weg zur Arbeit in einen Zeitschriftenladen in der Mulberry Street ging. »Da bin ich jeden Morgen«, sagte sie mir. »Aber an diesem Tag kommt eine Schwarze Frau, die auf einer Baustelle arbeitet, herein und murmelt: ›Oh, Scheiße, die sind überall.‹ Zuerst verstand ich gar nicht, was sie meinte, aber dann wurde mir klar: Sie meinte mich!« Doch da war die Frau an die Falsche geraten. »Ich verfolgte sie durch den Laden und filmte das mit meinem Handy. Sie konnte mir nicht entkommen. Ich fand den Namen der Baufirma heraus, und denen sagte ich: ›Ich habe ein Video davon, wie ich von einer Ihrer Angestellten verbal attackiert werde. Wenn sie keine Asiaten um sich herum haben will, was tut sie dann in Chinatown? Entweder Sie entfernen sie von der Baustelle, oder ich poste das hier.‹«

Als Lee an diesem Morgen in der P.S. 42 eintraf, wurde ihr klar, dass der Vorfall Implikationen mit sich brachte, die weit über das Verhalten einer Bauarbeiterin oder ihr eigenes Gefühl der Empörung hinausgingen. Sie musste sich Gedanken machen, was dieser Vorfall für die Schulgemeinschaft bedeutete. »Ich berichtete meiner Familie und anderen Schulleitern von dem verbalen Übergriff im Zeitungsladen. Und hier ist mein Dilemma: Wie kann ich draußen auf der Straße meine asiatischen Kinder schützen – und meine nichtasiatischen Kinder, die zufällig mit asiatischen Kindern zusammen unterwegs sind? Wie kann ich in meiner Gemeinde für Sicherheit sorgen?« Zum ersten Mal in ihrer Laufbahn beschloss sie, alle Schulausflüge abzusagen, alles, was beinhaltete, dass die Schüler irgendwo hingefahren werden mussten oder sich allzu weit vom Schulgebäude entfernten. Das war keine leichte Entscheidung, wie Lee erklärt. Gemeinsame Ausflüge und Aktivitäten außerhalb des Schulgeländes waren seit jeher ein wichtiges Element des Miteinanders an der P.S. 42. Aber die Umgebung, selbst dort in der New Yorker Lower East Side, fühlte sich so toxisch an, dass Lee fürchtete, »dass ich die Menschen, die unter meiner Aufsicht stehen, da draußen nicht schützen kann«.

In der zweiten Märzwoche kamen Schulbezirke in anderen Teilen der Vereinigten Staaten ebenfalls zu der Erkenntnis, dass es so nicht weitergehen konnte – nicht wegen der rassistischen Übergriffe, sondern weil sie wussten, dass sich das Virus schnell ausbreitete, und befürchteten, dass Schulen zu Superspreading-Orten der tödlichen Krankheit werden könnten. Im Bundesstaat Washington, wo am 21. Januar der erste COVID-19-Fall in den USA auftrat, stellte der Bezirk Northshore am 5. März für alle 24 000 Schüler den Präsenzunterricht ein und stellte auf Online-Unterricht um. Am 12. März ordnete dann auch Seattle, der größte Schulbezirk des Bundesstaats, die Schließung aller öffentlichen Schulen an. Es war keine leichte Entscheidung, denn die Verantwortlichen wussten genau, wie sehr Familien vor Ort von den öffentlichen Schulen abhängig waren und dass deren Schließung Auswirkungen auf alle Familien und auch auf die Wirtschaft der Stadt haben würde. Es ist pervers, dass in einer Stadt, in der der Graben zwischen Arm und Reich ohnehin schon groß war, die Ungleichheit dadurch noch vergrößert wurde. »Wir wissen, dass die Schließung unserer Schulen Auswirkungen auf unsere schwächsten Familien haben wird, und wir sind uns bewusst, dass berufstätige Familien auf die Kohärenz und Vorhersehbarkeit dessen, was unsere Schulen ihnen an Unterstützung und Dienstleistungen bieten, angewiesen sind«, schrieb das Amt für öffentliche Angelegenheiten. Dennoch sei die Schließung »ein wirksames Mittel zur Unterbrechung weiterer Ansteckungen« und daher eine »notwendige Maßnahme«.[7]

Die New Yorker Behörden wollten von Schulschließungen zunächst nichts wissen, auch dann noch nicht, als die Fallzahlen in der Stadt bereits in die Höhe schnellten. Die größte Leistung von Bill de Blasio als Bürgermeister war die Einführung einer allgemeinen Vorschulbildung in New York City, eine Maßnahme, die nicht nur auf pädagogischen Überlegungen fußte, sondern die ganz konkret die Lebenssituation einkommensschwacher berufstätiger Eltern verbessern sollte. Am 12. März, dem Tag, an dem Seattle die Schließung aller seiner Schulen anordnete, kündigte de Blasio an, für New York City sei das undenkbar: »Wir werden unser Bestes tun, um die Schulen offen zu halten«, erklärte er. »Dort sind unsere Kinder tagsüber in Sicherheit, und viele Eltern haben keine Alternative. Dort bekommen unsere Kinder – viele Kinder ihr Essen. Die Schulen sind der Dreh- und Angelpunkt für viele Leute, die zur Arbeit müssen, und dort sind ihre Kinder gut aufgehoben. Viele haben gar keine andere Wahl.«[8]

Es dauerte nur ein paar Tage, bis er zurückrudern musste: Am Sonntag, den 15. März, räumte de Blasio ein, dass es zu gefährlich sei, die Schulen offen zu halten – ab dem folgenden Tag würden sie geschlossen bleiben und am 20. April wieder öffnen, vielleicht aber auch erst später. »Ich hätte im Leben nicht gedacht, dass ich das einmal würde anordnen müssen«, sagte er in einer Pressekonferenz, nach der ein Reporter ihn als »sichtlich niedergeschlagen« beschrieb.[9] Die Schulkantinen würden noch einige Tage länger geöffnet bleiben, damit die 700 000 Kinder, die auf kostenlose oder subventionierte Mahlzeiten angewiesen seien, diese weiterhin erhielten. Danach, so der Bürgermeister, werde die Stadt »alternative Standorte« für die Essensversorgung einrichten, aber niemand wusste so recht, wo sich diese befinden würden oder wie das Ganze ablaufen sollte.

Und da war noch etwas, wovon niemand wusste, wie und ob es überhaupt funktionieren würde: der Unterricht. Ab dem 23. März sollten alle Schüler online unterrichtet werden. Sie sollten zu Hause vor einer Webcam sitzen, viele von ihnen in überfüllten Wohnungen, wo es chaotisch zuging, und Lehrern lauschen, die ebenfalls zu Hause saßen, viele in ähnlich beengten Verhältnissen und mit eigenen Kindern und anderen Familienmitgliedern in der Wohnung.

Natürlich gab es Probleme, die jeder hätte vorhersehen können: zum Beispiel den Internetzugang. Im Frühjahr 2020 hatten mehr als 500 000 Haushalte in New York City keinen Breitbandanschluss und konnten ausschließlich über das Mobilfunknetz ins Internet gehen.[10] Natürlich wohnten die meisten Familien ohne WLAN in den ärmsten Stadtvierteln, wo die Schulen selbst in besseren Zeiten Schwierigkeiten hatten, den Kindern einen Internetzugang zu bieten. Lee und ihre Kollegen an der P.S. 42 wollten ihre Schüler unbedingt unterrichten, egal unter welchen Umständen. Aber in der Lower East Side hatten fast 40 Prozent aller Haushalte kein Breitband-Internet, Notebooks waren Mangelware, und niemand machte Anstalten, die digitale Kluft zu schließen.[11] »Wir steckten richtig tief in der Scheiße«, erzählte mir Lee. »Es war ein heilloses Durcheinander.«

Schon im Februar hatten die Centers for Disease Control (CDC) die Schulbezirke darüber informiert, dass sie sich darauf einstellen sollten, Fernunterricht anzubieten, und die Vorsitzenden von zwei großen Lehrergewerkschaften hatten die Trump-Administration aufgefordert, spezifische Leitlinien herauszugeben, wie sich Schulen auf einen möglichen Shutdown vorbereiten sollten. »Erkundigen Sie sich bei der Schule Ihrer Kinder danach, was sie im Fall von Schulschließungen tun wollen«, sagte Nancy Messonnier, eine Direktorin der CDC. »Fragen Sie nach den Plänen für Fernunterricht.«[12] Aber der Präsident wies seine Regierung an, klarzustellen, dass COVID-19 ganz generell eine Angelegenheit sei, um die sich jeder Bundesstaat selbst kümmern müsse. US-Bildungsministerin Betsy DeVos zeigte sich so wenig hilfreich, dass am 10. März mehr als zwanzig US-Senatoren einen offenen Brief verfassten, in dem sie ihr vierzehn Fragen darüber stellten, was ihre Behörde tue, um den von der Pandemie betroffenen Schülern und Familien zu helfen.[13] Sie hielt es nicht für nötig, zu antworten.

Die Regierung von New York City war kommunikativer als das US-Bildungsministerium, aber auch sie war wenig hilfreich, als es darum ging, Schulleiter, Lehrer und Familien auf die Schulschließungen vorzubereiten. Richard Carranza, ein prominenter Verfechter ethnischer Integration, den de Blasio als School Chancellor eingestellt hatte, um zu zeigen, wie ernst es ihm mit dem Thema soziale Gerechtigkeit war, sah sich heftiger Kritik seitens der Lehrer und der Familien ausgesetzt, seit Corona in den Schulen angekommen war.

Etwa ab dem 7. März drängte Michael Mulgrew, der Vorsitzende der United Federation of Teachers, die Stadt, zum Wohle der Gesundheit der Lehrkräfte und der Bevölkerung alle öffentlichen Schulen zu schließen. Mulgrew wusste: Jeder Tag, den die Behörden damit warteten, bedeutete zahllose neue COVID-Fälle, und jeder dieser Fälle erhöhte das Risiko einer exponentiellen Ausbreitung. Wie groß dieses Risiko war, wusste allerdings zu diesem Zeitpunkt niemand, nicht zuletzt weil die Schulbehörde von New York die Schulen angewiesen hatte, Corona-Fälle bei ihren Mitarbeitern nicht an das NYC Department of Health and Mental Hygiene zu melden oder auch nur Kollegen und Familien zu informieren. Eine Untersuchung interner E-Mails durch *The City* deckte »ein Muster« auf, bei dem »Beamte der Schulbehörde in den Tagen, bevor die Schulen geschlossen wurden, während der Woche, in der die Lehrer zur Schulung kommen mussten, und sogar noch nach dem Beginn des Fernunterrichts die Bedrohung durch COVID-19 herunterspielten«.[14]

In den Wochen vor dem Shutdown wusste Lee nichts von diesem Muster, aber in zwei Punkten war sie sich ganz sicher: Die Schulen würden geschlossen werden, und es würde an ihr hängen bleiben, den Lehrkörper und die Schüler auf die Krise vorzubereiten. Bevor sie sich dieser Aufgabe widmen konnte, musste Lee sich allerdings mit einer akuteren Krise befassen. Ihr Mann, der als Lieferfahrer arbeitete, kam eines Tages mit Fieber nach Hause und schnappte nach Luft. »Es war furchtbar, ich hatte solche Angst! Er ist sonst nie krank«, sagte sie. »Plötzlich konnte er nicht mehr richtig atmen, nichts mehr schmecken und nichts mehr riechen.« Sie steckten ihn in ein eigenes Zimmer, wo er drei Wochen lang in Quarantäne blieb. Er verließ das Zimmer nur, um sich testen zu lassen, und schloss sich dann wieder ein. »Wir brachten ihm sein Essen, als säße er im Gefängnis«, erinnerte sich Lee, »und schoben ihm das Tablett unter der Tür durch.« Zu diesem Zeitpunkt gab es quasi keine Behandlungsmöglichkeiten für COVID-Patienten. In Manhattan und im Rest der Stadt verwandelten sich die Krankenhäuser in Leichenhallen. Menschen mit schweren Erkrankungen blieben zu Hause, weil sie Angst hatten, allein auf der Intensivstation zu sterben. In dieser Situation zu sein, zählt wohl zum Schlimmsten, was man sich vorstellen kann. Man wollte nicht einmal daran denken, aber wie konnte man es vermeiden? Wie durch ein Wunder wurde ihr Mann wieder gesund und steckte niemanden in der Familie an. Als er sein Zimmer verlassen durfte, fühlte sich das wie ein Sieg an, als hätte man in einem Videospiel ein schwieriges Level abgeschlossen. Ein Moment des Optimismus. Einmal erleichtert durchatmen. Dann wartete das nächste Level.

In der Schule musste Lee jetzt dafür sorgen, dass ihre Schüler für den drohenden Shutdown gerüstet waren. Manche sprachen darüber, dass man neue Technologie benötige. Notebooks. Tablets. Es gab eine App namens Zoom, von der Lee noch nie gehört hatte, und eine andere, Google Classroom, die wie ein schlechter Scherz klang.

Lee war vor allem wichtig, ihre Familien mit den grundlegenden Dingen zu versorgen, die in wohlhabenderen Gegenden selbstverständlich sind: Bleistifte. Buntstifte. Radiergummis. Bücher. Außerdem wies sie ihre Mitarbeiter an, alles Unterrichtsmaterial für ihre Schüler auszudrucken. Bald waren die Kopierer und Drucker im Dauerbetrieb; sie konnte nur beten, dass die verfluchten Geräte nicht vorzeitig den Geist aufgaben. »Wir druckten, was das Zeug hielt«, so Lee. »Für jeden Schüler machten wir ein Paket zum Mitnehmen, und jedes Kind bekam Bücher aus unserer Bibliothek, die es behalten durfte.« Die New Yorker Schulbehörde gestattete dem

Schulpersonal, in der ersten Woche des Shutdowns noch im Schulgebäude zu arbeiten, und fast alle Mitarbeiter der P.S. 42 kamen, um zu helfen. Als sie fertig waren, hatten sie Material für etwa sechs Wochen Unterricht ausgedruckt und für jeden Schüler in eine Tüte gepackt: »Wir richteten ein System ein, bei dem die Familien auf den Schulhof kommen und die Sachen abholen konnten. Viele Familien kamen, aber längst nicht alle – einige hatten zu große Angst.« Zum Glück hatten sie ein großes Haus, in dem sie mit mehreren anderen Familienmitgliedern und vielen Kindern zusammen wohnten. »Das war ein großes Privileg für sie«, erzählte mir Lee, »und ich sagte ihnen, das Mindeste, was sie mit diesem Privileg anstellen könnten, wäre, mir dabei zu helfen, die Aufgaben zu den Leuten nach Hause zu bringen.«

Als die Schulschließung verlängert wurde (und dann noch einmal und noch einmal), wuchs sich das Ganze dann aber doch zu einer schwierigeren Aufgabe aus, als sie erwartet hatte. Die Pakete mit dem Unterrichtsmaterial würden nicht ewig halten. Ende März stiegen die Zahlen der Infizierten und der Todesfälle in New York City sprunghaft an; niemand konnte sich so recht vorstellen, dass die Schulen Ende April oder auch nur im Mai oder Juni wieder öffnen würden. Lee glaubte nicht daran, dass in diesem Schuljahr noch einmal Präsenzunterricht stattfinden würde, und das bedeutete, dass alle Schüler der P.S. 42 die nächsten vier Monate online unterrichtet werden mussten. Für 269 Millionen Dollar kaufte die Stadt 300 000 iPads, die mit Lern-Apps und einem unbegrenzten mobilen Datentarif ausgestattet waren, und kündigte an, sie allen Bedürftigen »leihweise« zur Verfügung zu stellen. Um eines zu erhalten, mussten die Familien allerdings Antragsformulare ausfüllen und der Behörde eine Postadresse mitteilen. Dies, so Lee, führte zu einer eigenen kleinen Krise in der chinesischen Gemeinde: »Die Formulare waren auf Englisch und Spanisch – viele meiner Familien konnten sie gar nicht lesen. Sie hatten keine Ahnung, was sie tun sollten. Das war keine Mikroaggression. Mein Gott! Das war eine Makroaggression. Ich war so wütend. Das war alles ein großer Haufen Mist.«

Lee stellte ein Team zusammen, das für die Schüler, die ein Gerät benötigten, die Formulare ausfüllte. Doch bald stellte sich heraus, dass es noch ganz andere Probleme als die sprachliche Barriere gab. Zunächst erfuhr Lee, dass mehrere Familien dem Vertriebshändler ihre Adresse nicht mitteilen wollten, weil sie illegal eingereist waren oder illegal zur Untermiete wohnten. Manche glaubten, dass sie vielleicht gar keinen Anspruch auf das Gratis-Tablet hatten, und fürchteten, dass sie dafür bestraft würden, wenn sie das System betrogen. Und dann begegnete ihr noch ein ganz anderes Problem: Die meisten ihrer Familien lebten in Mietskasernen ohne Pförtner, und viele öffneten generell nicht die Haustür, wenn ein Fremder klingelte. Wenn Paketdienste kamen, ließen die Fahrer die Sendungen meistens unbeaufsichtigt im Eingangsbereich liegen, manchmal auch einfach draußen auf dem Treppenabsatz. Entsprechend hatten diese Leute keine Lust, von der Stadt ein teures Gerät zu leihen, das per Post geliefert wurde: Was, wenn das Paket gestohlen wurde? Müssten sie es dann bezahlen?

Es dauerte ein paar Wochen, aber schließlich fanden Lee und ihr Team eine Lösung. Sie benutzten für jeden Schüler, dessen Familie sich nicht traute, ihre Adresse anzugeben, Lees Adresse, und für Rückfragen des Bezirks oder der Post gaben sie die Telefonnummer des stellvertretenden Schulleiters an. Leider wurden nicht alle Anträge rechtzeitig genug eingereicht, damit jeder Schüler für das laufende Schuljahr noch ein Gerät bekommen konnte. Einige dieser Kinder verschwanden komplett von der Bildfläche, andere loggten sich immerhin gelegentlich ein, oft über das Telefon ihrer Eltern. Aber am Ende des Schuljahres stapelten sich bei Lee die iPads. »Es waren Hunderte«, berichtete sie mir. Wieder einmal bat Lee ihre Kinder, ihr beim Verteilen zu helfen: »So verbrachten wir die Sommerferien. Wir organisierten eine Route und sagten den Familien, wann wir kommen würden. Wir baten sie, etwa zehn Minuten vor unserer Ankunft herunterzukommen oder aus dem Fenster zu schauen, falls sie eine Klingel hatten. Den ganzen Tag lang lieferten wir Kartons aus. Bis in den September hinein, den ganzen Sommer lang.«

Die Familien mit iPads zu versorgen, war die erste technische Herausforderung für Lee; die zweite war, ihnen beizubringen, wie man die Geräte benutzte. Die P.S. 42 ist eine Grundschule, d. h. die Kinder sind zwischen vier und elf Jahre alt. Nur eine Handvoll hatte ältere Geschwister oder Eltern, die mit dem Lern-Portal, das Software von Unternehmen wie Google und Microsoft beinhaltete, umgehen konnten. Lee bat ihre Lehrer, mit jeder Familie einen Videoanruf zu vereinbaren und ihnen das System zu erklären. »Dazu mussten wir zuerst bei den einzelnen Familien herausfinden, welchen Dialekt sie sprachen, und dann dafür sorgen, dass wir einen Lehrer hatten, der sich mit ihnen verständigen konnte«, so Lee. »Manchmal gingen wir zu einer Wohnung, und die Großmutter kam mit Handschuhen herunter, und wir sollten ihr zeigen, wie es funktioniert.« Dann gab es noch die üblichen Probleme: Manche Kinder hatten eine zu langsame Internetverbindung. Manche konnten sich nicht einloggen. Manche wurden nicht beaufsichtigt. Manche konnten sich nicht konzentrieren. Manche wollten ihre Kameras nicht einschalten. Manche tauchten gar nicht erst auf.

Die Kinder waren nicht die Einzigen, die mit dem Fernunterricht Probleme hatten. Auch Lees Kollegen fiel die Umstellung schwer. Manchmal lag es an der Technologie, häufiger aber daran, dass ihr Zuhause nicht darauf ausgelegt war, von dort aus zu unterrichten, schon gar nicht, wenn sie dort mit ihren eigenen Kindern eingesperrt waren. Viele Lehrer hatten zudem mit Ängsten im Zusammenhang mit der Pandemie zu kämpfen oder wurden vom Virus erwischt: Bis Anfang Mai infizierten sich mehrere Hundert Mitarbeiter des städtischen Bildungswesens mit Corona, und mindestens 74 davon starben.[15] Die P.S. 42 hatte zwar keine Toten zu beklagen, aber viele ihrer Lehrer wurden krankgeschrieben und mussten medizinisch versorgt werden, auch sie verpassten Teile des Unterrichts. Lee konnte spüren, wie unruhig ihr Umfeld wurde. Um wenigstens für etwas Stabilität zu sorgen, versprach sie ihren Familien, dass sie künftig selbst ganz verlässlich jeden Morgen auf dem Bildschirm auftauchen und allen Kindern eine Stunde lang etwas vorlesen würde. »Von März bis Juni habe ich das gemacht, jeden Tag«, sagte sie mir. Das Vorlesen wurde schnell zu einem Ritual, das ihr half, eine Art Pakt mit ihren Familien zu besiegeln. Eine Zeit lang war es sehr schön, wie Lee mir erzählte, aber irgendwann wurde diese zusätzliche Stunde vor dem Bildschirm zu einer Belastung. Sie war erschöpft, gestresst, schlief schlecht. Schließlich war sie auch nur ein Mensch. »Vielleicht bin ich jetzt ein wenig zu ehrlich, aber irgendwann fand ich es ganz furchtbar.« An dieser Stelle musste Lee über sich selbst und die Absurdität der Situation lachen. »Das mache ich garantiert nie wieder!«

Ohnehin waren bald andere Baustellen dringlicher. Von Beginn des Shutdowns an hatte Lee sich Sorgen gemacht, ob ihre Kinder und deren Eltern genug zu essen hatten. Normalerweise bekamen die Kinder in der Schule an jedem Wochentag zwei Mahlzeiten und einen Snack. Lee fragte sich, was jetzt geschehen würde, wo die Cafeteria geschlossen war, zumal viele Eltern damit zurechtkommen mussten, dass sie immer weniger (oder gar nichts mehr) verdienten, während die Wirtschaft schrumpfte.

Die örtlichen Behörden teilten ihre Bedenken. Am 23. März, dem Tag, an dem New York City mit dem Fernunterricht begann, richtete die Stadt 439 Ausgabestellen ein, an denen Familien an fünf Tagen in der Woche Mahlzeiten zum Mitnehmen – Frühstück, Mittagessen und Abendessen – abholen konnten.[16] Leider wurde an der P.S. 42 keine solche Ausgabestelle eingerichtet, und es lag auch keine in unmittelbarer Nähe, wie Lee mir erzählte. »Ich ging direkt zum Department of Education und sagte: ›Was fällt Ihnen denn ein?‹«, erinnerte sie sich. »Dort hieß es, an einer anderen Schule in der Nähe würde es bald eine Ausgabestelle geben, und ich sagte: ›Sie verstehen das nicht. Was sich jenseits der Allen Street abspielt, kriegen meine Familien nicht mit. Und viele meiner Kinder sind auf ihre Großeltern angewiesen, und die können so einen weiten Weg gar nicht zu Fuß gehen. Was sollen die machen?‹«

»Es war ein echter Kampf«, so Lee, wobei mir auffiel, dass sie sichtlich Spaß daran hatte, diesen Teil der Geschichte zu erzählen, auch wenn sie die Auseinandersetzung damals sicherlich weniger erfreulich fand. Nach fast dreißig Jahren als Angestellte eines öffentlichen Bildungssystems, das sie selbst und der Rest ihrer Familie ebenfalls durchlaufen hatten, wusste Lee, wie anstrengend es sein konnte, solche Kämpfe mit der Behörde auszufechten, aber auch, wie viel es bringen konnte. Vor fast fünfzig Jahren war sie an der P.S. 42 eine so gute Schülerin, dass sie sich einen Platz an der Hunter College High School verdiente, der Perle des gesamten New Yorker Schulsystems. Als Schuldirektorin »am Ende meiner Karriere« konnte sie nicht akzeptieren, dass ihre Familien kein Schulessen bekamen. »Ich schlug auf den Tisch«, berichtete sie mir, strahlte dabei aber die typische bescheidene Haltung aus, die man bei vielen Verwaltungsangestellten beobachten kann. »Und schon wurde auch bei uns Essen ausgegeben.«

In New York City wurden allein in der ersten Woche des Fernunterrichts etwa 560 000 Mahlzeiten ausgegeben, aber es dauerte nicht lange, bis die Behörde erkannte, dass das viel zu wenig war. Das Problem war nicht nur, dass dies lediglich ein Bruchteil der Mahlzeiten war, die die Schulen normalerweise an bedürftige Kinder ausgaben, sondern dass in vielen Fällen auch die Familien dieser Schüler nicht genug zu essen hatten. Mit welchem Recht sollte man die Eltern, Großeltern und andere Mitglieder des Haushalts hungern lassen? Daher weitete die Stadt im Laufe der Pandemie den Zugang zu den Essensausgaben weiter aus und nutzte dafür Soforthilfemittel der Bundesregierung und des Bundesstaates. Die P.S. 42 richtete einen Raum ein, in dem jeder ohne irgendeinen Nachweis gratis zu essen bekam. »Die Vormittage sind für Familien vorgesehen, die Nachmittage für Erwachsene«, sagte mir Lee. »Ich habe den Mitarbeitern verboten, die Leute auszufragen. Schulessen ist ja nie wirklich lecker, dafür steht keiner Schlange, der nicht wirklich Hunger hat. Und bei uns gab es jeden Tag eine Schlange.«

Als es wieder wärmer wurde und die Zahl der COVID-Fälle in New York City stark zurückging, sah sich Lee mit einem neuen Problem konfrontiert. Im August erklärten sowohl der Gouverneur als auch der Bürgermeister von New York, im Herbst würden die öffentlichen Schulen wieder geöffnet werden. Die Schulbehörde führte eine Umfrage durch, und etwa drei Viertel der befragten Schüler gaben an, sie würden lieber wieder zur Schule gehen als online unterrichtet zu werden. »Wir sind der einzige große Schulbezirk in Amerika, der einzige große städtische Bezirk, der für diesen Herbst Präsenzunterricht plant«, prahlte de Blasio.[17] Doch Kritiker, darunter Eltern wie auch Pädagogen, befürchteten, dass die Schulen mit ihren veralteten Belüftungssystemen, kleinen Toilettenräumen und überfüllten Cafeterias nicht dafür geeignet waren, den Schülern eine sichere Rückkehr zu ermöglichen. »Ich glaube kaum, dass die Schulen das hinbekommen, und das habe ich auch laut und deutlich angemerkt«, sagte der Stadtrat und ehemalige Lehrer Mark Träger, der dem städtischen Bildungsausschuss vorsaß. »Die Schulen haben nicht genug Geld, nicht genug Zeit und nicht genug Platz, um die Sicherheitsvorgaben umzusetzen.«

Lee war entschlossen, die P.S. 42 so herzurichten, dass sich ihre Mitarbeiter und Schüler zumindest einigermaßen sicher fühlen konnten, nur leider bekam sie dabei weder von der Stadt noch vom Staat sonderlich viel Unterstützung: »Sie wollten die Schulen einfach so wieder öffnen! Wir bekamen dafür weder genug Zeit noch irgendwelche Hilfestellungen. Von der Behörde kamen nur pauschale Ankündigungen, was wir in den Schulen tun sollten. Aber wie sollten wir das alles schaffen? Wir tappten alle total im Dunkeln.«

In Chinatown hatte sich Lee mit den Schulleitern von drei anderen Schulen zusammengetan und eine Art Selbsthilfegruppe gegründet: »Wir nennen uns den ›Joy Luck Club‹. Wir reden ständig miteinander, und keiner von uns bekommt irgendwelche Leitlinien an die Hand.« Die Stadt hatte versprochen, dass jedes Klassenzimmer einen neuen Luftfilter bekommen würde, dass alle Tische 1,80 Meter Abstand voneinander haben würden und dass die Lehrer Hybridunterricht durchführen könnten. »Das war alles Blödsinn«, so Lee. »Mein Gebäude ist über hundert Jahre alt, das hat gar keine Luftfilteranlage. Es ist überall staubig. Also habe ich auf eigene Faust Luftfilter besorgt und aus meinem eigenen Schulbudget bezahlt. Ich habe jedem Lehrer eine Plexiglasscheibe gekauft, damit sie sich beim Unterrichten sicherer fühlen. Ich wusste nur: Wir müssen das schaffen! Jeder einzelne Schulleiter war auf sich allein gestellt.«

Aber es gab noch etwas anderes, womit sich Lee in jenem August auseinandersetzen musste, etwas viel Persönlicheres und Schlimmeres. Jahre zuvor hatten die Ärzte einen Knoten in ihrer linken Brust entdeckt und ihr geraten, sich regelmäßig untersuchen zu lassen. Im Jahr 2020 wollte niemand zum Arzt gehen. (In den USA ging die Zahl der Arztbesuche während der Pandemie sowohl bei Routineuntersuchungen als auch bei Notfallbehandlungen ohne COVID-Bezug stark zurück.[18]) Lee ging trotzdem zum Arzt. Kurz vor Ende der Sommerferien wurde bei ihr Brustkrebs in Stadium II diagnostiziert, und sie bekam eine Chemotherapie verordnet: »Gott sei Dank war es nicht Stadium III oder IV. Eine gute Freundin von mir starb an Darmkrebs Stadium IV – mein Gott, ging das schnell.«

Mit dieser Diagnose und den Behandlungen hätte Lee allen Grund gehabt, in jenem Herbst zu Hause zu bleiben. Sie hatte nun eine Grunderkrankung, die sie anfälliger für die gefährlichen Symptome von COVID machte, und musste obendrein noch jede Menge Schmerzen ertragen. Aber das konnte sie nicht von der Arbeit abhalten: »Klar, ein paar Mal konnte ich wegen des Timings nicht zur Schule kommen. Aber zur Schule zu gehen, war für mich nie ein Problem. Ich fühle mich in dem Gebäude immer sicher.« Ihre Arbeit ist für Lee nicht nur ein Beruf, sondern eine Berufung. Sie macht ihren Lehrern immer klar, dass deren Job in erster Linie ein Dienst an der Gemeinschaft ist, aber was sie ganz persönlich betrifft, so ist die Schule Lees allerliebster Ort, hier ist sie in ihrem Element. Sie bereitete die P.S. 42 darauf vor, dass es ab Herbst 2020 wieder Präsenzunterricht geben würde, aber am ersten Schultag, dem 11. September, schickte nur jede dritte Familie ihre Kinder zurück in die Schule. Auch die Lehrergewerkschaften waren noch vorsichtig, und Bürgermeister de Blasio, der befürchtete, dass es wegen der mangelnden Arbeitssicherheit für Lehrer zu einem

Streik kommen könnte, verschob den offiziellen Start um zehn Tage nach hinten.[19] Das Schuljahr verlief holprig, denn eine neue Corona-Welle zwang die Stadt zu einem weiteren Shutdown im November, und den ganzen Winter und Frühling über gab es immer wieder Unterbrechungen des regulären Schulbetriebs.

Als ich Lee fragte, wie es denn nun mit der P.S. 42 weitergehen werde, während die Stadt gerade einen weiteren Vorstoß unternahm, zum normalen Leben zurückzukehren, verkündete sie: »Ich bin da ganz optimistisch. Nächsten Herbst geht es bestimmt wieder rund. Aber ich mache mir keine Sorgen, denn nach dem, was wir durchgemacht haben, weiß ich: Wir können alles schaffen.« Sie hielt inne, holte tief Luft und setzte ein trotziges Lächeln auf. »Nur her damit!«

Kapitel 2
Erste Reaktion

Wir werden nie nachvollziehen können, wann genau das neuartige Virus SARS-CoV-2 auf die menschliche Bevölkerung übergriff und wann die erste Person an der Krankheit, die wir COVID-19 oder Corona nennen, erkrankte. Einige Wissenschaftler behaupten, der erste Fall sei im November 2019 in der chinesischen Provinz Hubei aufgetreten.[1] Beamte in Wuhan datierten die ersten Fälle auf den 8. Dezember 2019.[2] Allerdings legt ein einflussreicher Artikel in *Science* nahe, dass die dortigen Patienten erst später im Dezember an Corona erkrankten, und damit wäre die erste diagnostizierte Patientin eine Verkäuferin auf dem Wet Market in Wuhan gewesen, wo lebende Säugetiere, Reptilien, Geflügel und Fische verkauft werden. Ihre Symptome begannen am 10. Dezember.[3]

Klar ist, dass Ende Dezember bei mehreren Dutzend Menschen in und um Wuhan eine Lungenentzündung mit unbekannter Ursache diagnostiziert wurde. Am 30. Dezember verschickte die städtische Gesundheitskommission von Wuhan an die örtlichen Krankenhäuser zwei interne Mitteilungen, in denen sie vor einer Häufung von Atemwegserkrankungen warnte, die offenbar mit dem Wet Market in Wuhan in Verbindung standen.[4] Die Mitteilung der Regierung war jedoch vor allem dazu gedacht, die Existenz der neuartigen Krankheit möglichst unter den Teppich zu kehren, denn sie enthielt eine Anweisung, die es allen Mitarbeitern des Gesundheitssystems untersagte, ohne offizielle Genehmigung Informationen über die Krankheit an Dritte weiterzugeben.[5] Am nächsten Tag, dem 31. Dezember, informierte die chinesische Regierung die Weltgesundheitsorganisation über eine Häufung von Fällen von Lungenentzündung, und am 1. Januar 2020 schlossen die örtlichen Behörden den Markt, weil sie befürchteten, dass das Virus von Tieren auf Menschen übertragen wurde. So besorgniserregend das auch klang, es war besser als die Alternative: eine Übertragung von Mensch zu Mensch, denn die würde bedeuten, dass sich das Virus schon bald unkontrollierbar ausbreiten konnte. Am 5. Januar 2020 veröffentlichte die WHO ihre erste Meldung über den Ausbruch der Krankheit. In dem Artikel hieß es, es gebe »44 Fälle von Lungenentzündung, die räumlich und zeitlich ein Cluster bilden«, und es sei »eine Verbindung zu einem Großmarkt für Fisch und lebende Tiere gemeldet worden, die auf eine Exposition in Verbindung mit Tieren hinweisen könnte«. Die WHO »beobachtet die Situation genau und steht in engem Kontakt mit den nationalen Behörden in China«, hieß es weiter. Auf der Grundlage der aktuellen Informationen »rät die WHO jedoch davon ab, Reise- oder Handelsbeschränkungen für China zu verhängen«.[6]

Am 7. Januar führten chinesische Wissenschaftler die Lungenentzündungen auf ein neuartiges Coronavirus zurück, das den Viren ähnelte, die 2003 einen Ausbruch von SARS (Severe Acute Respiratory Syndrome) und 2012 einen Ausbruch von MERS (Middle East Respiratory Syndrome) verursachten. Am 11. Januar veröffentlichte ein Forscherkonsortium in China die genetische Sequenz von SARS-CoV-2. »Wissenschaftler, die sich über Chinas mangelnde Transparenz bei den seit einem Monat auftretenden Fällen von Lungenentzündung in der Stadt Wuhan Sorgen machten, durften heute aufatmen«, hieß es in einem Artikel in *Science*, der einen Tweet von Jeremy Farrar, dem Leiter des Wellcome Trust in London, zitierte: »Gemeinsame Nutzung von Daten gut für Gesundheitswesen«.[7]

Am selben Tag bestätigten die Behörden von Wuhan den ersten Todesfall durch das Virus, einen 61-jährigen Mann, der den Wet Market in Wuhan besucht hatte. Am 13. Januar gab Thailand bekannt, dass ein Besucher aus Wuhan mit Corona-Symptomen in ein örtliches Krankenhaus eingeliefert worden sei, es war der erste registrierte Fall außerhalb Chinas. Japan bestätigte seinen ersten Fall am 16. Januar: ein Einwohner der Präfektur Kanagawa, der vor

Kurzem aus Wuhan zurückgekehrt war.[8] Nicht einmal eine Woche später, am 20. Januar, wurden der erste Corona-Fall in den USA (ein 35-jähriger Mann in Snohomish County, Washington) und der erste Fall in Südkorea gemeldet, tags darauf der erste Fall in Taiwan.[9] In der darauffolgenden Woche erreichte Corona Australien und Kanada (25. Januar) und gegen Ende des Monats Großbritannien.[10] Der erste COVID-Fall in Deutschland wurde am 27. Januar nachgewiesen: Ein Mitarbeiter eines Autozulieferers in der Nähe von München hatte sich bei einer Geschäftsreisenden aus Shanghai angesteckt.[11]

***

Nachdem SARS-CoV-2 und damit COVID-19 die Grenzen Chinas hinter sich gelassen hatten, erreichten sie ungefähr zur selben Zeit verschiedene Staaten, doch in den Reaktionen dieser Staaten zwischen Januar und April 2020 gab es sowohl in zeitlicher als auch in inhaltlicher Hinsicht drastische Unterschiede.[12] Auf welche Weise genau sich diese Unterschiede auswirkten, ist bis heute noch nicht abschließend erforscht, aber eines ist klar: Sie sorgten dafür, dass ganze Gesellschaften geschützt oder gefährdet waren, und sie gaben den Kontext für die Strategien der folgenden Jahre vor. Die unmittelbaren, teils sogar reflexartigen Reaktionen in verschiedenen Ländern sind nicht nur deshalb so interessant, weil sie den Verlauf der Coronakrise beeinflussten, sondern auch, weil sie uns eine Menge über den Charakter bestimmter Staaten und Gesellschaften verraten. Indem wir unter die Lupe nehmen, wie die einzelnen Länder auf eine Gefahr reagieren, die allen gemeinsam droht, erfahren wir, wie diese Nationen funktionieren, welche Werte die Regierenden vertreten und mit welchen Herausforderungen die Bürger konfrontiert sind. Sowohl strukturelle Merkmale einer Regierung, wie die Macht des Präsidenten, als auch zufällig zusammentreffende Faktoren, zum Beispiel welche Person oder Partei im Amt ist, wenn die Bedrohung auftritt, prägen das Vorgehen einer Regierung bei Krisen, die die öffentliche Gesundheit betreffen. (Das Weiße Haus hätte sicherlich anders gehandelt, wenn Hillary Clinton im Jahr 2020 Präsidentin gewesen wäre, aber wahrscheinlich hätten republikanische Gouverneure die Richtlinien der US-Bundesregierung auf Ebene der einzelnen Bundesstaaten ausgehebelt.) Dennoch lässt sich an der Art und Weise, wie ein Nationalstaat in entscheidenden Momenten (zum Beispiel beim Ausbruch einer Pandemie) handelt, sehr gut ermessen, was man dort zu tun bereit ist, um Menschenleben zu schützen.

Der renommierte Medizinethnologe Didier Fassin vom Princeton Institute for Advanced Study sieht in all den weltweit unterschiedlichen Reaktionen auf COVID dennoch eine Gemeinsamkeit: »Menschenleben zu retten, hatte stets den Vorrang vor allen anderen Überlegungen.« Zum ersten Mal in der Geschichte verlangten Staaten in allen Teilen der Welt von ihren Bürgern außergewöhnliche persönliche Opfer, um sicherzustellen, dass die Menschen in deren direkter Umgebung eine größere Überlebenschance hatten. »Zuallererst wurden bürgerliche Freiheiten und individuelle Rechte teilweise ausgesetzt: Bewegungsfreiheit, Versammlungsfreiheit, mitunter auch das Recht auf freie Meinungsäußerung, das Recht auf Bildung, Arbeit, Privatsphäre und Asyl, das Recht auf Intimität mit geliebten Menschen am Lebensende und deren Ehrung bei Beerdigungen.« Zweitens, so Fassin, wurde »vorübergehend ein Großteil der Wirtschaft heruntergefahren, mit den vorhersehbaren negativen Auswirkungen«.[13] Kleine Unternehmen gingen bankrott. Arbeitsplätze verschwanden. Die Staatsverschuldung schnellte in die Höhe. Die Aktienmärkte brachen ein. War es wirklich gerechtfertigt, dass man von jungen Menschen verlangte, auf die flüchtigen Freuden der Jugend zu verzichten? Was gab den Regierenden das Recht, sich so etwas anzumaßen? Die Sorge um die Gesundheit der Bevölkerung, insbesondere um die Gesundheit alter und gebrechlicher Menschen.

Das Gesundheitswesen ist seit jeher ein hybrides und umkämpftes Feld. Zu seinen Akteuren zählen nicht nur Wissenschaftler und Mediziner, die politische Entscheidungen weitgehend aus dem Blickwinkel der epidemiologischen Forschung bewerten, sondern auch Politiker, die oft noch ganz andere Faktoren berücksichtigen, von der Wirtschaft über internationale Beziehungen bis hin zur Lobbyarbeit einflussreicher Branchen und Berufsverbände – ganz zu schweigen von ihrem eigenen Status und ihrer Popularität. Das Machtgleichgewicht im Gesundheitswesen eines Landes schwankt im Laufe der Zeit, wird aber in der Regel von den ideologischen Verpflichtungen der Regierungspartei, von den Prioritäten und Interessen ihrer Anführer und von der relativen Stärke von Unternehmen (zum Beispiel Pharmaunternehmen), Gewerkschaften und wissenschaftlichen Organisationen im politischen System des Landes bestimmt. Wie das Gesundheitswesen während einer Krise (re)agiert, bestimmen häufig Personen, die über etwas verfügen, das ein Forschungsteam unter der Leitung von Sheila Jasanoff, Expertin für Wissenschafts- und Technologiestudien aus Harvard, als »epistemische Autorität« bezeichnet, also Personen, die »in der Lage sind, wissens- und evidenzbasierte Entscheidungen für die Öffentlichkeit zu treffen«.[14]

Es gibt einen weiteren wichtigen Faktor, der solche nationalen Gesundheitssysteme prägt: ob sie die Öffentlichkeit, die sie schützen sollen, auch anerkennen und respektieren. Jasanoff und ihre Mitarbeiter bezeichnen dies als »gesellschaftliche Übereinkunft«. In den einzelnen Staaten ist diese gesellschaftliche Übereinkunft allerdings unterschiedlich ausgeprägt, und wie die verschiedenen Armuts- und Obdachlosenraten und die unterschiedliche medizinische Versorgung zeigen, bieten einige Staaten ihren Bürgern wesentlich mehr Schutz als andere. In der Praxis erhalten zudem verschiedene Gruppen innerhalb eines Staates unterschiedlich viel Schutz. So gibt es große nationale Unterschiede, wie sehr sich der Staat um alte Menschen kümmert, wie hoch die Strafen für verurteilte Straftäter sind, wie gut Einwanderer integriert werden, wie intensiv die Diskriminierung von Randgruppen bekämpft wird. Gesundheit ist ein Menschenrecht, doch wie das Gesundheitssystem eines Staates aussieht, hängt ganz allgemein von einigen zentralen Punkten ab: Garantiert der Staat die medizinische Versorgung aller seiner Bürger, oder entscheidet der Markt, wer Zugang zu welchen medizinischen Leistungen erhält? Werden Wissenschaftler, Ärzte und Klinikbetreiber mit wichtigen Informationen versorgt? Wie und in welchem Umfang werden die Bürger über sektorspezifische Risiken, Bedrohungen und Schwachpunkte informiert? Werden eine faktenbasierte Berichterstattung und eine offene Debatte gefördert oder eingeschränkt? Teilen die Gesundheitsbehörden der Öffentlichkeit mit, was sie wissen, was sie nicht wissen und wo sie gerade dazulernen? Wie wichtig ist Gesundheitspolitikern die Gunst ihrer Wähler?

Vertrauen ist ein besonders schwieriges Thema für die Gesundheitsbehörden, zum einen, weil im 21. Jahrhundert einige Bereiche der medizinischen Wissenschaft Gegenstand heftiger ideologischer Auseinandersetzungen sind, und zum anderen, weil Ärzte und Beamte des Gesundheitswesens in manchen Fällen, zum Beispiel beim Auftreten einer neuartigen Infektionskrankheit, mitunter folgenschwere Entscheidungen treffen müssen, ohne dass sie über ausreichend Daten verfügen oder über so viele und genaue Daten, wie sie sie gerne hätten. Im ersten Jahr der Pandemie beispielsweise gaben Experten des Gesundheitswesens eine Reihe von Empfehlungen auf der Grundlage von Erkenntnissen ab, die sich als unvollständig oder falsch erwiesen, und später änderten sie ihre Empfehlungen. Manche Epidemiologen glaubten zunächst, SARS-CoV-2 würde nicht über die Luft verbreitet. Ein berüchtigter Tweet, den die WHO am 28. März 2020 veröffentlichte, lautete: »FAKT: #COVID19 ist NICHT über die Luft übertragbar. Das #Coronavirus wird hauptsächlich durch Tröpfchen übertragen, die entstehen, wenn eine infizierte Person hustet, niest oder spricht.«[15] Bald stellte sich heraus, dass das Virus doch durch Aerosole übertragen wird; der »FAKT« war überhaupt kein Fakt. Anfangs verkündeten die Gesundheitsbehörden diverser Länder, Masken seien für die Zivilbevölkerung unnötig; später wurde das Tragen von Masken zur Pflicht. Solche Sinneswandel sind nahezu unvermeidlich, wenn ein neuer Krankheitserreger auftaucht, denn so funktioniert die Wissenschaft nun einmal: Forscher kommen zu unterschiedlichen Resultaten und revidieren mitunter später ihre Ergebnisse, aber sie eint das kollektive Bestreben, Erkenntnisse zu etablieren und darauf aufbauend Theorien zu entwickeln. Wissenschaftliche Erkenntnisse – die wir gern als »die Wahrheit« bezeichnen – entwickeln sich mit der Zeit weiter. Die Wissenschaft macht Fortschritte, indem sie ihre früheren Irrtümer erkennt, und jede Korrektur bringt uns der Wahrheit näher – wie es der Wissenschaftsphilosoph Gaston Bachelard formulierte: »Da die Wissenschaft nie abgeschlossen ist, bleibt die Philosophie der Wissenschaftler stets mehr oder minder eklektisch, offen, vorläufig.«[16]

Während der Pandemie bekam man immer wieder mit, wie Journalisten und Offizielle zwischen »wissenschaftsgläubigen« und »wissenschaftsfeindlichen« Regierungen beziehungsweise Gesellschaften unterschieden. Aber diese Sichtweise wurde der Situation nicht wirklich gerecht. Jemand, der der Wissenschaft vertraut, indem er beispielsweise in ein Flugzeug steigt, einen Mikrowellenherd benutzt, ein Aspirin nimmt oder sich einer Knieoperation unterzieht, könnte durchaus skeptisch sein, was die langfristige Sicherheit eines neuen Impfstoffs oder die Wirksamkeit eines antiviralen Arzneimittels angeht – es hat ja in der Vergangenheit durchaus Fälle gegeben, in denen ein Impfstoff unerwartete Nebenwirkungen hatte, ein verschreibungspflichtiges Medikament mehr schadete als nützte, ein vermeintlich neutraler Mediziner seine Forschung heimlich von einem Pharmakonzern finanzieren ließ.

In den USA und in Europa verkünden immer mehr Konservative, dass sie »Regierungs-Wissenschaftlern« misstrauen, vor allem, wenn sie Maßnahmen im Bereich des öffentlichen Gesundheitswesens befürworten; zugleich misstrauen immer mehr Progressive »Industrie-Wissenschaftlern«, vor allem, wenn jene ein profitables neues Produkt anpreisen.[17] Zudem gibt es »die Wissenschaft« nicht, sie ist kein einzelner Akteur, keine Institution, die mit einer einzigen Stimme spricht. In unterschiedlichen Bereichen wird an unterschiedlichen Problemen geforscht, und manchmal führen die Erkenntnisse der Forscher zu Vorschlägen, die einander widersprechen. Sehen wir uns einmal an, wie das beim Umgang mit der Gesundheit von Schulkindern funktioniert: Beim Ausbruch einer

Infektionskrankheit teilen Mediziner den politischen Entscheidungsträgern mit, dass die Schließung von Schulen eine ausgezeichnete Methode ist, um Schüler, Familien und Lehrer zu schützen, während das Virus grassiert. Gleichzeitig sagen Pädagogen und Wirtschaftswissenschaftler den Politikern, dass es gefährlich ist, Schulen zu schließen, da sich so das Risiko erhöht, dass es zu Lernverlusten kommt, was wiederum die soziale Ungleichheit verstärkt, da arme Kinder es besonders schwer haben, aufzuholen. Politische Entscheidungsträger müssen immer abwägen und Kompromisse suchen. Während einer Pandemie haben ihre Entscheidungen enorme Implikationen.

Von Beginn der COVID-Pandemie an beobachteten politische Analysten, wie sich die Struktur der öffentlichen Gesundheitssysteme einzelner Staaten auf deren Reaktion auswirkte. In einigen Ländern, zum Beispiel China, ist das Gesundheitswesen zentralisiert, dort werden politische Entscheidungen und Maßnahmen bis hin auf die lokale Ebene von oben diktiert. In anderen Ländern, zum Beispiel den USA, ist das Gesundheitswesen föderalistisch organisiert, und lokale Behörden können in einer Reihe politischer Fragen ihre eigenen Entscheidungen treffen. Das Chaos, die Inkohärenz und die allgemein schwache Leistung des US-amerikanischen Gesundheitssystems im ersten Jahr der Pandemie veranlassten manche Experten, Systeme wie das chinesische zu preisen und zu fragen, ob eine Dezentralisierung und vielleicht sogar eine demokratische Regierung im Fall einer solchen Katastrophe nicht eher eine Belastung darstelle.[18] Doch wie die Politologin Danielle Allen aus Harvard anmerkte, haben auch Australien und Deutschland föderale Systeme, in denen die Bundesregierung die Kontrolle an die Bundesstaaten delegiert, und beide Staaten erwiesen sich im Umgang mit Corona als bemerkenswert effizient.[19] Darüber hinaus hat die Planung durch eine starke zentralisierte Regierung auch erhebliche Nachteile, angefangen bei den enormen Kosten, die entstehen, wenn etwas falsch läuft. In China zum Beispiel war die Regierung so zuversichtlich, dass sie die Pandemie allein mittels Lockdowns und Quarantänen in den Griff bekommen würde, dass niemand daran dachte, alternative Maßnahmen, vor allem einen wirksamen Impfstoff, zu entwickeln. Als sich das Virus weiterentwickelte und die Pandemie viel länger andauerte, als die Behörden es erwartet hatten, erwies sich dies als katastrophale Fehleinschätzung.

Dass die anfängliche Reaktion der einzelnen Länder auf die Bedrohung durch eine hochinfektiöse, potenziell tödliche Krankheit so unterschiedlich ausfiel, lässt sich nicht mit den im Jahr 2020 vorherrschenden Methoden zur Messung einer »Pandemie-Bereitschaft« erklären. Man denke nur an den Global Health Security Index (GHSI), die »erste umfassende Bewertung samt Leistungsvergleich der gesundheitlichen Sicherheit und der damit verbundenen Ressourcen in den 195 Vertragsstaaten der Internationalen Gesundheitsvorschriften«. Der GHSI ist ein gemeinsames Projekt der Nuclear Threat Initiative und des Johns Hopkins Center for Health Security, das von der Bill-und-Melinda-Gates-Stiftung finanziert und von einem beeindruckenden Gremium internationaler Experten beraten wird. Der GHSI wurde explizit entwickelt, um die nationalen Kapazitäten für den Umgang mit »Ausbrüchen von Infektionskrankheiten, die zu internationalen Epidemien und Pandemien führen können«, zu messen.[20] Im Jahr 2019 belegten die USA und Großbritannien Platz 1 und 2 im Ranking. Schweden kam auf Platz 7, Südkorea auf Platz 9. Deutschland belegte Platz 14, Neuseeland Platz 35 und China Platz 51.

Niemand wäre auf die Idee gekommen, diese Länder so zu bewerten, wenn es um die nationale Leistungsfähigkeit hinsichtlich der Corona-Pandemie ging. Die Länder mit den niedrigsten Sterblichkeitsraten, darunter Taiwan, Südkorea, Neuseeland und Australien, waren Länder, die besonders schnell reagierten und eine Strategie verfolgten, die der Medizinethnologe Andrew Lakoff als wachsamen, »vorsorglichen« Ansatz bezeichnet, der auf sorgfältiger Beobachtung, intensiver Überwachung und ständiger Neubewertung der sich entwickelnden Krise beruhte. »Das Prinzip der Vorsorge angesichts einer unkalkulierbaren Bedrohung [wie eines neuen Krankheitserregers] legt es nahe, keine Risiken einzugehen«, argumentiert Lakoff. »Es will verhindern, dass das gefährliche Ereignis eintritt.«[21]

Länder ohne funktionierendes Konzept für den Schutz der öffentlichen Gesundheit verwendeten riskantere oder weniger kohärente Strategien, und in manchen Fällen kümmerte man sich so gut wie gar nicht um das Wohlergehen der Bürger. Die USA und Großbritannien standen zu Beginn der Pandemie an der Spitze des GHSI-Index, aber 2020 und 2021 zählten beide zu den Ländern mit den höchsten Todesraten. Präsident Donald Trump und Premierminister Boris Johnson ignorierten die Empfehlungen etablierter Epidemiologen und führender Persönlichkeiten des Gesundheitswesens und befolgten stattdessen die Ratschläge von Verhaltensökonomen und politischen Beratern, die der Wirtschaft den Vorrang einräumten, die um jeden Preis »offen« bleiben müsse. Beide Regierungen verfolgten extrem riskante Ansätze zur Pandemiebekämpfung, u. a. die Strategie, das Virus innerhalb (möglichst) jüngerer und gesünderer Teile der Bevölkerung frei zirkulieren zu lassen, damit die Gesellschaft eine »Herdenimmunität« aufbauen könne – eine theoretisch plausible Strategie, die sich aber letztlich als katastrophal erwies. China verfolgte einen gänzlich anderen Ansatz: Als das Virus in Wuhan zum ersten Mal auftauchte, lag das Schicksal der Welt in Chinas Hand, und seine reflexartige Reaktion bestand darin, sie zur Faust zu ballen und so viel wie möglich zu kontrollieren und geheim zu halten, bis dieser unselige Plan in sich zusammenfiel.

Fassin behauptet zu Recht, dass die weltweite Reaktion auf COVID durch die »Anerkennung des Lebens als höchstes Gut« inspiriert war. Aber in einigen Ländern sind Menschenleben mehr wert als in anderen, und in den meisten Ländern gibt es Menschen, deren Leben in den Augen der Öffentlichkeit kaum etwas wert ist. Politische Entscheidungen im Bereich des öffentlichen Gesundheitswesens werden selten so sichtbar, wie es in der ersten Phase der Corona-Pandemie der Fall war, und selten lassen sie sich so gut gegenüberstellen wie bei einem Vergleich zweier verschiedener Gruppen von Staaten und Gesellschaften: den »zwei Chinas«, der

Volksrepublik China und der Republik China (Taiwan), und drei der größten Länder der »Anglosphäre«, Australien, Großbritannien und den USA. In den unterschiedlichen Reaktionen dieser Staaten zeigt sich auf eindrucksvolle Weise, wie der Wert von Menschenleben und die Werte der politischen Entscheider aufeinanderprallen, wenn alles auf dem Spiel steht.[22]

China

»Das Jahr 2020 begann mit einer Meldung über acht Personen, die für die Verbreitung ›unwahrer Informationen‹ zur Rechenschaft gezogen wurden«, schreibt Guobin Yang, ein chinesisch-amerikanischer Soziologe an der University of Pennsylvania und Autor von *The Wuhan Lockdown,* einem Sachbuch über die ersten Monate nach dem Ausbruch von SARS-CoV-2.[23] Eine der inhaftierten Personen war Dr. Li Wenliang, ein Augenarzt, der über das Internet Kollegen über Fälle einer Lungenentzündung unbekannter Ursache in Wuhan informierte, die SARS ähnelte. Innerhalb weniger Wochen starb Dr. Li an COVID-19. Postum avancierte er zum internationalen Helden, zum Whistleblower, der die Welt vor der gefährlichen neuen Krankheit warnen wollte, doch Anfang 2020 galt er [in der Volksrepublik China; Anm. d. Ü.] als Geächteter, als Paria, der mit Bloggern und Zivilisten gemeinsame Sache machte, denen man die Verbreitung von Gerüchten und Fake News vorwarf. Laut Xinhua, der offiziellen staatlichen Nachrichtenagentur Chinas, ließen sich alle Fälle von Lungenentzündung, um die sich Li sorgte, auf den Wet Market in Wuhan zurückführen. In keinem der Fälle war das Virus von Mensch zu Mensch übertragen worden, und kein medizinisches Personal hatte sich infiziert.[24] Li durfte erst an seinen Arbeitsplatz zurückkehren, nachdem er ein Geständnis unterzeichnet hatte, in dem er zugab, dass er falsche Angaben gemacht und die öffentliche Ordnung gestört hatte.[25]

In den ersten sechs Wochen nach Auftauchen des neuen Coronavirus gaben sich chinesische Behörden alle Mühe, Informationen zu kontrollieren und die öffentliche Ordnung aufrechtzuerhalten. Dies geschah durch Unterdrückung der medizinischen Medienberichterstattung und ein aggressives Vorgehen gegen all jene, die wie Dr. Li andere Mediziner informieren wollten. Unabhängige Analysten sind sich uneinig darüber, inwieweit sich Beijing der im Dezember 2019 und Januar 2020 aufkommenden Krise bereits bewusst war. Einer Einschätzung von US-Geheimdiensten zufolge enthielten Beamte in Wuhan nationalen Entscheidungsträgern wochenlang Informationen vor, weil sie Angst vor den Folgen hatten.[26]

Laut der Anthropologin Katherine Mason von der Brown University, die sich eingehend mit den Gesundheitsreformen in China nach der SARS-Epidemie beschäftigt hat, überschätzen außenstehende Beobachter in der Regel die Fähigkeit der chinesischen Regierung, wichtige Informationen über medizinische Ausnahmesituationen zu erhalten oder zu verbreiten. Der »zersplitterte Autoritarismus« des Landes funktioniert nur, weil jeder Beamte im System unter Druck steht, es seinen jeweiligen Vorgesetzten recht zu machen, und es gibt zahllose Gründe für Ärzte und Pflegepersonal, sich nicht zu einem Problem zu äußern, das vielleicht gar nicht wirklich existiert. »Transparenz ist schwierig, und Transparenz hat ihren Preis«, so Mason. »Über bestimmte Dinge ordnungsgemäß zu berichten, ... hat für eine Person auf lokaler Ebene nur einen sehr geringen Nutzen, kann aber unmittelbare persönliche und berufliche Auswirkungen haben – kein niederer Beamter möchte, dass ausgerechnet seine Institution oder Stadt der Ort ist, wo ein schlimmes Virus ausgebrochen ist.«[27]

Wie Mason aufzeigt, handelt es sich hier nur oberflächlich betrachtet um ein Fehlverhalten lokaler Beamter, in Wirklichkeit ist es ein Symptom für Probleme, die das politische System Chinas durchdringen. »Die Versäumnisse Chinas in der Anfangsphase der Krise und in der späteren Propagandakampagne im Ausland sind dem dortigen System in die Wiege gelegt worden«, heißt es in einem Bericht des australischen Lowy Institute. »Das auf mehreren Ebenen von Angst, Unsicherheit, Vertuschung, Arglist und Unentschlossenheit geprägte System versagte, bis die oberste Ebene irgendwann den Ernst der Lage erkannte. Das war der Grund dafür, dass sich das Virus über Wuhan hinaus auf den Rest des Landes und dann in aller Welt ausbreitete – weiter und schneller, als es das jemals hätte dürfen.«[28]

Die Entscheidungen, die die chinesische Regierung traf, hatten massive Auswirkungen auf alle Menschen auf diesem Planeten, und bis heute fragen sich Forscher, wie alles gekommen wäre, wenn China die Dinge anders gehandhabt hätte. Warum musste in Wuhan um jeden Preis die öffentliche Ordnung aufrechterhalten werden? Oder ganz allgemein in China? Warum verbot man Ärzten, Wissenschaftlern und Zivilisten den Mund, die allen Grund hatten, ihre Besorgnis über eine gefährliche neue Infektionskrankheit zu äußern, die – wie alle Infektionskrankheiten – mit jedem Tag, der tatenlos verging, schwerer einzudämmen war?

Die Antwort ist vielschichtig. Auf der Ebene der internationalen Beziehungen gibt es eine lange Tradition, dass Länder und Bevölkerungen, die als Quelle einer Infektionskrankheit identifiziert werden, stigmatisiert, bestraft und von der Weltwirtschaft abgeschnitten werden. Ein Bericht in der *New York Times* erinnerte an einen sehr erhellenden Fall aus dem Herbst 1994, als »in der indischen Hafenstadt Surat die Pest ausbrach. Es kam zu einer Massenhysterie, im Zuge derer zahlreiche Staaten umgehend Reisewarnungen für Indien verhängten. Touristen brachen ihren Urlaub ab. Fluggesellschaften annullierten Flüge. Die Vereinigten Arabischen Emirate verhängten ein Verbot für die Einfuhr indischer Güter, Russland verlangte Quarantänemaßnahmen für Frachtgut.«[29] In seinem Buch *Epidemics and Society* erklärt der Historiker Frank Snowden aus Yale, dass die Zahl der Todesopfer zwar überschaubar war – 700 Fälle und 56 Tote –, die Meldungen über die dortige Lage aber dennoch »einen fast biblischen Exodus auslösten, bei dem Hunderttausende Menschen die Industriestadt verließen«, was »Indien schätzungsweise 1,8 Milliarden Dollar an entgangenen Einnahmen durch Handel und Tourismus kostete«. Indien ist nicht das einzige Land, das teuer dafür bezahlen musste, dass dort eine ansteckende Krankheit ausbrach. Man denke nur an die Demokratische Republik Kongo (früher Zaire), wo die wirtschaftliche Entwicklung und die Sicherheit der Bürger bis heute unter der internationalen Furcht vor dem Ebola-Virus leiden, das dort 1995 ausbrach. Snowden führt eine Schlagzeile des australischen *Daily Telegraph* an, die illustriert, wie Medien allzu oft über Orte berichten, an denen ein tödlicher Erreger seinen Ursprung hat: »Aus dem Dschungel kommt ein Monster«. Eine solche Rhetorik schürt rassistischen Hass und kann eine Region oder sogar eine ganze Nation in Verruf bringen.[30]

Manchmal führen Rassismus und Vorurteile dazu, dass eine Krankheit komplett falsch zugeordnet wird. »Anfang der 1980er-Jahre informierten die Gesundheitsbehörden die Öffentlichkeit darüber, dass Aids seinen Ursprung wahrscheinlich in Haiti hatte«, schreibt der Medizinethnologe Paul Farmer. »Das Ergebnis: mehr Armut, eine noch größere Ungleichheit und eine stärkere Anfälligkeit für Krankheiten, nicht zuletzt Aids. Unter dem Etikett ›Aids-Überträger‹ litten auch die etwa eine Million Haitianer, die anderswo in Nord- und Südamerika lebten.«[31] Anfang 2020 befürchteten internationale Gesundheits- und Entwicklungsorganisationen wie auch Nationalstaaten, dass Warnungen vor einem »chinesischen Virus« zu kostspieligen Reise- und Handelsbeschränkungen führen und weltweit rassistischer Diskriminierung Vorschub leisten könnten. Immerhin war China bereits stark in die Kritik geraten, weil dort trotz des Risikos der Übertragung neuer Krankheitserreger wie SARS auf den Menschen weiterhin Nassmärkte betrieben wurden, auf denen lebende Säugetiere, Reptilien, Geflügel und Fische verkauft wurden.[32] Regierungschefs befürchteten, dass China für den Ausbruch von COVID-19 verantwortlich gemacht werden würde – mit schwerwiegenden wirtschaftlichen Folgen.

Faktoren, die für Wuhan und die nationale Kulturökonomie Chinas spezifisch waren, spielten genauso eine Rolle wie das Wesen des politischen Systems des Landes, in dem lokale Beamte immer Angst davor haben müssen, Fehler zu machen, mit denen sie Beijing verärgern und so ihre Karriere gefährden. Der Januar ist für die Stadt und die Region eine ganz besondere Zeit. Wuhan mit seinen elf Millionen Einwohnern ist ein wichtiger Verkehrsknotenpunkt für China, und während der Ferienzeit geht es hier ganz besonders turbulent zu. Jedes Jahr im Januar finden in der Stadt in den Wochen vor dem chinesischen Neujahrsfest, dem wichtigsten nationalen Feiertag, zahlreiche große Feste und öffentliche Veranstaltungen statt. Unternehmen, Hochschulen, Regierungsbehörden und Wohnsiedlungen veranstalten in der ganzen Region Gala-Events und Festivitäten. »Öffentlich zu verkünden, dass eine Epidemie ausgebrochen war, hätte all diesen festlichen Aktivitäten ein Ende bereitet«, schreibt Yang, »und damit möglicherweise eine Massenpanik ausgelöst und zu chaotischen Zuständen geführt.«[33] Im Jahr 2020 fanden in Wuhan zudem zwei große politische Kongresse statt: einer vom 6. bis 10. Januar, einer vom 11. bis 17. Januar. Yang berichtet, dass es lokalen Medien normalerweise untersagt ist, während dieser beiden Kongresse irgendwelche negativen Berichte zu bringen; Beijing weist die lokale Regierung an, dafür zu sorgen, dass die Redaktionen die »positive Energie« fördern, um zu Chinas Erfolgsimage beizutragen. Die Medien von Wuhan erwähnten die Epidemie in dieser entscheidenden Phase »mit keinem Wort«. Stattdessen machten alle so weiter, als wäre nichts Ungewöhnliches passiert – bis zum 23. Januar, als die Regierung plötzlich die gesamte Stadt abriegelte.[34]

Chinas Bemühungen, Informationen über das Virus zurückzuhalten, wurden durch die Regierung der USA erheblich erleichtert: Im Zuge von Präsident Trumps »America First«-Politik waren zwei Drittel der in Beijing zur Überwachung von Infektionskrankheiten stationierten Mitarbeiter der CDC entlassen und die chinesischen Niederlassungen der National Science Foundation und der United States Agency for International Development geschlossen worden, die bis dahin geholfen hatten, Epidemien zu überwachen und Maßnahmen zu koordinieren.[35] Am 3. Januar kontaktierte der Leiter der CDC, Robert Redfield, den Leiter des chinesischen Zentrums für Seuchenkontrolle und -prävention, George Fu Gao, und bot an, ihm ein Team US-Wissenschaftler zu schicken. Gao sagte, er sei nicht befugt, das Angebot anzunehmen, und als die CDC eine offizielle Anfrage an die chinesische Regierung richteten, wurde sie abgelehnt.[36] In der Zwischenzeit stieg die Zahl schwerer Corona-Fälle in China rapide an. Krankenhauspersonal und Personen, die nicht den Wet Market in Wuhan besucht hatten, steckten sich an. Trotzdem bestand China darauf, dass es keine Beweise für eine Übertragung von Mensch zu Mensch gab, und die WHO akzeptierte diese Behauptung und twitterte am 14. Januar: »Vorläufige Untersuchungen der chinesischen Behörden haben für das neuartige #Coronavirus (2019-nCoV), das in #Wuhan, #China, identifiziert wurde, keine eindeutigen Beweise für eine Übertragbarkeit von Mensch zu Mensch ergeben.«[37]

China beharrte auf dieser Behauptung, bis die Behörden am späten Abend des 19. Januar 2020 einen Anstieg neuer Fälle einräumte, bei denen das Virus definitiv von Mensch zu Mensch übertragen worden war. Präsident Xi Jinping, der in den ersten sechs Wochen des Ausbruchs geschwiegen hatte, gab seine erste öffentliche Erklärung ab: »Wir müssen den jüngsten Ausbruch der neuartigen Coronavirus-Lungenentzündung in Wuhan und an anderen Orten ernst nehmen. Die Parteikomitees, die örtlichen Regierungen und die zuständigen Abteilungen aller Ebenen müssen das Leben und die Gesundheit der Menschen an oberste Stelle setzen.«[38] Seit dieser Erklärung beharrt China darauf, dass der Schutz des Lebens und das Primat der Gesundheit stets oberste Priorität hatten, auch in den ersten Wochen nach dem Ausbruch. Inzwischen wissen Journalisten und Wissenschaftler, wie falsch diese Aussage war – noch mehrere Tage, nachdem China am 19. Januar öffentlich zugegeben hatte, dass das Coronavirus von Mensch zu Mensch übertragen wurde, hielt man in Wuhan Neujahrsfeiern ab, konnte man in die Provinz Hubei einreisen und sie verlassen.

Einige Forscher haben versucht zu ermitteln, wie viele Menschenleben Chinas Bemühungen, Informationen über das neue Virus zu unterdrücken, und die verzögerte Reaktion des Gesundheitswesens gefordert haben. Etwa fünf Millionen Einwohner Wuhans verließen im Januar die Stadt; sie reisten hauptsächlich in andere Städte in der Provinz Hubei, aber auch in andere große Städte in China und in andere Länder in aller Welt.[39] Eine in *Nature* veröffentlichte Studie stellt fest: »Wenn die Maßnahmen in China eine Woche, zwei Wochen oder drei Wochen früher eingeführt worden wären, hätte die Zahl der COVID-Fälle um 66 % (IQA 50–82 %), 86 % (81–90 %) beziehungsweise 95 % (93–97 %) reduziert werden können.«[40] Eine solch drastische Reduzierung der Fälle in der ersten Phase des Ausbruchs hätte die Pandemie möglicherweise besser beherrschbar gemacht oder dafür gesorgt, dass es gar nicht erst zu einer globalen Katastrophe gekommen wäre.

Doch auch wenn die chinesische Staatsführung der ganzen Welt schadete, indem sie zu Beginn die Wahrheit vertuschte: Mit ihren anschließenden nationalen Corona-Maßnahmen – langen Lockdowns, umfassender Kontaktpersonen-Nachverfolgung, Maskenpflicht, weitreichender Quarantäne und Isolierung sowie Androhung schwerer Strafen für Verstöße – gelang es ihr, eine weitere Ausbreitung von SARS-CoV-2 innerhalb des Landes zu verhindern, zu einer Zeit, als die Ärzte noch nichts dagegen tun konnten, und rettete so unzählige Menschenleben. Doch die Kosten für diese Maßnahmen waren erheblich. Erstens gingen sie zulasten der Qualität des öffentlichen Lebens in China, sie beeinträchtigten das Privatleben der Menschen und verursachten gewaltige gesellschaftliche und psychologische Probleme. Zweitens war man damit nicht in der Lage zu verhindern, dass viele chinesische Bürger schwer an Corona erkrankten, als das Virus mutierte und die zu Hause eingesperrten Bewohner forderten, den Lockdown zu beenden, obwohl sie noch keinen Zugang zu wirksamen Impfstoffen hatten. Chinas Strategie zögerte die Krise, die 2020 einen Großteil der Welt im Griff hatte, eine Weile hinaus, aber sie konnte die Katastrophe im eigenen Land nicht komplett abwenden, wie die Welt 2022 feststellen musste, als die Zahl der Infektionen in China sprunghaft anstieg.

Selbst im Laufe des Jahres 2020 war es für Wissenschaftler und Beamte in anderen Ländern unmöglich zu beurteilen, wie gut China bei der ersten Welle der Pandemie abgeschnitten hatte. Die Regierung hatte internationalen Gesundheitsbehörden, ausländischen Regierungen und Regimekritikern im eigenen Land wichtige Informationen vorenthalten, sodass alle im Unklaren über die Zahl der Fälle und der Todesopfer blieben. Angesichts der Kritik an ihrer Reaktion auf das Coronavirus startete die chinesische Regierung eine neue PR-Kampagne, in der sie sich »mit einem neuen Image als klarer Anführer im weltweiten Kampf gegen das Virus stilisierte«, wie die *New York Times* berichtete, während sie »Länder wie die Vereinigten Staaten und Südkorea beschuldigte, bei der Eindämmung der Ausbreitung zu zögerlich zu handeln«.[41] Das war ein Affront gegenüber allen Nationen, die mit den direkten Folgen von Chinas Fehlverhalten zu Beginn der Krise zu kämpfen hatten, in besonderer Weise aber für seinen direkten Nachbarn, bei dem allein die Nähe zum Katastrophenherd die Bekämpfung von COVID zu einer besonders dringlichen Angelegenheit machte.

Taiwan

Taiwan (offiziell: Republik China) ist ein dicht besiedelter Inselstaat mit 23,5 Millionen Einwohnern und ist von China nicht nur durch die 180 Kilometer breite Formosastraße getrennt, sondern auch durch eine heftig umstrittene politische Verordnung, nach der die Volksrepublik China Taiwan als Teil seines souveränen Territoriums betrachtet. Es gibt anhaltende Spannungen darüber, ob und wann China versuchen wird, die Kontrolle über den Inselstaat wiederzuerlangen. Wie unabhängig Taiwan von China ist, wurde im Januar 2020 ganz besonders deutlich. Wie seit 1996 üblich, wurden demokratische Präsidentschaftswahlen abgehalten, bei denen die Rechtswissenschaftlerin Tsai Ing-wen im Amt bestätigt wurde. Zur gleichen Zeit erfolgte eine umfassende, aggressive und öffentlichkeitswirksame Reaktion auf die Bedrohung durch ein neues Coronavirus, die bald in einer der weltweit effektivsten Gesundheitskampagnen münden sollte.

Im Grunde begannen Taiwans Bemühungen, COVID zu bekämpfen, bereits am 31. Dezember 2019, als China der WHO erstmals Fälle einer Lungenentzündung unbekannter Herkunft meldete. Noch am selben Tag hielt Taiwans Central Epidemic Command Center (CECC) eine Pressekonferenz ab, auf der die Verantwortlichen öffentlich verkündeten, was sie über die Ausbreitung des Virus in Wuhan wussten. Zwar wurden auch hier die Bürger aufgefordert, »keine unbegründeten Informationen und keine bloßen Gerüchte weiterzugeben«,[42] aber es gab keine Nachrichtensperre, und man hatte keine Repressalien zu befürchten, wenn man über die Risiken spekulierte. Stattdessen schuf die Regierung mit ihrer Pressekonferenz faktisch eine öffentliche Sphäre, in der jedermann beobachten konnte, wie sich die Situation entwickelte. Das Gleiche gilt für die erste Corona-Maßnahme: Passagiere, die aus Wuhan ankamen, wurden auf Fieber und Symptome einer Lungenentzündung untersucht. Auch diese Maßnahme führte Taiwan bereits am 31. Dezember ein und konnte sich dabei auf Erkenntnisse aus der SARS-Epidemie im Jahr 2003 berufen.[43]

Wie in Singapur, Hongkong, Vietnam und Kanada hatten die jüngsten Erfahrungen mit der SARS-Epidemie auch in Taiwan dramatische Veränderungen im öffentlichen Gesundheitswesen und insbesondere bei den Notfallprogrammen für Infektionskrankheiten bewirkt. Im April 2003, als die WHO weltweit 3947 wahrscheinliche Fälle und 229 Todesfälle zählte, gab es in Taiwan nur 29 Verdachtsfälle und keinen einzigen Todesfall. Zunächst glaubten die Gesundheitsbehörden, die Krise erfolgreich eingedämmt zu haben, doch ein neuer Cluster, der in einem Krankenhaus in Taipeh seinen Anfang nahm, löste eine Übertragungskette aus, die binnen weniger als sechs Wochen zu 684 neuen Fällen führte; 81 Menschen starben.[44] Glücklicherweise war SARS weniger ansteckend, als Wissenschaftler ursprünglich befürchtet hatten, und wuchs sich nicht zu einer nationalen, geschweige denn zu einer internationalen Katastrophe aus. Dennoch war den taiwanischen

Behörden klar, dass sie die Katastrophe nicht durch hilfreiche politische Entscheidungen abgewendet hatten – sie hatten schlicht Glück gehabt. Aufgrund dieser Erkenntnis brachten sie ein ehrgeiziges Projekt auf den Weg, um die nationale Gesundheitsinfrastruktur, die Kommunikationsstrategien und die lokalen Reaktionsmaßnahmen zu stärken. Sie richteten das CECC ein, dessen Leiter die Aufgabe hatte, die Arbeit von Regierungsbehörden, privaten Organisationen und zivilgesellschaftlichen Akteuren zu koordinieren. 2005 eröffneten die Behörden das National Health Command Center, und von da an wurden regelmäßig Übungen durchgeführt, die auf Simulationen von SARS-ähnlichen Ereignissen basierten.[45] Fünfzehn Jahre später, am 5. Januar 2020, gab das CECC die Order, alle medizinischen Einrichtungen in Alarmbereitschaft zu versetzen, um Erkrankungen im Zusammenhang mit einem wahrscheinlich gefährlichen Coronavirus zu erkennen. Beamte nutzten die Aufzeichnungen der Einwanderungs- und Zollbehörden, um alle Menschen in Taiwan, die sich in den vergangenen zwei Wochen in Wuhan aufgehalten hatten, zu warnen und sie auf Symptome zu untersuchen.[46] Es war das erste Mal, dass Taiwans Notfallsystem aktiviert wurde.

Die behördenübergreifende Reaktion lief schnell an. Es wurde ein nationales Team für Epidemieprävention gebildet, das Institutionen des öffentlichen und des privaten Sektors in eine Reihe gemeinsamer Projekte einbezog, die u. a. Tests durchführten, Kontakte nachverfolgten und Schutzausrüstung herstellten.[47] Die taiwanische Regierung erhöhte sofort das Tempo der Maskenproduktion und setzte dazu staatliche Mittel und Militärpersonal ein, und sie entwickelte Pläne für die Rationierung von Masken und die Verteilung durch örtliche Apotheken.[48] Am 12. Januar, nur einen Tag nachdem China die vollständige Genomsequenz des neuen Coronavirus veröffentlicht hatte, gaben die taiwanischen Zentren für Seuchenkontrolle bekannt, dass sie ein schnelles und zuverlässiges Testkit entwickelt hatten, das innerhalb von vier Stunden ein Ergebnis lieferte, und dass sie mit Hochdruck daran arbeiteten, den Umfang und die Geschwindigkeit ihres Testbetriebs zu erhöhen.[49] Am 21. Januar diagnostizierte Taiwan seinen ersten Fall von COVID-19, bei einer Frau, die gerade aus Wuhan eingetroffen war, und obwohl das Land formal nicht der WHO angehörte, meldete es den Fall dort sofort. Zum Neujahrsfest am 26. Januar verkündete Taiwan drastische Einschränkungen des Reiseverkehrs: Die Behörden sagten alle Gruppenreisen nach China ab, erteilten eine strikte Reisewarnung für die Provinz Hubei und kündigten an, wer nach Rückkehr aus Wuhan Krankheitssymptome habe und nicht melde, müsse ein Bußgeld in Höhe von 300 000 TWD (ca. 9000 EUR) zahlen.[50] Als den Gesundheitsbehörden am 28. Januar der erste innerhalb Taiwans übertragene Fall von COVID-19 gemeldet wurde, kündigte die Regierung an, weitere Einschränkungen, auch Schulschließungen, seien unvermeidlich.[51]

Als demokratische Gesellschaft hätte Taiwan eine solch ehrgeizige Gesundheitskampagne, die derart in das Leben der Menschen eingriff, nicht ohne die Mitarbeit von Privatunternehmen, lokalen Beamten, Bürgergruppen und Mitgliedern von Oppositions- und Minderheitsparteien durchführen können. Selbstverständlich war das alles nicht. Wie die Brookings Institution berichtete, war in Taiwan in den Jahren vor der Pandemie das Vertrauen der Öffentlichkeit in die Politik immer mehr gesunken, nicht zuletzt aufgrund einer fortschreitenden politischen Polarisierung, die von gezielter Desinformation im Internet angeheizt wurde, und wegen des Schreckgespensts einer chinesischen Aggression, das immer über dem Land schwebte.[52] Zusätzlich zu den Investitionen in Gesundheitswesen und Infektionsmanagement hatte Taiwan im Jahr 2018 Audrey Tang zur »Digital-Ministerin« ernannt, die die Entscheidungsprozesse der Regierung offener und transparenter machen und so Vertrauen schaffen sollte. Tang führte eine Vielzahl neuer Programme ein, u. a. ließ sie öffentliche Foren per Livestream übertragen, schuf neue Möglichkeiten zur Bürgerbeteiligung und initiierte Echtzeit-Kampagnen, in denen »zivile Hacker« und Social-Media-Unternehmen Desinformationen widerlegen und bekämpfen, bevor sie weitere Verbreitung finden. Diese Bemühungen konnten »Fake News« und ideologische Spaltungen nicht beseitigen, aber sie verbesserten die Situation und halfen, das Vertrauen vieler Bürger in die Politik wiederherzustellen, als das Land es am meisten brauchte.

Taiwans anfängliche Reaktion auf Corona war verblüffend effektiv. Aufgrund seiner Nähe und seiner engen kulturellen und wirtschaftlichen Verbindungen zu China war das Land einem so hohen Risiko ausgesetzt, dass Forscher der Johns Hopkins University Taiwan auf Platz zwei der Länder mit dem höchsten »Importrisiko« setzten, als sie im Januar 2020 Modelle schufen, um die Ausbreitung des neuen Coronavirus zu prognostizieren.[53] Doch einen Monat nach dem ersten Fall gab es im Land lediglich 22 Corona-Patienten, von denen sich nur fünf auf der Insel angesteckt hatten.[54] Taiwans Fallzahlen und Letalitätsraten zählten während der gesamten Pandemie zu den niedrigsten weltweit. Wie ein Artikel in der *International Political Science Review* es ausdrückt, kann man daran sehen, »wie liberale Demokratien COVID-19 kontrollieren und bekämpfen können, ohne auf autoritäre Seuchenschutz-Methoden zurückzugreifen«.[55]

Wie die meisten Länder war auch Taiwan nicht in der Lage, COVID für immer unter Kontrolle zu halten. Nachdem monatelang in der Bevölkerung kein einziger Fall mehr aufgetreten war, erlebte das Land im Mai und Juni 2021 einen kurzen, aber tödlichen Ausbruch mit etwa 14 000 gemeldeten Fällen und 700 Toten.[56] Die Regierung reagierte schnell und verfügte umgehend eine Maskenpflicht für alle öffentlichen Bereiche, verhängte eine Quarantäne für alle, die dem Virus ausgesetzt waren, und ließ die Kontakte der Erkrankten nachverfolgen. Die Bürger hielten sich an die Anordnungen. Die Medien unterstützten sie. Bis Juli war es dem Land gelungen, die Kurve abzuflachen.

Im Oktober 2021 lag Taiwan nach Berichten der britischen Forschungsgruppe Economics Observatory »unter vergleichbaren OECD-Ländern bei der Gesamtzahl der COVID-19-Fälle an letzter und bei den Todesfällen pro 100 000 Einwohner an zweitletzter Stelle«.[57] Taiwan behielt dieses Niveau auch im darauffolgenden Jahr bei, und im Februar 2023 lag die dortige COVID-Letalitätsrate für den gesamten Verlauf der Pandemie bei 72 pro 100 000 Einwohner. Das war nur geringfügig höher als die Letalitätsrate der beiden Länder, die Corona am erfolgreichsten bekämpft hatten, Japan (56 pro 100 000 Einwohner) und Südkorea (66 pro 100 000 Einwohner), und fast fünfmal niedriger als die der USA (339 pro 100 000 Einwohner).[58] Offenbar ist Realismus eine erstaunlich gute Basis für politisches Handeln.

Australien

Australiens anfängliche Reaktion auf Corona war ebenfalls von einem hohen Maß an wissenschaftlichem Realismus geprägt – sogar einem überraschend hohen Maß, wenn man bedenkt, dass die konservative australische Regierung just zu dem Zeitpunkt, als Corona ausbrach, mit verheerenden Buschbränden zu kämpfen hatte und sich alle Mühe gab, die Beteiligung des Klimawandels an der historischen Katastrophe herunterzuspielen. Premierminister Scott Morrison hatte sich bereits einen zweifelhaften Ruf als einer der weltweit einflussreichsten Klimaskeptiker erworben, indem er allgemein anerkannte Erkenntnisse über den Zusammenhang zwischen den Emissionen fossiler Brennstoffe und ökologischen Risiken öffentlich anzweifelte und sich dem Ausbau erneuerbarer Energien widersetzte. Im November 2019 bezeichnete sein stellvertretender Premierminister Michael McCormack Klimaaktivisten, die darauf beharrten, dass die globale Erwärmung Australien in ein Pulverfass verwandele, als »irre Fantasten«.[59] Zumindest bei diesem Thema von globaler Relevanz zeigte die politische Führung des Landes wenig Interesse, sich bei ihrem Handeln an den Erkenntnissen der Wissenschaft zu orientieren.

Bei der Bekämpfung von Infektionskrankheiten sah das jedoch ganz anders aus. Wie Taiwan litt auch Australien im Jahr 2003 unter der SARS-Epidemie. Das Land hat enge Verbindungen zu Chinas Wirtschaft und Kultur, mehr als eine Million Australier haben chinesische Wurzeln, und mehr als 1,4 Millionen Touristen reisen jedes Jahr aus China ein. Die australischen Gesundheitsbehörden konnten sich glücklich schätzen, dass nur sechs mutmaßliche SARS-Fälle im Land auftauchten, und verpflichteten sich trotz dieses glimpflichen Verlaufs, schnell und aggressiv zu handeln, sobald wieder ein ähnlicher Krankheitserreger auftauchen würde. Dabei war durchaus hilfreich, dass das Land auf eine lange Tradition wirksamer Maßnahmen zur Förderung der öffentlichen Gesundheit zurückblicken konnte, von der allgemeinen Krankenversicherung bis hin zu einer Reihe erfolgreicher Kampagnen zur Eindämmung gefährlicher Verhaltensweisen wie dem Verbot des Rauchens in der Öffentlichkeit oder der Regulierung von Waffenbesitz. Entsprechend waren die australischen Behörden bereit, strikte Maßnahmen zu ergreifen, um die Ausbreitung einer neuartigen Krankheit einzudämmen, und sie konnten davon ausgehen, dass ihre Bürger sie dabei unterstützen würden.

Trotz des Ursprungs ihrer Nation als Land der Gesetzlosen und trotz ihres Rufs als notorische Freigeister begrüßten die Australier diese Reformen. »Unsere gesamte Geschichte ist davon geprägt, dass wir auf den Staat und seine Gesetze vertrauen und uns gern an Vorschriften halten«, argumentierte der Kolumnist des *Sydney Morning Herald*, Waleed Aly. »Wir waren das erste Land, das die Anschnallpflicht eingeführt hat. Wir sind eines der wenigen Länder mit einer Helmpflicht für Radfahrer. Wir waren unter den Ersten, die verpflichtende Atemtests für Kraftfahrer eingeführt haben. Mag sein, dass wir keine Politiker mögen, aber letztendlich finden wir es gut, dass wir eine Regierung haben, aus dem einfachen Grund, dass der moderne Nationalstaat Australien sonst nie hätte existieren können.«[60]

Grenzkontrollen waren in Australien schon immer ein wichtiges Thema. Am 1. Februar verhängte Premierminister Morrison entgegen den Empfehlungen der WHO erstmals ein Einreiseverbot für Ausländer, die sich in den vorangegangenen zwei Wochen in der Volksrepublik China aufgehalten hatten.[61] Das Verbot wurde verlängert, bis es am 19. März auf dramatische Weise ausgeweitet wurde, als Morrison ankündigte, dass Australien seine Grenzen schließen und nur noch australische Staatsbürger, Menschen mit dauerhaftem Wohnsitz in Australien und medizinisches Fachpersonal ins Land lassen würde.[62] Die Reisebeschränkungen blieben bis zum 21. Februar 2022 in Kraft, als geimpfte Touristen einreisen durften. Die lange Dauer dieser Maßnahme war nicht das einzig Ungewöhnliche an den australischen Grenzkontrollen: Während der Pandemie wurden mitunter sogar die Grenzen zwischen einzelnen Bundesstaaten und Territorien geschlossen, um eine Ausbreitung des Virus von einem Landesteil in den anderen zu unterbinden.

Australien ist ein föderaler Staat mit einem hohen Maß an Autonomie auf lokaler und bundesstaatlicher Ebene und einer wesentlich geringeren zentralen Regierungsgewalt als etwa China oder Taiwan. Während einer Pandemie kann sich dieser Föderalismus als Stärke erweisen, aber er kann auch zur Belastung werden, je nachdem, wie die Bundesstaaten und Territorien miteinander kommunizieren, kooperieren und voneinander lernen und ob die Bundesregierung in der Lage ist, Ressourcen effektiv zu verteilen und Maßnahmen zu koordinieren.

Als Morrison Ende Februar erklärte: »Wir gehen davon aus, dass das Risiko einer globalen Pandemie sehr hoch ist«, handelte die australische Regierung schnell und entschlossen und warnte die Bevölkerung vor einer Krise, die »bis zu zehn Monate dauern könnte«, etwa 40 Prozent der Arbeitnehmer dazu zwingen werde, zu Hause zu bleiben, das Bruttoinlandsprodukt um 10 Prozent senken und eine Schließung von Schulen und öffentlichen Einrichtungen erfordern könnte. Australien schickte Armeeangehörige in eine Fabrik für Schutzmasken, die halfen, die Produktion hochzufahren, und beauftragte 130 Privatunternehmen, Schutzausrüstung herzustellen.[63] Sie investierte in COVID-Schnelltests, war schon bald weltweit führend in der Identifizierung und Isolierung positiver Fälle und arbeitete Pläne für eine Kontaktpersonen-Nachverfolgung aus. Die wichtigste politische Neuerung in Australien war jedoch, dass am 13. März das sogenannte National Cabinet eingerichtet wurde, ein Krisenkabinett zur Bewältigung des COVID-Ausbruchs, das sich aus dem Premierminister, den Premierministern der Bundesstaaten und den Chief Ministers der Territorien zusammensetzte. Dieses Gremium war für Australien durchaus ungewöhnlich. Die Mitglieder gehörten verschiedenen politischen Parteien an und regierten Regionen mit unterschiedlichen Bevölkerungsprofilen, unterschiedlichen Lebensbedingungen und einem unterschiedlichen Grad der Exposition gegenüber SARS-CoV-2. Ziel war es, eine Infrastruktur für eine echte Kooperation zu schaffen, im Rahmen derer die Verantwortlichen neue Daten und wissenschaftliche Forschungsergebnisse auswerten konnten, Informationen, die dem Land helfen würden, die nationalen politischen Prioritäten mit lokalen Präferenzen und Bedürfnissen in Einklang zu bringen. Laut der Rechtswissenschaftlerin Cheryl Saunders von der University of Melbourne war eine »weitgehende Übereinstimmung ohne Uniformität« von Vorteil, weil sie »den einzelnen Bundesstaaten und Territorien Raum für Innovationen lässt hinsichtlich der Art und Weise, wie getestet wird, wie Mitarbeiter des Gesundheitssektors unterstützt werden, welche Ansätze für Fernunterricht zum Einsatz kommen und wie man den Menschen finanziell hilft, über die Runden zu kommen, um nur einige Beispiele zu nennen«.[64]

Das nationale Kabinett trat während der Pandemie regelmäßig zusammen, allein im März 2020 dreimal. Seine wichtigste Informationsquelle war das Australian Health Protection Principal Committee (AHPPC), das sich aus den leitenden Beamten des Gesundheitswesens aller Bundesstaaten und Territorien zusammensetzte und dem der australische Chief Medical Officer vorstand. Das AHPPC spielte eine Schlüsselrolle bei der Einführung der ersten Corona-Maßnahmen des Landes: Frühzeitige Grenzkontrollen, obligatorische Quarantäne für Reisende und Isolation bei positiven Fällen begrenzten die Ausbreitung von COVID-19. Dennoch wurden in Australien bis 23. März zweitausend Infektionen und acht Todesfälle registriert, und das AHPPC empfahl »eine unmissverständliche Erklärung der Regierungen, dass alle unnötigen persönlichen Interaktionen eingeschränkt werden müssen und die Menschen möglichst zu Hause bleiben sollen, wenn sie nicht zur Arbeit oder einkaufen gehen oder im Freien Individualsport betreiben«.[65] An Hochzeitsfeiern durften nur fünf Personen teilnehmen, einschließlich des Brautpaars und des Standesbeamten, Beerdigungen wurden auf einen Kreis von zehn Personen begrenzt. Schönheitssalons und Restaurants in Einkaufszentren wurden komplett geschlossen, Gaststätten durften nur noch Speisen zum Mitnehmen anbieten. Die meisten Bürger durften nicht das Land verlassen. Vielerorts wurden die Schulen geschlossen; die Entscheidung darüber oblag den Landesregierungen.[66]

Einige Corona-Maßnahmen der australischen Bundesregierung waren durchaus umstritten. Am 26. März, als die Zahl der Fälle im Land die Dreitausendergrenze überschritten hatte, setzte Morrison die nationalen Streitkräfte ein, um sicherzustellen, dass sich aus dem Ausland einreisende australische Bürger, die für die Zeit der Quarantäne in leeren Hotels untergebracht wurden, an die Isolationsvorschriften hielten.[67] Progressive Politiker, die den Einsatz des Militärs als unverhältnismäßig verurteilten, ließen sich dadurch beschwichtigen, dass Morrison die Sozialhilfe aufstockte und einige Hilfspakete fast verdoppelte – viele Australier wurden arbeitslos oder bezogen zum ersten Mal in ihrem Leben Sozialhilfe.[68] Ende März waren in Australien knapp 4400 Corona-Fälle und neunzehn bestätigte Todesfälle registriert. Aber die Zahl, die die Weltöffentlichkeit staunen ließ, war eine andere: Die Rate der Neuinfektionen war in Australien bereits rückläufig, während Länder wie die USA und Großbritannien einen erschreckenden Anstieg von Todesfällen und Erkrankungen verzeichneten.[69]

Dem Inselstaat Australien war es gelungen, die Kurve abzuflachen. Wie in China erwies sich der Erfolg in der Anfangsphase der Pandemie jedoch als weniger gleichmäßig, als es den Anschein hatte, und er war auch politisch umstrittener, als man annehmen könnte. Zunächst konzentrierte sich die öffentliche Kritik vor allem im Bundesstaat Victoria, wo die Einwohner mehrere lange Lockdowns erdulden mussten, auf die doch recht heftigen Einschränkungen von Mobilität und Bürgerrechten. Im August 2022 deckten Journalisten dann einen Fall von Machtmissbrauch auf, der zu einem veritablen politischen Skandal führte. Im Laufe eines Zeitraums von über einem Jahr, der 2020 begann, hatte sich Premierminister Morrison in fünf wichtigen Bundesministerien als zusätzlicher Zweitminister vereidigen lassen, ohne dass die Öffentlichkeit darüber informiert wurde. Damit war er de facto der zweite Bundesminister für Gesundheit, Finanzen, Ressourcen und Inneres und Co-Leiter des Schatzamtes. Wie Morrison später erklärte, wollte er möglichst viel Verfügungsgewalt zentralisieren, um sicherzustellen, dass die Regierung während der Coronakrise schnell und energisch handeln konnte; Kritiker warfen ihm eine beispiellose Machtübernahme vor, die Australiens Demokratie gefährdete. Dieser erstaunliche Verstoß gegen politische Normen schlug hohe Wellen, zumal er nicht nur der Bevölkerung verschwiegen worden war: Hochrangige australische Beamte, darunter mehrere Minister, die sich de facto die Macht mit Morrison teilten, waren gar nicht erst über die neue Regelung informiert worden.[70] Zwar war es dem Premierminister gelungen, COVID einzudämmen, aber nur, wie sein Nachfolger Anthony Albanese es ausdrückte, indem er »die Demokratie in den Schmutz zog« und den Status seiner eigenen Koalitionsregierung gefährdete. Im Mai 2022 wählten die Australier seine Koalition ab, und Morrison trat als Regierungschef zurück.

Großbritannien

Die Tatsache, dass es sich wie bei Australien und Taiwan um einen Inselstaat handelte, trug im Falle von Großbritannien leider nicht zum Schutz der Bevölkerung bei, dabei schien man dort zunächst (zumindest auf dem Papier) gut auf die Krise vorbereitet zu sein. Doch im Januar 2020 schenkten die britischen Medien dem Coronavirus kaum Beachtung. Die britische Regierung unter Premierminister Boris Johnson hatte alle Hände voll zu tun, die letzten Vorbereitungen für den Brexit zu treffen, den formellen Austritt des Landes aus der Europäischen Union, der am 31. Januar vollzogen wurde; bis dahin war alles andere zweitrangig. Als das Fernsehen und die Boulevardzeitungen über eine gefährliche neue Infektionskrankheit aus China berichteten, kam es zu rassistischen Kommentaren und Übergriffen, zum Teil in aller Öffentlichkeit. Am 21. Januar schockierte Piers Morgan, der Co-Moderator der beliebten Sendung *Good Morning Britain* auf ITV, die Zuschauer, als er sich vor laufender Kamera über die chinesische Sprache lustig machte und »Tsching tschang tscho dscho!« sagte.[71] In der Woche darauf brachte der *Guardian* den Essay eines Studenten aus Manchester, der über die dortige Asien-feindliche Stimmung berichtete. Er hatte miterlebt, wie ein Mann sich demonstrativ von ihm wegdrehte, als er sich im Bus neben ihn setzte, und hatte mit angehört, wie jemand im Zug sagte: »An deiner Stelle würde ich nicht nach Chinatown gehen, die haben da doch diese Krankheit.«[72] Am 31. Januar meldete England seine ersten beiden bestätigten Corona-Fälle. Beide Patienten waren chinesische Staatsangehörige.

Am 3. Februar erklärte Gesundheitsminister Matt Hancock vor dem britischen Unterhaus, dass sich die Zahl der Neuansteckungen trotz eher begrenzter Ausbreitung in England weltweit »alle fünf Tage verdopple« und »uns noch mindestens einige Monate begleiten wird«. Er verkündete, die Regierung habe begonnen, britische Staatsbürger in Wuhan zu evakuieren und nach Großbritannien zurückzufliegen. Hancock forderte die Einwohner auf, »simple Maßnahmen zu ergreifen, um das Risiko für sich selbst und ihre Familien zu minimieren«, zum Beispiel sich die Hände zu waschen und Taschentücher zu benutzen. England trieb frühzeitig die Entwicklung von Impfstoffen voran, war aber zögerlich mit Maßnahmen, die Epidemiologen als »nichtpharmazeutische Interventionen« bezeichnen, wie etwa Lockdowns und Grenzschließungen. Was Schutzmasken anging, so »empfehlen wir sie nicht generell«, sagte Hancock, »aber natürlich ist dies ein freies Land«.[73]

Und ein freies Land sollte es auch bleiben – das war selbst im Angesicht eines sich ausbreitenden tödlichen Virus eine klare Priorität, die zunächst die Reaktion der britischen Politik bestimmen sollte. Die Zahl der Fälle stieg langsam an und lag am 29. Februar bei 23. Politiker, allen voran Johnson, zeigten sich zuversichtlich, dass der National Health Service und seine Bereitschaftspläne für Pandemien ausreichen würden, um die Bedrohung abzuwenden. Im März, als sich die Fälle auf dem europäischen Festland häuften und einzelne Länder bereits Sportveranstaltungen absagten und Schulen, Restaurants und Bars schlossen, verkündete Johnson, so etwas sei in Großbritannien nicht nötig. »Wie die Dinge stehen, fürchte ich, dass ich mich nur wiederholen kann: Das Beste, was wir alle tun können, ist, uns zwanzig Sekunden lang mit Wasser und Seife die Hände zu waschen«, verkündete er auf einer Pressekonferenz am 9. März, in der er kaum verhohlene Kritik an den Regierungen der EU übte, von der sich sein Land kürzlich verabschiedet hatte: »Wir sollten nichts tun, was keinen oder nur einen begrenzten medizinischen Nutzen hat, und erst recht nichts, was sich als kontraproduktiv erweisen könnte.«[74]

Seine Regierung war skeptisch, was die Effektivität von Einschränkungen öffentlicher Versammlungen anging, und entschied sich für einen »Alleingang«: ein Experiment, im Rahmen dessen besonders gefährdete Personen aufgefordert wurden, zu Hause zu bleiben, während man die allgemeine Bevölkerung schutzlos dem Virus aussetzte. Während nahezu jedes andere Land auf der Welt verzweifelt versuchte, die Ausbreitung von SARS-CoV-2 einzudämmen, weigerten sich die obersten Funktionäre des britischen Gesundheitswesens, ihren Entscheidungsprozess transparent zu machen. Stattdessen verließen sie sich auf die Ratschläge des Behavioural Insights Team (besser bekannt als »Nudge Unit«), einer privaten Beratungsfirma, die ihren Ursprung im Cabinet Office der britischen Regierung hatte und sich für den »verstärkten Einsatz von Experimenten seitens der Regierung«[75] einsetzte. Die Nudge Unit riet dazu, alles im Land wie gewohnt weiterlaufen zu lassen, um eine Herdenimmunität zu erreichen. Die Strategie war nicht direkt wissenschaftsfeindlich, immerhin steckten Wirtschaftswissenschaftler dahinter, die glaubten, mithilfe einer passenden »Wahlarchitektur« das Verhalten der Menschen dahingehend beeinflussen zu können, dass sie gesündere Entscheidungen trafen (zum Beispiel wann sie besser zu Hause blieben oder wie oft sie sich die Hände wuschen). Dennoch verwarf diese Strategie jegliche Maßnahmen, die von Experten für die Prävention von Infektionskrankheiten befürwortet wurden. Wie die *New York Times* berichtete, zeigte sich darin das »hyper-rationalistische Selbstbild eines Premierministers, der schon früher mit wissenschaftlichen Erkenntnissen auf Kriegsfuß stand, beispielsweise als er Theorien über den Klimawandel vertrat, die jeder Grundlage entbehrten«.[76]

Für Epidemiologen, ehemalige Gesundheitspolitiker und die oppositionelle Labour-Partei spiegelte dieser Vorgang nicht nur Johnsons Großmachtfantasien wider, er zeugte auch von der Geringschätzung des Premierministers für seine Bürger, die weder an Entscheidungen über den Umgang mit Corona teilhatten, noch in vollem Umfang über die Gründe informiert wurden, warum sich Johnson und sein Kabinett für eine unerprobte und riskante Taktik entschieden hatten. Bürgerinitiativen und Oppositionspolitiker verlangten von der Regierung Beweise dafür, dass ihr ungewöhnlicher Plan geeignet sei, die britische Bevölkerung zu schützen. Dem schlossen sich mehr als fünfhundert britische Verhaltensforscher an, die einen offenen Brief an die britische Regierung unterzeichneten.[77] Was sie bekamen, war lediglich eine Theorie, die in der Praxis nicht funktionierte.

Am 16. März veröffentlichte das Imperial College London eine Studie, die prognostizierte, dass bis zu 510 000 Briten an Corona sterben könnten, wenn man an Johnsons Plan zur Herdenimmunität festhalte.[78] Der Bericht setzte die Regierung unter Druck, ihre Strategie zu ändern, und es dauerte nicht lange, bis plötzlich offiziell davon abgeraten wurde, Pubs, Restaurants und Theater zu besuchen; alle nicht akuten medizinischen Eingriffe sollten verschoben werden. Auch wenn es keine offiziellen Abstandsregeln gab, rieten Pflegeheime von Besuchen ab oder verboten sie, einige Hochschulen wurden geschlossen, und unzählige Privatpersonen begaben sich freiwillig in die Isolation. Ältere Menschen, für die das Risiko, an Corona zu sterben, besonders groß war, beklagten sich über die schwer nachvollziehbaren und widersprüchlichen Ratschläge der Regierung. Britische Medien verbreiteten das Gerücht, dass »die Regierung bald alle Menschen über siebzig anweisen wird, sich ›im Rahmen einer kriegsähnlichen Mobilmachung‹ vier Monate lang entweder zu Hause oder in Pflegeeinrichtungen zu isolieren«.[79] Einige verkündeten, bei Premier-League-Spielen würden weiterhin Zuschauer zugelassen werden, andere prognostizierten, dass der Spielbetrieb im Fußball bald komplett eingestellt werden würde. Die Regierung in London verhielt sich weiterhin zögerlich und wollte sich nicht festlegen. Erst am 23. März änderte Johnson die Richtung seiner Politik und erließ allgemeine Ausgangsbeschränkungen, gemäß derer man die Wohnung nur für den Einkauf von Nahrungsmitteln oder Medikamenten verlassen durfte. Alle nicht lebensnotwendigen Geschäfte mussten schließen, Versammlungen von drei oder mehr Personen wurden verboten.[80] Damit war Johnsons fixe Idee, alles offen zu lassen, während der Rest Europas dicht machte, offiziell begraben.

Ende März, als sich die Zahl der Neuerkrankungen und der Todesfälle in Großbritannien alle drei Tage verdoppelte und das Land zu einem globalen Coronavirus-Hotspot avancierte, infizierten sich Boris Johnson, Gesundheitsminister Matt Hancock und Chris Whitty, der medizinische Chefberater der britischen Regierung, mit dem Virus.[81] Johnsons Symptome waren so heftig, dass er am 5. April ins Krankenhaus eingeliefert und am nächsten Tag auf die Intensivstation verlegt wurde.[82] Die britische Öffentlichkeit war inzwischen skeptisch, wie ehrlich die Regierung gewesen war, was das Ausmaß der Krise anging, und man spekulierte offen darüber, ob die Situation vielleicht sogar schlimmer war, als von offizieller Seite zugegeben wurde, und der Premierminister bereits auf dem Sterbebett lag. Johnson wurde wieder gesund, aber während er im Krankenhaus lag, veröffentlichte das Office of National Statistics Daten, die bewiesen, dass das »Coronavirus Dashboard« der Regierung eine »viel zu niedrige« Anzahl an COVID-Todesfällen angezeigt hatte.[83] Das Misstrauen der Öffentlichkeit war zu einem politischen Problem geworden und trug seinerseits zur Krise des britischen Gesundheitswesens bei.

Ende April betrug die Zahl der Corona-Toten im Land bereits über 26 700. Damit war Großbritannien nach Italien das europäische Land mit den zweitmeisten Todesopfern. Die Pandemie hatte Italien früher erreicht, entsprechend hatte die dortige Regierung weniger Zeit gehabt, zu reagieren.[84] Das ohnehin schon wenig leistungsfähige britische Gesundheitssystem war so schlecht auf die Pandemie vorbereitet, dass das Unterhaus den Ausschuss für Gesundheit und Soziales und den Ausschuss für Wissenschaft und Technologie bat, eine umfassende Studie durchzuführen, woran das lag. Deren Bericht »Coronavirus: Lessons Learned to Date« kam zu dem Schluss: »Dass Großbritannien die ersten Wochen der Pandemie durch einen Schleier der Ahnungslosigkeit betrachtete, war teilweise selbst verschuldet ... Die langsame und schrittweise Herangehensweise war weder ein Versehen, noch spiegelte sie bürokratische Verzögerungen oder Unstimmigkeiten zwischen Ministern und ihren Beratern wider.« Nein, es war »eine bewusste politische Entscheidung ... Heute ist klar, dass dies die falsche Entscheidung war und dass sie anfangs zu einer höheren Zahl an Todesopfern führte, als es der Fall gewesen wäre, hätte man gleich zu Beginn entschieden durchgegriffen. Bei dieser sich dermaßen schnell und exponentiell ausbreitenden Pandemie zählte jede einzelne Woche.«[85] Die Regierung von Boris Johnson hatte mit dem Leben ihrer Bürger gespielt und verloren. Schon bald sollte auch Johnson seinen Posten verlieren.

USA

Zu Beginn des Jahres 2020 beschäftigte Präsident Donald Trump und seine Kabinettsmitglieder ein drängendes Problem, aber es hatte nichts mit dem neuen Coronavirus oder dem Wohlergehen der US-Bürger zu tun. Am 18. Dezember 2019 hatte das Repräsentantenhaus dafür gestimmt, gegen Trump wegen Machtmissbrauchs und Behinderung des Kongresses ein Amtsenthebungsverfahren zu eröffnen. Damit war er der vierte Präsident in der Geschichte der USA, dem die Amtsenthebung drohte. Die Anklage wurde an den US-Senat übermittelt, dessen Mitglieder in einem Verfahren, das am 16. Januar 2020 begann, ihren Antrag stellen würden, Trump aus dem Amt zu entfernen. Die Demokraten betonten, das Weiße Haus habe das gesamte Land in Gefahr gebracht, mit schwerwiegenden Folgen. »Der Präsident und seine Leute planen schon ihre nächsten Intrigen«, sagte Adam Schiff, der Abgeordnete aus Kalifornien, der das Amtsenthebungsverfahren leitete. »Die Gefahr ist nicht gebannt. Das Risiko ist echt. Unsere Demokratie ist in Gefahr.«[86]

»Bösartige Lügen der linksradikalen Faulpelz-Demokraten«, twitterte Trump, während das Repräsentantenhaus über die Amtsenthebung abstimmte, und: »Das ist ein Angriff auf Amerika.«[87] Seine Administration, die sich einigermaßen sicher fühlte, dass der von den Republikanern dominierte Senat den Präsidenten freisprechen würde, bereitete sich auf die entsprechenden öffentlichen Auseinandersetzungen vor, ohne zu ahnen, dass sie bald mit einer ganz anderen Bedrohung konfrontiert werden würde – oder zumindest, ohne sich darüber allzu viele Gedanken zu machen.

Am 21. Januar wurde ein Mann in den Dreißigern, der gerade von einer Reise nach Wuhan zurückgekehrt war, in Snohomish County, Washington, positiv auf das neuartige Coronavirus getestet. Es war der erste bestätigte Fall in den USA.

Am nächsten Tag erklärte Trump auf dem Weltwirtschaftsforum in Davos in der Schweiz, er habe hinsichtlich der gesundheitlichen Risiken für die US-Bürger keinerlei Befürchtungen. »Wir haben das völlig unter Kontrolle«, sagte er in einem Interview mit dem Wirtschaftssender CNBC. »Es ist ja nur eine einzige Person, die aus China eingereist ist. Das ist doch alles gar kein Problem.« Genauso sicher war er, dass die Informationen, die er aus China erhielt, verlässlich waren, und auf die Nachfrage, ob er glaube, dass Beijing »der Welt alles mitteilt, was wir wissen müssen«, sagte er: »Ja, das tue ich. Ich habe eine großartige Beziehung zu Präsident

Xi. Wir haben gerade einen Deal unterzeichnet, der wahrscheinlich der größte Deal aller Zeiten ist.«

Nur eine Minute des langen Interviews widmete CNBC dem Coronavirus, aber das reichte dem Reporter, um zu dem Schluss zu kommen, dass »Trump glaubt, Präsident Xi Jinping und die dortigen Gesundheitsbehörden werden den Behörden auf der ganzen Welt weiterhin alles mitteilen, was sie über das Virus wissen müssen«.[88] Der US-Präsident stellte ein bemerkenswertes Selbstvertrauen zur Schau und vermittelte das Bild einer unbesiegbaren Nation, einer Supermacht, der so ein winziges Virus nichts anhaben kann.

Was das Gesundheitswesen betraf, so herrschte innerhalb der US-Regierung wahrlich kein Mangel an Fachwissen. Dr. Anthony Fauci, der seit 1984 das National Institute of Allergy and Infectious Diseases (NIAID) leitet, beriet die Trump-Administration – es kam allerdings immer darauf an, ob das, was er zu sagen hatte, dort auf Gegenliebe stieß. Dr. Deborah Birx, die später das COVID-Reaktionsteam im Weißen Haus koordinieren sollte, war schon eher bereit, sich den Wünschen des Präsidenten zu beugen. Am 28. Januar teilte der Nationale Sicherheitsberater Robert O'Brien dem Präsidenten mit, dass die USA verwundbarer seien, als jener zugeben wolle. »Dies wird die größte Bedrohung für die nationale Sicherheit sein, die Sie während Ihrer Präsidentschaft erleben werden«, sagte O'Brien. »Das wird richtig übel.«[89] Trump ließ sich nicht aus der Ruhe bringen, und am 5. Februar verkündete er, dass er auch vom US-Kongress nichts zu befürchten habe. An jenem Tag sprach ihn der Senat formell von den Anklagepunkten frei. Der Präsident hatte Oberwasser. Nichts konnte ihn zu Fall bringen. Tage zuvor hatte er die Grenze für die meisten, aber nicht alle Ausländer geschlossen, die von China in die USA einreisten, und das Militär war dabei, Hunderte von Amerikanern, die sich in China aufhielten, zu evakuieren und unter Quarantäne zu stellen. Die CDC gaben eigene Corona-Testkits heraus, und Trump glaubte, dass sie bald jedem Amerikaner, der eines benötigte, zur Verfügung stehen würden. Es werde ohnehin kaum mehr als eine Handvoll Fälle geben: »Wir haben zwölf Fälle – elf Fälle, und viele von denen sind in guter Verfassung«, sagte er am 10. Februar.[90]

Zu diesem Zeitpunkt machten Trump und wichtige Mitglieder seiner Administration der Öffentlichkeit immer noch weis, dass das Coronavirus nicht gefährlicher sei als eine ganz normale Grippe und die Krise bald wieder vorbei sei. In einem privaten Gespräch mit Bob Woodward sagte der Präsident am 7. Februar jedoch das genaue Gegenteil. »Man atmet einfach die Luft ein, so steckt man sich an«, teilte er dem investigativen Journalisten in einem aufgezeichneten Telefongespräch mit. »Das ist also ein sehr heikles Thema. Das ist eine sehr heikle Krankheit. Und sie ist tödlicher als jede noch so schlimme Grippe.« Warum, wollte Woodward wissen, verheimliche das Weiße Haus dann diese wichtige Information? »Ich wollte es herunterspielen«, sagte der Präsident. »Ich spiele es immer noch gern herunter, weil ich keine Panik auslösen will.«[91] Entsprechend wütend wurde Trump Ende Februar, als Nancy Messonnier, die Leiterin des National Center for Immunization and Respiratory Diseases (NCIRD) der CDC, der Presse mitteilte: »Wir gehen davon aus, dass sich die Krankheit in den Vereinigten Staaten ausbreiten wird. Es ist keine Frage, ob dies geschieht, sondern wann und wie viele Menschen in diesem Land schwer erkranken werden.« Der Präsident forderte seine Untergebenen wiederholt auf, Messonnier zu feuern, weil sie sich weigerte, Fehlinformationen zu verbreiten; später trat sie von sich aus zurück.[92]

Amerikas COVID-Strategie war ein Cocktail aus vorsätzlicher Täuschung und Wunschdenken. Trump verbreitete die Theorie, dass wärmeres Wetter das Coronavirus vollständig abtöten würde: »Wissen Sie, im April, wenn es draußen ein wenig wärmer wird, dann wird es auf wundersame Weise verschwinden.«[93] Die Bürger der Vereinigten Staaten brauchten dringend einen umfassenden, wissenschaftlich fundierten Plan für den Umgang mit der ansteckenden Krankheit. Stattdessen wurden sie ins Reich der Fantasie geleitet. Als der Präsident eine Task Force zur Aufsicht über die nationalen Notfallmaßnahmen einrichtete, weigerte er sich, sie von einem Gesundheitsexperten leiten zu lassen oder wenigstens von einer unabhängigen, glaubwürdigen Person. Stattdessen gab Trump diesen Posten jenem Mann, der neben ihm selbst am meisten in den Erfolg seiner Administration investiert hatte: Vizepräsident Mike Pence.

In seinem Buch über Klimapolitik, *Das terrestrische Manifest*, charakterisierte der inzwischen verstorbene französische Soziologe Bruno Latour die Botschaft, die die Vereinigten Staaten an die Welt sandten, als Trump aus dem Pariser Klimaabkommen austrat: »Wir Amerikaner gehören nicht zu derselben Erde wie ihr. Eure mag bedroht sein, unsre nicht!«[94] Es ist eine Variation des alten Motivs des amerikanischen Exzeptionalismus, aber statt den Mythos zu fördern, dass die Nation besonders tugendhaft sei und besonders demokratische Werte vertrete, präsentierte diese Haltung die USA als verblendet und dem Untergang geweiht, weil sie sich weigerte zu erkennen, wie eng die USA mit dem Rest der Welt verflochten sind. Angesichts der sich abzeichnenden ökologischen Krise, so Latour, hatten die USA nur zwei Optionen: »Sie konnten das Ausmaß der Mutation und ihrer eigenen Verantwortung anerkennen, endlich eine realistische Haltung annehmen und die ›freie Welt‹ bei ihrem Marsch weg vom Abgrund anführen. Oder sich in der Realitätsverweigerung verschanzen.« Beim Thema Klima war klar, dass Trump und seine Hintermänner beschlossen hatten, »Amerika noch ein paar Jahre träumen zu lassen, um die Landung und Erdung zu verhindern und die übrigen Länder mit in den Abgrund zu reißen – womöglich für immer«.[95] Dasselbe taten sie bei der Corona-Pandemie, und anders als beim Klimawandel waren die Folgen sofort sichtbar.

Wie heute jeder weiß, blieben die Zahlen nicht da, wo Trump sie haben wollte. Im Gegenteil, das »Traumland« USA avancierte schnell zum Epizentrum der Pandemie. Es ist unmöglich zu ermitteln, wie viele US-Amerikaner in den ersten Wochen der Pandemie an COVID erkrankten, zumal sich die von den CDC entwickelten Corona-Tests als fehlerhaft und unzuverlässig erwiesen und die US-Regierung sich weigerte, örtlichen Labors die Verwendung alternativer Tests zu genehmigen. Bereits am 20. Februar 2020 legte ein Artikel in *Science* den Finger in die Wunde: »Die Weltgesundheitsorganisation (WHO) hat Testkits an 57 Länder verschickt. China hatte schon letzten Monat fünf verschiedene kommerzielle Tests auf dem Markt und kann nun bis zu 1,6 Millionen Tests pro Woche durchführen; Südkorea hat bisher 65 000 Menschen getestet. Die U.S. Centers for Disease Control and Prevention (CDC) haben dagegen seit Beginn der Epidemie lediglich 459 Tests durchgeführt.«[96]

Der Artikel erwies sich als geradezu hellseherisch. Wenige Wochen nach den ersten US-amerikanischen COVID-Fällen war bereits klar, dass das Land, von dem Experten gerade noch geglaubt hatten, es sei weltweit am besten auf eine Pandemie vorbereitet, de facto nicht einmal in der Lage war, die allergrundlegendste medizinische Herausforderung zu bewältigen: die Diagnose der Krankheit. Nur in einem Punkt lag der Artikel in *Science* falsch, denn die Überschrift verhieß: »Die Vereinigten Staaten haben das mit den Coronavirus-Tests gründlich verpfuscht – aber bestimmt wird bald alles besser.« Besser wurde nämlich gar nichts.

Mitte März brauchte man in den USA keine Corona-Tests mehr, um zu merken, dass sich das Virus exponentiell ausbreitete. Das Land steuerte auf eine ausgewachsene Katastrophe zu, und in der größten Metropole, New York City, stand das Gesundheitssystem kurz vor dem Zusammenbruch. Das dringlichste Problem dort war der Mangel an Schutzausrüstung für medizinisches Personal und an lebensrettenden Geräten wie Respiratoren für Patienten. Die Engpässe waren umso erstaunlicher, da die USA ein Wirtschaftsgigant mit unübertroffener Kaufkraft und einer starken industriellen Kapazität war.

Eine der wichtigsten Befugnisse der Bundesregierung besteht in der Verfügungsgewalt über Ressourcen im Falle eines nationalen Notstands. Als Corona ausbrach, forderten Gouverneure und führende Gesundheitsexperten im ganzen Land die Regierung auf, die Beschaffung und Verteilung medizinischer Ausrüstung zu übernehmen. Trump lehnte ab.

Bei einem Briefing im Weißen Haus am 19. März sagte Trump: »Es ist nicht Aufgabe der Bundesregierung, große Mengen an Gütern zu kaufen und zu verschicken. Wir sind keine Spedition.«[97] Er weigerte sich auch, sich auf den Defense Production Act zu berufen, um die Produktion hochzufahren, mit der Begründung: »Wir hoffen, dass wir die Sachen nicht brauchen.«[98] Dabei brauchten die Krankenhäuser in den am stärksten betroffenen Landesteilen sie bereits ganz dringend. Dem medizinischen Personal fehlte es an Gesichtsmasken, OP-Kitteln und Handschuhen, und medizinische Einrichtungen, die seit Langem PSA von chinesischen Herstellern bezogen, bekamen keinen Nachschub mehr. In den sozialen Medien kursierten Fotos von Krankenschwestern in einem Krankenhaus in Manhattan, die in Müllsäcken herumliefen, und veranlassten Kommentatoren zu der Bemerkung, die mächtigste Nation der Welt wirke wie eine Bananenrepublik.[99]

Das Weiße Haus hatte nicht nur beschlossen, die Gouverneure und die örtlichen Gesundheitsämter sich selbst zu überlassen, es machte sie obendrein zu Konkurrenten um Güter der medizinischen Grundversorgung. Als die Bundesstaaten, die besonders unter COVID litten, auf dem freien Markt PSA (Persönliche Schutzausrüstung) kaufen wollten, reagierten die Hersteller genau so, wie die grausame Logik von Angebot und Nachfrage es diktiert: Sie hoben die Preise kräftig an.[100]

Seit er im Amt war, sah Trump den Wert eines anderen wichtigen amerikanischen »Rohstoffs« als Barometer seiner Leistung an: den Wert der Aktien auf dem Finanzmarkt. Natürlich gibt es gute Gründe für einen Regierungschef, sich in Zeiten der Instabilität auf die Wirtschaft zu konzentrieren. Ein anhaltender Einbruch des Aktienmarkts kann dem Wohlstand und der Volksgesundheit eines Landes großen Schaden zufügen, da er für Unsicherheit auf vielen Ebenen sorgt und mitunter sogar zu Arbeitslosigkeit und Hungersnöten führt. Aber die Wall Street ist nicht dasselbe wie die Wirtschaft; dass die Regierung während der ersten Phase der Corona-Pandemie dermaßen auf Aktienkurse fixiert war, erschien politischen Analysten nicht nur seltsam, sondern geradezu besorgniserregend, denn es zeugte davon, dass dem Weißen Haus mehr daran gelegen war, die Zahlen des S&P 500 oben zu halten, als die Zahlen der COVID-Fälle unten zu halten. Am 24. Februar, nachdem die Kurse um 3,5 Prozent gefallen waren, beschuldigte der Präsident die Demokraten, sie würden die Öffentlichkeit unnötig verängstigen, und twitterte: »Ich glaube, der Aktienmarkt sieht bald schon wieder sehr gut aus!!« Am nächsten Tag absolvierte sein oberster Wirtschaftsberater Larry Kudlow mehrere TV-Interviews, in denen er diese Botschaft weiter unterstrich: »Die Sache mit dem Virus wird nicht ewig dauern«, erklärte er, wenige Wochen bevor die Corona-Zahlen stiegen. »Wenn Sie ein Investor sind und langfristig planen, würde ich Ihnen empfehlen, sich gerade jetzt den Markt anzuschauen; Aktien sind viel billiger als noch vor ein oder zwei Wochen.«[101]

Dieser Zwangsoptimismus trug leider weder zur Belebung der Märkte bei, noch konnte er bei den US-Amerikanern viel Zuversicht wecken – von einer Verbesserung ihrer Sicherheit ganz zu schweigen: Die Fallzahlen stiegen weiter an, und die Märkte wurden immer nervöser. Am 9. März fiel der Dow-Jones-Index (DJIA) um etwa 2000 Punkte beziehungsweise 8 Prozent seines Wertes. Die Analysten bezeichneten den Tag als »Schwarzen Montag«. Von da an ging es mit dem Aktienmarkt in einem beunruhigenden Tempo auf und ab. Am 12. März, dem »Schwarzen Donnerstag«, fiel der Dow Jones um 2300 Punkte und verlor damit 10 Prozent seines Wertes.[102] Am 13. März rief Trump den nationalen Notstand aus, was zur Folge hatte, dass rund 50 Milliarden Dollar für das Gesundheitswesen und akute Hilfsmaßnahmen freigegeben wurden.[103]

Zwei Tage später rieten die CDC von Versammlungen von mehr als fünfzig Personen ab, doch schon am Tag darauf korrigierten sie ihre Empfehlung nach unten, nun war von zehn Personen die Rede. Trump sagte, er sehe sich als »Präsident in Kriegszeiten«. Am 16. März gab das Weiße Haus im Rahmen einer fünfzehntägigen Kampagne mit dem griffigen Titel »Slow the Spread« (»Verlangsamt die Ausbreitung«) neue Richtlinien für die Bürger heraus: Sie sollten möglichst von zu Hause aus arbeiten, unnötige Reisen und Zusammenkünfte vermeiden, auf Hygiene achten, und wer krank oder gebrechlich war, sollte komplett in der Wohnung bleiben.[104] An jenem Tag sackte der Dow Jones um 2997 Punkte ab und erlebte damit den größten Einbruch an einem einzigen Tag in seiner Geschichte (und prozentual gesehen den größten seit dem Börsencrash von 1987). Schon bald griffen Befürchtungen um sich, dass ein umfassender Shutdown, der weit länger als fünfzehn Tage dauern könnte, unvermeidlich war.[105] Die Wirtschaft befand sich weiterhin auf Talfahrt, als der Kongress am 25. März ein zwei Billionen (!) Dollar schweres Konjunkturpaket verabschiedete, das unter anderem Kredite für kleine Unternehmen, Zahlungen von etwas mehr als 1000 Dollar für fast alle Steuerzahler mit einem Einkommen unter 100 000 Dollar und einen 500 Milliarden Dollar schweren Rettungsfonds für Unternehmen vorsah.[106] Der Präsident unterzeichnete das Gesetz am 27. März.

Im Laufe des März verhängten einzelne Bundesstaaten ihre eigenen Ausgangssperren und Shutdowns: Kalifornien am 19. März und New York am 22. März. In New York wurden alle Schulen geschlossen, alle »Arbeitnehmer mit nicht lebensnotwendiger Arbeit« mussten zu Hause bleiben, und alle öffentlichen Veranstaltungen und Versammlungen wurden abgesagt. Am 23. März trat in neun Bundesstaaten ein Lockdown in Kraft.[107] Auch wenn der Präsident im föderalen System der USA nicht befugt war, diese Maßnahmen zu verhindern, hielt das Trump nicht davon ab, seine Enttäuschung über diese Welle von Corona-Maßnahmen per Twitter kundzutun: »Wir dürfen nicht zulassen, dass die Lösung schlimmer ist als das Problem.«[108] Mehrere konservative Gouverneure stießen in dasselbe Horn, und einige weigerten sich beharrlich, in ihren Bundesstaaten Beschränkungen für wirtschaftliche oder soziale Aktivitäten anzuordnen. In Florida feierten junge Leute aus den ganzen USA gerade Spring Break, die Strände, Hotels, Bars und Restaurants waren voll.[109] In South Dakota spottete Gouverneurin Kristi Noem über den »Herdentrieb« einiger ihrer Amtskollegen und wies Forderungen zurück, Geschäfte, Schulen oder Kirchen zu schließen. Die Menschen, so betonte sie, sollten »ihr Recht auf Arbeit, Gottesdienst und Zerstreuung genauso ausüben dürfen wie ihr Recht, zu Hause zu bleiben«.[110]

Am 26. März waren die Vereinigten Staaten das Land mit der weltweit höchsten Zahl bestätigter Infektionen mit SARS-CoV-2, und das, obwohl Tests weiterhin Mangelware waren. An diesem Tag verzeichnete New York, das Epizentrum der Pandemie in den USA, einhundert Corona-Todesfälle. Am 27. März erklärte die Stadt angesichts des drastischen Mangels an Krankenhausbetten das riesige Jacob K. Javits Convention Center in Manhattan zum medizinischen Notfallzentrum. Drei Tage später legte die USNS *Comfort*, ein Hospitalschiff der Marine, das zum ersten Mal seit dem 11. September 2001 nach Manhattan verlegt worden war, am Hudson River an. Die US-Regierung schickte Kühltransporter zu Krankenhäusern in ganz New York City, da die Leichenhallen mittlerweile überfüllt waren. Forscher der Johns Hopkins University berichteten, mindestens 4476 Amerikaner seien bereits an COVID gestorben. Mit mehr als 200 000 positiven Fällen und einer exponentiellen Ausbreitung des Virus waren die USA auf dem besten Weg, die Weltrangliste der Corona-Erkrankungen und -Todesfälle anzuführen.[111]

Zwar brachte das Weiße Haus seinen Unmut über die aktuelle Situation zum Ausdruck, aber in den öffentlichen Verlautbarungen kam deutlich mehr Besorgnis über die Auswirkungen der strikten Corona-Maßnahmen zum Ausdruck als über die beispiellose Zahl von Todesopfern im Land. Am 24. März verkündete Trump auf *Fox News*, er wolle, dass die USA »bis Ostersonntag wieder geöffnet und startklar« seien. Seiner Meinung nach sollte der 12. April ein echter Feiertag sein, der Tag der Wiederauferstehung der Träume der Amerikaner: »Die Kirchen in unserem Land werden voll sein. Ich glaube, das wird eine wunderschöne Zeit.«[112]

In der Woche nach Ostern lästerte der Präsident über die Regierungen der Bundesstaaten, die zur Bekämpfung der Pandemie weiterhin auf Einschränkungen des öffentlichen Lebens bestanden. Am 17. April forderte er die Politiker des Landes explizit auf, das genaue Gegenteil dessen zu tun, was die Gesundheitsexperten rieten. »Befreit Minnesota«, »Befreit Michigan«, »Befreit Virginia« twitterte er.[113] Bald darauf öffneten republikanische Gouverneure in Arizona, Florida und Texas die Geschäfte wieder und lockerten die Quarantäne-Richtlinien. Einige Bundesstaaten hoben die Maskenpflicht auf und untersagten ihren Kommunen, sie eigenmächtig wieder einzuführen. Die Trump-Administration beharrte darauf, dass die Pandemie zu Ende sei, auch wenn die Zahl der Neuinfektionen in ebenjenen Bundesstaaten, die ihren Empfehlungen folgten, stark anstieg. Im Juni versicherte Mike Pence den US-Bürgern in seiner Position als Vorsitzender der Coronavirus Task Force, das Weiße Haus habe den unsichtbaren Feind besiegt, die Nation sei nun wieder in Sicherheit. »Es gibt keine ›zweite Welle‹ beim Coronavirus«, schrieb er in einem Kommentar im *Wall Street Journal*. »Wir sind gerade dabei, den Kampf zu gewinnen.«[114]

Kapitel 3

»Rund um die Uhr«

Sophia Zayas

Sie kann noch immer die Sirenen hören.
Die Krankenwagen fahren nicht mehr ständig durch die Straßen, wie noch im März und April. Aber sie hört sie, selbst wenn es still ist, wenn sie die Augen schließt und alles Geschehene zu vergessen versucht, wenn sie abends ins Auto steigt, um von Manhattan aus nach Hause zu fahren, wenn ihre Großmutter, mit der sie die Wohnung teilt, vor dem laut aufgedrehten Fernseher sitzt, also mehr oder weniger immer, wenn sie daheim ist.

Sophia Zayas war 35, als die Pandemie begann, und hatte den besten Job ihres Lebens. Die ehemalige Schönheitskönigin mit langen schwarzen Haaren, karamellfarbener Haut und gütigem Blick bekleidete seit zwei Jahren den Posten der regionalen Vertreterin für die Bronx im Dienst von Gouverneur Andrew Cuomo. Die Rolle passte ihr wie angegossen. Zayas, eine zweisprachige Puerto Ricanerin, wuchs in der Bronx auf und lebt noch immer in der Wohnung ihrer Kindheit in West Farms Village, einem Gebäudekomplex unweit des Cross Bronx Expressway mit 526 Wohneinheiten, die sich dicht gedrängt auf eine Reihe von sechsstöckigen Backsteinbauten und zwei 21-geschossige Hochhäuser verteilen. Sie ist eine extravertierte Person, die gern lacht, stets das Gemeinsame gegenüber dem Trennenden betont und selbst in Zeiten der Polarisierung Verbindungen herstellen kann. Sie ist sehr gläubig, scheut sich nicht, aus der Bibel zu zitieren, und ist überzeugt, anderen helfen zu können. Und ihr bisheriges Leben bot ihr auch reichlich Gelegenheit dazu.

West Farms ist ein sozial schwacher Stadtteil mit einer Einwohnerschaft, die zu 91 Prozent aus Schwarzen und Latinos (darunter eine große Gruppe von Puerto Ricanern, die sich beiden Gruppen zurechnen) besteht, mit geballter Armut, beengten Wohnverhältnissen, hoher Luftverschmutzung, einem hohen Anteil an Übergewichtigen und Diabetikern, niedriger Lebenserwartung und einer Kriminalitätsrate, die zu den höchsten in New York City zählt. Wenn man aber mit Zayas durch ihr Viertel spaziert, spürt man die Herzlichkeit der Alteingesessenen, die Energie auf dem Spielplatz, das Zusammengehörigkeitsgefühl in den Parks und Bodegas, und man versteht, warum Zayas sich als Lokalpatriotin bekennt. »Ich bin stolz darauf, aus der Bronx zu stammen«, erzählte sie mir. »Es hat seine Vor- und Nachteile, wie überall anders auch.«

Einer der Nachteile, beklagte sich Zayas, liege darin, dass die Bewohner der Bronx weniger wichtig zu sein scheinen als die anderer Stadtteile. Als würden deren Probleme nicht zählen, ja, als würde gar nicht wirklich wahrgenommen, dass es sich hier um Menschen handelt.

Anfang 2020 setzte Zayas sich mit ebendiesem Problem auseinander, indem sie alle Bewohner der Gemeinde dazu zu bewegen versuchte, an der alle zehn Jahre stattfindenden Volkszählung teilzunehmen, auf deren Grundlage entschieden wird, ob der Bezirk die öffentlichen Mittel und die politische Vertretung erhält, die ihm zustehen. Die Arbeit gestaltete sich schwieriger, als sie erwartet hatte. »Viele Leute hier vertrauen dem Staat einfach nicht«, erläuterte sie. »Dann höre ich: ›Die tun doch sowieso nie was für uns. Wozu sollen wir uns da noch irgendwelche Mühe machen?‹«

Die Volkszählung 2020 erwies sich als besonders problematisch. Das Weiße Haus unter Präsident Donald Trump erweckte den Eindruck, es wolle die Bewohner in Gegenden wie der Bronx unerfasst lassen. Die Regierung Trump hatte versucht, eine Frage nach dem Bürgerstatus in den Zensusfragebogen einzufügen, was mit Sicherheit alle Immigranten ohne Papiere davon abgehalten hätte, das Formular auszufüllen. Das Oberste Gericht untersagte die Frage, zerstreute aber nicht die Angst vor dem, was passieren würde, wenn die Behörden derlei Personen aufspürten. Als Zayas auf ihrer

Werbetour durch die schlimmsten Problemviertel zog, traf sie ständig auf Menschen, die ohne jede Hoffnung lebten.

Zayas selbst hat einen positiveren Blick auf die Welt und sogar auf das System, aber nicht, weil sie es leicht gehabt hätte im Leben. Ihre Mutter starb mit zwanzig Jahren an schwerem Herzversagen, nur sechs Monate nachdem sie Zayas zur Welt gebracht hatte. Ihr Vater, der noch einen Sohn mit ihrer Mutter und zwei Töchter mit einer anderen Frau hatte, hatte die unselige Neigung, sich in Schwierigkeiten zu bringen. »Als meine Mama starb, hat er nicht seinen Mann gestanden. Er war einfach nicht da. Stattdessen musste er in ein Hochsicherheitsgefängnis. Raubüberfall. Drogen. Genau weiß ich's gar nicht. Jedenfalls saß er ständig hinter Gittern und ist gestorben, als ich noch nicht mal zwanzig war.« Zayas Großeltern, die sie mitunter als ihre Mom und ihren Dad bezeichnet, zogen ihren Vater zu einer Zeit auf, als in West Farms besonders schwierige Verhältnisse herrschten, und die Jahre, in denen sie und ihr Bruder aufwuchsen, waren auch nicht viel besser. Die staatlichen Schulen waren schlecht, geprägt von hohen Abbrecherquoten und gelegentlichen Gewaltausbrüchen, was die Familien in ständige Unruhe versetzte. Ihre Tante und ihr Onkel halfen ihr, ein Stipendium für St. Thomas Aquinas zu ergattern, eine katholische Schule vor Ort, die schon häufig ein großes Herz für die Kinder des Stadtteils gezeigt hatte. Aus Zayas' Sicht braucht man manchmal nur zu wissen, wen man ansprechen muss; Türen öffnen sich, wenn man nur richtig dagegendrückt.

Zayas machte ihren Abschluss an einer staatlichen Schule und überraschte dann alle Welt damit, dass sie sich beim Marinekorps anmeldete. »Ich dachte einfach, das kann ich«, erzählte sie mir. Zayas war seit jeher schlank und zart, aber sie besaß auch eine innere Stärke, die von wenigen erkannt wurde und die sie jetzt unter Beweis stellen konnte. »Ich war mehr als bereit. Wenn ich eine Langhantel in die Finger kriegte, konnte ich sie aus der Hocke stemmen. Aber dann starb mein Vater, und ich machte mir Sorgen um meine Großmutter. Anstatt also einzurücken, landete ich schließlich am Hostos Community College in der Bronx. Ich habe

Fotografie studiert, mit großer Begeisterung. Meine Großmutter meinte aber, ich müsste noch irgendwas anderes machen, weil damit könnte ich kein Geld verdienen.« Sie wechselte aufs Hunter College, wo sie sich nicht nur mit Politik, sondern auch mit Pomp befasste, aber Letzteres erwies sich als eher unerfreulich. »Ich hab an einer Misswahl teilgenommen, Miss Puerto Rico, New York. Auf nationaler Ebene! Aber diese Frauen waren gehässig wie sonst was. Die haben alles gemacht, um zu gewinnen. Eine hat mir Babyöl auf mein Kleid gekippt!« Zayas reichte es. Sie packte ihre Abendkleider weg und konzentrierte sich lieber auf die Politik.

»Meinen ersten Job hatte ich beim New York City Council, dem Rat der Stadt. Ich war für Joel Rivera tätig, der Vorsitzender der Mehrheitsfraktion war. Meine Aufgabe war es, Kontakte zu pflegen, und das hat mir sehr gefallen. Für die Gemeinde arbeiten. Hilfe leisten. Die Wahlbeamten haben dermaßen viel zu tun, die müssen die Leute oft einfach ignorieren. Aber mir macht es Spaß, mich für sie einzusetzen.« Sie erinnerte sich daran, wie einmal eine Verwaltungsangestellte des St. Barnabas Hospital, einer gemeinnützigen, überwiegend einkommensschwachen Einwohnern dienende Einrichtung, immer wieder in der Dienststelle anrief. »Ihr Name war Arlene, und sie meinte: ›Ich muss unbedingt mit Joel sprechen. Wir haben hier eine Krise. Wir brauchen finanzielle Unterstützung, sonst kriegen wir echt Probleme!‹« Aber man war nun mal in der Bronx, und Zayas' ältere Kollegen rieten ihr, sich daran zu gewöhnen. Krisen gebe es hier überall, und Geld bräuchten auch alle. »Eines Tages kam Joel ins Büro. Ich sitz an meinem Schreibtisch, und grade ruft sie wieder mal an. Ich sagte: ›Einen Moment, das klären wir gleich an Ort und Stelle.‹ Ich hab sie in die Warteschleife gesetzt und den Anruf zu seinem Apparat durchgestellt. Dann bin ich da rein und habe selber abgehoben! Hab ihm den Hörer in die Hand gedrückt. Er meinte: ›Ist gut, ich nehme mir fünf Minuten Zeit für sie.‹ Und am Ende haben sie so was wie ein paar Millionen genehmigt gekriegt. Damit konnten sie weitermachen, der Krankenhausbetrieb war gesichert.« Zayas rechnet sich das nicht als Verdienst an, aber sie wird nie vergessen, wie gut es sich anfühlte.

Ihre nächste Stelle fand sie am Montefiore, einem großen Krankenhaus in der Bronx, das als akademisches Gesundheitszentrum für das Albert Einstein College of Medicine dient. In den fünf Jahren, die sie dort arbeitete, erklomm sie, ursprünglich als Assistentin der Geschäftsführung tätig, den Leitungsposten eines Hausbesuchsprogramms für Studenten und verdiente so gut, dass sie sich eine eigene Wohnung leisten konnte. Doch nach einem erbitterten Konflikt mit einem Verwaltungsdirektor, dem sie übergriffiges Verhalten vorgeworfen hatte, verlor sie den Job von einem Tag auf den anderen. »Das war eine schreckliche Zeit«, erinnert sie sich. »Niemand wollte mich mehr einstellen. Es hieß immer, ich sei überqualifiziert. Ich habe meine Wohnung verloren. Die Autofirma hat sich meinen Wagen zurückgeholt. Ich lebte auf Stütze, aber das lief nach sechs Monaten auch aus.« Resigniert zog sie zu ihren Großeltern zurück. »Ich war echt in Schwierigkeiten«, erzählte sie mir. »Ich hab versucht, mich zusammenzureißen, aber es ging mir total schlecht.«

Arbeitslos, in die Wohnung der Großeltern zurückgekehrt und voller Scham über ihre Lebenssituation, wanderte Zayas ziellos durch die Straßen, der Verzweiflung nahe. »Eines Tages, als ich so vor mich hin zockelte, erinnerte ich mich plötzlich an Arlene aus dem St. Barnabas. Nachdem ich ihr damals geholfen hatte, sagte sie, wenn ich mal irgendwas bräuchte, dann sollte ich mich bei ihr melden, und genau das hab ich getan. Sie ging ans Telefon, und ich hab gleich angefangen zu heulen, konnte gar nicht wieder aufhören. Und sie meinte: ›Ich möchte, dass du hierherkommst und dich an die Personalabteilung wendest. Wir besorgen dir erst mal einen Aushilfsjob, und dann sehe ich, was ich für dich tun kann. Wir werden schon was finden.‹ Das war an einem Dienstag, und ich schwöre, am Freitag hatte ich meinen ersten Arbeitstag. Zwei Jahre hab ich am St. Barnabas gearbeitet.«

Die Bezahlung war in Ordnung, aber Zayas beschloss, sich nicht wieder eine eigene Wohnung zu suchen. Ihr Großvater war in ein Seniorenheim gezogen, gleich auf der anderen Straßenseite, und sie wollte ihre Großmutter nicht allein lassen. Sie kündigte im

Krankenhaus, weil es sie zurück in den öffentlichen Dienst zog, und von einem Freund hörte sie, dass jemand für die Leitung des New Yorker Büros des Demokratischen Wahlkampfkomitees für den Bundesstaat gesucht würde. Kaum hatte sie diesen Job angetreten, rief eine Freundin an, mit der zusammen sie gemodelt hatte, und fragte, ob sie einen neuen Job suche. »Ich sagte Nein, und sie meinte: ›Suchst du vielleicht einen *besseren* Job?‹ Der Gouverneur braucht eine Gemeindevertreterin für die Bronx. Sie suchen eine Latina, eine zweisprachige. Du wärst ideal. Du sprichst Spanisch. Du kennst die Leute.« Das tat sie. Sie war genau richtig. Ein paar Tage später hatte Zayas den Job.

Gemeindevertreter sind das Gesicht der Bundesstaatsregierungen, sie sind diejenigen, die auf lokale Versammlungen gehen, den potenziellen Wählern zuhören, verständnisvoll nicken und versprechen, deren Anliegen an den Gouverneur weiterzugeben. »Wir machen Lobbyarbeit für unsere Region«, so formuliert es Zayas. »Wir treffen uns mit Amtsträgern, mit lokalen Interessenvertretern, führenden Geschäftsleuten, Schulleitern, Krankenhausdirektoren.« Kannte Zayas auch schon vorher mehr oder weniger die gesamte Nachbarschaft, so war sie innerhalb weniger Monate nach Antritt des Jobs mit praktisch der gesamten Bronx bekannt. »Alle haben meine Telefonnummer, die berufliche und die private, ich habe einfach beide bekannt gemacht«, berichtete sie. »Das ist sozusagen unsere Arbeitsweise. Man steht im Prinzip immer zur Verfügung. Man ist da für die Leute.«

»Schon vor COVID war das ein anstrengender Job«, erklärte mir Zayas. »Die Bronx ist ja sowieso immer der vergessene Bezirk, in vielerlei Hinsicht. Was sanitäre Verhältnisse betrifft. Oder wenn es Schneesturm gibt. Soziale Ungleichheit bei der Gesundheit. So haben wir hier immer doppelt zu tun.« Und als das Virus zuschlug, gab es dann noch mehr Arbeit.

»Zuerst wusste ja keiner, was eigentlich los war«, erinnerte sie sich. »Es war unheimlich.« Am 1. März 2020 verzeichnete die Stadt ihren ersten Fall mit positivem COVID-Befund, einen 39-jährigen

Beschäftigten im Gesundheitswesen, der aus dem Iran nach New York zurückgekehrt war. Am nächsten Tag bestritten Gouverneur Cuomo und Bürgermeister de Blasio gemeinsam eine Pressekonferenz in den Manhattaner Amtsräumen des Gouverneurs. Zayas, die bei den technischen Vorbereitungen assistiert hatte, berichtete, sie und ihre Kollegen seien überwältigt gewesen von der großen Anzahl der erschienenen Journalisten. »Wir mussten Stühle raustragen, damit alle Platz hatten.« Cuomo ergriff als Erster das Wort und erklärte, die Bedrohung sei minimal. »Wenn man erst mal die Fakten kennt, wenn man die Realität kennt, dann ist das eine Beruhigung, und wir sollten entspannt an die Sache herangehen, denn das ist es, was die Realität der Situation erfordert. Ich verstehe die Emotionen, ich verstehe die Besorgnis. Ich bin gebürtiger New Yorker, wir leben mit solchen Ängsten. Aber die Fakten geben in diesem Fall keinen Anlass dazu.« Mit besonderer Zuversicht betrachtete er die Fähigkeit der Stadt, das Virus einzudämmen. »Wir haben hier das beste Gesundheitswesen der Welt. Und man sehe uns unsere Arroganz als New Yorker nach, ich spreche hier auch für den Bürgermeister, wir glauben, dass wir das beste Gesundheitssystem auf dem Planeten genau hier in New York haben. Wenn Sie also darauf hinweisen, was in anderen Ländern passiert ist, dann glauben wir einfach nicht, dass es hier annähernd so schlimm kommt wie in anderen Ländern. Wir sind bestens abgestimmt, alles, was wir brauchen, steht bereit, und das ist der springende Punkt: die Mobilisierung eines staatlichen Gesundheitswesens.«[1]

Zayas hatte den Gouverneur stets bewundert und respektiert, doch jetzt kam sie nicht gegen ihre Besorgnis an. Bestens abgestimmt? Der Gouverneur und der Bürgermeister waren seit Langem Rivalen, mitunter sogar Widersacher. Amerikanische Bürgermeister mögen mächtig erscheinen, Tatsache ist aber, dass der jeweilige Gouverneur ihre Entscheidungen in fast allen wichtigen politischen Angelegenheiten – inklusive Gesundheit, Verkehr, Bildung – aufheben kann. Seit de Blasio 2014 sein Amt angetreten hatte, schien Cuomo es darauf angelegt zu haben, dessen Autorität zu untergraben, indem er etwa sein Unterfangen blockierte, das Wachstum von Fahrdiensten wie Uber zu begrenzen und Millionäre mit einer Steuer zu belegen, oder indem er während eines Schneesturms ohne Rücksprache mit der Stadt die New Yorker U-Bahn stilllegte.[2] Es war schön, ihre demonstrative Einigkeit auf der Pressekonferenz zu beobachten, aber Zayas und ihre Kollegen fragten sich, wie tief diese Eintracht wohl reichte.

Was das, nun ja, beste Gesundheitswesen auf dem Planeten betraf, so war es nach Zayas' Einschätzung jedenfalls noch nicht bis in die Bronx vorgedrungen. Der Bezirk besaß großartige Krankenhäuser – große wie das Montefiore oder eher kleine wie das St. Barnabas –, und sie hatten auch so manchem ihrer Familienmitglieder und Freunde bereits das Leben gerettet. Doch die meisten Pflegeeinrichtungen hatten schon unter normalen Umständen alle Mühe, ihre lokale Klientel zu versorgen, von Zeiten der Krise ganz zu schweigen. Zayas war nicht die Einzige, die sich sorgte, ob sie wohl ausreichend Ressourcen hätten, um den bevorstehenden Problemen zu begegnen.

Wohl niemand empfand die Beunruhigung stärker als die Verantwortlichen für die medizinische Versorgung in der Bronx. Im März, als die Zahl neuer COVID-Fälle stetig wuchs, meldeten sich zusehends Krankenhausleiter bei Zayas und baten inständig um Hilfe. »Anfangs benötigten sie die grundlegendsten Dinge, etwa Schutzausrüstung« – Gesichtsmasken, Handschuhe, OP-Kittel. Dann wurden die Anfragen komplizierter. COVID-Tests waren schwer zu beschaffen. Ventilatoren, die lebenserhaltend sein konnten, waren noch knapper. Die Krankenhausbetten waren so schnell belegt, dass niemand wusste, wohin noch mit neuen Patienten. »Das Krankenhaus Montefiore ist die größte Einrichtung in der Bronx«, sagte Zayas. »Es war praktisch Kriegsgebiet. Die Notfallambulanz quoll über. In der Aufnahmestation ging nichts mehr. Die Isolierstationen waren überfüllt. In der Not machte man Teile des Krankenhauses auf, wo eigentlich Bauarbeiten durchgeführt wurden.« Bald darauf rief der Leiter eines kleineren Krankenhauses bei ihr an, den Tränen nahe. »Sein Chefchirurg war gestorben. Seine Leichenhalle war an der Kapazitätsgrenze. Sie hatten überall Tote liegen. Sie wussten nicht, was sie machen sollten.«

»Ich fühlte mich hilflos«, erzählte mir Zayas. »Das Gefühl, nichts ausrichten zu können, das tat weh. Manchmal bin ich zusammengeklappt und hab nur noch geheult.« Mitte März klingelten ihre beiden Telefone alle paar Minuten. Ihre Sprachmailbox nahm keine neuen Nachrichten mehr an, sodass ihre Kernklientel wie auch ihre Freunde glauben mussten, sie würde sie ignorieren. Wenige Tage nach der gemeinsamen Pressekonferenz von Gouverneur und Bürgermeister schloss ihre Dienststelle und schickte die Mitarbeiter ins Homeoffice. Zayas war erleichtert, nicht die U-Bahn von und nach Manhattan benutzen zu müssen, aber die Arbeit von zu Hause aus schuf neue Herausforderungen. Ein Problem war die Lage ihrer Wohnung an der Kreuzung zweier Zufahrtstraßen zu großen Krankenhäusern. »Alle zwei Minuten fuhren Rettungswagen vor meinem Fenster vorbei. Je nachdem, wie sie abbogen, wusste ich, welches Krankenhaus sie ansteuerten. Ich konnte es an der Geräuschentwicklung erkennen. Und jedes Mal, wenn ich die Sirenen hörte, ging es mir durch Mark und Bein. Ich wusste, da war wieder jemand gestorben. Es war die traumatischste Erfahrung meines Lebens. Ich habe mir Ohrstöpsel bei Amazon bestellt, weil ich das nicht mehr hören wollte.«

Ohrstöpsel konnten allerdings nicht ihre Familie oder die Nachbarn vor dem Coronavirus schützen. Zayas' Schwester arbeitete als medizinische Betreuerin an einer staatlichen Schule vor Ort, doch als die Infektionen in die Höhe schossen, wurde sie an ein Krankenhaus abgeordnet. »Sie hatten keine Maske für sie. Und auch sonst keine Schutzausrüstung.« Nach wenigen Tagen entwickelte sie ein gefährlich hohes Fieber, und auch ihr Mann und die beiden Kinder, fünf und neun Jahre alt, wurden krank. »Am 15. März wurde sie positiv getestet«, erinnert sich Zayas. »Alle wurden sie positiv getestet, ohne Ausnahme. Meine Schwester fühlte sich schrecklich. Sie konnte kaum atmen. Wir haben über FaceTime gesprochen, und sie sagte: ›Sophia, ich will nicht sterben!‹«

Mittlerweile hatten Zayas wie auch ihre Schwester Angst vor dem Krankenhaus. Es schien, als würden alle, die wegen COVID eingeliefert wurden, letzten Endes dort sterben. Aus ihrer Sicht war die beste Überlebensstrategie, möglichst zu Hause zu bleiben. Zayas forschte im Internet nach ganzheitlichen Heilmethoden. »Vitamine. Dampfbäder. Eukalyptus. Lungenübungen. Ich hab sie das alles machen lassen«, rekapituliert sie. »Und ansonsten gebetet. Und noch mal gebetet. Und die ganze Zeit dachte ich: Ist das wirklich alles wahr? Wann hört dieser Albtraum endlich auf?«

Zayas' Schwester erholte sich allmählich. Gleich nebenan aber war die Lage noch erschreckender. Luis, ein 59-jähriger Nachbar mit Asthma und Bluthochdruck, lebte mit seiner Frau Miriam und beider Tochter Mylischka in der Wohnung, seit er 1995 aus Puerto Rico eingewandert war. Luis war eng mit Zayas' Vater befreundet gewesen, und die beiden Familien hatten so viel Zeit miteinander verbracht, dass sie sich nahestanden wie Verwandte. Luis hatte Militärdienst geleistet, war aber seit Jahrzehnten erwerbsunfähig geschrieben. »Mein Dad kannte eine Menge Leute in der Nachbarschaft«, berichtete Mylischka. »Aber er hat nicht mit denen rumgehangen oder so. Man hat sich gegrüßt, und das war's. Er war meistens zu Hause bei uns, hat in der Bibel gelesen, Actionfilme geguckt. Oder Kochsendungen. Am liebsten hat er die Lasagne nachgekocht, mit allem Drum und Dran, Fleisch, Käse, alles.« Es blieb auch immer genug übrig für Zayas und ihre Großmutter.

Zayas machte sich, als die Pandemie ausbrach, Sorgen um fast alle, die sie kannte, aber Luis und Miriam schienen geschützt zu sein, weil sie ja kaum aus dem Haus gingen. Eines Tages Ende März aber ging Luis einkaufen, und als er zurückkam, erzählte er, jemand habe ihn angeniest – und derjenige habe sich nicht mal die Hand vors Gesicht gehalten. Ein paar Tage später fing Luis an zu husten. Miriam und Mylischka waren natürlich besorgt, glaubten aber, dass es mit Asthma oder Bronchitis zu tun hätte. Nichts Ernstes. Dann bekam er Fieber, und der Arzt sagte, er solle sich auf COVID testen lassen, nur zur Sicherheit. »Drei Tage später rief der Arzt an und sagte, er habe COVID«, so Mylischka. Inzwischen hatte auch Miriam erhöhte Temperatur und musste husten. Sie ließ sich testen und war ebenfalls positiv. Das Ehepaar zog sich zur Quarantäne in sein Schlafzimmer zurück. Sie wurden von Mylischka betreut, bis Luis eines Morgens desorientiert und mit Atemnot aufwachte. Sie rief einen Rettungswagen, und kurz darauf wurde er abtransportiert.

Miriam wollte zu ihrem Mann in den Rettungswagen steigen, aber ihr wurde gesagt, sie könne nicht mit ins Krankenhaus, daher steckte sie ihm sein Handy in die Tasche und kehrte mit Mylischka ins Haus zurück. Die Trennung war wie eine Folter, das Schweigen noch schlimmer. Im Fernsehen hatten sie Bilder von den überfüllten Krankenstationen gesehen, hatten Berichte gehört über Eingelieferte, die auf Tragbahren in den Fluren lagen und darauf warteten, dass Krankenpfleger oder Ärzte sich um sie kümmerten. Es war ein dunkles, furchterregendes Universum, und jetzt hatte man Luis dort hingeschafft. Es gab keine Möglichkeit, ihn zu besuchen oder auch nur etwas über seinen Zustand zu erfahren. Sie konnten nur hoffen, dass er wieder anrufen oder jedenfalls einen Anruf entgegennehmen würde.

Luis hatte angerufen, als er im Krankenhaus eingetroffen war, und ein paar Stunden später noch einmal, um zu berichten, dass er demnächst intubiert werden würde und dann vorerst nicht sprechen könnte. Das klang nicht gut, aber im März 2020 wusste eigentlich niemand, was eine wirksame Maßnahme war und was nicht. Mylischka erzählt: »Wir riefen andauernd im Krankenhaus an, sprachen mit den Ärzten. Ich habe bestimmt drei- oder viermal am Tag dort angerufen. Morgens und abends und manchmal auch um drei Uhr nachts, wenn ich noch auf war.« Zwei Tage lang berichteten die Ärzte, dass Luis' Zustand stabil sei. Sie überwachten den Sauerstoffgehalt in seinem Blut und experimentierten mit verschiedenen Medikationen in der Hoffnung, dass irgendetwas anschlagen würde. »Dann habe ich eines Nachts gegen zwölf Uhr angerufen, und da meinten sie, er sei stabil«, erinnert sich Mylischka. Wenige Stunden später wurden sie vom Krankenhaus informiert, dass Luis gestorben sei.

Zayas hörte, wie ihre Freundinnen in der Nachbarwohnung laut weinten. Ihr Kummer wurde durch die Isolation noch verstärkt. »Man konnte sie nicht einmal trösten«, erzählt sie. »Man konnte sie nicht in den Arm nehmen. Es war einfach nur traumatisch, in jeder Hinsicht.«

Luis' Tod durchschlug den Panzer der Professionalität, mit der Zayas sich in den ersten Tagen der Pandemie geschützt hatte. Jetzt drangen Schmerz und Sorgen auf sie ein. »Da hat es mich dann richtig erwischt, da bin ich zusammengeklappt. Hab die Nächte durchgeweint. Hab mich so ausgeliefert gefühlt. Wenn ich nach draußen guckte, war alles dunkel. Ich wollte nichts tun. Wollte nicht ans Telefon gehen. Wollte mit niemandem reden.« Dass ihre Großmutter darauf bestand, den ganzen Tag lang die Fernsehnachrichten zu verfolgen, machte die Sache nicht besser. Und auch nicht ihre »althergebrachte« Methode, mit Stress umzugehen. »Sie ist 84 und zäh wie Leder«, sagt Zayas. »Sie hält nichts davon, sich Sorgen zu machen. So etwas wie seelische Gesundheit existiert für sie nicht.«

Es war jedoch schwer, die Verzweiflung Miriams und Mylischkas nicht wahrzunehmen. Nicht nur, dass sie keinen Zutritt zum Krankenhaus hatten, sie standen wegen Miriams COVID-Infektion auch unter häuslicher Quarantäne, eine Lage, die täglich schlimmer wurde. Miriam litt unter Husten, Fieber, Kopfschmerzen, Gliederschmerzen und einer Erschöpfung, wie sie sie nie zuvor erlebt hatte. Ihre Lippen brannten. Sie konnte nichts schmecken. Und weder sie noch ihre Tochter bekamen die Frage aus dem Kopf, was denn wohl wirklich im Krankenhaus mit Luis geschehen war. Hätte er gerettet werden können? War er ganz allein gewesen, als er starb? »Tausende von New Yorker Familien stellten sich diese Fragen«, erklärt Zayas. »Es wird immer ein großes Fragezeichen bleiben.«

Zayas, die den gesamten Monat März gearbeitet hatte wie eine Soldatin an der Front, wünschte sich verzweifelt eine Ruhepause, wenn nicht gar eine Flucht aus dem ganzen Geschehen. Stattdessen schoss die Zahl der Fälle in die Höhe, immer häufiger und drängender wurde sie von der ihr anvertrauten Klientel in Anspruch genommen. »Ich bekam dreißig Anrufe pro Minute«, erinnert sie sich, und zwar nicht die üblichen Notfallanfragen nach Schutzausrüstung oder Vorräten für die Tafeln. Die Gesundheitsversorger benötigten COVID-Testkits. Sie konnten noch immer nicht bestimmen, wer infiziert war. Aber es war nicht zu übersehen, wie verunsichert die Leute waren. Bestattungsunternehmen in der Bronx waren dermaßen ausgelastet, dass sie keine Neuzugänge aufnehmen konnten. In den Krankenhäusern war die Lage noch schlimmer. So viele Patienten starben, dass ihre Leichenhallen überfüllt und sie daher gezwungen waren, die Leichen erst einmal zu stapeln, bis sie mobile Anlagen einrichten konnten. »Sie brauchten Kühlwagen«, erläutert Zayas. Die Stadt half bei der Beschaffung einer Flotte von großen Lkws, musste jedoch feststellen, dass diese ohne für eine Lagerung geeignete Ausstattung geliefert wurden. Daraufhin stellten der Vorsitzende und der Geschäftsführer einer der betroffenen Institutionen ein Team von Mitarbeitern zusammen, die sich bereit erklärten, ein Regalsystem zu bauen, das sie binnen Kurzem erweitern mussten, nachdem ein zweiter Lkw mit COVID-Verstorbenen belegt war. »Es war wie in der Serie ›Twilight Zone‹«, vergleicht Zayas. »Nur dass das hier Realität war.«

Wer als Gemeindevertreter für den Gouverneur tätig ist, für den verschwimmen leicht Raum und Zeit. Man ist häufig unterwegs. Man steht ständig in der Öffentlichkeit. Jeder hat deine Telefonnummer, und es gibt immer etwas zu tun. Vor der Pandemie gab es kaum plötzliche Unterbrechungen in Zayas' Arbeitstag, praktisch keine Trennung zwischen Büro und Zuhause. COVID jedoch erfasste sie wie ein Wirbelsturm, stellte jegliches Gefühl für Ordnung auf den Kopf und konfrontierte sie mit ständig neuen Gefahren.

Im April, so Zayas, griff das Virus in der Bronx »wie ein Lauffeuer« um sich, auch in ihrem Wohnhaus, wo vier Personen an COVID starben, und bald auch in dem Seniorenwohnheim gleich gegenüber, wo ihr Großvater untergebracht war. Er war vor zwanzig Jahren, nach dem Ausscheiden aus seiner Tätigkeit als Gabelstaplerfahrer, dort hingezogen, hatte sich von Zayas' Großmutter getrennt und sich zunächst ein Zimmer ein paar Straßen weiter gemietet, während er auf einen freien Platz wartete. Das Seniorenwohnhaus war ihm stets ein sicherer Rückzugsort gewesen, mitten im Geschehen zwar, und doch eine Welt für sich. Obwohl er allein lebte, konnte man ihren Großvater kaum als selbstständig bezeichnen. Vier Jahre zuvor hatte er einen schweren Herzinfarkt überlebt, litt aber weiterhin an Stauungsproblemen und musste sechs Tage die Woche einen Heimpflegedienst in Anspruch nehmen. Er verkehrte noch immer mit den Mitbewohnern, wenn auch weniger intensiv als zuvor und nur noch selten im Gemeinschaftsbereich in der Nähe des Eingangs, wo die gesprächigeren Männer beim Karten- oder Dominospiel saßen und frühere Zeiten wieder aufleben ließen. Er zog es vor, ein bisschen vor die Tür zu gehen und mit dem Gebäudepersonal zu plaudern. Leroy, der Hausverwalter, war ihm ein Freund und Vertrauter geworden, ebenso Robert, der Pförtner. »Er ist einfach ein geselliger Mensch«, erklärte Zayas. Einer, der allen ein Lächeln ins Gesicht zaubern kann.

»Mein Opa hat die Corona-Krankheit zuerst nicht so richtig ernst genommen«, erinnerte sich Zayas. »Er meinte: ›Ach, das ist doch nur ein normales Virus. Das geht bald vorbei, wirst sehen.‹ Er hörte sich fast an wie Trump!« Sie machte sich Sorgen um ihn, zumal sie wusste, wie sehr er auf seine Krankenpflegerin angewiesen war. »Sie ist Dominikanerin. Wohnt mit vielen anderen Leuten zusammen und nimmt den Bus, um zu ihm zu kommen«, erläutert Zayas. »Ich hab ihr gesagt, sie soll nicht mehr kommen, aber sie meinte: ›Wer kümmert sich dann um ihn? Und wie komme ich dann an mein Geld?‹« Konflikte dieser Art flammten allerdings überall in der Bronx auf, denn in diesem Bezirk gibt es jede Menge Dienstleister, die von einer Lohnzahlung zur nächsten leben, und jede Menge Personen wie Zayas' Großvater, die häusliche Unterstützung benötigen. »Ich wollte nicht unsensibel sein, aber ich musste ihn beschützen«, sagte sie. »Am Ende meinte ich einfach: ›Behalten Sie Ihre Maske auf und halten Sie Abstand. Und wenn ihm was passiert, ist das Ihre Schuld!‹«

In Wirklichkeit lauerten zu der Zeit die Gefahren überall, eine Tatsache, die bald auch im Seniorengebäude nicht mehr von der Hand zu weisen war. Robert, fünfzig Jahre alt, erkrankte so schwer an COVID, dass keiner mehr an eine Genesung glaubte. Sein Fall machte allen Angst, weil er mit so vielen Leuten im Haus verkehrt hatte. Und tatsächlich erfolgte bald ein weiterer Ausbruch unter den Männern, die sich regelmäßig im Gemeinschaftsbereich aufgehalten hatten. »Die saßen ständig im Aufenthaltsraum und spielten Domino«, erzählt Zayas. »Acht Leute. Alle an COVID gestorben.« Ihr Großvater war erschüttert, doch nicht so sehr, wie sie erwartet hatte. »Genau darum treibe ich mich nicht da unten herum!«, erklärte er. Als Zayas, schlaflos vor lauter Nervosität, sich eines Nachts gegen vier Uhr bei Facebook einloggte, entdeckte sie, dass auch Leroy, 57 Jahre alt und immer kerngesund, gestorben war. »Ich war am Boden zerstört«, erinnert sie sich. »Und als ich meinen Großvater anrief, war er ganz still am Telefon. Das war für ihn der Punkt, wo sich die Welt verdüsterte, wo er nicht mehr vor die Tür gehen wollte. Er meinte: ›Ich geh hier nicht weg.‹ Er war nur noch deprimiert.«

Dieses Gefühl herrschte, wohin man auch blickte. Zu Beginn der Pandemie, als die Regierungen überall auf der Welt Lockdowns und Maßnahmen zur räumlichen Trennung verhängten, warnten Wissenschaftler und Amtsträger vor einer »Epidemie der Einsamkeit«, einer »sozialen Depression«, die die Bande zerreißen würde, welche die Menschen zum Überleben bräuchten.[3]

Zweifellos hatte die von Staaten und Kommunen auferlegte plötzliche Isolation tiefgreifende emotionale Folgen. Forschungen zeigten jedoch, dass für einen Großteil der Bevölkerung der Grad von Einsamkeit nur moderat anstieg, vielleicht weil viele Leute neue Wege des Kontakts fanden oder alte Wege neu entdeckten, wie zum Beispiel Telefongespräche. Die Depressionsrate allerdings schoss dramatisch nach oben – auf einen Wert, der mehr als dreimal so hoch lag wie vor der Pandemie, wie aus einer Studie in *The Journal of the American Medical Association* hervorging.[4] Die Zeitschrift *Nature* berichtete, dass der Anteil der amerikanischen Bevölkerung, der unter Stress und Angstgefühlen litt, noch stärker angestiegen sei, von 11 Prozent vor Auftreten des Virus auf atemberaubende 42 Prozent.[5]

Erschüttert von den täglichen Hiobsbotschaften, wie gelähmt von dem davon ausgelösten Stress und den Angstgefühlen, sah Zayas sich im Frühsommer gezwungen, Krankenurlaub zu beantragen. Zwar war es ihr gelungen, eine Ansteckung zu vermeiden, aber die Symptome, die sie zeigte, zeugten von einer kaum geringeren Schwächung. Ihr Arzt diagnostizierte eine Malabsorption, offenbar war ihr Körper nicht in der Lage, ausreichend Vitamine und Nährstoffe aufzunehmen. »Normalerweise wiege ich ungefähr 55 Kilo«, sagte sie. »Und in der Zeit hab ich, na, fast fünf Kilo abgenommen. Es kam mir vor, als würde ich immer weniger.« Sie hatte pochende Kopfschmerzen, litt unter Schlaflosigkeit und gleichzeitig ständiger Müdigkeit. »Corona-Fatigue«, beschreibt sie die Diagnose. Das Engegefühl in der Brust war so schmerzhaft, dass sie kaum atmen konnte. »Ich bin fast paranoid geworden, als mein Arzt mir nur was verschreiben wollte. Ich wollte, dass er meinen Brustkorb röntgt, aber er meinte, das sei nur aufgestaute Angst. Er sagte: ›Wenn Sie das nicht unter Kontrolle kriegen, verlieren Sie den Verstand.‹«

Anfang Dezember 2020, während der zweiten Corona-Welle in New York City, kontaktierte ich Zayas, Miriam und Mylischka über Telefon. Die drei Frauen hatten sich in Miriams und Mylischkas Wohnung versammelt und trafen Vorbereitungen für die Feiertage, die ersten ohne Luis. Sie hatten bereits Thanksgiving zusammen verbracht. Miriam und Mylischka, so Zayas, litten sehr darunter, dass sie ihre Trauerrituale nicht durchführen konnten. »In der hispanischen Kultur ist es Brauch, dass man sich zu Hause versammelt, wenn jemand gestorben ist, selbst wenn diese Person nicht aufgebahrt ist. Man spricht Gebete, man serviert heiße Schokolade, Kaffee, Kuchen. Man nimmt sich eine Auszeit. Die Gebete können gut und gern eine Stunde dauern. Und all das war in diesem Fall nicht möglich. Miriam und Mylischka konnten nicht richtig abschließen, und das wird sich nie nachholen lassen.« An dem Abend, als wir telefonierten, diskutierten sie, was es Weihnachten zum Abendessen geben sollte. »Ich möchte Dads Lasagne machen«, sagte Mylischka. »Aber vielleicht nicht *ganz* so gehaltvoll!«, scherzte Zayas, um Auflockerung des bisher so ernsten Gesprächs über Krankheit und Verlust bemüht. Doch es zeichneten sich noch andere Lichtblicke ab. Ein neues Jahr dämmerte herauf, und auch der reale Himmel über New York schien sich aufzuklaren. Miriam teilte mir mit, dass sie demnächst nach Puerto Rico zurückkehren würden, wo sie Luis' Asche im Meer verstreuen wollten. Vielleicht würde das helfen.

In Zayas' Welt sah es inzwischen so aus, als wäre die Rettung unterwegs. In der Folgewoche sollte New York damit beginnen, erste Dosen des COVID-19-Impfstoffs von Pfizer-BioNTech zu verabreichen. Ein Wunder, zweifellos, aber eins, das ein Großteil der Bevölkerung nicht so ohne Weiteres akzeptieren mochte.

Beschäftigte im Gesundheitswesen genossen oberste Priorität, und Staatsangestellte, die an der vorgesehenen großen Impfkampagne teilnahmen, wären die nächsten Berechtigten. Zayas, inzwischen in ihr Büro zurückgekehrt, war bereits informiert worden, dass sie eine wichtige Rolle in dem Projekt spielen sollte. In der Bronx ballten sich überdurchschnittlich viele systemrelevante Beschäftigte und besonders vulnerable Bevölkerungsgruppen, daher benötigte der Gouverneur ihre Hilfe, um diese Leute geimpft zu bekommen, koste es, was es wolle. Die logistischen Herausforderungen waren gewaltig, doch Zayas war überzeugt, dass die kulturellen Hürden noch gravierender sein würden. »Wir sind eine vulnerable Gruppe«, erklärte sie mir. »Aber wir, die Leute in den ›black and brown communities‹, die Afroamerikaner und Latinos – nun ja, uns fehlt das Vertrauen. Viele von uns denken: ›Nichts da, das ist eine Falle, die wollen uns nur sterben lassen.‹ Die Gemeindesprecher hier, die gewählten Amtsträger, die Lokalbevölkerung – sie sind alle misstrauisch.«

Nun, zufällig galt das auch für Zayas selbst.

Am 14. Dezember wurde eine Krankenschwester als erste Amerikanerin – von medizinischen Studien abgesehen – im Rahmen einer Presseveranstaltung im Beisein von Gouverneur Cuomo geimpft. »Ich glaube, dies ist die Waffe, die den Krieg beenden wird«, verkündete Cuomo zu einem Zeitpunkt, da nach Schätzungen von Wissenschaftlern zwischen zehn- und dreißigtausend New Yorker sich tagtäglich mit dem Coronavirus infizierten. »Wir haben Flugzeuge, Züge und Autos in Bewegung gesetzt, die den Impfstoff in diesem Moment im ganzen Bundesstaat verteilen. Wir wollen ihn einsetzen, und zwar so schnell wie möglich.«[6]

»Ich fürchte, das ist einfach zu schnell«, so Zayas während eines Gesprächs noch am selben Tag. »Nur fünf Monate nach Ausbruch der Krankheit haben wir einen Impfstoff. *Im Ernst?*« Sie machte eine kurze Pause, war sich der Tatsache bewusst, dass nicht alle ihre Skepsis teilten, viele ihrer Nachbarn in der Bronx aber durchaus. »Ich persönlich traue der Sache nicht.«

Das Schweigen, das folgte, unterbrach Zayas mit einer Klarstellung: »Ich bin keine Impfgegnerin, ich finde nur, es braucht mehr Zeit.«

Die Realität, das war ihr klar, sah so aus, dass die maßgeblichen Funktionsträger in Politik und Gesundheitswesen nichts anderes sahen als den Aspekt der Dringlichkeit und dass die Impfkampagne ab sofort ihr Leben bestimmen würde. New York befand sich inmitten einer zweiten Infektionswelle: Im Januar sollte die Zahl der positiv auf das Virus Getesteten ihren Gipfelpunkt erreichen und damit selbst die erschreckendsten Momentaufnahmen der ersten Welle noch übertreffen. Noch im selben Monat begann nach staatlichen Vorgaben und mithilfe von Krankenhäusern und Apotheken die Impfung der meistgefährdeten Bevölkerungsgruppen, insbesondere der Alten, der von Vorerkrankungen Betroffenen und der Beschäftigten in Berufen, die für systemrelevant erachtet wurden. Zayas' Aufgabe war es, möglichst allen Bewohnern der Bronx zu vermitteln, dass der Impfstoff sicher und wirksam sei. Die Tatsache, dass sie daran selbst nicht so ganz glauben mochte, sorgte für neuerliche Belastung.

Zayas beschloss, sich nicht impfen zu lassen, jedenfalls nicht sofort. Trotz des Todes ihres Nachbarn, der verzweifelten Stimmung im Stadtteil und der nicht nachlassenden Sorge, die sie seelisch und körperlich zermürbte, hatte sie doch mehr Angst davor, von der Impfung krank zu werden, als vor dem Virus selbst. »Ich gehöre zur gefährdeten Bevölkerungsgruppe«, sagte sie mir und spielte dabei auf ihre Malabsorption wie auch auf ihre ethnische Zugehörigkeit an. »Aber ich werde den Teufel tun, mich impfen zu lassen und dann nicht an COVID zu sterben, sondern an so einem Impfstoff.« Ihre Kollegen im Büro des Gouverneurs konnten ihre Entscheidung nicht nachvollziehen. Sie versuchten sie zu überzeugen, dass es doch besser wäre, geschützt zu sein, aber auf diese Weise die Vorteile der Impfung gepredigt zu bekommen, erhöhte für sie nur den inneren Druck, den sie einfach nicht abschütteln konnte. Es gab keine guten Optionen, keinen Ausweg.

Die Kampagne begann für Zayas damit, dass sie unentwegt im gesamten Stadtteil unterwegs war. Eine Massenimpfung für Einwohner der Bronx im Yankee Stadium. Ein Gesundheitszentrum. Kirchen. Sozialsiedlungen. Obwohl sie an dem Entschluss festhielt, sich nicht impfen zu lassen, konnte sie erkennen, wie viel Erleichterung die Impfung denjenigen bescherte, die sie sich wünschten, und so lernte sie das Projekt allmählich zu schätzen. Mit großer Zustimmung hörte sie Gouverneur Cuomo über die gesundheitlichen Ungleichheiten sprechen, die verantwortlich dafür seien, dass die Krankheit in ihrem Bezirk so weit verbreitet und tödlich war. »Wir können mit aller Deutlichkeit erkennen, dass schwarze, lateinamerikanische und arme Gemeinden am schwersten von COVID betroffen sind«, erklärte er gegenüber der im Yankee Stadium versammelten Presse, »und die Bronx bildet da keine Ausnahme.«[7] Unter seiner Führung betrieb der Bundesstaat seine Impfaktionen ganz gezielt an Orten, die die höchsten Infektionsraten aufwiesen und als besonders vulnerabel galten. »Er setzt sich für Migranten und Minderheiten ein«, so Zayas. »Und viele dieser Gruppen sind wirklich glücklich darüber. Sie sind bereit für den Impfstoff.«

In manchen Schwarzen und puertoricanischen Gemeinden, darunter auch ihrer eigenen, sah die Sache etwas anders aus. Die Gespräche, die sie mit ihren Nachbarn führte, unterschieden sich in jeder Hinsicht von denen im Amt. Man bemerkte durchaus, dass Gouverneur Cuomo Impfungen vordringlich in ihrem und in ähnlichen Stadtteilen durchführen lassen wollte. Aber man kaufte ihm die Erklärung nicht ab, dass dem Staat, der sich zu Beginn der Pandemie so wenig um ethnische Gerechtigkeit gekümmert hatte, jetzt angeblich die gesundheitliche Chancengleichheit so wichtig sei. Wie konnte man wissen, dass man nicht lediglich als Versuchskaninchen benutzt werden sollte? »Wenn nun der Impfstoff eine ganz neue Pandemie hervorruft, was dann?«, brachte Zayas die Skepsis auf den Punkt. Eine Pandemie, die sogar schlimmer wäre als COVID? Noch bevor die offiziellen Daten der Stadt die Bestätigung lieferten, war ihr klar, dass die Bronx, einer der tödlichsten COVID-Brennpunkte im ganzen Bundesstaat, sich anschickte, auch ein Brennpunkt der Impfverweigerung zu werden.[8]

Sobald die Impfkampagne angelaufen war, wurde Zayas zu Verteilungszentren in Sozialsiedlungen geschickt, in denen viele Alte und Personen mit Behinderungen wohnten. Ihre Aufgabe bestand darin, Flugzettel in den Fluren der einzelnen Wohngebäude aufzuhängen, die für die Impfung warben. Ferner leitete sie Besprechungen mit Vertretern der New York City Housing Authority, der für sozialen Wohnungsbau zuständigen Behörde der Stadt, mit Mietervereinen und Interessengruppen der Gemeinde. Vor allem musste sie persönlich vor Ort sein, wenn die Impfungen losgingen, Fragen beantworten, Probleme bearbeiten, den Andrang managen. »Als mir die Aufgabe erteilt wurde, habe ich mich gesträubt«, erzählt sie. »Ich hab erklärt, dass ich ein schlechtes Gefühl hätte, da rauszugehen. Ich hab meinem Chef gesagt, ich wolle nicht diejenige sein, die das Team hängen lässt, aber ich wohne mit meiner Großmutter zusammen, einer Hochrisikoperson, und das wussten sie.« Man brauchte sie aber. Wer sonst hätte so gut mit den Leuten aus der Bronx kommunizieren können, die dringend geimpft werden sollten? Wem sonst hätten sie so vertraut?

Ich konnte mit Zayas in der Zeit sprechen, als sie in Co-op City tätig war, einer großen Wohnanlage mit 35-stöckigen Hochhäusern, sieben Reihenhausblöcken, 15 372 Wohneinheiten und etwa 50 000 Bewohnern, alles zusammengedrängt in der nordöstlichen Ecke der Bronx. Sie gab sich keine Mühe, ihren Kummer zu verbergen. »Es ist einfach nicht sicher dort«, klagte sie. »Ich meine, es gibt überhaupt keine Belüftung. Da laufen Demente rum, Leute ohne Maske. Es ist ... Ich will einfach kein COVID kriegen. Verstehen Sie? Aber ich weiß, dass ich's kriegen werde. Ich hab Angst.«

Unterdessen ließ das Coronavirus nicht locker. Am 8. Februar, wenige Wochen nach Beginn der Impfkampagne, fühlte sich die Großmutter nach dem Aufwachen müde und erschöpft. »Sie hatte keinen Appetit«, berichtete Zayas. »Keine Energie. Probleme mit dem Magen. Ihr tat alles weh. Fühlte sich einfach schlecht.« Zayas' Herz begann zu rasen. »Ich bin eh so eine Hypochonderin. Natürlich denke ich dann sofort, das muss COVID sein!« Diesmal aber schien es ihr keine bloße Einbildung zu sein. Sie hatte eigentlich keinen Zweifel.

Sie stürmte los zu einem Gesundheitszentrum und besorgte einen Schnelltest. Positiv.

Sie ließ auch ihre Großmutter den Test machen. Ebenfalls positiv.

»Meine ganze Welt verdüsterte sich, als wir diese Testergebnisse sahen«, so Zayas. »Ich fing an zu weinen. Ich dachte, was jetzt? Es heißt, man soll sich nach Hause in Quarantäne begeben, aber du weißt nicht, wie es sein wird, wenn du am nächsten Morgen aufwachst. Du weißt nicht, was für Symptome du haben wirst.«

Wir hatten ein Gespräch am 9. Februar, Zayas war darum bemüht, ihre Nerven zu beruhigen und ihre Großmutter stabil zu halten. »Ich habe keine Symptome«, berichtete sie. »Ich fühle mich gut. Ganz normal.« Aber sie traf Vorsichtsmaßnahmen, probierte es mit Hausmitteln, von denen sie im Internet gelesen hatte. »Alle Stunde nehmen wir ein fünfminütiges Gesichtsdampfbad, mit Wasser und Himalaja-Meersalz. Nach dem Duschen reiben wir uns mit Erkältungssalbe ein, und wir trinken viel Tee. Ich nehme

Vitamin D ein, Vitamin C, und die Pflegerin bringt morgen noch ein Antioxidans in Tropfenform mit.« Sie war überzeugt, dass sie sich in der Woche zuvor infiziert hatte. Und das war einerseits gut, denn es bedeutete, dass sie das Virus in ein paar Tagen los sein würde, es war aber auch schlecht, denn es bedeutete, dass die Freunde, mit denen sie das vorige Wochenende verbracht hatte, dem Virus ausgesetzt gewesen waren. Sie forderte sie auf, sich testen zu lassen. Allerdings hatte sie während des Treffens durchweg eine Maske getragen, daher war sie nicht weiter überrascht, als die Freunde sich weigerten.

Sie war nicht stolz darauf, konnte aber nicht verhehlen, dass es ihr einiges Vergnügen bereitete, ihrem Chef mitzuteilen, dass sie sich COVID zugezogen habe. »Er war so nervös«, erzählte sie. »Er wurde ganz still, so als wüsste er, dass er unrecht gehabt hatte«, sie zur Arbeit in den Brennpunkt zu schicken. Zayas gab ihm jedoch nicht die alleinige Schuld. »Ich wusste immer, dass ich es kriegen würde«, gestand sie. »Jetzt muss ich mir wenigstens keine Sorgen mehr machen, wann es so weit sein wird.« Sie teilte ihrem Chef mit, dass sie zur Arbeit zurückkehren werde, sobald sie gesund sei, aber sie werde nicht wieder in die Impfzentren gehen. »Gott interveniert auf seine Art«, sagte sie. »Als würde er sagen: ›Stopp! Du musst nach Hause kommen.‹«

Die COVID-Erkrankung ihrer Großmutter war zu keinem Zeitpunkt lebensbedrohlich. Zayas selbst hatte weniger Glück. Zwei Tage nach unserem Gespräch fühlte sie sich plötzlich müde und erschöpft. »Es fing damit an, dass ich ständig außer Atem war«, erläuterte sie später. »Ich hab mich so dahingeschleppt. Hab immer mehr geschlafen, kam kaum noch aus dem Bett. Und dann fiel mir auf, dass ich mich jedes Mal, wenn ich wieder aufwache, irgendwie noch schlechter fühlte. Ich bekam heftige Schmerzen in den Beinen. Ich kriegte Angst, dass ich, na ja, ein Blutgerinnsel hätte. Und dann kamen diese fürchterlichen, unerträglichen Rückenschmerzen, ein Schmerz, wie ich ihn noch nie erlebt hatte. Im Bett hab ich nur noch geschwitzt. Ich bin mitten in der Nacht aufgewacht und musste mich umziehen.« Ein oder zwei Tage lang glaubte sie, sie könne die Krankheit abschütteln, indem sie in Epsom-Salz badete und heiß duschte, bis es dampfte. »Ich dachte, das gehört zu COVID dazu, und ich müsste es einfach durchstehen.« Doch dann wachte sie eines Morgens auf und merkte, dass »einfach nur einatmen und ausatmen mir schon wehtat und ich nicht mal richtig tief einatmen konnte«. Sie rief ihren Arzt an, und wenige Minuten später war sie bereits auf dem Weg in die Notaufnahme. Die Ärzte nahmen verschiedene Untersuchungen vor und machten eine Computertomografie. Auf Blutgerinnsel wurde sie negativ, auf Lungenentzündung positiv getestet. Sie bekam Arzneimittel verschrieben und wurde nach Hause geschickt.

Das war eine harte Woche. Meine Lunge tat weh, und die kalten Schweißausbrüche wurden noch schlimmer. Inzwischen musste ich mich mindestens sechs- oder siebenmal umziehen in der Nacht. Und ich hab keine Wäsche gewaschen, nicht wahr? Weil ich krank war. Hab niemanden, der mir hilft. Und meine Güte, langsam hatte ich nichts mehr anzuziehen. Auch keine Decken mehr, waren alle nass. Die Laken alle schmutzig, wo krieg ich saubere Laken her? Es war einfach der Horror.
Das ging eine ganze Woche so, und ich bin fast durchgedreht. Mir war so kalt, ich meine, richtig eiskalt. Es war, als hätte jemand einen Eimer mit Eiswasser über mir ausgegossen. O mein Gott. Mein Arzt sagte, das ist so bei Lungenentzündung, es ist normal, dass man in Schweiß ausbricht. Ich habe ein paar Tage lang nicht geduscht, weil ich mich jedes Mal noch schlechter fühlte, wenn ich aus der Dusche kam. Einmal stand ich in der Dusche und hatte das Gefühl, ich würde gleich ohnmächtig, würde einfach umkippen. Da ist eine Stange an der Wand von der Dusche. Ich hab mich daran festgehalten und die Augen geschlossen. O bitte, hoffentlich schaff ich es bis zum Bett. Hab das bisschen Seife abgespült, das ich noch am Körper hatte, und das Wasser zugedreht. Bin zum Bett gegangen und hab mich auf die Ecke gesetzt. »Ich werde sterben«, dachte ich. So schlecht hab ich mich gefühlt. Ich dachte: »Das bringt mich um.«

Ich hab mich auf dem Bett ausgestreckt. Und ein Gebet gesprochen: »Gott, wenn meine Zeit gekommen ist und du mich jetzt einberufst, dann bitte: ohne Schmerzen. Ich möchte nicht leiden. Ich möchte nicht nach Luft schnappen müssen. Ich möchte einfach nur in Frieden gehen.«

Gott berief Zayas nicht ein an diesem Tag, aber die Ärzte ließen sie sofort in die Notaufnahme kommen. Sie änderten ihren Medikationsplan und wiesen sie an, nach Hause zu gehen und sich auszuruhen. Die Symptome der Pneumonie würden mit der Zeit abklingen. Miriam und Mylischka kochten ihr Suppen, um sie wieder auf die Beine zu bringen. Sie trank Orangensaft. Aß Frühstücksflocken. »Ich kam mir vor wie eine Schwangere«, erzählte sie mir. »Das Einzige, worauf ich richtig Appetit hatte, waren die ›Lucky Charms‹-Cornflakes!« Sie fühlte sich noch immer mies, machte sich Sorgen um ihre Großmutter, doch allmählich kehrten ihre Kräfte zurück, ihr Energiepegel stieg an. »Ich begann ein bisschen herumzugehen, machte ein paar Hampelmänner, brachte meinen Blutkreislauf in Schwung und den Sauerstoffgehalt nach oben.« Nach der positiven Diagnose wartete sie noch einen Monat ab, bevor sie einen verlässlichen COVID-Test machte – zum Teil, weil sie sicher sein wollte, dass sie sich erholt hatte, zum Teil auch, weil sie wusste, wie viel Arbeit auf sie warten würde.

Vorläufig aber hatte Zayas andere Dinge im Kopf. »Ich habe daran gedacht, heim nach Puerto Rico zu reisen, um meine Familie zu besuchen«, erklärte sie. »Santa Isabel. Die Schwester meines Vaters lebt dort. Meine Cousins und Cousinen. Mein Vater ist dort auch beerdigt.«

»Aber wissen Sie, was im Moment mein größter Wunsch ist?«, fragte sie mich. »Ich kann's gar nicht abwarten, dass sie diese Kreuzfahrten wieder zulassen. Ich will an den Strand. Ich liebe Kreuzfahrten. Die sind toll. Ich hab schon zwei gemacht. Die erste startete von Puerto Rico aus. Wir sind zu verschiedenen karibischen Inseln gefahren, jeden Tag eine andere. Die Schiffe sind

großartig, sehr geräumig. Du fühlst dich wie in einem riesigen Gebäude. Und das Essen ist so gut, dass du garantiert ein paar Kilos zunimmst. Ich meine, die kümmern sich da um dich. Die kümmern sich um alles. Rund um die Uhr.«

Kapitel 4

Vertrauen

Ungewissheit stellt moderne Staaten und Gesellschaften vor große Probleme. Im Normalfall prognostiziert die Regierung die weitere Entwicklung und gründet ihre Pläne und politischen Entscheidungen auf historische Erfahrung und empirisch gestützte Risikoabwägung. Natürlich führt Datenanalyse nicht zwangsläufig zur besten Entscheidung, sie schafft aber einen Rahmen für eine informierte, vernunftgeleitete Diskussion unter Einbeziehung fachlicher Expertise. In einer Situation tiefer Unsicherheit ist die Regierung dagegen gezwungen, unvollständige Daten zu interpretieren und auf Vertrauensvorschuss zu arbeiten. Wissenschaftliche Beratung und persönliche Erfahrung mit ähnlichen Problemen in der Vergangenheit kann nützlich sein, bietet aber keinesfalls eine Erfolgsgarantie. Eine durchaus tückische Lage für Experten und politische Entscheidungsträger: In Notsituationen, wo viel auf dem Spiel steht, haben sie keine andere Wahl, als einfach irgendetwas zu tun, tun sie jedoch das Falsche, werden sie zur Zielscheibe von unter Umständen vernichtender Kritik. Es kommt sehr darauf an, wie sie Regeln einführen, Empfehlungen geben und gegenüber der Öffentlichkeit kommunizieren, was gesicherte Erkenntnis ist und was nicht. Alles, was sie sagen und was sie tun, wird einen entscheidenden Einfluss darauf haben, wie sehr die Bevölkerung der Regierung, den medizinischen Experten und den Mitbürgern vertraut, wenn es um Leben und Tod geht.

Wenn das Leben mit Ungewissheit bereits unter normalen Umständen eine Herausforderung darstellt, dann ist die Aufgabe, eine umfassende Gesundheitskrise zu managen – in Zeiten weitverbreiteten Misstrauens gegenüber Politikern in Führungsverantwortung, Wissenschaftlern, Experten und den eigenen Mitbürgern –, nahezu unmöglich zu bewältigen. Autoritäre Regime können während einer Pandemie soziale Kontrolle ausüben mittels umfassender Überwachungsmaßnahmen, aggressiver Polizeiarbeit und strenger Strafen für diejenigen, die staatliche Bestimmungen bezüglich Maskenpflicht, Abstandsregelungen und Ausgangssperren verletzen. Auch demokratische Regierungen können diese Mittel einsetzen, doch wenn dies ohne allgemeine Zustimmung erfolgt, ist mit Gegenreaktionen seitens der Bürger und der Oppositionsparteien zu rechnen. In offenen Gesellschaften müssen Amtsträger die Öffentlichkeit davon überzeugen, dass sie vertrauenswürdig sind und dass dies auch für die Experten gilt, auf deren Rat sie sich im Interesse der nationalen Sicherheit stützen. Leicht ist diese Aufgabe zu keiner Zeit gewesen, besonders heikel wird sie jedoch in einer Welt, in der Desinformation sich ungehindert verbreitet, in der wissenschaftliche Erkenntnisse von Skeptikern regelmäßig angezweifelt werden und in der jeder ein Recht auf seine eigenen Fakten reklamiert. In diesem Zusammenhang stellt der Soziologe Gil Ayal fest: »… rätselhaft ist nicht das Misstrauen. Sondern das Vertrauen, ›Treu und Glauben‹.«[1]

Im ersten Jahr der Pandemie stellten Journalisten eine Reihe von politisch Mächtigen bloß, deren Weigerung, ihren eigenen Regeln zu folgen, Millionen dazu veranlasste, diese ihrerseits nicht ernst zu nehmen. Am 13. März 2020 erklärte der australische Chief Medical Officer (leitender Gesundheitsberater der australischen Regierung) sich mit seinen Amtskollegen in allen Bundesstaaten und Territorien darin einig, dass die Nation alle nicht notwendigen Massenveranstaltungen absagen sollte, um eine weitere Verbreitung des Coronavirus zu verhindern. Noch am selben Tag trat der Council of Australian Governments in Parramatta zusammen und machte sich diese Empfehlung zu eigen. Premierminister Scott Morrison erklärte sich sofort zum Befürworter der Maßnahme. »Bis Montag werden wir uns offizell gegen organisierte, nicht notwendige Versammlungen mit über 500 Teilnehmern aussprechen«, verkündete er und bezeichnete dies als »vernünftige Vorsichtsmaßnahme, um sicherzustellen, dass wir die Übertragung dieses

Virus auf möglichst effektive Weise in den Griff bekommen«.² Es war ungewöhnlich für führende Politiker der Oppositionsparteien, einer derart dramatischen Verfahrensweise zuzustimmen, doch es wurde allgemein betont, dass man den medizinischen Experten vertraue, denen die Konzeption der Notmaßnahmen für die öffentliche Gesundheit oblag. Auch die australischen Bürger waren bereit, sich den Einschränkungen zu unterwerfen, da auch sie der Gesundheitspolitik der Regierung vertrauten.³

Verwunderung bei vielen löste jedoch eine andere Äußerung Morrisons auf der Pressekonferenz aus, nachdem er eben erst der »vernünftigen Vorsichtsmaßnahme«, große Versammlungen abzusagen, zugestimmt hatte. Morrison erklärte, er habe die Absicht, am folgenden Tag, also vor Inkrafttreten der Maßnahme, ein Rugbymatch (beziehungsweise ein »Footymatch«, wie die Aussies es nennen) zu besuchen, um seine Lieblingsmannschaft, die Cronulla Sharks, persönlich anzufeuern. Gegen kritische Einwände eines Journalisten verteidigte der Premierminister sich mit der Behauptung, die Bedrohung sei noch nicht so akut, und außerdem, nun ja, wolle er das Spiel nicht verpassen. »Die Tatsache, dass ich am Samstag noch hingehen würde, bezeugt nicht nur meine Leidenschaft für meine geliebten Sharks; es könnte auch für lange Zeit das letzte Spiel sein, das ich besuchen kann«, legte Morrison dar.⁴ Die Maßnahme sei am Wochenende noch nicht in Kraft, daher würde er, der Premierminister, genau genommen nicht gegen seine eigene Regelung verstoßen. Doch für Millionen von Australiern verletzte Morrisons Erklärung den Geist des Paktes zwischen Regierung und Volk. Auf Twitter und im Talkradio wurde zusehends eine einfache, aber wesentliche Frage gestellt: Sollten diejenigen, die in Regierungsverantwortung stehen, nicht auch verpflichtet sein, sich an die Regeln zu halten?

Die Medien verurteilten Morrisons Entscheidung. »PM [Premierminister] scheint Stimmung nicht einschätzen zu können«, lautete eine Überschrift in *The Australian*. Fox Sports sah es genauso: »›Ich gehe trotzdem zum Footy!‹ ScoMos schräge Verlautbarung nach Ankündigung des Versammlungsstopps«, so der Kommentar.⁵ Die Australian Broadcasting Corporation ABC (ein öffentliches Sendernetzwerk) ging noch einen Schritt weiter. Morrisons Verhalten veranlasste die größte landesweite Rundfunkgesellschaft, die »große Frage« zu stellen. Nämlich: »Wie viel Vertrauen kann eine zutiefst verunsicherte Öffentlichkeit den an sie ergangenen Empfehlungen und den zutreffenden wichtigen Entscheidungen schenken?«⁶ Unter Druck geraten, entschied Morrison in letzter Minute, das Spiel nicht zu besuchen – er verpasste insofern nicht viel, als die Sharks mit 22:18 verloren. ABC allerdings warf weiterhin Fragen auf nach dem Urteilsvermögen und dem Sachverstand führender Politiker. Der Finanzminister etwa hatte ein Konjunkturprogramm über 17 Milliarden Dollar durchgesetzt, und der Chief Medical Officer befand es mit Blick auf Sicherheitsaspekte akzeptabel, öffentliche Versammlungen das Wochenende über noch abzuhalten, anstatt sie auf der Stelle abzusagen. »Das alles gibt sich sehr bürgerfreundlich«, schrieb der ABC-Journalist David Speers. »Was aber, wenn es die falsche Entscheidung ist? Wenn die Erlaubnis, sich an diesem Wochenende in Massen zu versammeln, nur die Verbreitung des Virus beschleunigt und damit für erheblich mehr Leid sorgt, vom größeren ökonomischen Schaden gar nicht zu reden?«⁷

»Was wäre wenn«-Fragen waren im März 2020 allgegenwärtig, und das nicht ohne Grund. Es war eine Zeit grundlegender Unsicherheit, es lagen keine Daten aus früheren Ereignissen vor, die als verlässliche Grundlage für eine aktuelle Risikoabwägung oder einen informierten Entscheidungsprozess dienen konnten. Das neuartige Coronavirus mitsamt der potenziell tödlichen Krankheit, die es verursachte, blieb ein Rätsel für Mediziner, Gesundheitsexperten und politische Entscheidungsträger. Virologen wussten nicht, ob das Virus sich über Tröpfchen oder Aerosole übertrug, über welche Distanz es übertragbar war und wie groß folglich ein risikoloser Abstand zu anderen Personen zu sein hätte. Es gab keine wissenschaftlichen Erkenntnisse darüber, warum manche mit COVID Infizierte unter starken Symptomen litten, während andere kaum beeinträchtigt waren. Ärzte konnten nur spekulieren, welche Behandlung bei starker Erkrankung am besten anschlug, ob antivirale Mittel nützlich oder Ventilatoren hilfreich waren. Niemand wusste, ob Kinder gefährdet waren oder wie wahrscheinlich es war, dass sie die Krankheit verbreiteten. Es ließ sich unmöglich vorhersagen, wie lang der Ausbruch sich hinziehen oder ob das Virus zu etwas mutieren würde, das womöglich noch gefährlicher war.

Australien war nur eins von vielen Ländern, in denen Kritiker schon im Frühstadium der Pandemie Bedenken äußerten hinsichtlich der Vertrauenswürdigkeit von führenden Politikern und der Entscheidungen von Gesundheitsbehörden. Nahezu alles wurde auf den Prüfstand gestellt. Woher wusste man, was richtig war? Anders als in Australien wurden Massenveranstaltungen in den Vereinigten Staaten nicht verboten, aber am 15. März empfahlen die Centers for Disease Control and Prevention (eine Behörde des US-amerikanischen Gesundheitsministeriums), Veranstaltungen mit mehr als fünfzig Teilnehmern abzusagen oder zu verschieben, mit dem Zusatz, dass diese Empfehlung nicht für Unternehmen, Universitäten oder Schulen gelte.[8] In Ermangelung entschiedener Vorgaben seitens des Bundes übernahmen die Gouverneure der Bundesstaaten die Hauptverantwortung für restriktive Maßnahmen. Bei den Entscheidungen darüber, was geöffnet bleiben konnte und was schließen musste, gab es krasse Unterschiede, geprägt jeweils durch die parteipolitische Ausrichtung. Diese Unterschiede trugen zwangsläufig dazu bei, den ideologischen Streit über die Krisenbekämpfung anzufeuern und zu intensivieren, wobei die Republikaner sich auf persönliche Freiheit und individuelle Verantwortung beriefen, während die Demokraten Regeln und Vorschriften befürworteten, die eine gegenseitige Verpflichtung der Bürger betonten und diejenigen schützten, für die eine Erkrankung ein besonders hohes Risiko darstellte.

Anfangs war jedoch gar nicht klar, welche Regeln und Vorschriften die Bevölkerung schützen und welche unangemessenen Schaden anrichten würden. Man nehme etwa die Frage der Gesichtsmasken. In den ersten Monaten des Ausbruchs befand die Weltgesundheitsorganisation, Gesichtsmasken seien für Zivilisten unnötig, und ungeachtet des Widerspruchs von Experten, die vermuteten, das Coronavirus werde über Aerosole übertragen, beharrte die WHO auf dem Standpunkt, dass Regierungen sie nicht für den täglichen Gebrauch empfehlen sollten. Diese Richtlinie übte großen Einfluss aus, zumal in den westlichen Ländern, die weitgehend von der SARS-Epidemie im Jahre 2003 verschont geblieben waren und wenig Erfahrung mit der Maskierung zum Zweck der Infektionsvermeidung besaßen. In den USA beriefen sich sowohl das Weiße Haus als auch maßgebliche Gesundheitsbehörden auf die Botschaft der WHO, mit massiven Folgen für das Vertrauen der Öffentlichkeit in das, was als Stand der wissenschaftlichen Erkenntnis über die Seuche galt. Am 8. März 2020 trat Anthony Fauci in der populären amerikanischen Nachrichtensendung *60 Minutes* auf, um mit dem Medizinjournalisten Dr. Jon LaPook über den Ausbruch zu diskutieren.

»Die Leute sollten nicht mit Masken herumlaufen«, erklärte Dr. Fauci.

»Sind Sie da sicher?«, fragte LaPook. »Man wird sehr genau darauf achten, was wir hier sagen.«

»Im Moment gibt es keinen Grund, mit einer Maske herumzulaufen. Mitten in einem Ausbruch bewirkt das Tragen einer Maske vielleicht, dass die Leute sich ein bisschen besser fühlen, und es mag sogar das eine oder andere Tröpfchen auffangen, aber es bietet nicht den perfekten Schutz, den viele darin sehen.«[9]

Fauci hielt an dieser Position bis zum 3. April fest, als die CDC ihre Empfehlung änderte, nachdem Studien nachgewiesen hatten, dass das Coronavirus in der Tat durch Aerosole weitergegeben wurde, und zwar durch asymptomatische wie auch durch symptomatische Überträger. Von da an betonten er wie auch andere medizinische Verantwortungsträger, dass die frühere Empfehlung nach zu jener Zeit bestem Wissen und Gewissen erfolgt sei, und mahnten an, dass die Kritiker sich an die »Im Moment«-Formulierungen in ihren Erklärungen erinnern sollten ebenso wie an den stets erfolgten Hinweis, dass die offiziellen Gesundheitsrichtlinien laufend angepasst würden, sobald neue Erkenntnisse auftauchten. Studien zufolge ist genau diese Art von Rhetorik geeignet, in Zeiten der Ungewissheit, wenn Fakten schwer zu bestimmen und wissenschaftliche Erkenntnisse bestenfalls vorläufig sind, das Vertrauen der Öffentlichkeit zu erlangen und zu sichern.[10] Anfang März sahen weder Fauci noch seine Kollegen voraus, welche Rolle ihre Erklärungen in den sich abzeichnenden ideologischen Schlachten um den politischen und strategischen Umgang mit der Pandemie spielen würden. Schon bald jedoch sollten ihre Worte zu Waffen werden, die ungeregelt im Netz und in parteiischer Berichterstattung zirkulierten und regelmäßig gezückt wurden, wenn es galt, gegen den Mainstream der medizinischen Expertise zu agitieren.

Es kann kaum infrage stehen, dass das Internet und die Medien kräftig mithalfen, Skepsis bezüglich der Kompetenz und Absichten von Gesundheitsexperten und der Wirksamkeit von politischen Maßnahmen während der Pandemie zu verbreiten; schließlich sind Internet und Medien an der Verbreitung von fast allem beteiligt, sei es wahr oder unwahr, böse oder gut. Millionen von Amerikanern schlossen sich Facebook-Gruppen an, um Gemeinschaften von Gleichgesinnten zu finden, mit denen sie politische Zugehörigkeit ebenso teilten wie die Interpretation medizinischer Tatsachen.

Für Demokraten stand die Coronakrise für das Führungsversagen der Regierung Trump, die nicht nur die Seuchenüberwachungsaktivitäten der CDC in China beschnitten hatte, sondern auch die Regierungen der Bundesstaaten nötigte, auf eigene Faust Schutzausrüstung und medizinische Notfallversorgung zu organisieren. Für Republikaner hingegen war COVID ein »trojanisches Pferd«, das die Linken nutzten, um neue Formen der sozialen Kontrolle und wirtschaftlichen Regulierung zu befördern, und zudem ein politisches Instrument zur Schwächung des Präsidenten im Hinblick auf die im November anstehenden Wahlen. Soziale Medien und parteipolitisch ausgerichtete Nachrichtenanbieter spielten eine Schlüsselrolle bei der Stärkung des Gemeinschaftsgefühls von Personengruppen, die ein spezielles Weltbild und eine politische Agenda teilten; gleichzeitig förderten sie das Misstrauen gegenüber Fürsprechern abweichender Standpunkte und trugen somit zur Zerrissenheit des Gemeinwesens bei.[11]

Doch waren soziale Medien und parteiische Journalisten keineswegs die primäre Antriebsquelle für öffentliches Misstrauen gegenüber der Regierung während der Pandemie. Grundlegender war die unverhohlene Verletzung von Regeln, Vorschriften und Empfehlungen durch hochrangige Politiker, und zwar in allen Teilen der Welt, ob Präsidenten, Premierminister, Gouverneure, Bürgermeister oder Kabinettsmitglieder. In vielen Ländern verhielten Spitzenpolitiker sich so, als würden die notfallbedingten Einschränkungen, die sie propagierten, nicht für Mitglieder ihres engeren Führungskreises und schon gar nicht für sie selbst gelten. Unmöglich zu bestimmen, wie sehr dieses Verhalten, nachdem es aufgedeckt war, zusätzlichen Vertrauensverlust bei denjenigen bewirkte, die ohnehin die guten Absichten von Politikern und Gesundheitsexperten anzweifelten, es steht jedoch außer Frage, dass es den Geist der gegenseitigen Verpflichtung oder der Zugehörigkeit zu einer Schicksalsgemeinschaft unterhöhlte. In einer Zeit, da die Gesellschaften auf Solidarität angewiesen waren, nutzte die politische Elite – rechte und linke, rund um die Welt – ihre privilegierte Position, um sie zu hintertreiben.

Dass Staaten ihren Bürgern in einer Krisensituation persönliche Opfer abverlangen, etwa während eines bewaffneten Konflikts den Konsum bestimmter Lebensmittel und Metalle oder während einer Dürre den Verbrauch von Wasser einzuschränken, ist nichts Ungewöhnliches. In manchen Fällen sind die Einschränkungen sogar noch tiefgreifender. Im Februar 2022 zum Beispiel rief die Ukraine in Reaktion auf den russischen Angriff das Kriegsrecht aus, das es allen männlichen Erwachsenen zwischen achtzehn und sechzig Jahren untersagte, das Land zu verlassen. Zudem wurde allen Wehrpflichtigen und Reservisten befohlen, sich zum aktiven Dienst zu melden.[12] Obwohl Tausende dieser Männer in den folgenden Kämpfen starben, stellte kaum jemand die Stichhaltigkeit oder Legitimität dieser Maßnahme infrage. Ganz anders verhielt es sich dagegen in Staaten, die während der ersten Pandemiewelle umfassende Lockdowns für alle Einwohner verhängten. Von Bürgern zu fordern, dass sie Abstand zu allen anderen halten, erwies sich zwangsläufig als schwierig und kontrovers; unter Androhung von Geld- oder Haftstrafen zu verlangen, dass diese Bürger einer ansonsten freien Gesellschaft sich in ihre Wohnungen zurückziehen und Zusammenkünfte mit Freunden und Familie vermeiden, war geradezu eine Einladung zu Empörung und Widerspruch. Politisch Verantwortliche, die individuelle Freiheitsrechte in demokratischen Staaten beschnitten, standen unter extremem Druck, solche Entscheidungen zu begründen und zu rechtfertigen. Sich diesen Einschränkungen auch selbst zu unterwerfen, war das Mindeste, was sie tun konnten.

Laut einer Gesellschaftsstudie zu COVID-19, durchgeführt von einer Gruppe von Verhaltenswissenschaftlern des University College London, liegt in dieser schlichten Tatsache ein Teil der Erklärung für den dramatischen Vertrauensverlust, den die britische Regierung im Frühling 2020 erlitt. Nachdem sie anfänglich den Rat von Gesundheitsexperten zurückgewiesen hatte, die scharfe Beschränkungen sozialer und wirtschaftlicher Aktivitäten empfahlen, verhängte Boris Johnsons Regierung am 26. März einen vollständigen Lockdown. Gemäß der landesweit geltenden Order waren alle nicht lebenswichtigen Geschäfte und Unternehmen zu schließen. Alle Einwohner waren verpflichtet, zu Hause zu bleiben, außer zum Lebensmitteleinkauf, Arztbesuch oder Sport im Freien. Geselliges Beisammensein war streng verboten. Johnson trat vor die Medien, um für seine Maßnahmen zu werben. »Folgen Sie den Regeln«, beschwor er die Öffentlichkeit – so oft übrigens, dass eine populäre Aktivistengruppe namens Led By Donkeys (Geführt von Eseln) auf Twitter eine Montage der ständig wiederholten Worte des Premierministers postete. »Die Polizei wird die Mittel haben, sie durchzusetzen ... Der Verstoß gegen diese Regeln könnte den ganzen Fortschritt zunichtemachen, den wir gemeinsam erzielt haben.«[13]

Zwischen April und Juni 2020 wurden im Rahmen der COVID-19-Studie 40 597 Personen in England, Schottland und Wales befragt, und ihr Vertrauen in die Regierung (auf einer Skala von 1 bis 7) wurde im Verlauf der Pandemie gemessen. Zu Beginn der Befragung gaben die Teilnehmer in allen Ländern an, dass sie der Regierung im Wesentlichen vertrauten, wobei die schottische Einstufung auf der Skala ungefähr bei 5 lag, die walisische bei 4,6 und die englische bei 4,5. Es gibt kleinere Schwankungen des erklärten Vertrauens Ende April und im Mai, als alle Regierungen gegen die gesundheitliche und ökonomische Bedrohung ankämpfen, doch dann, Ende Mai, passiert etwas Dramatisches. In England, und nur dort, sank das Vertrauen in die Regierung rapide ab, zunächst auf 3,7 und einige Tage später dann auf 3,5.[14] Eine offenkundige, nachweisbare Krise des nationalen Vertrauensverhältnisses – und die Gründe waren wenig rätselhaft.

Die britische Presse sprach von der Cummings-Affäre. Am 22. Mai berichteten Zeitungen, dass Dominik Cummings, Sonderberater von Boris Johnson, die Lockdown-Bestimmungen der Regierung verletzt habe, indem er mit seiner Frau, die sich Gerüchten zufolge mit COVID infiziert hatte, und beider Kind mehr als 400 Kilometer weit zu einem Familienanwesen gereist sei. »Zwar hatten auch andere hochrangige Amtsträger gegen die Lockdown-Regeln verstoßen«, schreiben die Verhaltensforscher Daisy Fancourt, Andrew Steptoe und Liam Wright in der medizinischen Fachzeitschrift *Lancet,* »doch war diese Überschreitung die erste, auf die nicht automatisch Entschuldigung und Rücktritt folgte«.[15] Vielmehr verteidigte Johnson das Handeln seiner Regierung und wehrte während einer »hitzigen Anhörung« im Unterhaus am 27. Mai Forderungen nach einer Untersuchung des Verhaltens seines Beraters mit der Behauptung ab, die Cummings-Affäre sei kein ernstes Problem. Parlamentsangehörige, darunter auch viele aus seiner eigenen konservativen Partei, sahen die Sache anders. Simon Hoare, ein konservativer Abgeordneter aus North Dorset, erklärte: »Mein Posteingang verrät mir, dass in der Folge der letzten Tage die Mitwirkung der britischen Bevölkerung viel weniger energisch ausfallen wird als in der ersten Welle, und das ist eine direkte Reaktion auf die Aktivitäten Ihres Beraters. Was sagen wir unseren Wählern, die doch beim nächsten Mal wahrscheinlich denken werden, ihr könnt euch euren Lockdown sonst wohin stecken; wenn andere Leute sich nicht daran halten, warum sollten wir es tun?«[16]

Der *Lancet*-Artikel von Fancourt, Steptoe und Wright zeigt, dass dies genau die Reaktion der britischen Öffentlichkeit beschreibt. Andere Forschungen deuten zudem darauf hin, dass der »Cummings-Effekt« auf das Vertrauen in die Regierung im Verlauf des Sommers an Stärke gewann, nachdem führende Politiker sich weiterhin nicht bereit zeigten, das Messen mit zweierlei Maß klar zu benennen und zu verurteilen, und die englischen Bürger – jedoch nicht die in Wales oder Schottland, da beide Länder zwar zum Vereinigten Königreich gehören, aber eigene nationale Parlamente und Minister haben – sich betrogen fühlten. In einem Aufsatz mit dem Titel »Public Trust and COVID-19« berichteten Wissenschaftler der University of Southampton, dass der Verlust der moralischen Autorität der Regierung in der Folge des Skandals »in allen Gruppen spontan zur Sprache kam, wenn gefragt wurde, bei welchen Sachverhalten die gegenwärtige Regierung am meisten oder am wenigsten vertrauenswürdig sei«.[17] Sie zitieren Teilnehmer ihrer Fokusgruppen, die das Vertrauen in den Staat nach der Cummings-Affäre verloren haben, sodass aus einer gemeinsamen, solidarischen Kraftanstrengung eine Situation geworden ist, in der »jeder macht, was er will«.

In den Tagen der Cummings-Affäre konnten weder die Parlamentarier noch die britischen Normalbürger begreifen, warum Johnson sich weigerte, den Verstoß seines Beraters gegen offizielle Richtlinien zu verurteilen oder sich dafür zu entschuldigen. Warum nicht das Amt des Premierministers zum Symbol der Verantwortung und zur Speerspitze der Solidarität machen? Warum nicht verlangen, dass alle, ob Eliten oder gewöhnliche Bürger, sich verpflichten, die Notstandsregeln zu respektieren? Über Monate hinweg war ein rätselhafter Ausfall politischer Führung zu beobachten, vielleicht Johnsons skurriler, streitlustiger Persönlichkeit geschuldet, vielleicht seiner Loyalität gegenüber Mitarbeitern, auch wenn die Beziehung zwischen Johnson und Cummings recht bald erkalten sollte. Schließlich offenbarte eine Reihe von der Presse zugespielter Fotos, dass Johnson womöglich von ganz anderen Motiven geleitet war. Denn auch er hatte im Mai 2020 seine eigenen Einschränkungsbestimmungen umgangen – sogar noch leichtsinniger und ungeheuerlicher als sein Berater und aus weniger nachvollziehbaren Beweggründen. Das von Johnson gegebene Beispiel muss Cummings Grund zu der Annahme geliefert haben, dass Downing Street Nr. 10 Angehörigen der politischen Elite einen Freibrief ausstellte, sich den COVID-Vorschriften diskret zu entziehen.

In den britischen Medien war unvermeidlich von »Partygate« die Rede. Die unerlaubten Umtriebe begannen am 15. Mai, als Johnson, fast zwei Wochen bevor Cummings aus London flüchtete, eine Gartenparty an seinem Amtssitz in der Downing Street besuchte. Fotos zeigen den Premierminister, wie er mit seiner Lebensgefährtin und einigen Kollegen anstößt, während andere Partygäste in kleinen Gruppen im Hintergrund zu sehen sind. Offenbar hatten sich alle gut amüsiert, denn wenige Tage später, am 20. Mai, versandte Johnsons Büro per E-Mail zwischen einhundert und zweihundert Einladungen zu »Drinks mit dem nötigen Abstand heute Abend im Garten von Nr. 10«. Johnsons Kommunikationsdirektor äußerte zunächst Bedenken gegen das Vorhaben und hielt »einen Cocktailabend mit etwa 200 Personen für ein gewisses kommunikatives Risiko im aktuellen Kontext«. Johnson aber ließ sich davon nicht abschrecken. Der Premierminister war einer von ungefähr dreißig Teilnehmern an der Feier, und unmittelbar danach, als sie ohne Klagen oder öffentliche Resonanz zu Ende gegangen war, vermerkte sein Privatsekretär mit Erleichterung, dass »wir anscheinend [damit] durchgekommen sind«.[18]

Nachdem erste Partyfotos Ende 2021 aufgetaucht waren, leitete die Londoner Polizei eine Untersuchung wegen möglicherweise rechtswidrigen Verhaltens in der Downing Street ein, und Staatssekretärin Susan Gray stellte einen Bericht des ihr unterstellten

Kabinettbüros zusammen. Beide Untersuchungen verzeichneten eine Reihe von offensichtlich illegalen Versammlungen auf Regierungsgelände während des ersten Pandemiejahres, sowohl in Innenräumen als auch im Gartenbereich. Die Polizei belegte Johnson mit einer Geldbuße, womit er der erste amtierende Premierminister in der britischen Geschichte war, der eines Gesetzesverstoßes für schuldig befunden wurde. Zudem wurden 82 weitere Personen namentlich aufgeführt, die ebenfalls die Bestimmungen verletzt hatten.[19] Der sogenannte Sue-Gray-Abschlussbericht enthielt detaillierte Beschreibungen feuchtfröhlicher Partys mit lauter Musik und anstößigem Verhalten, gefeiert in Zeiten eines Lockdowns, als alle Beschäftigten im Staatsdienst genau wussten, dass gesellige Treffen verboten waren. Zwar schweigen die offiziellen Dokumente sich zur Frage aus, inwieweit das Verhalten der britischen Führungselite sich auf die Zustimmung der Öffentlichkeit zu ihrer Pandemiepolitik auswirkte, doch für Kritiker war dies Johnsons unverzeihlichstes Fehlverhalten.

»Während wir Opfer brachten und trauerten ... haben die sich besinnungslos besoffen, Sicherheitskräfte ausgelacht, Reinigungskräfte ausgelacht ... Uns alle ausgelacht«, kommentierte das Boulevardblatt *Mirror* auf der Titelseite. Die Zeitung *Metro* schlug ähnliche Töne an. »Wir sind damit durchgekommen«, lautete der Aufmacher. »Dreiste Downing-Street-Beschäftigte wussten, dass sie alle die Regeln verletzten«. Die Zeitung *i* formulierte es geradeheraus: »Führungsversagen«, hieß es dort. Als jedoch Susan Grays Abschlussbericht veröffentlicht wurde, waren die Konservativen bereits im Begriff, die Reihen um Johnson zu schließen, letztlich aus dem Interesse heraus, ihn im Amt zu halten und seine politische Karriere zu retten. Die rechts orientierten Medien, die den Premierminister zuvor für sein illegales Verhalten kritisiert hatten, taten die Vorwürfe gegen ihn nunmehr schulterzuckend ab. »War's das?«, schrieb die *Daily Mail*; die seriöseren konservativen Zeitungen, der *Telegraph* und die *Times*, wählten andere Themen für ihre Aufmacher, ein Wink an ihre Leser, die leidige Geschichte hinter sich zu lassen.[20]

Nur wenige Leute brachten das allerdings fertig, und 2022 schließlich, als weitere COVID-Skandale im Umfeld der Downing Street die Nachrichten beherrschten, sah Boris Johnson sich gezwungen, seinen Rücktritt einzureichen.

Der mächtigste Mann in England war nicht der einzige führende Politiker, der das Wahlvolk beschwor, seinen Unmut hinunterzuschlucken und die Regierung trotz des Vertrauensmissbrauchs zu unterstützen. Im Mai 2020 ertappte die österreichische Polizei Bundespräsident Alexander Van der Bellen und seine Frau beim Essen in einem Restaurant nach Anbruch einer Ausgangssperre, die er dem Land selbst auferlegt hatte. Ebenfalls im Mai wurde Ludovic Orban, rumänischer Ministerpräsident, mit einer Geldstrafe belegt, nachdem er trinkend und rauchend zusammen mit Kabinettsmitgliedern bei ebenjener Art von Geselligkeit fotografiert worden war, die er zuvor untersagt hatte.[21] Im Juli wurde Sakaja Johnson, Vorsitzender des vom kenianischen Senat eingesetzten Ad-hoc-Ausschusses zu COVID-19, wegen Verstoßes gegen Pandemievorschriften verhaftet. Während Sakaja Johnson zurücktrat, blieben sowohl Orban als auch Van der Bellen trotz Fehlverhaltens im Amt, auf Kosten der staatlichen Glaubwürdigkeit in einem Moment, wo sie am dringendsten benötigt wurde.

Wenige der politischen Führungsfiguren, deren Missbrauch öffentlichen Vertrauens Schaden anrichtete, erfuhren so viel Gegenwind wie Gavin Newsom, der demokratische Gouverneur von Kalifornien. Während des ersten Ausbruchs hatte Newsom die Pandemie ungewöhnlich erfolgreich gemanagt, mit umfassenden Schließungen, Maskenpflicht und Abstandsregeln, die für erheblich geringere Ansteckungszahlen sorgten als in vergleichbar großen und bevölkerungsstarken Bundesstaaten.

Obwohl Kalifornien zu den ersten Bundesstaaten gehörte, die bestätigte COVID-19-Fälle und wahrscheinliche Fälle von Mensch-zu-Mensch-Übertragung meldeten, lag die COVID-Sterblichkeit ungefähr 14-mal niedriger als in New York. Gesundheitsexperten priesen Newsom für seine proaktive Herangehensweise und seine rigorosen Notmaßnahmen. Kalifornien »handelte schneller als New York, sobald deutlich wurde, dass das Coronavirus sich in den USA auszubreiten begann«, berichtete das Nachrichtenportal *Vox*. »Die San Francisco Bay Area gab am 16. März die erste regionale Shelter-in-Place(Schutzsuchen)-Verordnung in den USA heraus, und der kalifornische Gouverneur Gavin Newsom verhängte drei Tage später eine im ganzen Bundesstaat geltende Ausgangssperre.«[22] Doch im Juni, kurz nachdem die Regierung die Beschränkungen gelockert hatte, überschwemmte das Virus den Golden State und sorgte für einen dramatischen Anstieg der Infektionen und Todesfälle.[23]

Im Sommer und spätestens im Herbst waren politische Maßnahmen zur Bekämpfung des Virus – wie Maskenpflicht und Restaurantschließungen – zu ideologisch aufgeladenen und kontrovers diskutierten Themen geworden. Newsoms Regierung hatte einen Kompromiss gesucht, der Unternehmen die Fortführung ihrer Geschäfte erlaubte und das Gesellschaftsleben halbwegs aufrechterhielt, ohne die Bevölkerung übermäßig zu gefährden, aber es war schwierig, die richtige Balance zu finden. Am 12. September erließ der Bundesstaat ein Versammlungsverbot »um die Gesundheit der Bevölkerung zu schützen und die Übertragungsrate des COVID-19-Virus zu senken«.[24] Kalifornien erlaubte Restaurantbesuche im Freien, verbunden jedoch mit strengen Auflagen. Ein Tweet vom 3. Oktober aus dem Büro des Gouverneurs mahnte: »Sie möchten dieses Wochenende mit der Familie essen gehen? Vergessen Sie nicht, zwischen den Gängen Ihre Maske zu tragen. Leisten Sie Ihren Beitrag zur Gesundheit Ihrer Mitmenschen.«

Am 9. Oktober aktualisierte der Bundesstaat die Verordnung, die Beschränkungen wurden gelockert, aber keineswegs aufgehoben. »Zusammenkünfte mit Beteiligung von mehr als drei Haushalten sind untersagt«, verkündete das kalifornische Gesundheitsministerium in einem Abschnitt, der private Veranstaltungen betraf. »Alle Versammlungen sind im Freien abzuhalten. Teilnehmer dürfen Innenräume betreten, um zur Toilette zu gehen, vorausgesetzt, dass diese regelmäßig desinfiziert werden ... Versammlungen sollten auf zwei Stunden oder weniger beschränkt werden ... Auf Versammlungen darf die Gesichtsbedeckung kurzzeitig zum Essen oder Trinken abgenommen werden, vorausgesetzt, dass ein Abstand von mindestens zwei Metern zu allen Personen außerhalb des eigenen Haushalts eingehalten und die Gesichtsbedeckung wieder aufgesetzt wird, sobald der Vorgang beendet ist.«[25] Es war kein vollständiger Lockdown, doch die kalifornische Regierung mutete den Einwohnern zu, ein Gutteil ihres Gesellschaftslebens zu opfern.

In diesen Kontext dürfte die allgemeine Empörung einzuordnen sein, die ausbrach, nachdem Fotos aufgetaucht waren, auf denen Gouverneur Newsom beim Essen inmitten einer Gruppe von zwölf Personen im Sternerestaurant French Laundry zu sehen war. Das exklusive Diner am 6. November war eine Geburtstagsfeier für einen einflussreichen und gut vernetzten Lobbyisten, und zu den Gästen sollen auch zwei hochrangige Mitglieder der kalifornischen Ärztevertretung gehört haben.[26] Journalisten berichteten, der Preis für dieses private Abendessen während der Pandemie habe zwischen 350 und 850 US-Dollar pro Person gelegen, und allein die Weinrechnung an dem betreffenden Abend sei mit 12 000 US-Dollar zu Buche geschlagen.[27] Derselbe Gouverneur, der die Bevölkerung gebeten hatte, persönliche Privilegien zugunsten des Allgemeinwohls zu opfern, gab hier ein verheerendes Bild ab, und entsprechend scharf fielen die Reaktionen aus.

Auf einer Pressekonferenz entschuldigte Newsom sich für die Teilnahme an dem Diner und gab an, er habe geglaubt, es würde im Freien und mit weniger Teilnehmern stattfinden. »Anstatt mich an den Tisch zu setzen, hätte ich mich umdrehen, in mein Auto steigen und wieder nach Hause fahren sollen. Stattdessen habe ich mich entschieden, mit meiner Frau und einigen anderen Paaren, die nicht zu unserem Haushalt gehörten, zusammenzusitzen ... Man mag an den Richtlinien krittlen, aber es war schlicht ein Verstoß gegen den Geist dessen, was ich die ganze Zeit predige, das muss ich zugeben, daher möchte ich mich bei Ihnen entschuldigen. Was ich predige, muss ich praktizieren, nicht einfach predigen und dann nicht praktizieren ... Aber wir sind alle nur Menschen, und manchmal können wir unseren eigenen Ansprüchen nicht genügen.«[28]

Newsoms Bitte um Verständnis mag einige seiner Anhänger zufriedengestellt haben, doch die kalifornischen Republikaner waren unversöhnlich. In den Medien feierten die Kritiker ein Schlachtfest. »Während die Pandemie sich zuspitzt, die Wirtschaft sich in Krämpfen windet und die Demokratie Risse bekommt, verlangt die dringend notwendige Wiederherstellung des Vertrauens in den Staat nach authentischen Führungspersönlichkeiten«, schrieb Miriam Pawel, eine regelmäßige Gastkolumnistin auf der Meinungsseite der *New York Times*. »Mit einem einzigen kostspieligen Abendessen vertiefte Gouverneur Gavin Newsom stattdessen den Abgrund, der Kalifornien zerteilt – dramatischer noch als der Gegensatz zwischen Nord und Süd, zwischen Küste und Hinterland. Unter Missachtung seiner eigenen Richtlinien und Ermahnungen an die Kalifornier, auf Geselligkeit zu verzichten, nahmen Gouverneur Newsom und seine Frau an einer Geburtstagsfeier für einen Freund – und prominenten Lobbyisten – im luxuriösen Restaurant French Laundry im Napa Valley teil. Schwer zu sagen, was daran mehr frappiert: die Heuchelei oder die Hybris.«[29] Die konservativen Medien gingen noch schärfer mit Newsom ins Gericht. »Falls Sie sich also fragen, warum Sie, wenn Sie in Kalifornien leben, dieses Jahr kein Thanksgiving feiern oder Ihre kranke Mutter nicht besuchen können, während sie allein im Krankenhaus stirbt, dann liegt es an ihnen [Newsom und die medizinischen Experten] und an ihresgleichen. Und dann sitzen sie da, schlemmen Trüffelpasta für 300 Dollar und lassen es sich gut gehen, als wäre diese ganze Pandemiegeschichte nie passiert«, echauffierte sich *Fox-News*-Moderator Tucker Carlson. »Das Bild, wie sie da zusammensitzen ... das ist das Jahr 2020 auf seinen Wesenskern komprimiert. Plutokraten, die mit Lobbyisten speisen, die genau die Maßregeln ignorieren, die sie allen anderen so selbstgerecht aufzwingen, die sich in schöner Abgeschiedenheit die Bäuche vollschlagen, während diejenigen, denen sie eigentlich helfen sollten, dahinsiechen und sterben. Und dann, wenn sie erwischt werden, tischen sie uns Lügen auf.«[30]

Für Newsom und die kalifornischen Steuerzahler sollte das Diner noch weitaus kostspieliger werden, als die urprüngliche Rechnung auswies. Der Gouverneur, wohlhabend, attraktiv und progressiv, war ein Star der Demokratischen Partei, sein Name stand auf der Liste potenzieller Präsidentschaftskandidaten. Naturgemäß war er auch eine Zielscheibe konservativen Ingrimms. Noch im Juni hatten die Republikaner, die Newsoms strenge Pandemieeinschränkungen verurteilten, mit wenig Erfolg versucht, eine Kampagne für vorgezogene Neuwahlen in Gang zu setzen. Das Diner im French Laundry änderte alles. Schnell kam eine Petition für ein Abwahlverfahren in Schwung, angetrieben mithilfe einer Website, die den Hauptgrund für eine Entfernung Newsoms aus dem Amt aufführte: »Rules for Thee, but Not for He = French Laundry Indoor Dining, No Mask, 22 guests« (Regeln für Euch, aber nicht für Ihn = drinnen essen, keine Maske, 22 Gäste).[31] Die Botschaft kam an. Etwa anderthalb Millionen Kalifornier unterschrieben die Petition, und im Jahr 2021 sah der Gouverneur, dessen Zustimmungswerte von 58 Prozent vor dem Diner auf 46 Prozent zwei Monate später gefallen waren, sich gezwungen, sein Amt gegen eine aufrührerische rechte Kampagne zu verteidigen.[32]

Die erzwungene Wahl gewann Newsom problemlos, doch der damit verbundene Aufwand machte es seiner Regierung zwangsläufig schwer, sich auf die drängenderen Probleme des Bundesstaates zu konzentrieren, nicht zuletzt COVID, aber auch die Wohnraumkrise, die ökonomische Unsicherheit, den Anstieg der Kriminalität, eine historische Dürre und die Millionen von Kindern, deren Ausbildung empfindlich gestört worden war. Zu einer Zeit, da Kalifornien jeden verfügbaren Dollar nötig hatte, um seine Aufgaben erfüllen zu können, kostete das Abwahlverfahren etwa 276 Millionen US-Dollar an öffentlichen Geldern, und Schätzungen für die Gesamtkosten beliefen sich auf fast 450 Millionen.[33] Das noch größere Problem war freilich, dass das ganze quälerische Prozedere am sozialen Gefüge des Staates rüttelte und die durch die Pandemie ausgelöste Spaltung noch vertiefte. Die Dinnerparty im French Laundry war ein eindringlicher Hinweis darauf, dass die Kalifornier eben nicht »alle im selben Boot« saßen. Der Vertrauensverlust erfasste alle, selbst Befürworter allgemeiner Einschränkungen und die glühendsten Anhänger des Gouverneurs.

Allgemeines Misstrauen gegenüber Staat und führenden Politikern war nur ein Teil des Problems; das staatliche Misstrauen gegenüber einfachen Bürgern wirkte sich ebenfalls negativ aus. Seit dem ersten Auftreten des Coronavirus in China enthielten Verantwortliche in einer ganzen Reihe von Staaten wesentliche Informationen all denen vor, die sie hätten gebrauchen können: Wissenschaftlern, Ärzten, Journalisten, Regierungsbeamten und anderen Bürgern. Amtsärzte in Wuhan und Beijing entschieden sich, Nachrichten über die »Pneumonie unbekannten Ursprungs« zu verheimlichen, aus Sorge, damit Ängste in der Bevölkerung, politische Repressalien oder eine diplomatische Krise auszulösen.[34] Der brasilianische Präsident Jair Bolsonaro bezeichnete COVID als »leichte Grippe« oder harmlose »Erkältung« und beschuldigte die Medien, »Hysterie« zu schüren;[35] der italienische Ministerpräsident Giuseppe Conte behauptete, die steigenden Fallzahlen in seinem Land seien eher auf verstärktes Testen als auf eine rasche Ausbreitung des Virus zurückzuführen; New Yorks Gouverneur Andrew Cuomo unterdrückte Daten über den katastrophalen Anstieg der Todesfälle in Pflegeheimen.[36]

Einer Studie der Cornell University zufolge, in der 38 Millionen englischsprachige Artikel in Pressekanälen rund um die Welt gesichtet wurden, war ein Mann, nämlich Donald Trump, die bei Weitem »größte Quelle von COVID-19-Fehlinformation oder ›Infodemie‹«, nach Definition der WHO »ein Überfluss an Informationen, die teilweise falsch und teilweise richtig sind, sodass es schwerfällt, vertrauenswürdige Quellen und verlässliche Hilfestellung zu finden, wenn man sie braucht«.[37] Der Präsident gab zu, dass einige seiner Fantasiegespinste, wie etwa die Behauptung, das Virus werde nicht durch Aerosole übertragen, obwohl Wissenschaftler in Regierungsdiensten ihm das Gegenteil mitgeteilt hatten, dem Zweck dienten, einen bestimmten Führungsstil zu demonstrieren und die Art von Maßnahmen zu befördern, die er favorisierte. In den Anfangswochen des Ausbruchs glaubte Trump, es würde der Bevölkerung helfen, ihr Vertrauen in das Land und die Wirtschaft zu bewahren, wenn er die Bedrohung durch eine tödliche Pandemie herunterspielte, und in den Folgemonaten gab er fantastische Geschichten über den Erfolg seiner Regierung in der Corona-Bekämpfung zum Besten, um damit seine Kampagne für die Präsidentschaftswahl im November zu bestreiten.[38]

Im selben Monat stellte die Zeitschrift *Atlantic* eine Liste mit der Überschrift »Alle Lügen des Präsidenten über das Coronavirus« zusammen, die die Bandbreite der präsidentiellen Unwahrheiten im Jahr 2020 dokumentiert. Im Februar wiederholte Trump die Lüge, dass das Coronavirus sich abschwächen würde, »wenn der April kommt, das wärmere Wetter – das hat eine sehr negative Wirkung darauf, auf diese Art Virus«, und er versprach, ohne jeden Beleg, dass »es verschwinden wird. Eines Tages, es ist wie ein Wunder – wird es verschwinden«. Mehrfach behauptete er, die landesweiten Fallzahlen gingen zurück, selbst dann, wenn sie tatsächlich anstiegen. Am Unabhängigkeitstag verkündete er, 99 Prozent der COVID-Infektionen seien »völlig harmlos«, die schweren, manchmal lang andauernden Krankheiten, die sie bewirkten, ignorierte er einfach. Am 6. Juli prahlte er, wahrheitswidrig: »Wir haben jetzt die niedrigste Mortalitätsrate der Welt.«[39] Im August erklärte er, Amerika habe »aus dem Nichts das umfangreichste und fortgeschrittenste Testsystem der Welt entwickelt«. Häufig sagte er, Kinder seien »völlig immun« gegen COVID-19, und alle, die von der Krankheit genesen, würden auch immun.[40]

Der Präsident der Vereinigten Staaten gehört naturgemäß zu den mächtigsten Personen der Welt. Im Jahr 2020 erfreute Trump sich nicht nur an der Autorität des Weißen Hauses, sondern auch an fast konkurrenzlosem Einfluss in den sozialen Medien, wo er ungestraft und sichtlich genussvoll eine zweistellige Millionenzahl von Followern mit Lügen über die Pandemie versorgte. Seine öffentlichen Verlautbarungen, Statusaktualisierungen und Tweets zogen weite Kreise und erzielten erkennbare Wirkung auf die Krisendiskussion. Die Forscher, die jene 38 Millionen inhaltlichen Bezüge auf das Virus analysierten, stellten fest, dass »Trump 37,9 Prozent der gesamten ›infodemischen Inhalte‹ erwähnt«. Er erzeugte »starke Ausschläge beim Thema ›Wunderheilungen‹«, als er auf einer Pressekonferenz darüber spekulierte, dass die Injektion von Desinfektionsmitteln COVID heilen könnte, und die Anwendung des Malariamedikaments Hydroxychloroquin zur Corona-Prophylaxe befürwortete.[41] Er inspirierte die Bildung neuer Gruppen, die sich der alternativen Forschung zur Pandemie verschrieben, andererseits jedoch auch eine Gegenbewegung, die zur Verteidigung der Schulmedizin und seriöser epidemiologischer Forschung antrat. Vor allem aber bestärkte Trump diejenigen, die ihm vertrauten, darin, den Demokraten und den etablierten Experten zu misstrauen. Seit Jahrzehnten mühten sich die Republikaner, einen Kulturkrieg zu entfachen gegen »Regierungswissenschaftler«, »Mainstreammedien«, intellektuelle »Eierköpfe« und »globale Eliten«, die allesamt, so die Behauptung der Rechten, darauf aus seien, Amerika zu schwächen. Der Präsident machte sich die Energie dieses Feldzugs zunutze, um seine Anhängerschaft aufzurühren, indem er alle Schuld den ideologischen Widersachern zuwies. »Die Demokraten politisieren das Coronavirus«, erklärte Trump. »Das ist ihr neuer Schwindel.«[42] Anstatt zur Einigkeit aufzurufen, machte er das Oval Office zu einem Keil der Spaltung.

Zwangsläufig nahm das allgemeine Misstrauen zu und verbreitete sich weiter. Verwarf oder verurteilte der Präsident die Empfehlungen der staatlich bestallten Epidemiologen und Mediziner, folgten ihm andere Amtsträger der Republikaner und die Wähler ebenso. Auch prominente konservative Ärzte attackierten die staatlichen Maßnahmen. Joseph Mercola, ein in Florida ansässiger Osteopath und Autor mit über 2,7 Millionen Followern auf Facebook und weiteren 700 000 auf Twitter und YouTube, behauptete, Gesichtsmasken würden die Übertragung des Virus nicht verhindern, und bewarb stattdessen eine Mischung aus Vitaminpräparaten als wirksamere Alternative.[43] Die Ärzte Dan Erickson und Artin Massihi, Betreiber von Notfallversorgungseinrichtungen in Kalifornien, erklärten gegenüber Medien, die Auswertung von etwa 5000 COVID-19-Tests, die sie durchgeführt hätten, belege, dass die Krankheit nicht gefährlicher sei als eine gewöhnliche Grippe. Elon Musk, der darauf gedrängt hatte, seine Fabriken in der Region wieder zu öffnen, verbreitete die Thesen der Trump-Unterstützer, die sich weigerten, Masken zu tragen oder Empfehlungen der Gesundheitsbehörde zu befolgen, über Twitter, und der Sender Fox News lud sie zu Fernsehauftritten ein.[44] Ein Heer von weiteren Ärzten überschwemmte die Kabelsender und sozialen Medien, um ähnliche Ansichten zu propagieren, und klagte »medizinische Eliten« an, ihre Macht dazu zu missbrauchen, die Freiheit der Amerikaner zu beschneiden. Präsident Trump setzte sich an die Spitze solcher Attacken, zum Beispiel stellte er wiederholt die Glaubwürdigkeit des Immunologen Anthony Fauci infrage. Er sei »eine Katastrophe«, so der Präsident, verantwortlich für Hunderttausende Tote.[45] Fauci, der unter Republikanern wie auch Demokraten als Berater gedient hatte und sich als überparteilich verstand, wurde für die Rechte rasch zum Symbol einer repressiven, verdrehten Elitenwissenschaft. Im April 2020 war es so weit, dass der Doktor angesichts von Todesdrohungen verstärkten Personenschutz benötigte.[46]

Das Misstrauen gegenüber Gesundheitsexperten und Ärzten, wenn nicht gar blanke Verachtung, wurde 2020 zusehends zu einer konsensfähigen Position unter Konservativen. Dem Meinungsforschungsinstitut Gallup zufolge bekundeten noch in der jüngeren Vergangenheit Personen mit Neigung zu den Republikanern größeres Vertrauen zu ihrem Hausarzt als Personen mit Neigung zu den Demokraten. 2002 zum Beispiel gaben 70 Prozent der Republikaner und 62 Prozent der Demokraten an, ihrem Arzt zu vertrauen; 2010 lagen die Zahlen bei 73 beziehungsweise 68 Prozent. Etwa um das Jahr 2012 kehrte sich das Verhältnis um, und während der Pandemie beschleunigte sich der Trend in entgegengesetzte Richtungen. Im Mai 2020 ergab eine Erhebung des Pew Research Centers, dass Personen mit Neigung zu den Demokraten in sehr kurzer

Zeit größeres Vertrauen zur Schulmedizin entwickelten, während dies für Personen mit Neigung zu den Republikanern nicht galt. Im Oktober 2021 stellte eine von Grinnell College durchgeführte Umfrage fest, dass unter Demokraten 71 Prozent, unter Republikanern jedoch nur 48 Prozent ein »hohes« Maß an Vertrauen in Ärzte bekundeten. Ende 2021 offenbarte eine neue Gallup-Umfrage das Ausmaß der parteibezogenen Kluft: Das Vertrauen von Republikanern zu ihren eigenen Ärzten war auf 60 Prozent gefallen, während das der Demokraten auf 71 Prozent gestiegen war.[47] Verschreibungspflichtige Medikamente und medizinische Behandlungen gegen COVID waren von nun an entweder konservativ oder (links)liberal. Jede Seite hatte ihre eigenen Fakten, und beide verspotteten die jeweils andere wegen ihrer Ignoranz.

In einem solchen Kontext greift Misstrauen gegen andere um sich, vor allem, wenn diese abweichende politische Präferenzen zeigen oder andere Werte vertreten. Über Jahrzehnte waren die politischen Bruchlinien zwischen den verschiedenen Wahlkreisen stetig tiefer geworden, was inzwischen eine Gefahr darstellte nicht nur für die Fähigkeit der Nation, eine Pandemie zu bewältigen, sondern auch für die demokratische Regierungsform an sich. »In den frühen 1970ern meinte die Hälfte der Amerikaner, man könne den meisten Leuten trauen«, schrieb der Philosoph Kevin Vallier im Dezember 2020. »Heute liegt diese Zahl bei unter einem Drittel.« Darüber hinaus, erläuterte er, »sind die USA die einzige bestehende Demokratie, die von einem gravierenden Verlust sozialen Vertrauens betroffen ist. In anderen Ländern bewegte sich der Trend in die entgegengesetzte Richtung. Zwischen 1998 und 2014 stieg das soziale Vertrauen in Schweden von 56,5 Prozent auf 67 Prozent, in Australien von 40 Prozent auf 54 Prozent und in Deutschland von 32 Prozent auf 42 Prozent. Währenddessen gleichen sich die USA eher Brasilien an, wo das Vertrauen bei 5 Prozent liegt. Was macht Amerika besonders?«[48]

In seinem Buch *Trust in a Polarized Age (Vertrauen in polarisierten Zeiten)* argumentiert Vallier, dass herkömmliche Berichte über wachsendes soziales Misstrauen sich auf drei auslösende Faktoren konzentrieren: Korruption, ethnische Segregation und ökonomische Ungleichheit. Obwohl das Maß wahrgenommener Korruption in den USA zwischen 2015 und 2020 kontinuierlich anstieg, stellt das Land insofern keinen Sonderfall unter wohlhabenden demokratischen Gesellschaften dar, als es auf dem Korruptionswahrnehmungsindex von Transparency International unter 180 Nationen auf Platz 25 rangiert.[49] Ethnische Segregation und ökonomische Ungleichheit sind dauerhafte Probleme in den USA, steigern sich aber nicht in dem Maße wie der Vertrauensverlust. Im Gegenteil, behauptet Vallier, denn in den zurückliegenden Jahrzehnten sei der Stand bei ethnischer Segregation und ökonomischer Ungleichheit relativ stabil gewesen, manchen Kennzahlen zufolge sogar gesunken.[50]

Vallier gehört zu einer Reihe von Gelehrten, die der Vermutung nachgehen, dass politische Polarisierung, zusammen mit den kulturellen Konflikten, die damit einhergehen, ein Treiber beim Anstieg interpersonellen Misstrauens ist. Wenn zum Beispiel liberale Amerikaner denjenigen Ärzten nicht trauen, die Masken für nutzlos erklären und ihnen nahelegen, sie sollten Hydroxychloroquin einnehmen, werden sie wahrscheinlich auch den Leuten nicht trauen, die derlei Weisheiten begierig annehmen und sogar feiern. Hier drücken sich unterschiedliche Weltanschauungen aus, ein unterschiedliches Verständnis von Wissen und sogar ein jeweils unterschiedlicher Glaube an das, was Fakt ist.

Bereits lange vor der Pandemie brachten amerikanische Bürger ihre Sorge über den Charakter und die Motivation von Personen zum Ausdruck, die Anhänger der gegnerischen Partei waren. »2017«, schreibt Vallier, »sagten etwa 70 Prozent der Demokraten, dass Wählern Donald Trumps nicht zu trauen sei, und etwa 70 Prozent der Republikaner sagten das Gleiche über die Wähler Hillary Clintons.[51] 2019, berichtet Pew Research, »sagen 55 Prozent der Republikaner, Demokraten seien im Vergleich zu anderen Amerikanern ›unmoralischer‹; 47 Prozent der Demokraten sagen das Gleiche über Republikaner«, ein jäher Anstieg seit 2016, als die

Werte bei 47 beziehungsweise 35 Prozent lagen. Pew stellt ebenfalls fest, dass die Unterschiede bis in persönliche Angelegenheiten reichen: »Eine Mehrheit in beiden Parteien erklärt, die Anhänger der gegnerische Partei würden ihre politischen Werte und Ziele nicht teilen.«[52] Diese Kluft trägt zur Erklärung einer weiteren Auffälligkeit bei, der Tatsache nämlich, dass Polarisierung und Misstrauen auch die Partnerbindung in Amerika in Mitleidenschaft zieht: Eheschließungen über Parteigrenzen hinweg sind dramatisch zurückgegangen, und die Partner in »politisch gemischten« Ehen scheinen weniger glücklich zu sein als Eheleute mit gleicher Parteibindung.[53]

Der gleichen politischen Ideologie anzuhängen, hilft auch dabei, Bindungen dort zu schaffen, wo viele Leute 2020 einen übergroßen Teil ihrer Freizeit verbrachten: im Internet. Sozialwissenschaftler diskutieren schon seit Längerem darüber, ob die Nutzung sozialer Medien und die Rezeption von Online-Nachrichten eine Ursache für politische Polarisierung ist. Die eine Seite, etwa der in Harvard lehrende Rechtsprofessor und Politikwissenschaftler Cass Sunstein, argumentiert, dass Internetnutzer dazu neigen, viel Zeit in »Echokammern« zu verbringen, in denen sie ihre Anschauungen immer wieder bestätigt und mitunter auch radikalisiert finden.[54] Die andere Seite, vertreten etwa durch die Stanford-Ökonomen Levi Boxell und Matthew Gentzkow sowie ihren Harvard-Kollegen Jesse Shapiro, weist darauf hin, dass die Zunahme der amerikanischen Polarisierung gerade bei den Bevölkerungsgruppen am ausgeprägtesten ist, die sich mit größter Wahrscheinlichkeit nicht in den sozialen Medien bewegen.[55] Das Internet, befinden sie in einer Publikation von 2017, sei als Ursache nicht wahrscheinlich. Allerdings haben in den vergangenen Jahren neue Plattformen, die speziell darauf ausgelegt sind, Gemeinschaften zu schaffen oder zu stärken, die soziale Landschaft stark verändert. Sie machen es Nutzern sehr viel leichter, sich zum einen mit Gesinnungsgenossen zu verbinden und Projekte zu organisieren und zum anderen diejenigen, die andere Werte, Überzeugungen und Ambitionen vertreten, zu identifizieren und zu bekämpfen.

Facebook-Gruppen sind die bei Weitem beliebtesten dieser digitalen Räume. Das heute unter dem Namen Meta bekannte Unternehmen brachte 2010 die Plattform Facebook Groups an den Start, doch erst im Jahr 2017 erklärte Gründer und CEO Mark Zuckerberg, ihre Kernaufgabe sei es, Nutzern beim Aufbau »sinnstiftender Gemeinschaften« zu helfen, und erst jetzt wurde die Plattform nachdrücklich beworben und der mobilen Anwendung ein »Gruppen«-Tab hinzugefügt. 2020 gab das Unternehmen bekannt, dass über siebzig Millionen Personen sich als Facebook-Gruppen-Moderatoren registriert hätten und etwa 1,8 Milliarden Personen die Plattform monatlich nutzten.[56] Im April berichtete Facebook, dass mehr als 4,5 Millionen Amerikaner sich Selbsthilfegruppen mit Bezug auf COVID-19 angeschlossen hätten, ebenso wie drei Millionen Italiener und zwei Millionen Briten.[57] Manche dieser Gruppen waren hyperlokale Organisationen zur gegenseitigen Hilfe, die die Technologie nutzten, um ausgeklügelte Sozialleistungssysteme zu erschaffen – für Nahrungsmittelspenden, Bringdienste, Reinigungsmaterial, Bestattungshilfe und Ähnliches –, die ohne soziale Medien schwer zu organisieren gewesen wären. Andere waren ideologisch ausgerichtete Interessengruppen, die die Saat des Misstrauens ausstreuten, oder Betrüger, die ungeprüfte Medikamente anboten. Desinformation war allgegenwärtig, und Facebook beteuerte zwar, man werde verletzende und schädliche Inhalte sperren, letztlich fehlte es aber an der Fähigkeit, die Plattform davon frei zu halten.

Im Februar 2020 veröffentlichte die Weltgesundheitsorganisation WHO ihre erste Warnung vor der aufkommenden Infodemie, und Anfang März war nicht mehr zu übersehen, dass das Internet zu einer Brutstätte von Propaganda, Profitmacherei und offensichtlichen Falschmeldungen geworden war: Verschwörungstheorien, wonach China – oder vielleicht die USA! – das Coronavirus als biologische Waffe entwickelt hätte. Oder Bill Gates hätte das Virus geschaffen, um Impfstoffe zu verkaufen. Gerüchte, wonach es viel mehr – oder viel weniger! – Infektionen und Todesfälle gebe, als von den Staaten vermeldet. Versprechungen, dass ein geheimes Medikament oder ein seltenes Kraut – hier zu kaufen! – COVID verhindern oder heilen könne. Im *American Journal of Tropical Medicine and Hygiene* berichtete ein internationales Team von Medizinforschern, dass falsche Informationen über die heilsame Wirkung von hochkonzentriertem Alkohol bei Personen, die während der ersten vier Monate 2020 Methanol als Medikation getrunken hatten, zu 800 Todesfällen, 5876 Krankenhauseinlieferungen und 60 Fällen von vollständiger Erblindung geführt habe. »Ein vertrauensvolles Verhältnis zwischen medizinischem Personal und dem betroffenen Gemeinwesen ist eine unverzichtbare Voraussetzung, um mit einer pandemischen Krise fertigzuwerden. Medizinische Verschwörungstheorien können jedoch Misstrauen gegenüber dem Staat und Gesundheitsexperten hervorrufen, was wiederum das Nachfrageverhalten in Bezug auf medizinische Versorgung negativ beeinflussen kann«, schlussfolgerten die Wissenschaftler. »Nationale und internationale Stellen, einschließlich solcher mit Faktencheck befassten, sollten nicht nur Gerüchte und Verschwörungstheorien als solche identifizieren und widerlegen, sie sollten auch Social-Media-Unternehmen dazu verpflichten, korrekte Informationen zu verbreiten.«[58] In den USA und allen anderen offenen Gesellschaften gab es keine Institutionen, die für diese Aufgabe gerüstet waren.

Als Soziologe sah ich einen aussichtsreichen Forschungsansatz darin, zu beobachten, wie Gerüchte, Verschwörungstheorien und reine Erfindungen während der Pandemie in den sozialen Medien zirkulierten, und angesichts ihrer unübertroffenen Popularität war ich besonders an dem interessiert, was in den Facebook-Gruppen passierte. Gemeinsam mit der Postdoktorandin Melina Sherman ermittelte ich Facebook-Gruppen in den USA mit mehr als zehntausend Mitgliedern, die sich jeweils ausdrücklich als konservativ, als demokratisch oder als progressiv auswiesen. Wir wählten vier sich selbst als konservativ oder republikanisch definierende, zwei als demokratisch und zwei als progressiv ausgewiesene Gruppen zur Beobachtung aus. Insgesamt hatten die acht Gruppen über 374 200 Mitglieder. Wir nutzten CrowdTangle, ein Tool, das es möglich macht, Social-Media-Posts zu analysieren sowie Statusaktualisierungen und auf Facebook, YouTube und anderen Plattformen geteilte Fotos, Links, Livestreams und Videos zu verfolgen. Dafür verwendeten wir die folgenden Suchbegriffe: COVID, COVID-19, Coronavirus. Wir beschränkten uns auf den Zeitraum vom 1. Januar 2020 bis zum 1. April 2021. Außerdem grenzten wir die Suche auf englischsprachige Beiträge ein. Unsere kumulative Analyse umfasste 17 800 Posts, auf die im Durchschnitt 207 Interaktionen folgten.

Nachdem wir mehr Zeit mit der Lektüre von Social-Media-Posts verbracht hatten, als Psychologen im Interesse seelischen Wohlbefindens für zumutbar erachten würden, kamen wir zu dem Ergebnis, dass aktive Mitglieder politisch parteiischer Facebook-Gruppen vollkommen unterschiedliche Pandemien erlebten und sich Sorgen wegen vollkommen unterschiedlicher Bedrohungen machten. In den geschlossenen Räumen ihrer Interessengruppen entwickelten die Mitglieder Narrative, die einer je spezifischen Diagnose der Rahmenbedingungen entsprangen, die für die USA die größte Bedrohung darstellten: ein unfähiger und autoritärer Präsident, ein ungerechtes Wirtschafts- und Sozialsystem, eine Partei von Radikalen, die auf Umsturz und politische Transformation versessen waren. Jede Diagnose verlangte nach einer anderen Abhilfe und einer anderen Vorstellung davon, was die Nation als Nächstes tun sollte.

Für Gruppen, die der demokratischen Partei nahestanden, war der Verlauf der COVID-19-Krise in erster Linie bestimmt durch die Inkompetenz und Verderbtheit Donald Trumps und seiner republikanischen Anhänger. Beispielsweise setzte am 15. November 2020 ein Mitglied der Gruppe »Riden with Biden 2021!« eine lange Statusmeldung ab, verfasst als Brief an Republikaner: »Wir werden euch nicht länger erlauben, noch mehr Amerikaner zu töten. Wir fordern jeden Einzelnen von euch auf, jetzt zu handeln und unser Land zu retten. Sagt Trump, dass ihr seine Wahnvorstellungen nicht weiter unterstützen wollt, sagt ihm, dass er verloren hat: Er wird nicht mehr Präsident der Vereinigten Staaten sein … Wir haben die Nase voll davon, dass ihr Republikaner euch mehr Sorgen um eure Aktiendepots macht als um das Wohlergehen der amerikanischen Bevölkerung.« Dieser Beitrag, der 1276 Interaktionen hervorrief – 20-mal so viel wie der durchschnittliche Beitrag in dieser Gruppe –, appelliert an die Republikaner, Verantwortung zu übernehmen für einen tragischen Verlust an Leben, und stellt klar, dass es nicht ein Virus per se ist, sondern vielmehr eine politische Partei, die verantwortlich ist für die Todeszahlen im Zusammenhang mit COVID-19. Der Beitrag zeigt auch, wie die Bildung von Wir-Gruppen im Internet allzu oft funktioniert: Es geht nicht darum, sich in Krisenzeiten um Einigkeit und Verständnis zu bemühen, sondern hauptsächlich um Schuldzuweisungen.

Die Nutzung von Facebook-Gruppen zur Abgrenzung von Andersdenkenden wird noch deutlicher in Beiträgen von Demokraten, in denen fröhlich von konservativen Führungsfiguren berichtet wird, die sich mit dem Virus infizierten, nachdem sie das Risiko einer COVID-Erkrankung heruntergespielt oder Masken und Abstandsregeln für überflüssig erklärt hatten. Am 2. Oktober 2020 posteten mehrere »Riden with Biden«-Mitglieder die Nachricht, dass Präsident Trump an dem Virus erkrankt war. Die Beiträger konnten sich kaum einkriegen vor Begeisterung, einer jubilierte, der Präsident und die First Lady hätten »dieses Ergebnis verdient« wegen »ihrer Arroganz« und ihrer »völligen Missachtung des amerikanischen Volkes«. Sichtlich besonderen Anklang fanden sarkastische Kommentare: »Tja, schätze, der Schwindel ist real geworden!« Auf diesen Post gab es 6960 Interaktionen, mehr Echo als auf alle anderen der von uns ausgewerteten 6563 Beiträge aus der »Riden with Biden«-Gruppe.

Für progressive Gruppen war die amerikanische COVID-19-Katastrophe das unvermeidliche Ergebnis eines kaputten sozialen und politischen Systems, das extreme Ungleichheit zuließ, keine allgemeine Gesundheitsversorgung bereitstellte und dem Leben der Arbeiter und der Armen keinen Wert beimaß. So teilte etwa am 29. Februar ein Mitglied von »America for Bernie Sanders 2020« einen Artikel aus dem *Guardian* und zitierte daraus die Aussage über Amerikas »von Gier getriebenes, auf groteske Weise ungleiches und grausames ›Gesundheitssystem‹ als ein im Vergleich zu anderen Industrienationen besonders schlecht gerüstetes gegenüber der Bedrohung durch eine globale Pandemie«. Der Beiträger kommentierte weiter: »Das ist ein entscheidender Grund, warum wir ›Medicare for All‹ brauchen. Das ist ein entscheidender Grund, warum wir Bernie brauchen! #Public Health #CorporateGreedKills (Gier der Großkonzerne tötet)#PharmaGreedKills #Medicare for All #BernieBeatsTrump #Bernie2020.« Ganz ähnlich am 21. März 2020, als ein Mitglied der Gruppe »Alexandria Ocasio-Cortez Progressives« einen Artikel teilte mit der Überschrift: »Die Coronavirus-Krise zeigt, dass wir ein vollkommen neues Wirtschaftssystem brauchen.« Derartige Posts erhielten üblicherweise Hunderte oder gar Tausende Interaktionen und damit erheblich mehr als andere Gruppeninhalte.

Bemerkenswert ist auch, dass Mitglieder progressiver Facebook-Gruppen sich besonders fürsorglich gegenüber den von COVID-19 unverhältnismäßig stark Betroffenen zeigten, sich dagegen nachweislich weniger interessierten für einzelne Amtsträger oder die Maßnahmen, die diese trafen – oder auch nicht –, um die Krankheit zu bekämpfen. In der »AOC Progressives«-Gruppe posteten Mitglieder Updates, die darauf hinwiesen, dass die Pandemie gerade die Armen besonders schwer treffe, und die sich für eine allgemeine Gesundheitsfürsorge aussprachen als Mittel, um künftigen Krisen vorzubeugen. In mehreren Beiträgen machen sowohl »America for Bernie Sanders 2020«- als auch »AOC Progressives«-Mitglieder auf die Tatsache aufmerksam, dass Schwarze, Indigene, Latinos und Migranten mit höherer Wahrscheinlichkeit an dem Virus erkrankten und starben. Dieses Verhängnis sei alles andere als natürlich, befanden sie. Es sei ein gesellschaftliches und politisches Versagen, und es müsse als ein solches benannt werden.

Für konservative Gruppen war die COVID-19-Krise ein gesellschaftliches Drama, das von den Liberalen manipuliert, wenn nicht gar fabriziert wurde, um eine sozialistische Agenda zu propagieren und Präsident Trumps Kampf um eine Wiederwahl zu untergraben. Anfangs allerdings betonten republikanische Gruppen, das Virus sei vom kommunistischen Regime Chinas hergestellt und freigesetzt worden, um auf diesem Wege den kapitalistischen Westen zu unterwerfen. Doch innerhalb weniger Wochen war die Bedrohung dann ins amerikanische Inland versetzt, wo die dortigen Sozialisten, so die republikanische Sicht, die Pandemie ausnutzten, um die politische Kontrolle zu übernehmen. Am 8. März 2020 postete ein Mitglied der »MAGA Institute«-Gruppe: »Hier geht es nicht um COVID-19. Die Medien nutzen Furcht als Waffe, um Verhalten zu kontrollieren. Der Überträger ist gleichgültig. Schnee. Wirbelsturm. Virus. Alles eine Soße.« Am 2. Juli zitierte ein anderes Mitglied aus einem *Breitbart*-Artikel mit der Überschrift »Die Demokraten wollen eine zweite amerikanische Revolution: eine sozialistische«, in dem es hieß: »Totalitäre Linke bei den Demokraten [versuchen] Kapital zu schlagen aus der von COVID-19 erzeugten Unruhe, um die Macht zu ergreifen.« Derlei Posts lösten einen nicht abreißenden Strom von Nachrichten über »Globalisten« – ein Codewort für Juden – aus, die angeblich versuchten, eine »neue Weltordnung« zu schaffen. Es sei unmöglich, erklärten Mitglieder rechter Facebook-Gruppen wiederholt, diese hinterhältigen Strategien nicht zu erkennen.

Wie bei den Liberalen wurden Facebook-Gruppen auch von Konservativen genutzt, um sich moralisch zu positionieren, in Abgrenzung zu ihren als bösartig wahrgenommenen politischen Gegnern. Ein Mitglied der Gruppe »Conservative Causes Connection« postete einen Link zu einem Artikel über Debra Messing, eine Prominente, die angeblich geäußert hatte, MAGA-Anhänger würden an COVID sterben, weil sie auf Trumps Lügen hereinfielen. »Demokraten wünschen sich ein Massensterben, nur damit sie Trump die Schuld dafür geben können. Daran erkennt man, wie krank diese Leute sind.« In der Gruppe »Making America Greater Together!« behauptete ein Teilnehmer, die Liberalen seien berechnender und entschlossener, als seine konservativen Verbündeten wahrhaben wollten. »ES SCHEINT, DASS COVID-19 VON ANFANG AN STRATEGISCH GEPLANT WAR … UM DIE USA ZUM

LAND MIT DEN MEISTEN INFIZIERTEN ZU MACHEN! JA, IN CHINA WURDE DAS VIRUS FREIGESETZT, DER BESTIMMUNGSORT ABER IST AMERIKA! ES KAM AUS DEM LABOR EINES LIBERALEN HARVARD-PROFESSORS IN CHINA![EMOJI].« Ein anderes Mitglied trieb die Sache noch weiter und appellierte an »alle Patrioten«: »SEID WACHSAM. DIES IST DIE ERSTE PHASE DER REVOLUTION ZUR ERRICHTUNG EINER NEUEN WELTORDNUNG. WIR MÜSSEN WIDERSTAND LEISTEN – PATRIOTEN IM GANZEN LAND. DAS GROSSE ERWACHEN FINDET AUF DER GANZEN WELT STATT.« Solche Botschaften mussten all jene befremden, die nicht ohnehin schon daran glaubten, waren aber attraktiv für Mitglieder von Gruppen wie »Making America Greater Together!«, denen sie bei der Suche nach jenen »sinnstiftenden Gemeinschaften« halfen, die Facebook zu schaffen versprach. Für Leute, die ihr Weltbild teilten, funktionierte die Plattform. Sie hatten einen Feind ausgemacht, ein fieses Komplott aufgedeckt, die Fronten abgesteckt. Jetzt organisierten sie sich in einer Gemeinschaft. Nicht mehr lange, dann würden sie zurückschlagen.

In Australien gab es 2020 keine vergleichbaren Konflikte. Die Bundesregierung unterstützte den Aktionsplan des obersten Gesundheitsbeamten zur Pandemiebekämpfung, der u.a. vorsah, die Landesgrenzen, Pubs und Klubs, Fitnesscenter, Theater und andere Veranstaltungsorte zu schließen und den Restaurantbetrieb auf Abholangebote oder Bringdienst zu beschränken. Sie achtete auch das Recht jedes Bundesstaates, seine eigenen, lokalbezogenen Regelungen zu treffen, selbst solche, die besonders strenge Einschränkungen vorsahen. Ende März verbot zum Beispiel der Premierminister von Victoria Daniel Andrews alle privaten Zusammenkünfte mit mehr als zwei Personen aus verschiedenen Haushalten, was auch für Paare in einer festen Beziehung galt (eine Regelung, die allerdings nach wenigen Tagen aufgehoben wurde), und auch Zusammenkünfte im Freien mit mehr als zwei Personen aus verschiedenen Haushalten. Die Einwohner Victorias durften ihre Wohnungen nur aus vier Gründen verlassen: Sport treiben, Vorräte einkaufen, Arbeit oder Schule, Arztbesuch oder Pflegedienst.[59] Kein amerikanischer Gouverneur erließ Lockdown-Regeln von ähnlicher Strenge, dennoch prangerte Präsident Trump diejenigen, etwa Andrew Cuomo, öffentlich an, deren Maßnahmen er für übertrieben befand, und die betroffenen Gouverneure zahlten mit gleicher Münze zurück. Australiens Premier Morrison dagegen, ein Konservativer mit libertärer Ausrichtung, verzichtete auf solche öffentlichen Attacken. Obwohl sie nicht immer mit dem Premierminister übereinstimmten, hatten weder die Regierungschefs der Bundesstaaten und Territorien noch die obersten Gesundheitsbeamten der Nation viel Anlass, den Konflikt zu suchen.

Dabei war das Land durchaus politisch gespalten, starke ideologische Gegensätze riefen regelmäßig heiße Debatten über Themen wie Klimawandel, Bildung, Arbeit und Migration hervor. Wie die Amerikaner nutzten auch die Australier die sozialen Medien, um sich über ihre Gegner zu beklagen, Hilfsnetzwerke zu organisieren, Werbung für die bevorzugte politische Partei zu betreiben oder gemeinschaftliche Bande unter den Bedingungen von strengen Lockdowns und Abstandsregeln zu knüpfen. In Victoria, wo die Lockdown-Bestimmungen besonders restriktiv waren, nutzten libertäre Gruppen Plattformen wie Facebook oder Telegram, um gegen Schutzmaßnahmen zu protestieren, die sie als repressiv empfanden. Zwar entdeckte ein Journalist bei seinen Recherchen, dass der Organisator einer dieser Gruppen Verbindungen zur extremen Rechten hatte, dennoch war der Austausch innerhalb der Gruppe weniger aufwiegelnd als bei amerikanischen Rechtsextremen üblich, und das Netzwerk war auch erheblich weniger aktiv.[60]

Hilfreich war natürlich, dass Australiens Reaktion auf den Ausbruch sich als überaus effektiv erwies, sodass das Land im Jahr 2020 und darüber hinaus als einer der gesündesten Aufenthaltsorte weltweit gelten konnte. (2022 lag die Todesrate bei einem Zehntel des US-amerikanischen Werts.) Das war beileibe kein vorherbestimmtes Ergebnis. Sicher, Australien ist eine große Insel, aber das gilt auch für Großbritannien. Das Durchschnittsalter der australischen Bevölkerung, 38 Jahre, ist das gleiche wie in den USA. Der

Urbanisierungsgrad ist dem amerikanischen vergleichbar. Das Land ist ein beliebtes Reiseziel für Touristen und Geschäftsleute aus China, und es empfängt durchschnittlich knapp zehn Millionen Besucher im Jahr. Aber die zur Bekämpfung der Pandemie erlassenen Schutzmaßnahmen waren weitreichender und wurden besser umgesetzt als die in den meisten anderen Ländern, und die Australier, das geht aus Umfragen hervor, vertrauten darauf, dass ihre Regierung das Richtige tat. »Als die Pandemie begann, erklärten 76 Prozent der Australier, dass sie dem Gesundheitssystem vertrauten«, berichtete die *New York Times,* »verglichen mit etwa 34 Prozent der Amerikaner.«[61] Im Verlauf des Jahres 2020 sollte das Systemvertrauen der Australier sogar noch wachsen, während es in den USA vollständig kollabierte.

Vielleicht noch wichtiger war die Tatsache, dass die Australier, ermutigt durch den Erfolg, den sie gemeinsam, nämlich durch Befolgung der einschränkenden Maßnahmen, erzielt hatten, nunmehr auch mehr Vertrauen gegenüber ihren Mitbürgern entwickelt hatten. Etwa »93 Prozent der Australier berichteten, dass sie in Krisenzeiten Unterstützung von Personen erlangen könnten, die nicht zu ihrem Haushalt gehörten«, so die *New York Times,* und sie neigten eher als Einwohner anderer Länder, einschließlich der USA, zu der Aussage, dass »man den meisten Leuten trauen kann«.[62] 2020 waren die meisten Australier bereit, aufeinander achtzugeben und die verordneten Schutzmaßnahmen zu respektieren, ob Maskenpflicht, ob Abstandsregeln oder Ausgehverbote. Aus ihrem prosozialen Verhalten entwickelte sich eine positive Dynamik, die im krassen Gegensatz zur amerikanischen Todesspirale stand.

Von einer durchgängigen Befolgung der Regeln konnte dennoch nicht die Rede sein. Einige australische Bundesstaaten setzten Polizeibeamte ein, um Personen, die gegen Auflagen verstießen, zu verwarnen und mit einem Bußgeld zu belegen. 2020 regte sich zeitweilig und 2021 dann verstärkt Unmut angesichts einer Kultur der Beschränkung und eines Ausmaßes an staatlicher Kontrolle, welche so eindeutig mit nationalen Normen und Gewohnheiten brachen. Hätte man von Premierminister Morrisons Bestrebungen in der Frühphase der Pandemie gewusst, sich zusätzliche politische Befugnisse anzueignen, wäre der Widerstand mit Sicherheit noch größer gewesen. Es war bekannt, dass die Einwohner anderer Länder größere Freiheiten genossen, dass sie unter die Leute gehen, reisen, auswärts essen, Sportveranstaltungen besuchen und in den Klubs tanzen durften. An all diesen Aktivitäten kann sich allerdings nur erfreuen, wer am Leben ist, und das war die australische Bevölkerung Ende 2020 mit weitaus größerer Wahrscheinlichkeit als die in vergleichbaren Ländern. (»Hätten die Vereinigten Staaten die gleiche Sterberate wie Australien, wären ungefähr 900 000 Leben gerettet worden«, stellte die *New York Times* nach etwa zwei Jahren Pandemie fest.[63]) Niemand war begeistert von den Opfern, die ihnen allen abverlangt wurden, aber fast jede Familie erlebte den Nutzen hautnah. Weniger Krankheitsfälle. Weniger Tote. Mehr Vertrauen in Nachbarn und Mitbürger. Und dann, als es wieder aufwärtsging, die Zuversicht, dass sie auch mit der nächsten Herausforderung fertigwerden würden, dass sie bereit waren für die Zukunft.

Kapitel 5

»Nichts mehr zu verlieren«

Daniel Presti

Endlich 2020!
Daniel Presti, 33 Jahre alt, 55 Kilo schwer, mit Glatze, einem gepflegten Kinnbart und dem Temperament eines Wildpferds, konnte es kaum erwarten, den neuen Kalender aufzuhängen. Das Jahr 2019 hatte den Durchbruch bringen sollen, stattdessen war es eine einzige Übung in Sachen Frustbewältigung geworden, Arbeit bis zum Umfallen, dann endloses Warten und eine Kette von Hiobsbotschaften. Schwer vorstellbar, dass es noch schlimmer werden könnte.

Anfang 2019 planten Presti und Keith McAlarney, ein enger Freund, einen neuen Pub – Mac's Public House – in Grant City zu eröffnen, einem ruhigen Wohnviertel auf Staten Island, nur wenige Kilometer von der Gegend entfernt, wo Presti aufgewachsen war. In den vergangenen zwei Jahren hatten Presti und McAlarney dort als Geschäftsführer eines Restaurants gearbeitet und nebenbei aber ein Auge auf eine nahe gelegene Kneipe geworfen, die berüchtigt war für Schlägereien, Prostitution und gleichgültige Eigentümer. Presti mied den Laden aus Sorge, sich Ärger einzuhandeln, und empfahl das Gleiche auch seinem Personal. Er sah aber auch das verborgene Potenzial des Standorts. »Wir wollten schon immer unser eigenes kleines Plätzchen haben«, erzählte mir Presti. »Einen Nachbarschaftstreff.« Die Lage war ideal. Den Nachbarn war der Laden ein Dorn im Auge, und sie forderten von der Stadt, ihn zu schließen. Als es dazu kam, waren die beiden Freunde sofort zur Stelle. Sie mussten nichts weiter tun, als einen Mietvertrag zu unterschreiben, den Innenraum aufzumöbeln und ein bisschen Werbung in der Nachbarschaft zu machen.

Presti wusste, wie schwer es sein kann, ein eigenes Geschäft zum Laufen zu bringen. 2013 gründeten er und ein Studienfreund Downtube, eine Brauerei in Johnstown, New York. Vorher hatten sie zu Hause gebraut, mit beachtlichem Erfolg, und dabei entdeckt, wie viel Spaß es macht, das Ergebnis handwerklicher Tätigkeit mit Freunden zu teilen. Die Produktion auszuweiten, das sollte doch wohl zu machen sein? Warum nicht versuchen, seinen Lebensunterhalt mit etwas zu verdienen, das man ohnehin liebte? Ein Gebäude in der kleinen Stadt zu mieten, war erstaunlich günstig. Sie stellten ein paar grundlegende Berechnungen an und kamen zu dem Ergebnis, dass sie ganz anständiges Geld würden verdienen können, vielleicht sogar noch ein bisschen mehr. »Man hört immer allerlei Horrorgeschichten«, erinnerte sich Presti, aber »wir dachten: ›Was kann schon schiefgehen?‹«. Jede Menge, wie sich herausstellte. Es war schwer, treue Kundschaft heranzuziehen. In der Stadt herrschte nicht viel Verkehr. In der Bar noch weniger. »Mein Kumpel und ich, wir haben uns nur noch gestritten, wurden richtig handgreiflich.« Innerhalb weniger Jahre erwies sich der Name Downtube als prophetisch, aber es war nicht Bier, das durchs Fallrohr gespült wurde, sondern das ganze Unternehmen. Presti meldete Insolvenz an und kehrte nach Staten Island zurück.

In der alten Heimat war Presti 2019 davon überzeugt, dass alle Voraussetzungen für den Erfolg gegeben seien. Er und McAlarney hatten reichlich Erfahrung mit der Zusammenarbeit, und jeder zehrte von der Energie des anderen. Zudem besaß McAlarney Geld, um in das Projekt zu investieren. Presti steuerte Kapital in Form von Schweiß bei, restaurierte die Bar, suchte neues Inventar aus, kümmerte sich um das Atmosphärische. Er sollte den Hauptgeschäftsführer machen, alle Tätigkeiten beaufsichtigen und den Laden führen wie ein Inhaber. Es war genau das, was Presti wollte.

Presti lebte wenige Kilometer von der neuen Bar entfernt, zusammen mit seiner Frau, einer Lehrerin, und ihren drei Kindern, alle unter vier Jahre alt. Tagsüber, wenn er aufgewacht war, konnte er sich daher zu Hause nützlich machen und abends zur Arbeit fahren. Er kannte die Leute, die als künftige Kunden infrage kamen: die Mitglieder der Bowling-Liga, die Eltern vor Ort, die Feuerwehrleute, Polizisten und Regierungsangestellten, die auf der Insel wohnten, weil sie zur Stadt gehörte, aber doch anders war. »Wir sagten: ›Lass uns für den Stadtteil da sein‹«, erklärte er mir. »Wir mögen die Leute, die Leute mögen uns.«

Das Verhältnis zur Polizei wurde dann schnell wichtig, weil nicht wenige der Einwohner entschlossen waren, keine neue Bar in ihrer Nachbarschaft zu dulden. Die Polizei spielt eine große Rolle in Staten Island, weil so viele Beamte in diesem Bezirk wohnen. Presti und McAlarney brauchten starke Fürsprecher. Sie wandten sich ans zuständige Revier und trugen ihre Idee vor. Das Mac's wäre eine ideale Gaststätte: ein zweites Zuhause für Anwohner und Arbeitnehmer. Ein Sponsor für Jugendmannschaften im Baseball und Softball. »Wir waren persönlich auf der Wache, und der Chef meinte: ›Früher habe ich den Laden gehasst, aber ihr Jungs gefallt mir wirklich. Wir sagen dem Gemeinderat, dass wir nichts gegen euch einzuwenden haben und euer Vorhaben befürworten.‹« Die Unterstützung durch das Revier war genau das, was sie benötigten. Presti und McAlarney erhielten ihre Konzession und machten sich umgehend an die Renovierungsarbeiten.

Anfangs sah der Plan vor, die Bar im Juni 2019 zu eröffnen, nämlich sobald der Bundesstaat New York ihren Antrag auf Erteilung einer Alkohollizenz genehmigt hatte. Wie Presti mir erzählte, hatten sie mit einer Bearbeitungsdauer von drei, vielleicht vier Monaten gerechnet. »Nicht übermäßig lange jedenfalls.« Aber alles, was sie an Reaktion bekamen, war Schweigen, und jedes Mal, wenn sie sich telefonisch nach dem Stand der Dinge erkundigten, erhielten sie die immer gleiche Antwort vom Bundesstaat: »Wir melden uns bei Ihnen, wenn wir uns melden.« Der Vorgang machte Presti wütend. Da versuchte er, ein Typ aus der Nachbarschaft, ein kleines Geschäft zu eröffnen, ging verantwortungsbewusst und korrekt an die Sache heran, und dann stieß er bei diesen Bürokraten in der Verwaltung des Bundesstaats auf blanke Gleichgültigkeit, so als zählte sein Lebensunterhalt überhaupt nicht, und er selbst schon gleich gar nicht.

Schließlich traf die Lizenz im November ein. Das Mac's eröffnete Ende des Monats. Das ist »so ziemlich die ungünstigste Zeit«, so Presti. Die Sommersaison der Sportligen war vorbei, es gab also keine Spiele mehr, nach denen man sich noch ein bisschen zusammensetzte. Auf Staten Island verkrochen sich die Leute zu Thanksgiving in ihre Häuser, und im Dezember waren sie mit Weihnachtsvorbereitungen beschäftigt. Anstatt dass die Bude immer voll war, ließ sich das Geschäft eher still und gemächlich an. Doch nach und nach kamen Gäste, manche auch regelmäßig, und allmählich entwickelten sie diese nachbarschaftliche Atmosphäre, die ihnen von Anfang an vorgeschwebt hatte. Dass es kein ungebührliches Benehmen und keine Schlägereien mehr gab, war klar. Sie legten auch keinen Wert auf ideologische Streitgespräche. »Keith und ich, wir sind die unpolitischsten Typen, die du dir vorstellen kannst«, erklärte Presti. »Wir hatten nie die Nachrichtensendungen eingeschaltet. Wir reden auch nicht über Politik, nie. Wir haben Leute rausgeworfen, wenn sie damit anfingen, weil wir wissen, was es mit den Leuten macht. Genau, sag einfach nichts. Wir steigen nicht drauf ein.«

Von manchen Nachrichten aber kannst du dich nicht fernhalten. Im Dezember 2019 setzten die Demokraten im Kongress ein Amtsenthebungsverfahren gegen Donald Trump in Gang, der im politisch konservativen Staten Island sehr populär war. 2016 hatten 57 Prozent der Wähler für ihn gestimmt, und 2020 wollten ihn noch mehr Wahlberechtigte unterstützen. Ob du die Nachrichten eingeschaltet hast oder nicht, es ist unmöglich zu verhindern, dass in einer Bar darüber geredet wird. Und dann waren da noch die Berichte über ein neues Coronavirus in China. Die Leute starben daran, und es verbreitete sich mit beängstigender Geschwindigkeit. Würde es auch hierherkommen?

Der Stress des vergangenen Jahres hatte auch Prestis Privatleben in Mitleidenschaft gezogen. Seine Frau und er trennten sich, und obwohl sie sich gütlich einigten, war die Scheidung doch kostspielig und schmerzhaft. Er hatte sein eigenes Geld in die Neugestaltung der Bar gesteckt. Das regelmäßige Einkommen aus seinem vorherigen Job als Restaurantleiter war weggefallen. Er war darauf angewiesen, dass das Mac's funktionierte.

In dieser Situation erreichte COVID New York. Anfangs waren es nur ein paar vereinzelte Fälle. Zuerst in New Rochelle, einem Vorort im Norden der Stadt. Dann Manhattan. Nahe dran, aber Staten Island ist ein anderes Universum. Das war nicht ihr Problem. Noch nicht. Zunächst schienen die politisch Verantwortlichen in New York zu glauben, sie könnten das Virus eindämmen. New York Citys Bürgermeister Bill de Blasio riet den Einwohnern: »Wenn Sie nicht krank sind, setzen Sie Ihren normalen Alltag fort.« Trotz warnender Hinweise von Spitzenbeamten der städtischen Gesundheitsbehörde drängte der Bürgermeister alle Gesunden, weiter Bars, Restaurants und Theater zu besuchen. »Ich möchte die New Yorker ermutigen, ihr Leben weiter zu leben + in der Stadt auszugehen trotz Coronavirus«, twitterte er am 2. März, einen Tag nachdem New York City den ersten COVID-Fall vermeldete. Er gab sogar eine Kinoempfehlung: »bis Do., 5.3., läuft noch ›The Traitor‹@FilmLinc. Wäre ›The Wire‹ eine reale Geschichte + spielte in Italien, dann wär's dieser Film.«[1]

Bald aber änderte sich die Botschaft. Am Samstag, dem 14. März, verkündete de Blasio, dass alle Bars und Restaurants bis Dienstag schließen müssten. »Diese Entscheidung fällt mir nicht leicht«, sagte er. »An diesen Orten schlägt das Herz unserer Stadt. Sie sind Teil dessen, was es heißt, New Yorker zu sein. Aber unsere Stadt sieht sich einer nie da gewesenen Bedrohung ausgesetzt, und dagegen müssen wir uns rüsten, als wären wir im Krieg.«[2] Öffentliche Schulen, die von 1,1 Millionen Kindern besucht wurden, sollten ebenfalls schließen. Am Montag verkürzte Gouverneur Andrew Cuomo die Frist noch einmal, indem er auf Twitter verkündete, dass jeglicher persönlicher Service in Bars und Restaurants ab 20 Uhr einzustellen sei.

Für Presti ließ diese Erklärung nichts Gutes erahnen. Die Bar würde also schließen müssen, aber schnell reagierte er mit einer neuen Strategie. »Ich wandelte das Mac's in einen Laden für Abhol- und Bringdienst um«, erzählte er. »Bald waren wir dafür bekannt, die besten Cheesesteaks auf Staten Island anzubieten. Wir machen es so auf die Chopped-Sandwich-Art. Ich weiß nicht, ob's die flache Oberseite ist, die wir verwenden, oder wie wir den Käse oben draufmachen. Plötzlich jedenfalls hieß es im Netz, da muss man hin. Und die Nachbarschaft hat zu uns gehalten. Immer mehr Bestellungen gingen ein, fast mehr, als wir wollten.« Tagsüber betreute Presti seine Kinder, abends stand er bis spät am Herd, und in den frühen Morgenstunden sorgte er dafür, dass das Mac's sauber und COVID-geschützt war. »Ich war so müde«, erinnerte er sich. »Total erschöpft.« Aber was blieb ihm anderes übrig? Nie zuvor hatte er so hart gearbeitet, und er liebte das kameradschaftliche Verhältnis zu McAlarney und ihrer kleinen Belegschaft. Aber jetzt konnte er keine alkoholischen Getränke mehr verkaufen, dafür hatte er die volle Miete am Hals, Verbrauchs- und ungewöhnlich hohe Lebensmittelkosten. Die Webseiten, auf denen die Leute ihre Bestellungen machten, nahmen sich einen kräftigen Bissen von jedem Verkauf, bis zu 30 Prozent. »Es ist fast so, dass wir Geld zuschießen, wenn wir irgendwas machen«, berichtete Presti. »Es ist schlicht und einfach ein kaputtes System.«

Anfangs akzeptierte Presti die Maßnahmen. Ihm war klar, dass COVID eine schwerwiegende Angelegenheit war. Er wollte nicht, dass weitere Leute krank würden. Doch was als eine vorübergehende Anstrengung begann, die Ausbreitungskurve abzuflachen – Schließungen für ein paar Wochen, vielleicht einen Monat –, erwies sich bald als etwas Längerfristiges, Unabsehbares. »Sie machten immer weiter mit dem Zurückdrängen, dem Eindämmen. An manchen Abenden saßen wir beide ganz allein da im Mac's, und ich dachte mir: ›Bald führen sie das Kriegsrecht ein.‹ Wie lange können die den Laden dichtmachen, ohne dass wir irgendwas dafür bekommen?«

Sie waren nicht die Einzigen, die solche Fragen stellten. In der ganzen Stadt wurden Tausende von Bar- und Restaurantbesitzern und noch mehr ihrer Angestellten zusehends nervös. Wann würden sie wieder aufmachen können? Wie sollten sie über die Runden kommen? Wer würde für ihre Interessen eintreten? Gab es in der Regierung irgendwen, den das kümmerte? Presti wusste, dass alle zu kämpfen hatten, aber für eine Bar, deren Zweck darin besteht, Menschen als Treffpunkt zu dienen, war die Bedrohung existenziell. »Wenn du kein geselliges Beisammensein willst, schön. Die Bars vollständig schließen? Na gut. Aber dann musst du was für uns tun, du musst uns Hilfe gewähren. Aber einfach nichts tun? Da gehen wir alle pleite.«

Schließlich bekam das Mac's doch etwas: laut Presti etwa 4000 US-Dollar Staatshilfe vom Bund. Warum gerade diese Summe, dafür hat er keine Erklärung. Sie hatten mehr beantragt, aber die Bar war noch so neu, als Corona losging, dass sie keine Belege für erlittene Verluste vorlegen konnten, daher hatten sie keine Vorstellung, wie ihr Antrag aufgenommen würde. Der Betrag tauchte eines Tages auf ihrem Konto auf, ohne nähere Begründung. »Das war das einzige Mal während der gesamten Pandemie, dass wir Geld gekriegt haben«, sagte Presti. »Den großen Konzernen, die das Geld gar nicht brauchten, haben sie Hunderte von Millionen Dollar gegeben, aber die Tante-Emma-Läden, die wurden vernachlässigt. Und dann, hinterher, hieß es: ›Hoppla, da haben wir wohl einen Fehler gemacht!‹«

Die Verdrossenheit wurde immer größer, und als schließlich eine Gruppe von Bar- und Restaurantbetreibern die »Independent Restaurant Owners Association Rescue« (Hilfsorganisation der unabhängigen Restaurantbesitzer), kurz IROAR (I roar = ich brülle), gründeten, sprangen Presti und McAlarney auf den Zug mit auf. »Zuerst war es nur eine Gruppe, wo man Luft ablässt oder rumfragt, ob jemand einen Koch hat oder keinen kriegen kann, und das war so weit gut«, erinnerte sich Presti. »Aber dann haben Rechtsanwälte Kontakt zu uns aufgenommen.«

Die Vereinigung begann Lobbyarbeit zu machen, den Staat um Hilfe anzugehen. Einige Mitglieder drohten mit Klagen. Hatte der Gouverneur wirklich das Recht, ihre Geschäfte dauerhaft zu schließen? Hatten sie nicht wenigstens eine Entschädigung für ihre Regelbefolgung verdient? Was würde passieren, wenn sie sich fortan weigerten? Presti hatte seine Zweifel. »Es ist ein Witz«, sagte er zu mir. »Ein Witz, dessen Pointe lautet: ›Die Restaurantverordnung ist immer noch nicht durch.‹ Von New York hörten wir ständig: ›Wir machen das. Wir versprechen euch, es wird Geld kommen, von uns und auch vom Bund. Es dauert nur noch zwei Wochen.‹ Aber wissen Sie, die helfen uns nicht. Wie sollen wir da überleben?«

Im Juni verkündete Bürgermeister di Blasio, dass Restaurants wieder Gäste bedienen dürften, aber nur im Freien, und das Mac's hatte keine entsprechenden Plätze. Gouverneur Cuomo veröffentlichte einen Plan zur Wiedereröffnung im Juli, verschob ihn dann aber auf unbestimmte Zeit, als bekannt wurde, dass in anderen Staaten die Infektionszahlen hochgegangen waren, nachdem Speisen im Innenbereich erlaubt worden war. Im weiteren Verlauf des Sommers machten Hunderte von Restaurants in der Stadt dicht, nämlich für immer, und die Bars waren noch schwerer von der Krise betroffen. Einige Betreiber bedienten die Gäste auf dem Bürgersteig, mussten aber erleben, wie ihnen die State Liquor Authority (Behörde, die Schankerlaubnis für Alkohol erteilt) wegen Verstoß gegen die Abstandsregeln aufs Dach stieg, sie mit Geldbußen belegte oder in manchen Fällen ihnen sogar die Betriebserlaubnis entzog. Presti kam nicht über die Ironie des Ganzen hinweg. Dieselbe bundesstaatliche Behörde, die elf Monate gebraucht hatte, um ihm die Schankerlaubnis zu erteilen, dieselben Beamten, die keine Lust hatten, ihm zu erklären, warum er sein neues Geschäft nicht eröffnen und seine Familie ernähren konnte ... jetzt standen sie plötzlich auf der Matte, hatten »eine Armee von Leuten engagiert« und suchten nach Lokalen, die sie schikanieren und bestrafen konnten. »Es ist schon fast Erpressung«, sagte Presti. »Die Sache wurde so ernst, also, wenn du zum Beispiel gegen Mittag in meinen Laden gekommen wärst, vielleicht einfach, um Hallo zu sagen, dann mussten wir dir sagen, he, du kannst hier nicht bleiben, du musst weitergehen. Wenn die Liquor Authority hier aufkreuzt, und du redest grade hier drinnen mit mir, dann brummen die mir 10 000 Dollar Strafe auf. Solche Sachen sind nämlich echt passiert.«

Zwar durften Bars und Restaurants in anderen Teilen des Bundesstaats auch in Innenräumen ihren Betrieb wieder aufnehmen, aber in der Stadt, so Presti, zog die Schließung sich gefühlt endlos hin.[3] Am 30. September wurde ihnen endlich erlaubt, Essen und Getränke drinnen zu servieren, aber nur mit 25 Prozent Auslastung. Und selbst dieses Zugeständnis erwies sich als kurzlebig. Am 6. Oktober verfügte Gouverneur Cuomo als Reaktion auf erhöhte Infektionszahlen in verschiedenen Teilen von New York City eine Schließung für einzelne Zonen.[4] Anfang November, als die Fallzahlen in die Höhe schossen, kam de Blasio zu dem Schluss, die Stadt müsse den Restaurantbetrieb neu bewerten. Er verfügte eine Sperrstunde ab 22 Uhr und kündigte an, dass der Betrieb in Innenräumen wahrscheinlich nach dem Thanksgiving-Fest, also ungefähr zum Jahrestag der Mac's-Eröffnung, ganz verboten würde. Dann entwickelte sich Staten Island, von Stadt und Bundesstaat trotz niedriger Fallzahlen schon in einer früheren Pandemiephase stillgelegt, plötzlich zum Hotspot. Die Stadt teilte Grant City der »Orange Zone« zu, was bedeutete, dass die Bar den Betrieb einstellen musste. Presti traf fast der Schlag. Das war jetzt mehr, als er verkraften konnte.

Presti war verzweifelt. Er konnte seine Familie nicht ernähren. Er wusste nicht, woher er das Geld für Auto, Hypothek, Versicherung oder Essen nehmen sollte. Er sah keine Zukunft für sich, wusste nicht, was er tun sollte. »Irgendwas musste passieren«, sagte er mir. »Und jemand wie ich, der wird dann sehr gefährlich, weil er nichts mehr zu verlieren hat.«

Er setzte sich mit McAlarney zusammen, und sie beschlossen, etwas Radikales zu tun. Sie würden wieder aufmachen. Im Innenraum. Ohne Rücksicht auf das Verbot. Ohne Rücksicht auf Bußgelder und sonstige Sanktionen. Ohne Rücksicht auf die Folgen für ihre Alkohollizenz. Komme, was wolle. Sie erzählten Mitgliedern der IROAR von dem Plan in der Hoffnung, dass sie es ihnen gleichtun würden. Niemand war daran interessiert. Zu großes Risiko, die mühsam erworbenen Alkohollizenzen zu verlieren. Presti sah das anders. Für das Mac's gab es nur diese Alternativen: entweder sich dem Staat fügen und pleitegehen, alles verlieren, was sie sich aufgebaut hatten, oder Widerstand leisten und geöffnet bleiben. Er wusste, dass es Geldstrafen regnen würde. Tausende Dollar. Zehntausende. Na und? Presti hatte schon einmal Konkurs gemacht, und wenn es jetzt wieder passierte, dann war es eben so. Er hatte sich um Gesprächstermine beim Gouverneur und beim Bürgermeister bemüht. Keine Reaktion. »Also haben wir gesagt, wir greifen jetzt zum Äußersten. Einer muss es ja machen.«

Presti und McAlarney waren sich darüber im Klaren, dass es nichts bringt, Widerstand zu leisten, wenn man es im Stillen macht. »Wenn wir einfach aufmachen, kommt der Sheriff oder jemand vom NYPD vorbei und schließt den Laden, bevor irgendwer etwas mitbekommt.« Das hatte wenig Sinn. Presti kannte nicht viele Leute, die gute Beziehungen zu den Medien oder Erfahrung mit Publicity hatten. Aber seit einiger Zeit folgte er Scott LoBaido, einem selbst ernannten Künstler und »patriotischen Aktivisten« aus Staten Island, der sich im Laufe der Pandemie für die Rechte kleiner Geschäftsleute eingesetzt hatte. Vielleicht konnte er helfen, die Geschichte des Mac's in den sozialen Medien und im Stadtteil bekannt zu machen? »Ich bin ihm ein-, zweimal begegnet«, erzählte Presti. »Er ist sehr umstritten. Er weiß, wie man Aufmerksamkeit auf sich zieht. Er ist voll in diesem Politikding drin.«

LoBaido hörte sich Prestis Geschichte an und sympathisierte mit der Idee, trotz des Verbots aufzumachen. »Wenn es euch damit ernst ist, dann komme ich morgen zu euch«, äußerte sich LoBaido nach Prestis Erinnerung. »Tausendprozentig ist es uns ernst«, erwiderte Presti. Und das war es auch.

Am nächsten Tag, dem 20. November, erschien LoBaido im Mac's und erzählte Presti, er habe einen Plan. »Wir erklären das hier zu einer ›Autonomen Zone‹«, sagte er. LoBaido hatte ein Poster entworfen, das wie ein Warnschild aussah und mit fetter Buchstabenschrift verkündete: »!ACHTUNG! AUTONOME ZONE«, dazwischen Farbflächen in Weiß, Orange und Gelb und der Text: »Wir weigern uns, irgendwelchen Regeln und Vorschriften zu folgen, die der Bürgermeister von NYC und der Gouverneur von NY

State erlassen haben.« Er schickte Presti los, um mehrere Kopien ausdrucken zu lassen, und währenddessen schrieb er AUTONOME ZONE auf breites orangefarbenes Klebeband, mit dem er auf dem Gehsteig eine umgrenzte Fläche vor dem Mac's markierte. Als Presti zurück war, hängten er und Keith die Poster in die Fenster. »Scott ging damit live auf Facebook, und seine Ansage war ungefähr: ›Hallo, ich bin hier bei Mac's Public House. Diese Leute stehen ein für das, was richtig ist, für das, woran sie glauben, und sie wollen sich nicht länger schikanieren lassen.‹ Das dauerte ungefähr eine Minute. Ich hatte noch nie vor einer Kamera gestanden. Und dann meinte er: ›So, ich habe meinen Teil beigesteuert, hoffe das Beste für euch, und ich hoffe, ihr wisst, worauf ihr euch eingelassen habt. Von jetzt an seid ihr auf euch gestellt!‹«

»Von dem Punkt an sind Keith und ich in den politischen Schlamassel reingeraten«, rekapitulierte Presti. In eine bestimmte politische Bewegung, um es präziser auszudrücken. »Scott ist ein beinharter konservativer Republikaner«, so Presti. Er hatte eine entschiedene Auffassung davon, was Amerika im Jahr 2020 tatsächlich bedrohte. Nämlich nicht die Pandemie, sondern ein Angriff auf die individuelle Freiheit und ein Komplott, das Land in ein sozialistisches Paradies zu verwandeln, mit einem Staat, der seine Bürger ständig bevormundet.

LoBaido hatte mehr anzubieten als eine Interpretation der Krise, er lieferte auch starke Emotionen mit, geprägt von Zorn und einem intensiven Opfergefühl, das Widerhall fand bei Millionen von unzufriedenen Amerikanern, die sich betrogen glaubten von der Regierung und der Bildungselite. Vor allem aber hatte er seine Follower, Tausende von Leuten, begierig darauf, für die »gerechte Sache« einzutreten. Leute, die gegenhalten wollten, wieder aufmachen, keine Masken tragen, kämpfen. Bald, so Presti, »wehten die Trump-Fahnen vor unserem Laden, und die Leute meinten, dieser Keith und dieser Danny, das sind nur irgendwelche Trump-Fans, rechtsextreme Typen, unterstützen die Proud Boys und so weiter. Dabei sind wir einfach zwei normale Typen, die darauf aufmerksam machen wollten, wie schlimm die Lage für kleine Geschäfte ist.« Die Aktivisten vereinnahmten sie, und Presti und McAlarney ließen sich vereinnahmen. Und dann, sagte Presti, »flog uns alles um die Ohren«.

In großen Teilen Amerikas war die Lage in diesem November bereits außer Kontrolle geraten. Präsident Trump hatte die Wahl gegen Joe Biden verloren, aber anstatt die Niederlage einzugestehen und eine geordnete Amtsübergabe zu ermöglichen, focht Trump das Wahlergebnis an und versuchte andere mächtige Republikaner dazu zu bewegen, Stimmen für ungültig zu erklären, um an der Macht festhalten zu können. Im ganzen Land, einschließlich Staten Island und Teilen von New York und New Jersey, kochten die Konservativen vor Wut und behaupteten, darin dem Präsidenten folgend, die Wahl sei gestohlen und gefälscht worden. Die Erregung steigerte sich und verlangte nach Abfuhr.

Die autonome Zone erzwang allgemeine Aufmerksamkeit. Das Büro des Sheriffs (in New York der Finanzbehörde zugeordnet und unabhängig vom lokalen Polizeibezirk) interessierte sich für den Fall, und auch die State Liquor Authority (SLA) fühlte sich zuständig. Ab sofort wurde das Mac's täglich mit Bußgeldern belegt, darunter eins über 15 000 US-Dollar, das aber, so Presti, gleich nach Ausstellung wieder aufgehoben wurde, und einige weitere über 1000 US-Dollar oder mehr. Am 27. November erklärte die SLA, die Schankerlaubnis für das Mac's werde ausgesetzt. Am selben Abend öffnete Presti und stellte sich in der gut gefüllten Bar vor die Kamera, um zu verkünden, dass sie nicht einen Cent von den Bußgeldern zahlen würden. »Die Gesundheitsbehörde hat uns eine Betriebsschließungsanordnung zugestellt. Die SLA hat jetzt unsere Schankerlaubnis zurückgezogen ... Wir beachten immer noch alle Sicherheitsvorkehrungen. Wir haben noch offen! ... Es scheint nicht so, dass wir unserem Geschäft nachgehen können. Also machen wir Folgendes: Wir bieten alles an – für umsonst! Sie können kostenlos etwas trinken. Sie können kostenlos etwas essen. Wir würden dann einfach um eine kleine Spende bitten.«[5] Versteht sich, dass die Spenden reichlich flossen.

Am 30. November trat McAlarney in der TV-Sendung Fox & Friends auf, um die Lage zu erläutern. Zwei Tage später wurde er eingeladen, zusammen mit Tucker Carlson für Fox News auf Sendung zu gehen. Vor Millionen von Zuschauern beklagte er, dass der Bürgermeister und der Gouverneur die Maßnahmen einseitig beschlossen hätten, ohne mit Ladenbesitzern darüber zu sprechen, wie sie ihren Betrieb sicher weiterführen könnten. »Ich stand mit dem Rücken zur Wand. Für mich hieß es, entweder ich beziehe Stellung und lasse mein Etablissement geöffnet, in der Hoffnung, dass die Leute kommen und Geld ausgeben, damit ich meine Rechnungen zahlen und letzten Endes auch meine Familie versorgen kann. Ich bin so im Rückstand mit den Rechnungen, dass ich wirklich das Gefühl hatte, ich habe keine andere Wahl.«

»Ich kann mit Ihnen fühlen«, erwiderte Carlson. »Scheint wohl so, dass Ihr Privileg, ein weißer Mann zu sein, die Rechnungen nicht automatisch bezahlt.« Anschließend fragte er McAlarney, ob er Sorge habe, dass die Stadt und der Bundesstaat ihm wegen seiner Protesthaltung auf die Pelle rücken würden. »Das tun sie jetzt schon«, sagte McAlarney. Er beschrieb, wie Beamte des Sheriff's

Office in der Bar aufgetaucht waren, um ihn dafür zu bestrafen, dass er entgegen der städtischen Anordnung geöffnet hatte, und erhob die Anschuldigung, man hätte es auf ihn abgesehen, weil er den Bürgermeister verärgert habe. »Sie sind ein mutiger Mann, und ich wünsche Ihnen viel Glück«, sagte Carlson. »Ich hoffe, Sie kommen bald mal wieder und erzählen uns, wie es läuft.«

Es lief ... vorhersehbar. McAlarneys Auftritt bei Fox News war Futter für die sozialen Medien und Werbung für die eigene Sache. Anhänger einer »Macht New York City auf«-Bewegung, darunter auch Mitglieder der extremistischen »Proud Boys«, strömten scharenweise ins Mac's, wo sie in der überwiegend liberalen, von der Pandemie gezeichneten Stadt ein rechtsgerichtetes Spektakel aufführten, indem sie Sprüche à la »Ich bin ein stolzer westlicher Chauvinist« grölten, »We Will Rock You« sangen und Schilder trugen mit der Aufschrift »Nicht aufgeben« (was sich auch auf Trumps Versuch bezog, die Wahl zu kippen) oder »DickTator Cuomo«.

Unterdessen blieb das Mac's geöffnet, und die Solidarität war so groß wie noch nie. Rechte Aktivisten aus der ganzen Region kamen herbei, um zu protestieren. Jeden Abend gab es Kundgebungen, die Bar war gefüllt mit neuer Kundschaft, die ihre Unterstützung bekunden wollte. Presti und McAlarney erstellten eine eigene Facebook-Seite und nutzten sie, wie auch YouTube, um Videos und Statusaktualisierungen zu posten für die wachsende Zahl ihrer Follower aus dem ganzen Land und dann auch, seitdem ihr Fall in rechten Nachrichtenkanälen und auf Social-Media-Plattformen zirkulierte, aus der ganzen Welt. »Wir sind förmlich überrannt worden«, erinnerte sich Presti. »Einhundert Leute standen plötzlich auf der Matte. Und fast alle waren irgendwie – extrem rechts. ›Keine Masken!‹, so redeten die.« Spätestens jetzt war die Sache außer Kontrolle geraten.

Natürlich wurde auch das Büro des Bürgermeisters aufmerksam. Die Polizeibeamten in Staten Island hatten über weite Strecken der Pandemie mit Presti und McAlarney sympathisiert. Bevor die »Autonome Zone« eingerichtet wurde, hatten sie Verwarnungen wegen Regelverstößen ausgestellt, aber kaum je Geldbußen verhängt. Nachdem das orange Band und die Poster angebracht waren, kamen Beamte, die sie kannten, auf sie zu und beschworen sie, das ganze Zeug zu beseitigen. »Wenn ihr euch unauffällig verhaltet, könnt ihr unbemerkt bleiben«, sagten sie nach Prestis Erinnerung. »›Schafft all das hier weg, und wir fahren morgen einfach vorbei. Wir halten nicht an. Ihr könnt sogar Leute drinnen haben. Das ist uns egal, solange das hier weg ist.‹ Und ich erklärte ihnen: ›Ihr versteht nicht, worum es geht. Das hier ist etwas, das ich tun muss, weil niemand uns beachtet. Dieses Gewerbe stirbt direkt vor unseren Augen. So kann ich nicht überleben. Ich behaupte gar nicht, dass es richtig ist, was wir machen.‹ Was ich mehr oder weniger sagte, war: ›Das ist trotzdem die beste Lösung.‹«

Am Dienstag, dem 1. Dezember, schloss das Sheriff's Office die Bar und verhaftete Presti wegen vielfachen Verstoßes gegen städtisches und bundesstaatliches Recht. »Ich hab die Facebook-Liveübertragung gestartet, als die Sheriffs kamen«, blickte Presti zurück. »Sie wollten mich an dem Tag eigentlich nicht verhaften, aber ich habe mich geweigert, die Bar zu verlassen. Sie haben mich angeguckt und gefragt: ›Gehen Sie mit oder ohne Handschellen?‹ Darauf ich: ›Mit Handschellen‹, und sie ließen die Köpfe hängen. Einer meinte: ›Wollen Sie uns wirklich zwingen, das zu tun?‹ Und ich so: ›Ja, Sie verstehen doch, warum.‹« Eine Menschenmenge hatte sich versammelt, und Presti nutzte den Moment, um noch einmal seine Weigerung, die erzwungene Schließung zu akzeptieren, öffentlich zu verkünden. LoBaido war auch da mit seiner Kamera und dokumentierte den Vorgang auf Facebook Live. »Er hat so was gerufen wie: ›Das ist Wahnsinn! Ich will Tausende von Leuten auf Staten Island sehen. Wir machen eine Kundgebung!‹« Am Mittwoch versammelte sich mehrere Hundert, nach manchen Zählungen eintausend, Personen zu einer aggressiven Demonstration, die lokale und nationale Medien anlockte. Bewaffnete Sheriffs blockierten den Eingang zum Mac's und mussten sich, hier in diesem polizeifreundlichen Bezirk, ordentlich beschimpfen lassen. »Wo ist euer Rückgrat?«, rief jemand durch ein Megafon. »Wo ist eure Moral?«

Presti, der freigelassen wurde, nachdem er 45 Minuten in einer Arrestzelle verbracht hatte, kehrte am nächsten Tag zum Pub zurück und ebenso die Tage darauf. Inzwischen schien das Mac's mehr als nur eine normale Kneipe um die Ecke geworden zu sein. In Prestis Augen war es eine Art Festung, eine letzte Bastion der Freiheit in einem Staat, der sich plötzlich gegen alles wandte, was er doch eigentlich immer wertgeschätzt hatte. Am Freitag hörte er von Mitarbeitern, dass eine Gruppe von schwarz gekleideten Personen, vielleicht Antifa, spekulierten sie, vor der Bar mit Flaschen warf und Gewalt androhte. »Die letzten vier Jahre hatte ich mich voll und ganz auf meine Kinder konzentriert und darauf, diese Bar zum Laufen zu bringen«, berichtete Presti. »Ich dachte, hä? Antifa? Ich weiß gar nicht, was das ist!«

Jetzt bekam Presti einen Crashkurs in Konflikteskalation frei Haus. Der Druck war zermürbend, der Stress unerträglich. Er war so nervös, dass er nicht schlafen, und so erregt, dass er nicht essen konnte. »Ich sah fast aus wie ein Drogensüchtiger«, erzählte er. »Ich hab fast sieben Kilo abgenommen. Ich wiege ja nur 55 Kilo, normalerweise kann ich mir gar nicht leisten, auch nur ein Kilo abzunehmen. Meine Kleidergröße ist seit der Highschool immer gleich geblieben. Die Leute aus meinem Umfeld meinten: ›Danny muss mal was essen‹ und ›Wir machen uns Sorgen um dich‹. Aber ich dann: ›Ich kann nicht. Wenn ich irgendwas esse, kommt es mir gleich wieder hoch.‹«

Ausgerechnet in diesem Zustand, am frühen Sonntagmorgen, dem 6. Dezember, erlebte Presti seinen brisantesten Zusammenstoß mit der Obrigkeit, nach einem weiteren Samstagabend, an dem er illegal Getränke an eine Runde von maskenlosen, aufsässigen Konservativen serviert hatte. Der Pub schloss recht früh, gegen 22 Uhr. Er und das Personal blieben bis nach Mitternacht, um aufzuräumen und sauber zu machen, wie immer. Die Sheriffs waren früher am Abend vorbeigekommen, um Geldbußen zu verhängen und Verwarnungen auszusprechen, anschließend aber wieder gegangen, und die Bar war ohne weitere Vorfälle geöffnet geblieben. Presti schickte das Personal nach Hause, schloss die Bar ab und machte sich auf den Weg zu seinem Auto, das er ein Stück entfernt am Straßenrand geparkt hatte. »Ich komme an die Ecke und entriegle das Auto von Weitem«, erzählt er. »Plötzlich ruft jemand: ›Hey, Presti!‹ Ich guck mich um. Es ist nach Mitternacht, ja? Und da kommen zwei Leute auf mich zugerannt. O mein Gott. Ich denk nur, nein! Mein Stresspegel, ich kann gar nicht sagen, wohin der ausgeschlagen ist. Ich kann immer noch nichts essen. Ich steh jeden Abend vor den Kameras von Nachrichtensendern. Und meine Güte, grade erst hatten Leute versucht, in die Bar einzubrechen. Ich dachte, diese Typen wollen mich umbringen. Und alles, woran ich denken konnte, war: Ich werde hier nicht mitten auf der Straße sterben. Ich muss nach Hause zu meinen Kindern.«

Presti nahm die Beine in die Hand. Die Männer, ganz in Schwarz gekleidet, jagten ihm hinterher. Er erreichte den Wagen als Erster, sprang hinein und schlug die Tür zu. »Ich will den Gang einlegen, aber es geht nicht«, erinnerte er sich. »Ich bin verwirrt. Dann fällt mir ein, dass man nicht schalten kann, bevor man diesen Knopf gedrückt hat.« Er fand den Knopf und legte den Gang ein. Als er dann aber aufblickte, stand einer der Männer vor dem Auto und einer daneben. Er wollte niemanden überfahren. Allerdings wollte er auch nicht umgebracht werden. »Ich hab gezögert. Bin ganz langsam gefahren.« Einer der Männer war kurz auf der Motorhaube, rutschte dann ab. »Ich erreich das Ende der Straße, und da kommt wie aus dem Nichts ein Auto hervorgeschossen und versucht mich zu rammen. Jetzt sind also nicht nur Leute zu Fuß hinter mir her, jetzt haben wir auch noch Autofahrer, die mich von der Straße drängen wollen.« Der Bewegungssensor in Prestis Auto zwang ihn zum Halten, und plötzlich war er umzingelt. »Ich denke: ›Ich bin tot.‹ Dann hör ich Sirenen, und ich denke, die kommen, um mich zu retten.«

Presti zufolge dauerte es eine Weile, bis er begriff, was tatsächlich vorging. Die Beamten waren nicht zu seiner Rettung gekommen, sie waren diejenigen, die ihn jagten. Der Mann, der von der Motorhaube gefallen war – einer aus dem Sheriff's Office. Ein Deputy. Ebenso der Mann, der Prestis Autotür aufriss, sobald er in der Falle saß, ihn herauszerrte und verhaftete. Und ebenso all die Männer in den Autos, die ihn mittlerweile auch alle umzingelten.

Obwohl die Beamten später unter Eid aussagten, sie hätten sich ausgewiesen, blieb Presti dabei, dass das nicht sein könne, da er nichts dergleichen gehört habe. »Zwei Typen rufen mitten in der Nacht meinen Namen und kommen dann auf mich zugerannt. Da war kein ›Halt! Polizei!‹ oder so. Niemand hat sich zu erkennen gegeben. Überhaupt nicht. Niemand hat sich ausgewiesen. Kein Einziger von denen.« Er fuhr los, obwohl ein Beamter vor seinem Auto stand, weil er glaubte, er werde überfallen. Den gleichen Grund führte er dafür an, dass er nicht gehalten hatte, als das Fahrzeug des Sheriffs ihn zu stellen versuchte. »Das war ein hellbraunes Auto. Keine Signallichter. Keine Sirene. Kein Auto des Sheriffs. Und es hat versucht, mich von der Straße zu drängen.«

Die Beamten legten ihm Handschellen an, belehrten ihn über seine Rechte und brachten ihn auf die Wache zur erkennungsdienstlichen Behandlung. Diesmal ging der Vorwurf über den Ausschank alkoholischer Getränke ohne Lizenz und den Verstoß gegen Schließungsbestimmungen hinaus. Nachdem man Presti mitgeteilt hatte, dass der Beamte, den er angefahren hätte, sich beide Beine gebrochen habe und jetzt im Krankenhaus auf der Intensivstation liege, wurde ihm Körperverletzung zweiten Grades gegen einen Beamten zur Last gelegt, ferner Drohung mit Gewalt, rücksichtslose Fahrweise und Gefährdung, Fluchtversuch und Widerstand gegen Vollstreckungsbeamte.

Sie ließen Presti auf Kaution frei, eine kontroverse Entscheidung, die Empörung bei Verfechtern von »Racial Equity« (ethnische Gerechtigkeit) im Strafjustizsystem auslöste. »Während Mr. Presti, ein weißer Mann, der beschuldigt wird, mit seinem Fahrzeug einen Polizeibeamten angegriffen zu haben, zu Hause bei seiner Familie ist, seine Geschäfte weiterführen kann und außerdem uneingeschränkten Zugang zu seinen Strafverteidigern hat, werden Tausende von ebenso unter die Unschuldsvermutung fallende Bürger von Staten Island Jahr für Jahr aufgrund von sehr viel weniger schwerwiegenden Vorwürfen nach Rikers Island geschickt«, sagte Marie Ndiaye, Anwältin für das Projekt Gefängnisöffnung in der Legal Aid Society (Rechtshilfe). Seine Freilassung, befand die Organisation, sei Beleg für ein »ungleiches Rechtssystem, das *weiße* New Yorker gegenüber People of Color begünstigt«.[6]

Presti mochte wohl zu Hause bei seiner Familie sein, aber in einer bequemen Lage befand er sich deswegen noch lange nicht. Auch galt er keineswegs als unschuldig, jedenfalls nicht beim nationalen und internationalen Publikum, das am nächsten Tag im Fernsehen, den größeren Zeitungen und den sozialen Medien alles über den Proud-Boys-Sympathisanten aus Staten Island erfahren konnte, der einen Polizeibeamten mit seinem Auto angefahren hatte, während er sich einer Festnahme wegen illegalen Betreibens einer Bar widersetzte. Eine Nachricht, die für sich schon spektakulär genug gewesen wäre, hinzu kam aber noch, dass die Medien Bildmaterial aus einer Überwachungskamera in die Hände bekommen hatten, auf dem zu sehen war, wie Presti zunächst vor den Beamten wegrannte, dann einen von ihnen mit dem Auto anfuhr und schließlich verhaftet wurde. Niemand, der über eine Internetverbindung verfügte, konnte die Ungeheuerlichkeit von Prestis Verhalten übersehen und an seiner Schuld zweifeln. Sowohl der Gouverneur als auch der Bürgermeister verurteilten die Gewalttat. »Es verstößt gegen alle Werte eines echten New Yorkers«, erklärte Cuomo. »Man greift einfach keine Polizeibeamten an. Harter Junge rammt Polizeibeamten mit seinem Auto, nee, nee, das ist ekelhaft. Und feige.« De Blasios Kommentar klang noch bedrohlicher: »Das Leben unseres Deputysheriffs wurde von diesem Mann aufs Spiel gesetzt, und das ist absolut inakzeptabel. Er sollte die volle Wucht des Gesetzes zu spüren bekommen.«[7]

Prestis Anwalt wies ihn an, sich bis zur Gerichtsverhandlung nicht zu äußern. Im Privaten aber kochte er vor Wut. »Das ist so eine Verleumdung«, sagte er mir. »Sich der Verhaftung widersetzt! Einen Deputy über den Haufen gefahren! Ihm die Beine gebrochen!« Der ganze Vorgang sei absolut lächerlich. In all den Tagen vor der Verhaftung habe er alle Verwarnungen entgegengenommen, alle Geldbußen akzeptiert, sich alle Vorwürfe widerspruchslos angehört, die die Beamten gegen ihn erhoben. Warum gehen sie dann plötzlich auf ihn los, mitten in der Nacht, wenn er gerade zu seinem Auto geht? Er hatte noch nie eine schwere Straftat begangen, sich nie einer Verhaftung widersetzt. Was er wirklich nicht verstehen konnte: Warum hatten sie so viele Beamte und Einsatzwagen aufgeboten, nur um ihn festzusetzen? »War das eine verdeckte Spezialoperation, wie bei Osama bin Laden? Wollten die mich krallen und verschwinden lassen?« Ihm fiel nur eine Erklärung ein: Er sollte zum Schweigen gebracht werden.

Für die Öffentlichkeit war Presti ein Ausgestoßener. Sich für die Rechte kleiner Geschäftsinhaber einzusetzen – schön und gut. Aber einen Polizisten über den Haufen fahren? Niemand, und schon gar nicht in Staten Island, hat dafür Verständnis. Dann aber erfuhr Presti, dass Kenneth Matos, der von ihm getroffene Deputy, sich gar nicht die Beine gebrochen hatte. Er war auch nicht auf der Intensivstation gewesen. Diese Story, so Presti, war erfunden worden, um ihn wie ein Monster dastehen zu lassen. »Zu behaupten, er habe sich die Beine gebrochen, das ist eine ungeheuerliche Lüge«, erklärte Lou Gelormino, Prestis Anwalt, gegenüber der Presse. »Hätte er wirklich einen Deputy Sheriff überfahren, hätten sie eine halbe Million Dollar Kaution verlangt.«[8] Da war etwas faul, und das machte Presti nur noch wütender. Das Gefühl, verfolgt zu werden, intensivierte sich, ebenso wie seine Verachtung für diesen Staat.

Im Januar 2021 brachte Bezirksstaatsanwalt Michael McMahon Prestis Fall vor eine Grand Jury, um diese über eine Anklageerhebung befinden zu lassen. Die Strafverfolger legten Presti mehrere schwere Straftaten zur Last, darunter einige, etwa der tätliche Angriff auf einen Beamten, auf die hohe Gefängnisstrafen standen. Normalerweise, so Presti, hätten seine Anwälte jemanden, der eines solchen Verbrechens beschuldigt wird, niemals vor einer Grand Jury aussagen lassen. In seinem Fall jedoch wollten sie ihn unbedingt in den Zeugenstand treten lassen, damit er seine Geschichte erzählen konnte. Sie hatten keine Bedenken, erklärte

Presti, weil sie wussten, dass er die Wahrheit sagte. Presti gab eine kurze Erklärung zu den Geschehnissen der fraglichen Nacht aus seiner Sicht ab. »Dann hat der Anklagevertreter mich in die Mangel genommen, und ich konnte jede Frage klar und eindeutig beantworten.« Abends ging er nach Hause und wartete darauf, was bei der Beratung der Grand Jury herauskommen würde. Seine Anwälte versicherten ihm, er habe sich tadellos geschlagen, aber die Anspannung war überwältigend. Er konnte kaum schlafen.

Am nächsten Vormittag gab das Gericht bekannt, dass die Grand Jury zu einer Entscheidung gelangt sei. Die Jury schlug alle Anklagepunkte nieder mit Ausnahme derer, die Lizenzverletzungen betrafen, aber die bereiteten Presti allesamt kein Kopfzerbrechen. Er wusste, dass sein Geschäft Konkurs machen würde, und er hatte nicht die Absicht, die Geldbußen zu bezahlen. Es kam ihm allein darauf an, dass er entlastet war von dem Vorwurf der Widersetzlichkeit und des tätlichen Angriffs. Jetzt konnte er seine Sicht der Dinge schildern und Einfluss nehmen darauf, wie andere den Vorgang wahrnahmen. »Ich hatte wieder eine eigene Stimme«, erzählte er. Und die brauchte er auch. Er machte sich auf »einen großen Kampf« gefasst.

An zwei Fronten, mindestens, fand diese Schlacht statt. Zum einen beschlossen Presti und McAlarney, vom Urteil der Jury ermutigt, sich gegen die Schließungsverordnung zu wehren, sprich: das Recht von Stadt und Bundesstaat, solche Verfügungen zu erlassen, infrage zu stellen, und die Rückerteilung ihrer Schankerlaubnis zu fordern. Zum anderen engagierte Presti sich in dem umfassenderen Feldzug gegen die Pandemiemaßnahmen der Regierungen, von den Schließungen bis zur Masken- und Impfpflicht. Er meldete sich jetzt öfter und entschiedener zu Wort, in den sozialen Medien und auf Kundgebungen. Auch auf Facebook wurde er aktiver, die Gruppenseite von Mac's Public House hatte bald Tausende von Followern. Im Mai kreierte er eine Marke mit dem Namen »Freedom Over Fear« (Freiheit statt Furcht), die Kleidung mit einer aufgedruckten »76« oder der Botschaft »Freedom Over Fear« verkaufte. Die Website stellte die Frage: »Hast du die Nase voll davon, ins Abseits gedrängt zu werden, während man deine Freiheiten, eine nach der anderen, einkassiert? Dann willkommen an unserem Lagerfeuer. Wir halten unsere Freiheiten und Vorrechte hoch, höher als alles andere, und wir haben begriffen, dass wir jetzt dafür einstehen müssen, denn sonst gibt es bald nichts mehr, wofür wir kämpfen können. Vereinigt euch mit uns, lasst uns mit einer Stimme sprechen für etwas, hinter dem wir alle stehen können. Die Zeit, stillzuhalten, ist vorbei, und wir haben jetzt keine Angst mehr.« Im Juni nutzte er Facebook, um Proteste zu organisieren: »Gibt es auf dieser Seite Eltern, deren Kinder zum JCC (Jewish Community Center) an der Manor Rd gehen und die mir helfen wollen, Kids von den Masken zu befreien? Auch kein Problem, an anderen Schulen mit euch zu protestieren, wenn ihr euch dem Kampf anschließen wollt.«

Während Presti sich in den sozialen Medien äußerst mitteilsam zeigte, hatte mir gegenüber allerdings seit Neuestem das große Schweigen eingesetzt. Er reagierte nicht mehr auf meine Anrufe und Nachrichten. Ich konnte ihn nicht fragen, wie er dazu gekommen war, sich die politische Ideologie und den Aktivismus zu eigen zu machen, die er einst abgelehnt hatte, oder was er damit zu erreichen hoffte. Noch vor wenigen Monaten hatte er mich auf Facebook seiner Freundesliste zugefügt, und mein Verdacht war, dass er in der Folge festgestellt hatte, dass wir nicht die gleichen Ansichten vertraten. Eine Erklärung sollte ich nie erhalten. Von da an musste ich seine Geschichte auf andere Weise verfolgen.

Presti war auch auf Twitter aktiv geworden, wo er seine Stimmlage dem Medium anpasste. »Die Verfassung sagt uns, dass wir die Regierung stürzen können, für genau die Sachen, die im Moment passieren«, schrieb er im April 2021. »NY-Senat hat grade einen Gesetzentwurf verabschiedet, der im Grunde jede Verordnung zum GESETZ macht. Diejenigen von euch, die glaubten, nach dem ›Notfall‹ würdet ihr eure Freiheitsrechte zurückerhalten, seht euch das an! Ihr bekommt sie nicht zurück. Wann wird aus einer Verordnung ein Gesetz? Wenn es keinen Widerstand gibt.« Im August, als die Stadt New York eine Impfpflicht für Lehrer verkündete, twitterte Presti: »Jetzt wird's langsam Zeit hier in NYC: Entweder Klappe aufmachen oder Klappe für immer zumachen. Jetzt entscheidet sich, wer wirklich für seine Freiheit kämpfen will und welche Opfer er bereit ist, dafür in Kauf zu nehmen. Hier ist der Punkt, wo wir uns erheben. Ich bin dabei.« Wenige Tage später richtete er seine Botschaft an andere Eltern: »Bald fängt hier in NY die Schule wieder an. Wenn euer Kind gesund ist und ihr es gehorsam mit Maske in den Unterricht schickt, seid ihr Teil des Problems. Erzählt mir nicht, dass ihr keine andere Wahl hättet. Man hat immer eine Wahl ... Wehrt euch!«[9]

Im Verlauf des Sommers 2021 war die Lage immer weiter eskaliert. Im Juli kündigten Presti und sein Anwalt Gelormino an, sie würden den Sheriff und die Stadt für ihr »rechtswidriges Verhalten« verklagen, namentlich wegen Verleumdung und ungerechtfertigter Festnahme.[10] Im August bezeichnete die *New York Times* Presti als engen Freund und Verbündeten von John Matland, dem Medizintechniker, der einen »lautstarken öffentlichen Protest« gegen das Universitätskrankenhaus von Staten Island anführte, weil es von seinen Mitarbeitern verlangte, sich impfen oder regelmäßig auf COVID-19 testen zu lassen. Die Medizinfachkräfte nannten sich »der Widerstand«, nach dem Vorbild der Rebellen in *Star Wars*. Sie stellten den wissenschaftlichen Befund infrage, wonach die Impfstoffe sicher und wirksam seien, beklagten, dass ihre Bürgerrechte verletzt würden, und drohten an, zu kündigen oder in freizügigere Bundesstaaten, beispielsweise Florida, umzuziehen.[11] Die *Times* benannte Presti als die Person, die ein lokales Beispiel für diese Taktik gegeben habe. Diese Rolle nahm Presti freudig an.

Währenddessen hielt Presti hartnäckig an seinem Selbstverständnis fest, nicht parteigebunden zu sein. »Ich bin weder links noch rechts«, twitterte er im September 2021. Die Standpunkte, die er bezog, stimmten jedoch nahezu vollständig mit denen der rechtsgerichteten Demonstranten überein, die in Scharen zum Mac's gezogen waren, um im gefährlichsten Stadium der Pandemie sein Recht auf Alkoholausschank zu verteidigen. Die feindselige

Haltung, die er gegenüber politischen Offiziellen zum Ausdruck brachte, richtete sich gegen Demokraten und Progressive, von de Blasio und Cuomo bis hinauf zu Präsident Biden. Auf Twitter folgten seine Beiträge ganz und gar der Rhetorik der leidenschaftlichsten Fans von Donald Trump. »Wie viele manipulierte Wahlen müssen wir noch erleben?«, fragte er. »Es ist alles schon vorab entschieden. Bis wir alle zusammen Nein sagen.«[12]

In gewisser Weise stehen solche Positionen im Einklang mit Prestis Ansichten über Vorschriften zu Zeiten der Pandemie. Er bestand auf seinem Recht, als Geschäftsführer eines kleinen Unternehmens dieses weiterzubetreiben, ohne Rücksicht auf Gesundheitsrisiken und darauf, was die Wissenschaft oder die Gesundheitsbehörden vorgaben. Allerdings hatte Presti nicht schon immer solche libertären Standpunkte vertreten, mit Sicherheit nicht zu Beginn der Pandemie. Während unserer Gespräche beteuerte er mehrfach, dass ein Lockdown akzeptabel gewesen wäre, wenn der Staat Mittel bereitgestellt hätte, um die Zahlungsfähigkeit kleiner Unternehmen und die finanzielle Sicherheit ihrer Angestellten zu garantieren. Als ich ihn fragte, ob das Versäumnis des amerikanischen Staats, dies zu tun, überwiegend auf Präsident Trumps Politik zurückzuführen sei, wechselte er schnell das Thema.

Im September verwarf ein Strafgericht auf Staten Island sieben gegen Presti im Dezember ausgestellte Vorladungen wegen Verstoßes gegen das Gesetz zur bundesstaatlichen Alkoholkontrolle. Presti und seine Anwälte fuhren schweres Geschütz gegen das Sheriff's Office auf, weil dieses den Fall weiterhin strafrechtlich verfolgte. »Diese Entscheidung liefert uns weitere Munition für unsere Schadensersatzforderungen«, sagte Mark Fonte, Prestis Rechtsvertreter in seiner Klage gegen die Stadt. »Wenn der Sheriff diese Vorladungen ein drittes Mal ausstellen möchte, werden wir unsere Klage überarbeiten und um den Vorwurf der böswilligen Strafverfolgung ergänzen.«[13]

Am 20. Oktober verkündete Bürgermeister de Blasio, dass alle städtischen Angestellten, einschließlich Polizei, Feuerwehr und Müllabfuhr, sich bis zum 29. Oktober, 17 Uhr, impfen zu lassen hätten. Wer schon vorher geimpft war, würde eine Bonuszahlung über 500 US-Dollar erhalten, wer sich aber nicht impfen lasse, müsse unbezahlten Urlaub machen. Presti, der sich inzwischen einen langen, wüsten Bart hatte wachsen lassen, mischte sich in die vorderste Linie der Demonstranten, die damit nicht einverstanden waren. »NYC steht kurz vor dem Kollaps«, twitterte er unter eine aktualisierte Biografie mit dem Namen »Freiheitskämpfer«. »Wir erlauben einem Tyrannen, uns zu kontrollieren. Neun Tage noch, dann haben wir 100 Prozent gefügige, gehorsame, unterwürfige Betamenschen in allen Positionen der Stadt. Ich werde die nächsten neun Tage auf der Straße sein. Ich werde laut sein. Ich werde für unser aller Freiheit kämpfen. Das letzte Gefecht zur Rettung der Stadt.«[14]

Am 28. Oktober, einen Tag vor Ablauf der Frist, trug Presti Mülltüten nach Gracie Mansion, dem Haus des Bürgermeisters in der Upper East Side von Manhattan, und stellte sich vor die Kameras. »Wir bitten alle, Müll herzubringen, vor allem, weil wir hinter unseren Müllmännern und all den anderen städtischen Angestellten stehen. Sie haben ihren Beitrag geleistet und den Müll nicht abgeholt, also bringen wir ihn direkt vor die Haustür des Bürgermeisters, zum Teil auch, weil er selbst immerzu Müll redet.«[15] So unangenehm und ärgerlich das für den Bürgermeister sein mochte, verlebte er trotzdem immer noch einen entschieden angenehmeren Tag als Prestis anderes Objekt der Verachtung. Am Nachmittag wurde Gouverneur Cuomo offiziell angeklagt unter dem Vorwurf, einer Mitarbeiterin im Amtssitz an die Brust gegriffen zu haben, »zum Zwecke der Herabwürdigung und der Befriedigung seiner sexuellen Begierde«.[16] Dies war aber kein Thema für Prestis Twitter-Aktivitäten.

Der Twitter-Account @macspublichouse existiert nicht mehr, und auch das Mac's ist nicht mehr in Betrieb. Aber Amerika ist schließlich ein freies Land, und so teilte Prestis Anwaltsteam der Presse mit, dass er und McAlarney »auf der Suche nach einem anderen Standort« seien. Sie werden eine neue Ausschankgenehmigung benötigen. Und auch die Fürsprache des betreffenden Polizeireviers sowie der Nachbarn. Das mag vorläufig eher aussichtslos erscheinen. Aber auf Staten Island gilt Presti als ein Mann des Volkes. Viele sehen in ihm einen lokalen Helden, und er genießt noch immer jede Menge Unterstützung.

»Zu viele Leute glauben immer noch, wir hätten Angst, an Covid zu sterben«, twitterte Presti im Herbst 2021. »Tatsache ist, es kümmert uns nicht, und das Wichtigste für uns ist unsere Freiheit und dass wir sie verteidigen, jetzt und für immer. Lieber sterbe ich, als meine Kinder in einer Welt aufwachsen zu lassen, wo sie nicht frei sind. Bereit zum Kampf. IN FREIHEIT LEBEN ODER STERBEN.«[17]

Kapitel 6

Die Bedeutung von Masken

Oberflächlich besehen, scheint es ganz simpel zu sein: Wenn man plötzlich mit einem gefährlichen neuen Virus konfrontiert ist und es noch keinen Impfstoff und keine erprobte medizinische Behandlung gibt, dann bietet sich, um eine Infektion zu vermeiden, ein einfaches Mittel an: das Tragen einer Gesichtsmaske, sobald man sich im öffentlichen Raum bewegt. Aber die Dynamik, die das gesellschaftliche Leben formt, verharrt nun mal nicht an der Oberfläche, und die Entscheidung, eine Maske zu tragen, ist – wie das erste Jahr der Pandemie deutlich gemacht hat – alles andere als einfach. In manchen Teilen der Welt wurde die Maskenpflicht frühzeitig eingeführt und ohne größere öffentliche Debatte weithin akzeptiert. Anderswo allerdings erwies sich die Frage, ob, wo und wann eine Regierung oder ein Unternehmen von den Leuten verlangen kann, eine Maske zu tragen, als umstritten und polarisierend, an ihr entzündeten sich persönliche Einwände, hitzige Proteste und sogar Gewalt bis hin zum Totschlag. Masken, stellte sich heraus, sind aus sozialem Stoff gewebt und mit Bedeutung imprägniert. Während sie für die einen die persönliche und kollektive Gesundheit schützen, stehen sie für die anderen für Bevormundung, Kontrolle und Unterdrückung der persönlichen Freiheit oder die Unterwerfung unter staatliche Herrschaft. Die Frage ist: Wie kommt das?

Natürlich spielt Kultur eine Rolle. Wie auch nicht, bezieht sich doch der Begriff der Kultur auf die Glaubensgrundsätze, Werte, Normen und Praktiken von Gruppen – auf eben das, was bestimmend dafür ist, wie jemand handeln wird, der mit einem Risiko oder einer Regel konfrontiert ist. Die Sozialwissenschaften liefern immer wieder Belege für den Einfluss kultureller Faktoren auf das Gesundheitsverhalten. So liegen beispielsweise etliche Bände mit psychologischer Forschung vor, die die Verhaltensunterschiede zeigt zwischen Personen, deren kulturelle Identität durch »Kollektivismus« gekennzeichnet ist, definiert als »Tendenz, sich mehr mit den Bedürfnissen, Zielen und Interessen der Gruppe als mit auf das Individuum bezogenen Interessen zu befassen«, und solchen Personen, die unter die Kategorie »Individualismus« fallen, verstanden als »Tendenz, mehr mit eigenen Bedürfnissen, Zielen und Interessen befasst zu sein als mit auf die Gruppe bezogenen Interessen«.[1] Diese Studien sind analytisch, nicht normativ ausgerichtet. Sie beziehen keine Stellung in der Frage, ob Individualismus, wie Konservative im Allgemeinen glauben, in einer freien Marktgesellschaft zu besseren Lebensbedingungen führt als Kollektivismus in einem stark regulierten Wirtschaftssystem und freigebigem Wohlfahrtsstaat, oder ob, wie Progressive in der Regel glauben, das Gegenteil zutrifft. Wenig Zweifel aber lassen die Studien daran, dass Angehörige eher kollektivistischer Gruppen mit größerer Wahrscheinlichkeit nach Ausbruch einer Infektionskrankheit Masken tragen werden. Und in der Tat haben wir dafür bereits Belege.

2021 untersuchte eine von Jackson Lu, Sozialpsychologe am MIT, geleitete Gruppe von amerikanischen und chinesischen Forschern die Beziehung zwischen kultureller Orientierung und dem Tragen einer Maske während der Pandemie, unter Berücksichtigung aller denkbaren Faktoren, von der Bevölkerungszusammensetzung und -dichte bis hin zur Strenge und Terminierung der staatlichen Schutzmaßnahmen. Das Erkenntnisinteresse richtete sich dabei nicht nur auf die Unterschiede zwischen verschiedenen Ländern, beispielsweise Südkorea, Deutschland und Brasilien, sondern auch auf Unterschiede zwischen Bundesstaaten und Bezirken innerhalb eines besonders polarisierten Landes, den Vereinigten Staaten. Die Forschergruppe hatte Zugriff auf drei verschiedene Datensätze: einer gestützt auf Informationen von 248 941 Befragten, die alle fünfzig US-Bundesstaaten und 3141 Verwaltungsbezirke repräsentierten; einer auf der Grundlage von 367 109 Befragten in 29 Ländern; und der dritte auf der Grundlage von 277 219 Facebook-Nutzern in 67 Ländern. Die Daten über das Tragen von Masken beruhen auf Selbstauskunft, sind daher nicht vollkommen verlässlich. (Menschen neigen dazu, ein Verhalten für sich zu reklamieren, das mit den Normen der eigenen Gruppe übereinstimmt, auch wenn sie ihm persönlich nicht immer folgen, und manchmal erinnern sie sich auch nicht mehr genau, wie sie sich verhalten haben.) Doch die Ergebnisse jeder einzelnen dieser Studien begründeten und bestätigten ein und denselben – und darüber hinaus kaum mehr überraschenden – Kernbefund: Kollektivismus, ob auf Bezirks-, bundestaatlicher oder nationaler Ebene, weist auf bereitwilliges Tragen von Masken hin; Individualismus darauf, dass Maskenvorschriften mit höherer Wahrscheinlichkeit missachtet werden.[2]

Allerdings beziehen wir uns auf Kulturen häufig mit einem Grad von Verallgemeinerung, der einer Stereotypisierung nahekommt, indem wir etwa ganze Bevölkerungen grobschlächtig als »gehorsam« oder »widerspenstig« bezeichnen, ohne Blick für die Variationsbreite innerhalb dieser sozialen Gruppen. Zur Frage, warum manche Gruppen das Maskentragen annehmen und andere es ablehnen, stellt Jordan Sand, Japanologe an der Georgetown University, fest: »Die in Zeitungen angebotenen kulturellen Erklärungen stützten sich auf vertraute Klischees über westliche und asiatische Einstellungen in Bezug auf Autorität und Gruppennormen.« Sand tadelt westliche Experten dafür, wie bedenkenlos sie die Länder entlang des pazifischen Rands in einen Topf werfen, und hält dem entgegen, dass »die Pandemie tatsächlich grundlegende Unterschiede zwischen den asiatischen Gesellschaften zutage gefördert hat«. In Japan etwa war das Tragen von medizinischen Masken vor und während der Pandemie weit verbreitet, doch »scheinen weder Autoritätshörigkeit noch kollektives Denken sonderlich viel damit zu tun zu haben, warum die Leute sie tragen«.[3] Stattdessen sind es wohl eher spezifisch japanische, historisch gewachsene Denkmuster, sei es die assoziative Verbindung von Masken mit biomedizinischem Fortschritt, sei es die Vorstellung, dass Gesichtsbedeckung ein bequemes und effektives Mittel der Gesundheitsvorsorge darstellt, die im Hintergrund der weitverbreiteten Akzeptanz stehen.

Generell trägt der Blick in die Geschichte wesentlich dazu bei, die kulturelle Bedeutung von Masken zu profilieren. Seit Beginn der COVID-19-Pandemie haben medizinische Anthropologen betont, dass der Wert von Masken für die persönliche und öffentliche Gesundheit dort besonders sinnfällig ist, wo Ausbrüche von Infektionskrankheiten unmittelbar erlebt wurden. Der Anthropologe Christos Lynteris berichtet, dass Gesichtsmasken zum Schutz vor der Verbreitung von Infektionskrankheiten in den Jahren 1910 und 1911, während der Pest in der Mandschurei, erfunden und nicht nur als »persönliche Schutzausrüstung« eingeführt wurden, sondern auch als symbolisch wirkmächtiges Objekt, das eine »kategoriale Umwandlung seiner Träger zu ›vernunftgeleiteten‹ Subjekten der hygienischen Moderne« einleitete. Der Gebrauch von Masken, erläutert er, wurde durch »Ritualisierung« in Maßnahmen der Epidemiekontrolle integriert, »ein vermeintlich narrensicheres Mittel, um eine Pestansteckung durch Aerosole zu verhindern«, und zugleich zu einem visuellen und materiellen »Beweis« für chinesische wissenschaftliche Errungenschaften und eine chinesische Bevölkerung, die angeblich geeint war im Kampf gegen die Krankheit.[4] Spätestens anlässlich der Spanischen Grippe (der Großen Influenza-Pandemie) der Jahre 1918–19 sollte die Maske die chinesische Gesellschaft von all jenen abheben, die deren kulturellen Tugenden nicht besaßen. Sie war ein Distinktionsmerkmal, zumal gegenüber den Gesellschaften des Westens. Das galt ebenso für Chinas Widerstandsfähigkeit. Zwar war das Land auch von der Influenza betroffen, doch berichten die Autoren einer im *International Journal of Infectious Diseases* veröffentlichten historischen Studie, dass »sie relativ mild und weniger tödlich verlief als anderswo in der Welt, trotz des zu jener Zeit allgemein dürftigen Gesundheitsniveaus«.[5]

In anderen Ländern war die Bereitschaft, Infektionskrankheiten mithilfe von Gesichtsmasken zu bekämpfen, steten Schwankungen unterworfen: In der Zeit der Spanischen Grippe stieg sie an, und sie ließ nach, als erneute Kriege und andere Bedrohungen sich abzeichneten. Etwa fünfzig Millionen Menschen starben zwischen 1918 und 1919 an der Grippe, doch selbst das reichte nicht aus, um weltweit die Befürwortung von Masken durchzusetzen. In den Vereinigten Staaten, wo 675 000 Personen umkamen, riefen Maskenvorschriften Zorn und Widerstand hervor. »Im Herbst 1918 hatten sieben Städte – San Francisco, Seattle, Oakland, Sacramento, Denver, Indianapolis und Pasadena (Kalifornien) – eine Maskenpflicht verhängt«, berichtete der Medizinhistoriker Howard Markel der *New York Times*. »Während Bars, Saloons, Restaurants, Theater und Schulen geschlossen waren, wurden die Masken zu einer Art Sündenbock, zum Symbol für staatliche Überregulierung, das Proteste, Petitionen und aufsässige maskenlose Versammlungen provozierte.«[6] Obwohl die Proteste nicht annähernd so verbreitet waren wie 2020, fanden sie große Aufmerksamkeit in der Presse und hintertrieben die Bemühungen, eine breit angelegte Aufklärungskampagne auf den Weg zu bringen. Darüber hinaus, so der Historiker Brian Dolan, schufen die Gruppen, die den Kampf gegen Maskenvorschriften organisierten, einen Präzedenzfall für die Einordnung von Gesichtsmasken als staatliches Instrument, um die amerikanischen Bürger »mundtot zu machen« und sie ihrer »Freiheit und Unabhängigkeit« zu berauben.[7] Dieses Narrativ wurde Bestandteil des amerikanischen kulturellen Repertoires, jederzeit abrufbar, wenn die Regierung eine erneute Maskenpflicht verhängen wollte.

Beim Ausbruch der SARS-CoV-1-Epidemie im Jahr 2003 sahen die Vereinigten Staaten keine Veranlassung, eine Maskenpflicht ins Auge zu fassen, weil lediglich acht bestätigte Fälle verzeichnet wurden. In anderen Ländern erwies sich die Erfahrung mit SARS dagegen als tiefer Einschnitt, der zu politischer Neuausrichtung führte und Maßnahmen zur Eindämmung von Infektionskrankheiten und der Aufklärung der Bevölkerung über den Nutzen von Gesichtsbedeckungen beförderte. Für die alarmierende Wirkung der SARS-Epidemie gab es mehrere Gründe: Typischerweise verursachen Coronaviren lediglich milde bis mittelschwere Erkrankungen der oberen Atemwege, der Erreger SARS-CoV-1 dagegen erwies sich als erschreckend tödlich, bei einer Fallsterblichkeit (offiziell: Fall-Verstorbenen-Anteil) von insgesamt etwa 10 Prozent, die bei älteren Personen noch erheblich höher lag.[8] Zudem gab seine hohe Übertragbarkeit Anlass zur Besorgnis. Gesundheitsbeamte machten diese Erfahrung am 21. Februar 2003, als Liu Jianlun, ein 64-jähriger Arzt aus Guangdong in China, dem Ausgangspunkt des Erregers, in einem Hotel in Hongkong übernachtete. Am Abend erkrankte Liu, und am Folgetag wurden acht SARS-Fälle mit Hotelgästen in Verbindung gebracht, die Zimmer im selben Hotelflur hatten und von denen einige das Virus auf Flügen nach Singapur, Toronto und Hanoi weitertrugen. Bald darauf hatte Hongkong mehr Fälle zu verzeichnen als jedes andere Land mit Ausnahme von China, wo das Virus seinen Ursprung hatte.[9]

»SARS«, berichtete die WHO, »verbreitete sich weiter, schneller und tödlicher als jede andere neue Krankheit der letzten Zeit.« Während HIV/Aids »zwei Jahrzehnte brauchte, um den Erdball zu überziehen«, und Ebola sowie die »neuen asiatischen, durch die Nipah- und Hendraviren ausgelösten Krankheiten sich nicht weit verbreitet haben«, befiel SARS mindestens 8456 Personen in dreißig Ländern und führte in 809 Fällen zum Tode.[10] »SARS ist die erste neue Krankheit, die die Gefahren einer globalisierten Welt demonstriert«, vermerkte die Weltgesundheitsorganisation in einem ihrer Nachrichtenbulletins. »Symbolisiert durch das Bild maskierter Gesichter, flößte SARS der Öffentlichkeit in aller Welt Furcht ein und löste drastische Maßnahmen aus: von bewaffneten Sicherheitskräften erzwungene Massenquarantäne in Krankenhäusern, aus Flugzeugen gewaltsam abgeführte infektiöse Passagiere, geschlossene Geschäfte und Schulen.«[11]

Zum Glück war SARS-CoV-1 nicht ganz so ansteckend wie von Wissenschaftlern befürchtet – und nicht annähernd so ansteckend wie SARS-CoV-2. Zwar konnten asymptomatische und präsymptomatische Personen die Krankheit übertragen, mit größerer Wahrscheinlichkeit waren es aber Personen mit klaren Symptomen, die andere Leute ansteckten, und diese konnten von Krankenhäusern, die eng mit den Gesundheitsbehörden zusammenarbeiteten, identifiziert und isoliert werden. Im Juli 2003 war der Ausbruch faktisch eingedämmt. »SARS hat die Welt verändert«, behauptet die WHO. Doch waren die Veränderungen an manchen Orten der Welt erheblich tiefgreifender als an anderen.[12]

Vor allem Länder in geografischer Nähe zu China waren von der Epidemie betroffen, allerdings auch einige entferntere Länder, etwa Kanada, wo unglückliche Umstände für unerwartet große Fallzahlen sorgten. In Ostasien, schreibt der Soziologe Gil Eyal von der Columbia University, gingen einige »Experten, die sich umfassenderer Bekanntheit und größeren Vertrauens erfreuen«, als »SARS-Helden« aus der Krise hervor, Wissenschaftler und Vertreter des Gesundheitswesens, die »Glaubwürdigkeit ansammelten« – nicht nur, indem sie das Virus erfolgreich bekämpften, sondern auch, weil sie Chinas in der Frühphase des Ausbruchs aufgestellte Behauptung, das Virus sei nicht besonders gefährlich, für falsch erklärten.[13] Das Wirken der SARS-Helden war wichtig, weil es aus der Erfahrung der Epidemie einen Fundus an speziellen geschichtlichen Lektionen und geteilten Erinnerungen schuf, auf den Verantwortung tragende Politiker in Zukunft zurückgreifen konnten, wenn es wieder einmal galt, über Maßnahmen zu diskutieren. Als Anfang 2020 SARS-CoV-2 auftrat, warnten mehrere ostasiatische Gesundheitsbeamte: »SARS ist wieder da.« Dies war, ihrer ausgewiesenen Expertise wegen, eine Einschätzung, die Gehör fand.

Als Anfang 2020 erste Meldungen über das neuartige, COVID-19 verursachende Coronavirus durchsickerten, rieten Verantwortliche in ganz Ostasien dazu, sich mit Gesichtsmasken zu schützen, woraufhin die in die Höhe schießende Nachfrage nach Masken in den von SARS besonders betroffenen Ländern eine ernsthafte Mangelversorgung zur Folge hatte. China ist der weltweit größte Hersteller von N95-Masken, und die dortige Nachfrage war so groß, dass Importeure fürchteten, Beijing könnte Ausfuhren des Produkts unterbinden. Andere Länder, darunter solche, die anfangs aus humanitären Gründen Masken an China verschenkt hatten, drohten umgehend gleichartige Maßnahmen an.[14] Im Februar und März drängten Regierungen in ganz Ostasien die Hersteller, die Produktion von Atemschutzmasken zu beschleunigen, und planten gleichzeitig die Verteilung in großem Maßstab. Japan lieferte wiederverwendbare Stoffmasken unentgeltlich an über fünfzig Millionen Haushalte aus.[15] Südkorea und Taiwan belieferten Apotheken mit Masken, die sie wiederum an Familien in der Umgebung weitergaben, zusammen mit Ratschlägen zum Abstandhalten und zur Kontaktverfolgung.[16] Ziel der Maßnahmen war es, einen niedrigschwelligen Zugang zu den Grundregeln der Prävention von Infektionskrankheiten zu schaffen. Masken waren dafür nicht das einzig verfügbare Mittel, aber jedenfalls in dieser Region waren sowohl Offizielle als auch die Bevölkerung davon überzeugt, dass sie eine entscheidende Rolle spielten.

Die Weltgesundheitsorganisation (WHO), eine 1948 gegründete Sonderorganisation der Vereinten Nationen zur Bekämpfung von Krankheiten weltweit, hätte, als die COVID-Krise sich abzeichnete, ihren Teil dazu beitragen können, diese Botschaft zu verbreiten, zumal in solchen Teilen der Welt, wo das Tragen von Masken bei Virusausbrüchen kaum gebräuchlich war. Überraschenderweise aber tat sie das Gegenteil. Während der ersten Monate des Ausbruchs äußerten Spitzenfunktionäre der WHO – offenbar in Sorge, dass Engpässe in der globalen Maskenversorgung zulasten medizinischer Einrichtungen gehen würden, ferner in Unkenntnis darüber, ob die Krankheit durch Tröpfchen und/oder Aerosole weitergegeben wurde, und schließlich in Ermangelung empirischer Beweise, dass Atemschutzmasken die Verbreitung von COVID verringerten – wiederholt Zweifel daran, dass das Tragen von Masken im normalen gesellschaftlichen Miteinander vor dem Virus schützen würde. Einige deuteten sogar an, dass Gesichtsmasken bei nicht sachgerechtem Gebrauch Schaden anrichten könnten.[17]

Stattdessen nutzte die Organisation ihren Einfluss, um die Situation als normal und beherrschbar darzustellen. Am 5. Januar 2020, als die WHO über »Fälle von Pneumonie mit unbekannter Ursache« in Wuhan berichtete, vermerkte sie dazu, dass »Pneumonie häufig in den Wintermonaten auftritt«. Obwohl bereits Fälle von Infizierten bekannt waren, die keinen direkten Kontakt mit dem Wet Market in Wuhan gehabt hatten, sah sich die WHO nicht in der Lage, Behauptungen unabhängig zu prüfen, wonach die Pneumonie von einem neuartigen Coronavirus verursacht wurde, das sich von Mensch zu Mensch verbreitete. »Auf der Grundlage vorläufiger Erkenntnisse aus der chinesischen Untersuchung ist festzuhalten, dass keine Belege für signifikante Mensch-zu-Mensch-Übertragungen und keine Infektionen von Pflegekräften berichtet wurden«, erklärte sie. »Nach dem gegenwärtigen Kenntnisstand zu diesem Ereignis rät die WHO von Reise- und Handelsbeschränkungen gegen China ab.«[18]

Eine Woche später, am 12. Januar, meldete die WHO, China habe die genetische Sequenz eines neuen, potenziell tödlichen Virus bestimmt. Erneut aber bekräftigte sie Beijings Empfehlung, dass Besucher und Einwohner nicht mehr als die üblichen Vorsichtsmaßnahmen treffen sollten. »Die Regierung berichtet, es gebe keinen klaren Beweis dafür, dass das Virus leicht von Mensch zu Mensch übertragen werde«, so die Erklärung. »Es wurde bislang ... kein Fall außerhalb von Wuhan gemeldet.«[19] Einige Tage später verkündeten Städte in ganz China und Länder in aller Welt, dass auch sie Fälle von COVID-19 hätten, und in den Folgewochen schossen die Zahlen in die Höhe. Am 22. Januar versammelte sich das Notstandskomitee der WHO per Telekonferenz, um zu entscheiden, ob angesichts des Ausbruchs eine »gesundheitliche Notlage von internationaler Tragweite«, kurz: GNIT (engl: public health emergency of international concern, kurz: PHEIC), ausgerufen werden sollte. Es stand enorm viel auf dem Spiel. Die WHO definiert GNIT als »ein außergewöhnliches Ereignis, das durch die internationale Verbreitung der Krankheit ein Gesundheitsrisiko für andere Länder darstellt und möglicherweise sofortiges, international koordiniertes Handeln erforderlich macht«, und dieses Ereignis muss als »ernst, plötzlich, ungewöhnlich oder unerwartet« einzustufen sein.[20] An dem betreffenden Tag, berichtete die WHO, »äußerten Mitglieder des Notstandskomitees unterschiedliche

Einschätzungen darüber, ob das vorliegende Ereignis eine GNIT begründet«, und Tedros Adhanom Ghebreyesus, der als Generaldirektor amtierende äthiopische Arzt, entschied, dass nicht Alarm geschlagen werden solle. Stattdessen empfahl die WHO den Regierungen, »sich auf Eindämmungsmaßnahmen vorzubereiten, inklusive aktiver Überwachung, Früherkennung, Isolation und Fallbetreuung, Kontaktverfolgung und Ausbreitungsprävention«.[21]

Die Entscheidung der WHO, keine GNIT auszurufen, stieß auf internationale Kritik, in der die Sorge geäußert wurde, die Organisation würde allein aus diplomatischer Rücksichtnahme die chinesischen PR-Manöver unkritisch absegnen – vielleicht in der Hoffnung, Zugang zu chinesischen Laboren und medizinischen Daten zu erhalten, vielleicht auch in der Hoffnung, panischen oder fremdenfeindlichen Reaktionen vorbeugen zu können – anstatt den globalen Kampf gegen die Krankheit anzuführen. Der Blog des Council on Foreign Relations (eine US-amerikanische Denkfabrik) warf Generaldirektor Tedros Adhanom Ghebreyesus vor, er habe sich zum »offenen Fürsprecher der chinesischen Regierung und ihrer COVID-Politik« gemacht, indem er »China für die ›Festlegung neuer Standards der Ausbruchsbekämpfung‹ lobte und die Führung des Landes pries für ihre ›Bereitschaft, Informationen zu teilen‹ mit der WHO und anderen Ländern«.[22] Es war offensichtlich, dass Beijing nichts dergleichen getan hatte. Als das Notstandskomitee am 30. Januar erneut zusammentrat, gab es mehr als 12 000 COVID-Verdachtsfälle in China und ebenso bestätigte Fälle in achtzehn weiteren Ländern. Diesmal befand der Generaldirektor, dass »der Ausbruch nunmehr die Kriterien für eine gesundheitliche Notlage von internationaler Tragweite erfüllt«. Die WHO merkte an, die Erklärung solle »verstanden werden im Geiste der Unterstützung und Anerkennung Chinas, seiner Bevölkerung und der Maßnahmen, die China in vorderster Front dieses Ausbruchs ergriffen hat, mit Transparenz und, so bleibt zu hoffen, mit Erfolg«.[23] Die Entscheidung war der Startschuss für die umfassende globale Krisenreaktion, auf die viele gewartet hatten, doch enthielt sie nach wie vor keine Empfehlung für Masken.

Die Monate Februar und März sahen einen bedrohlichen Anstieg neuer COVID-19-Infektionen und Todesfälle, vor allem in den USA und Europa, wo die Gesundheitsbehörden sich schwertaten, umfassende Lockdowns, Tests und Anstrengungen zur Kontaktverfolgung in die Wege zu leiten, und die Leute nicht daran gewöhnt waren, Masken zu tragen. In den USA machten sich Mitglieder der Regierung Trump über nichtpharmazeutische Eingriffe lustig. Surgeon General (ein leitender Beamter im US-Gesundheitsministerium) Jerome Adamas twitterte: »Im Ernst, Leute – HÖRT AUF MASKEN ZU KAUFEN! Sie bringen NICHTS, um die Öffentlichkeit vor @Coronavirus zu schützen.«[24] In diesen schicksalhaften Wochen waren Gesichtsbedeckungen in Ostasien allgegenwärtig, aber weitgehend unerhältlich in westlichen Ländern, ausgenommen ihre diversen chinesischen, koreanischen und vietnamesischen Stadtviertel, wo lokale Versorger, die regelmäßig Nahrungsmittel und andere Handelsprodukte in Asien einkauften, jetzt auch Masken in ihre Bestellungen aufnahmen. Gesundheitsfunktionäre in ganz Ostasien waren verwundert und besorgt über die Ablehnung der Masken in anderen Teilen der Welt. In einem Interview mit der Zeitschrift *Science* argumentierte George Gao, Direktor des Chinesischen Zentrums für Krankheitskontrolle und -prävention, dass »der große Fehler in den USA und Europa meines Erachtens ist, dass die Leute keine Masken tragen. Das Virus wird durch Tröpfchen und engen Kontakt übertragen. Tröpfchen spielen eine sehr wichtige Rolle – man muss eine Maske tragen, denn wenn man spricht, versprüht man immer Tröpfchen durch den Mund. Viele Leute haben asymptomatische oder präsymptomatische Infektionen. Wenn sie Gesichtsmasken tragen, können diese verhindern, dass Tröpfchen, die das Virus in sich tragen, entweichen und andere anstecken.«[25]

Doch noch am 30. März hielt die WHO an ihrer Skepsis fest. »Es liegen keine spezifischen Belege vor, die darauf hinweisen, dass das massenhafte Tragen von Masken irgendeinen potenziellen Nutzen hat«, sagte Dr. Mike Ryan, Leiter des Programms für globale akute Gesundheitskrisen bei der WHO, während einer Pressekonferenz in Genf. »Vielmehr gibt es sogar gegenteilige Hinweise für den Fall, dass Masken falsch getragen werden oder nicht richtig abschließen.« Diese Behauptung rief jedoch von vielen Seiten Kritik hervor, denn sie stand in engem Zusammenhang mit der Auffassung, dass Erkenntnisse über die Schutzwirkung von Masken bei anderen Virusausbrüchen, einschließlich SARS, nicht maßgeblich sein sollten für die Gesundheitsleitlinien im Fall COVID. Die WHO lehnte das Vorsorgeprinzip ab und bestand darauf, dass allein gesicherte wissenschaftliche Erkenntnisse über diese neuartige Krankheit, denn das war sie schließlich, einen politischen Vorstoß zugunsten der Masken rechtfertigen könnten.

An diesem Punkt sahen sich Verantwortliche in Teilen Europas und der USA veranlasst, die WHO zu ignorieren und eindeutige Maskenempfehlungen oder -gebote auszusprechen. Im März erließen die Tschechische Republik und die Slowakei als erste Staaten in Europa Maskengebote in öffentlichen Einrichtungen, ungeachtet der Tatsache, dass Masken zu dem Zeitpunkt Mangelware waren.[26] Anfang April war Laredo in Texas die erste amerikanische Stadt, die jedem eine Geldstrafe androhte, der ohne Maske in der Öffentlichkeit unterwegs war, und auch andere Städte, darunter New York und Los Angeles, beschworen ihre Bewohner, im städtischen Raum doch bitte die Gesichter zu bedecken.[27] Es war nicht nur reine Logik, die die Annahme nahelegte, Masken würden gegen das neue Coronavirus genauso gut schützen, wie sie das bei anderen über die Luft verbreiteten Viren getan hatten, auch erste Forschungserkenntnisse, ebenso wie epidemiologische Trends hinsichtlich der relativ geringen COVID-Ausbreitung in Ostasien, boten weiteren Rückhalt für diese Sichtweise. Ebenso sprach das Vorsorgeprinzip dafür, denn für jede beliebige Einzelperson oder Gesellschaft musste der potenzielle Nutzen der Maske weitaus schwerer wiegen als ein potenzieller Schaden.

Aus Sicht der WHO allerdings bedeutete es schlicht ein Risiko, eine Maskenempfehlung auszusprechen, weil in diesem frühen Stadium der Pandemie die weltweite Versorgungslage beklagenswert schlecht war. Als Ryan die Vorbehalte der Organisation gegen

Maskenvorschriften erläuterte, hielt er sich denn auch nicht lange mit den Bedenken hinsichtlich ihrer Wirksamkeit auf, sondern strich, praktisch im gleichen Atemzug, eine Sorge heraus, die nicht so ohne Weiteres abzutun war: »Wir haben es mit einer massiven Mangellage zu tun«, erklärte er. »Dem größten Risiko ausgesetzt sind momentan die Pflegekräfte, die an vorderster Front stehen und dem Virus rund um die Uhr ausgesetzt sind. Der Gedanke, dass diese Leute keine Masken haben, ist unerträglich.«[28] Dieses Argument fand Anklang bei politisch Verantwortlichen und Gesundheitsfunktionären in westlichen Ländern. »Wir wollen nicht den Pflegekräften, die in unmittelbarer Gefahr sind, sich zu infizieren, die Masken wegnehmen«, sagte Anthony Fauci, Berater des Weißen Hauses bei der COVID-19-Bekämpfung.[29] Das war ein unstrittiger Punkt.

Spätestens im April jedoch veranlasste eine andere unstrittige, SARS-CoV-2 betreffende Tatsache die US-amerikanischen Centers for Disease Control and Prevention (CDC), ebenso wie die entsprechenden Gesundheitsbehörden in anderen Teilen der Welt, sich von den WHO-Richtlinien abzuwenden und nachdrückliche Maskenempfehlungen auszusprechen. Das Virus, so berichtete ein Team von Wissenschaftlern im *New England Journal of Medicine*, wurde nicht nur durch Tröpfchen übertragen. Es verbreitete sich auch über Aerosole, die vergleichsweise winzig sind und stundenlang in der Luft zirkulieren können, ohne an Kraft zu verlieren.[30] Zudem besagten neue Erkenntnisse, dass asymptomatische Personen das Virus verbreiteten, weshalb das Tragen von Masken noch unabdingbarer war, um Übertragungen zu vermeiden – zumal dort, wo die Testkapazitäten, wie in den USA, begrenzt waren und nur Kranke sich testen lassen konnten.

Am 3. April änderte die CDC offiziell ihre Leitlinien. Die Bundesbehörde war noch immer besorgt wegen des knappen Angebots an medizinischen Masken, empfahl nunmehr aber allen Amerikanern ab zwei Jahren aufwärts, nichtmedizinische Masken oder Mund-Nasen-Bedeckungen aus Stoff zu tragen, sobald sie sich in der Öffentlichkeit bewegten.[31] Am selben Tag trat Präsident Trump vor die Presse, um einen Lagebericht abzugeben. »Die CDC verkündet zusätzliche Schritte, mit denen Amerikaner sich vor einer Übertragung des Virus schützen können«, sagte er. »Aus jüngeren Studien wissen wir, dass die Übertragung von Personen ohne Symptome eine bedeutendere Rolle bei der Verbreitung des Virus spielt als zuvor angenommen. Also, man scheint keine Symptome zu haben, und trotzdem wird es weitergegeben. Im Lichte dieser Studien empfiehlt die CDC den Gebrauch von nichtmedizinischen Mund-Nasen-Bedeckungen als zusätzliche freiwillige Schutzmaßnahme.« Doch gleich mit dem nächsten Satz untergrub Trump die Botschaft. »Es ist also freiwillig, man muss es nicht tun. Sie empfehlen es für eine gewisse Zeit, aber es ist freiwillig.« Nach einer kurzen Pause stellte er seine eigene Haltung klar: »Ich glaube nicht, dass ich das machen werde«, räumte er ein, und dann, kurze Zeit später: »Ich entscheide mich dagegen.«[32]

Trumps Erklärung markierte einen Wendepunkt in der amerikanischen Diskussion über Masken. Zuvor waren die Amerikaner, wie viele andere im Westen auch, einfach unsicher und verwirrt gewesen, was den Nutzen von Masken für die COVID-Abwehr betraf. Ihre Einstellung dazu war so inkonsequent wie ihr Verhalten, vor allem, da Masken schwer zu bekommen waren. Im März hatte die Marktdaten-Plattform Statista 1986 Erwachsene zu ihrer Meinung über Masken befragt und ermittelt, dass 49 Prozent der Amerikaner »glaubten, Gesichtsmasken seien sehr oder einigermaßen wirksam als Schutz gegen die Verbreitung des Coronavirus«, 42 Prozent »glaubten, Gesichtsmasken seien nicht sehr wirksam oder gar nicht wirksam«, und 8 Prozent waren unentschieden oder hatten keine Meinung.[33] Bei Veröffentlichung des Berichts machte Statista keine Angaben darüber, wie politische Parteibindungen die Einstellung der Befragten zu den Masken beeinflussten. Zu der Zeit schien diese Frage nicht relevant. Warum sollten politische Vorlieben die Sichtweise auf den gesundheitlichen Nutzen von Gesichtsbedeckungen bestimmen?

Die öffentliche Stellungnahme des Präsidenten gegen die Maskenempfehlung der CDC änderte alles. In den folgenden Tagen und Wochen machten Trump und seine Verbündeten es sich zum Prinzip, die regierungseigenen Leitlinien zu missachten. Schon bald wurde die Weigerung, eine Maske zu tragen, für jeden Republikaner zum Lackmustest seiner Treue zum Präsidenten, und das Weiße Haus passte genau auf, wer sich wie positionierte. Trump und seine Kabinettsmitglieder bewegten sich stolz mit entblößten Gesichtern in öffentlichen Räumen, zum Beispiel einer Honeywell-Fabrik, die Schutzausrüstung herstellte, oder einem Ford-Werk in Detroit. Vizepräsident Mike Pence, der den COVID-19-Krisenstab des Weißen Hauses leitete, trieb diese demonstrative Trotzhaltung noch einen Schritt weiter, als er unter Missachtung der Krankenhausregeln ohne Maske einen Rundgang durch eine Mayo-Klinik machte, in Begleitung medizinischen Personals und eines Patienten.[34] Pence war die einzige Person in der medizinischen Einrichtung, die deren Maskenvorschrift offen ignorierte. Fernsehteams hielten den Moment im Bild fest und brachten ihn in ganz Amerika auf die Bildschirme. Die Botschaft, die der Vizepräsident aussandte, war unmissverständlich: Die Regierung schert sich nicht darum, was die führenden Ärzte, Wissenschaftler und Gesundheitsfunktionäre der Nation zum Nutzen von Gesichtsmasken zu sagen haben, und sie ist auch nicht gewillt, lokale Vorschriften in dieser Sache zu respektieren.

Zum Frühlingsende hin politisierte und polarisierte sich die öffentliche Meinung in Amerika zum Thema Masken. Neue Facebook-Gruppen mit Bezug auf die Maskenkontroverse gewannen rasch Follower. Ein in PLOS (Public Library of Science) veröffentlichter Beitrag von Wissenschaftlern der University of Oregon zeigt, dass Maskenfragen in sozialen Medien im April und Mai zusehends kontrovers und hitzig diskutiert wurden, Hashtags pro und kontra ein exponentielles Wachstum auf Twitter verzeichneten und »scharfe rhetorische Polarisierung« ein konfliktgeladenes Klima im Netz schuf.[35] Die Konflikte beschränkten sich jedoch nicht aufs Internet. Amerikaner mit und ohne Maske starrten einander in öffentlichen Räumen feindselig und abschätzig an, beschimpften sich gegenseitig und verschärften so die Animositäten in diesem ohnehin angespannten Wahljahr. Aus Untersuchungen von Pew Research geht hervor, dass sich die allgemeine Haltung zu einer Reihe von Gesundheitsthemen – Abstandsregeln, Schulschließungen, Versammlungsverbote, Gesichtsbedeckungen –, die zu Beginn der Pandemie noch recht offen gewesen war, sich im Verlauf des Sommers entlang der Parteilinien verhärtete.[36] Zur gleichen Zeit begannen Nachrichtenmedien über einen erschreckenden neuen Trend zu berichten, der sich in Supermärkten, Tankstellen und Verkehrsknotenpunkten überall in Amerika offenbarte: Meinungsverschiedenheiten über Masken mündeten in Gewalt.

Die USA waren nicht das einzige Land, in dem die Bürger sich im ersten Jahr der Pandemie über den Nutzen von Gesichtsbedeckungen uneinig waren, doch in keinem anderen Land wurden die Auseinandersetzungen so oft, so heftig und so auffällig geprägt durch politische Zugehörigkeit geführt. Betrachten wir zum Vergleich England, wo der selbstberichtete Maskengebrauch sich im Juli 2020 auf einem erschreckend niedrigen Stand befand. Laut den vom Marktforschungsinstitut YouGov in diesem Monat erhobenen Daten gaben lediglich 38 Prozent der Briten an, sie würden in der Öffentlichkeit Masken tragen, verglichen mit 90 Prozent der Einwohnerschaft in Singapur, 88 Prozent in Spanien, 83 Prozent in Italien und 73 Prozent in den USA.[37] Die Zahlen legen die Annahme nahe, dass Großbritannien ein Schauplatz für ideologische Schlachten um Gesichtsbedeckungen gewesen sein müsste, doch tatsächlich waren ideologische Fragen keine wesentliche Quelle von Spannungen. Forschungen der Professoren Chris Anderson und Sarah Hobolt von der London School of Economics zeigten, dass in Großbritannien die öffentliche Meinung über den Nutzen von Masken nicht von politischer Parteinahme bestimmt wurde. »Die Botschaften der großen Parteien in Fragen der Maske unterschieden sich sehr viel weniger, als das in den USA der Fall war«, berichten sie. »Es kann daher nicht überraschen, dass in Großbritannien Anhänger ganz unterschiedlicher politischer Richtungen annähernd die gleiche Bereitschaft zeigen, Masken zu tragen.«[38]

Das Tragen von Masken war alles andere als allgemeine Praxis, aber diejenigen, die es taten, mochten ebenso gut Tory- wie Labour-Anhänger sein. Im Gegensatz dazu ergab eine YouGov-Umfrage aus demselben Monat Juli, dass 89 Prozent der Demokraten eine Maskenpflicht befürworteten, verglichen mit lediglich 51 Prozent der Republikaner.[39]

Im Sommer 2020, während die amerikanische Bevölkerung zusehends von heftig umkämpften nationalen und bundesstaatlichen Wahlen in Anspruch genommen wurde, machten führende Politiker sich die Gesichtsmaske als ein totemistisches Symbol für ihre grundlegenden Prinzipien zu eigen. »... wenn der Totemismus«, erläutern die Soziologen Émile Durkheim und Marcel Mauss, »auf der einen Seite die Einteilung der Menschen in Klane ist, und zwar nach natürlichen Objekten ... so bedeutet er umgekehrt auch die Gliederung der natürlichen Objekte nach den sozialen Gruppen.«[40] Für Demokraten wurde die Maske ein Zeichen für gesellschaftliche Solidarität, gegenseitige Verpflichtungen, menschlichen Anstand, verbundene Schicksale. Demokratische Kandidaten, einschließlich Joe Biden und Kamala Harris, trugen Masken bei öffentlichen Auftritten und in politischer Werbung (ebenso wie einige republikanische Kandidaten, die an die Wirkung von Masken glaubten oder Wechselwähler in umkämpften Staaten für sich gewinnen wollten).

In den sozialen Medien führten Liberale und Progressive einen Werbefeldzug für Gesichtsbedeckungen, änderten ihre Profilbilder, um sich mit bedecktem Gesicht zu zeigen, oder setzten Hashtags wie #TrageMaske in ihre Bios. Konservative konnten darin schwerlich etwas anderes erblicken als die Zurschaustellung eigener Tugenden (»Virtue Signalling«). Diejenigen, die die Maske verweigerten, zu verurteilen, zu beschämen und zu meiden, wurde zur alltäglichen Praxis. Auf Instagram wurden vielfach Fotos von Maskenverweigerern gepostet. Was Maskenbefürworter als berechtigte Sorge über die gesundheitlichen Risiken von Regelverstößen und das rücksichtslose Verhalten von egoistischen Nachbarn verstanden, nahmen Maskenskeptiker als Herablassung wahr.

Für Republikaner war die Maske ein Symbol der Repression, der

Unterwerfung und der sozialen Kontrolle durch einen korrupten, die individuellen Freiheiten missachtenden Regulierungsstaat, ein Zeichen für Schwäche und Furcht. Politische Kandidaten bekundeten ihre Solidarität mit Donald Trump, indem sie sich den Masken verweigerten und diejenigen verspotteten, die für sie warben. In den sozialen Medien kaperten Konservative die Sprache ihrer liberalen Widersacher mit Hashtags wie #MyBodyMyChoice (etwa: Mein Körper gehört mir) und, als Hohn gegenüber *Black Lives Matter*-Aktivisten in der Folge von George Floyds Ermordung: #ICantBreathe. Ein ganzer Stapel von neuen empirischen Studien lieferte stichhaltige Belege dafür, dass Gesichtsmasken, wie ein richtungsweisender Artikel in der Fachzeitschrift *Proceedings of the National Academy of Sciences* es formulierte, »das wirksamste Mittel (sind), eine Mensch-zu-Mensch-Übertragung zu verhindern«, und dass »diese preiswerte Praxis, im Zusammenwirken mit Abstandsregeln, Quarantäne und Kontaktverfolgung, die aussichtsreichste Strategie darstellt, um der COVID-19-Pandemie Einhalt zu gebieten«.[41] Die gesammelten Befunde reichten aus, um die WHO schließlich doch zu einer Korrektur ihrer Haltung und einer offiziellen Empfehlung des Maskengebrauchs in der Öffentlichkeit zu bewegen.[42] Prominente Konservative nahmen diesen Rat jedoch nicht zur Kenntnis, und rechtsgerichtete Medien verunglimpften Maskenvorschriften und Maskenbefürworter als unamerikanisch, wenn nicht Schlimmeres.

Zur Illustration mögen die Ausführungen des Talkshow-Moderators Tucker Carlson vom Sender Fox News dienen, dessen Eingangsmonolog zu einer Ausgabe seiner abendlichen Fernsehsendung die Grundlage abgab für einen Artikel, den er für die Fox-News-Website unter der Überschrift »Der Kult des Masketragens wächst, ohne Beweis, dass sie wirken« verfasste, mit der Unterzeile: »Unsere Führungskräfte glauben, es seien heilige Amulette, die uns vor Krankheit schützen. Warum?« Carlson eröffnete seine Argumentation gegen Masken, indem er sie mit gewalttätigen Kriminellen und Rassisten assoziierte. »Was für Leute bedecken ihr Gesicht in der Öffentlichkeit? Bewaffnete Räuber machen so etwas.

Auch Klansmänner und radikale Wahhabiten. Aber wir anderen nicht.« Er berief sich auf die Geschichte, erinnerte an die Amerikaner, die während der Spanischen Grippe gegen Masken protestiert hatten, und behauptete: »… eine Studie fand heraus, dass Maskenzwang beim Eindämmen der Spanischen Grippe wahrscheinlich keine Rolle gespielt hat.« Carlson führte Untersuchungen an, die ihm zufolge den Unsinn des Maskengebrauchs zum Schutz vor COVID demonstrierten, und zitierte Amtspersonen, darunter auch Anthony Fauci, die in der Anfangsphase der Pandemie vom Gebrauch abgeraten, später aber ihre Meinung geändert hatten. Dies alles, resümierte er, entlarve die ureigene Arglist und Unrechtmäßigkeit mancher Regierungen und ihrer Wissenschaftler. Sie seien korrupt und machthungrig. Ihnen sei nicht zu trauen. »So zu tun, als würde man das Wort Gottes aussprechen, und auf dieser Grundlage unsere Gesellschaft umzubauen und niemals einzugestehen, dass man auf dem völlig falschen Dampfer war, dass alles, was man vorausgesetzt hat, verkehrt war, das ist die Definition von Unehrlichkeit. Und das ist auch das Kennzeichen der Leute, die uns führen. Sie wissen nichts.«[43]

In dieser politischen Atmosphäre barg das Aufeinandertreffen von maskierten und unmaskierten Amerikanern eine Menge Konfliktpotenzial. Es war, als wäre jedes Gesicht eine Uniform, und alle wüssten jederzeit, wer auf welcher Seite stand. Wie hoch der Einsatz bei vielen dieser Konfrontationen war, zeigt die große Zahl massenhaft verbreiteter, bemerkenswerter Videos, die zu den Eigentümlichkeiten dieser Pandemie gehören. Sie dokumentieren, was Talkshow-Gastgeber Howard Stern als »Face Mask Freak Outs« (etwa: Maskenausraster) im öffentlichen Raum bezeichnete, also in Supermärkten, Coffeeshops, Gemischtwarenläden und Flugzeugen überall in den USA. »Wie ich schon klargestellt habe: Ich kann's nicht ertragen zu sehen, wie Leute ohne Maske durch die Gegend laufen«, sagte Stern in seiner Sendung vom 16. Juni 2020. »Und es sind solche Sachen, mit denen wir es hier zu tun haben.« Im Anschluss zeigte er eine Zusammenstellung von Videoclips, die in den vorangegangenen Wochen, als die Geschäfte Maskenvorschriften für Kunden erlassen hatten, in den sozialen Medien viral gegangen waren. In einem Clip aus Florida schreit ein maskenloser Mann im ärmellosen Shirt vor einem Lebensmittelladen mit drohender Haltung auf einen Angestellten ein, der ihm den Zutritt verwehrt. »Das ist eine Verletzung meiner verdammten verfassungsmäßigen Rechte und meiner Bürgerrechte! Ich hab euch gewarnt, verdammt noch mal! Ich reiche eine Scheiß-Sammelklage gegen euch ein! … Ihr seid Terroristen!« Ein weiterer Clip zeigt einen Mann, der aus einer Giant-Eagle-Filiale in Pennsylvania geführt wird. »Ich hab eine ärztliche Bescheinigung!«, ruft er. »Ich verklage euch!« Es folgen Videos von wütenden Frauen. Eine beschwert sich: »Es gibt so viele Untersuchungen, die besagen, dass es in Wirklichkeit gefährlich ist, diese Masken zu tragen. Ich atme mein eigenes CO_2 ein. Verstehen Sie?« In einer Filiale der Lebensmittel-Einzelhandelskette Trader Joe's verspottet eine Frau andere Kunden: »99 Prozent Überlebensrate und ihr tragt alle Maske, wie die Schafe!« Ein maskierter Mann mit Einkaufswagen dreht sich um und zeigt ihr den Mittelfinger. »Bin ich jetzt ein gemeines Arschloch, weil ich diese Videos zeige?«, sagt Stern. »Aber Leute, gestern gab es wieder über 17 000 neue Corona-Fälle. Ich meine, jetzt mal im Ernst, was machen wir hier eigentlich?«[44]

Hin und wieder arteten die Konflikte in Gewalt aus. In Alabama schleuderte ein Polizeibeamter außer Dienst eine Kundin im Walmart zu Boden, weil sie sich geweigert hatte, eine Maske zu tragen. In New Jersey brach eine junge Frau einer älteren Frau bei einer ähnlichen Aktion das Bein, nachdem die Ältere sie gebeten hatte, die Maske richtig aufzusetzen. Nutzer in zweistelliger Millionenzahl betrachteten, kommentierten und teilten 2020 derartige Videoclips. In einer Zeit der Lockdowns, Schließungen, Quarantänen und Abstandsregeln wurde die Rezeption solcher Konfliktvideos zu einer gängigen Methode, die Erfahrung der Pandemie miteinander zu teilen. Über bewegte Konfrontationsbilder kamen die Amerikaner zusammen, jeder an seiner eigenen Benutzeroberfläche, und beobachteten im Kollektiv, wie ihre Gesellschaft zersplitterte.

Welche kulturellen Werte und politische Themen befeuerten diese Scharmützel um Gesichtsbedeckungen? Melina Sherman und ich analysierten Hunderte von aufgezeichneten Maskenkonflikten im öffentlichen Raum und bestimmten vier Hauptquellen der Uneinigkeit, die den Streit emotionalisierten. Die erste und vielleicht grundlegende liegt in der Spannung zwischen individueller Freiheit und gemeinsamer Verantwortung. Konservative und liberale Amerikaner haben vollkommen unterschiedliche Ansichten darüber, wie dieser Gegensatz auszubalancieren ist. Die zweite Quelle bilden die konträren Interpretationen der verfassungsmäßig garantierten Freiheitsrechte. Konservative berufen sich unmittelbar auf die Verfassung als kulturelle und rechtliche Grundlage des Rechts, nach eigenem Gutdünken zu handeln, und untermauern diesen Anspruch häufig mit Drohungen gegen Geschäfte oder deren Angestellte, sie zu verklagen. Drittens werden in diesem Streit, um das eigene Verhalten zu rechtfertigen, ganz gegensätzliche Narrative darüber mobilisiert, was denn »die Wissenschaft wirklich besagt«, und beide Seiten geben sich aufrichtig überzeugt, dass sie schon wüssten, was richtigerweise zu tun sei, um dem Virus Einhalt zu gebieten. Mit der Aufforderung konfrontiert, das Gesicht zu bedecken, macht viertens eine verblüffende Zahl von *weißen* Amerikanern explizit geltend, dass ihre ethnische und nationale Identität ihnen das Privileg verleihe, das zu tun, was sie für richtig halten. Eskalieren kann der Konflikt insbesondere dann, wenn die Person, die das Anlegen der Maske einfordert, nicht *weiß* zu sein scheint.

Spannungen dieser Art lassen sich in einem Anfang Juli 2020 in einem Baumarkt in Illinois aufgenommenen Video beobachten. Nachdem Teri Hill, eine weiße Frau, angeblich ihre Maske abgenommen hatte, um einen Angestellten anzusprechen, wurde sie umgehend von Sydney Waters, einer ebenfalls *weißen* Frau, angegangen und aufgefordert, die Maske wieder aufzusetzen. Waters zufolge sei Hill daraufhin ausgerastet, habe ihr die Maske vom Gesicht gerissen und gedroht, sie anzuhusten. Auch habe Hill sie geschlagen, sodass sie zu Boden gegangen sei. Das Video, das gleich nach seiner Veröffentlichung auf Facebook viral ging (und bis November 2020 bei Youtube 1,6 Millionen Mal aufgerufen wurde), setzt erst nach diesem einleitenden Gerangel ein und zeigt die beiden Kontrahentinnen, wie sie sich mit gezückten Handys gegenüberstehen, um sich gegenseitig zu filmen. Mit zitternder Stimme verlangt Waters: »Sagen Sie mir noch mal, wie Sie andere Leute anhusten ...« Hill zeigt ihr höhnisch lachend den Mittelfinger.[45]

Nach einigem weiteren Hin und Her sagt Waters zu Hill, das Abnehmen der Maske sei »respektlos gegenüber allen anderen Leuten im Laden«, und dass sie glaube, dazu »berechtigt« zu sein, sei »widerlich«. Während sie ihr Gegenüber weiterhin filmt, greift Hill deren Worte auf. »Ja«, erklärt sie, »ich bin dazu berechtigt. Ich bin *weiß*. Ich bin eine Frau.« Sichtlich schockiert fragt Waters nach: »Was hat Ihr *Weiß*sein damit zu tun, dass Sie machen können, was Sie wollen?« Hill erwidert: »Weil ich eine *weiße* Frau bin. So ist das nämlich.« Fassungslos stammelt Waters: »Sie sind ein abscheuliches Rassistenschwein, nichts weiter.« Hill lässt sich nicht beirren. »Ich glaube an White Power«, erklärt sie. Waters, zusehends erregt, geht auf Hill zu. »White Power? Sie glauben an einen Scheiß wie White Power?« Während sie sich ihr nähert, schlägt Hill zu. Anderen Quellen zufolge endet die Konfrontation damit, dass beide Frauen am Boden liegen. Hill musste sich schließlich wegen tätlicher Beleidigung und Störung des öffentlichen Friedens verantworten.

Ein anderes virales Video, in einem Starbucks in Kalifornien aufgenommen, zeigt eine junge *weiße* Frau im Streit mit einem Schwarzen Barista, der sie bedient, sie aber bittet, eine Maske zu tragen. »Ich weiß, dass Sie mich diskriminieren, weil ich eine Trump-Anhängerin bin«, ruft sie und fügt hinzu: »Das ist alles Schwindel. Ich muss keine Maske tragen, und ich werde keine Maske tragen! Wir sind hier in Amerika!« Der Barista bleibt höflich, sogar freundlich, fordert die Kundin jedoch auf, den Coffeeshop zu verlassen. Die Frau kommt der Aufforderung nach, doch in der Tür dreht sie sich noch einmal um und schreit erregt: »Scheiß auf Black Lives Matter!«[46]

Ethnische Zugehörigkeit und »*Weißheit*« rücken auch in einigen Maskenstreit-Videos in den Vordergrund, die in kleineren Räumen spielen, zum Beispiel in Fahrzeugen von privaten Diensten wie Uber oder Lyft. Weite Verbreitung fand eine Aufzeichnung, in der ein *weißer* Mann ohne Maske in ein Lyft-Auto einsteigt. Der Fahrer, ein Latino, fragt ihn höflich, ob er eine Maske dabeihat. Als der Mann verneint, bittet ihn der Fahrer, sich den Kragen seines Hemdes über den Mund zu ziehen. Der Mann weigert sich, hält sich stattdessen die Hand vor den Mund. Nach kurzer Fahrt sagt der Kunde zu dem Fahrer, er sei falsch abgebogen, er müsse sich links halten, es sei denn, er wolle »die ganze Nacht mit mir ohne Maske durch die Gegend fahren«. Er macht eine Pause, dann ruft er dem Fahrer zu: »Ich mag Sie nicht!« Der überraschte Fahrer fragt ihn, ob er gern aussteigen möchte. Der Mann verneint achselzuckend, doch der Fahrer hält trotzdem am Straßenrand und erklärt, die Fahrt sei zu Ende. »Ich steig jetzt nicht aus!«, ruft der Mann. »Wir haben einen Vertrag.« »Nö«, erwidert der Fahrer. »Der Vertrag endet hier.«[47]

Der Wortwechsel geht noch eine Weile weiter, der Kunde besteht darauf, dass er einen Anspruch sowohl auf den eingegangenen Vertrag als auch auf seine freie Meinungsäußerung habe, der Fahrer möchte nichts weiter, als dass er das Auto verlässt. »Ich könnte dir einfach deinen Scheißschädel einschlagen«, sagt der Mann. Als der Fahrer ihm mitteilt, er sei auf Video zu sehen, fängt der Mann an, seinen Akzent nachzuäffen. »Ach, du hast Bie-die-jo? Du hast Bie-die-jo? Hast du schon mal einen Sprachkurs belegt?« Der Fahrer erwidert: »Haben Sie schon mal einen Benimmkurs belegt?« Der Kunde spottet: »Wo kommst du her, *Junge?*« Der Fahrer antwortet: »Aus den USA«, aber der Mann glaubt ihm nicht. »Nein, gar nicht wahr. Du bist ein beschissener Mexikaner.« Der Fahrer dreht sich zu ihm um. »Und was sind Sie?« Der Mann lächelt. »Ich bin Amerikaner, du Arsch.«

Es ist bemerkenswert, wie oft Personen, die sich der Maskenpflicht in Geschäften verweigerten, darauf bestanden, dass ihre Identität als Amerikaner ihnen das Recht gebe, ihr Gesicht in der

Öffentlichkeit unbedeckt zu lassen. »Ich bin Amerikaner! Wir sind hier in Amerika, verdammt! Ich muss diesen Scheiß nicht mitmachen!«, behauptet ein Walmart-Kunde, nachdem ein Angestellter ihn gebeten hat, eine Gesichtsbedeckung aufzusetzen. In einem Costco-Markt droht ein nicht maskierter, das gleiche Recht für sich reklamierender Kunde, den Angestellten, der ihn auf die Maskenpflicht hinweist, öffentlich bloßzustellen, bringt seine Kamera in Anschlag und erklärt, dass diese Szene von etwa »dreitausend Instagram-Followern« verfolgt werden würde. Der Angestellte lächelt daraufhin in die Kamera. »Hallo, Leute! Ich arbeite für Costco, und ich bitte dieses Mitglied, eine Maske aufzusetzen, denn das entspricht den Richtlinien unserer Firma. Also entweder Maske tragen oder ...« Der Kunde unterbricht ihn und richtet die Kamera auf sich selbst. »Und ich mach das nicht, denn ich bin heute Morgen in einem freien Land aufgewacht!« Er erklärt seine Haltung der kleinen Menschenmenge, die sich inzwischen versammelt hat, um das Spektakel zu verfolgen: »Ich bin doch kein blödes Schaf.«[48] In einem anderen Video marschiert ein ganzer Korso von Maskenverweigerern während der Weihnachtszeit durch ein Einkaufszentrum und skandiert wild durcheinander alle möglichen Protestparolen: »USA! USA!« – »Das hier ist Amerika! Ihr braucht sie nicht zu tragen! Es ist kein Gesetz!« Der Anführer schwenkt eine amerikanische Flagge. Einer der Demonstranten trägt ein Schild mit der Aufschrift »Wir sind hier nicht in China!« vor sich her.

Die Konflikte über Maskenfragen formierten sich entlang der sozialen Bruchlinien, die das Leben im heutigen Amerika prägen, aber die Erschütterungen, die die Spaltungen innerhalb der Nation so folgenreich vertieften, wurden von führenden Politikern ausgelöst, von einflussreichen Stimmen in der Presse in Gang gehalten und noch zusätzlich verstärkt durch die sozialen Medien, die immer wieder ein radikalisierendes Element in öffentlichen Auseinandersetzungen bilden. Was die amerikanische Erfahrung mit Maskenkontroversen kennzeichnet, ist gar nicht mal die Weigerung so vieler Amerikaner, Gesichtsbedeckungen anzulegen: Während der ersten sechs Monate der Pandemie war bei Amerikanern eher mit Bekenntnissen zur Maske zu rechnen als bei Australiern, Briten oder Deutschen.[49] Auch trifft nicht zu, dass Amerikaner eine in der Welt einzigartige Neigung an den Tag legten, im Namen individueller Freiheitsrechte gegen Verordnungen zu protestieren: Auch in Australien, Großbritannien, Kanada und Deutschland wurden Demonstrationen gegen Maskenpflicht und andere Einschränkungen des öffentlichen Lebens organisiert.[50] Einzigartig war jedoch das Ausmaß, in dem die Maske in den USA zur symbolischen Waffe im nationalen Kulturkampf avancierte, in einem Kampf, bei dem politisch, jedenfalls im Jahr 2020, enorm viel auf dem Spiel stand.

Nicht kulturelle Unterschiede, sondern die Politik war es, die die Maske im ersten Pandemiejahr immer wieder zur Ursache der Zwietracht in den USA machte. Führende Politiker und die sie unterstützenden Medien schrieben ihr eine tiefe Bedeutung zu und verwandelten das unscheinbare Medizinprodukt in ein totemistisches Zeichen für parteipolitische und ideologische Identität. Präsident Trump übernahm die führende und ausschlaggebende Rolle in diesem Projekt, angefangen mit der Pressekonferenz, auf der er erklärte, den behördlichen Leitlinien zum Maskentragen, die er soeben verkündet hatte, nicht folgen zu wollen, bis hin zu seiner rituellen Verspottung aller Maskenträger einschließlich Joe Bidens und seinem öffentlich geäußerten Zweifel am Nutzen der Masken.[51] Anders als in England, wo die konservative Partei sich Boris Johnsons Maskenskepsis nie im Ganzen anschloss, unterstützten in den USA die meisten einflussreichen Stimmen auf der Rechten Trump in seiner maskenfeindlichen Haltung. Wenn im Gegensatz dazu Liberale und Progressive öffentlich für Gesichtsbedeckungen und die Befolgung der CDC-Leitlinien warben, verstärkten sie letztendlich noch die symbolische Bedeutung der Maske.

Zum Zeitpunkt der Präsidentschaftswahlen war die Maske zu einem wesentlichen Charakteristikum der amerikanischen Politik und Kultur geworden. So leicht und luftig der Stoff auch sein mochte, aus dem sie gemacht war, hatten die USA doch schwer an ihr zu tragen.

Kapitel 7

»Meiner Seele ist etwas verloren gegangen«

Enuma Menkiti

Enuma Menkiti hat schon lange nicht mehr gesungen. »Meiner Seele ist etwas verloren gegangen«, sagte sie.

Ihr Chor Peace of Heart probte vor der Pandemie einmal die Woche, manchmal auch öfter, und trat regelmäßig in Altersheimen, Hospizen, Obdachloseneinrichtungen und Gemeindezentren auf. »Die Musik, die wir sangen, machte fröhlich«, sagte sie zu mir. »Beatles-Songs. Stevie Wonder. Gute-Laune-Stücke. Wir traten an Orten auf, an denen entweder ältere oder kranke Menschen lebten. Den Leuten zu helfen, ein bisschen Freude zu empfinden, war eine schöne Art, Teil dieser Stadt zu sein.«

Die Freude, miteinander verbunden zu sein. Der Refrain, der alle dazu bringt mitzusingen, vielleicht sogar im Stehen. Das Gefühl, dass man mit seinen Leuten zusammen ist und sich gegenseitig aufrichtet. Aus diesen Gründen zog Menkiti im Jahr 2005 nach Brooklyn, damals war sie Mitte zwanzig. Sie wuchs in einer Familie in Boston auf – als Kind einer *weißen* Mutter und eines Schwarzen Vaters, der am Wellesley College Philosophie lehrte. Die Familie besaß eine Buchhandlung für Lyrik, und zu Hause war Musik sehr wichtig. »Ich lernte zu singen und Bratsche zu spielen«, erzählte mir Menkiti. »Kunst liegt uns im Blut.« Menkitis Eltern waren nicht wohlhabend, aber sie verhalfen ihr zu einem Stipendium an einer angesehenen Privatschule in Newton. Bildung erwies sich als Sprungbrett. Menkiti machte den Bachelor am Williams College. Sie war an prestigeträchtigen, wunderschönen Schulen, aber der überwältigende Reichtum und der hohe Anteil *weißer* Kommilitoninnen förderte ein wenig das Gefühl, isoliert zu sein. Am Williams College wurde Menkiti Vizepräsidentin der Black Student Union und trat der Minderheitenkoalition und dem Gospelchor bei.

Sie ging enge Beziehungen ein, aber sie sagte zu mir, dass man als Schwarze Studentin an einer kleinen Eliteuniversität »das Gefühl hat, ein bisschen abgehoben zu sein, und müsste die ganze Zeit etwas leisten«.

In ihrem letzten Studienjahr am Williams College wurde Menkiti für Teach for America ausgewählt und einer öffentlichen Schule in Jersey City zugewiesen. [Teach for America ist eine gemeinnützige Organisation zur Beseitigung von Bildungsungerechtigkeit; Anm. d. Ü.] Sie lebte vier Jahre dort, die ersten drei als Lehrerin, und zuletzt belegte sie ein Aufbaustudium in Pädagogik an der Columbia University. »Ich mochte Jersey City, aber damals konnte es da rau zugehen«, erklärte sie. »Es gab gute und schlechte Blocks und Gangs, die sich etwas zu nah kamen.« An den Wochenenden fuhren Menkiti und ihre Freunde nach Brooklyn. »Wir gingen zu Konzerten und Literaturlesungen, in Museen und Parks. Mir gefiel sehr, dass es dort einfach alle Schwarzen Menschen gab. Caribbeans. Africans. African Americans. Menschen verschiedener Ethnien. All diese Schwarzen Welten, all diese Kultur. Ich fühlte mich mit den Leuten verbunden. Schließlich zog ich nach Brooklyn. Es fühlte sich an, wie zu Hause zu sein.«

Sich in Brooklyn einzuleben, dauerte nicht lange, doch die Eingewöhnung ins Erwachsenenleben war ein längerer Prozess. Menkiti verbrachte ihre Zwanziger- und frühen Dreißigerjahre wie die meisten New Yorker auf der Suche nach einem Freundeskreis, dem richtigen Viertel, dem richtigen Job. Eines Abends chattete sie per Dating-App mit einem Mann namens Persol. »Normalerweise lernt man jemanden online kennen, und er lädt einen auf einen Drink oder so ein«, meinte sie. »Aber es schien, als hätte er das Ganze noch nicht wirklich oft gemacht, denn er schickte mir nur Nachrichten wie ›Hi!‹ oder ›Wie geht's dir heute?‹. Vielleicht war er bloß neugierig, aber er hat nicht versucht, irgendetwas daraus zu machen.« Menkiti ließ das Ganze einfach weiterlaufen. Als Persol eines Tages fragte, was sie vorhabe, antwortete Menkiti ihm, dass sie zu einem Konzert von Femi Kuti im Prospect Park wollte. »Und er so: Ich bin auch dahin unterwegs! Also trafen wir uns an der Bühne. Bei Afrobeat! Sehr passend, und von da an waren wir zusammen.«

Musik stand im Mittelpunkt ihrer Beziehung. Er spielte Saxofon und liebte Jazz, sie sang nach wie vor und spielte Bratsche, wann immer es ging. Sie übten, besuchten Konzerte, hörten zu Hause Musik. Es dauerte nicht lange, da hatten sie einen gemeinsamen Groove gefunden. Allerdings gab es unweigerlich auch Missklänge. Menkiti war in einer kunstinteressierten Familie der Mittelschicht in Boston aufgewachsen und arbeitete als Lehrerin. Persol hatte den Großteil seiner Kindheit in Armenvierteln gelebt, mit einer liebevollen, aber strengen Mutter, die von ihm und seinen Geschwistern verlangte, früh nach Hause zu kommen und sich auf die Schule zu konzentrieren. Er schaffte es an die University at Buffalo, wo er einen Abschluss in Sozialer Arbeit machte, aber seine Karrierepläne musste er begraben, als er im Alter von 24 Jahren Vater von Zwillingen wurde. Ab sofort benötigte er einen festen Job mit guten Sozialleistungen, und die beste Anstellung, die er finden konnte, war in Rikers Island, dem bekanntermaßen problematischen und gefährlichen Gefängnis in New York City. Persol wurde Vollzugsbeamter. Die Arbeit gefiel ihm nicht, doch sie ermöglichte es ihm, für seine Familie zu sorgen, und der Job prägte darüber hinaus seine Weltsicht.

»Das ist ein *running joke* bei uns«, sagte Menkiti. »Abends reden wir, und ich erzähle ihm, was in der Schule passiert ist. Meine Schulleitung sagt beispielsweise so was wie: ›Dieser Schüler lebt in einem schwierigen Umfeld. Wir werden niemanden bestrafen oder suspendieren. Lasst uns über die Wiedereingliederung sprechen!‹ Und am Ende führen Persol und ich eine hitzige Debatte.« Enuma ist fürsorglich, großzügig und versöhnlich. Auch Persol ist fürsorgend, aber er glaubt an liebevolle Strenge und Disziplin. »Er entschuldigt niemanden, der schlechte Entscheidungen trifft«, erklärte sie. »Er sagt immer: ›Meine Familie hatte auch kein gutes Umfeld, also mussten wir, was ging, selbst in die Hand nehmen.‹ Er war jeden Nachmittag um fünf Uhr zu Hause und machte Hausaufgaben. Alle seine Geschwister haben es aufs College geschafft. Sie haben gelernt, hart zu arbeiten.«

Persol hat immer viel gearbeitet. In Rikers hatte er in der Hinsicht keine Wahl, denn die Vollzugsbeamten haben keinen vollständigen Überblick über ihre Arbeitszeiten; hin und wieder kam er zur Arbeit und musste feststellen, dass er Überstunden oder sogar eine zweite Schicht übernehmen musste. »Manchmal ist er beinahe ein Gefangener seines Jobs«, sagte Menkiti. »Persol kann in keiner Band spielen, weil er sich nicht an Probenzeiten halten kann. Es ist schwer für uns, etwas mit Familie und Freunden zu planen.« Die Arbeit in Rikers Island sei stressig und anstrengend, fuhr sie fort. »Eine toxische Umgebung. Unter den Vollzugsbeamten haben viele hohen Blutdruck und Depressionen, die Selbstmord- und Scheidungsrate ist sehr hoch.« Persol spricht nicht gern darüber. Er versucht, seine Probleme mit dem Job in Rikers zu lassen, weg von zu Hause. »Er ist kein Mann vieler Worte, aber er schickt mir Artikel darüber, was dort vor sich geht. Das ist seine Art zu sagen: Guck mal, was ich durchmache.«

Rikers leidet bekanntermaßen unter überfüllten Zellen und einer großen Zahl Inhaftierter mit schweren psychischen Problemen. Häufig fühlen sich die Vollzugsbeamten von der Situation überfordert, und es rutscht ihnen die Hand aus. Eine Untersuchung des städtischen Department of Health and Mental Hygiene ergab innerhalb von elf Monaten 129 Fälle, in denen Häftlinge »schwere Verletzungen« durch das Wachpersonal erlitten hatten. Die Probleme blieben bestehen, und die Stimmung in Rikers wurde so schlecht, dass New Yorks City Council 2019 beschloss, den gesamten Komplex bis 2026 zu schließen. Persol galt als gradliniger Typ, tough, aber verantwortungsbewusst und anständig. Doch die Brutalität, die er regelmäßig miterlebte, ging auch ihm unter die Haut.[1] »Viele Leute sind in der gleichen Situation«, sagte Menkiti. »Menschen, die auf dem College waren und die nie gedacht hätten, dass sie mal in einem Gefängnis arbeiten würden. Man verdient mehr Geld, ja, aber der Preis dafür ist hoch.«

Ab 2017, nachdem das Paar sein erstes Kind bekommen hatte, eine Tochter namens Eden, wurde es noch schlimmer als zuvor. Die Familie war nun auf Persols Lohn und Sozialleistungen angewiesen, aber Rikers beanspruchte seine Zeit. Menkiti war davon nicht überrascht, aber das machte es für sie zu Hause nicht einfacher. Die Dinge besserten sich, als Eden alt genug war, um in eine Kinderkrippe zu gehen. Sie fanden eine gute Betreuung in einem Privathaus in der Nähe. Menkiti war gern Mutter, und sie ging in ihrer Arbeit auf. Im Frühjahr 2019 trat sie eine neue Stelle als Leiterin der College-Beratung an einer öffentlichen, aber privat geleiteten Charterschool in Brooklyn an. Im August desselben Jahres kam die zweite Tochter Ella zur Welt, und die Familie bezog eine größere Wohnung, in der die Mädchen mehr Platz hatten. Alle waren sehr beschäftigt, aber auf eine gute Art, erzählte mir Menkiti. Persol hatte nur noch wenige Jahre zu arbeiten, bevor er in den Ruhestand gehen und Rente beziehen konnte. Sie sahen ein neues Kapitel ihres Lebens kommen, mit viel Zeit, um in einer Band zu spielen.

Menkiti kann sich nicht mehr genau erinnern, wann sie das erste Mal vom neuartigen Coronavirus gehört hat. Wahrscheinlich in einer Nachrichtensendung im Fernsehen oder von jemandem in der Schule. Die Berichte über erkrankte Menschen in China beunruhigten sie zunächst nicht. Es gibt immer ein neues Virus, immer beängstigende Spekulationen, aber selten etwas, das Probleme im eigenen Umfeld verursacht. »Ich dachte, die Medien bauschen das Ganze auf und versuchen, für Rummel zu sorgen«, meinte Menkiti. Sie hatte dringendere Probleme zu lösen. Ihre kleine Tochter Ella war mittlerweile alt genug, um mit ihrer großen Schwester in die Kinderbetreuung zu gehen, und diese Veränderung, wenn auch willkommen, verursachte Ängste. Wer wusste schon, wie sich das anfühlen oder wie Ella reagieren würde? Bei der Arbeit kümmerte sich Mentiki um das größte Event des Jahres, einen Schulausflug nach Washington, D.C., und Maryland. Für viele Jugendliche mit migrantischem Hintergrund und Familien mit geringem Einkommen der erste Besuch einer Universität. Im April würde der Abschlussjahrgang dann erfahren, ob sie an der Uni angenommen oder abgelehnt worden waren. Mentiki managte schon jetzt all die damit verbundenen Emotionen in der Schülerschaft. Es stand so viel auf dem Spiel.

Dann aber, urplötzlich, gab es nichts Wichtigeres als das Virus. New York City hatte Infizierte. Jeden Tag mehr. Persol war davon überzeugt, dass es in Rikers zu einem Ausbruch kommen würde. Tagtäglich liefen dermaßen viele Leute durch den Gebäudekomplex – Angestellte, natürlich, aber auch Anwälte, Familienangehörige, Neuinsassen. Wie sollte man das verhindern? Erste Eltern fragten, ob die Schulen ihrer Kinder geschlossen würden. Die Lehrerschaft war ebenfalls besorgt. Am 11. März kündigte die National Basketball Association an, bis auf Weiteres alle Spiele abzusagen, weil ein Spieler positiv auf COVID getestet wurde. Für Mentiki war das der Wendepunkt. »Zuerst hat Tom Hanks es bekommen«, erinnerte sie sich. »Und als die NBA zumachte, dachte ich wow, okay.« Die Krise war greifbar.

Am 16. März, ein paar Tage vor New York Citys komplettem öffentlichen Shutdown schloss Mentikis Charterschool. Wie viele Mütter war sie erleichtert und gleichzeitig ängstlich. Sie würde zwar eine Weile keinen unmittelbaren Kontakt mehr zu ihrer Schülerschaft haben – die Schulleitung ging von zwei, vielleicht drei Wochen aus. Aber sie würde dennoch mit den Familien an den College-Zulassungen arbeiten, und das von zu Hause aus, wo es unmöglich war, der ständig fordernden Hausarbeit aus dem Weg zu gehen. Sie hatte keine Ahnung, wie sie das schaffen sollte.

Das wusste auch sonst niemand. Im März 2020 lösten sich die sozialen Strukturen auf, die bislang weltweit den Alltag geprägt hatten – mancherorts langsam und an Orten wie Brooklyn mit Schallgeschwindigkeit. Arbeit. Schule. Kinderbetreuung. Bücherei.

Spielplatz. Chor. Grundsolides, auf das Mentiki und ihre Familie zählte, war an dem einen Tag noch da und am anderen nicht mehr. Sie taumelte durch Zeit und Raum, griff suchend nach etwas, an dem sie sich festhalten konnte, und tat alles Erdenkliche, um ihr soziales Umfeld zu erhalten.

Wie nicht anders zu erwarten, wurde die Kinderbetreuung geschlossen. Trotzdem konnte Mentiki eine Nanny für Ella anstellen, eine ältere Caribbean, die fünf Tage in der Woche zu ihnen nach Hause kam. Mentiki informierte sich in Blogs von Eltern, die in der Nähe wohnten, wie man sich gegen das Virus schützen und sorgfältig mit jedem Haushaltsmitglied umgehen konnte, einschließlich der Angestellten. Die Leute machten sich schlau, wie sie ihre sozialen Netzwerke in kleine, gesicherte Kapseln verwandeln konnten, und es herrschte erbitterte Uneinigkeit darüber, ob es ungefährlich war, Reinigungskräfte und Nannys zu beschäftigen, und ob es in Ordnung war, sie mit Bus oder U-Bahn zur Arbeit kommen zu lassen. Mentiki erinnerte sich, wie sie eines Tages bei den Park Slope Parents war »und eine Gruppe von scheinheiligen Eltern meinte: ›Oh, wir stecken unsere Nanny jeden Tag in ein Uber‹ und ›Wir bezahlen sie voll weiter, aber sie muss nicht kommen‹. Jeder versuchte sich besser darzustellen als der andere. Natürlich dachte ich, okay, vielleicht sollte ich meine Nanny nach Hause fahren, damit sie nicht mit den öffentlichen Verkehrsmitteln fahren muss.« Am Abend bot Mentiki ihrer Nanny an, sie nach Hause zu fahren. »So weit weg war das nicht«, meinte sie, »aber es war kalt, und darum hatten wir die Fenster geschlossen.« Am nächsten Tag rief die Nanny an und meldete sich krank.

Sie kam nie wieder.

Ein paar Tage später fühlte sich Mentiki fiebrig, mit Schüttelfrost und Bauchschmerzen. »Ich weiß noch, wie ich Freudinnen geschrieben habe: Ich glaub, ich hab COVID«, erzählte sie. »Es kam mir surreal vor. Ich dachte die ganze Zeit, okay, statistisch betrachtet, sollte das bei mir gut gehen. Aber zu der Zeit gab es ja noch keine Behandlungsmöglichkeit, und die Leute begriffen die Krankheit nicht. Sondern es war schlicht eine gruselige Sache, die sich da zusammenbraute.« Mentiki hatte konkretere Gründe, ängstlich zu sein. Obwohl die Wissenschaft hinsichtlich COVID noch nicht viel wusste, war bereits bekannt, dass Menschen mit Vorerkrankungen besonders gefährdet waren. Mentiki war zwar relativ jung, wurde aber wegen Bluthochdruck behandelt, und ihr war klar, dass sie damit krankheitsanfällig war. Ihr Social-Media-Account füllte sich mit Berichten von Freunden und Verwandten, die COVID hatten. Der Ehemann einer Kollegin bekam es. Er starb bald daran. Der Vater einer Freundin war im Krankenhaus und wurde künstlich beatmet. »Eine Menge« Vollzugsbeamte im Rikers waren krank, erzählte Persol, darunter ein Mann, mit dem er erst unlängst eine Schicht lang in einem Van auf dem Gelände herumgefahren war, und ein Freund, der an einem der Gefängnistore arbeitete. Kaum zu glauben, wie schnell sich die Krankheit innerhalb ihres Bekanntenkreises ausbreitete. Und es war unmöglich zu leugnen, dass – wie so häufig – viele der Infizierten People of Color waren.

Krank, eingesperrt und ohne verfügbare Medikamente konnte Menkiti nicht aufhören daran zu denken, was vielleicht passieren würde. Eine der Möglichkeiten beunruhigte sie zutiefst. »Die Nachrichten waren voll mit Berichten von Leuten, die schlafen gingen, der Partner übernachtete in einem anderen Zimmer, und morgens fand man ihn leblos. Sie oder er hatte aufgehört zu atmen. Horrorgeschichten.« Menkiti versuchte sich zu entspannen, indem sie keine Nachrichten schaute und sich auf ihre Töchter konzentrierte, aber die albtraumhafte Vorstellung, im Schlaf zu sterben, bedrängte sie, sobald sie den Kopf aufs Kissen legte. Sie war außerstande, die Augen zu schließen. »Ich hatte schlicht große Angst, nicht mehr zu atmen«, erinnerte sie sich. Das Einzige, was ihr half, war der Versuch, im Wohnzimmer auf der Couch und von Kissen aufrecht gehalten zu schlafen. »Das war atemtechnisch einfach besser.« Doch ihr Körper konnte sich dabei nicht erholen.

Menkiti spürte, wie sich die Krankheit in ihr bewegte, vom Magen zum Kopf und zu den Muskeln, und dann, wie befürchtet, zur Lunge. »Ich hatte das Gefühl zu ersticken«, erzählte sie mir. Ihr Brustkorb war wie zusammengedrückt und schwer. Es war schwierig, Luft zu bekommen. Ein paar Tage nachdem bei ihr die Symptome eingesetzt hatten, fühlte sich auch Persol krank. Seine Atmung war sogar noch schwerfälliger als die seiner Frau und seine Angst noch größer. Er begab sich in eine Klinik in der Nähe, dort diagnostizierte man eine Lungenentzündung. Er bat um einen COVID-Test, das wurde abgelehnt mit der Begründung, dass man die wenigen vorhandenen Tests für Leute mit schlechter Allgemeinverfassung benötigte. »Er versuchte es an vier oder fünf unterschiedlichen Stellen«, berichtete Menkiti. »Niemand testete ihn.« Bei einer Notfallpraxis um die Ecke hatte Menkiti mehr Glück. »Aufgrund meines Gewichts und meines Bluthochdrucks konnte man mich dort testen«, sagte sie. »Außerdem wurde mein Brustkorb geröntgt. Die Diagnose lautete wie erwartet. Sie hatte COVID und eine Lungenentzündung und Persol sicher ebenfalls. Es gab nicht viele Möglichkeiten, dem Paar irgendwie zu helfen. Sie blieben zu Hause und beteten.

Die Gebete trugen allerdings nicht viel dazu bei, die Infektion zu heilen, und da sich Menkitis Brustkorb immer mehr zuschnürte, überlegte sie weitere Optionen. »Ich hatte echt Probleme zu atmen«, schilderte sie. »Und ich hörte, dass Krankenhäuser ihren Patienten Sauerstoff geben.« Aber vor Krankenhäusern graute ihr, besonders vor denen in ihrem Viertel. Persol und sie waren hin und wieder daran vorbeigekommen, wenn sie zum Arzt oder einkaufen gingen, und sie konnten nicht anders, als die Kühltrucks vor den Krankenhäusern zu registrieren, in denen die COVID-Toten gelagert wurden, und sich daraufhin die fürchterliche Lage im Gebäude selbst vorzustellen. »Ich scrollte durch die jeweiligen Zahlen von Verstorbenen und las Bewertungen von Krankenhäusern«, erklärte Menkiti. »Es gab bestimmte Krankenhäuser, in denen es wahrscheinlicher war zu sterben. Mir war klar, da gehe ich nicht hin. Ich will schließlich nicht sterben.« Auf Facebook teilten ehemalige Mitschüler am Williams College und Studierende der Columbia University Beiträge, wie man mit dem Virus am besten zurechtkommt. »Ich schrieb, dass ich erkrankt bin, und fragte, ob irgendjemand Kontakt zu Krankenhäusern hat.« Die Direktorin ihrer Highschool war eng befreundet mit einer Spezialistin für Infektionskrankheiten in der Upper East Side von Manhattan. Die Praxen in Brooklyn, Queens und der Bronx waren voll mit COVID-Patienten, doch in renommierten Einrichtungen wie der Uniklinik Weill Cornell gab es nur wenige Fälle. Die Schuldirektorin sagte zu Mentiki, ihre Freundin, die Ärztin, würde sich für sie einsetzen, falls sie ein Beatmungsgerät benötigte. Alles, was Mentiki dafür tun musste, war, ihr Viertel zu verlassen und dor hinzufahren.

»Also versuchte ich einzuschätzen, ob es gefährlicher war, in eines der Krankenhäuser in der Nähe zu gehen, oder allein in die City zu fahren«, erinnerte sich Menkiti. »Die Fahrt würde dreißig Minuten dauern, und ich machte mir Sorgen, das nicht zu schaffen.« Doch die Aussicht auf eine anstrengende Autofahrt war definitiv weniger belastend, als in einem Krankenhaus einzuchecken, aus dem scheinbar niemand mehr lebend rauskam. Sie verabschiedete sich von Persol und den Kindern und fuhr los. Eine Strecke, die Mentiki in den Jahrzehnten, die sie mittlerweile in Brooklyn lebte, schon unzählige Male gefahren war. Doch noch nie war die Fahrt dermaßen beängstigend und ging dermaßen schnell. »Ich hab mich echt konzentriert. Ich wollte es zu dieser Notaufnahme schaffen«, erklärte sie. »Und niemand, absolut niemand war auf den Straßen unterwegs!«

Sie erreichte das Krankenhaus so schnell, dass sie sich gar nicht groß auf die Angst vorbereiten konnte, die sie mit aller Wucht traf, als sie die Notaufnahme betrat, und sich sofort im Mittelpunkt eines Systems befand, in dem jeden Tag Menschen starben. Sie hatte den Eindruck, bald dazuzugehören, und dass sie auf diese Möglichkeit nicht vorbereitet war. »Ich verschloss die Augen vor dem, was COVID-Patienten bevorstand«, sagte sie zu mir. »Ich versuchte, mir bewusst zu machen, dass es statistisch unwahrscheinlich war, dass ich sterben würde. Aber nun machte ich mir Sorgen, was auf mich zukam, wenn ich künstlich beatmet würde und nicht mehr sprechen konnte. Ich war eine junge Mutter und hatte mich um so was wie Nachlassregelung nicht gekümmert, nichts in der Richtung. Also holte ich mein kleines Notizbuch raus und begann, mein Testament zu schreiben. Es war nicht so ein richtiges Testament, aber ich habe aufgeschrieben, was ich mir wünschte.«

Erstaunlich, wie kurz sie nur warten musste, bis medizinisches Personal kam, um sie zu untersuchen. Es wurden Fieber und Blutdruck gemessen, die Atmung abgehört, und ein Fingerpulsoximeter ermittelte den Sauerstoffgehalt in ihrem Blut. Er lag bei 93 Prozent, ein Prozent über dem Grenzwert, um im Krankenhaus aufgenommen zu werden. Man sagte ihr, sie solle nach Hause fahren und sich ausruhen und nur zurückzukommen, falls es schlimmer werden würde. »Zunächst war ich wirklich sauer«, berichtete Menkiti. »Ich hatte Probleme, Luft zu bekommen, und ich machte mir Sorgen, von jetzt auf gleich umzukippen.« Das war dem Ehemann ihrer Freundin passiert. Das war den Leuten passiert, von denen in den Nachrichten die Rede war. Enuma hatte gehofft, dass die ausgezeichneten Ärzten am Weill Cornell sie ein paar Tage beobachten würden, um sicherzugehen, dass sie stabil blieb. Es war erleichternd, dass die Ärzte der Ansicht waren, sie könnte sich ohne medizinische Unterstützung erholen, aber während sie zurück nach Brooklyn fuhr, sorgte sie sich, was passieren würde, wenn die Ärzte sich irrten.

An diesem Abend, zu Hause und wieder einmal im Internet auf der Suche nach etwas Beruhigendem, stieß Menkiti auf einen Artikel, in dem die Wirksamkeit von Hydroxychloroquin angepriesen wurde. »Das kam auch in den Nachrichten, und die Leute redeten darüber«, erinnerte sie sich.

»Und ich habe online recherchiert, was die Leute so sagen.«

Es gab keine eindeutigen Belege für die Wirksamkeit von Hydroxychloroquin bei COVID, aber Menkiti war bereit, sich darauf einzulassen, wenn sich dadurch das Risiko verringern könnte, zu Hause zu sterben. Schließlich gab es ja nichts anderes. Und selbst wenn es ihr nicht beim Atmen half, bestand jedoch die Chance, dass sich ihre Nerven beruhigen. »Eine meiner Freundinnen ist mit einem Orthopäden verheiratet«, erklärte sie, »und er hat mir ein Rezept ausgestellt, das ich in einer kleinen Apotheke einlösen sollte. Ich bin in die Apotheke, und der Apotheker sagt, dass er es mir geben wird, wenn ich 250 Dollar zahle. Ich bin so geizig, dass ich zuerst meinte: Nein, ich will keine 250 Dollar dafür ausgeben. Dann aber habe ich mir gedacht, wenn ich sterbe, ärgere ich mich, dass ich für 250 Dollar die Chance gehabt hätte zu leben. Also habe ich es doch gekauft.«

Während Enuma mit einem unerprobten Medikament herumexperimentierte, quälte sich Persol immer mehr, auch nur flach zu atmen, und seine Brustschmerzen wurden stärker. Zu der Zeit wurde er mit Berichten von der COVID-Ausbreitung in Rikers Island überschüttet. Beamte. Angestellte. Häftlinge. Alle steckten sich an, und einige wurden ernsthaft krank.

Enuma und Persol kauften ein Oximeter, aber Persols Sauerstoffsättigung war nicht beängstigend. »Ich sagte ihm immer wieder: ›Babe, ich glaube, du hast Angstzustände.‹ Aber mittlerweile drehte sich bei ihm alles nur noch um das Worst-Case-Szenario. Er wollte Gewissheit, und es war ihm egal, welches Krankenhaus ihn behandelte. Persol wählte den Notruf, und ein paar Minuten später traf ein Krankenwagen ein, mit Sirenengeheul und Blaulicht. Die Mädchen waren begeistert, weil mal etwas los war, aber sie waren auch durcheinander, dass die maskierten Männer ihren Vater mitnahmen. Wie Enuma wurde auch Persol innerhalb weniger Stunden nach Hause entlassen. Die Ärzte meinten, das sei der gesündere Platz für ihn.

Es dauerte nicht lange und Menkiti bemerkte, dass Hydroxychloroquin ihre Nerven genauso wenig beruhigte, wie es COVID heilte. Vor der Einnahme des Medikaments war sie auf alles fixiert, was ihr irgendwie helfen könnte. Danach konzentrierte sie sich auf die möglichen Schäden. Sie rief ihren Cousin an, der Arzt ist, und der sagte, Hydroxychloroquin könne ihr Herz schädigen. Ein paar Tage danach begab sie sich in die Notaufnahme einer anderen Klinik und ließ sich dort untersuchen. »Sie machten einen Scan der elektrischen Aktivität meines Körpers und meinten, dass sich meine Herzfrequenz verändert habe«, erzählte sie. »Man konnte nicht mit Sicherheit sagen, dass es an dem Hydroxychloroquin lag, aber die Ärzte meinten, dass das allein schon ausreichen würde, um das

Medikament nicht mehr zu nehmen. Also habe ich es weggeschmissen.«

Ein paar Wochen später ging es Enuma und Persol besser. Das Timing war gut. Rikers brauchte so viele Vollzugsbeamte wie möglich, um wieder richtig arbeiten zu können. Enuma wollte trotzdem nicht, dass Persol wieder zur Arbeit ging. »Seine Kollegen starben, und ich sagte zu ihm: Wir können es auch ohne dein Gehalt schaffen. Es ist das Risiko nicht wert.« Damals gab es noch keinen Impfstoff. Wir wussten nicht, ob sich die Mädchen angesteckt hatten. COVID grassierte wie wild, und ich wollte bloß, dass er in Sicherheit war.« Aber der Job hatte Persol fest im Griff. Hörte er auf, musste er auf die Rente und Sozialleistungen verzichten und damit auf Jahrzehnte harter Arbeit, die er sich mit ein paar Jahren mehr in Rikers erhalten konnte. Enuma konnte gegen seine Entscheidung nichts einwenden. Außerdem respektierte sie seine Pflichttreue. Sie konnte es nicht ertragen, dass New York City so viele Menschen in Gefängnisse und Anstalten steckte, doch wenn sie schon dort eingesperrt waren, war es besser, dass Leute wie Persol sich um alles kümmerten.

Auch Enuma hielt sich wieder bereit. Die Arbeit an der Schule – mittlerweile im »Homeoffice« – nahm wieder zu, denn Enumas Schülerinnen und Schüler erhielten im April die Hochschulzulassungen sowie Angebote für finanzielle Unterstützung, und alle brauchten ihre Hilfe. Das galt auch für Ella und Eden. Die Familie hatte nach wie vor keine neue Nanny, keine Kinderbetreuung oder Nachbarn, Freunde und Verwandte, die in der wütenden Pandemie gern zu Besuch kommen und sie unterstützen wollten. Menkiti tat ihr Bestes, sich um die Kinder zu kümmern, als Persol wieder zur Arbeit ging, aber es ist unmöglich, ein Kleinkind, ein dreijähriges Kind und eine ganze Klasse von Highschoolschülern, die vor dem Abschluss standen, (ganz zu schweigen von ihren Eltern) unter einen Hut zu kriegen, zumal sie alle dringend ihre Aufmerksamkeit benötigten. Statt COVID zu bekämpfen, verbrachte sie die Zeit damit, kleine Brände zu löschen. Windeln wechseln. Einer Familie, die zum ersten Mal ein Kind aufs College schickt, den Unterschied zwischen einer öffentlichen und einer privaten Universität erklären. Einen Fleck auf dem Teppich entfernen. Diskutieren, ob die »Traumuni« die zusätzlichen Schulden wert ist. Mittagessen machen. Eine weitere Windel. Und dann eine Nachricht von Persol: In Rikers Island fehlt mal wieder Personal. Er macht Überstunden, vielleicht sogar eine zweite Schicht. »Wir fragten in der Kinderkrippe, wann sie wieder öffnen«, erklärte Menkiti, »ob die Kinder wieder zurückkönnen.« Die Betreuerin antwortete immer wieder, dass sie noch nicht so weit sei. »Ich vermutete, das lag daran, dass ihre Tochter gesundheitliche Probleme hatte oder dass sie Angst hatte, Kinder in ihr Zuhause zu lassen. Ich meine, es starben wirklich Menschen, die Leute hatten eben Angst. Ich konnte die Betreuerin und ihre Gefühle sehr gut verstehen.«

Mitte April, als das Wetter besser wurde und die COVID-Fälle in New York City endlich zurückgingen, begannen Enuma und Persol, mit ihren Töchtern wieder häufiger nach draußen zu gehen. Sie waren immer noch misstrauisch, was Parkbänke oder Türklinken anging. »Damals dachten wir«, sagte Enuma, »dass sich das Virus auf kontaminierten Oberflächen verbreitet. Wir haben unsere Einkäufe mit Desinfektionsmittel abgewischt!« Aber die Familie wohnte in der Nähe einiger der schönsten öffentlichen Parks von New York City, darunter der Prospect Park und der Sunset Park, und sie schlossen sich den vielen Menschen an, die nun täglich dort hingingen und nach den monatelangen Lockdowns und der Isolation zu Hause die Abwechslung genossen. Eines Tages, so erinnerte sich Menkiti, trafen sie auf eine Familie, die ein Kind in derselben Kinderbetreuung hatte wie sie, und man kam ins Gespräch. Enuma fragte den Vater, wie die Familie zurechtkäme. »Oh, mein Sohn ist schon seit einer Weile wieder in der Betreuung«, antwortete er. »Die ist geöffnet.«

Menkiti wurde ganz anders. Schon eine Weile geöffnet? Warum sind unsere Kinder nicht auch zurück?

Offensichtlich waren sie ausgeschlossen worden. »Im Grunde«, erklärte Menkiti, »hat man uns rausgeschmissen.« Sie schrieb der Betreuerin und fragte, was los sei. Eine Woche später rief die an und sagte: »Ich tue das nur ungern. Es ist so schwer, während einer Pandemie solche Entscheidungen zu treffen ... aber wissen Sie, die anderen Familien ... sie fühlen sich nicht wohl bei dem Gedanken, dass Ihre Töchter hierherkommen, wegen der Gefährdung, wegen Rikers.« Man versuchte dort, eine Bubble zu schaffen, eine geschützte Umgebung, in der jede Familie das Gefühl hatte, vor dem Virus sicher zu sein. »Alle durften zurückkommen«, meinte Menkiti zu mir. »Nur wir nicht. Alle anderen Eltern arbeiteten im Homeoffice. Ich schätze, sie sahen uns als Krankheitsüberträger. Am liebsten hätte ich gesagt: Wir sind wahrscheinlich sogar die sichersten Leute, die ihr in eurer Kinderbetreuung haben könnt, denn wir hatten bereits COVID! Aber wenn jemand sagt, dass er dich nicht haben will, kannst du nicht dagegen argumentieren. Es tat einfach weh.«

Und machte wütend – dieser »heuchlerische Bullshit«, wie Menkiti es nannte. Die Kinderkrippe war nicht bloß eine Dienstleistung, sondern eine Community, die erste für sie als Familie. Und eigentlich hatten sie geglaubt, weiter in diese Gemeinschaft hineinzuwachsen, als Ella in diesem Jahr dann gemeinsam mit ihrer großen Schwester dort hinging. »Die Leiterin der Krippe kommt ebenfalls aus einer Familie mit einem Schwarzen und einem *weißen* Elternteil«, erklärte Mentiki, »und ich hatte immer das Gefühl, mich mit ihr zu identifizieren.« Menkiti verstand, warum die Betreuungsleiterin und andere Familien wegen COVID besorgt waren. Aber Enumas Kinder nicht zurückkehren zu lassen, ihr nicht den Grund dafür mitgeteilt zu haben, bis sie selbst entdeckte, was los war, fühlte sich an wie Verrat. »Es war eine Frage der Klassenzugehörigkeit in dem Sinne, dass systemrelevante Arbeitskräfte diskriminiert werden, die nicht anders können, als aus dem Haus zu gehen und sich um alle Bedürfnisse der Menschen in der Stadt zu kümmern. Die Krippe wirkte nach außen fortschrittlich, multiethnisch, ein Brooklyn-Community-Idyll«, sagte sie. »Ich hatte gehofft, dass wir dazugehören würden. Aber plötzlich rausgeschmissen zu werden, weil man eine systemrelevante Arbeitskraft ist? Der Verlust war größer als nur die Kinderbetreuung.«

Im Jahr 2020 wurde es Persol und Enuma nicht oft leicht gemacht, aber kurz nach diesem Erlebnis erhielten sie eine Verschnaufpause. Kollegen in Rikers erzählten Persol, dass New York City für systemrelevante Arbeitskräfte eine Kinderbetreuung anbot. »Wir riefen da an und fanden in Red Hook [einem Viertel von Brooklyn nicht weit von ihrer Wohnung entfernt; Anm. d. Ü.] eine Betriebskita, die wohl von der Stadt finanziell unterstützt wurde«, erklärte Enuma. »Und ich schätze, nicht viele Leute wussten davon, denn dort waren nur vier Kinder. Unsere Töchter erhielten sehr viel Aufmerksamkeit – und das Ganze war kostenlos!« Das städtische Aktionsprogramm ging den gesamten Sommer über, genug Zeit für Persol und Enuma, sich von den traumatischen Monaten und dem Stress zu erholen. Danach gelang es ihnen, eine neue Nanny zu finden. Gerade noch rechtzeitig, sodass Enuma ihren Job an der Schule wieder aufnehmen konnte.

»Wir hatten Glück«, erzählte mir Enuma. Und das Gefühl war aufrichtig, obwohl das eindeutig nicht sein konnte, wenn sie ihre Situation mit der jener Familien verglich, die Anfang 2020 noch ihre Community ausgemacht hatten.

Menkiti dachte im ersten Pandemiejahr viel über die Unterschiedlichkeit der verschiedenen Familien ihrer Stadt nach und das nicht allein wegen ihrer eigenen Erfahrungen. Die Bedeutung von Hautfarbe, Geld und Ressourcen wurde bei der Wiedereröffnung von Mentikis Schule noch deutlicher, und alle Angestellten waren erschrocken, wie die Zugehörigkeit zu einer bestimmten Gesellschaftsschicht die Entwicklung der Schüler während der COVID-Krise beeinflusste. Die Bildungseinrichtung, die sich selbst als »bewusst divers« bezeichnet, »hat sich vorgenommen, die Hälfte der Plätze an Schüler aus einkommensschwachen Familien zu vergeben, viele mit Migrationshintergrund oder mit Eltern, die nicht aufs College gegangen waren. »Der Aufbau einer vielfältigen und integrativen Community ist unser wichtigstes Ziel, unsere größte Herausforderung und die treibende Kraft hinter allem, was wir tun«, heißt es auf der Website der Schule. Die Kluft zwischen den unterschiedlichen Schülern zu überbrücken, war im Herbst

2020 noch schwieriger geworden, sagte Menkiti. Ein Grund dafür sei, dass privilegierte Familien ihre Kinder auch noch zum Lernen anhielten, als die Schule geschlossen war und Fernunterricht stattfand, während arme Familien und Familien aus der Arbeiterklasse weniger imstande waren, sich der Bildung ihrer Kinder zu widmen. »Wir haben Familien, in der die Elterngeneration kein Englisch spricht. Sie arbeiten in Supermärkten oder fahren einen Lieferwagen. Sie haben keinen E-Mail-Zugang, aber unsere Verwaltung verschickt alles per E-Mail, sendet Zoom-Links für Unterricht und Meetings, verschickt Noten über ein Portal, in das sich die Eltern einloggen müssen. Viele unserer Eltern bekommen all das nicht mit, sie sind von jeglicher Bildung abgeschnitten. Und sollte ihr Kind Probleme mit den Noten haben, ist es der Familie unmöglich zu verstehen, was los ist.«

Kinder aus wohlhabenderen und besser gebildeten Familien wurden nicht nur von Erwachsenen beaufsichtigt, sondern allein die Tatsache, dass die Kinder bei Eltern lebten, die aufs College gegangen und berufstätig waren, bedeutete, dass sie zu Hause ständig mit höherer Bildung in Berührung kamen. »Unsere Schüler der ersten Migrationsgeneration und die aus Familien mit geringem Einkommen bekommen das von der Schule, sie bekommen das von uns«, sagte Menkiti. »Sind sie nicht hier, wird unsere College-Reise abgesagt, werden unsere Trips in der Nähe abgesagt, finden keine College-Messen oder Besuche von College-Vertretern statt – all das, was sie aufs College vorbereitet, verpassen sie. Wir haben erneut mit ihnen an den Bewerbungen gearbeitet, aber für sie tut sich eine große Lücke auf.« Im Herbst 2020 waren nur wenige der einkommensschwachen Schülerinnen und Schüler, die Menkitis Büro betraten, auf das Bewerbungsverfahren fürs College vorbereitet, und manche wussten nicht, ob sie überhaupt noch ein Studium aufnehmen konnten. Diese Situation schien Menkitis Arbeit noch dringlicher und notwendiger zu machen. Denn es war leicht zu erkennen, dass die Pandemie hart arbeitende junge Menschen aus der Bahn geworfen hatte. Schülerinnen und Schüler, deren Zukunft vor der Pandemie-Krise sehr vielversprechend war, standen am Abgrund, und wer, wenn nicht Menkiti, sollte sie wieder auf den richtigen Weg bringen?

Das Problem aber: Die Rückkehr in die Schule bedeutete, ihren eigenen Kindern weniger Zeit zu widmen, deren Entwicklung sich in einer Weise verändert hatte, die Enuma noch nicht entschlüsseln konnte. Immerhin lief es so gut, dass Eden in die Vorschule ging und der Babysitter auf Ella aufpasste, aber die Pandemie kam in Schüben, und jede neue Welle brachte die Familie wieder aus dem Gleichgewicht. Während einer dieser Infektionshöhepunkte musste beispielsweise Edens gesamte Klasse (Kinder, die noch zu klein waren, um geimpft zu werden) zu Hause bleiben, weil ein Schüler positiv auf COVID getestet worden war. Online-Unterricht ist nie einfach, aber für Dreijährige besonders herausfordernd, denn während des Unterrichts still vor einem Bildschirm zu sitzen, ist für sie »prinzipiell unmöglich«, so Mentiki. In ihrem Fall sogar noch schwieriger, weil sowohl Enuma als auch Persol arbeiten mussten, sie nur einen Laptop besaßen, den Enuma brauchte, und die Nanny, deren Hauptaufgabe es war, die einjährige Ella zu beschäftigen, nicht wusste, wie man Zoom benutzt.

»Die Lehrerin erwartete, dass alle Kinder morgens um halb neun bei Zoom waren«, erzählte mir Menkiti. »Das gesamte öffentliche Bildungssystem denkt offenbar, dass jeder von zu Hause aus arbeitet und Zeit für die Kinder hat. Ich dachte, okay, vielleicht sollte ich der Lehrerin mailen, dass wir nicht die Möglichkeit haben, zu zoomen. Aber ich will ja keine schlechte Mutter sein! Also bin ich heute zu spät zur Arbeit gekommen, weil ich dafür sorgen wollte, dass sich meine Tochter einloggen konnte. Und als sich Zoom öffnete, war da jedes einzelne der Kids, und ihre Eltern hielten sie auf dem Schoß!« Menkiti hielt kurz inne, räusperte sich etwas, bevor sie Luft holte. Sie atmete aus und lachte über die Absurdität ihrer familiären Zwickmühle: Die Arbeit der Eltern war so wichtig, dass sie ihrer elterlichen Verantwortung nicht nachkommen konnten, aber nicht gut genug entlohnt, um sich die nötigen Hilfsmittel leisten zu können. »Vielleicht liegt es an dem Viertel, in dem wir wohnen? All den Eltern, die von zu Hause arbeiten kön-

nen, und wir sind die Einzigen, die persönlich an ihrem Arbeitsplatz erscheinen müssen? Keine Ahnung. Aber ich hatte das Gefühl, ich bin zur Uni gegangen und habe all die Abschlüsse gemacht, und trotzdem hat es mir nichts genutzt.« Ihr war immer klar, dass die Zugehörigkeit zu einer bestimmten Gesellschaftsschicht eine Bedeutung hatte, aber all ihre Bildung bereitete sie nicht darauf vor, wie sich das nun auf ihre Familie auswirkte.

Kapitel 8

Das Problem mit dem Abstandhalten

Mundschutzmasken sind nicht das einzige Hilfsmittel, um die Ausbreitung des Coronavirus zu reduzieren, solange kein Impfstoff oder keine Medikamente zur Verfügung stehen. Anfang 2020 begannen die Gesundheitsbehörden weltweit, eine Reihe alltäglicher, »nichtmedikamentöser Maßnahmen« zu empfehlen, wie zum Beispiel Händewaschen, Husten und Niesen in die Armbeuge, Umarmungen und Händeschütteln vermeiden und bei Erkrankung zu Hause bleiben. Darüber hinaus wurde ein eher außergewöhnlicher Ansatz gefordert, das sogenannte »Social Distancing«, das Abstandhalten, das sich als besonders schwierig erwies. Das Konzept war komplex und umfasste neben vielen weiteren Restriktionen die Schließung von Schulen, Bibliotheken, Parks, Stränden, Fitnesscentern und Restaurants, die Begrenzung der Anzahl von Personen in Lebensmittelgeschäften und Sportstadien, das Besuchsverbot von Nachbarn, Freunden und Verwandten, die Schließung von Büros und mancherorts die Abriegelung ganzer Staaten, Städte oder Stadtviertel, um das Virus in Schach zu halten.

Menschen zu isolieren, die als ansteckend, verunreinigt oder gefährlich gelten, ist eine uralte soziale Praxis, die häufig bei Ausbrüchen von Infektionskrankheiten, aber auch in alltäglicheren Situationen angewendet wird und sich oft gegen gesellschaftlich stigmatisierte Gruppen richtet. Das Alte Testament fordert Frauen auf, sich nach der Menstruation mehrere Tage von ihren Ehemännern fernzuhalten, eine Gepflogenheit, die bis heute nicht nur unter gläubigen Juden, sondern auch in Teilen Indiens üblich ist, wo menstruierende Frauen das Dorf verlassen und in einfache Hütten ziehen müssen.[1] Der Gedanke der Quarantäne zum Nutzen der öffentlichen Gesundheit entstand im 14. Jahrhundert, um die Verbreitung der Pest durch kontaminierte Menschen, Nagetiere und Gegenstände zu verhindern. »Einige Stadtstaaten hinderten Fremde daran, die Städte zu betreten, insbesondere Kaufleute und Minderheiten wie Juden und Leprakranke«, schreibt die Medizinhistorikerin Eugenia Tognotti. »Entlang der Durchgangsstraßen und an den Zugängen der Städte wurde von bewaffneten Wächtern eine Hygieneabsperrung errichtet. Wer sie durchbrach, dem drohte die Todesstrafe. Die Umsetzung dieser Maßnahmen erforderte ein schnelles und entschlossenes Handeln der Obrigkeit, einschließlich der sofortigen Mobilisierung repressiver Streitkräfte. Provisorische Lager sorgten anfänglich für eine strikte Trennung von Gesunden und Infizierten.«[2]

Die Maßnahmen zum »Social Distancing«, die alle Staaten während der COVID-19-Pandemie umsetzten, griffen in den Alltag ganz normaler Menschen ein und erstreckten sich auf das Klassenzimmer, den Arbeitsplatz, den öffentlichen Raum und das Zuhause. In manchen Ländern waren Mobilität und persönliche Begegnungen stark eingeschränkt. Die chinesische Regierung verhängte zeitweilig Lockdowns in Regionen, in denen die COVID-Infektionen rasch anstiegen, sodass die Bevölkerung gezwungen war, ständig zu Hause zu bleiben, mit nur kurzen Ausnahmen für notwendige Einkäufe und körperliche Aktivitäten. Strenge Maßnahmen wie diese waren nicht nur in autoritären Gesellschaften mit eingeschränkten Bürgerrechten und begrenzten Freiheiten üblich. Anfang März verhängte die italienische Regierung das, was Beobachter als »die drakonischsten Lockdown-Maßnahmen außerhalb Chinas« bezeichneten, weil etwa zehn Millionen Einwohnern der nördlichen Regionen Italiens auf der Grundlage von COVID-Clustern der Aufenthalt außerhalb der eignen Wohnung verboten wurde. Innerhalb weniger Wochen wurden diese Vorschriften auf die gesamte Bevölkerung Italiens ausgedehnt.[3] Frankreich zog nach. Von Mitte März bis Anfang Mai führte die französische Regierung eine politische Richtlinie ein, die von Einheimischen »Confinement« genannt wurde und die vorsah, dass jeder, der das Haus verließ, ein offizielles Formular mit sich führen musste, auf dem der Grund dafür angegeben war. 100 000 Polizisten wurden zur Einhaltung der Vorschriften eingesetzt. »Bleiben Sie zu Hause«, forderte der Staat. Wer sich weigerte, musste eine Geldstrafe von bis zu 375 Euro zahlen.[4]

In den USA, wo die Freiheit des Einzelnen sakrosankt ist, waren die Mobilitätseinschränkungen weit weniger streng. Die US-amerikanische Pandemiepolitik, die größtenteils auf bundesstaatlicher Ebene entstanden ist und in Kraft trat, war sowohl von tief verwurzelten Bedenken zur Bedeutung von Freiheit geprägt als auch von neuen wissenschaftlichen Erkenntnissen zum Vorteil sozialer Regelungen beim Ausbruch von Infektionskrankheiten. Viele dieser wissenschaftlichen Erkenntnisse stammten von Wissenschaftlern, die in den Jahren nach dem 11. September 2001 mit dem Weißen Haus zusammenarbeiteten, da sich Präsident George W. Bush zunehmend um eine Reihe von Bedrohungen der inneren Sicherheit sorgte, darunter auch Pandemien. Bei einem Projekt leiteten Laura Glass, Schülerin einer öffentlichen Highschool in Albuquerque, New Mexico, und ihr Vater Bob Glass, Wissenschaftler der Sandia National Laboratories, ein Team, das die Ausbreitung der Grippe in einer kleinen US-Gemeinde simulierte und dabei Schulschließungen und andere Verhaltenseinschränkungen variierte. Die Ergebnisse, die 2006 in der einflussreichen Publikation »Targeted Social Distance Designs for Pandemic Influenza« veröffentlicht wurden, zeigen, dass »gezielte Strategien hinsichtlich Social Distancing bestimmt werden können, um das lokal begrenzte Fortschreiten der pandemischen Influenza ohne den Einsatz von Impfstoffen oder antiviralen Medikamenten wirksam einzudämmen«. Die Autoren geben zu bedenken, dass »die Umsetzung von Social Distancing herausfordernd ist. Sie müssen vermutlich für die gesamte Dauer der lokalen Epidemie und möglicherweise bis zur Entwicklung und Verteilung eines virusstammspezifischen Impfstoffs beibehalten werden.« Doch die Einhaltung der Vorschriften hat potenziell eine enorme Wirkung, sodass eine Community möglicherweise die Epidemie ganz umgehen kann.[5]

Im Jahr 2007 lieferte eine weitere wichtige Studie unter der Leitung des renommierten Medizinhistorikers Howard Merkel empirische Belege für das Abstandhalten als Maßnahme der Pandemieprävention. Merkel und seine Mitarbeitenden erstellten einen umfangreichen Datensatz, der wöchentliche Mortalitätsaufzeichnungen und den zeitlichen Ablauf einer Vielzahl von nichtpharmazeutischen Maßnahmen, einschließlich Schulschließungen und Verboten öffentlicher Versammlungen aus 43 US-Städten während der Spanischen-Grippe-Pandemie umfasste. Anhand der Daten konnten sie beurteilen, ob und inwieweit Abstandsmaßnahmen die Menschen vor einer der größten Gesundheitskrisen der Neuzeit schützten. Vor der Studie schrieben Merkel und seine Mitautoren: »Die meisten Entscheidungsträger im Bereich Influenza-Pandemie stimmen darin überein, dass selbst die rigorosesten nichtmedikamentösen Maßnahmen eine Pandemie wahrscheinlich weder verhindern noch die zugrunde liegende biologische Anfälligkeit einer Bevölkerung für das Pandemievirus verändern können.« Die Studienergebnisse belegen allerdings das Gegenteil: So besteht »ein starker Zusammenhang zwischen der frühzeitigen, nachhaltigen und mehrschichtigen Anwendung nichtpharmazeutischer Maßnahmen und der Abschwächung der Folgen der Influenza-Pandemie 1918–1919«. Obwohl Merkel und sein Team davor warnen, dass »die Historie keine vorhersagende Wissenschaft ist«, war diese Lektion schwerlich zu ignorieren, als COVID in den USA ankam.[6]

Im Januar 2020 erließ die Behörde für Seuchenkontrolle und -prävention, U.S. Centers for Disease Control and Prevention, ihre erste COVID-bezogene Quarantäneanordnung, nachdem 195 US-Bürger aus dem chinesischen Wuhan auf die March Air Reserve Base in Riverside County, Kalifornien, ausgeflogen worden waren. Auf einer Pressekonferenz am 31. Januar gab die Direktorin des National Center for Immunization and Respiratory Disease (CDC) Dr. Nancy Messonier bekannt, dass das »CDC im Rahmen der gesetzlichen Befugnisse des Gesundheitsministers eine Quarantäneanordnung für alle 195 Passagiere erlassen hat«. Die gesetzliche

Verordnung, die erlassen wurde, weil einer der Passagiere versucht hatte, die Quarantäne zu verlassen, erlaubte der Regierung, die gesamte Gruppe US-amerikanischer Staatsbürger vierzehn Tage lang auf der Militärbasis festzuhalten. Es handelte sich um »einen beispiellosen Akt ... als Teil einer offensiven Reaktion der Gesundheitsbehörde mit dem Ziel, die Ausbreitung dieses neuartigen Virus in den Vereinigten Staaten so weit wie möglich zu verhindern« Messonier versicherte der Öffentlichkeit, dass diese Strategie auf »evidenzbasierten Empfehlungen von CDC-Experten beruht, die sich seit vielen Jahren mit genau diesen Themen befassen«, und dass »die Maßnahmen, die die Regierung ergreift, wissenschaftlich fundiert sind, um die Gesundheit und Sicherheit aller Amerikaner zu schützen«.[7] Die Journalisten bei dieser Pressekonferenz stellten Messoniers Aussage nicht infrage. Stattdessen wollten sie wissen, ob jeder US-Bürger, der aus China zurückkehrt, vom Militär festgehalten würde, und falls nicht, wie die Quarantäne durchgesetzt werden soll. »Eine Quarantäne setzt man am besten durch, indem man die Menschen über den Zweck der Quarantäne aufklärt und erläutert, welche Vorteile es für jene hat, die kooperieren«, sagte Messoniers Kollege Dr. Marty Cetron. »Das sind amerikanische Bürger, die eindeutig das Richtige tun wollen.«[8]

Doch bald stellte sich heraus, dass die Medizinexperten die US-Öffentlichkeit überschätzt hatten – sowohl hinsichtlich der wirksamen Aufklärung zum Nutzen des Abstandhaltens als auch hinsichtlich der Größenordnung, in der die Bürger die »wissenschaftlich fundierten« Ansichten darüber, was »das Richtige zu tun« bedeutet, akzeptieren würden. Ende März, als überall in den USA Infektionsfälle auftraten, begannen die Verwaltungsbehörden der einzelnen Städte und Bundesstaaten, eigene Restriktionen zu verhängen: eine »Shelter-in-Place«-Verfügung in San Francisco und New York City; eine Anordnung zur Schließung »nicht lebensnotwendiger Geschäfte« in New Jersey; eine landesweite »Stay-at-Home«-Anordnung in Illinois; ein Versammlungsverbot von mehr als fünfzig Personen in Seattle; eine obligatorische zweiwöchige Quarantäne in Vermont für alle Besucher aus anderen Bundesstaaten.⁹ In Florida richtete der republikanische Gouverneur Ron DeSantis Kontrollpunkte an Hauptverkehrsstraßen ein, um Menschen aus Staaten mit hoher COVID-19-Inzidenz abzuweisen; in Rhode Island wies die demokratische Gouverneurin Gina Raimondo die Polizei an, dasselbe zu tun.¹⁰ Schon bald hatten fast jeder Staat und jede Kommunalregierung ihre eigenen Maßnahmen zum »Social Distancing« – mit großer Wirkung. Statistische Modelle, die COVID-Fälle im Frühstadium und die Sterblichkeit mit und ohne unterschiedliche Abstandsmaßnahmen zueinander ins Verhältnis setzen, lassen kaum Zweifel daran, dass die Abschottung Millionen, vielleicht sogar mehrere Millionen Neuinfektionen und Zehntausende Sterbefälle verhindert hat.¹¹ Andere Studien hingegen haben belegt, dass Abstandsregeln ein zweischneidiges Schwert sind, mit Folgen, die für manche Menschen und Institutionen potenziell gefährlich sind.¹² Millionen US-Amerikaner waren dagegen, einige recht heftig, und es dauerte nicht lange, bis sie sich wehrten.

Das konnte nicht überraschen. Abstandhalten behindert Marktaktivitäten, insbesondere in Sektoren, die auf die persönliche Anwesenheit von Kunden angewiesen sind, wie Einzelhandel, Restaurants, die Unterhaltungsbranche und der Tourismus. Zu Hause zu bleiben verhindert Kontakte, die wir brauchen. »Der Mensch ist ein soziales Tier«, stellte bereits der römische Kaiser und Stoiker Marcus Aurelius fest. Unser Drang, am gesellschaftlichen Leben teilzunehmen, ist sozusagen angeboren. Der Wille, gemeinsam etwas zu tun, steht im Gegensatz zu dem, was der Soziologe Émile Durkheim den modernen »Kult des Individualismus« nannte, insbesondere in schwierigen Zeiten.

In vielen Ländern wurde die Weigerung, Maßnahmen zum Abstandhalten zu respektieren, mit Gruppierungen in Verbindung gebracht, die staatliche Reglementierungen ganz allgemein ablehnten, einschließlich jener zum Schutz vor COVID. Konservative und konservativ religiöse Gruppierungen widersetzten sich offen und stellten die Regeln in aggressiver Form infrage. In Israel und auch in New York City missachteten orthodoxe Juden die Abstandsregeln selbst dann noch, als das medizinische System während des ersten Höhepunkts von Infektionen und Sterbefällen überlastet war und die Behörden um Einhaltung der Vorschriften baten; konservative evangelikale Kirchen, etliche mit einer großen und politisch einflussreichen Anhängerschaft, verhielten sich überall in den Vereinigten Staaten ähnlich.[13] Im kanadischen Ontario gab es bereits im April 2020 Demonstranten, die ihre Skepsis gegenüber den Mainstream-Medien und der Wissenschaft zum Ausdruck brachten und ein »Ende mit dem Shutdown!« und »Freiheit für die Gesunden« von der Regierung forderten. In den USA plante eine regierungsfeindliche Gruppierung, die gegen die von Michigans Gouverneurin Gretchen Whitmer verhängten Einschränkungen des sozialen und wirtschaftlichen Lebens im ersten Pandemiejahr war, die Entführung der Gouverneurin; mit Gewehren bewaffnete Mitglieder der Gruppe verschafften sich hierfür Zutritt zum Parlamentsgebäude von Michigan.[14]

Auch wenn die unmittelbare Ablehnung der Abstandsregeln eher bei Konservativen anzutreffen war, die Ambivalenz war nahezu allgegenwärtig. Alle, auch Liberale, Progressive und überzeugte Befürworter von Maßnahmen im Bereich des Gesundheitswesens, taten sich schwer damit, strenge Restriktionen für soziale Aktivitäten zu befolgen, weil deren Einhaltung echtes Leid auslöste. Man denke nur an die Kolumne des Essayisten Farhad Manjoo in der *New York Times,* der die quälende Suche nach einer Antwort auf die Frage schilderte, ob seine Familie seine betagten Eltern an den Feiertagen besuchen sollte, obwohl es zahlreiche offizielle und wissenschaftliche Warnungen gab, besser zu Hause zu bleiben. Manjoo bemüht sich sehr, alle Risiken abzuschätzen. Er ermittelt die Größe seines Kontaktkreises beziehungsweise seines sozialen Netzwerks anhand der Anzahl von Kindern, die seine Kinder täglich in einem »Lernpod« sehen, und fügt dem die Menschen im Umfeld dieser Kinder und ihrer Familien sowie die Lehrer und deren Umfeld hinzu. »Als ich alle gezählt hatte, wurde mir klar, dass ein Besuch bei meinen Eltern an Thanksgiving so wäre, als würde ich sie bitten, mit mehr als hundert Personen zu Abend zu essen«, schreibt er. »Damit war die Sache erledigt, oder? Wir bleiben an Thanksgiving zu Hause?« Na ja, nein! Stattdessen schmieden Manjoo und seine Familie einen ausgeklügelten Plan: Quarantäne vor dem Besuch; Autofahren statt Fliegen; Begrenzung der Zahl der Familienmitglieder beim Essen; Essen im Freien; der Versuch, sich nicht zu umarmen. Manjoo weiß um die katastrophalen Risiken, aber auch, wie gut es tut, in stressigen Zeiten mit geliebten Menschen zusammen zu sein. »Es ist alles so viel Arbeit – das Gedankenmachen, die doppelte Kontrolle, die Ungewissheit, das ständige Schreckgespenst des Todes. Aber für die Familie ist es das wert.«[15]

Im ersten Pandemiejahr gab es tatsächlich guten Grund, sich zu fragen, ob sich Abstandhalten lohnt. Es war keineswegs klar, wie sich dies auf Kinder auswirken würde, für die soziale Interaktion im Hinblick auf die Persönlichkeitsentwicklung wichtig ist. Für junge Menschen bedeutete Online-Unterricht weniger Lernen und mehr kognitive und emotionale Schwierigkeiten. Darüber hinaus verstärkte das Distanzhalten die soziale Ungleichheit und ließ arme Familien in Gegenden wie der von May Lee auf sich allein gestellt zurück, da sie keine Nachhilfe bezahlen konnten oder zu schlecht ausgerüstet waren, um die Aufgabe selbst übernehmen zu können. Die zwangsweise Trennung infizierter Kinder von ihren Eltern, wie in China während eines schweren Infektionsausbruchs, war für beide Seiten traumatisch. Alte Menschen, auf die sich die Isolation physisch und psychisch verheerend auswirken kann, litten zweifellos unter dem Verlust des vertrauten Kontakts zu Freunden und Verwandten. Natürlich haben Regierungen guten Grund, beim Ausbruch einer Infektionskrankheit von engem Kontakt abzuraten, denn die Nähe zu jemandem, der ein ansteckendes Virus hat, ermöglicht die weitere Ausbreitung des Virus. Es besteht jedoch ein entscheidender Unterschied zwischen »körperlicher Distanz«, bei der es darum geht, das Risiko einer Ansteckung durch Aerosole oder Tröpfchen zu verringern, und »sozialer Distanz«, die eine drastischere Verringerung der Interaktion impliziert. Während der Pandemie haben Gesundheitsbehörden auf der ganzen Welt genau das nicht verstanden.

»Social Distancing« erwies sich als das genaue Gegenteil dessen, was Menschen brauchen, um gesund und vital zu bleiben. Das Abstandskonzept vermittelte eine deutliche Botschaft: Brecht die Verbindungen ab und begrenzt den Kontakt zu Freunden und Nachbarn. Riegle deinen häuslichen Bereich ab. Schaffe eine Blase für deine Kernfamilie. Bleib in dieser Blase, bis die Notsituation vorüber ist. Soziale Nähe jedoch schützt Menschen in Krisen. Soziale Solidarität, die Bande gegenseitiger Verpflichtung und Schicksalsverbundenheit zwischen Menschen, die Seite an Seite in einem Viertel, einer Stadt oder einem Land leben, kann eine entscheidende Ressource sein – allerdings nur, wenn Staaten und Gesellschaften in der Lage sind, soziale Solidarität zu erzeugen. Das bedeutet, aktiv mit alten, kranken und gebrechlichen Menschen zu kommunizieren, ob beim Besorgen vom Medikamenten oder Lebensmitteln Hilfe benötigt wird. Es bedeutet, auf Menschen zuzugehen, die allein leben, und sie zu fragen, ob sie Gesellschaft wünschen, sei es virtuell oder persönlich, solange das sicher ist. Es bedeutet, keine Lebensmittel oder Medikamente zu horten, wenn sie knapp sind. Es bedeutet zu bedenken, wie sich das eigene Verhalten auf die Menschen um einen herum auswirken kann, sodass man im Supermarkt Maske trägt und nicht aus dem Haus geht, wenn man grippeähnliche Symptome hat.

Die Forderung nach »Social Distancing« beruhte auf Erkenntnissen der Epidemiologie. Soziologisch jedoch war sie zum Scheitern verurteilt.

Abstandhalten während einer Pandemie ist Luxus. Einige können es sich leisten, sich mit relativ geringen negativen Folgen abzuschirmen; andere können sich nicht vorstellen, was Abstand bedeutet. Aus den Daten des Postzustelldienstes geht hervor, dass beispielsweise im März 2020 etwa 80 000 Menschen in New York City eine Adressänderung beantragten und mehr als 333 000 Menschen in jenem Jahr aus der Stadt wegzogen. Wir wissen nicht genau, wer umgezogen ist, aber wir wissen, in welchen Vierteln sie wohnten, bevor das Coronavirus auftrat, und wohin sie gezogen sind. Hier wird ein Schema sichtbar, und es zeigt, dass ausschließlich die Zugehörigkeit zu einer sozialen Schicht eine Rolle spielte. »Je höher das Einkommen eines Viertels, desto wahrscheinlicher, dass es sich geleert hat«, berichtete die *New York Times* nach der Geodatenanalyse von Handys. »In den wohlhabendsten Blocks der Stadt ging die Bevölkerung um 40 Prozent oder mehr zurück, während in der restlichen Stadt vergleichsweise bescheidene Veränderungen zu verzeichnen waren.«[16] Starke Rückgänge beim Gewicht des von der Müllabfuhr in wohlhabenden Wohngebieten abgeholten Abfalls bestätigten diesen Trend. In der Zwischenzeit stiegen die Immobilienpreise in den Hamptons, im Hudson Valley und in den Vororten von Westchester County und New Jersey sprunghaft.[17] Wohlstand, Einkommen, Bildung und Berufe, die es ermöglichten, online zu arbeiten, erleichterten den sofortigen Umzug an einen Ort, der mehr Platz und mehr Schutz vor COVID-19 bot.

Die Zugehörigkeit zu einer Gesellschaftsschicht spielte auch eine Rolle, wenn es darum ging, am Arbeitsplatz Abstand halten zu können. Theoretisch könnte man erwarten, dass Menschen, deren Arbeit als notwendig und lebenswichtig angesehen wird, besonderen Schutz genießen. Im Verlauf der Pandemie jedoch griffen weltweit Regierungen auf ein selten verwendetes politisches Konzept zurück – das der »systemrelevanten Arbeit« –, das Arbeitgebern erlaubte, Leute wie Persol, der in Rikers arbeitete, zu bitten, ihre Arbeit vor Ort zu erledigen, solange sie in besonderen Bereichen tätig waren, darunter Gesundheitswesen, Strafjustiz, Landwirtschaft, Lebensmittelproduktion, Transport und Lieferservice sowie Einzelhandel. Auf den ersten Blick wirkt die Bezeichnung »systemrelevante Arbeitskraft« wie ein Ehrentitel, ein Zeichen der Anerkennung und des Respekts für Menschen, auf deren Arbeit eine Gesellschaft angewiesen ist und deren Wohlbefinden sie schützen will. In der Praxis gefährdete diese Einstufung die Betroffenen allerdings, da man dieser Gruppe die Möglichkeit nahm, sich physisch oder sozial zu distanzieren, wenn sie ihren Arbeitsplatz behalten wollten, selbst wenn die Arbeitsbedingungen ganz offensichtlich riskant waren. Mit anderen Worten: Wer als unentbehrlich bezeichnet wurde, wurde behandelt, als sei er oder sie entbehrlich.

Offizielle Aussagen, dass einige Menschen »systemrelevante Arbeitskräfte« seien und darum keine andere Wahl hätten, als in der Pandemie zu arbeiten oder ihren Arbeitsplatz zu verlieren, tauchten früh auf, und der Begriff ging derart schnell in den allgemeinen Gebrauch über, dass es kaum eine öffentliche Debatte darüber gab, woher er stammte und was er bedeutete. Es ist keine Kleinigkeit festzulegen, welche Arbeitsplätze für das Funktionieren einer Volkswirtschaft und Gesellschaft notwendig sind. Und in einer Zeit, in der die Grundlagen des modernen Lebens bedroht sind, lohnt es sich, die Diskrepanz zwischen den von der Marktwirtschaft am meisten geschätzten Berufszweigen, wie Jura und Finanzwesen, und jenen, die die Regierung als besonders wertvoll erachtete, wie Landwirtschaft, Fleischverarbeitung, Verkehr und Pflegearbeit, zu betrachten. Es lohnt sich zu fragen: Wer trifft die Entscheidung? Was sind die Kriterien? Welchen Schutz und welche Entschädigung sollen wir denjenigen gewähren, die sich in Gefahr begeben, damit der Rest von uns wie gewohnt konsumieren und die Art von Pflege erhalten kann, die wir benötigen? Es gibt etliche Möglichkeiten, wie ein Staat oder eine Gesellschaft diese Fragen beantworten könnte. Als das Coronavirus ausbrach, verlangten allerdings nur wenige Verwaltungsbeamte Erklärungen, und die wenigsten Regierungen rechtfertigten ihre Entscheidungen.

Wie der Anthropologe Andrew Lakoff darlegt, stammt die von der US-Regierung übernommene Vorstellung der »essential workers« aus der nationalen Sicherheitsplanung des Kalten Krieges, als Verteidigungsstrategen eine Reihe von Branchen und Dienstleistungen als Teil der »kritischen Infrastruktur« definierten und Vorkehrungen trafen, um deren Funktionieren nach einem militärischen Angriff aufrechtzuerhalten. Im März 2020 gab das Department of Homeland Security, das Ministerium für innere Sicherheit, eine Anleitung heraus, wie Kommunalbeamte »systemrelevante Mitarbeiter kritischer Infrastrukturen« identifizieren können, die »eine besondere Verantwortung für das Funktionieren« haben, selbst wenn die Regierung anderen befiehlt, zu Hause zu bleiben.[18] Hoch qualifizierte und in einigen Fällen hoch bezahlte Mitarbeiter des Gesundheitswesens waren die öffentlich sichtbarsten »essential workers« der Pandemie. Aber sie bildeten die Ausnahme – selbst in der eigenen Branche, wo Hausmeister und Mitarbeiter der häuslichen Pflege fern des Rampenlichts unter hohem Risiko arbeiteten. Unverzichtbare Arbeitskräfte waren überproportional häufig Schwarze Menschen sowie Latinos, allesamt waren sie einfache Arbeiter. Viele schufteten in einem Umfeld, das geprägt ist von unsicheren Arbeitsplätzen, einem geringen Status und niedrigen Löhnen.

In New York City, wo COVID früh und drastisch zuschlug, wurden die Gefahren, die mit systemrelevanter Arbeit verbunden sind, sofort deutlich. In einer von Epidemiologen der City University of New York durchgeführten Umfrage gaben 39 Prozent der befragten Schwarzen Menschen und 38 Prozent der befragten Latinos an, dass es in ihrem Haushalt eine systemrelevante Arbeitskraft gibt, verglichen mit nur 28 Prozent der *weißen* Haushalte. Darüber hinaus gaben lediglich 44 Prozent der Latino-Beschäftigten an, dass sie von zu Hause arbeiten könnten, verglichen mit 69 Prozent der Schwarzen Menschen und 81 Prozent der *Weißen*. Diese Muster erklären, warum in den ersten drei Monaten der Pandemie die COVID-Sterblichkeit bei Schwarzen Menschen und Latinos mehr als doppelt so hoch war wie bei *Weißen* und Menschen asiatischer Herkunft.[19]

New York City war nicht die einzige Stadt, in der systemrelevante Geringverdiener mit dem größten COVID-Risiko konfrontiert waren. Eine in PLOS ONE veröffentlichte Studie eines Epidemiologen-Teams der University of California in San Francisco untersuchte die Übersterblichkeit in Kalifornien während der ersten neun Monate der Pandemie und verglich die Sterblichkeit nach Berufsgruppen und Berufen, wobei auch die ethnische Herkunft berücksichtigt wurde. Die Sektoren mit der höchsten relativen und Pro-Kopf-Übersterblichkeit waren: Lebensmittel/Landwirtschaft, Transport/Logistik, Fabrikation und Dienstleistung. Latinos im erwerbstätigen Alter, so die Studie, hatten die höchste relative Übersterblichkeit in Kalifornien, wobei Arbeitende in der Lebensmittelindustrie und der Landwirtschaft am häufigsten betroffen waren. Schwarze Kalifornier im erwerbstätigen Alter wiesen die höchste Pro-Kopf-Sterblichkeit auf, wobei Beschäftigte im Transport- und Logistiksektor am stärksten gefährdet waren. Die Epidemiologen respektieren, dass der Staat manche Branchen und Berufe für so wichtig hielt, dass sie trotz der Bedrohung durch COVID aktiv gehalten werden mussten. Sie verurteilen jedoch die Praxis, Menschen zu zwingen, vor Ort zu arbeiten, wenn grundlegende Schutzausrüstung wie Masken und Handschuhe nicht verfügbar waren oder die Arbeitsbedingungen, beispielsweise in geschlossenen Räumen mit schlechter Luftzirkulation, die Übertragung von Viren begünstigten. »Sind diese Arbeitenden tatsächlich relevant«, so die Schlussfolgerung, »müssen wir schnell und entschlossen Maßnahmen ergreifen, die ihr Leben auch entsprechend schützen.«[20]

Die United Farm Workers (UFW), die größte Gewerkschaft der Vereinigten Staaten im Bereich Landwirtschaft, wies umgehend auf diesen Punkt hin, als die US-Regierung die Richtlinien veröffentlichte. In den USA gibt es mehr als eine Million Leiharbeiter in der Landwirtschaft, von denen etwa drei Viertel Migranten sind, zwei Drittel davon aus Mexiko, und etwa die Hälfte besitzt keine »Arbeitsgenehmigung«.[21] In den Jahren vor dem COVID-Ausbruch hatte die US-Regierung mexikanische Einwanderer ohne Papiere als das genaue Gegenteil von unverzichtbar behandelt. Während des Wahlkampfs und seiner Präsidentschaft hatte Trump sie als »Tiere« und »Vergewaltiger« bezeichnet, die eine »Invasion« in die USA darstellten, und er behandelte sie entsprechend.[22] Im März 2020 ließ seine Regierung nicht nur eine Mauer an der mexikanischen Grenze errichten, sondern hielt auch Einwanderer ohne Papiere in überfüllten, schmutzigen Auffanglagern fest, in denen das Risiko einer Ansteckung mit COVID-19 und vielen anderen Krankheiten gefährlich hoch war. Kinder wurden von ihren Eltern getrennt, und in vielen Fällen konnte nicht nachvollzogen werden, wo sie steckten. »Der Gewahrsam ist eine Blackbox, aus der es keinen Ausweg gibt«, heißt es in dem Bericht »Justice-Free Zones« von American Civil Liberties Union, Human Rights Watch und des National Immigrant Justice Center. Die Bedingungen, hieß es, seien »unmenschlich«.[23]

Die Bedingungen für Einwanderer, die als Leiharbeiter für die Landarbeit angeheuert wurden, waren natürlich wesentlich besser als für jene, die vom Department of Homeland Security festgenommen wurden. Die Regierung Trump wusste trotz der öffentlichen Kampagne zur Dämonisierung und Abschiebung der Menschen, die sie als »Aliens« bezeichnete, um den Wert, den Niedriglohnarbeiter in der Landwirtschaft für die USA besaßen. Aber als COVID zuschlug, sorgten die in der Branche als Standard geltenden Arbeits- und Lebensbedingungen – wie überfüllte, aber von den Arbeitern bezahlte Unterkünfte und lange Busfahrten zu den Feldern – dafür, dass die Landarbeiter besonders anfällig für das Virus waren. »Physisches Abstandhalten war unmöglich«, sagte Giev Kashkooli, politischer und juristischer Direktor der Gewerkschaft UFW. »Die Vorstellung, dass man zu Hause bleiben und nur mit seiner Familie zusammen sein sollte, war etwas, mit dem hier niemand etwas anfangen konnte. Und dabei ging es tatsächlich um Leben und Tod.« In den ersten Wochen der Pandemie, so erzählte er mir, war die Gewerkschaft besorgt, dass Betriebe geschlossen werden könnten und die eingewanderten Arbeitnehmer keinen Zugang zu staatlichen Leistungen hätten, sodass sie in fürchterlicher Armut würden leben müssen. Damals kämpften die Organisatoren für Lohnfortzahlung bei Krankheit und den Anspruch auf staatliche Leistungen. Doch als Staaten wie Kalifornien und Washington die Landarbeiter als »essenziell« einstuften, veränderte sich die Lage. Jetzt benötigten sie Masken und Schutzausrüstung für die Arbeiter, die sie in den überfüllten Bussen und engen Wohnunterkünften schützen sollten. Sie brauchten Tests, nicht nur für die Arbeiter und ihre Familien, sondern auch für die Neuangeworbenen, die mit speziellen Visa aus Mexiko kamen, deren Anträge die Trump-Administration auf Druck der Agrarindustrie schnell bearbeitete. »Die Pandemie wütete, wütete in den USA, wütete in Mexiko«, erinnerte sich Kashkooli. »Und wir mussten gewährleisten, dass alle gesund und sicher waren.«

Die Landwirtschaft ist für die Gesundheit der Bürger und die Volkswirtschaft der USA von entscheidender Bedeutung, aber in den meisten Teilen des Landes sind die Landarbeiter unsichtbar. In der Pandemie wurde ihre Bedeutung – und der Wert der Branche – sichtbar. Die Nachfrage stieg, und sie veränderte sich. »Für Farmer lief das Geschäft auf Hochtouren«, erklärte Kashkooli. »Aber die Lage war unbeständig. Die landwirtschaftlichen Betriebe, die Restaurants, Universitäten und Catering-Unternehmen belieferten, mussten sich neu orientieren. Auf der anderen Seite ging der Absatz in den Supermärkten durch die Decke, und Arbeitskräfte wurden abgeworben. Der sprunghafte Anstieg brachte neue Risiken mit sich. Die Leute zogen von da nach dort, kamen mit neuen Kollegen zusammen und waren in vielfältiger Form exponiert. Kashkooli, dessen Kinder damals noch Teenager waren, konnte nicht anders, als die Situation in seiner Familie und auf den Farmen seltsam zu finden. »Ich weiß noch, als die Schule meiner Kinder geschlossen wurde. Wir trafen alle Vorsichtsmaßnahmen. Zu der Zeit fand eine UFW-Mitgliederversammlung statt. Wir verteilten Masken. Wir sagten den Leuten, dass wir ihnen nicht die Hand geben würden. Wir stellten die Stühle einen halben Meter auseinander. Das war für alle die erste Erfahrung in dieser Hinsicht. In den Betrieben, in denen sie arbeiteten, war das noch nicht vorgekommen. Auch dort, wo die Landarbeiter wohnten, egal ob auf Kosten des Arbeitgebers oder nicht, hatte es so etwas nicht gegeben. »Wir sprechen hier von drei oder vier Familien, die sich ein Haus mit drei Schlafzimmern teilten«, sagte Kashkooli. »Die Leute lebten in Garagen. Abstand halten war keine Option.«

»Wir haben ziemlich schnell von Sterbefällen erfahren«, sagte Kashkooli. »Zuerst passierte das bei den nicht gewerkschaftlich organisierten Unternehmen. Ich denke, das liegt zum Teil daran, dass wir aufmerksamer und vorsichtiger waren. Aber es gab Ausnahmen.« Die meisten Fälle, so sagte er, gab es in Geflügelmastbetrieben, wo nur ein kleiner Teil der Belegschaft der UFW angehörte, was die Verhandlungsmacht einschränkte. Bei Foster Poultry Farms, dem größten Arbeitgeber in Livingston, Kalifornien, erkrankten in den ersten neun Monaten der Pandemie mindestens 400 Landarbeiter an COVID, und neun von ihnen starben. Im Dezember 2020 verklagte die UFW das Unternehmen und warf ihm vor, dass »Foster Farms in völliger Missachtung sowohl nationaler als auch kommunaler Richtlinien von seinen Mitarbeitern verlangt, über längere Zeiträume mit einem Abstand von weniger als einem Meter zueinander zu arbeiten, ohne dass zwischen ihnen eine Trennungswand aus Kunststoff oder ein ähnlicher Schutz vorhanden ist, und dass das Unternehmen versäumt, das Social Distancing wirkungsvoll durchzusetzen oder auch nur Masken zur Verfügung zu stellen, und es zudem versäumt, seine Mitarbeiter angemessen über Sicherheits- und Krankenstandsregelungen zu informieren, einschließlich der Gewährung von bezahlter COVID-Auszeit«.[24]

Im Januar 2021 gab der Superior Court of California in Merced County dem Antrag der UFW auf eine einstweilige Verfügung statt, mit der Foster Farms verpflichtet wurde, die COVID-Sicherheitsvorschriften umzusetzen. Damals war bereits klar, dass große Unternehmen der gesamten Branche ihre Beschäftigten als Wegwerfware behandelten, indem sie keine Tests und andere Gesundheitsuntersuchungen durchführten, sich weigerten, in sicherere Unterkünfte oder Transportmittel zu investieren, oder es versäumten, Gesichtsmasken und Schutzkleidung bereitzustellen. Einem Bericht des Regierungsausschusses House Select Subcommittee on the Coronavirus Pandemic zufolge erkrankten im Jahr 2020 mehr als 59 000 Arbeiter in der Fleischverarbeitung an COVID und mindestens 269 starben. Foster Farms war kein Sonderfall. Das Repräsentantenhaus stellte fest, dass 54 Prozent der Belegschaft des fleischverarbeitenden Unternehmens JBS in Hyrum (Utah) mit dem Virus infiziert waren, ebenso wie fast 50 Prozent der Arbeiter eines Tyson-Werks in Amarillo (Texas) und 44 Prozent der Angestellten der National Beef-Fabrik in Tama (Iowa).[25] Auch wenn jene, die an der frischen Luft arbeiteten, vergleichsweise besser abschnitten, gehörten auch sie zu den am stärksten gefährdeten Berufsgruppen in der gesamten Region. In Kalifornien beispielsweise wies der Lebensmittel-/Landwirtschaftssektor in den ersten neun Monaten der Pandemie die höchste relative und Pro-Kopf-Übersterblichkeit auf.[26] Bezirke, in denen vor allem Farmarbeiter tätig waren, zählten durchweg zu den lebensgefährlichsten Orten der USA, da das Virus in einem sozialen Umfeld, in dem Abstandhalten unmöglich war, nicht nur diejenigen erreichte, die in der Fabrik oder auf dem Feld arbeiteten, sondern sich auch auf ihre Mitbewohner, Freunde und Familien übertrug.[27]

Auch für eine weitere systemrelevante Gruppe von Arbeitnehmern spielte es eine große Rolle, die Abstandsregeln nicht einhalten zu können, nämlich im Bereich der Gesundheits- und Krankenpflege in Pflegeeinrichtungen für ältere Menschen, die durch die Übertragung von COVID-19 zu den tödlichsten Orten wurden. Altenheime gehörten in der Pandemie zwangsläufig zu den riskantesten Einrichtungen während der gesundheitlichen Notlage, da sich die Bewohnerschaft nahezu ausschließlich aus alten Menschen zusammensetzt, deren körperliche oder geistige Gebrechen besondere Aufmerksamkeit und Unterstützung erfordern. Eine Analyse des *Wall Street Journal* von Daten aus mehr als zwei Dutzend Ländern mit großen Altenpflegeeinrichtungen zeigt, dass bis Ende 2020 »mehr als ein Drittel der COVID-19-Sterbefälle auf solche Einrichtungen zurückzuführen sind, obwohl dort weniger als 2 Prozent der Bevölkerung leben«.[28]

Es ist nicht verwunderlich, dass Langzeitbewohner von Pflegeheimen weitaus häufiger an COVID-19 starben als ältere Menschen, die zu Hause lebten.[29] Das Ungleichgewicht war jedoch nicht unvermeidlich, sondern variierte von Land zu Land beträchtlich, was vor allem darauf zurückzuführen war, wie gut die Pflegeheimbewohner von den Kranken ferngehalten wurden. Wenn, wie Mahatma Gandhi sagte, »der wahre Maßstab einer Gesellschaft ist, wie sie mit ihren schwächsten Mitgliedern umgeht«, dann ist die Form, wie unterschiedliche Länder Pflegebedürftige schützen, ein wichtiger Indikator dafür, was sie schätzen und wer sie sind.

In einigen Ländern wie Südkorea und Deutschland sowie in Hongkong führten aggressive COVID-Kontrollmaßnahmen auf lokaler Ebene, wie Tests, Rückverfolgung, Maskenpflicht und Isolierungsprotokolle von positiv Getesteten, zu einer relativ geringen Übertragung in der ersten Phase der Pandemie. Die Verringerung von COVID-Zahlen in der Gesamtbevölkerung war jedoch nur der erste Schritt zum Schutz von Bewohnern in Pflegeeinrichtungen. Der zweite Schritt bestand darin, in den Pflegeheimen selbst eine Reihe von speziellen Protokollen einzuführen. Screening aller Mitarbeiter, einschließlich des Pflegepersonals, der medizinischen Hilfskräfte, der Physiotherapeuten, der Verwaltungskräfte, der Angestellten in der Küche und der Reinigungskräfte. Dazu die Gewährleistung, dass Gesichtsmasken und Schutzkleidung verfügbar sind und bei Bedarf verwendet werden. Die Wahrung des räumlichen Abstands, wenn möglich, und die Vermeidung überfüllter Räume, einschließlich der Speisesäle und Fitnessbereiche sowie der Wohn- und Sanitärräume zählt ebenso dazu. Zudem wurden Luftzirkulation und Belüftung verbessert, und die Bewohner und Angestellten wurden häufig getestet, wobei positive Fälle rasch an örtliche Kliniken weitergeleitet wurden, bevor andere gefährdete Personen im Heim angesteckt werden konnten.

Die Gesundheitsbehörden und Pflegeheimleitungen waren sich schon lange der Risiken bewusst, die ein von der Luft übertragenes Virus für ihre körperlich beeinträchtigten Bewohner darstellen könnte, und wussten, wie sie die Gefahren entschärfen konnten. In einigen Ländern, insbesondere in solchen, in denen alte Menschen bei früheren Ausbrüchen von Infektionskrankheiten akut betroffen waren, hatten die Gesundheitsbehörden spezielle Pläne zum Schutz von Altenheimen bei Epidemien entwickelt, und die Bemühungen waren häufig erfolgreich. Im Jahr 2003 berichtete das *Wall Street Journal,* dass die Bewohner von Altenpflegeeinrichtungen in Hongkong »fünfmal häufiger an SARS erkrankten als die Allgemeinbevölkerung, und 57 Menschen starben«.[30] Die Regierung reagierte daraufhin mit neuen Maßnahmen zur Infektionskontrolle, einschließlich der Bereitstellung von Masken und Schutzausrüstung für Personal und Bewohner sowie einer besseren Belüftung. Im Januar 2020, als China das Auftreten eines neuen Coronavirus bestätigte, sperrte Hongkong sofort die meisten Besucher aus den Pflegeheimen aus, kündigte an, dass alle infizierten Pflegeheimbewohner in Krankenhäuser verlegt würden und dass sich Bewohner oder Personal, die dem Virus ausgesetzt waren, in Quarantäne begeben müssten. Ende November 2020 ergaben Recherchen des *Wall Street Journal*, dass in Hongkong mit mehr als 76 000 Pflegeheimbetten dreißig Bewohner an COVID-19 gestorben waren.[31]

Südkorea hat mit der Einführung spezieller COVID-Kontrollmaßnahmen etwas länger gewartet und Mitte Februar ein Besuchsverbot für Heime verhängt. Dies erwies sich als zu spät, um einen Anstieg der Infektionen in der Stadt Daegu zu verhindern, wo mindestens fünf Pflegeheime eine Häufung der Krankheit meldeten. Die Regierung reagierte mit umfassenden Kontrollmaßnahmen, entließ Pfleger, die kürzlich in China gewesen waren, und testete und überwachte die Mitarbeiter der 1470 Pflegeheime des Landes – auch in Regionen, in denen das Virus noch nicht angekommen war. Sobald ein neuer COVID-Cluster in einer Kirchengemeinde oder einem Nachtklub auftauchte, reagierte Südkorea, indem es die Bewohner der nahe gelegenen Pflegeeinrichtungen testete, da jede lokale Infektion das Risiko einer Ansteckung erhöhte, und indem es GPS-Aufzeichnungen verwendete, um die Bewegungen des Pflegeheimpersonals nachzuverfolgen. Im Herbst 2020 wurde den Mitarbeitern von Pflegeheimen in Südkorea ausdrücklich verboten, an großen gesellschaftlichen Veranstaltungen teilzunehmen. Nicht jeder war mit solch weitreichenden Einschränkungen im Privatleben der Pflegekräfte einverstanden, aber die Schutzmaßnahmen der Regierung waren erstaunlich effektiv.[32]

Im Gegensatz dazu schätzte man in Kanada, dass fast 70 Prozent aller COVID-Sterbefälle im ersten Jahr der Pandemie in Pflegeheimen zu verzeichnen waren – ein deutliches Zeichen dafür, dass nicht alle Länder, die in der SARS-Krise zwar einen riesigen Schrecken bekommen hatten, ihre Pflegeeinrichtungen auf den nächsten Ausbruch einer Infektionskrankheit vorbereiteten.[33] Wie

Hongkong und Südkorea hat Kanada beim ersten Auftreten des Coronavirus die Fälle in der Gesamtbevölkerung gut eingedämmt, aber weit weniger getan, um diejenigen zu schützen, die in den notorisch unterbesetzten und unterfinanzierten Pflegeheimen lebten und arbeiteten. Obwohl Kanada über ein starkes nationales Gesundheitssystem verfügt, sind Pflegeeinrichtungen vom öffentlichen Gesundheitsnetz ausgeschlossen, mehr als die Hälfte der Heime befinden sich in privater Hand und arbeiten profitorientiert. Nathan Stall, Facharzt für Geriatrie des Sinai Health Network in Toronto, leitete vom 29. März bis 20. Mai 2020 eine vergleichende Studie aller 623 Pflegeheime in Ontario (360 gewinnorientiert, 162 gemeinnützig und 101 kommunal). Sein Team fand heraus, dass COVID-Ausbrüche in allen drei Arten von Einrichtungen gleich wahrscheinlich waren, aber die Größenordnung und Ballung von Sterbefällen waren in profitorientierten Einrichtungen deutlich höher beziehungsweise ausgeprägter.[34]

Was machte diese Pflegeheime so viel gefährlicher? Stall und seine Kollegen analysierten die materielle Umgebung und fanden heraus, dass profitorientierte Einrichtungen mit geringen Gewinnmargen eher über »veraltete Gestaltungsstandards« verfügen, mit engeren, überfüllten Räumen, die die Übertragung der Krankheit begünstigen. »Dreizehn der fünfzehn Heime mit den höchsten Infektionsraten waren gewinnorientierte Heime mit älteren Gestaltungsstandards«, berichten die Autoren.[35] Die Nachfrage nach Unterbringung, so erklärte mir der kanadische Geriatrieexperte Samir Sinha, ist so hoch, dass die Eigentümer der Heime wenig Anreiz hatten, in Renovierungen und Modernisierungen zu investieren, die die Lebensbedingungen auf den aktuellen Standard mit weitaus mehr Einzelzimmern gehoben hätten. »Viele der gewinnorientierten Heime befinden sich in älteren Einrichtungen mit Drei- und Vierbettzimmern. Und ehrlich gesagt, wenn man ein Geschäft mit 40 000 Menschen auf der Warteliste betreibt, warum sollte man da investieren? Man muss nicht um Kunden werben, denn es gibt immer Kundschaft, die nicht anders kann, als das zu nehmen, was man bereit ist anzubieten.«

Die Überfüllung der Heime war indes nur eine Seite des Problems. Die andere war die Abhängigkeit der Branche von Teilzeitbeschäftigten, schlecht bezahlten Pflegehelfern, Küchenhilfen und Reinigungskräften, die von einer gefährlichen Umgebung in die nächste wechselten und so unwissentlich zu Krankheitsüberträgern in den Gemeinschaften wurden, denen sie eigentlich dienen sollten. Diese Praxis ist, wie die Daten zeigen, in Kanadas profitorientierten Heimen durchaus häufig anzutreffen.

Die Herausforderung der Pflege in von Viren heimgesuchten kanadischen Pflegeeinrichtungen überforderte die Beschäftigten, sodass die größte Gewerkschaft, die die Pflegebeschäftigten in Ontario und Quebec vertritt, die kanadische Armee um Unterstützung bat. Die eingesetzten Soldaten waren angesichts der Zustände in den Heimen entsetzt, und ihre täglichen Beurteilungen zeigten die Pflegeheime als, wie es der Sender CBC ausdrückte, »schockierenden Katalog von Missbrauch, Vernachlässigung und Grausamkeit«. Ein Bericht sprach von »Kakerlaken und Fliegen«; andere »wiesen auf ungeschützte Bedingungen hin, die zur Verbreitung von COVID-19 beitragen könnten, einschließlich Fällen, in denen Patienten, die positiv auf das Virus getestet worden waren, ›umherwandern durften‹ und das Personal nur unzureichende Schutzausrüstung hatte«.[36] Kanadische Kontrolleure stellten ähnliche Probleme in weiteren Provinzen fest. In Montreal beispielsweise übernahm die örtliche Gesundheitsbehörde die Kontrolle über ein privates Pflegeheim, in dem 31 Bewohner in weniger als einem Monat gestorben waren und Ermittler »dehydrierte Bewohner vorfanden, die teilnahmslos im Bett lagen, tagelang nichts zu essen bekommen hatten und deren Exkremente aus den Windeln sickerten«, weil das Personal mit dem Anstieg von Sterbe- und Infektionsfällen nicht fertigwurde.[37]

Im Juni 2020 meldete Kanadas nationale Behörde für Gesundheitsdaten, dass das Land in den ersten Monaten der Pandemie »unter den wohlhabenden Nationen die schlechteste Bilanz in Bezug auf COVID-19-bedingte Sterbefälle in Langzeitpflegeeinrichtungen für ältere Menschen« aufwies.[38] Premierminister Justin Trudeau fasste die Erkenntnis, die die Nation beschämte, treffend zusammen: »Wir lassen unsere Eltern, unsere Großeltern, unsere älteren Mitbürger im Stich – die großartige Generation, die dieses Land aufgebaut hat. Wir müssen uns ordentlich um sie kümmern.«[39]

Auch die Pflegeheime in den USA versagten bei der angemessenen Pflege ihrer Bewohner, und das Personal litt ebenfalls sehr. In der ersten Pandemiewelle betrafen etwa 40 Prozent aller COVID-Sterbefälle US-Pflegeheime, ein weitaus geringerer Anteil als in Kanada. Das ist jedoch kein Zeichen für eine erfolgreiche COVID-Eindämmung in US-Pflegeeinrichtungen. Im Gegenteil, in den USA war die COVID-Sterblichkeit in Pflegeheimen höher als in Kanada und die Gesamtzahl der Sterbefälle in Pflegeheimen höher als in jedem anderen Land weltweit.[40] Es spiegelt vielmehr die Tatsache wider, dass das Coronavirus anders als in Kanada nicht nur in Pflegeeinrichtungen, sondern auch außerhalb in größerem Umfang grassierte.

US-Arbeitnehmer besaßen ein höheres Risiko, sich mit COVID anzustecken, als kanadische Arbeitnehmer, weil sie schlicht in einem Land lebten, in dem das Virus weit verbreitet war. Das bedeutete auch, dass US-amerikanische Arbeitnehmer die Krankheit mit größerer Wahrscheinlichkeit in Pflegeheime einschleppen und die gefährdeten Bewohner dort anstecken konnten. Diese Risiken summierten sich zu einer erschütternden Zahl von Infektionen und Sterbefällen. Zum Vergleich: Die Gesamtzahl der Todesopfer unter den etwa 1,5 Millionen US-Amerikanern in Pflegeheimen war höher als die gesamte nationale Sterblichkeit im Jahr 2020 aller Staaten weltweit außer diesen sechs: Brasilien, Großbritannien, Indien, Russland, Mexiko und Peru.[41]

Wie in Kanada war die Krise in den US-amerikanischen Pflegeheimen sowohl auf die materiellen Bedingungen zurückzuführen – Einrichtungen, von denen etwa 70 Prozent privaten und gewinnorientierten Unternehmen gehören – als auch auf den massiven Einsatz von Niedriglohnkräften, die mehrere Jobs hatten. Der Grund dafür war unter anderem der anhaltende Widerstand der

Pflegeunternehmen gegen Vorschriften, die sie zur Katastrophenschutzplanung wie beispielsweise Epidemien verpflichteten. Laut einer Untersuchung von *ProPublica* verfügte fast die Hälfte der US-Heime über Notfallpläne für den Ausbruch von Infektionskrankheiten, die nicht den bundesstaatlichen Richtlinien entsprachen, obwohl ein Mandat aus der Zeit der Obama-Regierung Bestand hatte und 2019 offiziell klargestellt wurde, dass alle Mitarbeiter für den Umgang mit neuen und aufkommenden Infektionskrankheiten geschult werden müssten.[42]

Die riskante Situation der Pflegekräfte war schon lange vor der COVID-19-Pandemie bekannt. So berichtete eine Studie von Forschern der University of Massachusetts im Jahr 2016, dass der Pflegesektor in der Statistik arbeitsbedingter Verletzungen und Krankheiten an zweiter Stelle steht.[43] Die Arbeit in Pflegeheimen ist sowohl körperlich als auch psychisch anstrengend, und die täglichen Stressfaktoren sind derart hoch, dass die Gesundheit und Sicherheit der Bewohner beeinträchtigt wird. Die Entlohnung ist in der Branche durchgängig niedrig, insbesondere für Pflegehelfer, Reinigungskräfte und Hausmeister, die 2018 einen durchschnittlichen Stundenlohn von zwölf bis maximal neunzehn US-Dollar erhielten.[44]

Im Vergleich zu Pflegekräften in anderen wohlhabenden Ländern arbeiten die Beschäftigten in den USA häufiger mit Teilzeitverträgen und sind in mehreren Pflegeheimen gleichzeitig tätig.[45] Die Bewohner waren nicht die Einzigen, die von diesen Bedingungen betroffen waren. Im ersten Jahr der Pandemie war die COVID-Sterblichkeit beim Pflegeheimpersonal eine der höchsten aller Berufsgruppen in den USA.[46]

Um das Wesen der Pandemie zusammen mit der Arbeit in Pflegeeinrichtungen zu verstehen, interviewte der Arbeitshistoriker Gabriel Winant im Juli 2020 Shantonia Jackson, eine staatlich geprüfte Pflegehelferin (CNA) in Chicago, die sowohl im City View Multicare Center in Cicero, Illinois, als auch im Berkeley Nursing in Oak Park arbeitete. Im City View arbeitet sie nicht nur mit alten Bewohnern, sondern auch mit Menschen mit schweren psychischen Erkrankungen. »Meine Kollegin und ich kümmerten uns um jeweils 35 Bewohner«, erklärte Jackson. »City View war eines der Pflegeheime, die wegen des Ausbruchs der Krankheit in die Schlagzeilen kamen. Wir hatten 253 Bewohner, die Corona hatten, von insgesamt 315. Meine Kollegin, die mit mir auf der Station arbeitete, verstarb an Corona. Jetzt arbeite ich für siebzig Männer einer reinen Männerstation. Das ist hart, denn es sind siebzig Köpfe für einen Kopf. Ich bin die einzige CNA da.«[47]

Acht Jahre zuvor hatte Jackson im City View angefangen, zu einem Stundenlohn von 9,20 US-Dollar. Im Jahr 2020 war sie bereits sechs Jahre im Job und Mitglied der Gewerkschaft Service Employees International Union, sodass ihr Stundenlohn 14,30 US-Dollar betrug. »Finden Sie, das ist genug? Um sich richtig um die eigene Familie kümmern zu können? Nein. Ist es nicht. 14 Dollar 30. Meine Tochter geht aufs College. Deshalb habe ich zwei Jobs.« Sie erzählte Winant, dass es die wenige Zeit unmöglich machte, den Bewohnern die Pflege zukommen zu lassen, die sie benötigen oder die die Menschlichkeit eigentlich erfordert. Während der Pandemie »kam niemand vom Management zu mir nach oben auf die Station, um zu schauen, womit ich es zu tun hatte. Sie kamen immer nur nach oben und schrien mich an: ›Du musst den duschen.‹ Da hatte ich schon dreißig von siebzig Leuten geduscht. Ich kann nicht siebzig Leute duschen. Denn ich muss schließlich auch immer noch das Essen austeilen. Ich muss immer noch Betten machen. Es ist schwer.«[48]

Als COVID im City View wütete, rief Jackson ihre Vorgesetzten in Berkeley an, wo ausschließlich alte Bewohner leben, und sagte, sie brauche Urlaub. »Ich hatte das Gefühl, dass ich das Virus nicht vom City View, wo es 253 Infektionen gab, nach Berkeley bringen durfte, wo es noch keinen einzigen Fall gab.« Sie erwartete, dass ihre Arbeitgeber dankbar sein würden, stattdessen waren sie verärgert. »Die Pflegeheimbranche ist so unmanierlich, egoistisch und respektlos, dass sie wütend auf mich waren, weil ich nicht gekommen bin. Ich dachte, mein Pflegedirektor würde mir dankbar sein, denn was wäre gewesen, wenn ich gekommen wäre und all diese älteren Menschen angesteckt hätte? Sie wären alle gestorben. Und da haben die die Frechheit, wütend auf mich zu sein und mich anzurufen und zu sagen: ›Sie kommen also nicht?‹« Jackson drängte sich der Eindruck auf, dass die Einrichtungen ihren Auftrag aus den Augen verloren hatten und sich weigerten, Änderungen vorzunehmen, die das Leben der bei ihnen lebenden Menschen hätten retten können. »In Amerika kümmern wir uns nicht um die Älteren«, beklagte sie. »Sie sterben sowieso bald, ist uns egal.«[49]

Natürlich hätten sowohl die Verantwortlichen für die Langzeitpflege als auch die politischen Entscheidungsträger in den USA spezielle Vorschriften erlassen können, die die berufliche Mobilität des Pflegepersonals während der Pandemie einschränkten, wie es die Behörden in Südkorea getan haben. Sie hätten Regelungen für Notfalluntersuchungen und -tests für Personal und Bewohner einführen und klare Richtlinien aufstellen können, wann infizierte Personen in Krankenhäuser verlegt werden müssen. Sie hätten Pflegeeinrichtungen bei der Bereitstellung von Gesichtsmasken und Schutzkleidung Vorrang einräumen können. Stattdessen haben sie den Betreibern von Pflegeheimen erlaubt, einfach ihrer Arbeit weiter nachzugehen. Am 24. März 2020 gab die CDC in enger Zusammenarbeit mit dem COVID-19-Response Team des Weißen Hauses national geltende COVID-Testrichtlinien heraus, entschied sich jedoch, Pflegeheime nicht in die Gruppe mit der höchsten Testpriorität aufzunehmen. »Bewohner von Pflegeeinrichtungen mit Symptomen wurden erst am 27. April in die höchste Teststufe aufgenommen«, berichtete das *Wall Street Journal*. »Selbst dann wurden asymptomatische Pflegeheimbewohner nicht in den Prioritätsgruppen erwähnt. Schließlich ordneten die Behörden erst im August verpflichtende Tests für das Personal von Heimen an.« Und sie verboten Mitarbeitern zu keiner Zeit, zwischen ihren Jobs in den Pflegeheimen hin und her zu wechseln.[50]

Die Arbeitsbedingungen in Pflegeheimen waren nur ein Teil des Problems; die Lebensbedingungen dort ein anderer. Wie in Kanada waren Pflegeeinrichtungen mit überfüllten Zimmern und Gemeinschaftsräumen besonders gefährdet, ebenso wie Einrichtungen mit einem höheren Anteil an Armen und People of Color. Fakt ist, die beiden Trends hängen zusammen, da verarmte People of Color in den USA häufiger als andere in überfüllten Pflegeeinrichtungen landen, dem unteren Bereich dessen, was Forscher des öffentlichen Gesundheitswesens als »zweigliedriges System« von Heimen für ältere und bedürftige Menschen bezeichnen. Wie ein Team unter der Leitung des Gerontologen Vincent Mor von der Brown University in seiner Analyse der sozioökonomischen und ethnienbegründeten Ungleichheiten in US-amerikanischen Pflegeheimen feststellt, ist es in normalen Zeiten besonders wahrscheinlich, dass »arme, gebrechliche und Minderheiten angehörende Bewohner, die von Anbietern der unteren Stufe betreut werden, eine minderwertige Pflege erhalten«.[51] Beim Ausbruch einer Infektionskrankheit ist die Wahrscheinlichkeit, dass sie sterben, ganz besonders hoch.

In Illinois beispielsweise fand ein Bericht des Department of Healthcare and Family Services heraus, dass Schwarze Menschen und Latinos unter jenen, die in Pflegeheimen in einem Zimmer mit drei oder vier Personen lebten, überrepräsentiert waren.[52] Die »Überbelegung«, wie die Branche diese Praxis nennt, ist ein eindeutiger Risikofaktor für die COVID-Sterblichkeit und kommt in Heimen mit einem hohen Anteil an Medicaid-Empfängern häufiger vor, weil Medicaid (das stark stigmatisierte öffentliche Gesundheitsprogramm für einkommensschwache Amerikaner) den Anbietern niedrigere Pflegesätze zahlt als die meisten privaten Versicherungsgesellschaften. Auch wenn für diese Zustände eher die dürftige öffentliche Finanzierung von Programmen für arme Menschen verantwortlich ist als eine ausgesprochene *Rassen*diskriminierung*, ist es dennoch sowohl bemerkenswert als auch beunru-

---

* Die in den USA gebräuchliche soziologische Kategorie *race* sowie das zugehörige Adjektiv *racial* werden an dieser Stelle und im Folgenden mit »Rasse« beziehungsweise »rassisch« übersetzt, wo eine andere Übersetzung einen Verlust an Präzision bedeutete. Da eine Verwendung der Begriffe im Deutschen nicht außerhalb ihres (historischen) Kontexts stattfinden kann und damit problematisch ist, werden die Wörter jeweils *kursiviert*, um ihre spezifische Funktion zu markieren (Anm. d. Ü.).

higend, dass Schwarze und Latinos in Pflegeheimen in Illinois eine höhere COVID-Sterblichkeit aufwiesen als andere. Wie eine Studie in JAMA *Network Open* berichtet, war die Zahl der COVID-19-Sterbefälle in Pflegeheimen mit dem höchsten Anteil an nicht-*weißen* Bewohnern 3,3-mal so hoch wie in Einrichtungen mit dem höchsten Anteil an *weißen* Bewohnern.[53] Diese soziale Ungleichheit ist nicht nur auf Überbelegung zurückzuführen; die Konzentration von COVID unter People of Color, bereits bestehende medizinische Bedingungen und die *Rassen*diskriminierung im Gesundheitssystem trugen ebenfalls zu dem Problem bei. Doch die schlechten Bedingungen in den Pflegeheimen haben die Schutzlosigkeit der dort untergebrachten Menschen enorm erhöht, ebenso wie die Gleichgültigkeit der Amerikaner gegenüber der Notlage dieser Menschen.

Tragischerweise sahen sich alte Menschen, die in einem der besseren Pflegeheime der USA lebten, in der Pandemie mit einer anderen Art von Problem konfrontiert: einer solch extremen sozialen Isolation, dass dies zusätzlich zu seelischem Leid und körperlichen Erkrankungen langfristig zu einem überraschend starken Anstieg der Sterbefälle beitrug. Obwohl Abstand halten wichtig ist, um gebrechliche und ältere Menschen vor dem Ausbruch einer Infektionskrankheit zu schützen, fordert sie einen hohen Tribut von Körper und Geist der Betroffenen. In den letzten Jahrzehnten haben Epidemiologen festgestellt, dass soziale Isolation ein wichtiger Risikofaktor für eine Vielzahl von Gesundheitsproblemen ist, von Herzkrankheiten bis hin zu Depressionen und psychischen Erkrankungen.[54] Als COVID ausbrach, verhängten die am höchsten eingestuften Pflegeeinrichtungen strenge Besuchsbeschränkungen, sorgten dafür, dass Krankenschwestern und -pfleger Masken und andere Schutzausrüstung trugen, und schränkten soziale Zusammenkünfte unter den Bewohnern ein. Dank dieser Maßnahmen konnte die Zahl der COVID-Sterbefälle in den ersten sechs Monaten drastisch gesenkt werden. Aber hat die soziale Isolation andere Gesundheitsprobleme verschlimmert?

Christopher Cronin und William Evans, Wirtschaftswissenschaftler an der University of Notre Dame, fanden eine neuartige

Methode, diese Frage zu beantworten. Sie stellten fest, dass höher bewertete Pflegeheime zwar nicht erfolgreicher bei der Begrenzung von COVID-Fällen waren als Einrichtungen mit niedrigerer Einstufung, aber weitaus wirksamer bei der Verhinderung von Sterbefällen. Vom 24. Mai bis zum 13. September 2020 gab es in Pflegeheimen mit fünf Sternen 15 Prozent weniger gemeldete COVID-Sterbefälle als in Heimen mit einem Stern – ein erheblicher Unterschied. Im gleichen Zeitraum gab es jedoch in Fünfsterneheimen 11 Prozent mehr Nicht-COVID-Sterbefälle als in Einsterneheimen, und bis zum 15. April 2021 waren es sogar fast 15 Prozent.[55]

Die Datengrundlage ist, wie die Ökonomen einräumen, kaum perfekt zu nennen. Es ist möglich, dass einige Sterbefälle, die als »nicht COVID« eingestuft wurden, tatsächlich doch COVID-bedingt waren, und es fehlen vermutlich viele Daten. Abgesehen davon bestätigen andere Untersuchungen, dass allgemein sogar Pflegeheimbewohner, die nicht an COVID erkrankten, in der Pandemie geistig und körperlich nachließen, mit Symptomen wie Depressionen, ungeplantem erheblichen Gewichtsverlust und Inkontinenz.[56]

Die Ergebnisse weisen auf eine weitere wichtige Erkenntnis hin: Abstand halten kann Leben retten, aber nur bei vorsichtiger Behandlung, ohne die Bande zu zerreißen, die uns halten. Selbst in einer Pandemie brauchen Menschen die Möglichkeit, sozial verbunden zu bleiben.

Soziale Bindungen abzuschneiden ist ein zentrales Ziel von Justizvollzugsanstalten wie Gefängnissen und Haftanstalten. Sie dienen der Disziplinierung und Bestrafung von Leuten, die schwerer Verbrechen beschuldigt werden oder dafür verurteilt wurden. Paradoxerweise sammeln sich in Haftanstalten solche Menschen, und in Gesellschaften mit hoher Inhaftierungsrate sind die Lebensbedingungen dort oft gefährlich eng, mit überbelegten Zellen, überfüllten Waschräumen, Speisesälen und Gemeinschaftsräumen, wo es dicht gedrängt zugeht und es kaum Privatsphäre gibt. An diesen rauen Plätzen gibt es keine Distanz, mit einer großen Ausnahme: jene, die zu Einzelhaft verurteilt sind, einer quälenden Strafe, deren einziger Vorzug der Schutz vor ansteckenden Krankheiten sein kann.

Wie Pflegeheime sind auch Gefängnisse auf eine große Anzahl und Vielfalt von Mitarbeiterinnen und Mitarbeitern angewiesen, die sich sowohl in den Gebäuden als auch auf den Freiflächen bewegen: Justizvollzugsbeamte, Reinigungskräfte, Seelsorger, Köche, Büroangestellte, Krankenschwestern, Pflegehelfer, Lieferanten. Menschen wie Persol, die in ihrer Freizeit mit Kindererziehung und Familie beschäftigt sind, mischen sich unter Menschen, die möglicherweise infektionsgefährdet sind. Darüber hinaus sind Gefängnisse und Haftanstalten stark frequentierte Orte für Besucher, von Anwälten über polizeiliche Ermittler bis hin zu Familienangehörigen und Freunden der Inhaftierten. Die Häftlinge selbst gehen ein und aus, denn jeden Tag werden neue Personen zugeführt oder entlassen. An Orten mit hoher COVID-Inzidenz mussten außerordentliche Maßnahmen ergriffen werden, um die Übertragung in Gefängnissen und Haftanstalten zu begrenzen. Testen und Screening von Arbeitnehmern, Besuchern und Gefangenen. Erteilung und Durchsetzung von Maskenpflicht. Verringerung der Überbelegung durch vorzeitige Entlassung von nicht gewalttätigen Straftätern und Älteren, die das höchste Infektionsrisiko trugen. In den Vereinigten Staaten, wo es mehr COVID-Fälle und mehr Inhaftierte als in jedem anderen Land gab, waren nur wenige Einrichtungen bereit oder imstande, diese Änderungen der Vorschriften umzusetzen. Die Folgen waren tödlich.

Wir werden nie genau erfahren, wie viele Inhaftierte oder Strafvollzugsbedienstete in den USA sich mit COVID angesteckt haben, weil das Strafjustizsystem im Verlauf des Großteils der Krise keine ausreichende Anzahl von Tests durchführte. Ein Forschungsartikel im *American Journal of Preventive Medicine* berichtet, dass vom 31. März bis zum 4. November 2020 die bestätigte COVID-Infektionsrate bei Vollzugsbeamten in staatlichen und bundesstaatlichen Gefängnissen drei- bis fünfmal höher war als in der Gesamtbevölkerung.⁵⁷ Ein weiterer Artikel in der renommierten Medizinfachzeitschrift JAMA zeigt, dass es bis zum 6. Juni 2020 unter den 1 295 285 Inhaftierten US-amerikanischer Gefängnisse 42 107 bestätigte COVID-Infektionen und 510 COVID-Sterbefälle gab. Die Fallrate, 3251 pro 100 000 Inhaftierte, war mehr als fünfmal so hoch wie in der Gesamtbevölkerung. Die Sterblichkeit innerhalb des Zeitraums, 39 pro 100 000 Inhaftierte, war deutlich höher als die Gesamtsterblichkeit in den USA mit 29 pro 100 000 Einwohner. Wie die JAMA-Studie erläutert, machen alte Menschen, die am stärksten vom Tod durch COVID bedroht sind, nur 3 Prozent der Gefängnisinsassen aus, verglichen mit 16 Prozent der US-Bevölkerung. Als die Autoren die altersbereinigte Sterblichkeit errechneten, stellten sie fest, dass die Wahrscheinlichkeit, an COVID zu sterben, bei den Gefangenen dreimal so hoch ist wie bei Menschen desselben Alters, die nicht inhaftiert sind.⁵⁸

Selbst diese bereinigte Mortalität unterschätzt die tatsächliche Sterblichkeit, zum Teil deshalb, weil bei so vielen Menschen, die in Gefängnissen an COVID starben, die Krankheit nie formal diagnostiziert wurde. Zwar liegen nicht für alle Bundesstaaten Zahlen zu den Sterbefällen vor, doch deuten die verfügbaren Daten darauf hin, dass die Sterblichkeit in Haftanstalten weitaus höher war als in den offiziellen Berichten angegeben. In Florida beispielsweise fand ein Forscherteam des COVID Behind Bars Data Project der UCLA Law heraus, dass es im Jahr 2020 42 Prozent mehr Sterbefälle unter den Inhaftierten gab als erwartet, und von 2019 bis 2020 sank die Lebenserwartung der in diesem Bundesstaat inhaftierten Personen im Alter von zwanzig Jahren um vier Jahre.⁵⁹

Als Investigativjournalisten der *New York Times* die Sterberegister bestimmter staatlicher Gefängnisse in den USA – von New York bis Kalifornien, von Texas bis Ohio – unter die Lupe nahmen, fanden sie eine Menge Fälle, in denen inhaftierte Menschen, die an COVID gestorben waren, nicht in der offiziellen Liste aufgeführt waren. Manchmal wurden erkrankte Inhaftierte in Krankenhäuser überstellt, verstarben sie dort, weigerte sich die Haftanstalt, sie in ihre Statistik aufzunehmen.⁶⁰ Die öffentliche Verwaltung verteidigte dieses Vorgehen. »Es ist unfair, von den Gefängnissen zu erwarten, dass sie irgendwie die Verantwortung dafür übernehmen, was mit den Menschen passiert, wenn sie aus unserer Obhut entlassen werden«, sagte eine Sprecherin des Virginia Beach Sheriff's Office. »Es ist töricht zu glauben, wir könnten diese Tausende von Menschen irgendwie im Auge behalten und die Verantwortung für sie übernehmen.« Doch die Familienangehörigen der Verstorbenen sehen das anders. Der Sohn eines Mannes, der sich in einem Gefängnis in Florida mit COVID angesteckt hatte und kurz darauf starb, sagte der *Times:* »Kann sein, dass tatsächlich noch niemand im Gefängnis an COVID-19 gestorben ist, weil sie ihn zum Sterben ja auch ins Krankenhaus geschickt haben.«[61]

In Rikers Island, wo Persol arbeitet, war der Zusammenhang zwischen Inhaftierung und Sterberate schwieriger zu hinterfragen. Im Juli 2021 wurde Vincent Mercado, 64 Jahre alt, übergewichtig und mit Kreislaufproblemen, wegen illegalen Besitzes einer Schusswaffe und Drogen, die die Polizei in einem geparkten Fahrzeug fand, verhaftet. Obwohl Mercado darauf bestand, dass die Ware seinem Partner gehörte, ordnete ein Richter seine Unterbringung in Rikers an und setzte die Kaution auf 100 000 Dollar fest, weit mehr, als er zahlen konnte. Mercado landete auf der Krankenstation, wo er einem erhöhten Risiko ausgesetzt war, sich mit dem Coronavirus anzustecken. »Es zeigte sich, dass das der übelste Platz war, an dem er hätte sein können«, sagte sein Anwalt James Kilduff. Er plädierte für eine Herabsetzung der Kaution unter Hinweis auf Mercados fortgeschrittenes Alter und seinen prekären Gesundheitszustand. Der Richter lehnte ab. Wie vorauszusehen war, steckte sich Mercado mit COVID an, und seine Symptome wurden schnell so ernst, dass das Gefängnis ihn ins Elmhurst Hospital Center in Queens verlegte. Am Tag seiner Verlegung gewährte der Richter Mercado schließlich die Notentlassung. Zu dem Zeitpunkt war dies jedoch nicht mehr von Bedeutung. Nur Stunden später starb Mercado.[62]

Im Juni 2020 bewerteten Forscher der Prison Policy Initiative (PPI), einer gemeinnützigen, überparteilichen Organisation, die sich für Strafjustizreform einsetzt, und Mitglieder der American Civil Liberties Union die Maßnahmen, die jeder einzelne US-Bundesstaat in den ersten Monaten der Pandemie zum Schutz von Inhaftierten und Strafvollzugsbediensteten ergriffen hatte. Die Ergebnisse sind entmutigend. »Trotz all der Informationen, all der Menschen, die zum Handeln aufrufen, und der offensichtlichen Notwendigkeit reichten die Reaktionen der einzelnen Bundesstaaten von bestenfalls unorganisiert beziehungsweise ineffektiv bis zu schlimmstenfalls gar nicht vorhanden«, so der Bericht.[63] Nicht alle Bundesstaaten gingen mit COVID gleich um, und einige waren rücksichtsvoller oder auch grausamer als andere. Kalifornien beispielsweise bot den Häftlingen im ersten Jahr der Krise kostenlose Telefongespräche an, um die Qual der sozialen Isolation zu lindern, und stellte kostenlose Hygieneartikel zur Verfügung, um das Infektionsrisiko zu verringern. Die Überbelegung wurde eingedämmt, indem die Gesamtzahl der Inhaftierten durch frühzeitige Entlassungen und verzögerte Einweisungen um fast 20 Prozent reduziert wurde (obwohl die Einrichtungen, wie die Forscher anmerken, vor der Pandemie so überfüllt waren, dass sie auch nach diesen Bemühungen über der Belegungskapazität blieben).[64] In Texas verweigerten die Behörden diese Reformen. Keine kostenlosen Anrufe. Keine beschleunigten Bewährungsauflagen oder medizinisch begründete Entlassungen. Keine Planungen, Häftlinge vorrangig zu impfen. Keine Maßnahmen zur besseren Verfügbarkeit von Handdesinfektionsmitteln und Seife.[65]

Diese Unterschiede spielten zwar eine Rolle, aber nur marginal. Sowohl Texas als auch Kalifornien haben enorme Häftlingszahlen in chronisch überfüllten, personell unterbesetzten und unhygienischen Gefängnissen, und beide Staaten belegten die ersten beiden Plätze hinsichtlich bestätigter COVID-19-Sterbefälle in Haftanstalten. Der Bericht des PPI und der ACLU schlussfolgerte: »In keinem Bundesstaat wurde die Zahl der Gefangenen auch nur annähernd angemessen reduziert, obwohl einige Gouverneure Anordnungen oder Richtlinien erließen, die darauf abzielten, mehr Menschen schnell freizulassen.«[66] Kein Bundesstaat führte allgemeine COVID-

Tests an Gefangenen und Personal durch, nicht viele Staaten nahmen umfangreichere Verbesserungen an ihren Belüftungssystemen vor oder setzten Abstandsregeln um, die die Virusverbreitung hätte verringern können. Unklar ist, wie viele Menschenleben hätten gerettet werden können, wenn die Bundesstaaten substanziellere Änderungen zum Schutz der inhaftierten Männer und Frauen vorgenommen hätten. Aber es ist erwähnenswert, dass Frankreich, wo man in der Frühphase der Pandemie weitaus offensiver mit der Entlassung von Gefangenen umging, vom ersten Ausbruch bis zum 1. Juni 2020 nur einen COVID-Todesfall unter den Gefängnisinsassen meldete. Die USA hingegen meldeten im Vergleichszeitraum 510 Fälle.[67]

Die Noten, die PPI und ACLU für die Leistung der staatlichen Gefängnisse während der Pandemie vergaben, reichten von ungenügend bis gerade noch befriedigend, wobei Illinois nicht benotet wurde, weil die Daten Gegenstand eines schwebenden juristischen Verfahrens waren. Die Wahrheit lautet: In fast jedem Gefängnis und in nahezu jeder staatlichen Haftanstalt der USA sollte genau untersucht werden, wie mit Inhaftierten und Vollzugsbeamten in der Pandemie umgegangen wurde. Man isolierte jene, die Kontakt brauchten, und legte jene zusammen, die Schutz gebraucht hätten.

Immerhin, in diesem Punkt befanden sich die USA in guter Gesellschaft. Überall auf der Welt rangen Staatsregierungen um das richtige Gleichgewicht zwischen Abstandhalten und sozialem Kontakt, beides waren wichtige Faktoren, um das erste Pandemiejahr zu überstehen. Aber die USA setzten mehr als andere wohlhabende demokratische Gesellschaften auf Masseninhaftierungen von Bürgern, die bestraft werden sollten, und auf Niedriglohnangestellte für ältere und pflegebedürftige Menschen. Diese grundlegenden Merkmale des US-Sozialsystems führen bis heute dazu, dass Millionen Amerikaner nicht nur in Krisenzeiten, sondern tagtäglich weitaus schutzloser leben als nötig.

Kapitel 9

»Die Brücke«

Nuala O'Doherty

Nuala O'Doherty kochte vor Wut. »Ehrlich?«, dachte sie. »Begreifen denn diese Leute nicht, wie Queens funktioniert?«
Es war der 31. Dezember 2019. Die 51-jährige O'Doherty, Irish American der ersten Generation und verheiratet mit einem aus Ecuador stammenden Automechaniker, war über die Feiertage zu Hause in Jackson Heights – nicht gerade erholsam, aber immerhin zu Hause bei ihren fünf Kindern und ihrem Enkelkind und zusammen mit lieben Freunden, der fünfköpfigen Familie, die im Erdgeschoss des Hauses wohnte. Anfang des Jahres war O'Doherty, eine energiegeladene Frau von gerade mal 1,50 Meter, nach 23 Jahren als Staatsanwältin im Büro der Bezirksstaatsanwaltschaft von Manhattan in den Ruhestand gegangen. Aber die Rente, so erzählte sie mir, war eigentlich endlich die Gelegenheit, sich sinnvollerer Arbeit zu widmen. Im Herbst hatten Nachbarn O'Doherty zu einem unerwarteten Projekt gedrängt: Sie kandidierte für die New York State Assembly. Und da war sie nun, Weihnachten gerade frisch überstanden und einen Tag vor Silvester, unten im Keller, ihrer Wahlkampfzentrale, und dachte über Lösungen für die Probleme in ihrer Stadt nach. Sie hatte nur nicht damit gerechnet, dass das öffentliche Verkehrssystem eines davon sein würde.

An diesem Tag hatte die Metropolitan Transit Agency (MTA), um die Rentabilität zu steigern und die Betriebskosten zu senken, einen Planungsentwurf namens Queens Bus Redesign veröffentlicht, der die Streichung von Bushaltestellen im größten und vielfältigsten Stadtbezirk vorsah. »Das Ergebnis einer umfassenden Bereinigung der bestehenden Haltestellen und einer Neugestaltung des Netzes«, sagte Mark Holmes, CEO von MTA Bus.[1] Nach der Realisierung, so versprach Holmes, wären die Fahrtzeiten für fast alle Fahrgäste kürzer. Das hörte sich gut an, denn Queens mit seinen 2,3 Millionen Einwohnern, von denen fast die Hälfte außerhalb der USA geboren wurde, ist ein Stadtbezirk mit schwer arbeitenden Menschen, deren Jobs überall in der Region sind, soweit es der öffentliche Nahverkehr eben zulässt. Jeder in Queens ist an überfüllte U-Bahnen und Busse gewöhnt, die im dichten Stadtverkehr stecken bleiben. Das gehört hier zum Alltag, so vorhersehbar wie die Jahreszeiten. Man kommt nur pünktlich zur Arbeit, wenn man etwas früher losfährt und dafür etwas Schlaf opfert. Man drängelt sich zu einem Sitzplatz vor. Man verschafft sich ein paar Zentimeter Platz zum Atmen. Man wartet.

O'Doherty war sehr für schnellere Busse. Sie erfuhr aber, dass die MTA die Dinge beschleunigen wollte, indem sie weniger Haltestellen anbot. Bei kürzeren Strecken. Die Fahrgäste zur U-Bahn schicken, statt sie wie bisher mit dem Bus zu fahren. Der Plan sah die Abschaffung des fast immer vollen Q49-Busses vor, der sich durch East Elmhurst und Jackson Heights schlängelte und am modernen, barrierefreien Express-U-Bahn-Knotenpunkt endete. Darüber hinaus sollten Verbindungen zwischen den einzelnen Vierteln von Queens gestrichen und der durchschnittliche Abstand der Bushaltestellen von etwa 250 Meter auf circa 400 Meter vergrößert werden, sodass man sehr viel länger laufen musste.[2] »Unmöglich, dass das mit den gegenwärtigen Fahrgästen in Jackson Heights abgesprochen wurde«, schrieb Jim Burke, ein Fürsprecher des Nahverkehrs, der ein paar Blocks von O'Doherty entfernt wohnt und sie im Wahlkampf unterstützte. »Ich kann mir nicht vorstellen, dass irgendjemand *weniger* Dienstleistung, weniger Routen und weniger Haltestellen fordert.«[3] O'Doherty erachtete den Plan – und das Verfahren, das dazu geführt hatte – als eine Beleidigung für ihre Community. »Er war« sagte sie, »total bescheuert.«

Aber auch erhellend. O'Doherty fand, der Plan zeigte allen, wie wenig den Verantwortlichen von New York City am Wohlergehen der Leute in Jackson Heights lag, wie leicht sie überhört werden konnten, wie viel sie zu verlieren hatten – Beschäftigungsaussichten, Mobilität, Zugang zu Dienstleistungen, Gesundheitsgrundversorgung und Notfallschutz – es sei denn, sie könnten sich dagegen auflehnen.

Nicht, dass es einfach gewesen wäre, das zu organisieren. Engagement für die Gemeinschaft ist in Jackson Heights immer kompliziert, da die Bewohnerschaft 167 Sprachen spricht, was es, wie es die *New York Times* formulierte, »zum kulturell vielfältigsten Viertel in New York, wenn nicht sogar auf dem ganzen Planeten« macht.[4] Aber O'Doherty lebte schon seit fast zwanzig Jahren dort, und von Anfang an war ihr aufgefallen, wie wenig die Stadtverwaltung von New York in Jackson Heights für das Wohl der Allgemeinheit anbot. Was das Stadtgrün anbelangt zum Beispiel: Mit weniger als zwei Quadratmeter Parkfläche pro Einwohner, verglichen mit 140 Quadratmetern pro Einwohner in Vierteln mit mehr Natur, ist Jackson Heights eine Wüste.[5] An den Schulen fehlen in der Regel Sportplätze. Einige haben keine Spielplätze, nicht einmal für die Kleinsten.

Dabei dürfte es in New York City schwerlich Einwohner geben, die schöne öffentliche Plätze nötiger haben als die Bürgerinnen und Bürger von Jackson Heights. Jede vierte Wohnung wird hier als »überbelegt« eingestuft (das heißt, pro Zimmer lebt dort mehr als eine Person). Damit gehört Jackson Heights hinsichtlich der Wohnungsversorgung zu den am stärksten überlasteten Gegenden von New York City.[6] »Hier leben Familien eng zusammen«, erklärte O'Doherty. »Sie zerstückeln die Wohnungen und schaffen so eine Menge neuer Zimmer. Dann leben acht oder zehn Leute in einer Wohnung. Das vermittelt ihnen Sicherheit. Eine Person kann ihren Job verlieren, und trotzdem geht es allen gut.« Wegen dieser Bedingungen, der boomenden Restaurantszene und den Straßenmärkten stellt die Abwasserentsorgung eine ständige Herausforderung dar. Die Stadt schafft es immer wieder nicht, für Sauberkeit zu sorgen, und das bedeutet, dass die Einwohnerschaft von Jackson Heights, wie in den meisten Bereichen ihres Lebens, mit dieser Aufgabe allein gelassen wird.

»So lernte ich das Viertel kennen«, erzählte mir O'Doherty. »Ich erfuhr von der Jackson Heights Beautification Group. Man traf sich am Samstagmorgen um 8 Uhr und machte gemeinsam sauber, trug diese orangefarbenen Shirts und ging die Straßen auf und ab. Ich sagte, da mache ich mit!« Besonders begeistert war sie von den Gardening-Pojekten der Gruppe. »Ich bin in einer Einwandererfamilie aufgewachsen, und wir sind immer wieder umgezogen«, erklärte sie. »Ich hatte nie das Gefühl, irgendwoher zu kommen, und das wollte ich auch für meine Kinder. Als ich hierher zog, wollte ich, dass sie sich selbst einen Platz erschaffen. Und wenn du irgendwo eine Blume pflanzt, dann ist das dein Platz.« Ihr Mann, der samstags ausschlief, bestand darauf, dass O'Doherty die drei jüngsten Kinder mitnahm, damit er seine Ruhe hatte. »Er dachte, ich würde dann nicht gehen«, erinnerte sie sich. Doch schon bald wurde das zum Familienritual: Die Kinder anziehen. Schnell Frühstück machen. Zur Tür hinausrennen und die Reinigungstruppe finden. »Manche Leute gehen in die Kirche, ich wollte so Dienst an der Gemeinschaft leisten«, sagte sie. »Auf diese Weise reinige ich meine Seele.«

Seit ihrem Collegeabschluss leistete O'Doherty gemeinnützige Arbeit. Zunächst in Rochester, wo sie ein Praktikum bei Eastman Kodak absolvierte und sich berufen fühlte, in einem Obdachlosenheim auszuhelfen. Dann während ihres Jurastudiums an der St. Johns University und als sie im Stadtteil Astoria wohnte und Stammgast in der Bodega um die Ecke wurde, die als Gemeindezentrum für Latino-Migranten fungierte. Dort herrschte immer Drama und reges Treiben, und O'Doherty machte sich schlau, wie sie ihren Freunden helfen konnte, sich an einer Schule anzumelden, an öffentlichen Förderprogrammen teilzunehmen oder Probleme mit der Wohnung und Miete zu lösen. Sie arbeitete ehrenamtlich bei der Rechtshilfe und war während der Zeit an der Graduate School eigentlich davon überzeugt, eine juristische Laufbahn in einer Organisation einzuschlagen, die Armut bekämpft. »Aber dann fand ich heraus, wie schwer es war, in diesem Bereich überhaupt einen Job zu bekommen«, sagte O'Doherty. »Ich erhielt ein Praktikum bei der Staatsanwaltschaft der Bronx, im Morddezernat. Und das gefiel mir sehr. Ich meine, wow! Das war besser als *Law & Order*. Ich habe dort Fälle bearbeitet, die mir für immer in Erinnerung bleiben werden, Dinge, die ich nie vergessen werde.« Nach der Promotion bot ihr die Staatsanwaltschaft von Manhattan, eine renommierte Abteilung, die für die Verfolgung hochkarätiger Fälle bekannt ist, eine Vollzeitstelle an. »Ich konnte es nicht fassen«, erinnerte sie sich. »Sie hatten mich Jahr für Jahr für ein Praktikum abgelehnt.« Aber mittlerweile besaß sie neue Qualifikation. Nicht nur was Jura anbelangte – sie hatte eine Empfehlung (und ein Jobangebot) vom legendären Brooklyner Staatsanwalt Charlie Hynes erhalten –, sondern auch die Bodega um die Ecke. »Wenn du eine gute Staatsanwältin werden möchtest«, sagte sie mir, »ist das Beste, du machst dich mit dem Leben in einer Bodega vertraut.«

O'Doherty stammt aus einer Familie von engagierten, pflichtbewussten Arbeitern. Ihre Eltern hatten beide einen Doktortitel in Chemie – das führte sie von Irland nach Indiana, wo sie in der Pharmaindustrie arbeiteten und ihre Kinder zum Studium drängten, als hinge ihr Leben davon ab. O'Dohertys Schwester ist heute Professorin für Medizin, ihr Bruder Professor für Chemie. »Beide«, sagte O'Doherty, »arbeiten nicht so viel wie die Leute in der Bodega. Ich habe sonst nie ein solch anstrengendes Leben gesehen.« Einige ihrer Freunde dort leisteten harte körperliche Arbeit. Sie freundete sich mit einem jungen Typen aus Mexiko an, dessen Aufgabe es war, Getränkekästen aus dem überheizten Lagerraum im Keller nach oben in die Regale zu schleppen. »Er trug diese schweren Limokästen selbst bei gefühlt 50 Grad. Er arbeitete zehnmal härter als ich. Davor hatte ich großen Respekt.«

Die meisten Leute, die O'Doherty kannte, arbeiteten illegal. Keine Krankenversicherung. Keine Sozialversicherung. Keine bezahlten Urlaubs- oder Krankheitstage. Entweder man arbeitet, oder man kann die Miete nicht zahlen. Als sie sich in Marcelino verliebte, ihren zukünftigen Ehemann, bekam sie mit, was es heißt, in New York City als Automechaniker zu arbeiten. »Später, als ich

Staatsanwältin wurde, lernte ich Drogendealer kennen. Und die arbeiten wirklich hart. Man muss tagein, tagaus an Ort und Stelle sein. Das ist ein Job. Man muss ihn machen. Ich habe immer versucht, ihre Perspektive zu verstehen und wie sie ihr Leben sehen. Viele meiner Kollegen betrachteten sie von oben herab, behandelten sie, als wären sie dumm. Vielleicht haben sie manch schlechte Entscheidung getroffen, aber sie befanden sich immer in einer schwierigen Lage. Und ich habe sie immer respektvoll behandelt.«

Der Respekt für harte Arbeit und hart arbeitende Menschen kam O'Doherty in Queens zugute. Es half der jungen Erwachsenen, sich in Astoria ein Leben aufzubauen, aber es machte sich richtig bezahlt, als sie 2002 mit Marcelino und den Kindern nach Jackson Heights zog. »Wir haben ein großes Haus gekauft«, sagte sie. »Ich hatte von meinem Vater etwas Geld bekommen und noch etwas mehr von meinem Schwager, weil seine Frau am 11. September im World Trade Center ums Leben gekommen war und ich mich um alles für den Victim Compensation Fund kümmerte, den Opferentschädigungsfonds, um die Polizeiangelegenheiten, die Identifizierung der Leiche, diese schrecklichen Dinge.« O'Dohertys Haus ist eine Backsteindoppelhaushälfte mit zwei Wohnungen, einem Keller, einer Garage und einem kleinen Garten. Es liegt nur wenige Blocks entfernt von einer U-Bahn-Linie, mit der man unkompliziert nach Manhattan kommt. In einem Viertel, in dem die Menschen dicht an dicht wohnen, verfügte O'Doherty nun über fast 360 Quadratmeter Wohnfläche. »Aber das Haus war eine totale Baustelle«, berichtete sie. »Es hatte gebrannt, und das Dach war löchrig wie ein Sieb. Nur deshalb konnten wir es uns leisten.« Es musste komplett saniert werden. Das würde Jahre dauern, und ihre Familie, angeführt von Marcelino, würde die Renovierungscrew sein.

Bald fanden die Nachbarn heraus, dass O'Doherty eine Menge drauf hatte. Eine Chilenin namens Beatrice organisierte die samstäglichen Säuberungsaktionen, und als sie erfuhr, dass ihre neue Ehrenamtliche Juristin war, bat sie sie, eine Finanzhilfe für die Arbeit zu beantragen. Als sie den Zuschuss erhielten, nutzten sie das Geld, um neue T-Shirts und Plakate zu kaufen und weitere Helfer anzuwerben. O'Doherty schaute sich die Arbeitsweise der Gruppe genauer an und stellte fest, dass eine Geschäftsstraße gesäubert wurde, in der die Geschäftsinhaber gesetzlich zur Reinigung verpflichtet waren. O'Doherty teilte ihnen mit – vielleicht nicht allzu höflich –, dass sie ab sofort ihren Verpflichtungen nachkommen oder, wie sie es ausdrückte, mit »Zwangsmaßnahmen« rechnen müssten. Sie und Beatrice schickten von nun an die Ehrenamtlichen in die Bereiche des Viertels, die ihre Hilfe wirklich benötigten. Die Boulevards, zum Beispiel. Kleine ungepflegte Gärten. Grundstücke in der Nähe des BQE, des Brooklyn-Queens Expressway, auf denen die Leute illegal Müll entsorgten, weil die offenbar niemandem so richtig gehörten. Auf einmal gab es mehr Stellen zu säubern, als sie bewältigen konnten. O'Doherty, deren Kinder mittlerweile die öffentlichen Schulen in der Nähe besuchten, hatte auch dafür eine Lösung.

Das Martial Arts-Studio. Die Elterngruppe. Die Hundebesitzer. Die Gärtner. Die religiösen Gruppen. Jackson Heights war voll von aktiven Menschen und kleinen, aber fleißigen Organisationen. Würden die nicht alle mit anpacken? Inzwischen engagierte sich O'Doherty auch in der Elternvertretung der Schule. Sie konnte es nicht lassen. Sie hatte sich mit vielen gut gebildeten, berufstätigen Leuten in Jackson Heights angefreundet, die in schönen alten Häusern lebten und nach Manhattan pendelten. »Die meisten schickten ihre Kinder auf Privatschulen, katholische Schulen«, berichtete sie. »Ich hatte fünf Kinder und steckte jeden Dollar, den ich verdiente, ins Haus. Wir mussten die öffentlichen Schulen nehmen, und ich musste eben dafür sorgen, dass sie gut waren.« Für jedes kleine Projekt, das O'Doherty in Angriff nahm, bildete sie ein Team von Verbündeten. Partner. Manchmal Freunde. Sie spürte es erst nicht, aber schon bald hatte sie überall im Viertel Wurzeln geschlagen, sich mit anderen Menschen verbunden und in alle möglichen kleinen Welten eingebracht. Die Säuberungsprojekte. Gardening-Projekte. Schulprojekte. Schutzprojekte. O'Doherty war ein Bindeglied. Sie konnte ihre Nachbarn dort hinbewegen, wo sie gebraucht wurden.

In den ersten Tagen des Jahres 2020 erkannte O'Doherty, dass der neue MTA-Busplan sowohl ein Hindernis als auch eine Chance darstellen könnte. Einerseits drohte er den routinemäßigen Alltag des Viertels auseinanderzureißen und allen den Weg zur Arbeit zu erschweren. Andererseits bot er die Möglichkeit, die Community zu einen – beziehungsweise eine neue zu bilden, denn trotz aller ethnischer Unterschiede hatten die Menschen in Jackson Heights etwas gemeinsam: Sie waren sauer auf die MTA. O'Doherty hatte noch nie für ein öffentliches Amt kandidiert. Sie hatte sich nie vorstellen können, Politikerin zu werden, hatte nie geglaubt, dass sie die nötigen Stimmen gewinnen könnte. Aber sie erkannte eine politische Lücke, wenn sie eine sah. »Ich stellte meine gesamte Kampagne auf das Thema Bus um«, erinnerte sie sich. »Wir gingen zu jeder Bushaltestelle und verteilten Flugblätter: Nuala an 34! Stoppt die Kürzungen beim Bus! Stoppt Kürzungen beim Bus!« Sie klopften an Haustüren, gingen auf die Straßenmärkte, hielten Kundgebungen ab, sorgten für Berichterstattung in den lokalen Medien, starteten eine Petition und sorgten für viel Empörung und Unterstützung.

»Das war eine großartige Kampagne«, sagte sie. »Und dann, im Februar, war diese große Kundgebung beim Elmhurst Hospital geplant. Die Leute meinten zu mir: ›Ich will nicht in die Nähe des Krankenhauses. Ich habe gehört, dass es dort dieses Virus gibt.‹ Ich darauf: ›Ihr seid verrückt! Los!‹ Wir sind immer noch auf die Märkte und versuchten, mit unserer Petition auf den Stimmzettel zu kommen. Alles gut.« Anfang März merkte sie, dass etwas nicht stimmte. »Als würde ein Sturm aufziehen«, erklärte sie. »Bei uns im Keller war der War Room, die Wahlkampfzentrale. Meine ganze Familie war da, um mir beim Sammeln der Unterschriften zu helfen. Alle Drucker liefen. Wir beeilten uns. Jeder machte Druck: »Schneller, schneller!« Sie wollten nicht den Schwung verlieren für den Fall, dass die Stadt geschlossen wurde.

Anfang März erzählte ihr Freund Jim Burke, der sich ebenfalls für den Nahverkehr einsetzte, dass er zu einer Spendenaktion für Carlina Rivera ging, die für das City Council in Manhattan kandidierte. »Das war in einer überfüllten Bar«, erzählte sie mir. »Ich war am Abend zuvor in einer Bar gewesen. Es war sehr eng, und wir spuckten uns beim Sprechen geradezu an, und ich dachte: Ich werde hier krank. Ich muss gehen! Ein paar Tage später rief Jim mich an und sagte: ›Ich fühle mich nicht gut.‹ Ich habe ihn daraufhin etwa zwei Wochen nicht gesehen, und danach sagte er: ›Es ist sehr merkwürdig, ich kann nichts schmecken.‹ Jeder weiß, dass Jim gern isst. Er liebt Erdnussbutter! Und er meinte jetzt: ›Ich mag sie nicht mehr. Sie schmeckt wie Schlamm.‹ Das war ganz am Anfang. Wir wussten nicht, dass es so etwas gibt. Aber wir merkten, da passierte was. Einfach so, wow.«

Ehe sie sich's versah, war die Krankheit überall. Ihre Kampagne geriet ins Stocken und alles andere auch. Am 14. März erließ Gouverneur Cuomo eine Durchführungsverordnung, mit der die Zahl der erforderlichen Unterschriften für die Zulassung zur Wahl auf 30 Prozent der ursprünglichen Zahl gesenkt und die Einreichungsfrist von Petitionen per 17. März beendet wurde. O'Doherty hatte sich bereits qualifiziert, also fuhr sie mit ihrer Tochter zum Wahlamt, um die notwendigen Unterlagen abzugeben. »Meine Tochter ging mit dem Anwalt hinein«, erinnerte sie sich. »Ich blieb draußen und parkte irgendwo verbotenerweise. Von überall aus der ganzen Stadt kamen Leute und reichten Petitionen ein, alle in diesen kleinen Räumen.« In der Woche übergaben Hunderte von Kandidatinnen und Kandidaten ihre Petitionen, pünktlich. O'Doherty stand auf dem Stimmzettel, und das Coronavirus war auf dem Vormarsch. Jim erholte sich. Doch im April wurde ein Dutzend Mitarbeiter der Wahlbehörde positiv auf COVID-19 getestet, zwei starben.[7] Plötzlich lief das Rennen anders. Alles war anders. Vor allem in Jackson Heights.

»Ich erinnere mich an das Vogelgezwitscher«, sagte O'Doherty. »Es war Frühlingsanfang, überall blühte Leben. Und es war still. Absolut still. Niemand fuhr Auto. Niemand spielte auf der Straße. Kaum ein Geräusch. Nur die Vögel waren zu hören. Die Vögel und die Sirenen. Es kam mir vor, als wäre in jedem Block ein Krankenwagen unterwegs.«

Von März bis Mai, als New York City zum weltweiten Corona-Hotspot wurde, war Jackson Heights sein glühender Kern. Zusammen mit den angrenzenden, ähnlich aus den Nähten platzenden Migrantenvierteln Elmhurst, East Elmhurst und Corona gehörte Jackson Heights zu einem Cluster inmitten von Queens mit mehr Infektionen, mehr Hospitalisierungen und mehr Sterbefällen als in jedem anderen Teil der Stadt und in jedem anderen Teil der Welt. »Wir sind das Epizentrum des Epizentrums«, sagte Daniel Dromm, Vertreter von Elmhurst und Jackson Heights im City Council. »Das ganze Viertel war schockiert.«[8]

Umgehauen trifft es eher. Eine Möglichkeit, die Auswirkungen dieser Ereignisse zu messen, sind die offiziellen Zahlen der New Yorker Gesundheitsbehörde zur Mortalität. In der Woche, die am 21. März endete, lag die COVID-19-Sterblichkeit für Jackson Heights bei acht pro 100 000 Einwohner, während sie in den angrenzenden Stadtteilen wie Corona und Flushing bei null lag und in der gesamten Stadt 0,13 betrug. In der darauffolgenden Woche stieg die Mortalität in Jackson Heights auf vierzig pro 100 000 Einwohner, verglichen mit neun in New York City. Im April, als sich die Fälle schnell ausbreiteten, war die Sterblichkeit in Jackson Heights und den umliegenden Vierteln etwa doppelt so hoch wie in der Stadt insgesamt.

Es ist schwer, genau zu sagen, wie viele Infektionen es im Zentrum von Queens gab, da für die Zählung Tests erforderlich gewesen wären, und zu dieser Zeit gab es nur wenige Tests. Am 9. April 2020 vermeldete die *New York Times* mehr als 7000 Fälle im »Sieben-Quadratmeilen-Fleckchen dicht bewohnter Einwanderer-Enklaven« im Zentrum von Queens.[9] Das Elmhurst Hospital Center, eine öffentliche Einrichtung mit 545 Betten im Herzen des Gebiets, war so schnell überbelegt, dass die Patienten die Flure und die Aufnahme füllten, während diejenigen, die einen Test benötigten, draußen stundenlang in langen, sich windenden Schlangen warteten und oft abgewiesen wurden, weil keine Tests mehr verfügbar waren. Manche Menschen starben, bevor sie versorgt werden konnten. Die Verwaltung hatte keine andere Wahl, als einige Patienten in andere Krankenhäuser zu verlegen und die Verstorbenen in einer Reihe vor dem Krankenhaus stehender Kühltrucks zu lagern. Ein Krankenhausmitarbeiter beschrieb, er hätte das Gefühl, das Krankenhaus wäre »im Belagerungszustand«.[10]

O'Doherty brauchte das Krankenhaus nicht zu sehen, um zu wissen, wie schlimm die Lage in ihrem Viertel war. »Mein Schwager erkrankte früh«, erzählte sie mir. »Sehr krank. Er wurde an das Beatmungsgerät angeschlossen, zunächst für einen Tag, dann wurde es entfernt. Und dann hing er wieder vierzehn Tage dran. Er war tatsächlich einer der ersten Menschen, von denen ich hörte, die deshalb ins Krankenhaus kamen. Und als ich zu seiner Familie ging, um ihnen zu helfen, waren sie so verängstigt, dass sie nicht mal die Tür öffnen wollten.« Die Angst war verständlich. Ganze Haushalte mit vielen Angehörigen waren dem Virus zum Opfer gefallen. O'Doherty beschrieb, wie in den Straßen in ihrer Nähe die Krankenwagen kamen, einer nach dem anderen: »Wenn der Krankenwagen kam und wieder fuhr, war das okay. Aber wenn sie blieben, gab es ein Problem. Sie versuchten dann, Leute wiederzubeleben. Dann kam ein weiterer Krankenwagen. Dann der Gerichtsmediziner. Er trug einen Raumfahrtanzug. Dieser große weiße Overall, und alle Leute im Gebäude kamen in T-Shirts und Shorts heraus. Keine Masken. Kein Schutz. Und wir sahen uns an und sagten: O Mann, jeder in diesem Haus hat es. Es war so seltsam. Es schien nicht real zu sein.«

Ihr Schwager überlebte und wurde aus dem Krankenhaus entlassen. Die beiden Menschen in O'Dohertys Nachbarhaus nicht. Bald rieten sich die Menschen in Jackson Heights, das Elmhurst Hospital Center um jeden Preis zu meiden. »Es gab Horrorgeschichten über das Elmhurst Hospital und wie schlimm es dort war«, erzählte mir O'Doherty. »Eine meiner Nachbarinnen brauchte dringend Hilfe, weil ihr Mann krank war, aber sie wollte nicht den Notruf wählen, weil sie wusste, dass er nach Elmhurst gebracht werden würde.« Es ging nicht nur um das Krankenhaus. O'Doherty hörte von Leuten, die Supermärkte, Apotheken und sogar Bodegas mieden. Jeder im Viertel hörte die Sirenen, sah die Männer in Schutzanzügen, die die Verstorbenen wegtrugen. Sie konnten sich keine Masken besorgen, nicht einmal Desinfektionsmittel, Papiertücher oder Seife. Sie kauerten sich zusammen, unsicher, wie sie sich draußen schützen sollten, unsicher, wie sie an die Grundnahrungsmittel kommen sollten, die sie zum Überleben brauchten. O'Doherty erkannte, dass in der Nachbarschaft wahrscheinlich alle Menschen in dieser Situation waren. Ihr Keller war nach wie vor die Wahlkampfzentrale, aber das Thema ihrer Kampagne hatte sich dramatisch verändert. Jetzt ging es um das Leben an sich.

O'Dohertys wichtigstes Instrument war ein Post-it-Zettel. »So wurde ich berühmt«, scherzte sie. »Macht das nie!« Tatsächlich meinte sie das genaue Gegenteil. Das Post-it markierte den Beginn eines transformativen kollektiven Projekts, das ihre Nachbarn in einer Form zusammenschweißen sollte, die O'Doherty sich nie hätte vorstellen können – und das vielleicht für immer. Regierungen auf der ganzen Welt rieten den Menschen zum »Abstandhalten« als Überlebensstrategie. Doch O'Doherty fand das unlogisch, und an Orten wie Jackson Heights funktionierte es nicht. In Wirklichkeit brauchten die Menschen dort das Gegenteil. Soziale Verbundenheit. Unterstützung. Noch nie waren sie mehr auf ihre Nachbarn angewiesen.

Physische Distanz. Das war vernünftig. Das hat die Menschen davor bewahrt, krank zu werden.

Aber soziale Solidarität. Die war wesentlich. Und die Methode, sie herzustellen, war die gegenseitige Hilfe.

Am 13. März wandte sich O'Doherty an die Ehrenamtlichen in ihrem Wahlkampfteam.[11] »Ich sagte: ›Klebt einen Post-it-Flyer an die Tür eurer Nachbarn. Gebt ihnen meine Telefonnummer.‹ Für mich war das keine große Sache. Die ganze Welt hat sozusagen meine Telefonnummer. Das ist mir egal. Ich habe ein Foto von einem Post-it mit meiner Nummer gemacht, und wir haben einen Flyer gedruckt. Wir sagten den Leuten, sie sollten sie an ihre Nachbarn weitergeben, und dann sind wir an die gleichen Orte, an denen wir die Busflyer verteilt hatten, und verteilten jetzt die neuen Zettel dort.« Schon bald kursierten im Viertel Tausende von Flyern mit O'Dohertys Telefonnummer und der Nachricht »Rufen Sie mich an, wenn Sie Hilfe brauchen«. O'Dohertys Ziel war einfach: Sie wollte, dass jeder in Jackson Heights mit jemandem in Verbindung steht, der ihn unterstützen kann, ein Ohr, eine Stimme, eine helfende Hand. Sie hatte nicht geahnt, wie viel Hilfe die Menschen brauchen würden, während sich die Pandemie hinzog. Aber sie hatte auch nicht gewusst, wie viel ihre Nachbarn bereit waren zu geben.

Es war ungewöhnlich, wie viele Menschen mitmachen wollten. »Sofort boten mir etwa hundert Leute an, sich ehrenamtlich zu engagieren«, erzählte sie mir. »Das war der Anfang von COVID Care«, sagte sie über das von ihr organisierte Netzwerk für gegenseitige Hilfe. (Der offizielle Name lautete COVID Care Neighbor Network.) »Aber wir wussten nicht, wo die Probleme lagen, was die Menschen brauchten.«

O'Doherty nennt die Anfangsphase die »Zeit der Verwirrung«, gefolgt von einer kurzen Phase, die sie als »Pause im Leben« bezeichnet. Nachbarn riefen an, um zu fragen, ob jemand ihre Wäsche abholen, Reinigungsmittel besorgen oder Lebensmittel liefern könnte. Das waren kleine Überbrückungsmaßnahmen, und die waren leicht zu bewerkstelligen. Doch ab der zweiten Woche wurden die Anrufe beängstigend. »Eines Morgens rief jemand an und bat um eine warme Mahlzeit. Meine Tochter kocht gern und hat etwas zubereitet. Wir brachten das Essen vorbei und fanden eine ältere Frau vor. Sie wartete auf uns und riss die Tür auf. Sie konnte kaum noch stehen. Ihrem Mann ging es noch schlechter. Am nächsten Morgen rief sie wieder an und sagte, ihr Mann sei gestorben. Wir hatten ihm seine letzte Mahlzeit gekocht.« Kurze Zeit später fragte eine Frau, deren Mann zu Hause gestorben war, ob jemand kommen und ihre Wohnung sauber machen könnte. Dann erhielt O'Doherty einen Anruf von einer Nepalesin, einer Mutter mit zwei kleinen Kindern zu Hause. »Ihr Mann war gerade mit COVID ins Krankenhaus gekommen«, erzählte O'Doherty. »Sie war auch sehr krank, und die Rettungssanitäter wollten sie auch mitnehmen. Sie wollte wegen der Kinder nicht. Niemand sonst wollte in die Wohnung und helfen, also ging ich selbst. Das war einfach eine Angelegenheit, um die man niemanden sonst bitten konnte.«

O'Doherty verfügt über einen ganzen Fundus von Geschichten aus dieser Zeit, jede mit ihren eigenen speziellen Schrecken. Rückblickend, so berichtete sie mir, war dies noch eine relativ ruhige Zeit für die Arbeit von COVID Care Network. Gefährlich. Stressig. Aber ruhig. Erst Anfang April begann ihr Telefon ständig zu klingeln. »Das nenne ich die Crash-Phase«, sagte O'Doherty. »Der finanzielle Absturz. Der kam nach den Shutdowns. Die Menschen hatten genug zu essen, um die ersten paar Wochen zu überstehen. Aber die Restaurants waren geschlossen. Die Imbisse konnten nicht arbeiten. Es gab nicht viele Lieferaufträge. Es gab keine Putzjobs mehr. Keine Nannys, die illegal arbeiteten. Wir hatten all diese Migrantenfamilien, die von Lohnzahlung zu Lohnzahlung lebten. Aber da war jetzt kein Lohn mehr. Keine staatliche Unterstützung. Die Leute fragten sich: Was sollen wir tun?«

»Da gründeten wir in meiner Garage die Tafel«, erzählte O'Doherty. »Lebensmittel. Windeln. Babymilchpulver. Das war das Wichtigste. Reis. Öl. Bohnen. Spaghetti. Konserven. Wir packten so etwas Ähnliches wie Tüten für Gringos, Tüten für Hispanos und Tüten für Indians. Wir machten pro Familie eine Notlieferung und versuchten dann, sie mit dem Hilfsangebot der Stadt zu versorgen, damit sie überleben konnten. Die Nachfrage schien schier endlos. »Es gab Zeiten, da konnte man hier keinen Schritt reingehen, so viele Kartons mit Windeln hatten wir.« Dienstags und freitags kamen ungefähr fünfzehn Ehrenamtliche, um die Tüten zu packen und zur Abholung vorzubereiten. Selbst O'Dohertys Haus konnte all diese Aktivitäten nicht mehr stemmen. COVID Care stellte ein Führungsteam zusammen, das die Anrufe entgegennahm, Ehrenamtliche mit Aufgaben versah, Spendengelder einwarb und staatliche Zuschüsse beantragte. Sie richteten eine Facebook-Gruppe ein und einen WhatsApp-Chat, um die Kommunikation zu erleichtern, richteten einen Google-Telefondienst ein, um die Anrufe zu bearbeiten, organisierten einen Zeitplan mit festen Mitarbeitern und entwickelten ein System zum Umgang mit schwerwiegenderen Problemen, also für Fälle, die mehr als eine Tüte Lebensmittel erforderten. Die Zahl der freiwilligen Mitarbeitenden wuchs stetig. Zunächst waren es vor allem Frauen, aber je länger die Pandemie dauerte, desto mehr Männer tauchten auf. »Es gab keine Jobs!«, rief O'Doherty aus. »Sie hatten nichts zu tun.« Eine Familie, die ich kennenlernte, meldete sich für die wöchentliche Lebensmittelauslieferung, den kleinen Sohn auf dem Rücksitz im Auto. Eine andere Familie, deren Vater seinen Job in einem Restaurant verloren hatte, machte jeden Montag Sandwiches für hundert arbeitslose Zeitarbeitskräfte.

Essen ist das kulturelle Herzstück von Jackson Heights, und als die Restaurants wegen des Virus schlossen, entstanden überall im Viertel kleine Essensausgaben. In Kirchen. In Gemeindezentren. In Restaurants. Es schien, als ob jede Woche eine andere Organisation aufpoppte, um zu helfen. O'Dohertys Garage war nicht mehr groß genug für die Arbeit. Freunde von ihr, die sich ebenfalls ehrenamtlich engagierten, waren wiederum befreundet mit den Inhabern des Queensboro, eines Restaurants in der Nähe, die ihrerseits nach einer Möglichkeit suchten, etwas Gutes zu tun. Bald übernahmen sie den Betrieb der Tafel und entlasteten damit O'Dohertys Familie, zumindest vorübergehend. Die Windelkartons kamen weiterhin, ebenso wie ein täglicher Strom von Menschen, die Hilfe suchten oder die Frau besuchen wollten, die von etlichen Mitgliedern des Hilfsnetzwerks als »Bürgermeisterin« von Jackson Heights bezeichnet wurde. O'Doherty wies diese Bezeichnung zurück. »Ich bin nicht die Bürgermeisterin«, sagte sie mir. »Ich bin die Brücke.«

Im Mai flachte der Anstieg von Kranken und Verstorbenen in Queens ab. Die Sterblichkeit war zwar immer noch mehr als doppelt so hoch wie im Durchschnitt der gesamten Stadt, aber die

Zahlen gingen zurück, es wurde nun wirklich Frühling. Die New Yorker warteten ungeduldig darauf, ins Leben zurückzukehren. Nun hatte das Hilfsnetzwerk neue Probleme zu bewältigen. Im März und April hatten im ganzen Viertel keine Beerdigungen von COVID-Verstorbenen stattfinden können. COVID Care konnte bei den Vorbereitungen helfen. Der Staat New York hatte ein Moratorium für Zwangsräumungen erlassen, aber die Vermieter in den Migrantenvierteln wussten, dass ihre Mieter verängstigt und schutzlos waren. Einige verlangten Miete und sprachen Drohungen aus. »Es gibt ein neues Gefühl der Angst«, sagte mir O'Doherty. »Wir haben nicht mehr so viel Angst vor dem Tod, aber jeder hat Angst vor einer Zwangsräumung.« O'Doherty hatte Karriere als Staatsanwältin gemacht, aber sie wusste auch, wie ihre Nachbarn zu verteidigen waren. »Ich habe zu allen gesagt: Euer Vermieter steht nicht mit euch in der Essensschlange. Dem geht es gut. Wenn ihr Geld habt, nutzt es, um für eure Familie zu sorgen. Ihr werdet euer Zuhause nicht verlieren.« Jetzt leitete O'Doherty auch noch erfolgreich eine Rechtsberatungsstelle.

Seit März hatten O'Doherty und ihre Partner bei COVID Care versucht, Gefahren abzuwehren. Hunger. Zwangsräumung. Stress. Isolation. Hatten versucht, sich gegenseitig am Leben zu erhalten. Jetzt war es fast Sommer. Die Sirenen waren verstummt. Bald würden die Restaurants wieder öffnen. Die ganze Nachbarschaft, so erzählte mir O'Doherty, »brannte darauf, nach draußen zu gehen«. Sie wollte unbedingt etwas Positives tun, und sie hatte eine Idee.

Seit Jahren drängten O'Doherty und Jim Burke, der Nahverkehrsaktivist, die Stadtverwaltung, etwas gegen den gefährlichen Verkehr auf der 34th Avenue zu unternehmen, einem langen, von Wohnhäusern und neun Schulen gesäumten Boulevard, der mitten durch Jackson Heights führt. Burke, ein jugendlicher 45-Jähriger mit kurz geschnittenen grauen Haaren und muskulöser Statur, ist von Beruf Consultant für E-Commerce- und Social-Media-Unternehmen. Er weiß, wie man eine Botschaft formuliert und wie man sie durchsetzt. Burke wohnt in der 34th Avenue, und obwohl er sich gern daran erinnert, als Kind in New York City auf der

Straße gespielt zu haben, hat er in Jackson Heights selten Kinder gesehen, die etwas anderes taten, als dem Straßenverkehr auszuweichen. »Leider haben Autos irgendwie die Oberhand gewonnen«, erklärte Burke, und das nicht, ohne echten Schaden anzurichten.[12] Das Ganze ging über die typischen Probleme hinaus: Luftverschmutzung, Lärmbelästigung, das plötzliche Chaos, wenn Apps wie Google Maps und Waze Fahrzeuge auf den Boulevard umleiteten, weil Stau auf dem nahen Highway war. Es kam zu Unfällen. Manchmal, so O'Doherty, »schickten die Apps Autos genau dann hierher, wenn der Unterricht in allen Schulen gleichzeitig zu Ende war – allen neun! Der Verkehr kam dann buchstäblich zum Erliegen. Die Autofahrer wurden wütend. Sie sprangen förmlich aus ihren Wagen und beschimpften den Schuldirektor vor den Schülern.«

»Andere Länder machen unglaubliche Dinge mit ihren Straßen«, erklärte O'Doherty. »Man schaue sich nur europäische Städte an, die Grünstreifen erweitert und kleine Spielplätze geschaffen haben, wo früher Autos waren. Dort gibt es diese kleinen Poller, die auf Knopfdruck hoch- oder runterfahren, sodass man eine Straße schnell in einen Park verwandeln kann.« Sie und Burke wollten, dass die Stadtverwaltung in Jackson Heights etwas Ähnliches einrichtete. Im März 2019 hatte das Thema neue Dringlichkeit erhalten, weil ein zwölfjähriger Schüler der I.S. 145 Joseph Pulitzer Magnet School an der 34th Avenue beim Verlassen der Schule bei einem Unfall unter einem Jeep eingeklemmt wurde.[13] Der Junge wurde mit schweren Verletzungen ins Krankenhaus eingeliefert, und die Lokalmedien eilten zu der Straße, um über die Tragödie zu berichten. »Ein echtes Unglück«, sagte O'Doherty. »Aber in gewisser Weise auch gut, denn nun fragte jeder: Was können wir tun?« Der Junge überlebte, und nachdem er aus dem Krankenhaus entlassen worden war, organisierten die Verantwortlichen der Gemeinde eine Reihe von Treffen mit der Verkehrsbehörde, den Schulbehörden und Elternvertretern. »Ich sagte, wir wollten, dass die Straßen rund um die Schulen zu Unterrichtsbeginn und Unterrichtsende gesperrt werden«, erinnerte sich O'Doherty. »An allen neun Schulen.« In Manhattan hatte die Stadtverwaltung gute Presse erhalten für die Sperrung des Autoverkehrs in großen Straßen wie dem Broadway. »Millionen von Dollar standen für diese Art von Projekten zur Verfügung«, sagte O'Doherty. »Aber nicht jeder war mit im Boot.«

Die Pandemie hat die Dinge verändert und neue Möglichkeiten geschaffen. Im April 2020 waren die Bürgerinnen und Bürger, die es eigentlich gewohnt waren, sich draußen aufzuhalten, gestresst und hatten die Nase voll davon, in ihren klaustrophobischen Wohnungen zu bleiben. Damals übten Nachbarschaftsgruppen in ganz New York City Druck auf die städtischen Entscheidungsträger aus, um Straßen für den Autoverkehr zu sperren und Gehwege für Fußgänger zu erweitern. Die Leute wollten mehr Platz für die Freizeitgestaltung, mehr Plätze für Kinder zum Spielen, mehr Grünflächen, neue Möglichkeiten, im Freien zu essen, alles, was das gemeinschaftliche Leben wiederbeleben konnte. Am 27. April kündigten Bürgermeister de Blasio und das City Council an, dass sie im darauffolgenden Monat Straßen in der Größenordnung von vierzig Meilen für derartige Maßnahmen in der City ausweisen würden, mit dem Ziel, am Ende insgesamt hundert Meilen umzuwidmen.[14] O'Doherty und Burke waren begeistert von der Ankündigung, aber sie wussten, wie Politik funktioniert. Die wohlhabenden Berufstätigen in den Brooklyner Brownstones forderten lautstark Fußgänger-Straßen. Das Gleiche galt für die wohlsituierten Familien in Tribeca, Greenwich Village und der Upper West Side. O'Doherty und Burke bezweifelten, dass Queens oder Jackson Heights bei den Plänen Vorrang haben würden. Wann war das jemals der Fall gewesen? Statt zu warten, wo der Bürgermeister zuerst investieren wollte, beschlossen sie, die Angelegenheit zu forcieren.

Am nächsten Tag, dem 28. April, führten Burke und O'Doherty eine Gruppe lokal engagierter Aktivisten auf die 34th Avenue zu einer politischen Demonstration und einer von den Bürgern selbst arrangierten Straßensperrung, die nur wenige Stunden dauerte.[15] Die Organisatoren trugen neonfarbene Westen, brachten leuchtend gelbes Klebeband, orangefarbene Kegel und Aufsteller mit der Aufschrift »Nur für Rettungsfahrzeuge« mit, um den Verkehr zu blockieren, und die Demonstranten trugen kleine Plakate mit Botschaften wie »Hey Simple Minds Don't You Forget About Queens«. Anfangs waren sie eine kleine Gruppe, vielleicht dreißig oder vierzig Personen. Aber als sie sich aufstellten und die Leute einluden, den Boulevard für sich zu beanspruchen, wurden aus Zuschauern Teilnehmer, und der Asphalt begann zu blühen.

O'Doherty, in einem schwarzen Mantel mit weißen Punkten, einer schwarzen Hose, einem Schild mit der Aufschrift »Open Streets« und einer unters Kinn gezogenen Maske, ergriff ein Megafon und rief der Nachbarschaft zu:

»Wer von euch hat einen Garten, in dem man spielen kann?«

»Niemand!«

»Wer hat einen Garten zum Spielen?«

»Niemand!«

»Wer von euch hockt in einer winzigen Wohnung?«

»Ich!«, schrie die Menge. Die Bewohner der überfüllten Backsteinwohngebäude an der 34th Avenue steckten die Köpfe aus den Fenstern, klopften mit Holzlöffeln auf Töpfe und Pfannen und brachten so ihre Unterstützung zum Ausdruck.

»Wer von euch möchte etwas Sonnenschein?«

»Ich!«

»Wer will frische Luft?«

Diesmal meldete sich eine Gruppe kleiner Kinder zu Wort, die auf der Straße saßen und mit Kreide malten: »Ich! Ich!«

»Wer will, dass seine Kinder wieder herumrennen können?«

»Ich!«

Ein Sprechchor setzte ein: »Öffnet unsere Straßen! Öffnet unsere Straßen! Öffnet unsere Straßen!«

Burke und O'Doherty beschlossen, diese Dynamik zu nutzen. Sie kontaktierten Nachbarschaftsinitiativen und erhielten Unterstützung für eine Gruppe, die sie »34th Avenue Open Streets Coalition« nannten. O'Dohertys Sohn, damals im Teenageralter, richtete eine Website ein, damit das Ganze offiziell und überzeugend wirkte. »Dann hatten wir Glück«, berichtete mir O'Doherty. »Eines Tages waren Jim und ich in meinem Keller, dem Hauptquartier der Kampagne, und meine Freundin Leslie Ramos kam vorbei, um gesammelte Spenden für COVID Care zu bringen. Sie leitet den Business Improvement District [BID], eine Stelle für regionale Wirtschaftsförderung. In dem Moment erhielt sie einen Anruf aus dem Büro des Bürgermeisters. Man bat das BID, die nächste neue offene Straße zu betreuen, und sie sagte: ›Nein, das ist zu viel Arbeit.‹ Wir waren erstaunt. Wir sahen sie an und fragten: »Wen rufen die als Nächstes an?‹ Sie antwortete: ›Die Polizeiwache.‹ Also riefen wir Lillian an, die dem örtlichen Polizeibezirk vorsteht. Wir meinten zu ihr: ›Sagt einfach Ja!‹ Jim und ich wussten, das war es.« Sie erzählten der Stadtverwaltung von der Verkehrsüberlastung in Jackson Heights, den Verkehrsgefahren rund um die Schulen, den schrecklichen COVID-Verlusten und von ihrem Bedarf an Parks. Sie erklärten, bereits Ehrenamtliche für das Projekt gewonnen zu haben und auch die Unterstützung lokaler Entscheidungsträger. »Sie fragten: ›Wie wollt ihr das denn machen?‹«, erinnerte sich O'Doherty. »Und wir antworteten: Gebt uns einfach die Absperrbarrikaden. Wir erledigen das selbst.«

In dieser Nacht wurde Burke auf Twitter aktiv. »Er war unermüdlich«, beschrieb O'Doherty. »Er hat einfach angetrieben und angetrieben.« Sie riefen ihre Lokalpolitiker an, und nach anfänglichem Zögern stimmten diese zu, die Sache zu unterstützen. Dann geschah etwas Unerwartetes. »Wir bekamen einen Anruf von der Stadt«, erinnerte sich O'Doherty. »Sie sagten Ja!«

Diesmal würde die für Fußgänger geöffnete Straße mehr als nur ein paar Stunden bleiben. Die Stadt bot einen 1,3 Meilen langen Abschnitt der 34th Avenue an, täglich von 8 bis 20 Uhr, aber mit strengen Auflagen: Die Open Streets Coalition musste die Absperrungen eigenständig auf- und abbauen, die richtige Beschilderung anbringen und das Gebiet sauber halten. Sie durften Spendengelder sammeln, aber von der Regierung würden sie kaum finanzielle Unterstützung erhalten. »Im Grunde«, so O'Doherty, »waren wir auf uns allein gestellt.« Die Arbeit erforderte eine gute Organisation. »Wir brauchten jeden Morgen und jeden Abend zehn Freiwillige, die pünktlich vierzig Absperrungen aufzustellen hatten. Ehrlich gesagt, ich glaube, die Stadt erwartete, dass wir das nicht hinkriegen.«

Stattdessen blühte die Avenue auf. Als ich O'Doherty dort an einem sonnigen Frühlingsmorgen traf, war die offene Straße voller Leben. Spaziergänger, Jogger, Radfahrer und Straßenkünstler – Menschen jeden Alters und jeglicher Art. Es gab Leute, die herumbummelten, welche, die tanzten, und Eltern, die ihre Kinder zur Schule brachten oder auf Klappstühlen saßen und Kaffee tranken, während die kleinen Kinder spielten. O'Doherty trug eine rote Baseballcap, eine helllila Jacke und abgetragene Schuhe. Sie lief bei meinem Besuch die Strecke mit mir ab und hielt alle paar Blocks inne, um mir die neue Bepflanzung auf dem Grünstreifen zu zeigen oder um mir Ehrenamtliche und Mitarbeiter vorzustellen, für deren Bezahlung man Spenden gesammelt hatte. Der Stolz, den O'Doherty für das Projekt empfand, war unübersehbar. Sie schwärmte von den abendlichen Fußballspielen, den Salsa-Kursen, den Bastelstunden, den Rennen für die Kinder, dem Domino- und Schachspielen. Sie wies auf die Blocks hin, in denen die Coalition hilft, Tafeln einzurichten, und auf die Besitzer eines Imbisswagens, die einen Migrationshintergrund haben und in der Avenue wohnen. Als in Midtown die Büros geschlossen wurden, verloren sie ihre Kundschaft, eröffneten dann in der Nähe ihrer Wohnung neu und kamen so wieder auf die Beine. Doch eigentlich brauchte O'Doherty gar nichts zu sagen – das bunte Treiben auf der Straße sprach für sich.

Innerhalb weniger Monate nach der Eröffnung wurde die 34th Avenue zu New Yorks Aushängeschild für Erneuerung und Resilienz. Bürgermeister de Blasio kam zu Fototerminen. Politische Vertreter, die sich ursprünglich geweigert hatten, die Idee zu unterstützen, machten sie sich nun zu eigen. Menschen aus den angrenzenden Vierteln kamen regelmäßig zu Besuch und fragten sich, ob sie bei sich etwas Ähnliches erreichen könnten. Die *New York Times* schilderte die Avenue als »den Goldstandard dafür, wie eine moderne Straße in einer nachhaltigen und gerechten Stadt mit weniger umweltschädlichen Autos und mehr Platz für die Menschen aussehen sollte«.[16]

Wie vorauszusehen, gab es auch Gegenreaktionen. Pendler beklagten sich über Verkehrsprobleme, die sich jetzt in anderen Vierteln häuften. Einige Anwohner der Avenue ärgerten sich über die Musik, den Müll und überhaupt die Veränderungen. Doch die meisten waren von der Umgestaltung begeistert. »Das hat unser Leben verändert«, erklärte mir eine Mutter, nachdem O'Doherty uns vorgestellt hatte. Eine andere nannte es »ein kleines Wunder«.[17]

Ich musste daran denken, wie viel Arbeit ein Wunder erfordert.

Im Juni verlor O'Doherty die Vorwahlen. »Ich wurde vernichtend geschlagen«, sagte sie und rollte mit den Augen, als könne sie nicht glauben, wie sehr sie es vermasselt hatte. »Ich hätte nicht kandidieren sollen.« Ich fragte ein paar Leute, die sich in der Lokalpolitik engagieren, ob sie erklären könnten, was passiert war. »Eine *weiße* Frau, die versucht, eine Latina in einem Bezirk voller Migranten zu übertreffen«, hieß es. »Eine Karriere-Staatsanwältin aus dem Büro des Bezirksstaatsanwalts, die als fortschrittlich kandidiert? Das ist logisch, wenn man Nuala kennt. Aber sie passt nicht wirklich ins Schema. In dieser Stadt ist das schwer zu verkaufen.«

Die Wahlniederlage bedeutete, dass O'Doherty noch mehr Zeit in COVID Care und die 34th Avenue investieren konnte. Die akute Gesundheitsnotlage klang ab, aber die Pandemie brachte neue Herausforderungen mit sich. Eine Aufklärungs- und Impfkampagne für Menschen, die sich hinsichtlich der Impfrisiken sorgten. Eine Kampagne, um Kinder und Jugendliche für die Schule im Herbst wieder fit zu machen. Der Hunger blieb ein Problem, und O'Doherty arbeitete mit La Jornada zusammen, einer von evangelikalen Christen betriebenen Tafel in Flushing und Woodside, wo ein Projekt namens »Manos Que Dan« an jedem Wochenende tausend Tüten Lebensmittel verteilte. Manchmal auch mehr. In der Facebook-Gruppe COVID Care Neighbor Network tauschten sich mehr als 1100 Mitglieder regelmäßig aus, einige boten Dienste an, andere baten um Hilfe. Im Herbst 2021 verkündete eine Kooperative von Frauen aus Jackson Heights, die in der Pandemie ihre Arbeit verloren hatten, dass sie NYC Green Clean gegründet hatten, einen umweltfreundlichen Reinigungsdienst für Privathaushalte, und sie suchten nach Aufträgen. Für ein Filmfestival im Viertel wurden Freiwillige gesucht, und jemand fragte nach einem alten Laptop, den sein Kind in der Schule benutzen könnte, ein anderer nach einem gebrauchten Handy für eine Großmutter, die eines brauchte, »um mit der Familie zu telefonieren oder Nachrichten zu schreiben«.

Am 19. Oktober 2021 veröffentlichte die Verkehrsbehörde der Stadt einen Plan zur dauerhaften Öffnung der 34th Avenue. Es sollte autofreie Plaza-Bereiche geben, neun »gemeinsam genutzte Straßenkonfigurationen« mit erweiterten Fußgängerbereichen und Autoparkplätzen sowie »Barrieren« an den 26 Kreuzungen, die den Durchgangsverkehr entlang der Strecke verhindern und die bisherigen Absperrungen ersetzen würden.[18] Diese Regelung war ein Kompromiss. Während ein paar Dutzend Aktivisten die Rückkehr zum regulären Autoverkehr forderten, drängte eine wachsende Zahl von Anwohnern auf einen vollwertigen Park mit weit mehr Grünflächen und weit weniger Platz für Autos. »Jackson Heights leidet darunter, die wenigsten Grünflächen aller Stadtteile in New York City zu haben«, schrieben die Initiatoren der Website 34avelinearpark.com. »Die 34th Avenue ist eine einmalige Gelegenheit.« Ihrer Ansicht nach war der zukünftige Park mit der High Line vergleichbar, dem berühmten Park und der Touristenattraktion der West Side von Manhattan. Hier in Queens allerdings für eine Arbeiter- und Migrantencommunity, die nur selten mit den besten städtischen Annehmlichkeiten bedacht wird. »Wer weiß, was alles möglich ist«, meinte O'Doherty zu mir. »Ich kann nur sagen, dass sich die Dinge zum Besseren gewendet haben.« Die Avenue ist nicht nur offen geblieben, sondern hat die Verantwortlichen in anderen dicht bevölkerten Vierteln dazu inspiriert, von der Stadt zu verlangen, dass sie auch dort einige Straßen für Fußgänger freigeben.

Bei einem weiteren Spaziergang entlang der 34th Avenue fragte ich O'Doherty, was sie tun würde, wenn all diese Auseinandersetzungen beigelegt sind und die Pandemie vorbei ist. »Keine Ahnung, wann das sein wird«, schmunzelte sie. »Aber ich bin mir ziemlich sicher, wir werden es mit der nächsten Krise zu tun bekommen. Arbeitslosigkeit. Mietrückstände. Hunger. Brände. Überschwemmungen. Wir kommen an so etwas nicht vorbei. Das gehört einfach zum Leben dazu.«

Kapitel 10

Stadtviertel

Eigentlich lebt niemand wirklich in New York City. Es stimmt zwar, dass bei der Volkszählung mehr als acht Millionen Menschen genau das Gegenteil behaupten, aber wenn man ein wenig nachhakt, sagen sie doch etwas anderes: Harlem, Greenwich Village, Tottenville, Hunts Point, Astoria oder eines der anderen Wohnviertel, in denen sich die Leute ballen und das sie ihr Zuhause nennen. Denkt man an New York City, sieht man die Skyline, ein Panorama, eine Vogelperspektive, die sich im Alltag nie bietet. Denkt man an ein Stadtviertel, stellt man sich die Menschen in ihrem Lebensraum vor: ein Wohngebäude, eine Pizzeria, ein Spielplatz, eine Bodega, eine Vielzahl von Individuen, von denen jedes einzelne den Ort zu seinem eigenen macht und ihn prägt.

Ähnlich verhält es sich mit jenen Vierteln, in denen Menschen während der Pandemie starben. Die Zahlen lassen kaum Zweifel daran, dass New York City – mit mindestens 20 000 im Jahr 2020 – mehr COVID-Sterbefälle zu beklagen hatte als jede andere Stadt weltweit. Auf einem Planeten voller Krisenherde bildete Gotham mit seinen heulenden Sirenen, überfüllten Krankenhäusern und langen Reihen von Kühltrucks voller Leichen eine Höllenlandschaft ohnegleichen. Die nähere Betrachtung ergibt jedoch ein anderes Bild. Einige Stadtviertel erwiesen sich selbst in den dunkelsten Tagen der Katastrophe als bemerkenswert gesund und widerstandsfähig, während andere völlig verwüstet und die Zahl der Sterbefälle und Infektionen so hoch waren, dass fast jeder Haushalt davon betroffen war. Das Schema dahinter ist leicht zu erkennen: Die Grenzen verlaufen entlang der Gesellschaftsschichten, und eine Trennung bezüglich Ethnie und Hautfarbe wird sichtbar. Schaut man sich beispielsweise die Karte der COVID-Sterbefälle im Jahr 2020 an, zeigen sich dramatische Unterschiede zwischen den Vierteln rund um und unterhalb des Central Parks in Manhattan und den Vierteln in den äußeren Bezirken.[1] Die demografische Analyse dieser Trends ist ebenso deutlich wie die geografische: Ethnie und Gesellschaftsschicht spielen eine Rolle. »In den zehn Postleitzahlen mit den höchsten Sterbeziffern leben in acht überwiegend Schwarze Menschen oder Hispanics«, berichtete die *New York Times* im Mai 2020. In den Postleitzahlen mit den niedrigsten Sterbeziffern verfügen die Haushalte über »ein sechsstelliges mittleres Einkommen«.[2]

Doch das Schicksal eines Viertels wird ebenso wie das eines Staates beziehungsweise einer Nation nur teilweise von den Merkmalen der Menschen bestimmt, die dort leben. In New York City beispielsweise wiesen einige Gebiete mit einem hohen Anteil von Schwarzen oder Latinos an der Einwohnerschaft eine besonders hohe COVID-Mortalität auf, während andere wesentlich besser abschnitten. Ebenso gab es beträchtliche Unterschiede zwischen Vierteln mit vielen Migranten und sogar zwischen Vierteln mit einer wohlhabenden und privilegierten Einwohnerschaft.

Es steht außer Frage, dass Ethnie, Schicht und Alter dafür verantwortlich waren, welche Gebiete von New York City am stärksten betroffen waren – genauso wie in den gesamten Vereinigten Staaten. Doch die Demografie ist nur die eine Seite der Geschichte. In den USA prägte nach dem ersten Pandemiejahr die politische Ideologie den Verlauf der sozialen Bruchlinien hinsichtlich COVID. Wie die Harvard-Sozialepidemiologin Nancy Krieger in einer Studie über Politik und COVID-Sterblichkeit zwischen April 2021 und März 2022 herausfand, war die altersstandardisierte COVID-19-Sterblichkeit umso höher, »je ausgeprägter der Konservatismus in dem betreffenden Kongressbezirk war, selbst unter Berücksichtigung der sozialen Merkmale, der politischen Einstellung der Wähler und der Impfraten«.[3] In Städten wie New York City gibt es vergleichsweise geringe Unterschiede, was die politische Weltanschauung anbelangt. Aber die materiellen Charakteristika der einzelnen Stadtviertel sowie die jeweiligen sozialen Netze, auf die

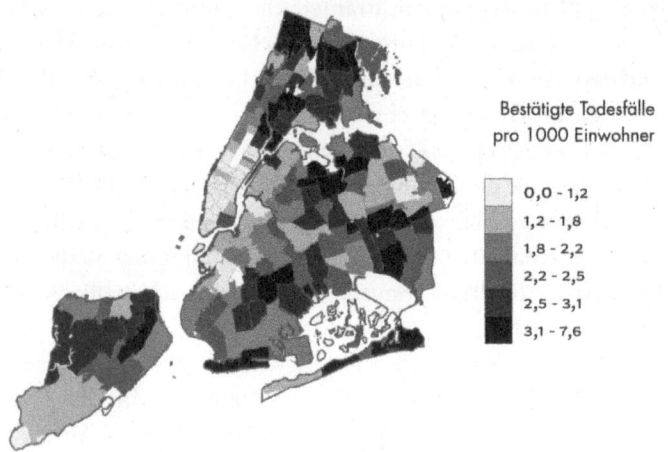

COVID-19-Sterblichkeit nach Postleitzahl New York City im Jahr 2020

sich die Bewohner verließen, um sich gegenseitig zu schützen, trugen entscheidend dazu bei, wer überlebte und wer starb. Das Gleiche galt für die Art der Arbeit, die die Menschen an unterschiedlichen Stellen verrichteten.

Um das Wie und Warum zu verstehen, müssen wir die Punkte näher betrachten, an denen die Bewohner einer Community zusammenkommen. Wir müssen auf das bauliche Umfeld von Wohnungen und Häusern achten und auf die Orte, an denen Menschen arbeiten, essen, einkaufen, spielen und beten. Für den Soziologen bedeutet das nicht, Bevölkerungsstatistiken zu ignorieren, sondern sie aufgrund prägender Örtlichkeiten zu interpretieren. Es bedeutet, sich von Bildschirmen und Tabellen abzuwenden und stattdessen auf die Gehwege und Straßen zu schauen.

Es ist kein Zufall, dass das erste Viertel, das ich besuchte, um herauszufinden, welchen Einfluss die einzelnen Stadtteile auf das Pandemiegeschehen hatten, Corona in Queens war, das unglücklicherweise anfänglich das Epizentrum der Infektionen und der Sterbefälle in New York City war und absurderweise auch noch den Namen des tödlichen Virus trug. Corona im Herzen des Stadtbezirks Queens und eng mit den angrenzenden Wohngebieten Elmhurst und Jackson Heights verbunden, steht für alles, wofür Queens bekannt ist: Arbeiterviertel, ethnische Vielfalt, dicht besiedelt mit Migrantenfamilien und ein reges Sozialleben.

Kommt man mit öffentlichen Verkehrsmitteln an, wie die meisten Leute, landet man an der 103rd Street/Corona Plaza Station, die an der belebten Einkaufsstraße Roosevelt Avenue liegt. Seit 2012, als ein Zusammenschluss von Community-Organisationen unter der Leitung des Queens Museum öffentliche und private Gelder erhielt, um einen, wie sie es nannten, »würdigen öffentlichen Raum für Migranten«[4] zu schaffen, hat sich die Corona Plaza zu einem Knotenpunkt des sozialen und wirtschaftlichen Lebens im Viertel entwickelt. Auf dem fast 4000 Quadratmeter großen Areal verkaufen fliegende Händler alles, von Handyhüllen über T-Shirts bis zu Tamales. Geschäfte, darunter eine große Apotheke, ein Kampfsportstudio, ein Handyladen, eine Fahrschule, eine Bäckerei, ein Schuhgeschäft, ein Juwelier, ein Bargeld- und Überweisungsservice sowie eine Reihe von Imbissen säumen den Platz. Es gibt Bänke und tragbare Stühle für Menschen, die sich dort aufhalten möchten, und eine terrassenförmig angelegte Bühne für kulturelle Programme und Aufführungen. Es ist laut, bunt und trubelig. An Wochenenden und Sommerabenden ist hier so viel los, dass man den Eindruck hat, alles platzt aus den Nähten.

Dieser Eindruck verstärkt sich in den Wohnvierteln von Corona. Es herrscht ein Mix aus Einfamilienhäusern (in denen mehrere Generationen, Geschwister, Cousins, Cousinen und Freunde leben) und großen, mehrstöckigen Gebäuden, in deren relativ kleinen Wohnungen ganze Großfamilien leben. Zu Beginn der Pandemie lebten in Corona etwa 109 000 Menschen, davon 60 Prozent Migranten, davon 75 Prozent Latinos (aus Ecuador, Kolumbien, Bolivien, Venezuela, Guatemala, Mexiko und der Dominikanischen Republik), 12 Prozent stammten aus Asien, 7 Prozent waren Schwarze Menschen und 4 Prozent *Weiße*.[5] Das Durchschnittsalter war mit 34 Jahren im Vergleich zu New York City jünger und der

Anteil sehr alter Menschen, die achtzig Jahre und älter waren, nur halb so groß wie im restlichen Großstadtgebiet.

Der Altersmix in Corona führte dazu, dass das Viertel weit weniger als andere von den Spitzen der COVID-Sterblichkeit betroffen war, da die Krankheit für alte Menschen viel häufiger tödlich verlief als für junge. Doch andere Faktoren gefährdeten die Bewohner von Corona. Die Rate der von Armut Betroffenen war mit 18 Prozent für New York City hoch. Doch es waren die engen Wohnverhältnisse bezogen auf die Haushalte und nicht die reine Anzahl der Menschen, die dort lebten, die eine echte Gefahr darstellten. Nach Angaben von Wissenschaftlern am Furman Center der NYU, die Wohnverhältnisse analysieren, weisen Corona und das angrenzende Gebiet Jackson Heights eine noch »stärkere Überbelegung« auf (definiert als Anteil der Wohnungen mit mehr als 1,5 Personen pro Zimmer) als alle anderen Stadtteile von New York City.[6] Dermaßen beengte Verhältnisse verschärfen schon in normalen Zeiten eine Vielzahl von Problemen, darunter Angst, Stress, Schlaflosigkeit und Beziehungsdruck. In der Pandemie erwies sich die häusliche Enge als weitaus folgenschwerer und machte das Gebot, im sicheren Haus zu bleiben, zu einer potenziell riskanten Vorgabe.

In einem Zuhause mit vielen Menschen zu wohnen, die dort alle sicher und mit Abstand zu einem Corona-Infizierten leben, ist das eine. Das andere ist, das Zuhause mit Menschen zu teilen, die keine andere Wahl haben, als vor die Tür zu gehen, zu arbeiten und in öffentlichen Verkehrsmitteln neben Leuten zu stehen, die die Krankheit übertragen können. Corona war nicht nur eines der bevölkerungsstärksten Viertel von New York City, sondern wies darüber hinaus den höchsten Anteil an offiziell systemrelevanten Arbeitskräften auf.[7] Köche. Büroangestellte. Reinigungskräfte. Wachleute. Pflegekräfte. Fahrer. Tellerwäscher. Kuriere. Diese Jobs gehören zu den häufigsten in Corona. Als der Gouverneur bekannt gab, dass New York »Pause« macht, und die meisten Einwohner anwies, zu Hause zu bleiben, arbeiteten die Menschen aus Corona weiter und brachten das, was sie bei der Arbeit oder auf dem Weg eingefangen hatten, mit nach Hause. Die Stadt brauchte diese Menschen. Sie bot ihnen nur nicht viel an Gegenleistung.

Linda Dutan war beim ersten Corona-Ausbruch dreißig Jahre alt. Sie lebte mit ihrer Familie in dem Haus, in dem sie aufgewachsen war, und arbeitete in einem Fotogeschäft in Manhattan. »Ich erinnere mich, als in New York die Panik ausbrach, ich war gerade auf dem Weg zur Arbeit und las all diese Dinge über Menschen in Spanien, die krank wurden. Ich wurde fast wahnsinnig. In unser Geschäft kommen viele Touristen, und ich habe einfach angefangen, alles mit Desinfektionstüchern abzuwischen. Mir war in der Nähe von Leuten nicht wohl. Ich sagte zu meinen Kollegen, es ist echt schlimm.« Am 14. März wachte sie auf und hatte das Gefühl, ihr Auge sei entzündet. War das ein Anzeichen für COVID? Sie rief bei ihrer Arbeitsstelle an und sagte, dass sie an diesem Tag nicht kommen würde. Sie entspannte sich sofort. »Dann rief meine Kollegin an und meinte, du brauchst erst mal nicht zu kommen, wir machen den Laden zu. Da habe ich mir gesagt, okay, jetzt wird's ernst.«

Zunächst fühlte es sich sicherer an, zu Hause zu bleiben, als in Manhattan zu arbeiten, aber schon bald wurde es kompliziert, weil so viele Leute da waren. Seit Jahrzehnten lebte Lindas Familie zusammen. Ihr Großvater war in den 1970er-Jahren aus Ecuador nach New York gekommen, und in den 1980er-Jahren kauften er und sein ältester Sohn ein Haus in Corona. »Wir sind eine riesige Familie«, erzählte mir Linda. »Wir waren mehr als dreißig Leute im Haus. Meine Großeltern. Mein Onkel und seine Familie. Meine Cousinen und Cousins. In den 1980ern waren wir sehr viele Leute hier. Mein Vater teilte sich ein Zimmer mit fünf Cousins oder so.« Linda wohnte mit ihren Eltern und zwei Geschwistern in der Souterrainwohnung, und dann hatten sie richtig Glück. Die Nachbarn direkt nebenan beschlossen, ihr Haus zu verkaufen, und Lindas Familie nutzte die Gelegenheit. »Danach wohnten nur noch wir fünf auf einer Etage«, erklärte sie. »Meine drei Cousins und ihre Eltern wohnten in einem anderen Stockwerk, aber wir nahmen immer Verwandte aus Ecuador auf oder Leute, die sich bei uns einmieteten. Sie blieben, bis sie auf eigenen Beinen stehen konnten.«

Die meisten in Lindas Familie arbeiten in der Gastronomie. Ihr Vater ist Koch in einem italienischen Restaurant in Manhattan. Ihre Mutter verpackt Lebensmittel. Ihre Tante besitzt ein Restaurant in Queens. »Im März begann die Stadt, Restaurants und Bars zu schließen«, erinnerte sie sich.

»Mein Vater arbeitete nicht mehr, aber meine Mutter arbeitete mehr denn je, weil die Menge von Online-Bestellungen verrückt war. Mein Vater fuhr sie zur Arbeit, und danach half er meiner Tante – zuerst mit Lieferungen, dann kochten sie für alle: meine Grandma, meinen Grandpa, seine Schwestern, die auch in der Nähe wohnen. Und dann wurden alle um mich herum krank. Die Schwester meines Vaters bekam COVID, dann ihr Mann und ihre beiden Töchter. Mein Vater ist sehr fürsorglich und nett und hat ihnen Essen gebracht. Aber dann bekam er COVID. Meine Mutter bekam COVID, und meine Schwester bekam COVID. Sie hat sich einfach in ihrem Zimmer vor uns versteckt, aber die Reste ihrer Suppe in den Kühlschrank gestellt. Ich wusste nicht, dass es ihre war, also habe ich sie gegessen. Und dann wurde auch ich krank.«

Plötzlich war das Virus überall. »Unser Haus liegt in einer Sackgasse«, erklärte Linda, »und stündlich hörte man Krankenwagen kommen. Einer und noch einer und noch einer ... Die Autos steckten fest. Die Krankenwagen haben die Straße zugestellt.« Glücklicherweise hatte niemand in ihrer unmittelbaren Familie schwere Symptome. Das Elmhurst Hospital Center ist nur ein paar Blocks entfernt, und im Fernsehen sah Lindas Familie Aufnahmen von der grausigen Szenerie dort. In Corona, Elmhurst und Jackson Heights wurden täglich Hunderte von COVID-Infektionen registriert, weit mehr als in anderen Vierteln der Gegend, und das »Sicherheitsnetz« Krankenhaus war überlastet. Lange Schlangen für Tests und zur Aufnahme wanden sich um das Gebäude, und manche Menschen warteten stundenlang, bevor sie nach Hause geschickt wurden, weil keine Tests verfügbar waren.[8] Innerhalb von nur 24 Stunden starben allein dreizehn Menschen an COVID, und das Krankenhaus verzeichnete so viele Sterbefälle in derart kurzer Zeit, dass die Leichenhalle der Pathologie an ihre Kapazitätsgrenzen stieß. »Es ist apokalyptisch«, sagte ein Assistenzarzt, als Kühltrucks kamen, um mehr Verstorbene lagern zu können.[9] In Manhattan behielten die Spitzenkrankenhäuser, die die wohlhabenden Viertel versorgten, ihre Pflegestandards weitgehend bei. Die *New York Times* berichtete, dass während der Infektionswelle Ende März in New York etwa 3500 Krankenhausbetten frei waren, einige nur zwanzig Minuten von Queens entfernt.[10] In Elmhurst jedoch gab es zu viele Kranke, zu wenige Ärzte und Pflegekräfte, zu wenig Ausstattung, beziehungsweise Platz. Für diejenigen, die in der Gegend lebten, war nichts schrecklicher als die Vorstellung, in einem Krankenwagen abtransportiert zu werden und allein inmitten fremder Menschen zu sterben.

In Corona war das Risiko dafür größer als in fast jedem anderen Stadtviertel von New York City und weitaus größer als in jeder anderen US-Gemeinde außerhalb New Yorks. In der Woche, die am 28. März endete, lag die COVID-Sterblichkeit in Corona bei 32 pro 100 000 Einwohner, verglichen mit neun pro 100 000 in der Stadt insgesamt. In der darauffolgenden Woche stieg die Mortalität in Corona auf 85 pro 100 000 Einwohner und war damit mehr als doppelt so hoch wie die der Stadt insgesamt. In der Woche mit den meisten Verstorbenen, die am 11. April endete, verzeichnete Corona 115 Sterbefälle pro 100 000 Einwohner, verglichen mit 61 pro 100 000 in ganz New York City. (Zum Vergleich: Im April lag die COVID-Sterblichkeit in den Bundesstaaten Kalifornien, Texas und Florida unter zehn pro 100 000 Einwohnern, und nur in New Orleans war die COVID-Mortalität annähernd so hoch wie in New York City.[11]) Die COVID-Sterblichkeit in Corona sollte bis zum Sommer, als die erste Welle abebbte, außergewöhnlich hoch bleiben.

Glücklicherweise traten bei niemandem in Lindas unmittelbarer Familie schwere Symptome auf. »Ich hatte Angst um meine Großeltern«, erzählte sie. »Mein Großvater hat Parkinson und meine Großmutter Diabetes.« Beide steckten sich nicht mit COVID an. Nachdem sich in der Familie alle erholt hatten, nahm Linda, eine aufstrebende Fotografin, ihre Kamera und erkundete die Nachbarschaft. Sie fotografierte die Corona Plaza, wo sich lange

Schlangen vor der Apotheke und dem Bargeldservice bildeten, hungrige Männer um Almosen bettelten und fliegende Händler Toilettenpapier und Desinfektionsmittel zum Höchstpreis verkauften. Um herauszufinden, was im Viertel vor sich ging, besuchte sie den Ort, an dem alle Welt sich zum Plaudern traf: die Bodega. »Dort sind immer Leute, die sich unterhalten«, erklärte Linda. »Die Bodega in meiner Straße gehört einer Familie aus der Dominikanischen Republik. Sie haben immer auf, hören spanische Musik und sehen sich Sport im Fernsehen an. Normalerweise sind immer so fünf bis zehn Leute da. Manche hängen am Deli rum, reden ein bisschen und schauen, was so los ist. Andere sitzen draußen, rauchen Gras oder warten auf jemand. Alle reden hier miteinander. Wir kennen uns nicht persönlich, nur vom Sehen.« In den finsteren Tagen im März und April unterhielten sich die Leute darüber, wer im Krankenhaus lag, wer krank zu Hause war, wer gestorben war. Doch dann erzählte Lindas Bruder ihr, dass sich jemand in der Bodega mit COVID angesteckt hatte. »Ich ging also nicht mehr hin«, sagte sie. »Und das war auch gar nicht nötig, denn mein Vater hatte ja all die Lebensmittel aus dem Restaurant.« Die meisten Leute um sie herum kannten diesen Luxus nicht. Im Viertel einzukaufen war die einzige Möglichkeit, sich zu versorgen.

Die Privatwohnungen und das öffentliche Krankenhaus sind nicht die einzigen Orte in Corona, in denen sich viele Menschen aufhalten. Bodegas, Bäckereien, Supermärkte, Bargeldservices und Ähnliches sind klein, aber außerordentlich belebt und dienen nicht nur zum Einkaufen, sondern auch als wichtige Treffpunkte, die das soziale Leben außerhalb der häuslichen Sphäre bestimmen. Im Sommer 2020 schien klar, dass überbelegte Wohnungen und systemrelevante Arbeitsplätze während der Pandemie die Menschen in Vierteln wie Corona besonders anfällig für eine Ansteckung mit COVID machten und dass eine fehlende Krankenversicherung beziehungsweise der mangelnde Zugang zu hochwertiger medizinischer Versorgung das Sterberisiko noch erhöhte. Epidemiologen bestätigten diese Tatsachen bald.[12] Als jedoch in einkommensschwachen, Schwarzen und PoC-Stadtvierteln der Vereinigten Staaten die Zahl der COVID-Sterbefälle ähnlich wie in Corona in die Höhe schnellten, begann sich eine Gruppe von Sozialwissenschaftlern und Big-Data-Analysten unter der Leitung von Jure Leskovec an der Stanford University zu fragen, ob es noch andere Faktoren gab, die die Zahl von Infektionen und Sterbefällen in armen Communitys in die Höhe trieb. Was, so fragten sie, wenn der Aufenthalt in überfüllten Einkaufszentren nicht nur unangenehm wäre, sondern auch ein wichtiger Faktor, sich mit der Krankheit anzustecken oder sie zu übertragen?

Um diese Frage zu beantworten, griff Leskovecs Team – zu dem auch die Soziologen David Grusky und Beth Redbird sowie Wissenschaftler von der Northwestern und der Stanford University sowie von Microsoft Research gehörten – auf einen bemerkenswerten Datensatz zurück. SafeGraph, ein privates Unternehmen, das anonymisierte Standortinformationen von digitalen Mobilgeräten sammelt, veröffentlichte Feindaten, die die stündlichen Bewegungen von etwa 98 Millionen Menschen in den zehn größten US-Ballungsräumen zwischen dem 1. März und dem 2. Mai wiedergaben. Die Daten ermöglichten es den Forschern, die Mobilität über Census Block Groups (CBGs) hinweg zu beobachten – in geografisch definierten Gebieten, die in der Regel zwischen 600 und 3000 Menschen umfassen. Zudem wurde die Zeit gemessen, die die Menschen an bestimmten Points of Interest (POI) außerhalb von Wohngebäuden verbrachten, zum Beispiel in Supermärkten, Restaurants und Kirchen, wo soziale Begegnungen stattfinden. Das beinhaltete auch Informationen über die Merkmale dieser Orte, einschließlich der Quadratmeterzahl jeder Einrichtung, der anwesenden Personenzahl zu einer bestimmten Stunde und der durchschnittlichen Besuchsdauer.[13] Den ungewöhnlich genauen Standortdaten fügten die Forscher die von der *New York Times* veröffentlichten offiziellen COVID-Infektionszahlen hinzu. Diese Angaben sind höchstwahrscheinlich zu niedrig, aber sie sind nach wie vor die besten Messwerte der einzelnen US-Metropolregionen, über die wir verfügen.

Die Ergebnisse der Analyse, die in *Nature* veröffentlicht wurden, sind so außergewöhnlich wie die Daten selbst. In allen zehn untersuchten Städten ging die Mobilität im März und April 2020, wie nicht anders zu erwarten, stark zurück. In Chicago beispielsweise sank die Zahl der Besuche von POIs zwischen der ersten Märzwoche, also vor dem ersten großen Corona-Ausbruch, und der ersten Aprilwoche, als die Fälle sprunghaft anstiegen, um 55 Prozent. Der Mobilitätsrückgang war nicht gleichmäßig verteilt. Menschen, die in einkommensstarken Häuserblocks lebten, blieben weitaus häufiger zu Hause, um sich durch physische Distanz von potenziellen Ansteckungsquellen fernzuhalten, wohingegen Menschen, die in einkommensschwachen Gebieten lebten, ein Kreislaufverhalten zeigten, das ihrem normalen Verhalten entsprach. Noch interessanter ist, was simulierte Modelle zur Ausbreitung des Virus in Verbindung mit dem Besuch von POIs zeigten: nämlich dass »eine Minderheit von POIs für die Mehrheit der vorhergesagten Infektionen verantwortlich ist«. In Chicago, so die Simulationen, kamen etwa 85 Prozent der vorhergesagten Infektionen von nur 10 Prozent der POIs. Daraus ergibt sich eine schlichte Schlussfolgerung: Manche Orte begünstigten Superspreader-Interaktionen, während andere nur ein geringes Ansteckungsrisiko hatten. Natürlich wollten die Forscher wissen, welche Orte besonders riskant waren und warum.

Hier ist die Untersuchung aufschlussreich. Bei der Analyse der Daten entdeckte Leskovecs Gruppe, dass sich die von einkommensschwachen Stadtbewohnern aufgesuchten POIs dramatisch von jenen unterschieden, die andere Menschen während der Pandemie aufsuchten, ebenso wie die Zeit, die sie dort jeweils verbrachten. Ein Beispiel sind Supermärkte, die, obwohl sie einen Lieferdienst anboten, von den meisten Menschen kaum zu meiden waren. »In acht der zehn Ballungsräume«, so die Wissenschaftler, »trafen Kunden aus einkommensschwächeren CBGs in Supermärkten auf höhere prognostizierte Übertragungsraten als Kunden aus einkommensstärkeren CBGs.« Der Unterschied war nicht unbedeutend: In armen Gegenden war das Risiko, sich beim Lebensmittelkauf mit COVID anzustecken, doppelt so hoch. Woran liegt das? Die Mobilitätsdaten der Smartphones zeigen, dass »der durchschnittliche Supermarkt, der von Personen aus einkommensschwächeren CBGs besucht wurde, 59 Prozent mehr Kunden pro Stunde und Quadratmeter aufwies und die Kundschaft im Durchschnitt 17 Prozent länger blieb«.[14] Mit anderen Worten: Menschen, die in armen Vierteln leben, neigen dazu, an wesentlich überfüllteren Orten einzukaufen und dort wesentlich länger zu bleiben als Menschen, die in wohlhabenderen Gegenden leben. Ein Teil dieser Verweildauer mag darauf zurückzuführen sein, dass in überfüllten Geschäften oft längere Schlangen vor den Kassen anzutreffen sind. Aber wenn man sich ein wenig in Bodegas von Vierteln wie Corona umschaut, wird klar, dass sich die Menschen dort länger aufhalten, weil es sich um einen sozialen Ort handelt und nicht nur um einen Ort, an dem Dienstleistungen angeboten werden. Normalerweise sind Bodegas von großem Nutzen, aber in der Pandemie forderten sie einen schrecklichen Preis.

Flushing, ein weiteres dicht besiedeltes Viertel in Queens mit hohem Migrantenanteil, liegt zwei Meilen von der Corona Plaza entfernt, die Roosevelt Avenue hinauf, vorbei am National Tennis Center und dem Citi Field und durch den Flushing Meadows Corona Park. Kommt man dort an, fallen sofort wichtige Unterschiede zu Corona auf, insbesondere was die ethnische Zusammensetzung der Bevölkerung betrifft. Von den 81 000 Einwohnern in Flushing stammen 72 Prozent aus Asien (vor allem aus der Volksrepublik China und der Republik Korea), 16 Prozent sind Latinos, 8 Prozent *Weiße* und 2 Prozent Schwarze.[15] Das Durchschnittsalter ist mit 44 Jahren höher als in den meisten Vierteln New Yorks, einschließlich Corona, ebenso wie die Zahl der von Armut Betroffenen (22 Prozent) und der Anteil der Migranten (70 Prozent).[16] Auch die bauliche Umgebung ist unverwechselbar und vermittelt den Eindruck einer asiatischen Stadt (manche nennen Flushing das »Chinese Manhattan«). Es gibt eine Chinatown mit vielen Menschen, Geschäften und farbenfrohen Schildern, große Einkaufszentren mit Spitzenrestaurants und landesweiten Einzelhandelsketten, einige wenige Hochhäuser mit Wohnungen, ein paar Altenheime und Seniorenwohnungen und, wie in anderen Stadtteilen im Zentrum von Queens, kleine Wohnstraßen mit niedriger Wohnbebauung und Einfamilienhäusern.

Flushing mag sich geschäftig und eng besiedelt anfühlen, aber die Wohnungen sind bei Weitem nicht so überbelegt wie die in Corona.[17] Einfamilienhäuser mit nur einer Kernfamilie sind sehr viel häufiger vertreten, und Wohnungen, in denen neu ins Land Eingewanderte sich schichtweise ein Bett teilen oder mehrere Personen in ein Zimmer gepfercht untergebracht sind, kommen relativ selten vor. Obwohl die Haushalte hier im Schnitt älter und ärmer sind als in Corona, vollzieht sich die Gentrifizierung hier schneller. Ausdruck dieser Entwicklung ist das wachsende Angebot an neuen Gebäuden, von denen einige als »Luxuswohnungen« vermarktet werden, obwohl sie an Korridore konzentrierter Armut grenzen, die Zunahme von Geschäften und Restaurants, die sich an junge Berufstätige richten, und eine aufstrebende Gruppe wohlhabenderer Bewohner, die mit ihren unternehmerischen Konzepten für Verwunderung sorgen.[18] Der Wandel ist sichtbar, doch es war eine andere Veränderung – für Außenstehende weniger wahrnehmbar, aber von jedem der örtlichen Asian Community bemerkt –, die Flushings Erfahrungen mit dem Coronavirus entscheidend geprägt hat: Wochen vor ihren Nachbarn in Corona waren die sozialen Netzwerke von Flushing voller Nachrichten über die tödliche neue Krankheit.

Yang Zhen wohnt zwar nicht in Flushing, aber sie arbeitet seit fünfzehn Jahren in der Queens Public Library und ist seit 2017 Leiterin der Zweigstelle von Flushing, einer der größten und am stärksten genutzten Stadtteilbibliotheken New Yorks. In Flushing gehört es nicht vorrangig zu den Aufgaben der Bibliotheksleitung, Bücher zu lesen und zu empfehlen. Vielmehr sollen die Mitarbeitenden möglichst gut informiert sein über die Besucher, die Community und die vielen kulturellen und politischen Themen, die das tägliche Leben bestimmen. In den ersten Jahren ihrer Tätigkeit war Zhen so etwas wie eine Anthropologin des Viertels geworden, die

Verflechtungen aufzeichnete und soziale Muster entschlüsselte, damit die Bibliothek für die Anwohner besser funktionierte. Mit dem Beginn des Jahres 2020 merkte Yang Zhen, dass etwas nicht stimmte.

»Ich erinnere mich an den Lunar New Year's Day am 25. Januar 2020. Das war das erste Mal, dass ich spürte, dass sich etwas verändert«, erzählte mir Zhen. »Am chinesischen Neujahrsfest ist bei uns immer besonders viel los. Draußen findet eine Parade statt, und da es immer im Januar oder Februar ist, ist es sehr kalt! Die Leute kommen in die Bibliothek, um sich aufzuwärmen oder zur Toilette zu gehen. Wir zählen täglich die Besucher, und 2019 kamen am Neujahrstag mehr als 6000 Menschen. Das ist viel mehr als sonst.« Zhen und ihre Mitarbeitenden bereiteten sich für das Jahr 2020 auf einen ähnlichen Ansturm vor, aber als die Parade begann, schien die Menge kleiner und verhaltener als erwartet. »Ich kann mich nicht mehr an die genaue Zahl erinnern«, sagte sie, »aber es waren etwa 3000, also viel weniger. (Später schaute sie nach und stellte fest, dass die Besucherzahl am chinesischen Neujahrstag gegenüber dem Vorjahr 2019 um 44 Prozent gesunken war.) Der Präsident der Stadtbibliothek war an jenem Tag ebenfalls da. Er war VIP-Marschall der Parade. Wir sprachen darüber, warum nicht so viele Leute gekommen waren. Wir konnten es nicht verstehen.«

Zhen hat Freunde und Verwandte in China und wusste sehr wohl, wie besorgt die Menschen dort über den Ausbruch des Coronavirus waren. Doch erst bei der Neujahrsparade wurde ihr bewusst, wie groß die Besorgnis unter den Chinese Americans in Flushing war. »Wir wussten, was in Wuhan passierte. Die ganze Stadt war abgeriegelt«, sagte sie. »Aber wir wussten nicht, wie schnell sich das Virus ausbreiten würde.« Im Februar sank die Besucherzahl täglich (nach Zhens Angaben waren es 16 Prozent weniger als im Vergleichsmonat des Vorjahres), und die Leute riefen in der Bibliothek an, um ihre Veranstaltungen abzusagen oder zu verschieben. »Da ist eine Veranstaltung, die wir jedes Jahr mit der Chinese American Parents Association durchführen, am fünfzehnten Tag des neuen Jahres. Sie wollten das Ganze verschieben, weil einige der Eltern zu besorgt waren, in die Bibliothek zu kommen.« Im Laufe des Monats kamen immer wieder Anfragen dieser Art, sogar von Gruppen, die bereits Verträge unterzeichnet und für die Reservierung von Räumlichkeiten bezahlt hatten. »Die Leute fühlten sich einfach nicht wohl, hier etwas zu machen«, erinnerte sich Zhen. »Dann sah ich in Flushing die ersten Leute, die Masken trugen. Das gab es zu dieser Zeit in anderen Communitys der Stadt nicht, nur in den asiatischen.«

Ende März trafen die Menschen in ganz New York City derartige Vorsichtsmaßnahmen. Das Bemerkenswerte an Flushing war, so Zhen, dass die Bewohner bereits im Januar und Februar damit angefangen hatten, sich zurückzuziehen und Maske zu tragen, als ihre Freunde und Familienangehörigen in China und Südkorea Alarm schlugen. Diese Reaktion, so der Soziologe Gil Eyal, beruhte nicht nur auf dem, was sie über COVID erfuhren. Chinese und Korean Americans in New York City hatten Lehren aus der SARS-Krise gezogen, die die Länder Asiens im Jahr 2003 schwer getroffen hatte. Im Gegensatz zu den meisten anderen New Yorkern wussten sie bereits, dass sich Coronaviren nicht nur durch Tröpfchen auf kontaminierten Oberflächen, sondern auch durch Aerosole verbreiten können und dass das Tragen von Masken und das Meiden überfüllter Innenräume die Ausbreitung der Krankheit eindämmen kann.[19] Die Leute mieden nicht nur Bibliotheken. Eltern holten ihre Kinder aus den Schulen und der Kinderbetreuung im Viertel. Kleingewerbetreibende schlossen ihre Läden. Viele Lebensmittelhändler ließen die Rolladen ihrer Geschäfte herunter, sodass im März jemand einen Reddit-Thread mit dem Titel »NYC Chinese Supermarket Closure« einrichtete, in dem die Leute verfolgen konnten, welche Läden noch geöffnet waren.[20]

Ann Choi ist Journalistin bei *The City,* einer Tageszeitung, die über Lokalthemen in New York City berichtet. Als Corona in Asien ausbrach, wohnten sie und ihr Mann nur wenige Kilometer von Flushing entfernt in Jackson Heights. »Meine Eltern leben in Südkorea«, erzählte sie mir. »Sie machten sich im Januar große Sorgen wegen COVID. Sie riefen mich an und sagten, ich solle vorsichtig sein, es sei im Anmarsch, und ich hörte auf sie. Ich ging los und bestellte Masken. Ich besaß eine Stoffmaske, aber mein Mann und ich haben auch N95-Masken bei Amazon bestellt. Das war im Januar – und da es sonst niemand tat, war das ganz einfach und kostete nicht viel. Wir haben schlicht den normalen Preis bezahlt. Ich erinnere mich, dass ich im Januar oder Februar mit einer Maske ins Büro ging und die Leute deswegen gestichelt haben. Es kam ihnen einfach merkwürdig vor.«

Weil Jackson Heights eines der am stärksten betroffenen Viertel der Stadt war, erkannte Choi bald, dass dieser Teil von Queens in die Katastrophe stürzte. »Ich kümmere mich beruflich um Datenberichte«, erklärte sie. »Meist habe ich mit Zahlen zu tun. Und darauf verlassen sich die meisten von uns – Zahlen zu diesem, Zahlen zu jenem. Nur so wissen wir etwas. Aber im März und April ging es hier in Jackson Heights nicht um Zahlen. Sondern um die Sirenen. Sie kamen alle paar Minuten, den ganzen Tag und die ganze Nacht hindurch. Ich war schwanger. Ich blieb zu Hause, ging nirgendwo hin. Aber ich konnte den Sirenen nicht entkommen. Es war beängstigend, das muss ich ehrlich sagen. Ich saß hier und hatte solche Angst, weil ich wusste: Jede Sirene bedeutete, dass jemand in der Nachbarschaft sterben würde.«

Es dauerte nicht lange, bis die Zahlen bestätigten, was Choi bereits gespürt hatte. Ihr Teil von Queens war im März und April einer der tödlichsten Orte der Welt. Aber Flushing, so fand sie heraus, als sie darüber in ihrer Zeitung berichtete, hielt sich überraschend stabil, und sie konnte nicht anders, als daraus den folgenden Schluss zu ziehen: Der Unterschied lag darin begründet, dass die Bewohner und Geschäftsinhaber dort mit Menschen in Asien in Kontakt standen, die sie vor dem Virus warnten, und dass sie frühzeitig umfangreiche Maßnahmen ergriffen hatten, um sich zu schützen. Am 3. Mai veröffentlichte Choi einen Artikel über die großen Unterschiede hinsichtlich der COVID-Infektionen in Queens. Corona, so schrieb sie, ist ein »frühes Epizentrum des Ausbruchs in New York City und zeigt keine Anzeichen einer Verlangsamung«. Das sollte sich als Untertreibung erweisen. In den Wochen vom 21. März bis zum 30. Mai 2020 gab es in Corona 480 Sterbefälle durch COVID, was einer Mortalität von 428 pro 100 000 Einwohner entspricht, eine der höchsten Raten in der Stadt. »Gleichzeitig«, erklärte Choi, »ist die Rate der durch Tests bestätigten positiven Infektionen unter den Einwohnern von Flushing eine der niedrigsten der fünf Stadtbezirke geblieben.«[21]

Choi lag mit ihrer Annahme richtig, was das unterschiedliche Schicksal der beiden Stadtteile anging: Corona würde eines der tödlichsten Viertel in New York City bleiben, während Flushing trotz seiner älteren und ärmeren Bevölkerung bemerkenswert gut davonkam. Doch die wichtigen Informationen, die die Asian Americans von ihren Freunden und Verwandten jenseits des Pazifiks erhielten, reichten nicht aus, um alle Menschen in diesem Gebiet zu schützen. Die Pflegeheime in Flushing wurden aus denselben Gründen von COVID erwischt, wie es in den gesamten USA der Fall war: Die Bewohner waren auf engstem Raum zusammengepfercht. Die Mitarbeiter pendelten von einer Einrichtung zur anderen und lebten in engen Vierteln mit hohem Migrantenanteil und niedrigem Durchschnittseinkommen.

Die Folgen waren brutal. Nach Angaben der Gesundheitsbehörde von New York City starben zwischen der Woche, die am 21. März 2020 endete, und der Woche, die am 30. Mai 2020 endete, 189 Einwohner von Flushing an COVID, was einer Mortalität von 233 pro 100 000 Einwohner entspricht. Mindestens 60 der Verstorbenen, also etwa ein Drittel der Gesamtzahl, starben in den Altenheimen von Flushing. Allein in einer Einrichtung, dem New Franklin Center for Rehabilitation and Nursing, gab es bis Mitte April 44 COVID-Sterbefälle.[22] Zieht man diese Fälle von der Gesamtzahl des Viertels ab, sinkt die Sterblichkeit auf 159 pro 100 000 Einwohner, was dem Niveau der Stadtteile entspricht, in denen die Bewohner erheblich jünger und wohlhabender sind. Die sozialen Netzwerke in Flushing und die Kenntnis des Geschehens, die zwar von einem geografisch entfernten, aber kulturell nahen Kontinent übermittelt wurde, entschieden über Leben und Tod.

Flushing war nur eines von zahllosen Vierteln in den USA und weltweit, in denen lokal verwurzelte, aber global vernetzte soziale Netzwerke durch die Pandemie in Schwung gebracht wurden und Menschen, die ihre Nachbarn vor 2020 kaum gekannt hatten, dazu inspirierten, jede Woche Stunden damit zu verbringen, sie vor Hunger, Isolation oder Krankheit zu bewahren. Einige halfen nebenbei und informell, riefen an, um nach einem alten Nachbarn zu sehen, besorgten Lebensmittel für eine Familie, die ihr Einkommen verloren hatte, und schickten Geld an einen Freund in Not. Aber Tausende von US-Amerikanern engagierten sich noch stärker. Wie Nuala O'Doherty gründeten sie Gruppen für gegenseitige Hilfe, traten ihnen bei und engagierten sich regelmäßig. Diese Gruppen arbeiteten vor allem auf nachbarschaftlicher Ebene und leisteten Gemeinschaftsarbeit, die allen zugutekam, sowohl den Gebern als auch den Empfängern von Dienstleistungen und Waren. Damit trugen sie dazu bei, ein uraltes Verhalten wiederzubeleben, das von menschlichen Gesellschaften nur selten anerkannt wird, auf das aber in Zeiten der Not oder des Umbruchs häufig zurückgegriffen wird, insbesondere wenn Regierungen nicht imstande sind, die Grundbedürfnisse der Menschen zu stillen.[23]

Dies ist kein Trend, der in der Medienberichterstattung über die Reaktion der USA auf COVID hervorgehoben wurde. Im Sommer 2020 klagten die Amerikaner, die uneinig waren, wie sie mit dem neuen Virus umzugehen hatten – Masken oder keine Masken, keine Schule oder Rückkehr ins Klassenzimmer, Einschränkung gesellschaftlicher Zusammenkünfte oder »Öffnung« –, über eine Krise der Zivilgesellschaft oder möglicherweise ihren endgültigen Untergang.

Die Pandemie, so verkündeten Experten, bringe die schlimmsten Dispositionen der Nation zum Vorschein: Konflikt statt Solidarität. Polarisierung statt Einigkeit. Es ist schwer, dieser Diagnose zu widersprechen. Die Parteiführer der Demokraten und der Republikaner beschuldigten sich gegenseitig, die heiligsten Werte der

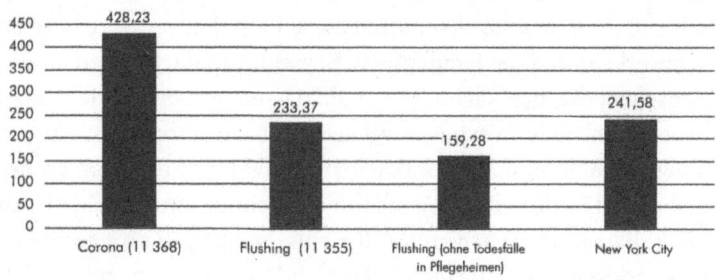

COVID-Sterblichkeit pro 100 000 Einwohner vom 8. März bis 30. Mai 2020

Vereinigten Staaten zu untergraben: Demokratie, Freiheit, das Streben nach Gesundheit und Wohlstand. Ganz normale Bürger stritten über Masken in Flugzeugen und Abstandsauflagen in Supermärkten. Doch zumindest auf lokaler Ebene lässt sich ein anderes Bild zeichnen, und genauso zeigen sich hier Möglichkeiten der Zusammenarbeit, die sonst nur schwer zu erkennen sind.

Alice, 37 Jahre alt und junge Mutter, wohnte mit ihrem Mann und ihrer zehn Monate alten Tochter in Jackson Heights, als die Pandemie ausbrach. Sie hatte sich gelegentlich ehrenamtlich für Nachbarschaftsprojekte engagiert, Freunden bei Wahlkampagnen für kommunale Ämter geholfen oder die Community-Organisationen unterstützt. Nichts allzu Herausforderndes, das sich gut mit einem Vollzeitjob und einem Kleinkind zu Hause verbinden ließ. Wie viele berufstätige Frauen, die eine Familie gründen, war Alice in einigen Online-Foren für Eltern aktiv: Facebook-Gruppen wie Jackson Heights Parents und MOMally Astoria sowie eine Google-Gruppe namens JHFamilies. »Wir haben auch eine Buy-Nothing-Gruppe in Jackson Heights«, erzählte sie mir. »Die ist großartig. Die Leute tauschen alles, von einer Zwei-Dollar-Glühbirne bis zu einem Drucker oder einem Fahrrad, Dinge, die sie mal gekauft haben, aber nicht mehr brauchen.« Alice ist kein Fan von Social Media, aber sie schätzt es, wie sehr es ihr hilft, Kontakte zu Menschen in der gleichen Situation zu haben. Kritiker beklagen immer wieder, dass das Internet die Menschen an ihre Bildschirme fesselt und sie von Freundschaften und Nachbarn entfremdet. Alice kannte dieses Problem, aber sie hat auch die gegenteilige Erfahrung gemacht. In Jackson Heights half ihr Social Media, sich mit anderen zu verbinden.

Im März 2020 war Alice mehr denn je an ihren Bildschirm gefesselt, weil sie mittlerweile im Homeoffice arbeitete, der Gouverneur die New Yorker aufforderte, zu Hause zu bleiben, und ihre Wohnung gleichzeitig Büro, Kita und Zuhause wurde. Eine stressige, beunruhigende Zeit. Wie jeder in Jackson Heights hörte sie alle paar Stunden die Sirenen der Krankenwagen, und nachts erhellten die rot-weißen Blinklichter der Einsatzfahrzeuge ihren Block. Um die Angst zu vertreiben, begann Alice, die Schränke auszumisten, eine Aufgabe, die sie seit Monaten vor sich hergeschoben hatte.

»Ich fand all die alten Proben mit Babynahrung«, erinnert sie sich. »Ich hatte damals eine Schachtel nach der anderen von allen großen Herstellern erhalten. Enfamil. Carnation. Ich wollte mein Kind stillen, aber ich behielt sie, weil eine befreundete Mutter meinte, dass es gut ist, sie zu haben, wenn mitten in der Nacht das Stillen nicht klappt. Ich war ziemlich entsetzt, denn ich hatte noch fünf große, ungeöffnete Packungen mit Säuglingsnahrung. Die hatte ich vollkommen vergessen!« Alice war sofort klar, dass jemand in der Nachbarschaft sie brauchen könnte, und bot sie in einer ihrer Social-Media-Gruppen an. »Als ich das nächste Mal online war, hatte ich siebzehn Anfragen von Müttern, die die Babynahrung wollten. Das war echt Wahnsinn!«

Die Säuglingsnahrung weiterzugeben, sorgte nicht nur für Platz im Schrank. Als die Mütter vorbeikamen, um die Packungen abzuholen, breitete sich wieder Energie in Alice aus, ein Gefühl, das sie seit dem Ausbruch von Corona und dem Beginn des Lockdowns nicht mehr empfunden hatte. Außerdem kam ihr eine Idee: Was, wenn sie, statt sich in ihrer kleinen Wohnung zu verkriechen, eine Möglichkeit fände, den schlichten Akt des Teilens auszuweiten? Allen, auch ihr selbst, täte das gut.

»Eine meiner Cousinen hatte mitbekommen, was ich gemacht habe. Ich weiß nicht genau, mit wem sie zusammenarbeitet, aber sie hatte alle möglichen Spenden bekommen – Babysachen, Lebensmittel und so weiter.« Alices Cousine wohnte in einem Vorort der Mittelschicht, wo die meisten ihre Grundbedürfnisse gestillt hatten und die Unterstützungsnetze vor Ort weniger aktiv waren. »Also sagte sie: ›In deiner Community gibt es vermutlich Leute, die die Sachen brauchen könnten. Kann ich sie dir bringen?‹« Ein paar Tage später kam sie nach Jackson Heights, mit, wie Alice beschrieb, »Tüten und Tüten und Tüten voller Säuglingsnahrung, Windeln und Lebensmitteln in Dosen«. Zufällig war Nuala, die COVID Care Neighbor Network organisiert hatte, Alices Nachbarin. Nuala hatte eine Abgabestelle eingerichtet und versuchte, ein Verteilernetz aufzubauen. Dabei konnte sie bereits feststellen, dass Säuglingsnahrung, Windeln und Babytücher zu den am dringendsten gebrauchten Gegenständen im Viertel gehörten. Alice lieferte ihre Spenden ab, aber jetzt hatten sie und die Organisatoren ein anderes Problem: Sie mussten eine dauerhafte Quelle auftun für die Eltern, die auch in der nächsten Woche ihre Babys füttern und wickeln mussten.

»Als junge Mutter dachte ich, ich zapfe mal die Online-Netzwerke an. Ich bin in einigen Gruppen, zum Beispiel zur Geburtsvorbereitung oder zum Durchschlafen, in denen Moms und Dads und Kinderbetreuer einander Ratschläge geben und das berühmte Dorf sind, eben eine Community. Also habe ich einen Aufruf an diese Elterngruppen gerichtet: Wenn ihr in Queens oder irgendwo in New York City wohnt, ich habe ein Auto. Ich lade den Subaru voll. Sagt einfach Bescheid, was ihr habt.« Alice bat die Leute nicht darum, etwas zu kaufen. Sie hoffte, dass die Eltern ihre Schränke ausräumen und Brauchbares finden würden, ähnlich wie sie selbst. »Die Packung Babynahrung kostet in der Apotheke etwa dreißig Dollar. Ich habe den Leuten gesagt: Ich bin Mutter in dieser Community, ihr habt wahrscheinlich auch etliche Packungen davon noch zu Hause.« Schnell erfuhr sie, die Schränke junger Eltern der New Yorker Mittelschicht waren voll mit ungeöffneter Milchersatznahrung und Windeln, die ihren Kindern mittlerweile nicht mehr passten. »Die Leute schrieben mir und sagten: ›Ich habe nur zwei Packungen, kannst du die wirklich abholen?‹ Ja, ich habe einen Subaru. Mach ich!«

Ab April hatte Alices Familie ein neues Ritual. »Mein armes Kind. Sie war damals zehn, elf Monate alt, und jeden Freitagabend schnallten wir sie in den Autositz, mein Mann saß am Steuer, und ich suchte bei Google Maps, wohin wir fahren sollten. Wir fingen in Middle Village an, fuhren nach Elmhurst, machten vielleicht vier Stopps in Astoria und landeten schließlich wieder in Jackson Heights. Ich zog Maske und Handschuhe an, ging rein und holte die Sachen ab. Das haben wir wochenlang so gemacht. Und über die Geburtsvorbereitungsgruppen bekam ich sogar Pakete von Frauen aus Utah. Dann sahen meine Freundinnen – aus der Highschool, dem College, der Nachbarschaft –, was wir hier machen, und sie kauften Sachen und schickten sie uns. Meine Wohnung war regelrecht von Paketen geflutet.« Im Mai und Juni jonglierte Alice das Ganze, so gut sie konnte. Manchmal fühlte sich die Arbeit erdrückend an, da sie ja auch noch ihren normalen Job hatte und natürlich versuchte, ihre Tochter, ihren Mann und sich selbst durch die Pandemie zu bringen. Am 27. Juni starb Alices Vater plötzlich und unerwartet an einem Herzinfarkt, und sie verließ New York, um bei ihrer Familie zu sein. Zuvor wandte sie sich jedoch an alle, die Pakete mit Babysachen für Mütter in ihrem Viertel geschickt hatten. »Ich bat sie, alles direkt an COVID Care zu liefern.«

Debi, ebenfalls Mutter und Inhaberin eines kleinen Geschäfts sowie Personal Assistant in Teilzeit – bis sie den Job in der Pandemie verlor –, die in der Nähe von Alice wohnt, half Nuala, als diese COVID Care gründete. Während der ersten Corona-Welle hatte Debi Zettel an die Türen ihrer Nachbarn gehängt und gefragt, ob die Leute etwas brauchten. Die Antwort lautete eindeutig »Ja«. »Innerhalb weniger Wochen wurden die Menschen verzweifelt«, berichtete sie mir. »Was mich überraschte, war nicht, wie viel die Leute benötigten, sondern wie viele Leute helfen wollten. Viele Menschen wussten nicht, was sie tun sollten, als die Pandemie ausbrach. Sie waren zu Hause. Sie waren verängstigt. Aber sie wollten etwas tun. Sie wollten ihren Nachbarn helfen, sogar völlig Unbekannten!« Die »mutual aid society«, die Gruppe für gegenseitige Hilfe, erleichterte es Menschen wie Alice, sich an einem kollektiven Projekt zu beteiligen, ob sie nun geben oder nehmen wollten oder, wie es oft der Fall war, ein wenig von beidem.

Hunger war ein vorrangiges Problem. Für gewöhnlich leben zugewanderte Arbeitnehmer in Queens von einem Lohnscheck zum nächsten, ohne Ersparnisse oder gar ein Bankkonto. Plötzlich hatten Tausende Migranten – Restaurantangestellte, Reinigungskräfte, Taxifahrer, Friseure beispielsweise – keinen Job, kein Einkommen, keine Möglichkeit, die nächste Mahlzeit zu bezahlen. Die *New York Times* analysierte Beschäftigungszahlen und konnte damit belegen, dass die Arbeitslosenquote im Zentrum von Queens zwischen Februar 2020 und Juni 2020 von 2 bis 5 Prozent (je nach Viertel) auf über 17 Prozent in allen Vierteln stieg. Im Bereich von Jackson Heights, Corona und Elmhurst lag die Arbeitslosenquote bei rund 25 Prozent.[24] Für die gegenseitigen Hilfsinitiativen im gesamten Stadtbezirk war somit die Beschaffung und Bereitstellung von Lebensmitteln die dringendste Aufgabe. Debi und ihre Mitstreiter knüpften enge Kontakte zu örtlichen Lebensmittellieferanten. Sie taten Großhändler auf, die sich bereit erklärten, Grundnahrungsmittel wie Milch, Eier, Gemüse und Reis zu spenden. Sie rekrutierten arbeitslose Restaurantangestellte, die sich ehrenamtlich bereit erklärten, an fast jedem Tag der Woche warme Mahlzeiten zu kochen. Sie schlossen sich mit Moscheen und Kirchen zusammen, die Lebensmitteltafeln einrichten wollten.

COVID Care war nur eine von vielen lokalen Gruppen, die der Tafel La Jornada half, ihren Betrieb auf ein Niveau auszuweiten, das vor der Pandemie unvorstellbar gewesen wäre. Aus einigen Dutzend neuen Kunden pro Woche wurden Hunderte und schließlich Tausende. In den von La Jornada versorgten Vierteln, darunter Jackson Heights, Corona und Elmhurst, zogen sich die Warteschlangen um mehrere Blocks. Am Ende des Jahres – mitten in der anhaltend hohen Arbeitslosigkeit der Niedriglohnempfänger des Stadtteils – schloss La Jornada Partnerschaften mit Community-Organisationen in ganz Queens und versorgte regelmäßig mehr als 10 000 Familien mit Lebensmitteln. Im Laufe des Jahres 2020 entstanden überall im Bezirk und auch in den meisten anderen Teilen der Stadt Tafeln.

»Es ist unglaublich zu sehen, was die Menschen hier leisten«, sagte Debi zu mir. Dennoch war sie auch erbost, dass so viel ehrenamtliche Arbeit nötig war, um die Grundbedürfnisse der Menschen in der Stadt zu stillen. »Ich war erstaunt, wie allein gelassen wir tatsächlich sind. Warum haben wir keine Pandemie-Lebensmittelmarken? Das ist nicht bloß bundesstaatliches Versagen. Warum macht New York City das nicht? Warum tun wir nicht mehr für Migranten ohne Papiere? Ich meine, wir liefern Lebensmittel, wir liefern Windeln. Wo ist unsere Regierung, und das bis zum heutigen Tag?«

Keine Regierung – weder der Stadt noch des Staats – noch eine Bundesbehörde hat je die Bedürfnisse der am meisten gefährdeten Menschen in New York City befriedigt, und während die Pandemie voranschritt, weiteten die Hilfsinitiativen im gesamten Stadtgebiet ihre Projekte aus. »Die Sache mit dem Essen war immer nur eine akute Notlösung«, erklärte Debi. »Wir wollten den Menschen auch auf einer tieferen Ebene helfen.« Gruppen, die zunächst für Lebensmittel und Reinigungsutensilien sorgten, boten schließlich neue Dienstleistungen an. Psychosoziale Betreuung. Rechtsberatung bei Mietangelegenheiten und Räumungsbescheiden. Feststellung der Förderberechtigung für öffentliche Leistungen und Programme. Zugang zu Impfungen. Beratung von Kleinunternehmern bei drohender Insolvenz beziehungsweise zur Wiedereröffnung. Tierärztliche Versorgung.[25] Im Dezember erkannten Debi und ihre Mitstreiterinnen, dass ohne den Einsatz der Community viele Familien des Viertels nichts für die Weihnachtsfeiertage haben würden. »Also begannen wir, Weihnachtsbäume und Spielzeug für die Kinder zu besorgen. Gott sei Dank, denn wer, wenn nicht wir?«

Kapitel 11

»Corona war nicht meine größte Sorge«

Brandon English

Im September 2019 erhielt der in Atlanta lebende Fotograf Brandon English den Anruf eines Freundes. In ihrer Wohnung im Brooklyner Stadtviertel Sunset Park wäre bald ein Zimmer frei. Ob er daran interessiert sei? Die Wohnung war gut gelegen und nicht zu teuer, zumindest nicht für New York. Es gab nur ein Problem: Sie lag direkt über einem Bestattungsinstitut.

Den damals dreißigjährigen English kümmerte das nicht. Es schien sogar passend. Quasi vorherbestimmt. »Ich hatte gerade eine Zeit hinter mir, in der mehrere Familienmitglieder und Freunde verstorben waren«, erzählte er mir. »Atlanta kam mir vor wie die leere Hülle seines früheren Selbst. Das musste ich äußerlich wie innerlich hinter mir lassen.« Über einem Bestattungsinstitut zu wohnen, war vielleicht keine ideale Lösung, doch English meinte, es könnte das Ganze einfach noch interessanter machen. »Mir ist klar, dass das für manche Menschen zu bedrückend wäre. Sie würden nicht an einem solchen Ort wohnen wollen. Doch es ist Arbeit, die verrichtet wird, ob wir sie nun wahrnehmen oder nicht.« Und angesichts all dessen, was er durchgemacht hatte, kommentierte er: »Es hatte etwas beinahe Schicksalhaftes an sich.«

English zog nach New York, um intensiver zu leben, Risiken einzugehen und Dinge zu tun, die er nirgendwo sonst täte. Bei alldem liegt für English die Messlatte sehr hoch. Er hatte fast ein ganzes Jahrzehnt als Fotojournalist gearbeitet. Nach 2016, als die US-Amerikaner mit Donald Trump einen offenen Nativisten und unverfrorenen Fanatiker zum Präsidenten wählten, änderte sich Englishs

Einstellung dazu – vor allem gegenüber den Fotos, die er bei seiner Arbeit schoss. Er hatte Aufnahmen bei Demonstrationen rechtsextremer Organisationen angefertigt, einschließlich des Ku-Klux-Klans. Als Schwarzer Mann von 1,85 Meter Größe erregte seine Anwesenheit bei diesen Veranstaltungen stets unweigerlich die Gemüter. Seinem Eindruck nach bot der Journalismus keinen ausreichenden Raum für all das, was er über die USA sagen und von ihnen zeigen wollte. »Ich war desillusioniert«, fasste er es zusammen. »Es kam mir so vor, als hätte es sein natürliches Ende erreicht.« Es war an der Zeit, sich auf ein Leben als Bildender Künstler einzulassen, und New York würde ihm dabei helfen.

Zunächst musste English allerdings erst einmal die Miete bezahlen. Er fand Arbeit in einer Galerie in Chelsea, wo er in der Poststelle tätig war und Umgang mit Kunstwerken hatte. Alles, um der kreativen Welt nahe zu sein. »Was meine eigene Kunst betraf, steckte ich noch in Überlegungen. Ich befand mich an einem neuen Ort und hatte bisher noch keine eigene Stimme oder auch nur die Statements, die ich machen wollte«, erläuterte er. »Die ersten Monate brachte ich damit zu, die Stadt zu verstehen.« Er machte lange Spaziergänge und spätabendliche Radfahrten, versuchte, sich in lokalen Gruppen zu engagieren, die Fragen der *Rassen*gerechtigkeit thematisierten. Eines Tages schrieb ihm eine Freundin eine SMS über eine Demonstration gegen das New York Police Department, dem »brutaler Umgang mit einigen Kids« in der U-Bahn vorgeworfen wurde. »In ihrer SMS stand nur: ›Morgen. Union Square‹, und die Uhrzeit«, sagte English. »Am nächsten Tag war ich dort.« Die Demonstration fühlte sich genauso an wie jene gegen Polizeigewalt in Atlanta. In vielerlei Hinsicht unterschied sich New York von Georgia. Bei manchen Themen glich sich jedoch alles sehr.

Doch bald schon geriet in New York alles aus den Fugen. »Ich war noch nicht sehr lange hier, als der Lockdown begann«, erinnerte sich English. Im März berichteten die Medien über eine Zunahme der Coronavirus-Fälle. Anfangs schienen die Zahlen niedrig zu sein. Ein Fall in den Vororten. Wo liegt New Rochelle? Ein weiterer betraf eine Frau, die gerade aus Iran zurückgekehrt war. Dann jedoch waren die Fälle überall, und COVID wurde zum beherrschenden Gesprächsthema. Notgedrungen schloss die Galerie. So verhielt es sich auch mit den übrigen kulturellen Einrichtungen, die English aus Atlanta gelockt hatten: *music halls*, Theater, Klubs. English stand schier endlos Zeit zur Verfügung, um zu fotografieren und seine Kunst zu entwickeln. Doch es fühlte sich an, als sei die Welt stillgelegt worden, und er konnte sich eines Gefühls der Entfremdung nicht erwehren. »Ich hatte so eine Aufwach-Routine entwickelt, bei der ich den Arbeitsgeräuschen der Leute unten zuhörte«, rief er sich wieder in Erinnerung. »Und am ersten Tag, als alles losging, wachte ich auf, und es war einfach still. Es war so leise wie meine Nachbarschaft, wie das Bestattungsinstitut je gewesen war. Und ich erwachte mit einer Gänsehaut. Wortwörtlich ging mir durch den Kopf: ›Okay, etwas ist anders. Irgendetwas hat sich gerade verändert.‹«

Herauszufinden, was genau geschehen war, dauerte 24 Stunden. Als English am nächsten Morgen den ersten Blick aus dem Fenster warf, konnte er kaum glauben, was er sah. »Leichen kamen an, und zwar viele, viele Leichen, und das jede Stunde. Leichenwagen säumten die Straße. Da standen vier oder fünf, die die Straße blockierten und jeden verfügbaren Parkplatz belegten. Und ich konnte hören, wie die Arbeiter versuchten, sich um all die Leute zu kümmern, die jetzt gebracht wurden. Manchmal brüllten sie einander an, wobei sie Schimpfwörter verwendeten, wie ich sie noch nie gehört hatte.« Wie English sich entsann, war der Stress spürbar und dauerte länger an, als er erwartete. »Es gab einen Tag mit beunruhigender Stille, und dann versorgten sie Leichen, und das für die nächsten …, na ja, ich habe dabei irgendwie den Überblick verloren, aber mir kam es so vor wie für den Rest des Jahres.«

Es dauerte nicht lange, bis English von Menschen hörte, die sich aus New York davonmachten. »Es gab viele Communitys, privilegierte Communitys, wo die Menschen wegziehen konnten«, erzählte er mir. »In meiner Nachbarschaft geschah das allerdings kaum. Hier leben viele Menschen ohne Papiere. Asiatische Amerikaner. Latinos. Menschen, die weiterhin arbeiten mussten. Für sie gab es Hindernisse. Sie blieben.« English selbst hatte einige Optionen. Seine Mutter, die auf sich gestellt im ländlichen Umfeld Atlantas lebt, wo English aufgewachsen war, sorgte sich zunehmend um seine Lebensumstände. Anfang März schickte sie ihm ein Paket mit Gasmasken und Clorox-Desinfektionsmittel, die in New York nur schwer aufzutreiben waren. Als das Sterben der Menschen einsetzte, bot sie ihm an, sein Ticket für die Fahrt nach Hause zu bezahlen. »Das war ein sehr emotionaler Konflikt für mich«, gestand er. »Ich machte mir Sorgen um sie. Ich wollte nicht, dass sie alleine war. Aber da ich mich selbst kenne und weiß, was für ein Mensch ich bin, konnte ich nicht einfach von hier weggehen. Wie kann ich wegen der günstigen Mieten in diese Gegend ziehen, dann abreisen, wenn es schwierig wird, und auf die ›Hey, yeah, ich bin ein Künstler!‹-Tour zurückkehren? Mein Gedanke war: ›Nein, wenn ich ein Teil dieser Community sein will, muss ich ein echter Teil dieser Community sein. Im Guten wie im Schlechten: Ich werde hier sein.‹«

Jeden Morgen erwachte English und hörte die Geräusche der Leichenwagen, die Leichen brachten, und der Arbeitskräfte des Bestatters, die keuchten, riefen, darüber stritten, wohin sie die nächste Leiche legen sollten. Eines Tages ging er nach draußen und stolperte über einen Stapel Särge, den sie nahe dem Gebäudeeingang abgestellt hatten. »Von dem Bestattungsunternehmen habe ich nicht viele Aufnahmen gemacht«, erzählte er mir. »Es kam mir einfach pietätlos vor. Aber diese Särge habe ich fotografiert. Das wollte ich nicht vergessen.« Mir gegenüber beschrieb English es als surreal, von der greifbaren Wirklichkeit so vieler Tode überschwemmt zu werden, während Skeptiker, darunter der Präsident, überall im Fernsehen und in den sozialen Medien verkündeten, das Virus wäre überhaupt nicht gefährlich und würde bald einfach verschwinden. Für Menschen, die aus der Stadt geflohen waren oder an gesünderen Orten lebten, war die Seuche möglicherweise unsichtbar. Doch dort, wo English war, ließ sie sich nicht übersehen.

Wie erlebten die Menschen die Pandemie in den ersten Wochen ihres Ausbruchs? Was geschah? Wem? Und wo? Von der alltäglichen Todesparade rings um sein Wohnhaus hatte English zwar nur wenige Aufnahmen gemacht, doch sein Inneres hatte die Bilder eingefroren, und die musste er einfach immer weiter durchstöbern. Was gab es noch zu sehen? »Ich begab mich auf die Suche nach weiteren Informationen«, erzählte er. »Ich liebe es, da draußen zu sein und Bilder zu schießen. Doch wie kann ich die Welt erkunden und in Augenschein nehmen, wenn sie stillgelegt ist? Ich radelte nachts durch die Stadt und machte Aufnahmen, aber es war nicht wirklich das, wonach ich suchte. Ich wollte mehr.« English hielt einen Moment inne und überlegte, wie viel er mir anvertrauen wollte, und fuhr dann fort. »Ich meine, dass ich dies sagen kann, und gerate hoffentlich nicht in Schwierigkeiten. Jedenfalls fand ich einen Weg, mir Zugriff auf Überwachungskameras in Ländern weltweit zu verschaffen.« Besonders interessierte sich English für die Geschehnisse in jenen Ländern, wo die Ausbreitung des Virus früher als in New York begonnen hatte. Er knobelte aus, wie sich diese finden ließen.

»Diese Kameras nutzte ich nun zunehmend für eine Fortsetzung meiner fotografischen Praxis auf neue Art: Ich zeichnete die Feeds vom Bildschirm auf. Und das wurde für mich zu einer Art Orakel, denn nun las ich Artikel, denen zufolge Italien möglicherweise New York zwei Wochen voraus war. Ich überprüfte also die Kameras in verschiedenen italienischen Städten und sah die Krankenhäuser. Ich sah die Bestattungsinstitute. Ich sah die Lebensmittelläden. Und als ich die ersten Schlangen vor Lebensmittelgeschäften in Italien sah, sagte ich mir: ›Heute gehe ich zum Lebensmittelladen und kaufe ein paar Sachen ein.‹ Es waren kaum Menschen dort. Ich dachte mir: ›Ich notiere mir dieses Datum und komme in zwei Wochen wieder, um zu sehen, wie es hier aussieht.‹ Und in zwei Wochen wand sich die Schlange vor dem Laden um das ganze Gebäude herum. Da dachte ich: ›Okay, das entwickelt sich zu einer gruseligen Art der Zukunftsprognose.‹«

English behielt sowohl die die globale Lage wie auch jene New

Yorks im Blick. Er wurde neugierig auf die Geschichten, die zu den Toten gehörten, die immer weiter in dem Bestattungsinstitut im Erdgeschoss unter seiner Wohnung eintrafen. Wer waren diese Menschen? Woher stammten sie? Was, außer dem Virus, machte diese Krise so schlimm?

Dass es in seinem Teil Brooklyns nicht gut lief, konnte er sehen. Überall waren Krankenwagen, deren Sirenen jeden neuen Fall eines schwer erkrankten Nachbarn verkündeten. »Ich habe die Auswirkungen in meiner Nachbarschaft gesehen«, sagte English. »Ich möchte keine Statistiken zitieren, aber eine Zeit lang waren wir eine der am stärksten betroffenen Gegenden New Yorks. Und wir sind auch eine der wirtschaftlich schwächsten Gegenden. Warum diese Dinge geschahen, ergab für mich also einen Sinn. Es besteht ein Kontext. Kausalität.«

Laut English war dies nicht nur eine ökonomische Frage. Wie es in den USA stets der Fall ist, spielte *Race* eine wichtige Rolle. Er konnte es sehen, wenn er mit dem Fahrrad durch Brooklyn fuhr. Er konnte es an den Fallzahlen und Todesfällen sehen, welche die Medien meldeten, aus New York und aus den gesamten USA. Bis April war bereits deutlich, dass mehr Schwarze Menschen starben als *weiße*. Im Fernsehen thematisierten medizinische Experten das Risiko durch »Vorerkrankungen« wie Bluthochdruck, Herzkrankheiten, Diabetes und Fettleibigkeit. English wusste, dass alle diese Gesundheitsprobleme Schwarze unverhältnismäßig stark betreffen, denn mit Rassismus zu leben bedeutet, häufiger krank zu sein, sich häufiger gestresst zu fühlen und häufiger keine gute medizinische Behandlung zu erhalten. Er wusste auch, dass Schwarze mit größerer Wahrscheinlichkeit als andere während der Pandemie arbeiteten und Viruskontakte riskierten, um über die Runden zu kommen. Und in der Tat: Mit so wenig Wohlstand trotz so langer Zeiten harter Arbeit, um das Land voranzubringen – welche Wahl hatten sie?

»Es überraschte mich nicht«, stellte English fest. »Es war enttäuschend, wissen Sie? Andererseits war ich noch niemals nicht davon enttäuscht, wie dieses Land auf Fragen von *Race* oder *rassischer Ungerechtigkeit* reagiert.«

Etwas gab es jedoch, was English überraschte. Es machte ihn wütend und alle seine Bekannten auch: Ab Ende März hielten New Yorks Polizisten Menschen wegen Verstößen gegen das *Social Distancing* an und nahmen auch Verhaftungen vor. Menschen beschwerten sich darüber, dass ihnen die Verhaftungen ungerecht und verdächtig vorkamen. Einige fragten sich, ob sie rassistisch motiviert waren. Verwendete die Polizei die Maskierungs- und Distanzierungsvorschriften, um gegen Schwarze und Latinos vorzugehen, während sie *Weißen* einen Freibrief erteilte? »Man hörte Geschichten darüber, dass die Polizei gegen Schwarze vorging, die keine Masken trugen, aber bei *Weißen* nicht das Gleiche tat«, berichtete English. »So fragte die Polizei etwa in Midtown die Menschen, ob sie Masken wollten. In der Bronx oder in Brownsville und den Schwarzen Vierteln von Brooklyn hielt die Polizei jedoch Menschen an, verhaftete sie, verhängte Bußgelder und stellte Strafzettel aus.« Es war, als hätte die Polizei eine neue Form der Kriminalität entdeckt: in einer Pandemie als Schwarzer zu leben.

Anfangs, so English, waren es nur Geschichten, die man sich erzählte. Etwas, was man von Freunden hörte oder in den sozialen Medien las. Wer wusste schon, ob die Polizei wirklich auf diese Weise diskriminierte? Aber im Mai 2020 gruben Journalisten die echten Zahlen aus, und alles war übler, als English es vermutet hatte. In Brooklyn, so berichtete die *New York Times,* nahm die Polizei zwischen dem 17. März und dem 4. Mai vierzig Personen wegen Verstößen gegen die Abstandsregeln fest. Von den Festgenommenen waren 35 Personen Schwarz, vier hispanisch und eine *weiß*. Darüber hinaus schien es die Polizei gezielt auf Schwarze Viertel abgesehen zu haben. »Mehr als ein Drittel der Verhaftungen erfolgten im überwiegend von Schwarzen bewohnten Viertel Brownsville«, so die Zeitung. »In dem eher *weißen* Brooklyner Viertel Park Slope gab es keine Verhaftungen.«[1]

»Das Diskriminierungsmuster beschränkte sich nicht auf Brooklyn. Wegen Verstößen gegen die Vorgaben zum *Social Distancing* nahmen Polizisten in ganz New York zwischen dem 16. März und dem 5. Mai mindestens 120 Verhaftungen vor und fertigten

500 Vorladungen aus«, berichtet *die New York Times*. »In der gesamten Stadt machen Schwarze 68 Prozent der wegen Verstoßes gegen Abstandsregeln Verhafteten aus, während sich der Anteil der Hispanoamerikaner auf 24 Prozent belief.«[2] Mit nur 7 Prozent war der Anteil von *Weißen* unter den Verhafteten weitaus geringer.

English konnte sich nicht genau daran erinnern, woher er von diesen Zahlen wusste. Aber er erinnerte sich daran, wie bestürzt er und seine Freunde im Mai 2020 waren, als die Muster der rassistisch bedingten Ungleichheit, welche die Pandemieerfahrung der Nation prägten, immer augenfälliger wurden. Die überfüllten Krankenhäuser. Die Beerdigungsinstitute. Die Lebensmittelschlangen. Die Verhaftungslisten. Die Gefängnisse, in denen COVID wütete. Alle waren überfüllt mit People of Color. »Dieses Virus, jene sozusagen unsichtbare Sache, die unterschiedslos alle Menschen weltweit befällt und tötet«, formulierte es English. In den USA »läuft es dann schließlich auf die Frage nach der *Race* hinaus«.

Als die Ungerechtigkeit der Lage immer deutlicher wurde, fühlte sich English verpflichtet, etwas dagegen zu unternehmen. Zunächst hatte er vorwiegend lokale Möglichkeiten. Er schloss sich einem Netzwerk für gegenseitige Hilfe an und brachte alten Menschen, die sich beim Einkaufen nicht mehr sicher fühlten, Lebensmittel. Er half beim Aufstellen von Schildern mit Tipps des öffentlichen Gesundheitsdienstes sowie mit Hinweisen auf Hilfsangebote in Spanisch, Kantonesisch und Mandarin. Er arbeitete ehrenamtlich in einem *community garden*, wo Gemüse für einkommensschwache Familien angebaut wurde. Zum Gedenken an Nachbarn, die an Corona gestorben waren, fertigte English Transparente an. Es war Monate her, dass die Kunstgalerie in Chelsea geschlossen worden war, und die Arbeit an diesen Projekten machte ihm Freude. Er leistete einen sinnvollen Beitrag. Außerdem baute er neue Beziehungen auf. Eine Gemeinschaft sogar. »Es waren viele Leute in meinem Alter, Ende zwanzig, Anfang dreißig, die draußen waren und das taten. Unsere Älteren konnten wegen COVID nicht dabei sein. Also war das unsere Aufgabe«, erklärte English.

Am Anfang einte die Gruppe die gemeinsame Furcht vor der Pandemie. »Im Garten«, erinnert sich English, »bereiteten wir uns einfach auf alles vor, was geschehen würde. Eine Zeit lang herrschte eine recht apokalyptische Stimmung à la: ›Ist dies das Ende? Wohin soll das noch führen?‹« Als die Temperaturen stiegen und sich die Lage stabilisierte, wurden die Gespräche politischer. Die Wahl stand vor der Tür. Joe Biden hatte sich die Nominierung durch die Demokraten gesichert, und Bernie Sanders, der Sozialist aus Vermont, der mit einer Plattform für radikale Veränderungen angetreten war, hatte seine Kampagne eingestellt. Das Ergebnis enttäuschte die jungen Progressiven, aber die Leute, mit denen English in Brooklyn zusammenarbeitete, machten sich weit mehr Sorgen über die Aussicht auf eine zweite Amtszeit von Trump. Bald würde der Präsident im ganzen Land MAGA-Kundgebungen abhalten, die *weiße* christliche Nationalisten und einwanderungsfeindliche Gruppen mit spalterischen Absichten anziehen würden. Die Gefahr, dass sie an der Macht blieben, war mit Händen zu greifen. English erinnerte sich an die Gewalt, die er bei den rechtsextremen Demonstrationen beobachtet hatte. Er spürte, dass er angespannt war.

Vom Memorial Day am 25. Mai erwartete man sich eine Atempause. Zwar traf es zu, dass sich Feiertage während des Lockdowns weniger besonders anfühlten. Geschäftsräume waren geschlossen, ebenso die meisten Versammlungsorte. Nur wenige Menschen unternahmen Reisen oder besuchten Verwandte. Paraden wurden abgesagt. Restaurants und Bars waren nicht geöffnet. Es würde Wochen dauern, bis sie wieder Service im Freien anbieten konnten. Trotzdem schien dieser Tag irgendwie anders zu sein. Das Wetter war mild und angenehm. In den Parks herrschte reges Treiben. Auf Coney Island standen Menschen – mit Abstand – Schlange, um Eis zu kaufen. Man spürte das Herannahen des Sommers und damit die Möglichkeit, dass bessere Zeiten anbrechen würden.

Stattdessen schlugen die USA am Memorial Day eine andere Richtung ein. An diesem Abend, kurz nach 20 Uhr, reagierte die Polizei in Minneapolis auf den Anruf eines Angestellten des Supermarktes Cup Foods, der meldete, dass ein Kunde gerade Zigaretten mit einem gefälschten Zwanzig-Dollar-Schein bezahlt hatte. Vier Polizisten namens Thomas Lane, Tou Thao, J. Alexander Kueng und Derek Chauvin näherten sich einem Fahrzeug, in dem der Verdächtige, ein 46-jähriger Schwarzer namens George Floyd, auf dem Fahrersitz saß. Lane klopfte mit seiner Taschenlampe gegen das Fenster und forderte Floyd auf, seine Hände zu zeigen. Er wiederholte diese Aufforderung mehrere Male, bis Floyd die Tür öffnete und sich entschuldigte. Sechs Sekunden später zog Lane seine Waffe und richtete sie auf Floyd. »Nimm sofort deine verdammten Hände hoch!«, schrie er und zerrte Floyd aus seinem Sitz, ohne zu erklären, warum.[3]

Die Polizisten Lane und Kueng legten Floyd Handschellen an und brachten ihn zu ihrem Auto. Als sie ihn zwangen, sich auf die Rückbank zu setzen, wehrte sich Floyd und klagte, er litte unter Platzangst, und weigerte sich, in dem Fahrzeug eingesperrt zu werden. Statt sich zu setzen, drängte sich Floyd aus der gegenüberliegenden Tür und erklärte, er wolle sich auf den Boden legen. Drei der Polizisten (Chauvin, Kueng und Lane) eilten herbei, um ihn mit dem Gesicht nach unten festzuhalten. Lane hielt Floyds Beine fest. Kueng kniete sich auf seine Oberschenkel und hielt sein Handgelenk fest. Chauvin kniete direkt auf seinem Hals und verharrte in dieser Stellung.

Floyd schnappte nach Luft. Mehrfach sagte er zu den Polizisten: »Ich kriege keine Luft!«*

Chauvin behielt seine Position bei und presste das Knie weiter gegen den Hals von Floyd. Ohne Floyds Flehen zu beachten, fuhr Chauvin damit mehr als acht Minuten lang fort.

»Ich brauche etwas Wasser oder etwas anderes, bitte, bitte«, flehte Floyd.

»Sie werden mich umbringen, Mann«, schrie er. »Mama!«, rief Floyd.

»Ich bin fertig.«

---

* englisch »I can't breathe« (Anm. d. Ü.).

Die anderen drei Polizisten taten nichts, um Chauvin zurückzuhalten. Lane und Kueng hielten weiter Floyds Gliedmaßen fest. Sechs Minuten nachdem sie ihn am Boden fixiert hatten und während Umstehende um Hilfe riefen, prüfte Kueng Floyds Puls. Er informierte seine Einsatzpartner, dass er ihn nicht finden konnte. Die Polizisten hielten Floyd noch weitere zwei Minuten am Boden fest, bis Sanitäter kamen, Floyd in einen Krankenwagen luden und ihn zu einem nahe gelegenen Krankenhaus brachten.

In der Nacht gab die Polizei Floyds Tod bekannt. »Mann stirbt nach medizinischem Zwischenfall während Polizeieinsatz«, hieß es in der ersten Pressemitteilung der Behörde, die auf der Website insideMPD.com veröffentlicht wurde.[4]

In der Meldung liest man, dass Floyd »offenbar unter Alkohol- oder Drogeneinfluss stand«. Man liest: »Er leistete körperlichen Widerstand gegen die Polizisten.« Man liest: »Die Polizisten konnten dem Verdächtigen Handschellen anlegen und stellten fest, dass er anscheinend unter medizinischen Problemen litt.« Man liest: »Die Polizisten riefen einen Krankenwagen.« Man liest: »Von den an diesem Vorfall beteiligten Personen wurden zu keinem Zeitpunkt Waffen irgendeiner Art eingesetzt.« Man liest: »Bei dem Vorfall wurden keine Polizisten verletzt.«[5]

Einige Stunden später loggte sich am 26. Mai um 1.46 Uhr ein siebzehnjähriges Mädchen namens Darnella Frazier bei Facebook ein und postete ein Video des Vorfalls, das sie mit ihrem Handy aufgenommen hatte, zusammen mit dem Text: »Sie haben ihn vor Cup Foods getötet, South 38th und Chicago Ave!! Keine Spur Mitleid </3 </3 #POLICEBRUTALITY.« Nachdem sie erfahren hatte, wie das Minneapolis Police Department Floyds Tötung beschrieben hatte, fügte sie um 3.10 Uhr ein Update hinzu. »Medizinischer Vorfall??? Passt auf, sie haben ihn umgebracht, und der Beweis ist eindeutig vorhanden!!«[6]

Bis zum Nachmittag hatten gefühlt alle Menschen in den USA das Video von Floyds Tötung durch die Polizei im Fernsehen gesehen oder über die sozialen Medien davon gehört. An diesem Tag feuerte das Minneapolis Police Department alle vier an dem Vorfall beteiligten Polizisten. Keine lange Überprüfung. Keine bezahlte Freistellung. Gefeuert. »Aus dem Arbeitsverhältnis ausgeschieden«, nannte es der Polizeisprecher.[7] Der Bürgermeister von Minneapolis befürwortete die Entscheidung. »Diesem Mann und seiner Familie muss Gerechtigkeit widerfahren, unserer Gemeinde muss Gerechtigkeit widerfahren und unserem Land muss Gerechtigkeit widerfahren«, twitterte Amy Klobuchar, US-Senatorin aus Minnesota.[8] Das FBI gab bekannt, dass es eine Untersuchung einleiten werde.

Keines dieser Statements stellte die Schwarzen Einwohner von Minneapolis zufrieden oder irgendwen, der oder die sich unabhängig von *Race* über das Muster der Polizeigewalt gegen Schwarze in den USA empörte. Am Abend des 26. Mai trafen Hunderte von Demonstranten am Tatort ein. Einige hielten Schilder mit der Aufschrift »*I Can't Breathe*«. Viele trugen Gesichtsmasken. Noch immer wütete die Pandemie, und öffentliche Versammlungen waren riskant. Eine weitere Gruppe von Demonstranten versammelte sich vor dem Polizeirevier, zu dem die vier Polizisten gehört hatten, und forderte mit Sprechchören Veränderungen. Die Menschen waren wütend. Jemand schlug eine Glasscheibe an der Fassade des Reviers ein. Andere beschmierten Polizeifahrzeuge mit Graffiti.[9] Die Polizisten versuchten, die Menge zu beruhigen und zu zerstreuen. Doch die Proteste begannen erst.

»Ich habe mir das Video nicht angesehen«, erzählte English. »Ich wollte mir das nicht antun. Ich habe solche Videos gesehen, weil ich in den USA als Schwarzer aufgewachsen bin. Ich kenne die Umstände dieses Videos, und ich musste wirklich keinen weiteren Lynchmord sehen, um zu wissen, was nun geschehen würde.« An der Tatsache, dass die Polizei von Minneapolis einen unbewaffneten Schwarzen tötete, sei nichts Überraschendes gewesen, erklärte mir English. Es war vorhersehbar. Erwartet. Seit English zwanzig Jahre alt geworden war, hatte er gesehen, wie die Polizei immer wieder Schwarze tötete, überall in den USA. Da war Eric Garner (17. Juli 2014), der im Würgegriff starb, nachdem er den New Yorker Polizisten elfmal gesagt hatte: »Ich kriege keine Luft.« Da war

Michael Brown (9. August 2014), den Polizisten in den Straßen von Ferguson, Missouri, erschossen hatten. Laquan McDonald (20. Oktober 2014), ein Siebzehnjähriger, auf den Polizisten in Chicago sechzehnmal schossen, als er weglaufen wollte. Tamir Rice (22. November 2014), ein zwölfjähriges Kind, das von der Polizei in Cleveland getötet wurde, weil es eine Spielzeugpistole in der Hand hielt. Freddie Gray starb an Verletzungen seiner Wirbelsäule (19. April 2015), nachdem ihn Polizisten in Baltimore mit angelegten Handschellen bei einer holperigen Fahrt durch die Stadt im hinteren Teil eines Polizeitransporters platziert hatten. Stephon Clark (18. März 2018) wurde von Polizisten in Sacramento mehrfach angeschossen, als er im Garten seiner Großmutter ein Handy in der Hand hielt. Und kurz vor dem Lockdown wurde Breonna Taylor (13. März 2020) von Polizisten in Louisville achtmal angeschossen, als diese ihre Wohnung durchsuchten, ohne sich auszuweisen.[10] Das sind nur einige der Fälle, die Schlagzeilen machten. Vorher hatte es andere gegeben, und weitere würden gewiss folgen. Offen war nur, wann und wo.

Trotzdem war English wütend. »Der Zorn, den ich empfand, war nicht neu«, stellte er klar. Aber die Pandemie veränderte den Kontext. Solange English zurückdenken konnte, war Polizeigewalt stets eine unmittelbare Bedrohung für Schwarze gewesen und zugleich eine symbolische Erinnerung an deren Stellenwert im politischen Gefüge der USA. Floyds Ermordung geschah zu einer Zeit, als die Wut über rassistische Ungerechtigkeit im Kontext der Pandemie in English und vielen Menschen seiner Community gärte. Die COVID-bedingte hohe Sterblichkeit unter Schwarzen war eine Folge desselben sozialen Systems, das Polizeigewalt hervorbrachte und sie nur allzu oft auch legitimierte. Die Polizisten zu feuern, die George Floyd getötet hatten, würde nichts an den systembedingten Problemen ändern, die dafür sorgten, dass Schwarze Menschen in den USA so gefährdet waren. Dafür würden die Menschen auf die Straße gehen müssen.

In gewisser Weise waren die Bedingungen für Proteste ideal. Selten hatten so viele Menschen so viel freie Zeit. Die meisten derjenigen, die einen Arbeitsplatz hatten, arbeiteten per Fernzugriff, ohne den festen Zeitplan oder die direkte Aufsicht, die es in den Büros gab. Millionen Menschen waren arbeitslos, weil ihre Unternehmen den Betrieb heruntergefahren oder ganz eingestellt hatten. Angesichts des eingeschränkten Erwerbslebens hatten die Menschen auch mehr geistigen Freiraum, um gesellschaftliche Themen in den Blick zu nehmen. COVID. Trump. Und nun den Mord an George Floyd und das Muster der Polizeigewalt.

Es gibt ein Konzept, mit dem Soziologen beschreiben, inwiefern die Lebensumstände einer Person Einfluss auf die Wahrscheinlichkeit haben, dass sie sich einer gesellschaftlichen Bewegung anschließt oder an Demonstrationen teilnimmt: ihre »biografische Verfügbarkeit«. In normalen Zeiten fällt es etwa Müttern mit Vollzeitstellen schwer, Zeit für regelmäßige Proteste zu finden. Studierende sind verfügbarer als Menschen, die jeden Tag arbeiten gehen, somit fällt es Studierenden leichter, sich zu beteiligen. Kellner, Barkeeper und Künstler knausern tagsüber oft mit ihrer Zeit. Lehrer haben im Sommer frei. Der Lockdown brach alle derartigen Muster auf – und zwar in einem Ausmaß, dass kaum eine Zeit denkbar ist, in der die Menschen verfügbarer waren als im Mai 2020. Der einzige Hinderungsgrund war die Angst, sich bei all den anderen Menschen, die an den Protesten teilnehmen wollten, mit einer tödlichen Krankheit anzustecken. Und die Menschen waren bereit, dieses Risiko einzugehen.

English zögerte nicht. Sobald er von der ersten Demonstration in New York erfuhr, wusste er, dass er dabei sein würde. Machte er sich Sorgen über eine Ansteckung mit COVID? »Nicht mehr als darüber, von der Polizei umgebracht zu werden«, antwortete er. »So dachte ich darüber. So in etwa: Ja, Corona war etwas von globalem Ausmaß. Vielen Menschen machte es Angst. Einfach diese Art sich anbahnender, unsichtbarer Bedrohung, bei der man nicht weiß, wann es geschieht, wann sie zuschlägt und einen erwischt. Als Schwarzer Mensch in Amerika habe ich mein ganzes Leben damit zugebracht. Und daher hat das Virus die Sachlage für mich nicht verändert. Die Furcht, die ich während COVID beim Gang zum Lebensmittelladen empfand, ist dieselbe Furcht, die ich als Kind hatte, wenn ich eine Landstraße entlanglief und nicht wusste, ob ein Pick-up voll *weißer* Männer auftauchen würde, wie bei Ahmaud Arbery, und sie, na ja, eine Schrotflinte zücken oder irgendetwas anderes tun würden. Draußen auf den Straßen sagte ich mir, COVID wäre einfach nur ein weiterer in der langen Reihe der unsichtbaren Angreifer. Ein möglicher Angreifer, der es auf meinen Körper abgesehen hatte, dass ich gegen COVID aber wenigstens eine Maske tragen konnte. Es gibt keine Maske, die ich aufsetzen konnte, sodass mich die Ungerechtigkeit, weil ich Schwarz bin, nicht erwischt, zumindest in diesem Land. Also nein. Corona war nicht ... es war nicht meine größte Sorge.«

Dennoch ergriff English Vorsichtsmaßnahmen. Bei dem Protestmarsch trug er eine Maske – und zwar nicht einfach irgendeinen Mundschutz, wie er mir erzählte. »Es ist die mit den zwei Kammern, eine Atemschutzmaske, wie man sie bei Tischlerarbeiten trägt oder in metallverarbeitenden Betrieben und Ähnlichem. Die Leute kamen zu mir und meinten: ›*Yo!* Du bist der *dude* mit der Gasmaske!‹« Andere Demonstranten fielen laut English aus einem anderen Grund auf. »Da war eine Wut bei den Menschen, wie ich sie in dieser Form noch nie zuvor gesehen hatte. *Weiße!* Da waren *weiße* Menschen, die sichtlich aufgebracht waren und willens, gegen die Polizei zu kämpfen und ihre Körper vor diejenigen der People of Color zu stellen, damit diese nicht von der Polizei verhaftet oder angegriffen würden.« Im Norden wie im Süden hatte English an zahllosen Demonstrationen für *Rassen*gleichheit teilgenommen. Solche wie diejenigen nach George Floyds Ermordung hatte er nie erlebt. »Die dort vorhandene Energie war spürbar. Die Frustrationen. Die Wut. An diesem ersten Tag zogen wir bis zur Wall Street. Durch ganz Manhattan. Ich wusste einfach, dass dies eine andere Bewegung war. Sie würde nachhaltig sein.«

Es ist berauschend, Teil einer wogenden Menge zu sein, die für soziale Gerechtigkeit demonstriert. Dies, so English, war ein neues

Level. Vielleicht lag es an der Entlastung, die es nach so vielen Monaten der Angst und der Isolation im Lockdown bot. Der französische Soziologe Émile Durkheim sprach von der Aufwallung oder »kollektiven Efferveszenz« durch die Beteiligung an einer so dynamischen gemeinsamen Erfahrung, deren Triebkräfte Leidenschaft und moralischer Eifer sind.[11] Vielleicht war es die Brisanz des Augenblicks oder das Gefühl, das 2020 alles möglich war. Die Wirtschaft. Die Regierung. Die Gesellschaftsordnung. Das Strafrechtssystem. Nichts vermittelte noch den Eindruck, felsenfest und unverrückbar zu sein. Radikaler Wandel war zumeist nur ein Wunschtraum. Jetzt schien er möglich. Schaut, was in den USA geschieht. Auch über die USA hinaus. Die Welt war aus den Fugen geraten. Wie konnte da alles beim Alten bleiben?

English stürzte sich in die Bewegung. Er nahm seine Freunde aus Aktivisten- und Künstlerkreisen mit, seine Partner aus dem Netzwerk für gegenseitige Hilfe und auch die Community-Gärtner. »Ich konnte nicht in meiner Wohnung bleiben«, beschrieb er es mir. »Hätte man mir die Beine gebrochen, ich wäre hinaus gekrochen, um dabei zu sein. Es gab keinen anderen Ort, an dem ich hätte sein können.« Die – rings um das Thema *Black Lives Matter* organisierten – Protestzüge weiteten sich aus. Brooklyn. Queens. Die Bronx. Staten Island. *Staten Island!*[12] Und das war nur New York. Es gab Demonstrationen im vorstädtischen Westchester, in New Jersey, Pennsylvania und Connecticut. In jedem Bundesstaat gingen Menschen auf die Straße, einschließlich der roten [mehrheitlich republikanischen, Anm. d. Ü.], und sogar weltweit.

Die meisten Protestzüge verliefen zwar friedlich, doch viele Menschen waren wütend über die Ereignisse und wollten persönliche Spuren hinterlassen. An einigen Orten, darunter New York, wurden die Protestmärsche gewalttätig: Gruppen der Protestierer ließen sich hinter die Massen zurückfallen und plünderten Geschäfte entlang der Route.[13] Bei früheren Aufständen (unter anderem nach der Ermordung von Martin Luther King) hatten sich die Randalierer auf Geschäfte und Einrichtungen in Schwarzen Vierteln gestürzt und die ohnehin schon unter *Rassen*trennung und

Hass leidenden Gemeinden in einen noch verkommeneren Zustand versetzt. Im Jahr 2020 änderten sich jedoch die Ziele. Am 31. Mai beispielsweise setzten sich in Lower Manhattan Vandalen von den Menschenmassen ab und plünderten hemmungslos Geschäfte. Sie raubten opulente Boutiquen aus, edle Modegeschäfte, teure Kaufhäuser und Apothekenketten. Chanel und CVS. Bloomingdale's und Wells Fargo. Der *New York Times* erschien das Muster der Zerstörung »ausgedehnt und wahllos«.[14] Andere sahen darin einen Angriff auf die Wahrzeichen der wirtschaftlichen Ungleichheit und des außer Rand und Band geratenen globalen Kapitalismus.

Black Lives Matter-Demonstranten, darunter auch English, sahen in den Plünderern eher kriminelle Opportunisten, eher Saboteure denn Verbündete. Gewiss gab es Leute, die auftauchten, um die Polizeigewalt zu verdammen, und am Ende selbst Gewalt ausübten. Aber es gab auch eigenartige Fälle von Rechtsextremisten, die während der Demonstrationen für soziale Gerechtigkeit Vandalismus betrieben, um das größere Projekt in Misskredit zu bringen, und – noch häufiger – Außenstehende, die sich einfanden, um Überfälle zu begehen oder Ärger zu machen.[15] So reagierten in Minneapolis beispielsweise die Beobachter entgeistert auf die Videoaufnahmen des »Umbrella Man«, eines hochgewachsenen, schwarz gekleideten Mannes mit schwarzer Gasmaske und schwarzem Regenschirm, der mit einem Vorschlaghammer Schaufensterscheiben einschlug, während Aktivisten sozialen Wandel forderten. Die Polizei gab schließlich eine eidesstattliche Erklärung bezüglich eines *weißen* Rassisten ab, der den Hells Angels und einer Gefängnisbande in Minnesota und Kentucky namens Aryan Cowboys angehörte.[16] In Detroit nahm die Polizei während der Demonstrationen am 28. Mai vierzig Personen wegen Vandalismus oder Angriffen auf Einsatzkräfte fest, von denen mindestens dreißig nicht in der Stadt lebten.[17] Offenkundig hatten sie Gründe, in die Stadt und zu den Protesten zu fahren, vielfach wurde indes bezweifelt, dass *Black Lives Matter* dazugehörte.

Es ließ sich kaum genau sagen, wer die Plünderungen in New

York beging, doch jede Nacht brachte weitere geborstene Fensterscheiben und Einbrüche. Die Geschäftsleute fingen an, ihre Schaufenster mit Brettern zu schützen, und von Demonstration zu Demonstration wurde die Stimmung angespannter. Die Polizisten trugen Schutzkleidung, errichteten Absperrungen entlang der Bürgersteige und führten tödliche Waffen mit sich. »Die Polizisten waren verstört«, erzählte English. »Ich sah die Furcht in ihren Augen.« Die Polizei wusste nicht, was die Menschenmenge tun würde oder wohin sich die Dinge entwickeln würden. Sie spürten den Zorn der Menge und wussten, wie viel davon gegen sie gerichtet war.

Die Kampfmontur war nicht das Einzige, was die Aktivisten beunruhigte. Unter Missachtung städtischer wie staatlicher Vorschriften verweigerten die meisten Polizisten bei den Demonstrationen das Tragen eines Mund-Nasen-Schutzes, und das selbst, wenn sie sich unter Tausenden von Zivilisten befanden, die Vorsichtsmaßnahmen zur Abwehr des Virus trafen. »Die Richtlinie besagt, dass Polizisten in der Öffentlichkeit einen Mund-Nasen-Schutz tragen müssen, Punkt«, betonte Bürgermeister Bill de Blasio. »Polizisten sollten Masken tragen«, bestätigte Gouverneur Andrew Cuomo.[18] Die Maskenverweigerung der Polizisten fühlte sich für English wie ein Akt der Aggression an. Bestenfalls setzten sie sich selbst einem Risiko aus und scherten sich nicht um die Gesundheit und das Wohlergehen der Menschen, die sie eigentlich schützen sollten. Schlimmstenfalls verachteten sie die Menschen. So oder so – die Aktivisten interpretierten diese Geste als eine weitere Art, wie das NYPD den Einwohnern von New York, insbesondere denen, die für soziale Gerechtigkeit eintraten, mit einem »*Fuck you!*« begegnete. Die Polizisten würden das Gesetz befolgen, falls und wenn es ihnen passte, ohne Rücksicht auf die Folgen. Und das, so stellten die Demonstranten fest, war genau der Grund, warum so viele von ihnen dort draußen waren und Veränderungen forderten.

Den für *Rassen*gerechtigkeit eintretenden Aktivisten bereitete die Feindseligkeit der Polizei ernste Probleme. So auch die Plünderungen und der Vandalismus. Die *Black Lives Matter*-Organisatoren befürchteten, beide würden zu mehr Polizeigewalt, wenn nicht gar zur Verhängung des Kriegsrechts führen. Am 1. Juni drohte Präsident Trump: »Sollte sich eine Stadt oder ein Bundesstaat weigern, die zum Schutz von Leben und Eigentum der Einwohner notwendigen Maßnahmen zu ergreifen, werde ich das Militär der Vereinigten Staaten einsetzen und das Problem schnell für sie lösen.«[19] Am selben Tag verhängte die Stadt New York eine Ausgangssperre ab 20 Uhr und kündigte an, Patrouillen würden die Menschen von den Straßen fernhalten. English dachte, dass Schwarze unweigerlich zu Schaden kommen würden.

Am 4. Juni sollten sie es herausfinden. »In der Bronx fand ein Marsch in Mott Haven statt«, erzählte English. »Über das, was während COVID in der Bronx geschah, könnte man ein ganzes Buch schreiben. Alles war übel.« Die Bronx ist New Yorks ärmster Bezirk. Sie weist auch den höchsten Bevölkerungsanteil an People of Color auf; 85 Prozent der Einwohner bezeichnen sich als Afro- oder Hispanoamerikaner.[20] In normalen Zeiten sind die Beziehungen zwischen den Schwarzen Communitys der Bronx und dem NYPD angespannt und von Kontroversen geprägt.

Nach der Ermordung von George Floyd waren die Spannungen hoch, und die Demonstration am 4. Juni drohte, sie noch zu vergrößern. Die Kundgebung wurde von einem Bündnis von Basisaktivisten organisiert und von Schwarzen und lateinamerikanischen Frauen einer in der Bronx ansässigen Gruppe namens FTP Formation angeführt. Obwohl FTP für verschiedene Dinge stehen kann, wie *Free the People* oder *Feed the People*, bedeutet es für die meisten einfach *Fuck the Police*.[21]

An diesem Nachmittag machten sich English und einige Freunde aus Brooklyn auf die lange Fahrt in die Bronx. Wie er sich erinnerte, war es warm und sonnig, und die Stimmung war positiv. An der Kreuzung von 149th Street und 3rd Avenue in Mott Haven, einem als Hub bekannten Ort, versammelten sich 300 Menschen. Sie marschierten friedlich, klatschten, trommelten und sangen. Einer der Demonstranten namens Andom Ghebreghiorgis erinnerte sich an den optimistischen Ton des Protests. Der Marsch schlängelte sich durch das Viertel und kam an den Paterson Houses vorbei, einem Hotspot der Corona-Todesfälle im März und April, wo schon in stabilen Zeiten Armut und Leid grassieren. Die Anwohner lehnten sich aus den Fenstern, klopften auf Töpfe und Pfannen und riefen den Aktivisten ihre Unterstützung zu. Einige verließen ihre Häuser, um sich dem Marsch anzuschließen, was auf dem Weg zur nächsten Kurve die Stimmung aller hob.

Die Ausgangssperre um 20 Uhr rückte näher, doch die Aktivisten hatten mehr als genug Zeit, um ihren Protest fortzusetzen. Als sie die Willis Avenue erreichten, blockierten jedoch mehr als fünfzig Polizisten die Straße. Die Demonstranten kehrten um und liefen die 136th Street hinunter. Es war 19.50 Uhr. Zu diesem Zeitpunkt, so ein Bericht der Organisation Human Rights Watch (HRW), die Videoaufnahmen und 81 Augenzeugenberichte des Ereignisses erhielt, »umzingelten zahlreiche Polizisten die Demonstranten und fingen sie ab – eine Taktik, die als ›Einkesseln‹ bekannt ist«. Teilnehmer, die zwischen den Polizisten eingesperrt waren, hatten keine Möglichkeit zu entkommen. »Wir wurden zusammengedrängt und wie Sardinen eingepfercht«, erinnerte sich einer. Manche skandierten: »Lasst uns gehen!«[22]

Als es 20 Uhr wurde, so stellte HRW fest, »gingen Polizisten ohne Anlass und ohne Vorwarnung auf die Demonstranten los, schwangen Schlagstöcke, schlugen Menschen von Autodächern, stießen sie zu Boden und sprühten ihnen Pfefferspray ins Gesicht, bevor sie mehr als 250 Menschen zur Verhaftung zusammentrieben«. Die Menschenrechtsorganisation dokumentierte »mindestens 61 Fälle von Demonstranten, legalen Beobachtern und Schaulustigen, die während der Razzia Verletzungen erlitten, darunter Risswunden, eine gebrochene Nase, ein verlorener Zahn, eine verstauchte Schulter, ein gebrochener Finger, blaue Augen und mögliche Nervenschäden durch zu enge Kabelbinder«.[23] Polizeipräsident Dermot Shea verteidigte das Verhalten der Polizisten am nächsten Tag bei einer Pressekonferenz. »Wir hatten ein Konzept, das in der Bronx nahezu fehlerfrei umgesetzt wurde«, behauptete er.[24]

In dieser Nacht wurden mindestens 263 Personen festgenommen, deutlich mehr als bei den innerstädtischen Protesten nach der Tötung von George Floyd. Einige wurden noch in der Nacht aus dem Gewahrsam entlassen, andere hielt man bis zum nächsten Nachmittag fest, und einer blieb eine Woche in Haft. Die Staatsanwaltschaft der Bronx stellte Vorladungen aus und legte für die Verhafteten Gerichtstermine fest. Im September beantragte die Staatsanwaltschaft jedoch, die Vorladungen aufzuheben. Die Demonstranten waren frei.[25]

Jedoch nicht ganz, wie mir English erläuterte. »Diese Veranstaltung wurde geplant, um die Bronx zu unterdrücken«, betonte er. »Um diesem Stadtteil mitzuteilen: ›Das passiert, wenn ihr auf die Straße geht.‹ Als wir marschierten, steckten Leute in Sozialwohnungen ihre Köpfe aus den Fenstern und riefen uns ihre Unterstützung zu. Sie waren bereit, herunterzukommen und sich uns anzuschließen. Ich denke, das NYPD beschloss, dass dies der Augenblick war, um das zu unterbinden. Und das haben sie mit Erfolg getan. (Was allerdings seinen Preis hatte. Im März 2023 erklärte sich die Stadt New York zur Zahlung von 21 500 US-Dollar an jeden der mehreren Hundert Menschen bereit, die von der Polizei eingekesselt und dann entweder angeklagt oder tätlich angegriffen worden waren.[26]) Von da an wollten die Leute nicht mehr zu Aktionen in die Bronx fahren.«

Trotzdem gingen die Proteste weiter. Die Demonstrationen dauerten viel länger an, als irgendjemand erwartet hatte, und breiteten sich auch viel weiter aus. »Als Historiker der gesellschaftlichen Bewegungen in den USA kann ich mich kaum an eine Zeit in der Vergangenheit erinnern, in der es zwei Wochen lang große Proteste in Hunderten von Orten gab, von Vororten bis zu Großstädten«, twitterte Tom Sugrue, der Bürgerrechtshistoriker. »Die Breite und das Ausmaß der #Floyd-Proteste ist atemberaubend. Es gab schon einige sehr große eintägige Demonstrationen, wie 1963 den Marsch auf Washington für Arbeitsplätze und Freiheit oder 1982 den Anti-Atomkraft-Marsch in New York und den Women's March 2017.

Wir kennen weitverbreitete, gleichzeitige Proteste, wie an den Tagen nach der Ermordung von Martin Luther King (1968). Doch beides zusammen: sehr ungewöhnlich.«²⁷ Umfragen zufolge nahmen allein in den beiden Wochen nach Floyds Tod zwischen 15 und 26 Millionen US-Amerikaner und Amerikanerinnen an Demonstrationen für *Rassen*gerechtigkeit teil. »Diese Zahlen würden diese Proteste zu den größten in der Geschichte des Landes machen«, meldete die *New York Times*.[28]

English fühlte sich gezwungen, daran teilzunehmen, und die Bewegung wurde ein Teil von ihm. Er nahm seine Kamera mit. Machte Aufnahmen. Zeichnete Videos auf. English wollte jetzt zu allem gehen, was sich tat, und das nicht nur in New York. Er reiste nach Minneapolis, um zu demonstrieren. Er fuhr heim nach Atlanta, besuchte seine Mutter und demonstrierte auch dort.

Jetzt gab es das Feigenblatt journalistischer Distanz und Neutralität nicht mehr. Auch nicht die Vision, ein typisches Kunstobjekt zu schaffen. Etwas, das er in einer Galerie ausstellen würde, wie jener in Chelsea, wo er gearbeitet hatte, als die Pandemie ausbrach. »Ich denke, ich habe ein umfangreiches, sehr persönliches Archiv dessen geschaffen, was geschehen war und was genau jetzt geschieht. Weil ich den aktuellen Augenblick nicht verstehe. Keiner von uns tut das«, führte er aus. »Das Medium ist nicht unbedingt die Fotografie. Die Bilder sind für Zeitungen oder Instagram. Es ist auch nicht notwendigerweise ein Video. Es ist die gelebte Erfahrung. Das ist das Medium.« English hat noch nicht entschieden, ob – oder wann – er sie mit anderen teilen wird. Das hängt davon ab, was als Nächstes geschieht.

Kapitel 12

Race

Jede globale Krise lässt dieselbe Vision aufkommen: Die urplötzlich mit ihrer geteilten Verwundbarkeit konfrontierte Menschheit schließt sich zusammen, um eine universelle Bedrohung abzuwehren.

Klimawandel. Nukleare Auslöschung. Ein Asteroid auf Kollisionskurs mit der Erde. Eine Seuche. In jener Vision löst jede Gefahr bei Nationen und Gesellschaften, die sich sonst gegenseitig bekämpfen würden, eine übergreifende Furcht aus. Letztlich erkennen die politischen Führer und die einfachen Menschen, dass die drohende Katastrophe, wie es die Klischees besagen, »der große Gleichmacher« ist oder dass »wir da alle gemeinsam drinstecken« beziehungsweise »alle im selben Boot sitzen«.

Im ersten Pandemiejahr waren derlei Einschätzungen allgegenwärtig.

»Gemeinsam werden wir das besiegen«, twitterte der britische Premierminister Boris Johnson, nachdem die Krankheit bei ihm diagnostiziert worden war.[1] »Coronavirus: Da stecken wir gemeinsam drin«, stellte USA *Today* im April 2020 fest. Damals wurde die Serie »In This Together« ins Leben gerufen, Feuilletonbeiträge mit »starken, menschlichen Geschichten, [die] eine gute Nachricht liefern: Unsere Familien, Freunde und Nachbarn machen trotz des Coronavirus weiter«.[2] Im Juni hob die Abteilung für globale Kommunikation der UNO diese Idee auf die internationale Ebene. »Wir sitzen alle im selben Boot«, verkündete sie.[3]

Allerdings war zu diesem Zeitpunkt bereits klar, dass das Coronavirus nicht alle »ins gleiche Boot« gesetzt hatte. Vielleicht war es derselbe Sturm, aber die Menschen würden ihn auf verschiedenen Schiffen durchleben, und ihren jeweiligen Kurs würden genau dieselben Faktoren bestimmen, die schon den Verlauf ihres alltäglichen Lebens bestimmten.

Wie stets spielte die Schichtzugehörigkeit eine Rolle, denn dank Wohlstand und Bildung konnten die Privilegiertesten Distanz wahren, dem Virus ausweichen und auf die beste verfügbare medizinische Versorgung zurückgreifen. Die Politik spielte ebenfalls eine Rolle, denn einige Länder verfügten über ein tragfähiges öffentliches Gesundheitswesen sowie über wirksame Maßnahmen gegen Infektionskrankheiten. Andere Staaten besaßen hingegen keines von beidem. Schon bald nach der ersten Welle war jedoch klar, dass ein weiterer Faktor eine Schlüsselrolle im sozialen Leben während der Pandemie spielen würde. Ein Faktor, der eher spaltet als eint, der Ungleichheit verstärkt und überall auf der Welt Gewalt hervorruft: Rassismus, und zwar sowohl in seinen strukturellen wie auch in seinen schlichteren, zwischenmenschlichen Ausprägungen.

Ausbrüche von *Rassen*vorurteilen, Diskriminierung und Gewalt sind zu typischen Kennzeichen der Ausbrüche von Infektionskrankheiten in der Moderne geworden. Aids. Ebola. SARS. Affenpocken. Große Medien, politische Beamte und humanitäre Gruppen verwenden durchweg eine aufgeladene Rhetorik und Bildsprache, um emotionale (oder affektive) Reaktionen auf Gesundheitsängste in einer Weise zu mobilisieren, die, wie die Anthropologin Adia Benton dargelegt hat, die *Race* als zentralen Risikovermittler in den Vordergrund rückt.[4] Um dieses Problem anzugehen, gab die WHO 2015 eine Erklärung über »Bewährte Praktiken bei der Benennung neuer menschlicher Infektionskrankheiten zur Minimierung unnötiger negativer Auswirkungen auf Nationen, Volkswirtschaften und Menschen« heraus. Namen wie »Schweinegrippe« (eine Krankheit, die sich auf mexikanische Schweinefarmen zurückführen ließ) und »Middle East Respiratory Syndrome«* stigmatisierten die mit der neuen Krankheit in Verbindung gebrachten Regionen oder ethnischen Gruppen. Die

---

* MERS; dt.: Nahost-Atemwegssyndrom (Anm. d. Ü.)

Weltgesundheitsorganisation forderte die Behörden auf, neue Krankheiten nicht mit geografischen Orten, Personennamen, Tier- oder Lebensmittelarten, kulturellen, bevölkerungsbezogenen, gewerblichen oder beruflichen Bezeichnungen oder Begriffen zu belegen, die unangemessene Ängste schüren.[5]

Als die WHO im Dezember 2019 erstmals von dem neuen Coronavirus in China erfuhr, rechnete sie mit Schwierigkeiten. Die Organisation, die eine weitere Welle ethnonationaler oder rassistischer Anfeindungen verhindern wollte, forderte Journalisten und Beamte ausdrücklich dazu auf, die neue Krankheit nicht mit China oder Chinesen in Verbindung zu bringen. »Viren kennen keine Grenzen, und es ist ihnen egal, welcher Ethnie Sie angehören, welche Hautfarbe Sie haben oder wie viel Geld Sie auf der Bank haben«, erklärte Mike Ryan, Exekutivdirektor des WHO-Programms für gesundheitliche Notfälle. »Dies ist eine Zeit für Solidarität, eine Zeit für Fakten, eine Zeit, um gemeinsam voranzukommen, um dieses Virus gemeinsam zu bekämpfen.«[6]

Diese Aussage war absolut bewundernswert. Sie war aber auch komplett wirkungslos. Das Virus mag sich nicht um Grenzen, Hautfarbe und Geld auf der Bank geschert haben, Menschen auf der ganzen Welt hingegen schon. Einige, darunter der Präsident der mächtigsten Nation der Welt, hätten gegenüber den Ratschlägen der WHO zur Namensgebung oder visuellen Darstellung nicht gleichgültiger sein können. Sie waren wild entschlossen, auszuteilen.

Wie wir gesehen haben, war »das chinesische Virus« Donald Trumps bevorzugte Bezeichnung für das neue Coronavirus, wenngleich er es zuweilen auch als »das China-Virus« bezeichnete. »Das ist überhaupt nicht rassistisch«, insistierte er, als ihm Kritiker vorwarfen, er schüre *Rassen*feindlichkeit und Gewalt. »Weil es aus China kommt, deshalb.«[7] Wichtige Mitglieder der Trump-Regierung äußerten sich in ähnlicher Weise. Außenminister Mike Pompeo sprach vom »Wuhan-Virus« und verteidigte den Ausdruck als Mittel zur Bekämpfung »chinesischer Fehlinformationen« über die Krankheit.[8] Trump nannte sie sogar »Kung-Flu«.[9]

Nachdem republikanische Funktionäre und rechtsgerichtete Medien diese Ausdrucksweise verwendet hatten, stieg die Zahl antiasiatischer Hassverbrechen in den USA sprunghaft an. Sie waren rassistisch motiviert und richteten sich ganz allgemein gegen Menschen mit asiatischer Herkunft und nicht nur gegen Menschen aus China.[10] Die US-Amerikaner waren zunehmend über das Coronavirus besorgt. Das Programm »Code Switch« des *National Public Radio*, das sich mit dem Thema *Race* beschäftigt, rief daher Anfang März 2020 seine Hörerschaft dazu auf, Geschichten über ihre Erfahrungen mit Fremdenfeindlichkeit einzuschicken. »Der Menge der daraufhin bei uns eintreffenden E-Mails, Kommentare und Tweets nach zu urteilen«, schrieb ein Redakteur, »war die Belästigung für asiatische Amerikaner im gesamten Land sehr groß – unabhängig von ihrer ethnischen Zugehörigkeit, ihrem Wohnort oder ihrem Alter.«[11]

Als zentrales Thema zeichnete sich die Belästigung im öffentlichen Raum ab, und zwar vor allem in öffentlichen Verkehrsmitteln. Eine Frau aus Brooklyn schilderte, »dass sie bei einem Besuch in Washington einen Mann sah, der ihr in der U-Bahn Grimassen schnitt. Sie versuchte, sich von ihm zu entfernen, aber er hörte nicht auf. Ihr zufolge sprach er sie nach einer Weile direkt an und äußerte: ›Verschwinde von hier. Geh zurück nach China. Ich will deine Schweinegrippe hier nicht.‹« Als sie eine Woche später in San Francisco mit einem Muni-Zug fuhr, schrie ihr »ein anderer Mann dasselbe zu – ›Geh zurück nach China!‹ – und drohte sogar, sie zu erschießen«. Eine Hörerin aus Boston berichtete Ähnliches: »Ein Mann in einem Bus schimpfte über ›kranke Chinesen‹, als sie in ihren Ärmel nieste. Sie stellte ihn zur Rede, worauf er entgegnete: ›Halt dir den Mund zu, verdammt!‹« Ein Mann aus Seattle erzählte, dass »ein Anbieter von Lebensmittelproben bei Costco seine koreanische Frau und beider gemischtstämmigen Sohn aufforderte, von den Proben ›abzuhauen‹, und fragte, ob sie aus China kämen«.[12] Keiner dieser Vorfälle zog einen formellen Polizeibericht nach sich, sodass sich kaum genau sagen lässt, in welchem Maße derartige Belästigungen 2020 zunahmen. Soziologische Untersuchungen, darunter eine Reihe von Studien der Organisation Stop AAPI Hate, deuten jedoch darauf hin, dass öffentliche Belästigungen von Menschen asiatischer Abstammung 2020 weitaus häufiger vorkamen als zuvor.[13]

Zu schwereren Straftaten gegen Asiaten und asiatische US-Amerikaner ist die Datenlage besser. Nach Angaben des FBI stiegen die angezeigten Hassverbrechen gegen Menschen asiatischer Abstammung von 2019 bis 2020 um 73 Prozent an, während Hassverbrechen im Allgemeinen um bescheidene 13 Prozent zunahmen.[14] In Städten nahmen die Angriffe sogar noch stärker zu. Forscher des Center for the Study of Hate and Extremism an der California State University in San Bernardino stellten fest, dass antiasiatische Hassverbrechen (darunter Einschüchterung, einfache Körperverletzung, Zerstörung von Eigentum und schwere Körperverletzung) von 2019 bis 2020 in den größten Ballungsräumen der USA um 145 Prozent zunahmen. Der erste große Anstieg fand dabei genau zu dem Zeitpunkt statt, als Trump und seine Verbündeten die Pandemie mit fremdenfeindlichen Begriffen belegten.[15] Diese Vorkommnisse geschahen zumeist auf öffentlichen Straßen und Gehwegen, und zwar vor allem in Vierteln, die lange als sichere Räume für Asiaten und asiatische Amerikaner gegolten hatten.

Vor der Pandemie waren Hassverbrechen gegen Asiaten in den meisten Teilen der USA selten geworden. Nach dem März 2020 lernten die asiatischen Amerikaner, damit zu rechnen.[16] Laut einer vom Pew Research Center im April 2021 durchgeführten Umfrage gaben 81 Prozent der asiatischen Amerikaner an, dass die Gewalt gegen sie zunimmt (im Vergleich zu 56 Prozent aller US-amerikanischen Erwachsenen); 32 Prozent gaben an, dass sie befürchteten, jemand könnte sie bedrohen oder körperlich angreifen (ein höherer Anteil als bei jeder anderen ethnischen Gruppe); und 45 Prozent erklärten, dass sie seit der ersten Corona-Welle mindestens einen von fünf speziellen beleidigenden Vorfällen erlebt hatten: Angst vor einem tätlichen Angriff; Anblick von Menschen, die sich so verhielten, als fühlen sie sich in ihrer Nähe unwohl; rassistisch beschimpft oder verspottet zu werden; zu hören, sie sollten in ihr

Heimatland zurückkehren; oder der Vorwurf, sie seien für die Pandemie verantwortlich.[17]

Die Rhetorik der Rechten, die China und Chinesen mit dem Coronavirus in Verbindung brachte, trug 2020 zweifellos zu dem Klima rassistischer Anfeindungen in den USA bei. Es ist indes unmöglich, genau zu wissen, wie viel antiasiatische Kriminalität und Gewalt in jenem Jahr auf republikanische Panikmache zurückzuführen sind.

Teils liegt das daran, dass US-amerikanische Konservative nicht die einzigen organisierten politischen Akteure waren, die das Virus in einer rassistischen oder ethnonationalen Sprache beschrieben. (Man erinnere sich an die Schwarze Frau, die klagte, »sie sind überall«, als sie May Lee in einem Zeitschriftenladen in Chinatown sah und damit den Zorn der Schulleiterin auf sich zog.) Teils ist zu beachten, dass antiasiatische Hassverbrechen auch außerhalb der Vereinigten Staaten in die Höhe schnellten.

Im Mai 2020 waren Berichte über rassistische Diskriminierung und Angriffe auf Menschen asiatischer Abstammung so weit verbreitet, dass Human Rights Watch einen Bericht über die »weltweite« Ausbreitung von Fremdenfeindlichkeit veröffentlichte und die Regierungen aufforderte, »dringend Maßnahmen zu ergreifen, um rassistischer und fremdenfeindlicher Gewalt und Diskriminierung im Zusammenhang mit der COVID-19-Pandemie vorzubeugen«. Die Organisation fand Beweise dafür, dass politische Mandatsträger ethnonationale und auf *Race* basierende Zwietracht schürten, um Unterstützung für ihre übergeordneten Ziele zu gewinnen.

»In einigen Fällen haben Regierungsvertreter und hochrangige Beamte Hassverbrechen, Rassismus oder Fremdenfeindlichkeit direkt oder indirekt durch antichinesische Rhetorik gefördert«, heißt es in dem Bericht. »Verschiedene politische Parteien und Gruppierungen haben unter anderem in den Vereinigten Staaten, Großbritannien, Italien, Spanien, Griechenland, Frankreich und Deutschland die COVID-19-Krise auch genutzt, um einwanderungsfeindliche, *weiß*-suprematistische, ultranationalistische, antisemitische und fremdenfeindliche Verschwörungstheorien zu verbreiten, die

Flüchtlinge, Ausländer, prominente Einzelpersonen und politische Führer dämonisieren.«[18]

Die Gewalt richtete sich jedoch hauptsächlich gegen Asiaten, und sie begann früh im Jahr 2020. Damals schöpften politische Führer, Experten und gewöhnliche Menschen auf der ganzen Welt aus einem tiefen Brunnen rassistischer Ressentiments und Ängste vor der »gelben Gefahr« – dem Mythos, Asiaten wären eine Bedrohung für die nationale Sicherheit und die öffentliche Gesundheit. Im Februar 2020 verkündete die Regierung der italienischen Region Venetien, das Coronavirus wäre dort weniger tödlich als in China, weil die Italiener »kulturell bedingt stark auf Hygiene achten, sich die Hände waschen, duschen, während wir alle gesehen haben, wie die Chinesen lebendige Mäuse verzehren«. Wie die italienische zivilgesellschaftliche Gruppe Lunaria berichtete, kam es im selben Monat zu einer Flut von »Übergriffen, verbalen Belästigungen, Mobbing und Diskriminierung von Menschen asiatischer Abstammung«.[19] Einen ähnlichen Trend dokumentierte Human Rights Watch in ganz Europa. Besonders schlimm war die Gewalt in Großbritannien, wo eine Reihe körperlicher Übergriffe auf Asiaten eine klare Botschaft dazu vermittelte, wen man für den Ausbruch der Krankheit verantwortlich machte. Doch in fast allen Ländern des Kontinents kam es zu einer Welle von brutalen Schlägereien und öffentlichen Schikanen. Die Maske der Höflichkeit war gefallen.

Das Klima des Hasses ging über Europa hinaus. In Brasilien twitterte der Bildungsminister, das Coronavirus sei eine Waffe, um den »Plan der chinesischen Regierung zur Weltherrschaft« voranzutreiben.[20] Schikanen und die »Meidung« asiatischer Menschen folgten. Die australische Menschenrechtskommission meldete eine Welle von Hassverbrechen gegen Asiaten, darunter Vandalismus und tätliche Angriffe. In Sydney sprühte jemand »Tod den Hundefressern« vor das Haus einer asiatischen Familie. Nahe Melbourne wurde das Haus einer australisch-chinesischen Familie angegriffen und verwüstet, einmal mit einem Stein, der durch ein Fenster geworfen wurde, und zweimal mit rassistischen Graffiti: »COVID-19

China verrecke« und »Haut ab und krepiert« – und das innerhalb von nur einer Woche. In Kuwait und Bahrain beschwerten sich Wanderarbeiter aus Asien darüber, dass sie ohne Grund unter Quarantäne gestellt und von den Managern als schmutzig und krank beschimpft wurden.[21] »In Afrika«, so stellte Human Rights Watch fest, »gab es Berichte über Diskriminierung und Angriffe auf Asiaten, die beschuldigt wurden, Träger von Coronaviren zu sein«, mit bedeutenden Fällen in Kenia, Äthiopien und Südafrika.[22] Das Muster war vorhersehbar, erklärte die Soziologin Yoon Jung Park, denn »auf dem ganzen Kontinent ereigneten sich immer wieder Ausbrüche von etwas, das nach einer antichinesischen Stimmung aussieht«, und das sogar schon vor der Pandemie. »Gelegentlich dienen die Chinesen als Sündenbock«, fügte sie hinzu. »Es gibt eine enorme Angst vor dem Unbekannten, und diese unbekannte Krankheit wird nun mit chinesischen Körpern in Verbindung gebracht.«[23]

Sichtbare Formen rassistischer Diskriminierung und zwischenmenschlicher Gewalt betrafen in unverhältnismäßig hohem Maße Asiaten. Die heimtückischeren Formen rassistischer Gewalt (Segregation, gefährliche Lebensbedingungen, mangelnder Zugang zu guter Gesundheitsversorgung und andere Formen des von Soziologen als »struktureller Rassismus« bezeichneten Phänomens) erwiesen sich indes als besonders gefährlich für People of Color, speziell in den USA.[24] Das Muster war ebenso vorhersagbar wie der Anstieg der Hassverbrechen gegen Asiaten.

Unter den vielen Formen der durch *Race* bedingten Ungleichheit in Amerika sind die Unterschiede in puncto Gesundheit und Lebenserwartung besonders eklatant. Im Jahr vor dem Pandemiebeginn betrug die Lebenserwartung *weißer* US-Amerikaner 78,9 Jahre, diejenige Schwarzer US-Amerikaner hingegen 75,3 Jahre, und Schwarze wiesen auch zu einem höheren Prozentsatz Adipositas, Diabetes und Herzerkrankungen auf.[25] Wie genau die abstammungsbedingte Disposition diese Muster prägt, ist ein sehr umstrittenes Thema. In der Vergangenheit führten Forscher und Politiker die geringe Lebenserwartung Schwarzer auf Biologie und

Kultur zurück, doch im 20. Jahrhundert wurde diese Ansicht von Wissenschaftlern widerlegt. Aus »Rasse« wurde, wie es der Historiker des Gesundheitswesens Merlin Chowkwanyun formulierte, eher ein »sozialer Mythos« als eine »biologische Tatsache«. Wie er darlegt, zeigte der Populationsgenetiker Richard Lewontin 1972, dass 85 Prozent der genetischen Variationen innerhalb der als »Rassen« bezeichneten Gruppen auftreten und nicht zwischen ihnen. »Folglich«, so Chowkwanyun, »können gesundheitliche Unterschiede nicht durch sie erklärt werden.«[26]

Die US-Amerikaner haben jedoch an biologischen Erklärungen festgehalten, und in der populären Kultur oder der Politik begegnet man ihnen weiterhin. Das Gleiche gilt für verhaltensbiologische Erklärungen. Der US-amerikanische Individualismus vertritt seit Langem die Ansicht, dass das Verhalten jedes Einzelnen letztlich sein Schicksal bestimmt, und was Gesundheitsprobleme von Schwarzen angeht, unterstützen die Medien diese Auffassung. In einer Studie über die Berichterstattung in US-Nachrichten stellte ein Team von Gesundheitswissenschaftlern unter der Leitung von Annice Kim beispielsweise fest, dass Gesundheitsprobleme von Schwarzen eher als jene von *Weißen* als Symptome von Verhaltensdefiziten dargestellt werden.[27] Die Aufdeckung dieser Unstimmigkeit hat wenig bewirkt. Im öffentlichen Gesundheitswesen und in der öffentlichen Politik wird das Verhalten von Schwarzen nach wie vor unter die Lupe genommen, und Schwarze werden für Leiden verantwortlich gemacht, die üblicherweise strukturell bedingt sind.

In den letzten Jahrzehnten haben Wissenschaftler den Zusammenhang zwischen gesundheitlichen Unterschieden und ortsbedingten Ungleichheiten (wie etwa Segregation), Stress durch Diskriminierung und staatlichen Maßnahmen, die den Zugang zu Bildung und medizinischer Versorgung beeinflussen, nachgewiesen. Forscher richten ihre Aufmerksamkeit dabei zunehmend auf Fälle, bei denen sich Unterschiede zwischen *Races* nicht allein durch die Schichtzugehörigkeit erklären lassen, beispielsweise wenn Schwarze und *weiße* Gemeinden mit ähnlichem Einkommens- und Bildungsniveau ungleiche Gesundheitsergebnisse aufweisen oder wenn die Sterblichkeit von Schwarzen und *Weißen* trotz ähnlicher Krankheitsinzidenz voneinander abweicht. Ein Beispiel ist das niedrige Geburtsgewicht, für das sowohl ein Zusammenhang zur Kindersterblichkeit besteht als auch zu einer Reihe von Entwicklungsproblemen. »Die Unterschiede zwischen Schwarzen und *Weißen* bei der Prävalenz dieses Leidens nehmen mit höherem Bildungsniveau zu«, berichtet ein Team um den Harvard-Epidemiologen Ichiro Kawachi. Da sich dieses Ergebnis kaum durch die Biologie besser gebildeter Schwarzer Frauen erklären lässt, wird es vermutlich eher durch soziale Faktoren wie Stress im Zusammenhang mit *Rassen*diskriminierung oder Ungleichheiten in der Gesundheitsversorgung verursacht. Dasselbe gilt für Todesfälle durch Krebs. Schwarze und *Weiße* haben keine signifikant unterschiedlichen Krebsinzidenzraten. Vielmehr berichtet die Kaiser Family Foundation: »Im Jahr 2019 hatten Schwarze im Vergleich zu *Weißen* ähnliche oder niedrigere Krebsinzidenzraten, und zwar für Krebs insgesamt sowie für die meisten der untersuchten häufigsten Krebsarten.«[28] Im Vergleich zu *Weißen* ist die Wahrscheinlichkeit, an Krebs zu sterben, für Schwarze jedoch deutlich größer. Zu den wahrscheinlichen Gründen gehören: schlechterer Zugang zur Gesundheitsversorgung, was eine spätere Diagnose bedeutet; schlechterer Zugang zu den fortschrittlichsten medizinischen Behandlungen, wie sie oft in renommierten Privatkliniken angeboten werden, die weit entfernt von den Wohnvierteln der Schwarzen liegen; weniger Unterstützung für die Langzeitpflege durch das Gesundheitssystem; und mehr »Komorbiditäten«, auch bekannt als »Vorerkrankungen«.

In den USA wiesen Indigene, Schwarze und Latinos sowohl eine höhere COVID-Inzidenz wie auch eine höhere Pandemie-Mortalität auf als *Weiße* und Asiaten; als Schlüsselerklärungen für diese Tatsache kristallisierten sich 2020 sowohl ihre Exposition als auch ihre Vorerkrankungen heraus.[29] Die Exposition war auf die sozialen Bedingungen zurückzuführen, von der Konzentration auf »systemrelevante Berufe« und gefährliche Niedriglohnarbeit bis hin zu beengten Wohnverhältnissen und Segregation. Dasselbe traf auch auf die Vorerkrankungen zu. Eine der wichtigsten Erklärungen für die Prävalenz von Grunderkrankungen in *rassischen* und ethnischen Minderheitengruppen geht auf die Gesundheitswissenschaftlerin Arline Geronimus zurück. Sie behauptet, Schwarze und Latinos seien *Weathering* (körperlicher Verwitterung) ausgesetzt, also einer »frühzeitigen Verschlechterung des Gesundheitszustands als Folge der kumulativen Auswirkungen wiederholter Erfahrungen mit sozialen oder wirtschaftlichen Widrigkeiten und politischer Marginalisierung«.[30] Der *Weathering*-Theorie zufolge lassen sich die relativ niedrige Lebenserwartung und die starke Vulnerabilität Schwarzer US-Amerikaner nach einer Erkrankung nicht auf genetische Faktoren oder Verhaltensdefizite zurückführen, die beide nicht ausreichend nachgewiesen wurden. Vielmehr beruhen sie auf den gängigen Gegebenheiten in einer Gesellschaft, in der Vorurteile, Diskriminierung und Segregation an der Tagesordnung sind und Schwarze überproportional stark betreffen. Beim *Weathering* handelt es sich nicht zwangsläufig um ein rassistisches Phänomen. Wie der Soziologe Matthew Desmond schreibt, fordert die Armut ihren eigenen Tribut vom Körper und macht beispielsweise arme *Weiße* anfälliger für chronische Krankheiten und Leiden.[31] Doch in den USA verstärkt die Zugehörigkeit zu einer diskriminierten *Race* das Risiko körperlichen Leidens, weshalb struktureller Rassismus auch einen Beitrag zu der Erklärung liefert, warum Schwarze im ersten Pandemiejahr einem erhöhten Risiko ausgesetzt waren, sich mit COVID-19 zu infizieren und daran zu sterben.

Zur Zeit der ersten Welle erfuhr dieses Risiko keine allgemeine Anerkennung seitens der US-amerikanischen Politiker und führenden Wissenschaftler. Zu der ernsten Bedrohung der öffentlichen Gesundheit für Schwarze genau wie für Latinos schwieg sich die Trump-Administration auffallend aus, allerdings verhielt es sich so auch mit den liberaleren Stimmen. »Dieses Virus ist der große Gleichmacher«, twitterte New Yorks Gouverneur Andrew Cuomo Ende März 2020, nachdem eine COVID-19-Infektion bei seinem Bruder Chris diagnostiziert worden war. Zu diesem Zeitpunkt hatten sich jedoch bereits in dem gesamten Bundesstaat Ungleichheiten in Bezug auf Flucht, Exposition und Zugang zu guter Gesundheitsversorgung gezeigt, und sein Bruder, der sich im Keller seines Strandhauses in den Hamptons in Selbstquarantäne befand, hätte dafür als »Beweisstück A« dienen können.[32]

Doch bald schon ergaben sich noch dramatischere Hinweise auf *rassisch* bedingte gesundheitliche Ungleichheiten bei Corona-Erkrankungen und -Todesfällen. In New York hörte man beispielsweise in Vierteln, die vorwiegend von People of Color bewohnt sind, ständig Krankenwagensirenen, und die dortigen Krankenhäuser waren überfüllt. Es gab düstere Berichte über verheerende COVID-Häufungen in den am stärksten *rassisch* segregierten Gebieten der Stadt, darunter Teile der Bronx sowie die äußeren Viertel Brooklyns. Während der ersten Wochen des Ausbruchs war es schwierig, verlässliche demografische Informationen zu der lokalen COVID-Infektionsrate zu erhalten. Es gab kaum Tests, auch nicht für Personen mit hohem Fieber und Atembeschwerden, und weder asymptomatische Träger noch Personen mit leichten Erkrankungen konnten feststellen, ob sie die Krankheit hatten. Dennoch zeichneten sich klare Muster ab. Die Corona-Todesfälle traten deutlicher zutage, wenngleich sie sich keinesfalls leicht und genau zählen ließen. Am 8. April veröffentlichte die Stadt Daten, aus denen hervorging, dass – bereinigt um Größe und Alter der Bevölkerung – Schwarze und Latinos doppelt so häufig starben wie Weiße und asiatische Amerikaner. Die Medien begannen, farbcodierte Karten zu veröffentlichen, die genau zeigten, welche Orte »Hotspots« und welche relativ sicher waren. »Die Virenkarte der New Yorker Stadtbezirke färbt sich genau in dem Maße rötlich, wie sie es täte, wenn die entsprechende Rotschattierung nicht für Infektionen und Todesfälle stünde, sondern für Einkommensschichten und Schulabschlüsse«, bemerkte die Schriftstellerin Zadie Smith. »In den USA ereignete sich der vorzeitige Tod selten zufällig. In der Regel gehörte zu ihm eine bestimmte äußere Gestalt, ein bestimmter Ort und ein bestimmtes verfügbares Einkommen.«[33]

Nehmen wir die Bronx. Die Bronx ist der ärmste und im Verhältnis am meisten von Schwarzen bewohnte Bezirk New Yorks. Wie die *New York Times* im Mai 2020 berichtete, war die Bronx auch der Ort, an dem COVID den Bewohnern »den schlimmsten Tribut« abverlangte, mit »den höchsten Raten an Coronavirus-Fällen, Krankenhausaufenthalten und Todesfällen in der Stadt, während der wohlhabendste Bezirk, Manhattan, die niedrigsten Raten aufweist«.[34] Diese Disparitäten können weder die Virologie noch die Genetik erklären, wohl aber die Soziologie. Die Menschen in der Bronx arbeiteten in der Regel in »systemrelevanten Berufen«, die die physische Anwesenheit am Arbeitsort voraussetzten, zudem war persönliche Schutzausrüstung Mangelware. Die Betroffenen lebten oft in überfüllten Wohnungen, in denen alle, ob arbeitend oder im Lockdown, ein höheres Risiko hatten, sich mit der rankheit anzustecken. Sie waren einer starken Luftverschmutzung ausgesetzt, was die Wahrscheinlichkeit erhöhte, dass sie Asthma und andere Atemwegserkrankungen entwickelten.[35] Sie waren mit einem relativ hohen Maß an Kriminalität und Gewalt konfrontiert, was die Wahrscheinlichkeit von stressbedingten Krankheiten erhöhte.[36] Sie hatten einen schlechteren Zugang zur medizinischen Grundversorgung als ihre Nachbarn in Manhattan, weniger als halb so viele Krankenhausbetten pro Kopf und zwangsläufig eine schlechtere Qualität der Einrichtungen.[37] Diese Unterschiede führen in normalen Zeiten dazu, dass die Bewohner der Bronx viel häufiger krank werden und früher sterben. Während der Pandemie waren die Unterschiede sogar noch folgenreicher.[38]

Schwarze in anderen Teilen New Yorks lebten aufgrund der starken *Rassen*trennung unter ähnlich gefährlichen Bedingungen, und ihr Schicksal spiegelte diese grundlegende Ungleichheit wider. Nach Angaben des COVID Tracking Project, einer von der *Atlantic* unterstützten Freiwilligenorganisation, deren Anliegen die Sammlung und Weitergabe zuverlässiger Daten über die Pandemie war, betrug die Hospitalisierungsrate wegen COVID-19 im ersten Pandemiejahr bei New Yorks Schwarzen 848 von 100 000 gegenüber 766 bei Latinos, 501 bei Asiaten/Pazifikinsulanern und 199 bei

Weißen. Mit anderen Worten: Schwarze wurden mehr als viermal häufiger mit der Krankheit ins Krankenhaus eingeliefert als *Weiße*. Die Raten der gemeldeten Corona-Todesfälle zeigten ein ähnliches Muster: Für New York lagen sie bei 352 von 100 000 für Schwarze gegenüber 268 für Latinos, 184 für Asiaten/Pazifikinsulaner und 156 für *Weiße*.[39]

New York war keineswegs allein. Eine in den *Annals of Internal Medicine* veröffentlichte Studie zeigte, dass im ersten Pandemiehalbjahr Schwarze und Latinos in New York, Chicago und Philadelphia ähnlich stark gefährdet waren, ein Ausdruck dessen, was die Autoren als »räumliche Ungleichheiten« bezeichnen. Sie stellen fest, dass in Chicago Schwarze 30 Prozent der Bevölkerung ausmachen, doch zwischen März und Anfang Oktober 2020 auf sie 50 Prozent der Corona-Todesfälle entfielen. In Philadelphia sind die »altersspezifischen Inzidenz-, Hospitalisierungs- und Mortalitätsraten für Schwarze und Hispanoamerikaner zwei- bis dreimal höher als für *weiße* Nicht-Hispanoamerikaner«. Am auffälligsten war der Befund der Forscher, dass in segregierten Vierteln ein höheres Maß an sozialer Vulnerabilität mit dramatisch höheren Prozentsätzen von COVID-19-Infektionen und Todesfällen einherging. »Zu den zehn am stärksten segregierten Städten der USA gehören insbesondere Chicago, Philadelphia und New York«, erläutern sie in ihrem Fazit und weisen auf die Notlage von Gebieten mit konzentrierter Armut und einer Geschichte extremer *Rassen*trennung hin, darunter West- und Nord-Philadelphia, Chicagos West Side und die New Yorker Bronx.[40] In diesen und anderen Städten hat die Vergangenheit einen bleibenden Einfluss. Wie ganze Stapel urbaner Forschung belegen, prägen die im 20. Jahrhundert entstandenen *Rassen*trennungsmuster das US-amerikanische Wohnen bis heute, wobei die Communitys »feststecken« und die Schwarzen den härtesten Bedingungen ausgesetzt sind.[41]

Bei der Corona-Mortalität zeigten sich 2020 auch auf nationaler Ebene Ungleichheiten in Bezug auf die Kategorie *Race*. Ein Team von Gesundheitswissenschaftlern der New York University, das die Corona-Todesfälle in zehn US-amerikanischen Großstädten untersuchte, stellte fest, dass Schwarze und Latinos selbst dann wesentlich höhere Infektions- und Mortalitätsraten aufwiesen als *Weiße*, wenn sie in Countys mit vergleichbarem sozialen Status lebten. »Sowohl in Countys mit größerer als auch mit geringerer Armut«, so die Forscher, »waren Countys mit einer im Wesentlichen nicht-*weißen* oder durchmischteren Bevölkerung durch höhere Erwartungswerte für die kumulierten Corona-Infektionen gekennzeichnet als Bezirke mit einer im Wesentlichen *weißen* oder weniger durchmischten Bevölkerung (wie etwa heterogener bewohnte Bezirke mit geringerer Armut). Für Todesfälle wurden ähnliche Zusammenhänge beobachtet.«[42] Laut einem in den *Annals of Internal Medicine* veröffentlichten Artikel, in dem mehr als fünfzig Studien zu ethnischen Unterschieden während der ersten sechs Pandemiemonate ausgewertet wurden, unterlagen Schwarze und Latinos einem deutlich höheren Risiko, sich zu infizieren, ins Krankenhaus eingeliefert zu werden und an Corona zu versterben, als *Weiße*. »Die Analyse der Daten des National Center for Health Statistics der CDC zeigt, dass die afroamerikanische/Schwarze Bevölkerung ein um 15 Prozent höheres Sterberisiko aufweist (definiert als der prozentuale Anteil der COVID-19-Todesfälle für eine *rassische*/ethnische Gruppe im Vergleich zum prozentualen Anteil dieser *rassischen*/ethnischen Gruppe an der Bevölkerung), und Daten des APM Research Lab ergeben für die afroamerikanische/Schwarze Bevölkerung ein 3,2-mal höheres Sterberisiko als für die *weiße* Bevölkerung«, berichten die Autoren. Latinos, so schreiben sie, »zeigen gegenüber nicht-hispanischen *Weißen* 21 Prozent mehr Todesfälle und das 3,2-fache Sterberisiko«.[43]

Was erklärt diese Unterschiede? Weit verbreitet war der Impuls, den sowohl prominente Konservative als auch einige medizinische Experten zeigten, die Unterschiede auf kulturell bedingte Tendenzen oder biologische Merkmale verschiedener Gruppen zurückzuführen. Im ersten Pandemiejahr waren derlei Narrative allgegenwärtig. Man begegnete ihnen in den Krankenhäusern, wo das medizinische Personal zu verstehen versuchte, warum so viele der mit schweren Corona-Symptomen eingelieferten Menschen Schwarze oder Latinos waren. Hierbei nahm man dann allerdings eher Verhaltens- und physiologische Probleme in den Blick als gesellschaftliche Gegebenheiten. Man stieß in den Medien auf diese Narrative, wo Journalisten, Experten und Amtsträger dasselbe taten – und das nicht nur in konservativen Kabelnachrichtenkanälen und Talk-Radiosendern.

So lud etwa am 7. April das National Public Radio den Arzt Bill Cassidy, zugleich republikanischer Senator aus Louisiana, in die beliebte Sendung *Morning Edition* ein. »Können Sie mir sagen, was getan wird, um der Schwarzen Community in Ihrem Bundesstaat zu helfen, die eindeutig unverhältnismäßig stark von dieser Krankheit betroffen ist?«, erkundigte sich der Moderator David Greene. Cassidy erklärte zunächst, die Krankenhäuser hätten »eine Flut an Beatmungsgeräten« bereitgestellt, änderte seine Argumentation allerdings schnell und fügte hinzu: »Betrachtet man die Hauptursache, so ist die Wahrscheinlichkeit, an Diabetes zu erkranken, bei Afroamerikanern um 60 Prozent höher. Das Virus greift gerne einen sogenannten ACE-Rezeptor an. Betrachtet man nun Diabetes, Adipositas und Bluthochdruck, dann haben Afroamerikaner mehr von diesen Rezeptoren, die mit ihrem Leiden an Diabetes, an Bluthochdruck und an Adipositas einhergehen. Es gibt also einen physiologischen Grund, der dies erklärt. Als Arzt würde ich sagen, dass wir etwas gegen die Epidemie der Fettleibigkeit unternehmen müssen, von der Afroamerikaner überproportional häufig betroffen sind. Das würde die Prävalenz von Diabetes und Bluthochdruck senken. Und das wiederum würde sich positiv auswirken.«[44]

Greene hielt dagegen und zitierte ein früheres Interview mit Cedric Richmond, damals demokratisches Mitglied des Repräsentantenhauses von Louisiana. »Ich meine, von dem Kongressabgeordneten Cedric Richmond haben wir auch gehört, dies sei auf jahrelangen systemischen Rassismus zurückzuführen. Sind hier nicht andere Kräfte am Werk?« Diesen Gedanken wies Cassidy sofort zurück. »Nun, wissen Sie, das sind Phrasen, und das könnte sein. Als Arzt orientiere ich mich jedoch an der Wissenschaft.«[45]

Die Autoren der Studie in den *Annals of Internal Medicine* über durch *Race* bedingte Unterschiede der Corona-Mortalität interpretierten die Daten anders. Insgesamt, so berichten sie, scheinen die Ungleichheiten bei den COVID-Raten auf »Exposition« sowie »Zugang zur Gesundheitsversorgung« zu beruhen. Damit spielen bereits bestehende gesellschaftliche Gegebenheiten wahrscheinlich eine größere Rolle als bereits bestehende medizinische Gegebenheiten (von ihnen als »Anfälligkeit« oder »Komorbidität« bezeichnet).[46] Mit anderen Worten: Die Ursache für pandemische Ungleichheiten in den USA liegt nicht nur in den Körpern begründet, sondern auch im Staatskörper.

Es ist auffallend, wie wenig diese Einsicht die politische Reaktion der USA auf COVID beeinflusste. Der Soziologe Eduardo Bonilla-Silva argumentiert in einem Artikel über den »farbenblinden Rassismus« in der Pandemie, dass Vertreter des Gesundheitswesens wie Anthony Fauci stattdessen die Gefahren von »Grunderkrankungen der Personen – Diabetes, Bluthochdruck, Adipositas, Asthma« – betonen, ohne sie mit der bereits bestehenden *Rassen*ungleichheit in Verbindung zu bringen. Fauci ist Mediziner, und es gehört zu seiner Expertise, die physiologischen Bedingungen zu erklären, die das Risiko schwerer Erkrankungen oder des Todes erhöhen. Faucis Aussage über die medizinischen Risikofaktoren auf individueller Ebene verfestigt Bonilla-Silvas Auffassung zufolge jedoch »das Defizit-Narrativ und bereitet rassistischen ›Kultur der Armut‹-Diskursen die Bahn«.[47] Die Anfälligkeit, so heißt es darin, sei im Verhalten der People of Color begründet, die nicht genug auf sich aufgepasst hätten.

Wissenschaftler, die sich mit Rassismus beschäftigen, wiesen diese Sichtweise zurück. »Zweifellos leiden Afroamerikaner überproportional an chronischen Krankheiten wie Bluthochdruck, Herz-Kreislauf-Erkrankungen, Diabetes, Lungenerkrankungen, Adipositas und Asthma, die ihnen das Überleben von Corona erschweren«, schrieb der bekannte Historiker Ibram X. Kendi. »Doch wenn [Senator Bill] Cassidy die Wissenschaft im Blick hätte, würde er sich auch fragen: Warum leiden Afroamerikaner häufiger an diesen chronischen Krankheiten? Warum sind Afroamerikaner mit größerer Wahrscheinlichkeit übergewichtig als Latinos und Weiße?«[48]

In Wahrheit kennen wir die Antworten auf diese Fragen auch.[49] Im April 2020 stellten progressive Stimmen in der US-amerikanischen Politik die von Senator Cassidy so hartnäckig geleugneten Zusammenhänge her. Sie beharrten darauf, die Pandemie sei gleichermaßen ein Ergebnis wie auch ein Ausdruck der *Rassen*ungleichheit, und forderten eine Reaktion darauf. Tod und Krankheit, von denen People of Color so viel stärker betroffen waren als *Weiße* und asiatische Amerikaner, waren nur ein Teil des Problems. Die Lockdowns hatten ebenfalls unverhältnismäßig starke wirtschaftliche Auswirkungen auf Schwarze, die – aufgrund des Erbes an strukturellem Rassismus – über weit weniger Wohlstand verfügen als *Weiße* und deutlich häufiger angaben, durch die Pandemie finanziell geschädigt worden zu sein.[50] Auch die Schulschließungen trafen Schwarze Schüler stärker als *weiße* Schüler.

Das harte Durchgreifen der Polizei gegen Menschen, die im öffentlichen Raum keine Masken trugen, betraf ebenfalls überproportional Schwarze. Sie wurden – während der Pandemie wie in normalen Zeiten – für Vergehen verfolgt, die *Weiße* mit weitaus geringerem Verhaftungsrisiko begehen konnten. Wie sechs US-Senatoren, darunter Kamala Harris und Cory Booker, in einem Schreiben an das Justizministerium und das FBI feststellten, wurden Schwarze Männer verfolgt, egal, was sie taten. Manchmal wurden sie angeklagt, weil sie keine Maske trugen, und manchmal wurden sie einem Racial Profiling unterzogen, weil sie eine trugen (in Illinois wurden zwei Männer, die in einem Walmart chirurgische Masken trugen, von einem Polizisten mit vorgehaltener Waffe verfolgt, der zu ihnen sagte, Masken seien verboten).[51]

Die Lage war unerträglich. Obwohl Schwarze US-Amerikaner schon immer in unverhältnismäßig hohem Maße unter Belastungen des Gesundheitswesens litten und ins Visier der Polizei geraten waren, fühlten sich die Probleme in den ersten Monaten der Pandemie besonders akut an. Hinzu kam, dass die meisten Menschen zu Hause waren, die Nachrichten über die Pandemie verfolgten und dabei in ihren Frustrationen und Ängsten über den Zustand der Welt schmorten, weil andere Aktivitäten wie das Büroleben, gesellschaftliche Zusammenkünfte, Reisen, Kirchgänge und Restaurantbesuche eingeschränkt waren. In den Schwarzen Communitys drehten sich Gespräche oft darum, inwiefern der Rassismus (Vorurteile, Diskriminierung, *Rassen*trennung und Polizeigewalt) die Krise prägte und Schwarze Menschen in Gefahr brachte. Es war nicht so, dass die Pandemie etwas über die *Rassen*ungleichheit in den USA »enthüllte«; die meisten Schwarzen wussten, wie ungerecht alles war. Indes lenkte die Pandemie die Aufmerksamkeit auf das Problem der *Rassen*ungerechtigkeit, sodass es schwerer wurde, sie hinzunehmen, und unmöglich, sie zu ignorieren. Als sich das Virus im ganzen Land ausbreitete, verspürten immer mehr Menschen den Drang, sich zu wehren und etwas zu unternehmen. Der öffentliche Raum war jedoch verschlossen und versperrt, die normalen Handlungsmöglichkeiten blockiert.

Das änderte sich am 25. Mai 2020 mit der Tötung von George Floyd durch die Polizei von Minneapolis. Binnen Stunden zirkulierte ein Video der Tat im Internet sowie in den wichtigsten in- und ausländischen Medien. Unbeeindruckt von den Einschränkungen für öffentliche Versammlungen oder dem Risiko, sich mit COVID anzustecken, begannen die Demonstranten am 26. Mai in Minneapolis mit ihrem Protest. Bald gingen in Städten rings um den Globus Menschen wie Brandon English und Enuma Menkiti auf die Straße.[52]

Die USA waren schließlich nicht das einzige Land, in dem eklatante rassistische Ungleichheiten während der Pandemie die Menschen in jenem Sommer zu Protesten veranlassten. Im Vereinigten Königreich untersuchte beispielsweise das Office of National Statistics die ethnischen und auf *Race* zurückgehenden Ungleichheiten der Corona-Todesfälle in England und Wales während der ersten Welle, vom 2. März bis 15. Mai 2020. »Unter Berücksichtigung der Größe und Altersstruktur der Bevölkerung«, berichtet die Behörde, »war die Mortalität für Todesfälle im Zusammenhang mit

COVID-19 bei Männern mit Schwarzem ethnischen Hintergrund bei 255,7 Todesfällen pro 100 000 Einwohner am höchsten und bei Männern mit *weißem* ethnischen Hintergrund mit 87,0 Todesfällen pro 100 000 am niedrigsten.« Mit anderen Worten: Für Schwarze Männer bestand in den ersten Monaten der Pandemie ein dreimal höheres Sterberisiko als für *weiße* Männer. »Bei den Frauen«, so die Forscher, »war das Verhältnis ähnlich, mit den höchsten Prozentsätzen bei Menschen mit Schwarzem ethnischen Hintergrund (119,8) und den niedrigsten bei Menschen mit *weißem* ethnischen Hintergrund (52,0).« Bemerkenswerterweise behaupten die britischen Statistiker, dass sozioökonomische Faktoren nur einen Bruchteil dieser Ungleichheiten erklären. Nach Kontrolle der sozialen Schicht und der geografischen Lage stellten sie fest, dass es für Schwarze Männer doppelt so wahrscheinlich war, an COVID zu sterben, als für *weiße* Männer und dass Schwarze Frauen anderthalb Mal so stark gefährdet waren. Im Vereinigten Königreich wie auch in den Vereinigten Staaten gehen struktureller Rassismus und die damit zusammenhängende Ungleichheit den Menschen unter die Haut.

Auch in Kanada spielte die Zugehörigkeit zu einer *Race* eine Rolle. Allerdings dauerte es einige Zeit, bis dies festgestellt wurde, weil die Regierungen des Landes und der Provinzen die Corona-Mortalität zunächst nicht nach diesem Kriterium oder der ethnischen Zugehörigkeit erfassten. Zivilgesellschaftliche Gruppen befürchteten, die Nichterfassung von Gesundheitsdaten auf Gruppenebene würde wichtige Risikofaktoren unsichtbar machen, und drangen auf eine Änderung. Sobald die kanadischen Provinzen mit der Erfassung begannen, ließ sich nicht mehr übersehen, in welchem Maße *Race* und ethnische Zugehörigkeit darüber entschieden, wer die erste Welle überlebte und wer starb. In Ontario war beispielsweise die Infektionsrate für die vom Staat als »rassifiziert« bezeichneten nicht-*weißen* Gruppen bis zu sieben Mal höher als bei der *weißen* Bevölkerung, wobei Latino-, Nahost- und südasiatische Communitys am stärksten betroffen waren.[53] Ein Team von Soziologen der University of Western Ontario ging noch weiter und untersuchte anhand öffentlich zugänglicher Daten, ob COVID-19 an Orten mit einem hohen Anteil an Schwarzen, Einwanderern und einkommensschwachen Einwohnern häufiger auftrat. »Ähnlich wie in den USA und in Großbritannien«, so das Ergebnis, »sind urbane Regionen in Kanada mit einem höheren Anteil Schwarzer Einwohner überproportional von Corona betroffen. Dies könnte eine Erklärung dafür sein, warum sich Orte wie Toronto und Montreal mit einem relativ hohen Anteil an Schwarzen Kanadiern und Schwarzen Einwanderern zu Epizentren der Pandemie entwickelt haben. Wie im Vereinigten Königreich erklären die Autoren, dass »sozioökonomische Benachteiligung« die erhöhte Anzahl der Fälle bei Schwarzen nicht erklärt. Auch in Kanada ließen sich die durch *Race* bedingten Gesundheitsunterschiede nicht allein auf die Schichtzugehörigkeit zurückführen.

»Diese Ergebnisse mögen diejenigen überraschen, die glauben, dass die rassistische Diskriminierung Schwarzer Communitys weniger schwerwiegend ist und Schwarze in Kanada weniger benachteiligt sind als in anderen Ländern wie den USA«, schreiben die Autoren. Tatsächlich kommen sie bezüglich durch *Race* bedingter Ungleichheiten zu dem Schluss, dass »wir das Ausmaß möglicherweise unterschätzen«.[54] Dies bestätigte Ende 2020 die kanadische Statistikbehörde Statistics Canada, als sie über die COVID-19-Mortalität berichtete. In Regionen, in denen sich mindestens 25 Prozent der Einwohner als »sichtbare Minderheiten« identifizierten (so die Bezeichnung der Regierung für nicht-*weiße* und nicht-indigene Menschen), war die Sterblichkeit mehr als doppelt so hoch wie in Regionen, in denen weniger als 1 Prozent der Einwohner Minderheiten zugerechnet wurden. »Die Daten«, erklärte die Canadian Broadcasting Corporation, »bestätigen, was einige Kanadier schon seit Monaten anekdotenhaft geschildert haben: Insbesondere Schwarze erlagen dem Virus weit häufiger als Angehörige anderer Gruppen.«[55]

Es ist bemerkenswert, dass die Nachrichten über die größere Gefährdung Schwarzer nicht die Wirkung entfalteten, welche die Befürworter der *Rassen*gerechtigkeit erwartet hatten. Als Psychologen der University of Georgia US-Amerikaner zu ihrer Einstellung gegenüber COVID befragten, stellten sie fest, dass *Weiße*, die sich der *Rassen*unterschiede stärker bewusst waren, weniger Angst vor der Krankheit hatten und Maßnahmen des öffentlichen Gesundheitswesens zur Eindämmung der Virusausbreitung weniger unterstützten. Wenn sie zusätzliche Informationen über die spezifischen Gefahren für Schwarze erhielten, verringerte sich das Mitgefühl der *Weißen* für COVID-Opfer. »Diese Ergebnisse«, so schlussfolgern die Forscher, »deuten darauf hin, dass die Veröffentlichung auf *Race* bezogener gesundheitlicher Unterschiede einen Teufelskreis in Gang setzen kann, bei dem die erhöhte Sensibilisierung die Unterstützung für genau jene Maßnahmen verringert, welche die öffentliche Gesundheit am besten schützen und Ungleichheiten verringern könnten.«[56]

Während Schwarze Menschen in Nordamerika und Europa auf die Bedrohung ihrer Communitys durch das Virus aufmerksam machten, formulierten *weiße* Menschen auf der politischen Rechten eine andere Sorge. Einige behaupteten, das neue Coronavirus sei von den Chinesen oder den »globalistischen Eliten«, hauptsächlich Juden wie George Soros oder der Familie Rothschild, als biologische Waffe hergestellt und eingesetzt worden, um die Kontrolle über die »weiße Rasse« zu erlangen.[57] Andere machten Einwanderer für die Übertragung des Virus verantwortlich. »Wacht auf, Leute«, forderte ein Beitrag. »Den Juden gehört COVID, genau wie ganz Hollywood.«[58] *Voice of Europe*, ein einwanderungsfeindliches Medienhaus, behauptete, Asylbewerber würden gegen die Quarantäne randalieren und ISIS-Fahnen schwenken.[59] Unabhängig von den Trends bei den auf *Race* bezogenen Ungleichheiten der COVID-Mortalität kursierten Gerüchte auf Telegram, 4Chan und den bei Rechtsextremisten beliebten Plattformen, wonach COVID-19 so konzipiert sei, dass es vor allem *Weißen* schadete; Schwarze seien immun gegen die Krankheit, und das Virus sei Teil einer Verschwörung zum »weißen Genozid«.[60] Diese Gerüchte verbreiteten sich rasch und weit, in manchen Fällen schneller als die offiziellen Empfehlungen der Gesundheitsbehörden.

Im März, als die Regierungen in Europa und Nordamerika die ersten COVID-19-Beschränkungen einführten, erreichte die Aktivität auf rechtsextremen Internetplattformen ein Maximum, berichtete das Institute for Strategic Dialogue (ISD), eine Forschungsorganisation, die umfassende Studien über Pandemie-Desinformation durchgeführt hat. Laut The Conspiracy Consortium, der Analyse des ISD von 239 Telegram-Kanälen und 500 000 Nachrichten aus dem Jahr 2020 und Anfang 2021, gab es »auf Telegram in puncto COVID-19 zwischen *weiß*-suprematistischen und Verschwörungs-Communitys beständige Überschneidungen hinsichtlich der Relevanz von Themen«.[61] In Beiträgen über COVID-19, die auf explizit *weiß*-suprematistischen und Verschwörungskanälen geteilt wurden, war Infowars.com – die von dem prominenten Verschwörungstheoretiker Alex Jones entwickelte Website – die meistzitierte Informationsquelle. Die zweithäufigste Informationsquelle war Twitter, und an dritter Stelle stand Zero Hedge, eine konservative Finanz- und Politik-Website, der die US-Geheimdienste vorwerfen, russische Propaganda zu verbreiten.[62]

Die wirtschaftliche Unsicherheit, die persönliche Isoliertheit und die allgemeine Angst, die durch die Pandemie ausgelöst wurden, verschafften den Menschen ein Gefühl der Ohnmacht und ließen sie nach neuen Quellen für Sinn und Ordnung suchen. Rechtsextremisten, wie Neonazis und aufkommende *weiße* nationalistische Gruppen, nutzten diese Ängste als Rekrutierungschancen. Hierzu ergänzten sie die von ihnen geposteten Verschwörungsartikel zu COVID-19 mit Links, über die man ihren Organisationen folgen oder beitreten konnte. »Kanäle *weißer* Suprematisten, die sich mit COVID-19-Verschwörungsinhalten befassen und dadurch beträchtliche Mengen an Abonnenten gewinnen, können auf expliziteres *weiß*-suprematistisches und extremistisches Material zurückgreifen und tun dies regelmäßig«, erklärte das ISD. »Derlei Aktivitäten sorgen dafür, dass sich das Publikum und Menschen, die sich anfangs womöglich für weniger gravierende Verschwörungsinhalte interessiert haben, mit expliziterem Material in Kontakt kommen, was die Gefahren von Radikalisierung und Rekrutierung vergrößern kann.«[63] Die Rechten, so Ciarán O'Connor, Autor des ISD-Berichts über Telegram, nennen das Medium »einen Radikalisierungs-Katalysator«. Verschwörungstheoretiker oder Extremisten können damit einfache Narrative generieren, nach dem Motto: Wir gegen sie, gut gegen böse.[64]

Die Proud Boys, ein rechtsgerichteter Männerbund selbst ernannter »westlicher Chauvinisten«, der Gewalttaten befürwortet und begangen hat, gehörte zu den vielen extremistischen Organisationen, die die Teilnehmer mit Narrativen mobilisierten, die *weiße* Menschen als Opfer eines globalistischen Pandemiekomplotts darstellen. Im April 2020 engagierten sich Mitglieder der Proud Boys bei der Mobilisierung von Menschen gegen gesundheitspolitische Maßnahmen, die soziale und wirtschaftliche Aktivitäten in mehreren Bundesstaaten einschränkten.[65] Laut einer Untersuchung des Center on Terrorism, Extremism, and Counterterrorism (CTEC) vom Frühjahr 2020 vertraten Mitglieder der Proud Boys die Idee, verantwortlich für die Pandemie sei die »Neue Weltordnung« oder die »zionistische okkulte Regierung«, und bei der Gesundheitskrise handele es sich um den Teil einer inszenierten »Plandemie«. »Sie haben die Coronavirus-Maßnahmen als Vorwand benutzt, um weiter für öffentliche Unruhen und Gewalt zu werben«, schlussfolgern die CTEC-Forscher. »Dass sie die Pandemie nutzen, um den Ruf nach einem neuen Bürgerkrieg mit den Liberalen zu verstärken, deutet auf eine erhebliche und deutliche Eskalation ihrer Ideologie hin.«[66] Für diese extremistische Gruppe war die Ideologie nur das Vorspiel. Im Mai übernahmen Mitglieder der Proud Boys die Verantwortung für die Demontage einer Gedenkstätte in Spokane, die aus weißen Holzkreuzen für jede Person bestand, die im Spokane County, Washington, an Corona gestorben war. Ein auf einer Social-Media-Seite der Proud Boys gepostetes Video zeigt ein Bild der neben dem Rathaus von Spokane aufgestapelten Kreuze mit der Botschaft: »Die Antifa hat einen Angst-Propaganda-Friedhof angelegt. Wir haben ihn aufgeräumt. Wir nehmen die kommunistische Angst nicht hin!« Wenn man genau hinsieht, erkennt man auch die Hand eines Mannes, die das OK-Symbol macht, das rechtsgerichtete Gruppen als Zeichen der »Überlegenheit der *Weißen*« übernommen haben.[67]

Im September 2020 fragte der Moderator der ersten Debatte zur Präsidentenwahl Donald Trump, ob er *weiße* Suprematisten und militärische Gruppen verurteilen würde. Der Präsident hielt dagegen. »Nennen Sie mir einen Namen«, verlangte er. »Die Proud Boys«, warf sein Kontrahent Joe Biden ein. »Die Proud Boys«, wiederholte Trump, bevor er etwas formulierte, das wie ein Aufruf zu den Waffen für einen bevorstehenden Konflikt klang: »Wartet ab und haltet euch bereit.«[68]

Kapitel 13

»Travels Far«

Thankachan Mathai

Wir waren reich gesegnet«, erklärte mir Mathews Thankachan im März 2022, kurz bevor sich der Corona-Tod seines Vaters Thankachan Mathai zum zweiten Mal jährte. Ich respektierte seine Dankbarkeit und konnte nicht umhin, mich dadurch beschämt zu fühlen. Als ich die Geschichte seiner Familie hörte, waren es nicht die Segnungen, die im Vordergrund standen.

Mathai kam 1963 auf einer Kautschukfarm im indischen Kerala zur Welt. Er liebte die Schule, vor allem Mathematik und Physik, hatte allerdings kaum Zeit zum Lernen, weil ihn seine Familie bei der Landarbeit brauchte. »Als junger Mensch hatte er viel um die Ohren«, berichtete mir Mathews. »Die Farmen dort sind nicht wie die in den USA. Es gab nicht alle unsere Maschinen. Um den Kautschuk zu gewinnen, musste man die Borke der Bäume aufschneiden. Dadurch kann der Kautschuk herausrinnen, Tropfen für Tropfen. Bei jedem Baum musste die Borke von Hand geöffnet werden. Auf der Farm unserer Familie standen 200, vielleicht 400 Gummibäume. Mathai hatte zwei jüngere Brüder, die ihm dabei halfen. Sie taten das morgens und mussten dann eine Stunde zur Schule laufen. Als Teenager nahm Mathai einen Nachmittagsjob in einer Fabrik an, um das Einkommen seiner Familie aufzubessern. Den Job behielt er während Highschool und College bei und verbrachte seine wachen Stunden mit Landwirtschaft, Geschichte, Mathematik und Physik. »Seine Eltern hat er kaum gesehen«, beschreibt es Mathews. »Mathai hatte nicht viel Zeit für Spiele oder Sport.« Außerdem, so fügte Mathews hinzu, würde ihn nichts von dem, was er arbeitete, in Kerala weiterbringen. Mathai hatte jedoch

Verwandte in den USA, die ihm versprachen, alles würde besser werden, wenn er zu ihnen käme. Genau das tat er dann auch.

Natürlich fand Mathai seinen Weg nach Queens. Der Abschluss aus Kerala half ihm zwar auf dem New Yorker Arbeitsmarkt nur wenig, doch da er seine Zeit nicht mehr zwischen der Farm und der Fabrik aufteilen musste, war es in gewisser Weise einfacher, Familienmitglieder und Freunde zu sehen. Eine Partnerin zu finden war schwieriger. Doch eines Jahres lernte er bei einer Reise nach Indien eine Krankenpflegeschülerin namens Sheeba kennen, und zwischen beiden funkte es. Sie heirateten – obwohl Sheeba kein Visum für die USA hatte und sie sich nur im Urlaub sehen konnten. Sheeba wurde schwanger und brachte 1997 Mathews zur Welt. Im folgenden Jahr zogen beide nach New York, wo sie Arbeit als Krankenschwester fand. 1999 gebar Sheeba einen zweiten Sohn: Cyril. »Ungefähr zu dieser Zeit wurde mein Vater von der MTA, der Metropolitan Transit Authority, eingestellt«, erzählte mir Mathews. »Er war Hausmeister und arbeitete meistens nachts. Es war eine schwere Arbeit, aber eine solide Sache. Es gab eine Gewerkschaft. Gute Krankenversicherung, auch für Zähne und Augen. Es war eine Arbeit, mit der er unsere Familie ernähren konnte. Er hat sie gern gemacht. Auch die Menschen, mit denen er zusammengearbeitet hat, mochte er.«

Den größten Teil von Mathews' Kindheit arbeitete Mathai in der Nachtschicht. Er bekam eine Station zugewiesen, die er reinigen sollte, und arbeitete dort einige Jahre, bevor er zu einer anderen wechselte. An jedem Standort lernte er die Bahnhofsmanager, die Ticketverkäufer, das technische Personal und die Sicherheitskräfte kennen. Die Menschen zogen oft um, verbrachten aber in der Regel ihre gesamte Berufslaufbahn in dem System, und so knüpften sie unweigerlich Beziehungen – manche locker, manche eng und bedeutsam –, weil sie so viel gemeinsame Zeit unter der Erde zubrachten. Gelegentlich beklagte sich Mathai. Die Leute machten in den U-Bahn-Stationen Unordnung – große Unordnung, so schlimm, wie man es sich kaum vorstellen kann. Fahrgäste konnten unhöflich, unausstehlich oder gewalttätig sein. Manchmal verhielt sich ein Kollege unangemessen. Aber meistens war Mathai stolz auf seine Arbeit und auf die Gemeinschaft der Kollegen, die seinen Job so wertvoll machten. New York war auf den öffentlichen Nahverkehr angewiesen, und weder das eine noch das andere würde ohne öffentliche Bedienstete funktionieren. Mathai, stets der Mathematiker, verstand, wie das alles miteinander zusammenhing.

»Mein Vater hat die U-Bahn wirklich geliebt«, erinnerte sich Mathews. »Stets versuchte er, uns beizubringen, wie man sie benutzt. Er ließ uns anhalten und die Karten studieren, damit wir herausfinden konnten, wie wir weiterkämen. Wenn wir einen Bahnhof besuchten, der gerade renoviert wurde, erklärte er uns immer, was dort geschah und was sie verbessern wollten. Ich glaube, als ich aufwuchs, wusste ich das gar nicht so sehr zu schätzen, aber später traf ich Leute von hier, die kaum in der Stadt herumgekommen waren. Wir waren überall gewesen. Ich denke, mein Bruder und ich waren bestimmt zehn Mal auf dem Empire State Building!« Mathai genoss es auch, mit der Familie außerhalb der Stadt unterwegs zu sein, und seine Arbeit ließ ihm die Zeit dafür. Seine Mutter und zwei Brüder waren ebenfalls in die USA gezogen, und sein Lieblingscousin lebte in der Nähe von Philadelphia. »Wir fuhren alle paar Wochen hin«, erzählte mir Mathews. »Das war so aufregend für uns. Es war mein Lieblingsort. Wir setzten uns ins Auto, sahen die Brücke. Die Stadt zu verlassen, machte mich immer sehr froh. Wir waren Einwanderer und hatten kaum Geld. Meine Eltern sparten, damit sie uns alle paar Jahre nach Indien mitnehmen konnten. Diese Fahrten, um die Familie zu besuchen, bedeuteten meinem Vater immer sehr viel. Das waren unsere besten Unternehmungen.«

Zu Hause in Queens und schließlich auf Long Island, wo sie ein Haus fanden, das sie sich leisten konnten, war Mathai nachmittags bei Mathews und Cyril, während Sheeba im Krankenhaus arbeitete. »Er brachte uns gerne Rechnen bei, so wie es in Indien gelehrt wurde«, erzählte mir Mathews. »Multiplikation lernte man auf eine andere Art. Das war das Beste. Ich erinnere mich, dass ich in der dritten Klasse nach Hause kam und ihm von diesem kreuzweisen Verfahren erzählte, das wir benutzten, und er war einfach nur glücklich. Als hätte seine Mannschaft gerade beim Super Bowl gewonnen! Er war ganz aufgeregt und interessiert und beschloss, mir das Einmaleins anhand dieses älteren, indischen Verfahrens beizubringen. Er wusste, dass es uns helfen würde, also übten wir es.« Für Mathews wurde es so etwas wie eine geheime Superkraft, die er nur selten einsetzte. »Doch als die Lehrer anfingen, das Einmaleins zu lehren, kannte ich es einfach schon. Ich hatte es verinnerlicht. Und sie verstanden nicht, was da los war. Es war unglaublich.« Ein anderes Mal, in der fünften Klasse, gab der Mathelehrer der Klasse eine Aufgabe, für die sie ein Jahr Zeit hatten. »Er hat es mir erklärt. Wir haben ein bisschen geübt, ein bisschen Theorie betrieben. Und ich habe es auf Anhieb geschafft! Gleich beim ersten Mal.« Mathai freute sich über die Erfolge seines Sohnes. »Das sind sehr schöne Erinnerungen«, sagte Mathews, »sehr schöne.«

Mathai war mächtig stolz, als Mathews die Highschool abschloss und sich an der Stony Brook University einschrieb, einer angesehenen Hochschule, deren Campus so nah lag, dass er von zu Hause aus pendeln konnte. Mathews war im Januar 2020 dort, als das Coronavirus nach New York gelangte. »Meinen Vater machte die Situation nervös«, erzählte Mathews. »Es war verwirrend. Anfangs konnten wir nicht viel darüber erfahren. Über die Krankheit wussten wir kaum etwas. Aber meine Mutter arbeitete im Krankenhaus, und mein Vater war in der U-Bahn-Station. Beide standen an vorderster Front und kamen mit jedermann in Kontakt. Und die MTA hatte keine Masken für die Belegschaft. Es schien unausweichlich, dass sie sich anstecken würden, und mein Vater hatte vor allem die Sorge, dass er die Krankheit bei uns zu Hause einschleppen würde.« Daheim zu bleiben war keine Option. Die Familie war nach wie vor auf Mathais Einkommen angewiesen. Das Transportsystem war nach wie vor auf seine Arbeitskraft angewiesen. Hausmeister können nicht von zu Hause aus arbeiten. »Mein Vater fühlte sich für seine Arbeit sehr verantwortlich«, sagte Mathews. »Er fürchtete sich ein wenig vor dem Unbekannten, besaß aber ein sehr starkes Immunsystem. Er bekam nicht einmal Erkältungen.

Was Krankentage anging, kann ich mich nur daran erinnern, dass er sie nutzte, um auf uns aufzupassen.«

Inmitten all des Unbekannten, mit dem sich die Familie damals herumschlug, war die Frage, ob Mathai und Sheeba einen Mund-Nasen-Schutz tragen mussten, besonders verwirrend. Im Krankenhaus setzten die Verantwortlichen alles daran, für sämtliche Mitarbeiter hochwertige Masken zu beschaffen. Den Krankenschwestern wurde geraten, sie immer zu tragen. Die MTA gab die gegenteilige Empfehlung heraus. Am 6. März 2020 sandte die Behörde der gesamten Belegschaft ein Memo mit dem Titel »RE *Frequently Asked Questions Regarding* COVID-19«. Ein Abschnitt lautete: »Sollte ich bei der Arbeit eine Maske tragen? Nein. Zurzeit werden Masken von den zuständigen staatlichen Gesundheitsbehörden nicht empfohlen.« Der folgende Abschnitt unterstrich diesen Punkt: »Ich verstehe, dass Masken nicht empfohlen werden, aber darf ich eine Maske tragen, wenn ich es möchte? Den aktuellen medizinischen Empfehlungen zufolge bieten Atemschutzmasken keinen Schutz für gesunde Personen – sie sollen verhindern, dass infizierte Personen das Virus an andere weitergeben … man geht derzeit davon aus, dass das Virus durch Tröpfchen übertragen wird, nicht durch die Luft. Das bedeutet, dass man es nicht zufällig einatmen kann und dass die gängigen chirurgischen Masken, wie manche Menschen sie tragen, unwirksam sind.« Danach verbot die MTA Masken ausdrücklich und wertete sie als Verstoß gegen die Kleiderordnung für Mitarbeiter. »Da Masken als Schutz gegen COVID-19 medizinisch nicht notwendig und kein Bestandteil der zugelassenen Uniform sind, dürfen sie von den Mitarbeitern während der Arbeitszeit nicht getragen werden.«[1] Die Botschaft war unmissverständlich: Mathai hatte keine Wahl.

Es dauerte nicht lange, bis sich MTA-Mitarbeiter infizierten. Am 20. März meldete sich Peter Petrassi, ein 49-jähriger Schaffner, der seit zwanzig Jahren bei der Bahn gearbeitet hatte, mit Atemproblemen in einem Krankenhaus. Am 26. März wurde er zum ersten MTA-Mitarbeiter, von dem man wusste, dass er an COVID-19 gestorben war.[2] Berichte über erkrankte MTA-Mitarbeiter machten die Runde. Busfahrer. Mechaniker. Bedienpersonal. Hausmeister. Die Gewerkschaft der Beschäftigten im Nahverkehr forderte einen besseren Schutz. Die MTA hob das Maskenverbot auf, aber ansonsten stieß die Gewerkschaft auf wenig Resonanz. Mathai und seine Kollegen wurden immer besorgter. Keiner wusste, wie man der Krankheit entgehen konnte. »Mein Vater erkrankte am 31. März«, erzählte mir Mathews. »Er war müde und kurzatmig. Er rief einen Krankenwagen und wurde in dieser Nacht im Krankenhaus an ein Beatmungsgerät angeschlossen. Am ersten Tag hatten wir noch Hoffnung. Der Arzt sagte uns, es gehe ihm blendend. Doch am zweiten Tag verkündete der Arzt, es sehe nicht gut aus. Mein Bruder, das Nesthäkchen unserer Familie, hing am meisten an Dad. Er bat den Arzt: ›Bitte, versuchen Sie alles, was Sie können. Versuchen Sie, ihn zu uns zurückzuholen.‹ Der Arzt versprach, das zu tun. ›Wir versuchen unser Bestes‹, sagte er, ›aber wir wissen so wenig. Manchmal sind wir genauso verwirrt wie du.‹«

Mathai erholte sich nicht, und während er isoliert im Krankenhaus lag und um Atem rang, erkrankten auch Sheeba, Cyril und Mathews an Corona. Keiner von ihnen hatte schwerwiegende Symptome, aber sie hatten keine Möglichkeit, Mathai zu besuchen oder auch nur mit ihm zu sprechen, weil er an ein Beatmungsgerät angeschlossen war. Das beidseitige Eingesperrtsein war entsetzlich, eine langsame Folter, wie sie sie noch nie erlebt hatten oder sich hätten vorstellen können. So viel Nähe, ausradiert durch ein unüberwindliches Virus.

Am Morgen des 4. April rief das Krankenhaus an, um der Familie mitzuteilen, dass Mathai nicht mehr lange leben würde. Es wurde ein kurzer Telefonanruf vereinbart, lange genug, damit sich alle aus der Ferne voneinander verabschieden konnten. »Ein paar Stunden später riefen sie an, um uns mitzuteilen, dass er gestorben war«, erzählte mir Mathews. »Es war so schlimm. Zuerst war da dieser intensive Ansturm der Gefühle. Die Zeit stand still. Tage vergingen, aber alles fühlte sich wie eingefroren an. Menschen aus unserer Kirche riefen an, um uns ihr Beileid auszusprechen. Normalerweise wären sie zu Besuch gekommen. Aber wir hatten natürlich Corona und konnten sie nicht hereinbitten. Mein Vater hatte jüngere Brüder, die ihrerseits Kinder hatten. Unter anderen Umständen wären wir von Familienmitgliedern und Freunden umgeben gewesen. Hat man Menschen um sich, hilft einem deren bloße Anwesenheit. Sie bringen Essen mit, und man möchte nichts zu sich nehmen, isst aber doch, weil sie da sind. Bei uns war jedoch niemand. Da waren nur meine Mutter, mein Bruder und ich.«

Die Pandemie zwang die Menschen zur Aufgabe beinahe aller heiligen Rituale, und keines schien notwendiger – und unmöglicher –, als gemeinsam zu trauern. »Die MTA ist eine Community, und wenn eine oder einer davon stirbt, kommen alle vorbei«, sagte Sandra Bloodworth, als wir im Wohnzimmer ihres hochaufragenden Wohnhauses auf der Queens-Seite des East River saßen und Züge, Busse, Schiffe und Fähren auf ihren Fahrten durch die Stadt beobachteten. »Ob nun bei einer Totenwache, einem Kondolenzbesuch oder in einem Beerdigungsinstitut, was auch immer die Kultur ist, wir umgeben diese Familie einfach. Alle sind miteinander verbunden. Im Laufe der Jahre war ich wahrscheinlich bei 35 oder 40 dieser Zusammenkünfte. Wir sind unterschiedliche Menschen, unterschiedliche Gruppen. Wir kommen von weit entfernten Orten, sprechen verschiedene Sprachen. Aber wir haben etwas Größeres gemeinsam. Und wenn es einen Todesfall gibt, ja, dann versammeln wir uns zu einer großen Umarmung.«

Bloodworth, die in Mississippi aufgewachsen war und ihren Akzent nie verlor, zog 1980 nach New York, um eine Karriere als Malerin zu verfolgen. Viele Künstler verdienen sich ihren Lebensunterhalt, indem sie kellnern, manche geben Unterricht. Bloodworth hatte hingegen eine andere Idee: Sie trat 1988 bei der MTA eine Stelle in der Abteilung für Kunst und Design an, wo sie Kunstinstallationen und Live-Performances in Bahnhöfen und öffentlichen Räumen in der ganzen Stadt betreute. Manche Projekte ihrer Gruppe sind bedeutend und öffentlichkeitswirksam, mit stattlichen Werken weltberühmter Künstler an geschichtsträchtigen Orten. Andere sind bescheidener und sollen den Fahrgästen eines Außenstadtbahnhofs den Tag verschönern. Bloodworth wurde

1996 zur Direktorin ernannt, und als der Corona-Ausbruch im März 2020 New York traf, befürchtete sie, das Stadtbahnsystem würde düster und grässlich werden, weil das Gespenst von Tod und Krankheit jedes Mosaik, jede Skulptur und jedes Gemälde bedeutungslos machen würde. Als die Fallzahlen in die Höhe schossen, wurde ihre Abteilung ins Homeoffice versetzt. Bloodworth wusste, sie musste vorsichtig sein. Aber in ihrem Zuhause, hoch über der Stadt, wusste sie auch, dass sich die meisten ihrer Kollegen noch immer unter der Erde befanden, unsichtbar waren und in der Gefahrenzone feststeckten. Sie konnte sich des Gefühls nicht erwehren, dass die Stadt diese Menschen im Stich gelassen hatte, dass es galt, eine große moralische Schuld abzutragen.

»Wir hatten März, April, und mein Mann und ich sitzen hier zu Hause und sehen jeden Tag die Fernsehnachrichten«, erzählte Bloodworth. »Es gab die ersten Todesfälle unter MTA-Beschäftigten, und einer der Reporter erwähnte, dass sie sich nicht besuchen und gegenseitig unterstützen konnten. Ich wusste, wie viel das dieser Community bedeutete. Ich wusste, was verloren gegangen war. Und ich erinnere mich, dass ich genau hier stand, hinaussah und sagte: ›O Gott, ich wünschte, wir könnten für jeden einzelnen dieser verstorbenen Mitarbeiter ein Bild malen.‹ Natürlich war mir klar, dass wir das nicht konnten, aber ich dachte auch, dass es vielleicht doch eine Möglichkeit gibt.«

Es war nicht das erste Mal, dass Bloodworth darüber nachdachte, wie man Menschen ehren könnte, die zu Tode kamen, während sie in New York ihrer Arbeit nachgingen. Nach dem 11. September 2001 war sie daran beteiligt, neue Gedenkstätten der MTA für die Opfer der Anschläge auf das World Trade Center zu entwerfen. Diese reichten von zwei monumentalen Wandgemälden mit begleitendem Soundtrack im Grand Central Terminal bis zu einem Mosaik mit Texten aus der Unabhängigkeitserklärung und der Allgemeinen Erklärung der Menschenrechte der UNO im U-Bahnhof Cortlandt Street, der sich unter den eingestürzten Türmen befindet.[3] Die Arbeit an diesen Projekten sei zu Herzen gehend und erfüllend gewesen, so Bloodworth. Sie erschien ihr für New York wichtig und auch auf persönlicher Ebene bedeutsam. COVID würde sie noch unmittelbarer treffen. Schließlich spielten ihre Kollegen die gleiche Rolle wie die Feuerwehrleute am 11. September 2001: Sie machten es sich zur Aufgabe, in der Gefahrenzone zu arbeiten, und zahlten dafür den höchsten Preis. Überall in der MTA sprach man bereits davon, die verstorbenen Mitarbeiter zu ehren. Die Frage lautete nur: Wie?

Für die Arbeit an Gedenkstätten war es im April 2020 zu früh. Wie die meisten anderen öffentlichen Einrichtungen New Yorks richtete die MTA ihren Fokus darauf, die Ausbreitung der Krankheit zu verhindern. Man war allerdings nicht besonders erfolgreich. Immer wieder erhielt Bloodworth E-Mails mit Angaben zu den Neuerkrankungen unter Kollegen. Nach deren Tod sah sie gelegentlich eines ihrer Gesichter im Fernsehen. Bis zum 8. April waren mindestens 41 MTA-Beschäftigte an Corona verstorben, rund 1500 waren positiv getestet worden, und mehr als 5600 hatten sich krankgemeldet oder in Selbstquarantäne begeben.[4] Die *New York Times* vermeldete eine »erschütternde Verlustziffer«.[5]

In diesem Monat ergriff der New Yorker Gouverneur Andrew Cuomo die außergewöhnliche Maßnahme, das eigentlich rund um die Uhr betriebene U-Bahn-System in den frühen Morgenstunden stillzulegen. Die MTA entsandte spezielle Teams (Vollzeitbeschäftigte sowie Tausende von Auftragnehmern, vor allem lateinamerikanische Einwanderer), um Sitze, Geländer, Böden und Bahnsteige zu säubern und zu desinfizieren, also alle Oberflächen, von denen die Beamten befürchteten, sie könnten kontaminiert werden und die Krankheit verbreiten.[6] Die Arbeit stellte eine Herausforderung dar. Die Zahl der Fahrgäste war zwar stark zurückgegangen, doch systemrelevante Arbeitskräfte aus anderen Branchen nutzten das System weiterhin, ebenso die wachsende Zahl der Menschen ohne Unterkunft. Der Umgang mit ihren Abfällen – Essen, Müll, Exkremente – machte die Arbeit schwierig und gefährlich, ebenso die unvermeidliche Konfrontation mit Fahrgästen, die sich weigerten, zu gehen oder die Regeln zu befolgen. Die Tatsache, dass die Arbeit größtenteils unsichtbar war und die Entlohnung in etwa dem Mindestlohn entsprach, machte sie besonders unangenehm. Doch die Stadt brauchte Hilfsarbeiter, und die Hilfsarbeiter brauchten Arbeit.

Weil es in der Anfangsphase der Pandemie so schwierig war, sich testen zu lassen, kennt niemand die genaue Zahl der MTA-Beschäftigten und Auftragnehmer, die sich im Zuge der ersten Welle mit COVID infizierten. Aus einer Studie geht hervor, dass zwischen März und August 2020 etwa ein Viertel aller MTA-Beschäftigten infiziert waren und mindestens 125 gestorben sind.[7] Im Herbst, als sich die Mortalität verringert hatte, beschlossen Bloodworth und ihr Team, dass sie nicht länger mit der Ehrung warten konnten. Ihrem Plan nach sollte für alle ersichtlich sein, wie viel die Beschäftigten der Verkehrsbetriebe dafür gegeben hatten, die Stadt am Laufen zu halten. Die Familien der Verstorbenen sollten die ihnen gebührende Zuwendung erfahren.

Abstrakte Kunst, die sich so gut für das Gedenken an den 11. September und dessen erschreckendes Bildmaterial eignet, schien für die Erinnerung an die umgekommenen MTA-Mitarbeiter untauglich. Man musste sie sichtbar machen, ganz als Menschen zeigen. Bloodworth wusste, dass sich dafür Porträts am besten eigneten. »Ich ging alle Zeitungen durch und fand Fotos von einigen der früh Verstorbenen«, berichtete sie. Der Erste war Peter Petrassi, der mit seinen 49 Jahren ein schwieriges Sujet abgab. Er sah einfach so gesund aus und viel zu jung zum Sterben. »Ich hatte das iPad meines Mannes und kopierte einige Bilder in ein Designprogramm und machte sie schwarz-weiß. Ich hatte die Idee, den Hintergrund zu entfernen, sodass nur die Person übrig blieb, und dann den Bereich um sie herum mit Farbe zu füllen. Mit den über die Bilder laufenden Farben konnte ich mir vorstellen, dass sie fast wie Buntglasfenster aussehen würden.« Bloodworth fertigte ein paar Entwürfe an, zeigte sie ihrem Ehemann und schickte sie ihrem Stellvertreter. Doch eigentlich benötigte sie gar keine Bestätigung. »Ich wusste sofort, dass es funktionieren würde.«

Ende September stellte Bloodworth die Idee einer Gruppe von MTA-Vertretern und -Designern vor, die seit Juli über ein Gedenkprojekt nachgedacht hatten. Sie reagierten wie erwartet; Bloodworth bekam grünes Licht. »Jetzt mussten wir die Familien mit ins Boot holen«, berichtete Bloodworth. »Wir benötigten natürlich ihre Erlaubnis. Und wir wollten, dass sie das Foto und die Farbe aussuchen. Meiner Ansicht nach ging es schließlich darum, ihren geliebten Menschen zu feiern. Alles, was wir taten, geschah nur für sie.« Die MTA stellte ein Team von Kontaktpersonen zusammen, die mit den Familien zusammenarbeiteten, ihnen das Konzept erläuterten, bei der Auswahl des richtigen Bildes halfen und sicherstellten, dass sie sich mit dem öffentlichen Projekt wohlfühlten. »Am Ende war es ein wenig kompliziert«, gestand Bloodworth. »Einige Familien wollten das nicht tun. Manche hatten kein gutes Foto. Sie wären erstaunt, wie viele Familien keine gute Aufnahme von ihren Verstorbenen haben.« Sie bat Gary Jenkins, einen Grafikdesigner der MTA, die Bilder zu überarbeiten, die Auflösung zu verbessern und andere Personen und Gegenstände aus Bildern zu entfernen, um dem jeweiligen Porträt mehr Aufmerksamkeit zu verschaffen. Bloodworths Team wählte eine Farbpalette aus, die sich an den im Verkehrssystem verwendeten Farben orientierte, und ordnete die Bilder zunächst einzeln und dann in Dreiergruppen an. »Alle wurden zu Individuen«, erklärte sie. »Man konnte sehen, wer sie waren.«[8]

Weil die Bilder in digitaler Form vorlagen, ließen sie sich auch überall betrachten. Anstatt das Denkmal an einem zentralen Ort zu installieren, beschloss die MTA, die Bilder in 107 Bahnhöfen im ganzen Stadtgebiet sowie in der Penn Station und online auf dreigeteilten Bildschirmen zu zeigen. Unter dem Titel »Travels Far« [sinngemäß: zieht weite Kreise, Anm. d. Ü.] produzierte die Gruppe Arts & Design ein neunminütiges Video mit einer Originalmusik des Komponisten Christopher Thompson und einem einleitenden Gedicht von Tracy K. Smith, U.S. Poet Laureate der Jahre 2017–2019.

Weite Kreise zieht es
Was Du gabst:
knappe Gesten als Gruß,

leise, sanfte Worte,
kaum vernommen,
ein Lächeln, erspäht
aus vorbeifahrenden Wagen.
Über Stationen
und Jahre hinweg, durch
die geäderten Kammern
in eines Fremden Herz:
Was Du gabst, zieht
weite Kreise.⁹

Das Gedenkprojekt wurde im Januar 2021 öffentlich zugänglich und damit zu einem für Stadt wie Staat kritischen Zeitpunkt: Der erste COVID-Impfstoff stand zur Verfügung. Präsident Trump, der in New York äußerst unpopulär war, war auf dem Weg aus dem Amt, und eine neue Regierung, die versprach, das öffentliche Gesundheitswesen der Nation zu stärken, war auf dem Weg zur Macht. Der Übergang verlief indes holprig, ja sogar gewaltsam. Als am 6. Januar der Kongress zusammentrat, um die Stimmen des Wahlkollegiums auszuzählen und Joe Biden zum nächsten Präsidenten zu erklären, führten Trump und seine Verbündeten eine Kundgebung auf der Mall in Washington an und bezweifelten die Rechtmäßigkeit der Wahl. Anschließend stürmten Hunderte von Menschen, viele von ihnen bewaffnet, das Kapitol. Sie störten die offizielle Stimmenauszählung, plünderten Kongressbüros und drohten, Vizepräsident Mike Pence oder die Sprecherin des Repräsentantenhauses Nancy Pelosi zu töten oder gefangen zu nehmen, die sich weigerten, bei ihren Plänen mitzumachen. Der Aufstandsversuch scheiterte zwar, doch im ganzen Land herrschte eine düstere Stimmung voll böser Vorahnungen. Das Virus trug zu dem allgemeinen Gefühl der Unsicherheit bei. Es erstarkte wieder, und New York war nervös.

Am 25. Januar 2021 gab die MTA die Gedenkstätte für die Öffentlichkeit frei – zunächst in den Durchgangsbahnhöfen, dann in einer kleinen, gemäß Abstandsregeln abgehaltenen Pressekonfe-

renz in der neuen Moynihan Train Hall der Penn Station. Bloodworth hatte zunächst erwogen, eine Trauerfeier für die Familien abzuhalten, ein Treffen für jene, die in Isolation und Angst getrauert hatten. Der Anstieg der Infektionen machte dies unmöglich. Doch die Angehörigen der MTA-Mitarbeiter machten sich auf den Weg zur Gedenkstätte, jeweils in ihrem eigenen Tempo. Wer die Penn Station aufsuchte, erlebte einen durch die Installation verwandelten Raum. Die kräftigen Farben warfen ein sphärisches Licht auf die riesige, leere Zughalle. Die getragene und feierliche Musik ließ die Menschen langsamer gehen. Statt an einem Verkehrsknotenpunkt fühlte man sich wie in einer modernen Kathedrale. »Sie können sich nicht vorstellen, wie es war, diesen Raum zu betreten«, berichtete Bloodworth. »Es war atemberaubend. Man konnte die Porträts so deutlich erkennen, jedes einzelne von ihnen. Und die Farben! *Oh my God!*«

Am 26. Januar berichteten lokale und überregionale Medien über die Gedenkstätte und das Schicksal der Beschäftigten im öffentlichen Dienst New Yorks und darüber hinaus. »Hier ist ein Beispiel für die unglaublichen Risiken und Belastungen, denen unsere systemrelevanten Mitarbeiter ausgesetzt sind«, twitterte der ehemalige Präsident Barack Obama mit einem Link zu einem Tripty-

chon von drei MTA-Mitarbeitern, die an COVID gestorben waren.[10] Unter dem Titel »Goodbye Mr. Facey« brachte *This American Life* ein langes Radiofeature über die Installation. Es enthielt einen Beitrag über den Anstand und das Engagement von Clarence Facey, einem 58-jährigen Aufseher, der nur acht Monate vor seinem geplanten Ruhestand ums Leben kam. Außerdem äußerte sich darin auch ein Bahnhofsmitarbeiter, der fand, die Gedenkstätte sei so bedeutsam, dass sie ins Metropolitan Museum of Art gehörte. »Wichtig war die Aufmerksamkeit, die den Familien zuteilwurde, und die Art und Weise, wie die Belegschaft darauf reagierte«, erklärte mir Bloodworth. »Jemand schickte mir das Foto eines Mitarbeiters, der in einer U-Bahn-Station steht und den Bildschirm anschaut.« Einige von ihnen, so berichtete *This American Life*, wollten sich das Video immer wieder ansehen.[11]

In die Gedenkstätte »Travels Far« wurden die Porträts von 111 an Corona verstorbenen MTA-Mitarbeitern aufgenommen. Wie mir Bloodworth erzählte, war dies ein gewaltiger gemeinsamer Kraftakt. Zugleich räumte sie aber ein, dass die Gedenkstätte völlig unzureichend war, um die Belastungen der Pandemie für die systemrelevanten Arbeitskräfte New Yorks zu würdigen, ganz zu schweigen von denen für Stadt und Land insgesamt. Im Jahr 2020 starben mehr als 350 000 US-Amerikaner an Corona, und im Frühjahr 2022 überstieg die Zahl der Todesfälle eine Million. Während in den Anfangstagen der Pandemie jeder einzelne COVID-Todesfall die Nation erschütterte, gewöhnte sich die Bevölkerung im Laufe der Monate an das Massensterben. Als wäre die Gesellschaft abgestumpft, wurden die hohen Zahlen virusbedingter Todesfälle normal und hinnehmbar.

Zumindest in ihrer kleinen Welt weigerte sich Bloodworth, dies zuzulassen. Sie konnte keine Rechenschaft auf nationaler Ebene erzwingen. Sie konnte nicht jede systemrelevante Arbeitskraft ehren, die ihr Leben verloren hatte, damit es für uns Übrige weiterging. Aber sie konnte etwas tun, um andere verstehen zu lassen, was Menschen gegeben haben, damit die Züge weiterfahren konnten. Sie konnte dafür sorgen, dass das Trauern jeder MTA-Familie etwas weniger einsam, etwas weniger unsichtbar, etwas weniger stumm verlief. Sie konnte ihrer Stadt helfen wahrzunehmen, was die Familien durchgemacht hatten.

»Es war eine Anerkennung der Verluste in unserer Community. Der Arbeitskräfte und ihrer Familien. Für sie war es eine Möglichkeit, jenen die Ehre zu erweisen, die sie verloren haben«, erläuterte sie mir. »Ich denke, dass viele Menschen gar nicht wissen, was Kunst für uns tut, weil sie so sehr in unser Leben integriert ist. Dieses Denkmal hat den Menschen gezeigt, welche Kraft die Kunst hat. Sie bekommt so wenig Fürsprache, wenn es um ihre Finanzierung geht, kann aber so viel bewirken. Die Menschen brauchten sie in dieser Pandemie. Deshalb zogen diese Porträts sie an. Kunst unterstützt unsere Heilung.«

Mathews Thankachan hat sich die Installation nur einmal angesehen, und zwar im Grand Central Terminal in Manhattan. »Es war eine heikle Erfahrung«, berichtete er mir. »Ich sah Dad, aber ich sah auch viele seiner MTA-Kollegen. Ich weiß, dass sie dasselbe durchgemacht hatten wie meine Mutter, Cyril und ich. Mir kam der Gedanke: Wenn wir zu dritt sind und hundert andere MTA-Arbeiter gestorben sind, dann haben das mindestens 300 Menschen erlebt. Wahrscheinlich waren es viel mehr. Und selbst wenn sie nur

Thankachan Mathai
Cleaner
1963 - 2020

einen Angehörigen hatten – ist es ein noch intensiveres Gefühl, weil diese Person das alles allein erträgt.«

Als Mathews den Bahnhof besuchte, befand sich auch eine Journalistin am Grand Central. Sie nahm einige Momente auf, in denen er die Bilder betrachtete, und befragte ihn anschließend dazu, wie es sich anfühlte, dort zu sein. »Als ich mir dieses Video ansah, wusste ich, dass ich nicht allein bin«, antwortete Mathews. »Mein Vater war stets sehr dankbar für diesen Arbeitsplatz, und dieses Denkmal zeigt, dass die MTA ihm dankbar ist.«[12]

Diese Erfahrung half Mathews und seiner Familie dabei, einen Wendepunkt in ihrer Trauer zu erreichen. Ein paar Monate später, an Mathais erstem Todestag, luden sie Freunde und Verwandte zu einem gemeinsamen Gottesdienst ein. »Wir sind katholisch«, sagte er, »und unser Priester kommt aus demselben Teil Indiens, aus dem meine Eltern stammen. Er hielt eine Messe für uns und sprach das traditionelle Totengebet. Wir waren zuerst in der Kirche und gingen dann zu der Grabstätte. Es war ein sehr sonniger Tag, und meine engen Freunde waren anwesend. Wir waren einen Tag vorher dort und legten ein paar hübsche Blumen aus. Es tat sehr gut, das zu machen.«

Kapitel 14

Allein zu Haus

Es gibt keinen guten Zeitpunkt für den Ausbruch einer ansteckenden Krankheit, aber eine Pandemie, die während einer von Experten und Politikern sogenannten »Epidemie der Einsamkeit« stattfindet, ist besonders beklagenswert. Im Großteil der Welt kam die Empfehlung zum Social Distancing zu einem Zeitpunkt, zu dem die Verunsicherung groß war. Die Leute hatten das Gefühl, soziale Bindungen würden sich ganz grundsätzlich sowieso abnutzen und insbesondere durch die sozialen Medien atomisiert. Als im März 2020 Regierungen begannen, Anweisungen auszugeben, wonach die Leute zu Hause bleiben und persönliche Begegnungen vermeiden sollten, triggerten sie damit Ängste vor etwas, das der Journalist Ezra Klein einen desaströsen »sozialen Rückzug« nannte, der von stark gestiegener Einsamkeit und Verzweiflung gekennzeichnet ist.[1]

Obwohl alle angesichts von Lockdowns und Abstandhalten herausgefordert waren, schien eine demografische Gruppe besonders unter den Notfallmaßnahmen für die allgemeine Gesundheit zu leiden: Menschen, die allein leben. In normalen Zeiten sind »Solo-Lebende« ja erstaunlich gesellig. Sie besuchen mit größerer Wahrscheinlichkeit Freundinnen und Nachbarn als diejenigen, die mit anderen zusammenwohnen. Sie verbringen auch eher Zeit an öffentlichen Orten wie Bars, Restaurants, Theatern, Kinos und Fitnesscentern.[2] Während der Pandemie waren jedoch viele öffentliche Orte, die das Zusammenleben fördern, geschlossen. Und so fanden sich zahlreiche Menschen, die aus freien Stücken allein lebten, von einem Tag auf den anderen ohne die Möglichkeit leibhaftiger Gesellschaft wieder.

Trotz weitverbreiteter Sorge um das Wohlergehen der Alleinlebenden war unklar, ob es von Vorteil oder Nachteil wäre, um durch den anfänglichen Ausbruch von COVID zu kommen. Schließlich bedeutet allein zu leben während einer Pandemie, sich keine Sorgen darüber machen zu müssen, ob der Partner, das Kind oder die Mitbewohnerin mit der Krankheit nach Hause kommt oder ob man selbst ebendiese infiziert. Vielleicht sorgte das Alleinsein sogar für Seelenfrieden? Aber schon Wochen nach dem Ausbruch warnten Psychologen vor einer »Doppelpandemie« aus sozialer Isolation und COVID-19. Die Professorin Julianne Holt-Lunstadt von der Brigham Young University berichtete von einem Anstieg allgemeiner Einsamkeit um 20 bis 30 Prozent und einer Verdreifachung emotionaler Not im ersten Monat des Lockdowns. Ihrer Ansicht nach war das ein Hinweis darauf, dass »die bereits bestehende Krise der allgemeinen Gesundheit aufgrund von sozialer Isolation und Einsamkeit weitaus größer war als bis dahin angenommen«.[3]

Internationale Umfragen zum Ausmaß von Einsamkeit und Isolation während des ersten Pandemiejahres konnten das nicht bestätigen. Anstatt eines Spitzenwerts wahrgenommener Abkoppelung zeigten sich insgesamt eher Wellenlinien. An manchen Stellen waren die Linien mehr oder weniger flach. Nehmen wir beispielsweise die Ergebnisse einer wöchentlichen Befragung von 38 217 Erwachsenen in Großbritannien während des siebenwöchigen »strengen Lockdowns« zwischen März und Mai 2020, die ein Team des University College London im Rahmen der COVID-19 Social Study durchführte. Da ergab sich, dass Menschen, die sich selbst als vor der Pandemie hochgradig einsam bezeichneten, während des Lockdowns von einem »leichten Anstieg« der Einsamkeit berichteten. Aber diejenigen, die sich als in normalen Zeiten kaum einsam bezeichneten, fühlten sich sogar noch weniger einsam, obwohl sie zu Hause bleiben mussten. Menschen mit eher moderatem Einsamkeitsniveau vor dem Pandemieausbruch berichteten von kaum merklichen Veränderungen. Das führte zu der erstaunlichen Schlussfolgerung, dass, zumindest in Großbritannien, »die wahrgenommenen Grade von Einsamkeit während strikter Lockdown-Maßnahmen wegen COVID-19 relativ stabil blieben«.[4]

Wissenschaftler in den USA machten ähnliche Beobachtungen. Psychologen befragten eine national repräsentative Gruppe von 1545 Amerikanerinnen und Amerikanern Ende Januar/Anfang Februar 2020 (vor dem Ausbruch), Ende März (während der ersten Kampagne der Bundesregierung »15 Tage, um die Ausbreitung zu verlangsamen«) und Ende April (als die meisten Bundesstaaten »Bleiben Sie zu Hause«-Verordnungen erlassen hatten). Es gab keine signifikanten Veränderungen beim Grad allgemeiner Einsamkeit zwischen diesen drei Erhebungsphasen. Befragte »nahmen in der Nachbeobachtungsphase [sogar] zunehmende Unterstützung durch andere wahr«.[5]

Die Vereinigten Staaten waren kein Einzelfall. In Norwegen verglich eine Gruppe von Gesundheitswissenschaftlern die selbst eingeschätzte Einsamkeit unter 10 740 Erwachsenen und zog dafür Umfragen von vor der Pandemie sowie aus dem Juni 2020 heran. In einem vom *Scandinavian Journal of Public Health* veröffentlichten Aufsatz berichteten sie von »leicht gestiegener Einsamkeit« bei Singles und älteren Frauen während des Lockdowns. Insgesamt jedoch »war die Einsamkeit während des Lockdowns stabil oder sank«. Weiter schrieben sie, dass tatsächlich »Individuen mit vor der Pandemie geringer sozialer Unterstützung und hohem Niveau von psychologischer Not und Einsamkeit während der Pandemie weniger Einsamkeit empfanden«. Die Gründe für diesen unerwarteten Rückgang sind unklar, doch die Autorinnen spekulierten, dass er mit einem »gesteigerten Zusammengehörigkeitsgefühl« zu tun hätte, das in gemeinsamen Werten und Erfahrungen wurzele. Diese schienen die Norweger damals in einer Art Schicksalsgemeinschaft zu spüren.[6] In Deutschland beobachtete die Wissenschaft das gleiche Phänomen. Eine im *International Journal of Psychology* veröffentlichte Studie berichtet, dass Deutsche während des Lockdowns stabile Level von »emotionaler Einsamkeit« erlebten, also den wahrgenommenen Mangel an emotionalen Verbindungen zu anderen; Gleiches galt für »soziale Einsamkeit«, den wahrgenommenen Mangel eines breiteren sozialen Netzes. Was jedoch zunahm, waren Berichte von »physischer Einsamkeit«, wegen der plötzlichen Unmöglichkeit, in der Nähe von Menschen zu sein, die nicht im eigenen Haushalt lebten.[7]

Diese Umfragen zur Einsamkeit sind hilfreich, um Verbindungsmuster zu belegen, die sich merklich von dem unterscheiden, was Experten befürchteten und die Medien berichteten, als sie Sorgen über die »soziale Rezession« während der Pandemie auslösten. Allerdings helfen die Umfragen uns nicht, zu verstehen, wie Menschen, die zu solchen plötzlichen und dramatischen Einschnitten ihrer sozialen Interaktionen gezwungen waren, diese Veränderung erlebten oder warum die meisten Leute das Gefühl, ganz auf sich allein gestellt zu sein, abwehren konnten. Um diese Fragen zu beantworten, entwarf ich eine Studie, die auf Interviews mit einer ethnisch und geografisch diversen Gruppe von 55 Erwachsenen (im Alter zwischen 20 und 86) basierte, die zwischen März und Juli 2020 in New York City allein lebten, als sich das Coronavirus erstmals stark ausbreitete. (Ich verwende Pseudonyme, um sie hier zu benennen.) Jennifer Leigh, Doktorandin für Soziologie an der NYU, führte die Interviews. Gemeinsam werteten wir die Aussagen der Menschen aus.[8]

Eine Kernaussage der Gespräche war, dass während des ersten COVID-Ausbruchs allein zu leben, selbst im Epizentrum der Pandemie, nicht die Art von emotionaler Abkoppelung oder sozialer Isolation erzeugte, die so viele Menschen fürchteten. Viel zu oft wird Einsamkeit in öffentlichen Debatten als statisch und zersetzend dargestellt, als würde sie nur zu dauerhaftem Leid und Schmerz führen. Es stimmt, dass Einsamkeit bei manchen Menschen chronisch und fatal ist. Es fehlt ihnen die Fähigkeit, die Beziehungen zu knüpfen, nach denen sie sich sehnen. Oder sie haben nicht die nötigen Ressourcen, um aus ihrer psychologischen Sackgasse herauszufinden. Normalerweise jedoch reagieren Menschen, die sich einsam fühlen, indem sie nach besseren Verbindungen suchen. Oft gelingt das, und ihr Gefühl von Einsamkeit schwindet dann. Die Erfahrungen derjenigen, die während der restriktivsten

Phase der Pandemie allein lebten, belegen dieses soziale Faktum. Die Erkenntnis ist nicht nur in Krisen relevant, sondern auch in gewöhnlichen Zeiten.

Obwohl die meisten Leute, die wir interviewten, irgendwann während der Pandemie Einsamkeit erlebten, schilderte kaum jemand sie als eine persönliche Krise. Schließlich muss Einsamkeit nicht schwächen und tut das normalerweise auch nicht. In kleinen Dosen ist Einsamkeit ein Signal des Körpers, um das Bedürfnis nach stärkeren und bedeutsameren Beziehungen anzuzeigen. Und wie der verstorbene Psychologe John Cacioppo erklärte, reagieren die meisten Menschen darauf, indem sie sich genau darum bemühen.[9] Als der erste Ausbruch von COVID New York City traf, unternahmen Alleinlebende besondere Anstrengungen, um ihre Freunde und Verwandten zu kontaktieren. Die von uns Interviewten bezeichneten sich durchwegs als ziemlich eng mit Freunden und der Familie verbunden, und sie nahmen sich weniger isoliert, sondern eher körperlich distanziert von den Menschen wahr, die für sie eine Rolle spielten. Physische Distanz, nicht soziale Distanz war vorrangig, während chronische, existenzielle Einsamkeit selten vorkam.

Abgesehen davon war physisches Alleinsein verwirrend und quälend. Die Leute, die wir trafen, hatten mit dem Verlust alltäglicher sozialer Interaktion zwischen Nachbarn und vertrauten Fremden zu kämpfen. Denn Letztere boten, auch wenn man weder miteinander befreundet noch vertraut war, regelmäßig Gesellschaft an öffentlichen Orten wie Coffeeshops, Bodegas, in öffentlichen Verkehrsmitteln und auf Gehwegen. Sie erzählten uns, dass trotz der sozialen und emotionalen Herausforderungen des Alleinlebens die »strukturelle Isolation« – das Gefühl, von der Regierung aufgegeben oder von der Gesellschaft insgesamt marginalisiert zu sein – eine größere emotionale Last bedeutete, als sie erwartet hatten. Sogar größer als der Umstand, in die eigenen vier Wände verbannt zu sein.

Menschen, die allein leben, verfügen nicht über die Unterstützung einer anderen Person in ihrer unmittelbaren häuslichen Umgebung. Trotzdem sagte die große Mehrheit der Befragten, dass sie während der ersten Welle der Lockdowns problemlos mit ihren Liebsten via Telefon, Zoom, FaceTime oder über Social Media in Verbindung bleiben konnten. Sogar diejenigen, die vorher keine besondere Freude an den sozialen Medien oder Kommunikationsplattformen wie Zoom hatten, berichteten, dass sie sich aufgerafft hätten, mit anderen Verbindung aufzunehmen, indem sie Nutzerkonten eröffneten oder versuchten, ihnen bisher fremde Technologien zu nutzen.

Nicht nur waren die meisten imstande, sich virtuell mit ihren Liebsten zu verbinden, fast alle pflegten auch Kontakt zu fernen Freunden und Verwandten. Sogar öfter, als sie es normalerweise getan hätten. Jennifer, eine Frau in den Fünfzigern, schilderte ihre stark gestiegene Kommunikation während der Pandemie. Sie sagte: »Da gibt es Leute, mit denen hätte ich ein, zwei Monate nicht reden müssen, doch wir verspürten alle das Bedürfnis, miteinander zu reden.« Sie glaubte nicht, dass der häufige Kontakt ewig anhalten würde, doch sie fragte sich, wie die meisten Leute, ob einige ihrer Beziehungen am Ende enger bleiben würden.

Andere stellten fest, dass sie in der Lage waren, Gespräche mit Freunden und der Familie auf eine Weise zu genießen, die sie bisher nicht gekannt hatten. James aus Queens, in den Vierzigern und im Gesundheitswesen beschäftigt, sagte, die Benutzung des Telefons hätte ihn an die Erfahrungen seiner Kindheit erinnert. Damals rief er seine Freunde nach der Schule an und konnte stundenlang mit ihnen reden. Zu Hause und allein in einer Stadt, wo alles geschlossen war, entdeckte James die Lust an »langsamen Medien« in der unstrukturierten Zeit. »Ich glaube nicht, dass die gegenwärtige Gesellschaft sich eine Verbindung wie ein langes Telefonat noch so häufig leistet«, erklärte er. »Weil alle dermaßen beschäftigt sind, versessen auf all diese anderen Dinge.«

Gespräche auf die Entfernung waren allerdings nicht immer befriedigend. In manchen Fällen führte der Anblick eines engen

Freundes oder eines Familienmitglieds den Alleinlebenden vor Augen, wie weit entfernt sie von ihren Liebsten waren. Deborah, eine Frau in den Fünfzigern, schilderte, wie ausgesprochen schwer das Alleinsein auf dem Höhepunkt der Pandemie war. Zoom konnte dann eine mögliche Verbindung sein und ein Gefühl der Isolation erzeugen, oft beides gleichzeitig. »Es fühlte sich an, als gäbe es da Unterstützung«, sagte sie. »Als hätte es jede Woche 101 Zoom-Anrufe für Geburtstagspartys, Drinks oder Kurse gegeben.« Aber die Online-Aktivitäten hatten auch eine Schattenseite. »Ich fand Zoom schon ziemlich früh extrem anstrengend. Und ich fühlte mich wie ein verdammtes Wrack, also wollte ich nicht mit Zoom online sein. Manche Familienanrufe musste ich abbrechen, als es am schlimmsten war, weil ich einfach anfing zu weinen, wenn ich Menschen auf dem Bildschirm sah.«

Bei Social Media ist weniger mehr. Sie zu oft zu nutzen, hinterließ bei den Leuten die Sehnsucht nach intimerem Kontakt, nach etwas Soliderem und Realem. »Wir bestehen alle aus Energie, und über Video ist es einfach nicht dasselbe«, sagte Diana. »Ich denke, es ist eben der Mangel an menschlicher Interaktion. Etwa jemanden zur Begrüßung umarmen zu können und dann, wissen Sie, ihn berühren zu können, wenn man sich verabschiedet ... Ich glaube, das macht den Unterschied aus.« Darren, ein Mittdreißiger, betonte diese Unterscheidung: »Weil ich online mit Leuten socializen musste, wirkte nichts wirklich real, oder die Leute wirkten nicht real. Also, ich rede online mit meinen Freunden und ich sehe sie auf dem Bildschirm, aber es gibt keine Verbindung.« Die unbefriedigenden Aspekte solcher Interaktionen beziehen sich auf Aspekte von Einsamkeit, die in Umfragen, wo Leute ihre soziale Verbundenheit auf einer numerischen Skala angeben sollen, nicht vorkommen. Es ist die Qualität, nicht die Quantität von Interaktionen, die sich am direktesten auf das Gefühl von Verbundenheit auswirkt. Und generell erwiesen sich Gespräche via Bildschirm als nicht so erfüllend wie von den Interviewpartnern gewünscht.

Obwohl Alleinlebende während normaler Zeiten ziemlich gesellig sind, brachte die Pandemie ernsthafte Hindernisse mit sich.

Das Problem war nicht nur, dass übliche Treffpunkte geschlossen oder nicht zugänglich waren, sondern auch, dass sich die Normen hinsichtlich der Kommunikation in eine Richtung änderten, die es Alleinlebenden schwer machte. Die von uns interviewten New Yorker sagten, es wäre schwierig zu wissen, wie genau und wann sie sich bei anderen melden sollten. Insbesondere dann, wenn sie Unterstützung brauchten. Robert, ein Mittdreißiger, erklärte uns, es sei ihm leichter gefallen, sich um fremde Leute zu kümmern, als für seine eigenen Bedürfnisse zu sorgen. »Es widerstrebt mir sehr, mich bei jemandem zu melden, um Hilfe zu bitten und zu sagen, ›Hey, mir geht's grad nicht gut‹.« Keiner ist gern eine Last. Anderen zu helfen war dagegen ein verlockender Weg, Kontakt zu haben. So wurde für Robert das Engagement in Nachbarschaftshilfe-Projekten eine lebenswichtige Quelle sozialer Integration. Es machte doppelt Sinn: Sich um andere zu kümmern, stellte sich als maßgebliche Möglichkeit dar, sich um sich selbst zu kümmern.

Dieses Kümmern erwies sich als wichtig, weil die Einschränkungen des sozialen Lebens länger dauerten, als die meisten Menschen beim ersten Auftreten von Corona in New York angenommen hatten, und soziale Beziehungen über Monate beeinträchtigt blieben. Die anfängliche Flut von Videotelefonaten ebbte ab. »Zoom-Müdigkeit« wurde zum weitverbreiteten Phänomen. Und einige Alleinlebende begannen, sich ausgeschlossen zu fühlen. Sandra, eine Mittdreißigerin, wohnte allein, da ihre Mitbewohnerin gleich zu Beginn der Pandemie ausgezogen war. Sie sagte, Online-Gruppengespräche seien ihre Rettung gewesen. »Ich glaube ganz ehrlich, dass alle es leid wurden, und so hörten wir damit auf«, berichtete sie. »Und dann wurde ich schon irgendwie sauer auf sie, weil mir klar wurde, ›ihr alle habt vier Mitbewohner oder eure Partner oder irgendwas in der Art, und ich bin ganz allein‹.« Sie hatte nicht das verzweifelte Bedürfnis, ihre Lebenssituation zu ändern, aber als sie anfing, sich einsam zu fühlen, beschloss sie, ihre Freunde, die zu mehreren wohnten, darauf hinzuweisen, dass sie besondere Aufmerksamkeit brauche. »Wissen Sie, ich kam mir irgendwie in der Hinsicht von ihnen im Stich gelassen vor … Selbst wenn es nur eine SMS war wie ›Hey, wie läuft's, wie geht's dir?‹, wusste ich das zu schätzen. Einfach weil es sich für mich anfühlt, als wäre ich leicht zu vergessen, denn ich habe nicht all diese anderen Leute um mich herum, die irgendwie auf mich schauen müssen.« Es bedarf echter Selbsterkenntnis, um solche Anrufe zu machen, und auch starker sozialer Fähigkeiten. Natürlich schafft das nicht jeder Mensch. Für diejenigen, denen das während der Pandemie nicht gelang, war der emotionale Tribut spürbar.

Ein weitverbreiteter emotionaler Schmerz, den Alleinlebende zu spüren bekamen, hatte seine Ursache nicht im typischen Gefühl sozialer Trennung. Vielmehr ging es um die Schwierigkeit, während des ausgedehnten Stillstands kollektiven Lebens physisch allein zu sein. Nichts hatte die Betroffenen auf diese Erfahrung vorbereitet, und nichts, was sie aus der Ferne tun konnten, kompensierte den Verlust intimer, taktiler oder persönlicher Interaktion mit anderen Menschen.

Die von uns Interviewten unterschieden sorgsam zwischen dem Zustand des Alleinseins und der Verfassung, sich einsam zu fühlen. Eines konnte zum anderen führen. Oder auch nicht. Als er gefragt wurde, ob er sich während der Pandemie einsam gefühlt hätte, antwortete der Mittzwanziger Dean: »Ja, aber einsam, isoliert ... ich meine, das sind alles Begriffe, die man nicht zwingend damit assoziiert, ein schlechtes Gewissen zu haben. Ich glaube, man kann sich richtig, richtig einsam fühlen und trotzdem jedes Wochenende auf Partys gehen.« Tatsächlich erwähnten einige, dass ihre Freunde, die mit Familie, Mitbewohnern oder Partnern lebten, sich genauso einsam fühlten, wenn nicht sogar noch einsamer, obwohl sie physisch nicht allein waren. Doch der Kampf mit physischer Einsamkeit gestaltete sich für die Alleinlebenden weitaus schwieriger. Als es um seine eigenen Erfahrungen von Einsamkeit ging, sagte Peter, ein asiatisch-amerikanischer Arzt um die vierzig, der von zu Hause ausgezogen war, um Frau und Kinder zu schützen: »Ich meine, es ist schwer zu sagen. Ich denke, jeder hat seine eigene Definition, was Einsamkeit für ihn bedeutet. Es ist ein ziemlich starker Begriff, Einsamkeit. Weil das klingt, als wäre man allein, emotional, physisch. Aber irgendwie so ... Ich schätze, physisch bin ich einsam. Um emotional damit zurechtzukommen, würde ich Leute, Familie, Freunde anrufen ... einfach um irgendwie klarzukommen.«

Sam, ein Mann in den Sechzigern, dessen Partnerin nach mehr als dreißig gemeinsamen Jahren zu Beginn der Pandemie an COVID starb, beharrte auf dem Unterschied zwischen sich einsam fühlen und allein sein. »Leute fragen mich, ob ich einsam bin«, sagte er. »Und ich fühle mich nicht einsam, ich fühle mich allein.« Alltägliche Momente wie zu Abend essen oder fernsehen stellten sich für Sam als die Zeit heraus, in der er sich am ehesten allein fühlte. »Wenn ich mir eine Sendung anschaue, dann ist da niemand, um so was zu sagen wie, ›Was für ein Mist‹ oder ›Das ist gut‹ oder ›Hast du das gesehen?‹. Obwohl ich manchmal an den Punkt komme, wo ich mit dem Hund rede und sage, ›Hast du das gesehen?‹«, meinte er. »Aber da ist eben kein menschliches Wesen, mit dem ich reden kann. Ich betrachte es als ein Gefühl des Alleinseins, nicht des Einsamseins.« Sam war nur einer von vielen, die uns erklärten, dass die so laut propagierten Coping-Ideen für den Umgang mit der Quarantäne – Kochen, Backen, Ausmisten oder sogar Cocktails Mixen – für Alleinlebende nicht so gut funktionierten. Elena, eine Mittdreißigerin, schilderte ihren Frust über die Vorschläge zum Zeitvertreib, die in den sozialen Medien geteilt wurden. »Ich werde nie jemand sein, der ein großes, ausgefallenes Gericht nur für sich selbst zubereitet. Einfach weil ich mir denke, wer außer mir wird das schätzen? Mir genügte es, mit Käse überbackene Makkaroni zu machen. Viele der Dinge, zu denen man ermutigt wurde und die vielen anderen Leute halfen zurechtzukommen, waren keine wirklich sinnvollen Optionen für mich.« Die gut fünfzigjährige Vicki sagte, obwohl die sozialen Medien für sie eine wichtige Kontaktquelle waren, hätte es ihren emotionalen Stress nur erhöht, andere mit ihren Liebsten kochen zu sehen, während sie das nicht tun konnte. »Wenn du allein bist – für wen zum Teufel kochst du dann?«, rief sie lachend. Sie hatte jahrelang allein gewohnt und war stolz auf ihre Unabhängigkeit, doch als die Pandemie sich hinzog, begann sie, sich nach häuslicher Gesellschaft zu sehnen: »Ich wurde deprimierter, dachte mir Sachen wie, oh, hätte ich doch eine Familie, hätte ich irgendwen, dann wäre es wenigstens ...« Sie seufzte. Der Kummer über das Alleinsein motivierte sie letztlich, mit ihrem Partner zusammenzuziehen. Die beiden beschlossen, noch im Sommer zu heiraten.

Allein zu kochen war Teil eines größeren Problems innerhalb der Phänomenologie des Alleinseins während der Pandemie. Alleinlebende erkannten speziell den Mangel an körperlicher Berührung als einzigartige Herausforderung des Alleinlebens, als die üblichen Treffpunkte wegfielen. Selbst diejenigen, die sich selbst als im Allgemeinen nicht zärtlich oder anschmiegsam betrachteten, berichteten von Sehnsucht nach körperlichen Kontakten. »Ich bin niemand, der super viel klammert oder anfasst«, sagte die Mittzwanzigerin Maria. »Aber jetzt bin ich sozusagen scharf drauf. Ich will das.« Da sie nicht viele Optionen hatte, stellte Maria fest, dass ein Vollbad dem Gefühl, »von etwas umarmt zu werden«, am nächsten kam. »Aber warmes Wasser war kein Ersatz für menschliche Berührung. Ähnlich erging es der gut fünfzigjährigen Vietnamesin Dep. Schockiert stellte sie fest, »dass ich wirklich wild entschlossen war, einen Lover zu finden, einfach um jemand zu haben, mit dem ich irgendwie was zusammen machen könnte«. Sie betonte, wie untypisch diese Reaktion für sie gewesen sei.

Andere entwickelten psychologische Strategien, um den Schmerz der Isolation zu minimieren. Manche erzählten, dass sie die Einsamkeit in den Griff bekämen, wenn sie sich daran erinnerten, dass das normalerweise ein vorübergehendes Gefühl war und die Extremsituation, in der sie sich gerade befanden, irgendwann enden würde. Katie, eine Mittvierzigerin, berichtete: »Meine Therapeutin sagte so was wie: ›Was machen Sie, wenn Sie einsam sind?‹ Und ich darauf: ›Ich weine, weil ich traurig bin. Und dann geht es vorbei!‹ So ungefähr läuft das. Manchmal bin ich traurig, und manchmal ist es einfach traurig, allein zu sein. Von mir aus ist das in Ordnung. Man muss sich ja nicht immer ablenken, manchmal kann man einfach traurig und allein sein.« Katie hatte sich zu Beginn des Ausbruchs mit COVID infiziert, und als dann ihre Mitbewohnerin auszog, war sie krank, ängstlich und allein. Aber die Angst vor ihrer neuen Situation und die Krankheit zu besiegen, gab ihr ein neues Selbstwertgefühl und den Glauben an ihre eigene Resilienz. Während einige Alleinlebende auf die Krise reagierten, indem sie nach einem Partner oder dauerhaften Gefährten suchten, erlebte Katie die gegenteilige Reaktion. Katie sagte, sofern es leistbar sei, würde sie lieber weiterhin allein wohnen.

Als im Sommer die erste Welle abebbte und New York die Vorschriften zum Abstandhalten lockerte, waren Menschen, die allein lebten, erpicht darauf, Freunde und Familie wieder persönlich zu treffen. Manche wirkten regelrecht euphorisch. Da kam es zu spontanen Tanzpartys auf den Straßen der Stadt, und Menschen jeden Alters ließen ihrer Freude und Erleichterung freien Lauf. Die meisten Alleinlebenden, die wir interviewten, berichteten über eine gewisse Verunsicherung angesichts der Rückkehr zu einem wieder normaleren gesellschaftlichen Leben. Die direkte Interaktion, die immer Routine gewesen war, barg plötzlich Gefahren. Doch niemand stellte ihren Wert infrage. Durch die Bank sagten Alleinlebende, dass körperlicher Kontakt ihre Stimmung aufgeheitert und ihre mentale Gesundheit verbessert hätte. Die Mittdreißigerin Terri beschrieb den Denkprozess hinter ihrer Entscheidung, Freunde, die sie seit dem Ausbruch nicht mehr gesehen hatte, für Picknicks zu treffen. Sie konnte nicht anders, als ein schlechtes Gewissen zu haben, obwohl sie wusste, dass es richtig war. »Vorher hieß es, ›O mein Gott, sind wir schreckliche Menschen, wenn wir das jetzt tun?‹«, sagte sie. »Ich habe dann irgendwann entschieden, dass meine mentale Gesundheit es braucht. Ich muss eine Risikoabwägung vornehmen.« Für Terri und alle anderen, mit denen wir sprachen, war die Entscheidung letztlich eindeutig.

Es war bemerkenswert, wie viele Leute, die vor der Pandemie allein gelebt hatten, jetzt sagten, sie würden das – den Herausforderungen der Isolation zum Trotz – gern beibehalten. Sie erklärten, dass jeder Mensch mit den neuen Restriktionen gesellschaftlichen Lebens und öffentlicher Versammlungen zu kämpfen hätte. Es gab zweifellos spezifische Probleme des Alleinlebens, doch Leute mit Partner, Kindern oder Mitbewohnern standen ja auch vor Herausforderungen. Aus Gesprächen mit Freunden und Familie wussten sie, dass Alleinleben bedeutete, sich keine Sorgen darüber machen zu müssen, ob jemand anders ihnen COVID in die Wohnung schleppte. Sie wussten, dass niemand sie bitten würde, die Tagesbetreuung eines Kleinkinds zu übernehmen oder den Fernunterricht eines Heranwachsenden zu managen. Und sie hatten keinen Berg Hausarbeit, die ihnen keiner abnehmen wollte. Die Vergleiche, die Menschen anstellen, wenn sie eine Situation beurteilen, prägt ihr eigenes emotionales Wohlbefinden. Wir erfuhren, dass diejenigen, die mit anderen zusammenleben, viel zu oft annehmen, dass Alleinlebende unter extremer Einsamkeit und Isolation leiden. Sie erkennen nicht unbedingt, wie das auch ihr eigenes Leben erschweren kann, wenn sie selbst mit anderen zusammengesperrt sind.

Egal, wie sehr Leute es schätzten, während der Pandemie einen Ort nur für sich zu haben, so hatten die meisten doch Schwierigkeiten, damit umzugehen, dass sie die Option, nicht mehr allein zu sein, verloren hatten. Nicht in der Lage zu sein, Freunde und Verwandte zu besuchen, war nur ein Teil des Problems. Der andere bestand aus dem Verzicht auf spontane Interaktion mit Nachbarn und Fremden, die in ihrem Alltag einst so häufig gewesen war. Dieser soziale Austausch, ein Standardelement des urbanen Lebens, ist für Alleinlebende besonders wertvoll. Jack, ein Mittvierziger, sagte, wenn man sich allein fühlt, verbringt man normalerweise Zeit an öffentlichen Orten, was mit zufälligen Gesprächen, dem Austausch eines Lächelns, eben elementaren Formen menschlichen Kontakts belohnt wird und die Einsamkeit lindert, die so viele Menschen empfinden. In gewöhnlichen Zeiten, erklärte er, »kannst du wenigstens spazieren gehen oder so was, einfach spontan eine Unterhaltung anfangen mit jemand, der vor deiner Veranda sitzt. Eben zufällige Interaktionen, wenn es keine spezifischen gibt. Das ist jetzt sehr viel schwieriger geworden als vorher.« Diese Art von anonymen Interaktionen – ein Winken für einen Nachbarn, das Nicken einer Pendlerin, die morgens immer dieselbe Bahn nimmt, ein Plausch übers Wetter mit dem Barista – sind fundamentale Bestandteile des alltäglichen Soziallebens, nicht nur in Großstädten. Doch durch die Distanz, die COVID uns auferlegte, gingen sie verloren.

Vielen war bislang nicht bewusst, wie wichtig diese Interaktionen für die Struktur ihres Lebens vor der Pandemie gewesen waren. Der Mittfünfziger Leon machte sich Gedanken über den Verlust der »häppchengroßen Interaktionen«, an die er sich unbewusst gewöhnt hatte. »Ich habe jemand, mit dem ich intim und zärtlich sein kann, aber einfach jemandem einen Klaps zu geben oder mit jemand Fremdem über irgendeine lustige Begebenheit zu lachen, das ist irgendwie komplett verschwunden. Diese beiläufigen Interaktionen, die manchmal zu neuen Freundschaften und manchmal nirgendwohin führen, aber deinen Tag ganz toll aufpeppen, die sind verschwunden.« Obwohl Leon entschied, seine Freundin auch während des Corona-Ausbruchs weiterhin zu besuchen, konnte ihre Beziehung nicht ausgleichen, was er sonst durch anonyme Interaktionen bekam. »Man stellt fest, dass sie zum Stoff gehören, aus dem der Alltag besteht, auch wenn einem das bisher noch nicht aufgefallen war«, meinte er.

Einige der von uns Interviewten erzählten, sie hätten zu Beginn der Pandemie aktiv nach spontanen Interaktionen in der Öffentlichkeit gesucht, obwohl davon abgeraten wurde. Einfach weil sie wussten, wie viel Auftrieb ihnen diese Begebenheiten gaben. Die Wäsche in der Waschküche der Wohnanlage machen. Auf den Eingangsstufen zum Gebäude oder im Hausflur trödeln. Sich auf eine Parkbank setzen und hoffen, dass jemand stehen bleibt und das Gleiche tut. Die gut fünfzigjährige Kira, die schon lange in ihrem Viertel wohnt, erklärte: »Ich erkannte, wie wichtig es für mich ist, dass ich diese Form sozialer Unterstützung bekomme, mein Bedürfnis nach Kontakt, mich einfach spontan mit Leuten zu unterhalten. Ich kann rausgehen und das bekommen.« Dafür brauchte

Kira nicht unbedingt ihre engen Freunde; auch bekannte Fremde gaben ihr ein Gefühl von Bindung und Heimat. »Das sind Menschen, die ich im wahrsten Sinne des Wortes seit zwanzig Jahren kenne. Oft genug kennen sie vielleicht meinen Namen nicht – und das ist Absicht, wir kennen uns nicht namentlich –, aber es sind Leute, zu denen ich Hallo und Auf Wiedersehen gesagt habe, und das ist wie eine richtige Unterhaltung«, sagte sie. Mary, Mitte vierzig und Krankenschwester, berichtete, dass »ich in einen Laden ging, manchmal nur um mich an meinem freien Tag zu unterhalten. Leute verstehen das nicht, das man zu Stop N'Shop geht – nicht um irgendwas zu kaufen, sondern nur zum Reden.«

Nicht jeder hat gleichen Zugang zu öffentlichen Räumen, wo diese wichtigen Interaktionen möglich sind. Die soziale Infrastruktur der New Yorker Viertel unterscheidet sich dramatisch. Dabei bieten Gegenden wie Park Slope in Brooklyn oder die Upper Eastside reichlich offene Parklandschaft mit großen Grünflächen und Wegen zum Spazierengehen oder Radfahren, während andere, etwa Jackson Heights in Queens oder East Tremont in der Bronx, völlig zugebaut sind. Diese Unterschiede prägen die Qualität des sozialen Lebens in New York City. Während der Pandemie war ihre Wirkung tiefgreifend.

Die von uns interviewten Menschen vermittelten eine große Wertschätzung für ihre soziale Infrastruktur vor Ort, insbesondere für öffentliche Parks und Gemeinschaftsgärten, die ihnen erlaubten, im Freien Zeit mit anderen zu verbringen. Nicht jede Stadt sah über diese Art von Aktivität hinweg. In Chicago beispielsweise traf Bürgermeisterin Lori Lightfoot die umstrittene Entscheidung, die beliebtesten Parks der Stadt zu schließen, ebenso die stark frequentierten Spazier- und Radwege am Ufer des Michigansees. Man hatte Bedenken, dass das soziale Leben, das diese Orte anziehen würden, die Krise des Gesundheitswesens noch verschärfte.[10] San Francisco und Seattle erließen ähnliche zeitweise Beschränkungen.[11] New York City schloss seine Spielplätze, öffentlichen Schwimmbäder und Strände, aber ließ die Parks geöffnet.[12] Die Mittdreißigerin Sandra begrüßte diese Entscheidung. »Eine der tollen Sachen an Parks ist doch, dass sie zu den wenigen Dingen gehören, die man immer umsonst nutzen kann, oder? Sie sind also gratis, und wir haben sie nicht geschlossen«, meinte sie. »Der Bürgermeister hat die Parks mit voller Absicht nicht geschlossen, obwohl viele Leute das verlangten.« Lou, der schon über siebzig ist, ging an jedem Tag der Pandemie mehrere Stunden lang im Park spazieren. Und er ist überzeugt, dass das der Schlüssel zu seiner körperlichen und seelischen Gesundheit war. Er unternahm noch andere Dinge, um sich zu schützen. Nachdem er festgestellt hatte, wie viele Leute den empfohlenen Abstand von sechs Fuß (1,82 Meter) nicht respektierten, schrieb Lou ein Schild, auf dem stand »Falls Sie sich nicht sicher sind – das sind sechs Fuß«. Das trug er an einer entsprechend langen Gardinenstange befestigt mit sich herum. Obwohl nicht alle seine Botschaft positiv aufnahmen, erinnerte er sich mit gewissem Amüsement an die Reaktionen der Leute in seiner Umgebung: »Es war sehr interessant, denn, wissen Sie, ich bekam eine Menge hochgereckter Daumen und viel Lächeln, aber eine Menge Leute waren auch sauer, weil ich die Stange bei mir trug. Was ich interessant fand.« Lou nahm beiderlei Reaktionen gleichmütig hin. Ob positiv oder negativ. Es waren soziale Erfahrungen, die seine Isolation linderten, und er war dankbar dafür, dass der Park sie ihm so einfach ermöglichte.

Soziologen definieren Isolation im Allgemeinen über das Maß sozialer Bindungen und Kontakte einer Person. Wenn Menschen berichten, sie hätten nur wenige Vertraute, mit denen sie reden können, oder nur selten Besuch von Freunden oder Verwandten, nennen wir sie sozial isoliert. Egal, ob sich die Betroffenen einsam fühlen oder nicht, kann soziale Isolation schaden. Sozial isoliert zu sein bedeutet, keine Unterstützung zu haben, wenn man sie braucht, nicht zu wissen, wohin man sich wenden soll, wenn etwas schiefläuft. Isolation ist vor allem im Notfall gefährlich. Während Hitzewellen und Hurrikans laufen Menschen ohne soziale Bindungen eher Gefahr, zu sterben oder im Stich gelassen zu werden. Sie erholen sich auch schwerer. Isolation während des Ausbruchs einer ansteckenden Erkrankung ist eine kompliziertere Angelegenheit. Einerseits sind starke soziale Bindungen wichtig für jeden, der Unterstützung bei der Beschaffung von Nahrungsmitteln und Medikamenten und zur Erhaltung der körperlichen und mentalen Gesundheit braucht. Andererseits bedeutet Isolation, dem Virus weniger ausgesetzt zu sein. Zumindest zeitweise kann also ein Zustand, der für den Körper schlechter ist, dabei helfen, jemanden am Leben zu halten.

Es war nicht die soziale Isolation, sondern die strukturelle, das Gefühl, von der Gesellschaft marginalisiert oder vernachlässigt zu werden, was sich für die von uns interviewten Alleinlebenden als besonders herausfordernd erwies. Als wir fragten, welche Unterstützung während der Pandemie am hilfreichsten gewesen wäre, um mit dem Alleinleben zurechtzukommen, da ging es den Menschen viel mehr um materielle Dinge – verlorenes Einkommen, Mietminderung, Zugang zu Schutzausrüstung und Gesundheitsversorgung –, weniger um soziale oder emotionale Aufmerksamkeit. Die Mittzwanzigerin Marta hatte zu Beginn der Pandemie ihren Job verloren und erzählte: »Ich habe gerade nicht das Gefühl, dass es mir an Unterstützung in irgendeinem Bereich fehlt; ich habe Familie, Freunde ... nur keine Arbeit!« Terence, Mitte vierzig und schon vor dem Corona-Ausbruch ohne Job, sagte, Arbeitslosigkeit war sein Hauptproblem. »Es ist nicht unbedingt emotional, aber offensichtlich, dass meine größte Herausforderung darin besteht, eine Anstellung zu finden, mit Abstand die größte. Ich würde sagen, die Aussichten sind natürlich kleiner geworden, und vor allem mit COVID, da ist das Auseinanderklaffen von Angebot und Nachfrage noch extremer geworden.«

Menschen, die allein leben, sind ökonomisch gefährdeter als solche, die mit anderen zusammenleben, weil es niemanden gibt, der für ein Einkommen sorgt, falls sie plötzlich ihren Job verlieren. In den ersten Monaten der Pandemie wussten arbeitslose Amerikaner nicht, ob und für wie lange die Regierung sie finanziell unterstützen würde oder wie viel Unterstützung sie bekämen. Niemand wusste, was passieren würde, wenn sie ihre Miete oder Hypothekenraten nicht bezahlen könnten. Wie weit sie noch davon entfernt waren, auf der Straße zu landen. »Die Tatsache, dass sie selbst jetzt noch bis zum letzten Moment warten, bis sie uns wissen lassen, ob sie uns nächsten Monat bezahlen, das ist irgendwie nicht angenehm«, sagte Michael, ein Schauspieler und Barkeeper in den Dreißigern, der seine beiden Einkommensquellen verloren hatte. Er überlegte, mit jemandem zusammenzuziehen, um die finanzielle Belastung zu verringern. Von der Politik, die über sein Schicksal entscheiden würde, fühlte er sich nicht gesehen beziehungsweise vergessen. Es war nicht klar, ob überhaupt jemand bemerkte, wie tückisch die Situation für Menschen wie ihn geworden war.

Manche nahmen die Unsichtbarkeit ihrer Lage an und zogen aus dem urbanen Umfeld in einen Camper oder ein Wohnmobil. Sie wagten eine nomadische Existenz, die – mit dem Reiz des Neuen und Abenteuerlichen versehen – bald unter dem Begriff Vanlife bekannt wurde. Mit neuen Formen der Arbeit auf Distanz war dieser Lebensstil durchaus kompatibel. Sobald die ersten Länder ihre Reisebeschränkungen wieder aufgehoben hatten, verließ eine Menge jüngerer und eher wohlhabender Arbeitskräfte zudem das Land und mietete sich an Orten wie Lissabon oder Mexico City ein. Wenn nötig, loggte man sich ins virtuelle Büro ein; der Aufenthaltsort, der für ihre Firmen nicht mehr von Bedeutung war, blieb ein Geheimnis. Unter finanziell abgesicherten jungen Erwachsenen, die allein lebten oder keine Kinder hatten, wurde hinter vorgehaltener Hand von den Vorzügen der Pandemie gesprochen. Man lebte gut, an neuen, wenn nicht sogar exotischen Orten, sparte Geld, streamte Filme und TV-Serien und genoss die Ruhe.

Dieser Luxus war den meisten Leuten nicht vergönnt. Einige Alleinlebende machten sich bewusst, wie der sozioökonomische Status und die materiellen Bedürfnisse ihr Verlustgefühl während der Pandemie beeinflussten. Pamela, eine gut siebzigjährige Thailänderin, war dankbar für den COVID-*19 Emergency Home Food Delivery*-Plan der Stadt und die Zoom-Kurse ihres lokalen Nachbarschaftszentrums. In mancherlei Hinsicht gaben ihr die besonderen öffentlichen Servicemaßnahmen während der Krise mehr Stabilität als in normalen Zeiten. »Ich sagte denen, dass ich glücklicher bin, weil mir Essen geliefert wird. Da muss ich nicht kochen, und ich kann turnen. Ich kann alles tun!« Andere ältere Menschen um sie herum machten andere emotionale Erfahrungen. Obwohl sie finanziell besser abgesichert waren als Pamela, empfanden ihre wohlhabenderen Bekannten aus dem Seniorenzentrum es so, als hätten sie während der Pandemie mehr verloren. »Ich denke, sie sind mit viel Geld in Rente gegangen. Und jetzt wurde ihnen die Freiheit genommen, essen zu gehen, Freunde zu treffen, das Theater zu besuchen, alles das«, erzählte sie. »Sie haben mehr eingebüßt als ich.«

Wieder beeinflussten die Vergleiche, die die Leute zogen, ihre eigenen Erfahrungen: nach oben, also mit Leuten, denen es trotz Virus und sozialer Einschränkungen gut zu gehen schien, oder nach unten, mit denen, die ihre Selbstkontrolle zu verlieren drohten. Steve, Schwarz und Mitte vierzig, erklärte uns, dass seine *weißen* reicheren Freunde eher Unterstützung suchten als seine Schwarzen Freunde. »Wahrscheinlich sind sie es weniger gewohnt, mit extrem ungünstigen Situationen umzugehen. Und ich würde sagen, dass meine Minderheit … wie soll ich das formulieren? Sie ist es gewohnt – nicht gewohnt, sondern vielleicht darauf konditioniert –, sich sicherheitshalber ins eigene Zuhause zurückzuziehen, wenn man so will.« Steve glaubte nicht, dass seine privilegierteren Freunde während der Pandemie tatsächlich schlimmer dran waren. Doch sie benahmen sich, als hätten sie mehr verloren.

Niemand konnte das Problem der strukturellen Isolation eigenhändig lösen. Aber man konnte sich engagieren und Dinge verbessern. Eine Reihe von Alleinlebenden, mit denen wir sprachen, machte genau das: ehrenamtliches Engagement in Netzwerken zur gegenseitigen Hilfe. Mitarbeit bei Tafeln. Demonstrieren für mehr Gerechtigkeit zwischen den *Races*. Beteiligung an bürgerschaftlichem Handeln war ein starkes Mittel gegen strukturelle Isolation und auch gegen physische Einsamkeit. Sie vermittelte das Gefühl von Handlungsfähigkeit und Zusammenhalt, holte die Betroffenen aus ihrer häuslichen Vereinzelung und zurück in die Nähe von

Menschen, denen sie ja eigentlich ausweichen sollten. Der Mittdreißiger Julius sagte, er hätte sich teilweise auch deshalb den *Black Lives Matter*-Protesten angeschlossen, weil »ich mich persönlich nach physischer Interaktion sehne«. Über den Mord an George Floyd und die schon vorher herrschende Struktur rassistischer Gewalt war er zornig. Doch nicht nur moralische Empörung trieb ihn im Sommer 2020 auf die Straße. »Abgesehen von dem Grund, aus dem ich hier bin, fühle ich mich unter Menschen lebendig«, erklärte er. Die soziale Bewegung half ihm, zu sich selbst zurückzufinden, und bot auch eine gewisse Befreiung.

Für andere bot das klassische nachbarschaftliche Engagement ähnliche Vorteile. Nachdem er sich während der Pandemie mehr Sorgen über wirtschaftliche Ungleichheit gemacht hatte, stürzte Jeff, *weiß* und Mitte dreißig, sich in Hilfsprojekte. Obwohl er sich seinen Nachbarn früher nie verbunden gefühlt hatte, entdeckte er ein neues Gefühl von Empathie und Schicksalsgemeinschaft. Kollektive Projekte wie Lebensmittellieferungen, das Anlegen von Gemeinschaftsgärten und Reinigungsaktionen für Straßen brachten ihn enger mit Leuten zusammen, über die auch nur nachzudenken er sich nie die Zeit genommen hatte. So knüpfte er Verbindungen, wo vorher Distanz gewesen war, und fand Wege zur gegenseitigen Unterstützung. Wichtig war ihm »dieses Umschalten, wenn man die Welt wissen lässt: ›Hey, ich will einfach nur irgendwem helfen, der Hilfe braucht.‹ Es macht es so viel einfacher, um Hilfe zu bitten, und es gibt der Community so viel mehr Sicherheit.« Mindestens genauso viel profitierte sein eigenes Leben vor Ort davon.

Teresa, eine Frau in den Vierzigern, machte ähnliche Erfahrungen. Sie wohnte in einem der Viertel von Queens, das mit am stärksten von COVID betroffen war. Eine Hungerkrise wütete dort genauso schlimm wie die Krankheit selbst. »Es war wirklich hart, so viel Not und Verzweiflung zu sehen«, erklärte sie. »Ich lebe in einer Gegend, wo die Menschen mehrere Blocks entlang nur für Essen anstanden, für Pampers und andere Dinge, die Babys brauchen. Also, wir haben hier einiges durchgemacht.« Die Situation beunruhigte sie, und obwohl es nichts Sichereres gab, als zu Hause zu bleiben, fühlte sich das nutzlos und falsch an. »Ich muss ihnen sagen, es fühlte sich wirklich gut an, etwa Lebensmittel für eine Familie einzukaufen. Es fühlte sich gut an, bei ihnen vor der Tür zu stehen oder sie im Supermarkt zu treffen. Für mich war das wahrscheinlich eine der befriedigendsten Erfahrungen meines Lebens.«

Teresas Worte sind eine Erinnerung daran, dass tiefe Befriedigung direkt aus Isolation oder emotionaler Not entstehen kann, solange die betroffene Person über Möglichkeiten verfügt, diese Situation zu ändern. Sie weisen auch auf ein Faktum zu Einsamkeit hin, das leicht übersehen wird, wenn wir Einsamkeit eher als Problem individueller Psychologie betrachten und weniger als eines des kollektiven Handelns, das gemeinsame soziale Erfahrungen ermöglicht und das Gefühl stärkt, Teil von etwas Größerem zu sein, im Unterschied zum Gefühl radikaler Abkoppelung. Außerdem sind solche Erfahrungen noch in den extremsten und am stärksten isolierenden Situationen möglich. Daher ist diese Fallstudie so aufschlussreich: in der Stadt, die am härtesten von COVID getroffen wurde; unter Menschen mit dem größten Risiko, allein zu sein.

Wie wir den sozialen und emotionalen Schmerz verstehen, den Menschen während der Pandemie erfahren haben, ist keine akademische Angelegenheit. Konzentriert man sich auf Einsamkeit und Isolation als die besorgniserregendsten Symptome des Lebens in einer Welt mit Lockdown, Abstand und im Remote-Modus, dann kommt man schlussendlich zu einer Reihe von Empfehlungen: Rufen Sie Ihre Freunde und Verwandten an; reduzieren Sie die Zeit, die Sie auf Social Media verbringen; suchen Sie, wo immer es geht, nach Mitstreitern. Es ist nichts falsch daran, zu solchen Rezepten zu greifen, doch wenn, wie die Indizien vermuten lassen, die Einsamkeit während der Pandemie nicht dramatisch anstieg und die meisten derjenigen, die sie als schlimm empfanden, Wege fanden, sie zu lindern, dann sind sie vielleicht keine große Hilfe.

Eher ein Grund zur Sorge ist allerdings, dass die allgemeine Aufmerksamkeit für individuelle und relativ unpolitische Probleme wie Einsamkeit und Isolation eventuell Aufmerksamkeit von größeren strukturellen Problemen ablenken könnte. Vom Stress durch soziale und wirtschaftliche Unsicherheit, von Angst vor viralen oder materiellen Bedrohungen, von existenziellen Sorgen um die Welt, die wir geschaffen haben, und Angst vor Katastrophen, die vielleicht als Nächstes kommen. 2020 waren nicht viele Menschen frei von diesen Ängsten, und die hatten nicht nur psychologische Ursachen. Soziale Gegebenheiten – wie wir arbeiten und leben, wo wir lernen und spielen, wo wir Fürsorge leisten und Unterstützung finden und wie wir von mächtigen Institutionen behandelt werden, die unser Schicksal bestimmen – das sind die Hauptursachen des Leids derjenigen, die allein leben und auch der meisten anderen Menschen. Ein Individuum mag sehr wohl Hilfe in einer therapeutischen Praxis finden, doch die besten Heilmittel erfordern gemeinsames Handeln und eine Veränderung im System, das so vielen das Gefühl gibt, alleingelassen, wenn nicht gar allein zu sein.

Kapitel 15

Erwachsen werden

Im Januar 2020 war Luis 21 und am Anfang des zweiten Semesters seines Junior Years an einem öffentlichen College in New York City. Er hatte gerade das Hauptfach gewechselt, von Biologie zu Politikwissenschaft, und begonnen, sich stärker in einer politischen Gruppe zu engagieren, die sich für die Rechte von Puerto Ricanern einsetzte. Luis wohnte bei seiner Familie in Queens, und alle trugen etwas zum Lebensunterhalt bei. Sein Vater war schon im Ruhestand. Seine Mutter bezog eine Invalidenrente. Seine ältere Schwester, mit der er sich ein Zimmer teilte, war Tiermedizinische Fachangestellte. Luis jobbte in einer Anwaltskanzlei in Manhattan. Ihre Wohnung war voll, laut, und manchmal ging es dort verrückt zu. Aber wo tut es das in New York City nicht? Meistens war Luis sowieso unterwegs. Sein College befand sich in Harlem, seine Freunde wohnten in Brooklyn, Queens und der Bronx. Seine Arbeit führte ihn überallhin, weil er hauptsächlich Schriftsätze zustellte und die Juristerei ihre Tentakel überallhin ausstreckte. Luis kam viel herum. Er wusste nur nicht, wo er am Ende landen würde.

In jenem Monat fing Luis an, von einem potenziell tödlichen Virus zu hören, das sich in Asien ausbreitete und möglicherweise auf Amerika zusteuerte. Zunächst wirkte COVID-19 wie eine ferne Bedrohung. Immer war von möglichen Krisen die Rede. Er und seine Familie hatten drängendere Probleme. Im März gab es jedoch schon bestätigte Fälle in New York City. Seine Professoren rieten ihm, sich auf Fernunterricht vorzubereiten. Er ging in einen Laden der Nachbarschaft, um einzukaufen, und plötzlich »war alles weg. Die Leute hamsterten. Es gab nichts mehr.« Eines Tages kam Luis' Schwester mit der Neuigkeit nach Hause, dass ihre Tierklinik geschlossen hatte und sie entlassen war. Bald danach verlor auch Luis seinen Job. »Dann fing ich mir das Virus ein«, erinnerte er sich. »Noch nie hatte ich eine Grippe gehabt. Ich wusste nicht, was das war. Ich bekam Fieber, Husten. Ich verlor meinen Geruchssinn.« Luis ging online, recherchierte die Symptome von COVID und stieß auf eine ziemlich gute Beschreibung dessen, wie er sich fühlte. »Die sagten, ›Oh, du hattest Symptome, da empfehlen wir nicht, dass du dich testen lässt, weil du einfach nur in der Wohnung bleiben sollst.‹« Er blieb zu Hause, wie auch seine Eltern und seine Schwester. Es dauerte nicht lange, bis sie alle das Virus hatten. Es war furchterregend, weil sie inzwischen schon wussten, dass Queens ein Corona-Hotspot war. Rund um die Uhr hörten sie die Sirenen der Krankenwagen. Die lokalen Krankenhäuser waren randvoll. Für die vielen Leichen wurden Kühltransporter gebraucht, in denen man sie zwischenlagern konnte. Doch niemand aus Luis' Familie hatte einen schweren Krankheitsverlauf. Luis konnte zwar immer noch nicht wieder riechen, aber ansonsten waren sie okay.

Die Medizin versteht unter Long Covid einen monatelang anhaltenden Zustand mit körperlichen Symptomen. Für Luis und Millionen anderer Menschen, deren Leben wegen der Pandemie durcheinandergeraten war, konnte Long Covid sich auch auf die anhaltenden sozialen und ökonomischen Auswirkungen der Krise beziehen, von verlorenen Bildungschancen bis zur Langzeitarbeitslosigkeit, von einer mentalen Erkrankung bis zu zerbrochenen Freundschaften und belasteten familiären Beziehungen. Es konnte aber auch langfristige Veränderungen bei politischen Werten und bürgerschaftlichem Engagement beinhalten.

Im Sommer 2020 hatte Luis seinen Geruchs- und Geschmackssinn wieder. »Aber ich habe alles verloren«, erzählte er. Seine früher stabile Familie war nun verarmt. Sie waren auf die Tafel angewiesen, die die Basisversorgung gewährleistete, aber das stellte niemanden zufrieden. »Es war einfach immer dasselbe, die Grundnahrungsmittel, die man bekommt. Jeden Tag Cracker und Käse essen, das bringt nicht viel.« Luis suchte nach Förderprogrammen der Regierung, die ihnen bei Miete, Lebensmitteln, Jobs und dem

Erhalt ihrer Würde helfen konnten. Da gab es aber kaum etwas. »Also ging ich schließlich zum Klauen in die Läden. Das hatte ich schon gemacht, als ich jünger war und kein Einkommen hatte. Ich fiel quasi in diese Zeit zurück.« Seine Eltern belog Luis. Er dachte sich Geschichten über seltsame Jobs oder Geschenkkarten aus, die er gefunden hätte. »Es war eine Qual«, sagte er, und nicht toll für seinen Stolz und seine Würde. »Aber ich wurde nicht erwischt.«

Während das Jahr sich dahinschleppte, fühlte Luis sich wegen der Pandemie und der vielen damit verbundenen Belastungen wie in einer Falle. Die Wohnung war eng. Die unsichere Situation bei den Lebensmitteln, das Problem, die Miete zu bezahlen, die Arbeitslosigkeit, dass kleine Läden zumachten, die plötzlich in der ganzen Stadt spürbare Verzweiflung und Verunsicherung – all das belastete Luis und seine Familie. Es gab immerhin auch Lichtblicke. Weil zuverlässige öffentliche Unterstützung fehlte, gründeten die New Yorker Netzwerke zur gegenseitigen Hilfe, und Nachbarn unterstützten einander auf noch nie da gewesene Weise. Luis fand einen Job, bei dem er die Kontakte von Infizierten nachverfolgen musste. Allerdings wurde er dabei mit traurigen Geschichten von Leuten bombardiert, die sich davor fürchteten, was als Nächstes passieren würde. Nachdem ein Polizist George Floyd getötet hatte, schloss Luis sich den Tausenden aufgebrachten New Yorkern an, deren Proteste den ganzen Sommer über anhielten. »Das hatte mit der Pandemie zu tun«, sagte Luis. »Zu dem Zeitpunkt kochte es über, diese Art von Misshandlung. Ich ging da hin, weil es irgendwie zeigte, dass, ja, wir unsere Jobs, unser ganzes Geld verloren hatten. Dann tun Leute, was sie tun müssen, um zu überleben.«

Manche Dinge gingen jedoch verloren oder wurden auf die lange Bank geschoben. Luis hatte geplant, sich 2021 für ein Aufbaustudium an der Graduate School zu bewerben. »Aber dann dachte ich mir, warum soll ich jetzt schon zurück zum Studium? Wahrscheinlich wird das erste Jahr des PhD-Programms nur aus Zoom-Calls bestehen. Warum soll ich das machen?« Sein soziales Leben existierte nicht mehr. »Darauf zu verzichten, Leute zu treffen, fiel mir am schwersten«, erzählte er. »Ich machte mir Sorgen um meine Familie, und um nicht richtig krank zu werden, habe ich dieses Jahr wirklich aufs Weggehen verzichtet, habe wirklich überhaupt niemanden getroffen.« Als der Impfstoff verfügbar war, merkte Luis, wie er sich darauf freute, dass die Welt wieder aufmachen würde. »Ich habe mir überlegt, einen Kontinent auf jede Seite eines Würfels zu schreiben und dann einfach zu würfeln und zu sehen, was er anzeigt«, meinte er zu uns. Dann schwieg er kurz und verriet uns sein neues, wenn auch viel bescheideneres Ziel: »Luft holen.«

Es wird Jahrzehnte dauern, um die volle Wirkung der Pandemie auf Luis und andere junge Erwachsene zu ermessen, die diese Krise in einem entscheidenden Moment ihrer Entwicklung erlebten. Erst dann wird man verstehen, ob sie soziale und persönliche Veränderungen durchgemacht haben, die sich damit messen können, was der Soziologe Glen Elder Jr. in seiner klassischen Studie bei den »Kindern der Weltwirtschaftskrise« festgestellt hat.[1] Wobei sich heute schon Leute um die zwanzig Sorgen darüber machen, dass beinah alles, was ihnen wichtig ist – Ausbildung, Karriere, Beziehungen, Gesundheit –, eventuell davon geprägt sein wird, was sie erlitten haben oder vermeiden konnten, während diese historische Seuche sich über ihre Familien, Wohnviertel, Schulen und Arbeitsplätze ausbreitete. So sehen das auch Wissenschaftler, die sich mit den Folgen beschäftigen, die eine Infektion mit Corona oder das Betroffensein von Corona hatten. Trotz des erstaunlich resilienten Arbeitsmarkts vermuten einige, dass junge Erwachsene, die bei Ausbruch der Pandemie eine Hochschulausbildung begannen oder eine neue Karriere starteten, Gefahr laufen, zu einer »verlorenen Generation« zu werden – weil ihre unmittelbare Sicherheit zerbrach und ihre künftigen wirtschaftlichen Aussichten düster sind.[2] Andere berichteten von einem dramatischen Anstieg bei Ängsten, Depressionen und Selbstmordgedanken unter jungen Erwachsenen während des ersten Jahres der Pandemie. Außerdem wurde gewarnt, dass die Langzeitwirkungen mentaler Erkrankungen ebenso folgenreich sein könnten wie die akute Not.[3]

Natürlich sind junge Erwachsene eine große und heterogene demografische Gruppe, die eigentlich nur ihr Alter verbindet. Ansonsten unterscheiden sie sich bezüglich ihrer sozialen Schicht, ihrer *Race,* ethnischen und geografischen Herkunft, Religion, Gender, Nationalität usw. Aus diesem Grund sind Soziologen dem Konzept »Generation« gegenüber eher skeptisch. Als Marketingtool funktioniert es eindeutig, aber bei der soziologischen Analyse kommt man damit nicht weit. Ich wollte mehr darüber erfahren, welche Herausforderungen junge Erwachsene im ersten Jahr der Pandemie bewältigen mussten, doch ich wusste, ich würde mich auf eine spezifische Reihe von Fragen und ein bestimmtes Segment der Gruppe konzentrieren müssen. So entwarf ich eine auf Interviews basierende Studie für Leute zwischen 18 und 28, die entweder Collegestudierende waren oder das College kürzlich abgeschlossen hatten. Isabelle Caraluzzi, Studentin von mir an der New York University und wichtigste Forschungsassistentin für dieses Buch, interviewte mit mir 33 Personen von drei Institutionen im Großraum New York: ein öffentliches College, das für seine ethnische Vielfalt und Zugänglichkeit bekannt ist; ein erschwingliches Jesuiten-College, an dem etwa zwei Drittel der Studierenden Latinos oder Schwarze sind; eine höchst selektive, teure Privatuni, an der sich die Studierenden zu 20 Prozent als *Weiße,* zu 20 Prozent als Asiaten/Pazifikinsulaner, zu 15 Prozent als Latinos, zu 10 Prozent als Schwarze, zu 25 Prozent als Internationale und zu 10 Prozent als »*Sonstige*« identifizieren.[4]

Ich möchte nicht behaupten, dass diese Stichprobe amerikanische junge Erwachsene im Allgemeinen repräsentiert und schon gar nicht die gesamte Generation in globaler Hinsicht. Aber sie erlaubt uns, etwas über die Erfahrungen junger Leute mit College-Hintergrund während dramatischer Ausnahmesituationen zu lernen. Und zwar sowohl von solchen aus armen Familien, die auf staatliche Unterstützung angewiesen sind, als auch von solchen aus reichen Familien ohne finanzielle Probleme. Von Menschen mit und ohne Job, Immigranten, Schwarzen, Weißen, Latinos sowie Asiatisch-Amerikanischen. Von Leuten aus der Stadt und Leuten aus der Vorstadt, von denjenigen, die ihre Eltern unterstützten, und anderen, die von ihren Eltern Unterstützung bekamen, sowie von solchen, die selbst schon Eltern waren.

Die Interviews waren so konzipiert, dass die jungen Menschen über ihre Erfahrungen während der Pandemie berichten sollten. Außerdem wollte ich herausfinden, wie sie mit einer Reihe von Herausforderungen umgegangen waren, vor die die Krise sie stellte oder die diese verschärfte: wirtschaftliche Unsicherheit, Unterbrechung der Ausbildung, Umgang mit sozialen Netzwerken, Versorgung anderer, Selbstversorgung, Bewältigung von Ungewissheit, Umgang mit Stress und Verunsicherung. Jedes Interview begann mit der Open-End-Frage, ob es irgendwas Wichtiges gäbe, das ihnen, ihrer Familie oder in ihrem engsten Freundeskreis passiert war und das wir erfahren sollten. Anschließend fragten wir nach Veränderungen oder Stress bezüglich Lebenssituation, Familie, Hochschule, Arbeit, Sozialleben, Liebesleben und eigener Gesundheit. Wir fragten, ob die Pandemie ihre Sicht auf Karriere, Bildung, Beziehungen und Politik verändert hatte. Wir wollten wissen, ob und wie sich ihre tägliche Routine verändert hatte und wie sie sich, ihre Familien und die Menschen, die zu ihrem Umfeld gehörten, vor COVID-19 und den damit verbundenen Gefahren schützten. Am Ende fragten wir noch, ob wir irgendetwas Wichtiges ausgelassen hatten.

In unseren Interviews erfuhren wir, dass die Corona-Pandemie einige wichtige Entwicklungsprozesse bei gut ausgebildeten jungen Erwachsenen unterbrochen, den Übergang zu Graduate Schools verzögert, sie von wichtigen Arbeitserfahrungen abgeschnitten und gezwungen hatte, wieder ins elterliche Zuhause zurückzukehren. Doch wir stellten auch fest, dass die Pandemie ihren Weg zum Erwachsensein verkürzt hatte. Unsere Gesprächspartner erzählten, dass sie während der Pandemie ihr Sozialleben geopfert und ihre Sozialkontakte eingeschränkt hatten, um ältere Verwandte zu schützen. Sie spürten auch vermehrt Druck, Essen auf den Tisch oder einen Beitrag zur Miete nach Hause zu bringen. Darüber hinaus beschlossen sie, für ihre Werte und Überzeugungen einzustehen, lernten, wer sie waren und was sie werden wollten. Unklar ist noch, ob die Veränderungen, die sie im Jahr der Seuche vornahmen, sie auf dem Weg zu konventionellen Fixpunkten wie Heirat oder einer Karriere beschleunigen, bremsen oder zurückwerfen würden. Alle berichteten übereinstimmend, dass sie 2020 gereift waren. Ein wiederkehrendes Motiv formulierte Luis wie folgt: »Ich bin in der Pandemie ungefähr zehn Jahre erwachsener geworden.« So viel passierte, während niemand irgendwas tat und die Zeit stillstand. Unvermeidlich fanden junge Erwachsene sich an einem anderen Ort wieder.

Einige verloren ihre Arbeit. Manche bekamen zu spüren, wie ihnen plötzlich das Kissen elterlicher Unterstützung weggerissen wurde, und sie übernahmen schnell die Verantwortung, stattdessen ihre Eltern unterstützen zu müssen. Ein paar, die das Jahr 2020 ohne jegliche finanzielle Engpässe begonnen hatten, stellten fest, dass sie sich auf einmal fragen mussten, ob ihr verfügbares Einkommen für Miete und Lebensmittel reicht. Jobs verschwanden. Das Schreckgespenst der Studienkredite drohte mehr denn je. Proteste schienen notwendig und dringend. Karrierewege waren auf einmal unerreichbar. Bei den meisten jungen Erwachsenen, die wir interviewten, erzeugte die Pandemie ein tiefes Gefühl wirtschaftlicher und persönlicher Unsicherheit. Es passte zu dem, was junge Erwachsene in früheren Rezessionen empfunden hatten.[5] Der Eindruck war gut begründet: Laut Pew Research Center gaben zu Beginn des Jahres 2020 12 Prozent der Amerikaner im Alter zwischen 16 und 24 an, »in der Luft zu hängen« – also weder an einer Schule oder Hochschule eingeschrieben noch irgendwo angestellt zu sein. Der Prozentsatz entsprach ungefähr dem des Vorjahrs. Im April war er auf 20 Prozent angestiegen, im Juni betrug er 28 Prozent, was über zehn Millionen Amerikanern zwischen 16 und 24 »in der Warteschleife« entsprach.[6] Aber egal ob derart abgehängt oder nicht, praktisch jeder beschäftigte sich in der Pandemie damit, was er oder sie wollte und brauchte; man dachte neu über die Zukunft nach, die einem bevorstand.

Die 21-jährige Angelica, Latina und Studentin, jobbte vor Ausbruch der Pandemie als Rechtsanwaltsassistentin und bezahlte von ihrem Einkommen Kleidung sowie Restaurant- und Barbesuche. Dann verlor sie, kaum dass die Wirtschaft im März 2020 einbrach, diese Arbeit und die Zusage, nach ihrem Studienabschluss einen Vollzeitjob in der Kanzlei zu bekommen. Diese Erfahrung war schmerzhaft und schwierig, genau wie die Entscheidung ein paar Wochen später, sich arbeitslos zu melden. Auf staatliche Fürsorge angewiesen zu sein, hätte sie nie für möglich gehalten. Dadurch erkannte Angelica erst, wie wichtig finanzielle Stabilität für ihr Selbstbild war. Nachdem sie Wirtschaft im Hauptfach studiert hatte, war es ihr besonders peinlich, »wirtschaftlich abhängig« zu sein. Bis zum Sommer hatte Angelica einen neuen Job gefunden, doch sie erzählte uns, dass sie das Gefühl hatte, sich »Luxus« wie Drinks mit Freundinnen nicht mehr gönnen zu dürfen. Die schockierende Erkenntnis finanzieller Unsicherheit brachte sie dazu, in ihre Zukunft zu investieren. Also glich sie den voll ausgeschöpften Kredit auf ihrer Kreditkarte aus, stotterte den Studienkredit ab und achtete darauf, den Scheck für ihre Miete immer pünktlich abzuschicken. »Der Mietvertrag läuft auf meinen Namen, und ich muss meine Rechnungen bezahlen«, sagte sie. Die Verbesserung ihrer Kreditwürdigkeit war ihr fortan auch extrem wichtig. Die Ziffer diente als Kennzahl ihres Erfolgs und als Symbol dafür, wieder auf die Beine gekommen zu sein. »Es ist schon seltsam, im Hauptfach Finanzen und Wirtschaft zu studieren und dann den Wert eines Dollars erst durch die persönliche Erfahrung mit COVID zu begreifen«, merkte sie an. Diese Krise war in ihren Augen eine harte, aber wichtige Lektion gewesen, die ihre Situation letztlich verbessern würde.

Nicht alle blieben so zuversichtlich. Keisha, eine 24-jährige Schwarze Frau, die mit ihrer Mutter, dem Stiefvater und einer jüngeren Schwester in Brooklyn lebt, studierte auf einen Associate Degree, also einen Abschluss nach zwei Jahren am Community College, und arbeitete parallel in Vollzeit als Verkäuferin für einen angesagten Sportartikelhersteller. »Ich wollte schon immer einen Job«, erzählte sie uns. »Meine Mom meinte, ich solle mich aufs

Studium konzentrieren, aber seit ich siebzehn war, wollte ich arbeiten und mein eigenes Geld verdienen.« Zum Teil fühlte sie sich verpflichtet, ihre Mutter zu unterstützen, die auch am College eingeschrieben war, während sie Vollzeit arbeitete und eine Familie versorgte. »Aber damals war ich noch jung«, erinnerte Keisha sich. »Da nutzte ich es irgendwie aus, denn ich wollte mir Schuhe und Klamotten kaufen.« Der Job, bei dem sie in einem bekannten Schuhladen arbeitete, war mit einer Menge Vergünstigungen und Vorteilen verbunden. Gratis-Outfits, alle paar Monate neue Schuhe, Ausflüge zur Firmenzentrale, im Voraus wissen, welche Trends in dieser hochangesehenen Branche kommen würden, von der sie und ihre Freundinnen träumten. Das Gefühl, es geschafft zu haben, Teil eines Teams zu sein. Nach ein paar Jahren begann Keisha, einen Teil ihres Einkommens ihrer Mutter zu geben, als Zuschuss zur Miete und für die eine oder andere Lebensmittelrechnung. »Das ist ein ziemlich gutes Gefühl«, erklärte sie. »Yeah, ich fing an, mich wirklich gut zu fühlen. Und ich sagte mir: Ja, das möchte ich weiterhin machen. Das will ich tun.«

Im Januar 2020 verlor Keisha bei einer Entlassungswelle im Unternehmen ihren Job. Überall hatten Läden mit der Konkurrenz des Internethandels zu kämpfen. Sie hatte Gerüchte über Einsparungen gehört, aber nicht damit gerechnet, dass es sie treffen würde. Zunächst machte Keisha sich keine großen Sorgen über ihre Situation. Sie vertraute auf ihre Berufserfahrung und ihre Aussichten auf dem Arbeitsmarkt. Außerdem hatte sie sich schon überlegt, woanders, aber in derselben Branche zu arbeiten. Was, wenn sie, anstatt Schuhe zu verkaufen, Journalistin würde und über die Branche schrieb? Sie hatte schon für Webseiten getextet und wusste von Studiengängen für Journalistik an Colleges in der Nähe. Im Februar registrierte Keisha sich auf einer Webseite zur Jobvermittlung und begann, Bewerbungen zu verschicken.

Ungefähr zur selben Zeit kam das Coronavirus nach Amerika – erst war es noch weit weg, dann auch in New York City. Anfangs ermutigten die Politiker noch alle, ihren alltäglichen Geschäften nachzugehen. Der Bürgermeister forderte Bewohner wie Touristen auf, Restaurants zu besuchen, sich Broadwayshows anzusehen und die Bars in der Nachbarschaft zu unterstützen. Mitte März war klar, dass diese Strategie nach hinten losgegangen war. Das Virus breitete sich exponentiell aus. Lokalpolitiker ruderten zurück, schlossen Schulen und alle nicht lebensnotwendigen Geschäfte und Unternehmen. Keisha zählte zu den Hunderttausenden New Yorkern, die ihre Jobs im Einzelhandel und der Dienstleistungsbranche verloren und jetzt nach neuen Jobs suchten. Die Wirtschaft befand sich im freien Fall. Keisha plötzlich auch.

Arbeitslosigkeit war nicht ihr einziges Problem. Keishas Großeltern hatten New York fluchtartig verlassen, um in der Nähe ihrer Familie in South Carolina zu sein, dabei waren die unbemerkt bereits mit COVID infiziert. Anstatt dem Virus zu entkommen, brachten sie es also mit. Bald erkrankte Keishas Urgroßmutter. Nur Tage später starb sie. Die Familie war traumatisiert und von Schuldgefühlen geplagt. Noch dazu gab es keine Trauerfeier, kein Zusammenkommen, keine Lieder oder Gebete, um ihren Schmerz zu lindern. Stattdessen waren alle eingesperrt, hörten die Sirenen der Krankenwagen und fragten sich, wann und wie das Sterben ein Ende finden würde. Im April erkrankte Keishas Stiefvater, ein Feuerwehrmann, der weiterhin gearbeitet hatte. Glücklicherweise waren seine Symptome nur schwach. Dann steckte Keisha sich an. »Ich war ungefähr drei oder vier Tage krank«, erinnerte sie sich. »O mein Gott. Ich konnte mich nicht rühren und fühlte mich einfach merkwürdig. Dann konnte ich einige Tage lang nichts riechen oder schmecken.« Nach ihrer Genesung kam Keishas Mutter an die Reihe. Sie war dauernd müde, hatte Fieber und musste im Bett bleiben. Wie so viele andere Frauen während der Pandemie hatte Keisha keine andere Wahl, als mehr Arbeit im Haushalt zu übernehmen.[7]

Als wir Keisha Anfang 2021 interviewten, hatte sie immer noch keinen neuen Vollzeitjob gefunden. Stellen im Sportschuh-Einzelhandel waren nach wie vor rar. In den Medien herrschte sogar noch größere Konkurrenz, und der Journalistik-Studiengang am College, für den sie sich beworben hatte, lehnte ihre Stipendiumsbewerbung ab. Dafür fand Keisha eine Teilzeitstelle bei einem Schuhladen am Times Square und einen Praktikumsplatz bei einer Webseite, die über die Branche berichtete. »Es kommt mir vor, als müsste ich mich hocharbeiten, obwohl ich früher schon da oben war«, erklärte sie. »Ich komme deutlich langsamer vorwärts. Das ist jetzt ein anderes Tempo, das ich draufhabe.« Wenn die Verluste auch schmerzhaft waren, so fand Keisha sie in mancherlei Hinsicht doch produktiv. »Nachdem ich meinen Job verloren hatte, fange ich jetzt an, größere Zusammenhänge zu sehen. Ich will zurück auf die Schule. Ich will mich um Jobs bewerben, mit meiner Karriere durchstarten. Ich will auf die Überholspur.« Die Frage war, ob oder wann die Chancen zurückkämen.

Das Coronavirus erreichte New York City genau zu dem Zeitpunkt, als an den Universitäten vor Ort das Wintersemester begann. Bis März hatten die meisten ihren Campus schon geschlossen, Kurse zeitweise ausgesetzt und auf Fernunterricht umgestellt. Für College-Studierende war die Unterbrechung hart und lang. Zu den Folgen gehörten psychische Erkrankungen, Unsicherheit, was die Finanzierung von Kost und Logis anging, sowie Probleme, das Arbeitspensum des Studiums zu bewältigen.[8] Zunächst musste man sich an die neue Art zu lernen gewöhnen: auf Distanz, digital, unpersönlich und individuell. Es gab keine Sprechstunden der Professoren mehr, keine Lernsessions in Bibliotheken oder Wohnheimen, keine spontanen Treffen, um Diskussionen oder Debatten nach der Lehrveranstaltung in Cafeterien oder Coffee Shops fortzusetzen. Einige Studierende mussten die Stadt verlassen und wieder bei ihren Eltern einziehen. Manchen gelang der Übergang zum Fernstudium gar nicht. Sie hörten auf, an Veranstaltungen »teilzunehmen«, oder gaben Hausarbeiten nicht ab, sodass sie schließlich in Kursen durchfielen, die sie ansonsten mit Bestnote absolviert hätten. Wieder andere verloren Interesse und Motivation. Themen, die sie immer fasziniert hatten, erschienen ihnen nach Ausbruch der Pandemie irrelevant, und ihre sozialen Welten kollabierten. Mit den Leistungen ging es bergab. Als das Semester endete, tauchte eine neue Reihe von Problemen auf, die von längerfristiger Bedeutung waren. Lohnte das College sich überhaupt? Sollte man es abbrechen und stattdessen mithelfen, die eigene Familie zu unterstützen? Brauchte man die Graduate School wirklich? Sollte man seinen Studiengang wechseln? Etwas machen, bei dem die Wahrscheinlichkeit finanziellen Erfolgs größer war?

Es überrascht nicht, dass die Pandemie den Ausbildungsweg junger Erwachsener unterbrach, veränderte und in einigen Fällen vorzeitig beendete.[9] Krisen wie Wirtschaftsrezessionen, witterungsbedingte Katastrophen und Ausbrüche von Infektionen wirken sich typischerweise schädlich auf junge Erwachsene und Studierende aus, wobei mittellose Menschen überproportional darunter leiden. »Die COVID-19-Pandemie erzeugte die größte Störung der Bildungssysteme in der Geschichte der Menschheit, denn sie betraf 1,6 Milliarden Lernende in über 200 Ländern«, schrieben Sumitra Pokhrel und Roshan Chhetri.[10] Junge Erwachsene im höheren Bildungssystem der USA standen vor speziellen Herausforderungen, darunter die hohen Studiengebühren, die Last der erheblichen Studienkredite und die Aussicht, nach dem Abschluss auf einem angespannten Arbeitsmarkt zu stehen, ohne über ein starkes Sicherheitsnetz zu verfügen.[11] Laut Umfragen von U.S. Census widerriefen zwischen 7,7 und 10 Millionen Amerikaner »letzten Herbst wegen finanzieller Engpässe aufgrund der Pandemie ihre Pläne, Kurse im Rahmen tertiärer Bildung zu belegen«. Eine andere Umfrage ergab, dass die Zahl der Highschool-Absolventen, die sofort aufs College gingen, um 7 Prozent sank.[12]

Antonio, ein 21-jähriger Psychologiestudent an der teuren Privatuniversität, wohnte mit seiner Familie in Corona, Queens, einem der ersten Hotspots von COVID-Erkrankungen und Todesfällen. Dort sein zu müssen war traumatisch, erzählte Antonio uns. Überall Krankenwagen, deren Sirenen quasi rund um die Uhr heulten. Jedes Mal schien das schrille Geräusch den baldigen Tod eines Nachbarn zu verkünden. Er machte sich Sorgen um seine Eltern, wenn auch aus etwas anderen Gründen. »Meine Mutter arbeitete als Reinigungskraft, doch ihr wurde gekündigt, weil ihr

Chef die Übertragung des Virus nicht riskieren wollte.« Ihre Arbeitslosigkeit gab ebenso Grund zur Sorge wie der Job seines Vaters. »Mein Dad ist Metzger und hat nicht aufgehört zu arbeiten. Das machte mich nervös, weil er immungeschwächt und schon alt ist. Da war immer die Sorge, dass etwas passieren würde.«

Als die Fallzahlen kontinuierlich stiegen, erlebte Antonio einen Kontrollverlust. Er blieb so viel wie möglich zu Hause und führte nur den Hund aus. Er schätzte sich glücklich, weil er seinen Job als Forschungsassistent in einem Universitätslabor behalten konnte, doch gleichzeitig lähmte ihn das schlechte Gewissen, wenn er Abgabetermine nicht einhalten oder die erforderlichen Stunden nicht leisten konnte. Er besuchte seine Kurse online, schaffte es aber nicht, den eigenen hohen Standards gerecht zu werden. »Ich fühlte mich wirklich unmotiviert«, erinnerte Antonio sich. Vor der Pandemie hatte er sich schon auf Bewerbungen an einer Graduate School vorbereitet und sich auf eine Karriere in der akademischen Forschung gefreut. Ende 2020 erklärte er uns, dass »ich mich tatsächlich nicht mehr erinnere, was für Kurse ich im letzten Semester hatte. Alles ist wie verschwommen.« Auch die Anmeldung fürs kommende Semester schob er auf. Weil alles virtuell war, machte er sich Sorgen, dass »ich nicht in der Lage sein werde, mein Bestes zu geben und genügend Information zu behalten. Das macht mir Angst«.

Antonio wird immer noch nervös, wenn er über seine Ausbildung spricht. Er redete schnell, fast frenetisch, als wir im Interview auf das Thema kamen. Seine Verunsicherung war ebenso deutlich wie seine Enttäuschung über vertane Chancen. Er hatte geplant, im Ausland zu studieren, was einer der Vorzüge seiner Universität ist. Diese Option hat COVID beseitigt. Er hatte auch gehofft, im Labor enge Beziehungen zu Professoren zu knüpfen, die ihm dann vielleicht helfen konnten, auf eine Graduate School zu gelangen. Auch diese Möglichkeit schwand. Das Coronavirus hatte ihn nicht erwischt, doch Antonio wusste, dass seine psychische Gesundheit ein Problem war. »Die Pandemie hat mich wirklich ausgebrannt«, stellte er fest. »Ich will einfach dauernd richtig lange schlafen.

Gleichzeitig habe ich das Gefühl, irgendwas falsch zu machen, als würde ich quasi nicht mein Bestes geben.«

Wegen seines Hauptfachs Psychologie hat Antonio seine eigenen Theorien dazu, warum es ihm schlecht geht. »Ich hatte kein Ventil für all die Traumata, die ich erlebte. Ich habe alles verinnerlicht. Also alles, was ich hätte empfinden sollen, empfand ich nur innerlich, und ich fühlte mich furchtbar.« Seine Selbstdiagnose hat ihn allerdings noch auf kein Heilmittel gebracht. Der ehemals sorgsame Verwalter seiner akademischen Erfahrung ist nach wie vor zu unruhig, um auch nur sein nächstes Semester zu planen. Früher war er selbstsicher genug, um den Psychologieklub der Studierenden zu leiten, doch nun macht er sich Sorgen, nicht genug zu wissen, um es auf die Graduate School zu schaffen. Einst war er versessen aufs Reisen, aber jetzt fürchtet er zu vergessen, was er am College gelernt hat, wenn er sein Zuhause verlässt. In unserem Interview berichtete Antonio, wie seine Angst sich hochschaukelt: »Ich wünschte, ich könnte mir ein Gap Year nehmen! Aber ich habe ein Stipendium. Gesetzt den Fall, ich würde mir ein Gap Year nehmen wollen, dann fürchte ich, meine finanzielle Unterstützung zu verlieren. Meine Familie verdient nur wenig. Würde ich das Stipendium verlieren, würde ich gleichzeitig die Möglichkeit verlieren, das College zu besuchen. Das war ja vielleicht nur Ausdruck meiner Unsicherheit, aber die war eben immer da. Ich muss studieren und mich wenigstens durchkämpfen, weil ich sonst das Stipendium und all die finanzielle Unterstützung verliere und dann schätzungsweise auch meinen Abschluss. Das kann ich doch nicht machen. Also selbst wenn ich es wollte, ich kann nicht.«

Furcht, Orientierungslosigkeit und Selbstzweifel waren in unseren Gesprächen über die Bildungsambitionen junger Erwachsener häufige Themen. Shanice, 25-jährige Absolventin einer staatlichen Universität, erzählte uns, sie hätte während der Pandemie die Orientierung verloren. »Ich weiß nicht mehr, was ich machen will«, stellte sie fest. »Ich traf mich mit einer Berufsberaterin, und die fragte mich, was mich interessiere. Da hatte ich einen Filmriss. Das erzählte ich meiner Therapeutin, die mich daraufhin fragte, was mich interessiere, und ich hatte wieder einen Filmriss. Vor dieser ganzen Pandemie hatte ich darauf eine Antwort. Jetzt weiß ich es nicht mehr, ich weiß es wirklich nicht. Weil alles so unsicher aussieht, weil wir nicht mal wissen, wie es nächstes Jahr um diese Zeit aussehen wird oder auch nur in den nächsten paar Monaten ... Ich fühle mich, als würde ich einfach umherirren.«

Craig, 23-jähriger Absolvent einer Privatuni, erklärte uns, vor Beginn der Pandemie hätte er ausgefeilte Pläne und Ziele gehabt. »Ich bin ein Theatermensch. Ich spiele gern Theater und gestalte es, und das ist gerade auf absehbare Zeit vom Angesicht der Erde gewischt worden.« Er fand einen Job »bei einem dieser Instagram-Museen«, sodass er über die Runden kam. »Ich habe im Grunde genommen jede Art von Zukunftsplanung aufgegeben«, bemerkte er. »Ich denke mir, was für einen Sinn hat das? Ambitionen sind gerade nur gefährlich. Ich weiß ja noch nicht mal, ob es die Welt dann noch geben wird!« Was Craig wirklich gern machen würde, sagt er, ist, die Dinge ein bisschen weniger ernst nehmen und etwas Spaß haben. Sich einen Van anschaffen, umherreisen und sich was als Straßenmusiker verdienen. »Das ist der Traum!«

Manche der jungen Erwachsenen, die wir interviewten, reagierten genau gegenteilig auf die Pandemie. Anstatt ihr Ziel aus dem Blick zu verlieren, schärften sie ihre Zukunftspläne und stürzten sich in ein neues Projekt.

Die 22-jährige Diane hatte geplant, sich nach dem Abschluss ein Jahr Auszeit vom Lernen zu nehmen. Schon immer hatte sie zum Great Barrier Reef gewollt, um im Ökotourismus zu arbeiten und ihrem Interesse an Meereslebewesen nachzugehen. Jetzt hat sie entschieden, einen Job zu suchen und sich, so schnell es geht, an einer Graduate School zu bewerben. Die 25-jährige Cindy traf die gleiche Entscheidung. Den Lockdown nutzte sie, um für den LSAT zu büffeln, den sie dann besser abschloss als erhofft und erwartet. Als wir Cindy interviewten, erzählte sie, dass sie bald nach Chicago ziehen wird, wo sie ein großzügiges Stipendium an der Law School bekommen hat. Cindy hatte genug von all der Unsicherheit und war darauf aus, für ein stabiles Fundament zu sorgen. Wenn das bedeutete, sich etwas früher als eigentlich geplant festzulegen, dann war das eben so. Wichtig war ihr, für sich selbst sorgen zu können.

Viele junge Erwachsene wurden auch politisiert. Manche waren wütend über die verpfuschte Reaktion der Trump-Regierung auf COVID, andere regten sich über Schulschließungen, Lockdowns und die Einschränkungen ihrer Freiheit auf. Sie traten Netzwerken zur gegenseitigen Hilfe wie Nualas bei, um in ihrem Wohnviertel zu helfen. Sie demonstrierten vor kleinen Lokalen wie Daniel Prestis Bar und forderten die Regierung auf, alles wieder zu öffnen und sie in Freiheit leben zu lassen. Sie strömten auf die Straßen, um gegen Polizeigewalt und *Rassen*diskriminierung zu protestieren. Sie erhoben ihre Stimmen an Arbeitsplätzen und Universitäten, verurteilten Chefs, Kollegen, Dozenten – jeden, der ungerechte und diskriminierende Systeme aufrechterhielt. Sie verloren den Glauben an politische Führung und suchten nach etwas anderem, woran sie glauben konnten, nach einer anderen Lebensweise.

Bei alledem lernten sie etwas: über die Kräfte, die die Welt gestaltet hatten, die sie erben sollten; über die Gründe dafür, warum ihr Land so und nicht anders funktionierte. »Es gibt so vieles, was sie uns an den Schulen nicht beibringen«, sagte Justine, die im Sommer 2020 erstmals für Gerechtigkeit zwischen den *Races* demonstrierte. »Und es gibt so vieles, was ich in diesem letzten Jahr gelernt habe. Ich hätte zum Beispiel nie von diesen Bewegungen erfahren, wenn es die Pandemie nicht gegeben hätte. Dafür bin ich dankbar.« Nachdem er an *Black Lives Matter*-Demonstrationen teilgenommen hatte, erzählte Luis uns, dass er viel mehr Bewusstsein für »systemische Probleme« rund um urbane Ungleichheit, Polizeikontrollen und Strafjustiz entwickelt hätte, die ihm vor der COVID-Krise nicht aufgefallen waren. »Ich will mich jetzt nicht beweihräuchern, aber ich habe das Gefühl, klüger geworden zu sein. Jetzt sehe ich eine Situation und verstehe tatsächlich, warum etwas passiert ist, ihren Ursprung.« Die Herausforderung bestehe für ihn darin, sich zu überlegen, wie man eine Veränderung bewirken kann.

Aktive, dynamische und gelegentlich experimentelle oder grenzüberschreitende soziale Beziehungen, das sind für die Sozialwissenschaft Schlüsselmerkmale der »verlängerten Adoleszenz«, einer Phase der Charakterentwicklung. In normalen Zeiten genießen die meisten amerikanischen jungen Erwachsenen eine offene, unbekümmerte, permissive gesellschaftliche Umgebung, die zur Bildung sozialer Bindungen ermutigt und diese belohnt. Der Psychologe Jeffrey Arnett unterstreicht den Optimismus und den aufkommenden Sinn für Möglichkeiten, den Menschen um die zwanzig oft in dieser Phase entwickeln.[13] Der Soziologe Michael Rosenfeld behauptet, dass junge Menschen diese Lebensphase nutzen, um ihre persönlichen und beruflichen Netzwerke zu knüpfen, indem sie Systeme gegenseitiger Unterstützung und Freundschaft aufbauen, die sie tragen, selbst wenn sie eine Eheschließung noch aufschieben.[14]

Der Druck auf das gesellschaftliche Leben erfolgte nicht nur von oben. Junge Erwachsene schränkten sich auch selbst ein und schützten sich aus eigenem Willen. Wobei das auf unterschiedliche Weise, mit unterschiedlicher Intensität, Vorsicht und Sorge geschah. Und genau diese Unterschiede verursachten beträchtlichen Stress und Konflikte. Junge Leute, die bei ihren Sozialkontakten immer relativ sorglos gewesen waren, verhielten sich zurückhaltend und voreingenommen. Manche beurteilten kritisch, wer von ihren Freunden »COVID-sicher« war und wer leichtsinnig, sie trafen Entscheidungen darüber, mit wem sie Zeit verbringen, wem sie sich anvertrauen oder wen sie meiden wollten. Und zwar basierend darauf, ob jemand Maske trug, Partys besuchte oder Abstand wahrte. Manche reagierten wütend oder enttäuscht auf Freunde, die Gesundheitsvorschriften verletzten oder die Regeln zu streng befolgten, aber auch auf jene, die sich um gar nichts zu kümmern schienen. Andere stellten fest, dass sie jetzt Ausgestoßene waren, sanktioniert und jenen Freunden entfremdet, die sie, was COVID betraf, für unverantwortlich und nicht vertrauenswürdig hielten.

Die Angst, sich mit dem Coronavirus anzustecken und es zu übertragen, brachte die von uns interviewten jungen Erwachsenen zu etwas, das ich »soziale Beschneidung« *(social pruning)* nennen würde. Sie kappten Verbindungen zu einigen Freunden und stärkten die zu anderen, konfigurierten ihre Netzwerke neu, um sich selbst und ihre Familien zu schützen.

Die jungen Menschen berichteten, dass sie mit Beginn der Lockdowns ihre sozialen Aktivitäten hauptsächlich ins Netz verlegten. So waren sie noch stärker an ihre Handys und die Plattformen der sozialen Medien gekettet. Der Wirbelsturm digitaler Dramen verschlimmerte sich – Was hat er gesagt? Ist sie auf einer Party? Bin ich der Einzige, der zu Hause bleibt? –, was ihnen unvermeidlich unter die Haut ging. Manche zogen in Bundesstaaten um, wo Wirtschaft und Gesellschaft eher offen blieben, etwa nach Florida und Texas. Diejenigen, die in New York City ausharrten, spürten die Tür ihrer sozialen Existenz zuknallen. Ihre Welt war auf kleine, erstickende Wohnungen reduziert. Anstatt Freundschaften auf gemeinsame Unternehmungen aufzubauen, erfolgte das Bonding über gemeinsame Opfer. Das, was am Jungsein in der Stadt Spaß machte, war weg. Im Sommer, als der Lockdown gelockert wurde, stellten junge Erwachsene fest, dass sie die Aktivitäten der anderen kritisch hinterfragten und nach einer Komfortzone suchten. Eine Snapchat Story von einem Grillabend hinterm Haus, das Instagram Post von einem Trip nach Mexiko (oder auch nur über die Brücke nach Manhattan) oder die Einladung zu einer der genannten Aktivitäten – plötzlich galt das als schockierender Beweis von etwas. Obwohl man schwer sagen konnte, was genau es eigentlich war. Jedermanns Verhalten war aufgeladen mit neuer Bedeutsamkeit: Maske tragen, Partys besuchen, riskante Jobs annehmen oder in geschlossenen Räumen essen, alles wurde zu Symbolen von Politik und persönlichen Werten. Jeder war plötzlich ein Richter.

Jamie, ein 25-jähriger Schauspieler, formulierte diese Spaltungen ganz konkret. »Ich habe jetzt definitiv unterschiedliche Kategorien von Freunden, die ich vorher nicht hatte«, erklärte er. »Die meisten meiner engen Freunde verhalten sich wie ich, versuchen, ›ein guter Mensch‹ zu sein, glaube ich ... Ich habe eine Kategorie von Freunden, die sich meist gut verhalten, aber manche tun Dinge, mit denen ich nicht einverstanden bin ... und ich bin nicht der Typ, so etwas zu vergessen. Und dann habe ich eine Kategorie Freunde, mit denen ich vielleicht nie mehr Zeit verbringen werde, weil sie sich in meinen Augen schlecht verhalten haben. Von vielen dieser Leute hatte ich mich aber ohnehin schon entfernt.«

Manche empfanden auch eine neue Wertschätzung für die Beziehungen, die sie bereits hatten, etwa zu ihrer Familie und ihrem Partner. Wieder andere schilderten, dass sie ihre Freunde nun sorgsamer auswählen würden und auf Verbindungen verzichteten, die sich nicht mehr echt oder notwendig anfühlten. Noch mehr hatten ein Problem damit, die Kluft zu begreifen, die sie von Freunden, Partnern oder Angehörigen trennte. Einige erklärten die plötzliche Trennung mit nicht zusammenpassenden Werten, beispielsweise ob man Gemeinschaft über das Privatleben stellen sollte. Jamie bezeichnete das als »mutwillige Ignoranz«, die die persönlichen Werte einer Person »nicht nur in Bezug auf COVID« beleuchtete. Andere verbuchten es schlicht als Selbstsucht oder Dummheit. Doch was auch immer das war, diese Differenzen wurden als real genug wahrgenommen, um Beziehungen zu beenden und zu definieren. Ein paar Leute berichteten, dass es ihre ältesten und engsten Freundschaften waren, die sich am drastischsten veränderten oder sogar zerbrachen.

Als die Pandemie zuschlug, erfuhr das Sozialleben von Cindy eine Wende um 180 Grad. Sie war 24, studierte in Manhattan, betrieb Mannschaftssport, gehörte zu Lerngruppen in der Bibliothek und traf Freunde, wann immer sie eine freie Minute hatte. »Ich lebte so ziemlich für New York City. Interagierte mit Fremden, wenn ich die U-Bahn benutzte, genoss Kleinigkeiten, wie Leute, die sich gegenseitig die Tür aufhielten«, erklärte sie. Alles änderte sich im Februar, als sie in einer vollen Maschine aus Italien zurückflog, nachdem sie am selben Tag erfahren hatte, dass das Coronavirus außerhalb Chinas nachgewiesen worden war. Bald nach ihrer Rückkehr wurde sie krank. Richtig krank. Cindy verbrachte die ersten beiden Wochen des Semesters im Bett. Mit Fieber und einem so schlimmen Husten, dass sie Angst bekam. »Kennt ihr das, als ihr mit ungefähr sechs Jahren krank wart und dachtet, ihr würdet sterben?«, fragte sie. »So fühlte sich das an.« Rückblickend ist sie sich sicher, dass sie COVID hatte. Aber damals gab es noch keine Tests, und niemand wusste, wie man die Krankheit diagnostizierte. In der Notaufnahme sagte ein Arzt Cindy, sie brauche Schlaf und Tylenol. Dabei war sie so erschöpft, dass sie die Treppe nicht hinuntergehen konnte, um ihren Hund auszuführen. Einkäufe musste sie sich bis vor die Wohnungstür bringen lassen, und sie engagierte jemanden, der mit ihrem Hund rausging. Als Cindy sich erholt hatte, blieben nur noch wenige Tage, bevor ihre Universität bekannt gab, dass die nächsten paar Wochen auf Distanz unterrichtet würde. Der Unterricht vor Ort wurde nicht wieder aufgenommen. Mitte März zog Cindy aus ihrer Wohnung in der Stadt zurück in ihr früheres Kinderzimmer im Hinterland des Bundesstaats. Dort vermisste sie die Energie ihres täglichen Lebens, die Gesellschaft von Kommilitonen und Freunden. »Ich hatte das Gefühl, es wäre kein Ende in Sicht«, erinnerte sie sich. »Es kam mir vor, als würde ich mein Leben vergeuden. Ich wollte meine Freunde sehen, ich wollte etwas unternehmen, ich wollte arbeiten!«

Zuerst war sie froh darüber, dass zwei ihrer ältesten Freundinnen gleich die Straße hinunter wohnten. Auch sie waren zurück zu ihren Eltern gezogen. Jeden Tag gingen sie gemeinsam spazieren und ließen ihre Hunde auf dem Rasen vor der Middle School spielen, die sie alle besucht hatten. Es fühlte sich sicher an, weil sie ja nur zu Hause bei ihren Familien waren. Doch als der Sommer den Frühling ablöste und ihre Freundinnen das mit den Sozialkontakten lässiger sahen, verschwand Cindys Gefühl von Sicherheit. Sie begann, die täglichen Spaziergänge zu schwänzen und Einladungen zu Abendessen abzusagen. Es schlug ihr auf den Magen, als sie die Aktivitäten der anderen in den sozialen Medien sah. »Ein Mädchen postete ein Video von dieser Party mit ihrem Freund und ihrer Großfamilie. Alle tanzten, es wurde gegrillt und so. Das war Anfang Mai und die Lage immer noch furchterregend. Ich meine, wir gingen abgezählt und gestaffelt in den Supermarkt, und du besuchst so eine Party?«

Schließlich stellte Cindy die beiden zur Rede. »Es gab da definitiv einen kleinen Bruch in unserer Freundschaft, als ich ihnen erklärte, ich würde sie nicht mehr treffen, weil sie sich leichtsinnig verhielten«, berichtete sie. Eine der Freundinnen redete daraufhin einen Monat lang nicht mehr mit ihr. Cindy hatte den Eindruck, das Richtige zu tun, aber es war schwer, gleichzeitig zu wissen, dass sie sich dadurch von ihren guten Freundinnen entfremdete. Das Gefühl, das sie schilderte, war unter den von uns interviewten jungen Erwachsenen verbreitet: die Furcht, dass sie uncool oder einfach anders als Leute ihres Alters rüberkämen, wenn sie anderen Menschen und sozialen Zusammenkünften aus dem Weg gingen. »Ich war die Langweilerin, die nichts unternehmen wollte und nicht das Leben meines Dads riskierte, um eine Poolparty oder Ähnliches zu besuchen«, sagte sie. »Das vermittelte mir definitiv den Eindruck, ein Sonderling zu sein. Ein supervorsichtiger, Warum-machst-du-so-ein-Drama?-Sonderling.« Aber was Cindy als noch schlimmer empfand, war der wachsende Verdacht, dass ihre Freundinnen vielleicht nicht diejenigen waren, für die sie sie gehalten hatte. »Ich fühlte mich definitiv unwohl«, erklärte sie. »Sie waren verantwortungslos, und ich meinte so was wie, wir sind seit zwanzig Jahren befreundet, warum verhaltet ihr euch so? Wie könnt ihr so verantwortungslos sein?« Unvermeidlich brachen Cindy und ihre Freundinnen die Verbindung ab.

Wir erfuhren, dass durch »soziales Beschneiden« manche Bindungen stärker wurden. Funktionierende Beziehungen sorgten für Schutz, den man sonst kaum irgendwo fand: Trost, Verständnis, Unterstützung. Junge Erwachsene erzählten uns durchwegs, dass die Pandemie bei ihnen den Wunsch nach weniger, aber engeren Freunden weckte. Nach Verbindungen zu Menschen, die ihnen beistehen und greifbar sind. Zum Glück für Cindy war Sarah, eine andere alte Freundin, wegen der Pandemie auch zurück nach Hause gezogen. Die beiden hatten die gleichen Vorstellungen von Vorsichtsmaßnahmen. Als Cindy aufhörte, ihre beiden Nachbarinnen zu treffen, wurde der Kontakt zwischen ihr und Sarah enger. Mit Masken und ausreichend Abstand taten sie sich zu Abendspaziergängen zusammen. »Sarah war ungefähr seit meinem fünften Lebensjahr meine beste Freundin. Wäre sie in diesem Punkt anderer Meinung gewesen, dann würde ich vielleicht anders über sie denken«, gestand Cindy. Doch ihr Verhältnis wurde inniger denn je. »Wir waren die Sonderlinge, die sich weigerten, irgendwas zu unternehmen.« Cindy und Sarah reagierten mitfühlend, als die anderen beiden Mädchen sich ein paar Monate später meldeten und entschuldigen wollten. Sie gaben zu, dass sie beide positiv auf COVID getestet worden waren und auch ihre Familien angesteckt hatten (in denen niemand ernsthafte Symptome entwickelte). Insgeheim fühlten sie sich allerdings bestätigt. »Ich wäre ihnen jetzt nicht gekommen mit ›hab ich's euch nicht gesagt?‹, aber letztlich wussten sie, dass ich recht gehabt hatte.«

Als wir im Februar 2021 mit Cindy sprachen, war sie sich nicht sicher, ob sie an die Freundschaften, die sie während der Pandemie verloren hatte, wieder anknüpfen und ihr Netzwerk jemals wieder ganz komplett sein würde. Viele von uns interviewte junge Erwachsene berichteten von einem tiefen Gefühl sozialen Verlusts durch die Pandemie und der damit verbundenen Furcht, dass ihre Freunde, ihre Community, vielleicht nicht wiederkommen würden. »Mit manchen Leuten war ich wirklich eng, und jetzt weiß ich nicht, wie das aussehen soll, wenn es weitergeht«, fragte sich Jamie, der 25-jährige Schauspieler. »Werden die zu meiner Hochzeit kommen? Ich weiß es nicht. Solche Sachen machen mich natürlich traurig.« Craig, der 23-jährige »Theatertyp« blühte in der Kunstszene seiner Hochschule dank kollektiver kreativer Energie auf. Zusammen mit seinem Freundeskreis nutzte er die Aufenthaltsräume der Universität oder den nahen Park zum Brainstorming für Stücke oder Pilotfolgen von Serien. Doch jetzt, sagt er, ist alles nur noch online und bei Twitter, »was Mist ist. Ich hasse das!« Craig vermisst die Begeisterung des Zusammenseins. Nie zu wissen, wer auftauchen würde, welche Ideen eingebracht würden und was in einem Raum voller Menschen mit Ideen, Energie und Leben passieren würde. »Ich habe zwar nicht das Gefühl, alle meine Freunde verloren zu haben, aber ich verspüre nicht mal mehr den

Hauch der Community, die ich mal hatte. Die spüre ich überhaupt nicht mehr«, sagte er. »Und das ist traurig, verstehen Sie?«

Cindy empfand das ähnlich. Sie erzählte, dass sie ihre beste Freundin am College dadurch kennengelernt hatte, dass sie, immer wenn sie zur Lehrveranstaltung kam, Cindy als Erstes fragte, ob sie sich einen Stift ausleihen könne. Das wurde eine Art Running Gag zwischen den beiden. Aber eines Tages kam Cindy in den Unterrichtsraum und fand eine Packung mit lauter neuen Stiften an ihrem Platz. Die beiden brachen in Gelächter aus und sind seither eng befreundet. Solche kleinen, überraschenden Interaktionen vermisst Cindy, und sie macht sich Sorgen, dass sie schwer wiederzubeleben sein werden, wenn die Pandemie vorüber ist.

Yasmina, eine 21-jährige Studentin am Jesuiten-College, meinte zu uns, dass sie mit flüchtigen Freundschaften durch sei und sich jetzt auf Menschen in ihrem Leben konzentriere, deren Ambitionen, Interessen und Ziele zu ihren eigenen passen. »Ich sehe jetzt irgendwie, wer auf Dauer in meinem Leben bleiben wird, und ich sehe, wer darin nur vorübergehend vorkommt … Ich finde es viel schwieriger, mehr von diesen oberflächlichen Verbindungen aufrechtzuerhalten.« Leticia, eine ebenfalls 21-jährige Studentin am Jesuiten-College, sagte: »Ich bin wählerischer mit denen, auf die ich mich einlasse. Ich fing an, nur noch mit bestimmten Leuten abzuhängen, die meine wirklich engen Freunde waren. Ich versuche, mit Leuten, die keine lang anhaltende Beziehung mit mir eingehen werden, gar keinen Sozialkontakt zu pflegen.« Yasmina und Leticia verbrachten beide mehr Zeit mit ihren Partnern. Yasmina glaubt, es habe ihre Beziehung gestärkt, die Pandemie gemeinsam durchgemacht zu haben. Das wäre ihr schwerstes Jahr überhaupt gewesen, aber sie hätten es überstanden. Für Leticia ist die enge Beziehung zu ihrem Freund, den sie vor der Pandemie immer nur gelegentlich sah, zumindest teilweise auch eine Folge jener Monate, als sie nichts anderes tun konnten, außer sich Textnachrichten zu schreiben und per Video zu telefonieren. »Mir gefiel es, dass wir ungefähr drei Monate lang nur redeten«, sagte sie. Als sie endlich wieder ausgehen konnten (»hauptsächlich, um uns Take-away-Essen zu holen und in seinem Auto zu sitzen!«), fand sie es schön zu wissen, dass sie zuerst Vertrauen und Freundschaft zueinander entwickelt hatten. »Wir waren einfach füreinander da«, sagte Leticia. »Das war alles, was ich brauchte.«

In vielen Fällen intensivierte und beschleunigte das Bedürfnis junger Menschen nach Nähe ihre Beziehungen. Manche Paare wagten große Schritte zu Beginn der Krise. Sie beschlossen, die Quarantäne zusammen zu verbringen, obwohl sie vorher nie zusammengewohnt hatten. Andere stürzten sich in den Monaten, die den Höhepunkt der Pandemie bildeten, in eine ernste Beziehung. Obwohl Online-Dating während des Lockdowns weiterhin beliebt war, ergaben Umfragen, dass Gelegenheitssex und einmalige sexuelle Begegnungen seltener stattfanden.[15] Junge Erwachsene sagten, dass sie stattdessen wieder Verbindung zu Leuten aufnahmen, über die sie sich vor den Lockdowns wenig Gedanken gemacht hatten. Manche zündeten romantische Beziehungen, die bereits erloschen gewesen waren, noch mal neu. Eine zufällige Facebook-Nachricht oder eine Instagram-DM eines gemeinsamen Kontakts oder einer ehemaligen flüchtigen Bekanntschaft, die sie sonst ignoriert hätten, war plötzlich Grund für Begeisterung und möglicherweise auch mehr. Cindys aktueller Freund »rutschte« in ihre Direct Messages bei Instagram, nachdem er fünf Jahre lang auf seine Chance gewartet hatte. Im ersten Jahr am College, als sie im selben Studentenheim wohnten, hatte er vergeblich versucht, sie zu einem Date einzuladen. Sie hatte sich nie mehr Gedanken über ihn gemacht. »Für ihn war die Pandemie quasi ein Glücksfall, denn ich weiß nicht, ob ich sonst gesagt hätte, ja klar, ich fahre zwei Stunden, um dich in meiner alten College-Stadt zu treffen und allein mit dir in deinem Wohnzimmer Take-away-Zeug zu essen.«

Dating während der Pandemie erforderte neue Entscheidungen und Kompromisse: Junge Erwachsene besprachen unbeholfen das Datum ihres letzten negativen Tests, die letzte Person, mit der sie Zeit verbracht hatten, ob sie sich in einem geschlossenen Raum getroffen und/oder eine Maske getragen hatten. Vor der Pandemie hatten die meisten von ihnen in einer Dating-Welt gelebt, in der ungezwungene Begegnungen weithin akzeptiert und gesellschaftlich sogar betont wurden, in der man nie wirklich wusste, ob jemand, den man datete, nicht auch noch jemand anderen datete. Jetzt erfordert alles die vollständige Offenlegung und sorgfältige Verhandlungen. Oder zumindest ist es das, was Leute von potenziellen Gefährten wollen. Was sie dann tatsächlich gemacht haben, weiß keiner.

Radikale Ungewissheit, die Unmöglichkeit, zu wissen oder zu verstehen, wie man sich schützen oder Beziehungen aufrechterhalten soll oder wie das Studium, die Arbeit oder die Heimatstadt in Zukunft aussehen wird, all das machte die von uns interviewten jungen Erwachsenen ratlos. Nur wenige hatten sich schon vor der Pandemie auf bestimmte Ziele festgelegt, aber sie konnten immerhin schon vorhersehen, welche beruflichen Wege ihnen offenstanden, welche finanzielle Unterstützung sie bekommen oder welche Schulden sie sich zumuten würden. Der Horizont ihrer nächsten Entwicklungsstufe zeichnete sich ab, wenn nicht sogar noch mehr. Jetzt hatten sie mit akuten Erschütterungen zu kämpfen: mit dem plötzlichen Anstieg von Corona-Toten, mit Quarantäne und Lockdowns, mit der Rezession und der Rückkehr ins Zuhause ihrer Kindheit. Aber sie bekamen auch den tief sitzenden Schrecken lang anhaltender Krisen im Privatleben, in Politik und Wirtschaft zu spüren. Alles, was solide gewirkt hatte, löste sich in Luft auf. Stress, Ängste, Depressionen überzogen ihre Umgebung. Wie verschiedene Studien belegten, waren mentale Gesundheitsprobleme während der Pandemie unter jungen Erwachsenen häufiger als in jeder anderen Altersgruppe.[16] Unsere Interviews halfen aufzudecken, wie diese Probleme sich anfühlten und wie junge Leute sie bewältigten, während sie sich bemühten klarzukommen.

Craig, der 23-Jährige, der jetzt davon träumt, als Straßenmusiker durchs Land zu ziehen, stand nur ein paar Wochen vor seinem Abschluss, als das College auf Fernunterricht umstellte. Also packte er seine Sachen und flog heim ins Haus seiner Familie in Südkalifornien, ohne zu wissen, ob und wann er wiederkommen würde. Zuerst erschien ihm das Zuhause der Kindheit wie eine Oase. Das Virus war in Kalifornien noch selten, das Wetter war gut, und es gab so viel mehr Platz. Aber er war nicht darauf vorbereitet, in einen Haushalt zurückzukehren, in dem noch Groll aus Kindertagen, alte Feindseligkeiten und emotionale Stolperfallen lauerten. »Die ganze Sache verwandelte sich in einen Dampfkochtopf«, erklärte Craig uns. Sein Stiefbruder hatte schon immer mit psychischen Problemen zu kämpfen. Das Eingesperrtsein und die Verunsicherung ließen ihn nun regelrecht abstürzen. »Dann brach dieser Albtraum aus«, erzählte Craig. Sein Stiefbruder begann, mit Gewalt gegen sich selbst und andere Familienmitglieder zu drohen. Craig hatte das Gefühl, sich schützen zu müssen. Er fand eine andere Unterkunft und ging kaum noch raus. Den Kontakt zu anderen Menschen vermied er nach Möglichkeit, aber vor allem ging er seinen eigenen Ängsten aus dem Weg. »Ich hab mich irgendwie emotional abgeschottet. Und daran hat sich seither nichts geändert.«

Sich selbst auszuweichen, das sollte sich schwieriger gestalten, als Craig angenommen hatte. Drei Monate lang fragte er sich ständig: »Ist das jetzt das Ende von allem? Werden wir jemals wieder eine Zukunft haben? Wird irgendwer irgendwas von dem erreichen, was er sich jemals vorgenommen hat? Ist das alles vorbei? Ich weiß nicht, was passieren wird, und ich bin im Moment wie betäubt«, stellte er fest. Weil er sich so verzweifelt nach Entlastung sehnte, kehrte Craig im Sommer nach New York zurück. Was ihn lockte, war der Absturz der Preise auf dem Mietmarkt und die Einladung eines Freunds vom College. Es fühlte sich gut an, dort zu sein, doch er machte sich Sorgen wegen der Konflikte, die überall in den USA aufbrachen, angefangen bei Polizeiübergriffen auf Aktivisten von *Black Lives Matter* bis hin zu bewaffneten Protesten gegen die Maskenpflicht. »Mein Gott, das wird deinen Glauben an die Menschheit erschüttern«, sagte Craig. »Diese Anti-Masken-Sache zu sehen, das ist so verstörend.« Jetzt, so sagte er, »schätze ich Stabilität weniger denn je. Ich erwarte das nicht mehr wirklich oder will es gar nicht unbedingt, dieses Gefühl, zu wissen, was passieren wird.«

Gabriella hatte dagegen genug von der Instabilität. Als die Pandemie ausbrach, war sie 24 Jahre alt und im sechsten Monat schwanger. Sie besuchte sechs Lehrveranstaltungen an einem großen öffentlichen College in Brooklyn und arbeitete dreißig Stunden die Woche in einer Apotheke. Vor COVID wusste Gabriella, wie ihr Leben aussehen sollte. Sie und ihr Mann hatten sich in einer Wohnung in Brooklyn eingerichtet. Sie stand kurz vor ihrem Abschluss im Fach Frühkindliche Pädagogik und fühlte sich bereit, Mutter zu werden. »Als alles dichtmachte und Chaos ausbrach, war das traumatisierend und furchterregend. Ich wusste nicht, wie ich dazu stehen oder was ich tun sollte.« Die Apotheke meinte zu ihr, sie sei eine systemrelevante Arbeitskraft, doch man konnte ihr keine Maske besorgen. Ihr Mann war als Polizist sogar noch exponierter. Jeden Tag, wenn sie das Haus verließ, hatte Gabriella Angst davor, was das Virus ihr oder ihrer ungeborenen Tochter antun könnte. Als sie im achten Monat war, erlaubte ihr Chef, dass Gabriella zu Hause blieb, um sich Ruhe zu gönnen. Doch stattdessen fuhr sie ins Hinterland, um bei der Versorgung ihrer Eltern und der Großmutter zu helfen, die allesamt positiv auf Corona getestet waren. Gabriella und ihre zehnjährige Schwester, die keine Symptome zeigte, zogen sich zur Quarantäne in eine kleine Mietwohnung zurück, wo es kaum Handyempfang und kein Internet gab. Es dauerte nur Tage, bis die beiden das Virus ebenfalls hatten.

Glücklicherweise wurde niemand in der Familie ernsthaft krank, doch das hielt Gabriella nicht davon ab, verunsichert zu sein. »Ich hatte das Gefühl, mein Körper würde mich im Stich lassen. Ich musste mich einfach hinsetzen und zu Atem kommen.« Die Geburt ihres Babys war für sie ein magisches Ereignis, erzeugte aber natürlich auch eine neue Welle von Stress und Angst. Wieder zu Hause in Brooklyn, hatte sie einen Säugling zu versorgen und gefühlt die Last der Welt auf ihren Schultern. Sie war auf Schlafmangel, Windelwechseln und Füttern eingestellt gewesen, nicht auf Quarantäne, Abstandhalten und Desinfizieren. Und nicht darauf, dass sie sich an vertrauten Orten wie der Apotheke oder dem Lebensmittelladen fürchtete. Noch schlimmer war, wie Gabriella uns berichtete, dass sie sich vor ihrem eigenen Stress und der Verunsicherung zu fürchten begann. Weil sie wusste, wie schlecht das für ihr Baby und für sie selbst war. Sie konnte es nicht erwarten, dass ihre Tochter eines Tages mit anderen Kindern spielen würde. Es gibt in der Nähe einen großen Spielplatz, einen Park, gute Schulen. Sie hoffte, all das würde wieder sicher werden, und die Kinder aus der Nachbarschaft würden keine Masken mehr tragen müssen.

Priya, die überall Maske trug, hatte schon immer die Last großer Verantwortung gespürt. Sie lebt mit ihren Eltern, die beide Taxi fahren, ihrem Bruder und ihren Cousins an der Grenze zwischen Long Island und Queens. Hausarbeit ist in ihrer Familie Frauensache, und wie in den meisten amerikanischen Familien vor und während der Pandemie tragen die Frauen den Löwenanteil dieser Last.[17] Alle, die in ihrer Wohnung leben, arbeiten lange, und Priya, die im März 2020 nur noch ein paar Wochen von ihrem Abschluss an der öffentlichen Universität trennten, erzählte uns, dass sie seit ihrem elften Lebensjahr den Großteil des Kochens und Putzens für die Familie erledigt. »Ich musste eine Menge Verantwortung übernehmen, die für mein Alter unfair war, doch mir blieb keine Wahl.« Sie war stolz auf ihr Arbeitsethos und das, was sie erreicht hatte. So war sie Redakteurin der Campus-Zeitung, Praktikantin und einfach in jeder Hinsicht erfolgreich. »Ich hatte mein Leben im Griff. Dann passierte das.«

Obwohl ihre Eltern weiter Taxi fuhren, fühlte Priya sich unvermeidlich verantwortlich dafür, dass sie gesund blieben. Es war, als hätten sie ihre Rollen getauscht und als sei sie plötzlich ein Elternteil. »Das war einfach dermaßen furchterregend. Ich hatte das Gefühl, wenn jemand krank würde, wäre es meine Schuld. Ein Fehler von mir, und meine Eltern würden erkranken und nie mehr gesund werden.« Ständig ermahnte sie sie, ihre Masken zu tragen, sich die Hände gründlicher zu waschen, sich testen zu lassen, wann immer es möglich war. »Ich musste manchmal hinter ihnen her sein, als wären sie Kleinkinder.« An der Universität vergrößerte sich ihr Arbeitspensum auch noch. Irgendwann war sie mitten in einem großen Forschungsaufsatz über Jugendstrafrecht und hatte plötzlich das Gefühl, die Decke würde einstürzen. »Ich saß am Esszimmertisch, um mein Paper zu schreiben, und fing auf einmal an zu weinen. Das ist einfach zu viel, dachte ich mir. Ich bin die jüngste Person in diesem Haushalt, da sollte ich mich nicht um alle kümmern müssen.« Doch es gab kein Entrinnen.

Priya sorgte sich, dass dieses Gefühl nie mehr verschwinden würde, dass der psychische Tribut, den sie dieser Situation zollte, ihr dauerhaften Schaden zufügte. »Ich habe schon angefangen, einige der Erinnerungen zu blockieren. Es passierte einfach viel zu oft, dass ich so hoffnungslos war, echt verzweifelt, wo ich mir dachte, das wird nie enden, und ich weiß nicht, was passieren wird. Wird irgendwas jemals wieder besser?« Priya konnte nicht anders, als sich unfair behandelt zu fühlen. Sie hatte so viel getan, um ihre Zukunft vorzubereiten, ihren Lebensweg so sorgsam ausgebaut. Jetzt war er blockiert. Und blockiert war auch ihr Verständnis davon, wer sie war und was als Nächstes passieren würde. »Ich bin eine ausgeprägte Planerin«, erklärte sie uns. »Es verunsichert mich, wenn ich nicht in die Zukunft blicken kann. Es erschreckt mich, wenn ich weiß, dass ich vielleicht das College verlasse, ohne zu wissen, was ich machen soll.«

Bisherige Krisen, Kriege, Wirtschaftsdepressionen und Epidemien hatten einen starken Einfluss auf die Entwicklung derer, die sie überlebten, aber vor allem auf junge Erwachsene und Heranwachsende.[18] Es ist zu früh, um vorherzusagen, wie die COVID-Pandemie die jungen Erwachsenen von heute prägen wird. Wir wissen noch nicht, wie lange die Krankheit zirkulieren und das Virus mutieren wird, wie viele Menschen schwer erkranken oder an ihr sterben werden, ob und wie verschiedene Branchen, Städte, Staaten und Gesellschaften zu ihrem alten Zustand zurückfinden werden. Aber es steht außer Frage, dass junge Erwachsene, die all das durchlebten, Stress und Verunsicherung in außergewöhnlich hohem Ausmaß erfuhren und ihre Erfahrungen eine dauerhafte Wirkung auf ihre Entwicklung haben werden.

Es gibt schon gute Forschungsergebnisse zu den Faktoren, die einige junge Erwachsene während der Pandemie intensiver belasteten, und Hinweise darauf, was andere resilienter machte. Eine besonders informative Studie, die Psychologinnen in Europa durchführten, nutzte eine zwanzigjährige Kohortenstudie junger Menschen, die an mehreren Erhebungen im Abstand von jeweils ein paar Jahren seit 2004 bis zum ersten Jahr der Coronakrise teilgenommen hatten.[19] »Der größte Risikofaktor für seelisches Leid während COVID war früheres seelisches Leid«, stellten die Autorinnen fest. Soziale Stressoren, die junge Erwachsene vor der Pandemie erlebten, etwa das Gefühl, gemobbt oder ausgegrenzt zu werden, machten empfänglicher für das Trauma der neuen Umbrüche.

Das galt auch für wirtschaftliche Not, die einige – aber nicht alle – jungen Leute durchmachten. »Wirtschaftlicher Abschwung verändert die Zukunftsperspektive junger Erwachsener«, heißt es da, »inklusive ihrer Visionen und Hoffnungen für ihre eigene berufliche und ökonomische Zukunft.« Migranten, die während der Pandemie mit größerer Wahrscheinlichkeit von ihrer Familie getrennt waren, hatten ein größeres Risiko für emotionales Leid. Das Gleiche galt für Frauen; vermutlich weil sie in der Kindheit eher Stressfaktoren ausgesetzt waren. Aus amerikanischer Sicht ist die größte Einschränkung dieser Studie, dass diese Teilnehmenden mit viel geringerer Wahrscheinlichkeit eine schwere Corona-Erkrankung oder den Tod eines Familienangehörigen erlebten als US-Bürger. Einfach weil die USA vergleichsweise so viel mehr Probleme damit hatten, die Krankheit in den Griff zu kriegen.

Die Pandemie behinderte junge Menschen entscheidend auf ihrem Weg zum Erwachsenwerden. Sie unterbrach, verzögerte und beendete in manchen Fällen sogar ihre schulische Ausbildung. Sie senkte die Wahrscheinlichkeit, zu heiraten und Kinder zu bekommen. Sie brachte Karrieren ins Stocken. Bemerkenswert ist, wie oft die von uns Interviewten darauf beharrten, dass die Pandemie sie gezwungen hätte, schneller erwachsen zu werden – ein Preis, dessen Bedeutung schwer zu ermessen, dessen Effekt aber sicher tiefgreifend ist.

»Als es losging, war ich jung und ungestüm«, erzählte Cindy. »Ich lief durch New York City und machte alles, was ich wollte. Jetzt wache ich auf, esse mein Müsli, lese mein Buch und frage mich so was wie: Was kommt heute wohl in den Nachrichten? Ich fühle mich wie ein alter Mensch, weil ich einfach nur zu Hause rumhänge.« Keishas Erfahrung ist ganz ähnlich. »Es ist viel Zeit vergangen. Bevor diese ganze Sache begonnen hat, war ich einfach sorglos. Ich habe das Gefühl, zu altern – mental älter zu werden, reifer.« Keisha hat auch den Eindruck, dass das Seuchenjahr ihren Körper belastet hat. »Ich bin 24, aber mein Rücken ist achtzig!« Natalie, die sich während der Pandemie viel um ein Geschwister mit schwerer chronischer Erkrankung kümmerte, klang so ähnlich. »Ich war schon immer reif für mein Alter. Aber jetzt gilt das erst recht. Ich scherze immer, dass ich 22 bin, aber auf die vierzig zugehe.« Justine, die noch das College besucht, sagte: »Das war's. Du bist kein Teenager mehr! Du bist kein Kind mehr – das erzählen meine Eltern mir dauernd. Das ist die Realität. Jetzt muss ich wirklich anfangen, erwachsen zu werden.«

Die emotionale Auswirkung dieses schnellen, erzwungenen Übergangs ins Erwachsenendasein variierte unter den von uns Interviewten, die ein College besuchten. Manche waren fixiert auf die Dinge, die sie verloren hatten: die sorglose Partykultur, die lässigen und mit geringem Risiko verbundenen Beziehungen, den Glauben an die Institutionen, den nun erschütterten Glauben daran, dass ihre Eltern sie unterstützen könnten, dass die politische Führung sie beschützen könnte und dass andere Mitglieder ihrer Gesellschaft aufeinander aufpassen würden, wenn deren Leben auf dem Spiel stand. »Ich glaube an gar nichts mehr, und das ist irgendwie ein Albtraum«, sagte Craig. »Ich hab mich wie ein Nihilist gefühlt. Ich weiß nicht, woran ich noch glauben soll.« Viele betrauerten den Verlust von Freiheit und Unabhängigkeit. Wieder bei ihren Eltern einzuziehen oder von ihrem sozialen Umfeld getrennt zu sein, fühlte sich an wie ein Rückschritt in Bezug auf Eigenständigkeit und Selbsterkenntnis. Dabei hatten sie beides kultiviert, seit sie zum ersten Mal ausgezogen waren. In normalen Zeiten verbringen junge Erwachsene, die aufs College gehen, ihre Zwanziger und einen Teil ihrer Dreißiger in einem »Alter der Konzentration auf sich selbst«, einer Phase des »Dazwischen«. Sie treffen Entscheidungen ohne Eltern oder Lehrer als Leitfiguren und ohne Verantwortung für ein Kind oder einen Ehepartner.[20] Die Pandemie machte sie für alle verantwortlich und zwang ihnen Verantwortung auf, die ihrem Alter nicht angemessen war.

In Variationen bekamen wir zu hören, dass die Pandemie eine Lektion darin war, wie grundlegend ungewiss das Leben und wie wenig darin garantiert ist. Einige der von uns Interviewten berichteten von einer »Identitätskrise« während des ersten Corona-Jahres. Darin machten sie eine Bestandsaufnahme ihrer Ziele vor COVID und stellten fest, dass diese wahrscheinlich mit der Welt nach COVID nicht vereinbar sein würden. Die Pandemie – dazu Klimawandel, Bedrohung der Demokratie und Angriffe auf lange für selbstverständlich gehaltene Bürgerrechte – nährten bei jungen Erwachsenen die Sorge, dass ihre künftigen Chancen schwinden und ihr Leben viel turbulenter sein wird als erwartet. Manche brachten auch die unumstößliche Furcht zum Ausdruck, dass sie niemals erreichen würden, was sie eigentlich wollten, wenn die Pandemie endlich vorüber wäre.

Beinahe jeder Collegestudent erwähnte im Gespräch mit uns die herzergreifend schmerzhaften und schwierigen Probleme während der Pandemie: den Tod von Freunden oder Familienangehörigen, Jobverlust, die Absage von ehrwürdigen Ritualen und wichtigen Ereignissen, den Abbruch von Beziehungen, Stress, Angstzustände, Depressionen und Schlimmeres. Bemerkenswert war, dass so viele junge Erwachsene sich für »glücklich« oder »vom Schicksal begünstigt« hielten. Bevor Craig seinen Weg vom Optimisten zum Nihilisten schilderte, aus der Sicherheit in die Angst um die körperliche Unversehrtheit seiner Familie und seine eigene psychische Gesundheit, da fragten wir, wie es ihm ginge. »Ich erlebe tatsächlich eine ziemlich gute Pandemie«, antwortete er spontan.

In seiner Studie über die »Kinder der Weltwirtschaftskrise« stellte Glen Elder Jr. fest, dass Amerikaner, die in den 1930er-Jahren aufwuchsen, ähnliche Einschätzungen äußerten, um ihre Erfahrungen zu beschreiben. Da hieß es, »›Die Umstände waren bei uns nicht so schlimm wie in anderen Familien‹ oder ›Sie waren schlimmer‹ oder ›Wir saßen alle im selben Boot‹.«[21] Möglich, dass solche Ansichten von Selbstschutz-Impulsen herrühren, die der Soziologe Stanley Cohen in seinem Bericht darüber, wie Einzelne und Gesellschaften mit tiefem Leid umgehen, »Zustände der Verleugnung« nannte.[22] Doch vielleicht ist ihr Ursprung menschlicher und hoffnungsvoller. Der Grund könnten Wertschätzung des eigenen Lebens und Resilienz während einer historischen Phase von Tod und Zerstörung sein sowie das Gefühl, dass man morgen einen besseren Weg finden wird, wie schwer die Situation heute auch sein mag.

Kapitel 16

Amerikanische Anomie

Im Mai 2020 wurde Hamlet Cruz-Gomez Vater. Das Timing war nicht perfekt. Idealerweise hätte er die Wochen vor der Geburt seiner Tochter mit seiner Ehefrau Angelica verbracht, ein paar ruhige Momente beim Nestbau genossen, enge Freunde und die Familie gesehen und das Zuhause auf die Ankunft des Babys vorbereitet. Doch der 25-jährige Cruz-Gomez war Röntgenassistent am Montefiore Hospital in der Bronx und damit eine systemrelevante Arbeitskraft. Als das Virus über New York City hereinbrach, pendelte er pflichtbewusst ins Krankenhaus und verbrachte seine Tage umgeben von Tod und Krankheit. Um Angelica und das Baby zu schützen, isolierte er sich selbst und kehrte erst gerade noch rechtzeitig zur Entbindung nach Hause zurück. Trotz der Pandemie war es eine freud- und hoffnungsvolle Zeit.[1]

Am Nachmittag des 30. Juni fuhr Cruz-Gomez in seinem Honda CR-V nach Queens, um ein paar Lebensmittel für die Familie einzukaufen. Das Timing hätte nicht schlechter sein können. Denn gegen Mittag stahl der 37-jährige Ramon Pena aus der Bronx einen Lieferwagen im Viertel Jamaica, wo dessen Fahrer gerade Pakete zustellte. Laut den Ermittlungen raste Pena in halsbrecherischem Tempo von bis zu achtzig Stundenkilometern durch die belebten Straßen. »Ein Lieferwagen, auf den die Beschreibung des gestohlenen Fahrzeugs passte, wurde beobachtet, wie er entlang der Humboldt und der Metropolitan Avenue in Queens und Brooklyn mehr als zwanzig geparkte und fahrende Autos streifte – bei einigen gab es Verletzte«, hieß es in einem Bericht der Bezirksstaatsanwaltschaft. Der Lieferwagen überfuhr mehrere rote Ampeln, geriet auf die Gegenfahrbahn und raste weiter, bis er Cruz-Gomez' Honda rammte, der gerade aus dem Parkplatz der Metro Mall fuhr. Das Auto wurde an der Fahrerseite getroffen. Pena sprang aus dem Lieferwagen und rannte zu einer nahen U-Bahn-Station, wo die Polizei ihn festnahm. Cruz-Gomez wurde ins Elmhurst General Hospital gebracht. Dort erlitt er einen Herzstillstand und starb.[2]

Zwei Tage später klagte die Bezirksstaatsanwaltschaft Queens Pena wegen Mordes mit bedingtem Vorsatz, Totschlags, schwerer Körperverletzung, schweren Diebstahls, Fahrerflucht und mehrerer Verkehrsdelikte an. Bei einer Verurteilung in allen Punkten drohte eine Gefängnisstrafe von 25 Jahren bis lebenslänglich. »Diese Form von sinnlosem Chaos ist inakzeptabel und wird in Queens County nicht geduldet werden«, sagte die Bezirksstaatsanwältin Melinda Katz.[3] Lokalpolitiker versprachen, hart durchzugreifen.

Sinnloses Chaos gab es im späten Frühling und Sommer 2020 in New York City und überall in den USA – auf Straßen und Highways, in Parks und auf öffentlichen Plätzen, sogar in der Privatsphäre von Familien. Soziale Verwerfungen im Zuge der ersten Corona-Welle: die allgemeine Unsicherheit, ausgedehnte Lockdowns, Schulschließungen, Versammlungsverbote, kontroverse Auseinandersetzungen um Maskenpflicht, aufrührerische Fehden zwischen zwei politischen Blöcken in einem Land, in dem die Republikaner und die Demokraten sich inzwischen gegenseitig als Todfeinde betrachteten – all das hatte eine Welle destruktiven Verhaltens ausgelöst.

Es kam nicht plötzlich. Zwischen März und Juli 2020 sank die Kriminalitätsrate in den USA, doch dann änderte die Situation sich dramatisch. Die CDC meldeten einen »Rekordanstieg« bei den Tötungsdelikten im Jahr 2020. Bei Protesten für *Black Lives Matter* zerschlugen Randalierer die Schaufenster teurer Läden im ganzen Land und sorgten für Bilder, die Chaos und Vandalismus zeigten. Häusliche Gewalt erreichte alarmierende Höchstwerte, genau wie Alkohol- und Drogenkonsum einschließlich tödlich verlaufender Fälle infolge einer Überdosis.[4] Der Verkauf von Schusswaffen stieg rasant.[5] Autodiebstahl und Hasskriminalität nahmen massiv zu.[6] Unternehmen, die unverzichtbares medizinisches Material herstellten, verlangten Wucherpreise.[7] Die Fälle von Cyberkriminalität schossen in die Höhe.⁸ Rücksichtsloses Fahren führte zu einem Anstieg tödlicher Unfälle im Straßenverkehr wie der, bei dem Hamlet Cruz-Gomez getötet wurde. Besonders verbreitet waren allerdings Unfälle, die Fußgänger das Leben kosteten.⁹

In den Medien erklärten Journalisten diesen plötzlichen Anstieg destruktiven Verhaltens mit Stress, Entfremdung, Anomie und Isolation. Diese Faktoren hätten die Amerikaner in eine durcheinandergeratene, unregulierte Welt versetzt. »Wir sind soziale Wesen, und unsere Isolation verändert uns«, schrieb Olga Khazan im *Atlantic*. »Die Pandemie hat zwischenmenschliche Verbindungen gelockert: Kinder hörten auf, in die Schule zu gehen; ihre Eltern hörten auf, zur Arbeit zu gehen; Gemeindemitglieder hörten auf, ihre Kirche zu besuchen; Menschen hörten überhaupt auf, sich zu versammeln ... In den letzten beiden Jahren haben wir aufgehört, sozial zu sein, und in vielen Fällen haben wir auch aufgehört, moralisch zu sein.«¹⁰ Das Problem an diesem Argument ist, dass fast jedes Land Veränderungen im gesellschaftlichen Leben durchmachte, die dem ähnelten, was den USA 2020 widerfuhr. In den meisten europäischen und asiatischen Ländern waren die Lockdowns und Abstandsregeln sogar viel strenger als in den USA. Stress und Verunsicherung waren dort ebenso groß. Trotzdem gab es in keiner europäischen oder asiatischen Gesellschaft einen auch nur annähernd so starken Anstieg destruktiven Verhaltens wie in den USA. Tatsächlich passierte eher das Gegenteil: In den meisten asiatischen und europäischen Ländern ging die Zahl der Gewaltverbrechen merklich zurück.

Betrachtet man beispielsweise die extremste Form antisozialer Gewalt, die Tötungsdelikte. In typischen Jahren ist die Zahl der Tötungsdelikte in den USA weitaus höher als in Australien, in europäischen oder asiatischen Ländern – nicht weil Amerikaner mehr Verbrechen begehen (das tun sie nicht), sondern weil Schusswaffen so leicht verfügbar sind.¹¹ Das spielt statistisch gesehen eine Rolle, um Entwicklungen von Jahr zu Jahr zu verstehen, denn es braucht eine Menge zusätzlicher Mordfälle, damit sich die Gesamtrate in den USA ändert, während andernorts relativ kleine statistische Ausschläge einen großen Unterschied machen können. So ist es umso bezeichnender, dass die Rate der Tötungsdelikte in den Vereinigten Staaten zwischen 2019 und 2020 um 30 Prozent nach oben schoss. Das ist der höchste Anstieg innerhalb eines Jahres im Zeitraum von über einem Jahrhundert.[12] Im Gegensatz dazu verzeichneten England und Wales im ersten Jahr der Pandemie bei Tötungsdelikten einen Rückgang um 12 Prozent.[13] In Australien fiel die Quote um 3 Prozent, in Taiwan um 15 Prozent und in Hongkong um 9 Prozent.[14] In Kanada stieg die Zahl der Tötungsdelikte um ca. 7 Prozent (was nicht zuletzt an den 22 Opfern eines Amoklaufs lag).[15] In Südkorea blieb die Zahl konstant.[16]

Es ist verlockend zu behaupten, Amerikas ungewöhnlicher Anstieg bei Tötungsdelikten 2020 hätte einfach mit den leicht zugänglichen Waffen und der Zunahme der Waffenverkäufe zu tun. Zweifellos sind Schusswaffen ein wichtiger Aspekt, doch der Zugang zu Schusswaffen erklärt nicht, warum eine andere Form von Gewalt, nämlich rücksichtsloses Fahren im Straßenverkehr, in den USA so viel stärker anstieg als in vergleichbaren Ländern. Trotz eines substanziellen Rückgangs bei den Verkehrstoten in den ersten Monaten der Pandemie stieg die Gesamtzahl der Todesopfer im amerikanischen Straßenverkehr 2020 um mehr als 7 Prozent. Mit ein Grund waren schreckliche Unfälle, als die Geschäfte nach dem Lockdown wieder aufmachten und die Fahrer und ihre Autos auf die Straßen zurückkehrten.[17] In Europa passierte nichts Vergleichbares. Beispielsweise in Großbritannien sank die Zahl der Verkehrstoten zwischen 2019 und 2020 um 17 Prozent, ebenso in allen Ländern der Europäischen Union.[18] In Südkorea sank die Zahl der Verkehrsunfälle mit Toten oder Schwerverletzten um mehr als 10 Prozent, was dem stärksten Rückgang seit Beginn der Statistik entsprach.[19] Auch in Hongkong verringerte sich die Zahl der im Straßenverkehr Getöteten – dort waren es 10 Prozent.[20] In Kanada betrug der Rückgang nur ein Prozent, doch immerhin sank die Zahl der Schwerverletzten um 12 Prozent.[21] Australien konnte ebenfalls einen leichten Rückgang verzeichnen.[22]

In Sachen gewalttätiges und unsoziales Verhalten während des ersten Jahres der Pandemie stellen die USA wahrhaftig eine Ausnahme dar. Die Frage ist, warum.

Die Antwort berührt tief sitzende wie auch zufällige Faktoren. Einem Erklärungsansatz zufolge wurde die Kultur des Landes durch Gewalt geformt und dauerhaft geprägt. Das ist die zentrale Annahme des Amerikanisten Richard Slotkin. In seiner Trilogie über die Mythen des Wilden Westens in den Vereinigten Staaten argumentiert er: Ängste vor der indigenen Bevölkerung, die kolonisierende Siedler beherrschen und auslöschen wollten, seien zur moralischen Rechtfertigung für alle Arten von Brutalität geworden, die wiederum amerikanische Normen und Institutionen prägten.[23] Der Sozialpsychologe Richard Nisbett argumentiert ähnlich mit dem Vermächtnis der Sklaverei, insbesondere im Süden und Westen der USA. Die Sklaverei, erklärt Nisbett, erforderte, dass *weiße* Menschen andere Menschen gewaltsam unterdrückten – und dieses Handeln legitimierten. Das Ergebnis war seiner Ansicht nach der Aufstieg einer regionalen Gesellschaft, in der »Gewalt einen natürlichen und integralen Bestandteil ausmacht«.[24] Natürlich würden Verfechter dieser Ansicht behaupten, dass die Neigung zur Brutalität 2020 eben zum Ausdruck kam, weil das Land unter Druck stand.

Zusätzlich zum Argument der »Kultur der Gewalt« vertritt eine andere prominentere Denkschule den Standpunkt, dass die soziale Desintegration Amerikas im Jahr 2020 ihre Wurzeln in den individualistischen – wenn nicht gar hyper-individualistischen – gesellschaftlichen Werten hat. Social Distancing und extreme Vereinzelung während der Pandemie untergruben die Solidarität und verwandelten den Alltag auf Amerikas Straßen in einen »Krieg aller gegen alle«, wie der Wirtschaftswissenschaftler der Wharton School, Marshall Meyer, in einem Artikel zu tödlichen Verkehrsunfällen auf den »hobbesschen Highways« schreibt.[25] Es gibt tatsächlich hinreichend Hinweise darauf, dass die amerikanische Gesellschaft ungewöhnlich individualistisch ist. »In der amerikanischen Kultur ist die ultimative Quelle von Handeln, Sinnhaftigkeit und Verantwortung eher das Individuum als die Gruppe«, erklärt der Soziologe Claude Fischer von der U.C. Berkeley. »Länderübergreifende Umfragen deuten darauf hin, dass Amerikaner mit größerer Wahrscheinlichkeit als andere Menschen der westlichen Welt die Welt als unabhängige, auf sich selbst gestellte Individuen begreifen«, die für ihr eigenes Schicksal verantwortlich sind. Zum Beweis führt er den World Values Survey an, der fragt: »Wie viel Wahlfreiheit und Kontrolle haben Sie für Ihr Gefühl darüber, wie Ihr Leben verläuft?« Fischer berichtet, dass Amerikaner »ihre Freiheit und Kontrolle mit 44 Prozent also weitaus wahrscheinlicher mit 9 oder 10 auf der Skala bewerteten als die Einwohner irgendeiner von zehn anderen großen, industrialisierten, westlichen Demokratien«.[26] Materiell und sogar auch moralisch haben Amerikaner den Eindruck, auf sich allein gestellt zu sein.

Aber nicht ganz. Denn wie Beobachter von Alexis de Tocqueville bis Robert Bellah betonten, existierte der amerikanische Individualismus immer im Spannungsfeld mit einem anderen starken gesellschaftlichen Charakterzug, dem Voluntarismus.[27] Amerikaner schließen sich mit größerer Wahrscheinlichkeit als Europäer bürgerschaftlichen Organisationen an oder werden Mitglieder religiöser Glaubensgemeinschaften. Sie heiraten auch eher und haben eher Kinder. Sie identifizieren sich mit ihrer eigenen gesellschaftlichen Gruppe und bringen ihre Verpflichtungen dieser gegenüber stärker zum Ausdruck.[28]

Diese »Paradoxien des amerikanischen Individualismus« (um Fischers Terminus aufzugreifen) machen es schwer, vorherzusagen, wie die Vereinigten Staaten auf jedwede Art von Stress oder jegliche Krise reagieren werden. Doch selbst wenn Amerikas Orientierung in Richtung Individualismus eindeutiger ausfiele, wäre es nicht gänzlich zufriedenstellend, eine zugrunde liegende gesellschaftliche Tendenz – sei es Gewalt oder Eigenverantwortung – mit spezifisch pandemiebedingtem Verhalten zu verknüpfen. Eine Kultur kann Menschen anfällig für bestimmte Handlungsformen machen, aber die eigentliche Herausforderung besteht darin, zu zeigen, warum bestimmtes Verhalten zu manchen Zeiten und an bestimmten Orten auftritt oder nicht.

Im Fall der USA beispielsweise erklärt Amerikas Hang zur Gewalt nicht, warum Tötungsdelikte in den Jahrzehnten vor der Pandemie so deutlich zurückgegangen sind. Genauso wenig kann man Amerikas Vorliebe für Individualismus für gelegentliche Anfälle von Kollektivismus und Solidarität verantwortlich machen. Um die Flut von gewalttätigem, antisozialem Verhalten während der Pandemie zu verstehen, muss man jene unmittelbaren Kräfte identifizieren, die Amerikas Gefühle und Überzeugungen zu Beginn der Krise prägten. Die Umstände, die dazu beitrugen, dass der Ausbruch von COVID zu einem massiven Umbruch führte, der in einer Anomie resultierte.

Selbst ohne die Pandemie war den Vereinigten Staaten ein turbulentes Jahr vorherbestimmt. Im November stand dem Land eine der wichtigsten und auch kontroversesten Wahlen seiner Geschichte bevor. Polarisierung drohte das soziale Gefüge zu sprengen. Die Demokraten beklagten zunehmend, dass die Republikaner die demokratischen Normen untergraben und demokratische Institutionen zerstören würden. Um die Macht ihrer eigenen Partei zu stärken, würden sie das politische System aufs Spiel setzen und sich nicht um den Preis scheren, den die Zivilgesellschaft dafür bezahlt. Umgekehrt waren die Republikaner zunehmend davon überzeugt, dass die Demokraten gegen Freiheit, Kapitalismus und Amerika an sich wären.

In einer Umfrage des Pew Research Center im September 2019 gaben 75 Prozent der befragten Demokraten an, sie hielten Republikaner für »engstirnig«, während ca. 70 Prozent der Republikaner die Demokraten »unpatriotisch« und ebenfalls »engstirnig« nannten.[29] Als dann im Dezember desselben Jahres das Repräsentantenhaus für das Amtsenthebungsverfahren von Präsident Trump stimmte, verstärkte das die gegenseitige Verachtung noch. Der Senat begann seine erste Impeachment-Verhandlung im Januar, und die republikanische Mehrheit dort sprach ihn rasch frei. Das überließ es der amerikanischen Wählerschaft, bei ihrem Urnengang im November über Trumps Verbleib im Amt zu entscheiden. In dem langen Jahr des Wahlkampfs kamen Menschen auf beiden Seiten der Grenze zwischen den Parteien zu der Überzeugung, die Republik selbst stünde auf dem Spiel.

Bestimmt von Trumps diktatorischem Ansatz in Bezug auf politische Macht behauptete die Rechte, sie wäre berechtigt, das Land mit allen Mitteln zu verteidigen.[30] Gewalt war gemäß Trumps Weltbild legitim, wenn der Anlass es erforderte – selbst wenn keine konkrete physische Bedrohung vorlag. Ab 2015, als Trump seinen Wahlkampf für 2016 begann, und auch während der Pandemie dokumentierten Journalisten Anlässe, bei denen der Präsident persönlich Hassgruppen und den Einsatz politischer Gewalt begrüßte, um seine Ziele zu erreichen.

Zunächst waren Trumps Aufrufe zur Brutalität hauptsächlich gegen Aktivisten gerichtet, die seine Kundgebungen störten. So zerrten Trumps Sicherheitsleute 2015 einen Mann mit Schwarzer Hautfarbe weg, der während seiner Rede »*Black lives matter*« rief. »Vielleicht hätte man ihn verprügeln sollen, denn was er getan hat, war absolut widerlich«, erklärte Trump anschließend. Bei einer Veranstaltung 2016 in Iowa erzählte Trump seinem Publikum von Gerüchten, dass Protestierende Tomaten auf die Bühne werfen würden. »Wenn ihr jemanden seht, der eine Tomate werfen will, prügelt ihn windelweich, okay? Ganz im Ernst. Prügelt sie einfach, dass ihnen Hören und Sehen vergeht«, sagte er. »Ich verspreche euch, dass ich die Gerichtskosten übernehme. Das verspreche ich. Und es wird nicht so viele geben, weil die Gerichte einer Meinung mit uns sind.« In Las Vegas lenkte er mit den Worten, »Ich würde ihm gern eins in die Fresse hauen«, die Aufmerksamkeit auf einen Gegendemonstranten. Dann erinnerte er sich wehmütig an die Zeit, als Gewalt noch akzeptiert war. »Wir dürfen ja nicht mehr zurückschlagen. Ich liebe die alten Zeiten. Wisst ihr, was die früher mit Leuten gemacht haben, die sich an einen Ort wie den hier trauten? Die wurden auf einer Bahre rausgetragen, Leute.«[31] Einen Monat vor der Wahl erwischte man ihn mit laufender Kamera dabei, wie er sich sexueller Übergriffe rühmte. »*Grab 'em by the pussy*«, empfahl er dem Fernsehstar Billy Bush in einer Diskussion darüber, wie man mit attraktiven Frauen umgehen sollte. »Du kannst alles machen.«[32]

Diese Drohungen und Hetzereien bewirkten mehr, als nur die Menge bei Trumps Kundgebungen anzustacheln. Sie sorgten auch für einen signifikanten Anstieg der Gewalt. Wissenschaftler stellten fest, dass in Städten, wo Kundgebungen mit Trump stattgefunden hatten, es am Tag der Veranstaltung im Durchschnitt 2,3 mehr Übergriffe gab als an anderen Tagen. Die in der Zeitschrift *Epidemiology* veröffentlichte Studie analysierte Kriminalitätstrends während Wahlkampfveranstaltungen von Trump wie auch von Hillary Clinton. Die Autoren stellten fest, dass Clintons Auftritte keinen messbaren Effekt auf die lokale Kiminalitätsrate hatte. Trumps Kundgebungen führten dagegen konstant zu Blutvergießen.[33]

Nachdem Trump das Präsidentenamt angetreten hatte, stieß seine Verteidigung von Hassgruppen und Provokationen von Gewalt in neue Bereiche vor. Wiederholt verunglimpfte er Mainstream-Journalisten als Hausierer von »fake news« und warf ihnen vor, »Feinde des Volkes« zu sein. Die Polizei rief er auf, brutaler mit Verdächtigen umzugehen. Er schwärmte von Zeiten, »als man diese Städte sah, und als man sah, wie diese Gangster hinten in einen Gefängniswagen geworfen wurden, da siehst du einfach, wie sie reingeworfen werden, grob, ich sagte, bitte seid nicht zu nett. Wenn ihr Jungs jemand ins Auto steckt und ihnen den Kopf schützt, wisst ihr, wie ihr deren Hand drüberhaltet, also, stoßt euch nicht den Kopf an. Und die haben gerade jemand umgebracht. Sollen sich nicht den Kopf anstoßen. Ich hab gesagt, ihr könnt die Hand wegnehmen, okay?« Trump rief zu grausamerer Behandlung illegaler Einwanderer auf und führte ein, dass Kinder gewaltsam von ihren Eltern getrennt wurden, obwohl das eine eklatante Verletzung der Menschenrechte ist. Ein Teilnehmer einer Kundgebung von White Supremacists in Charlottesville, Virginia, lenkte sein Auto in eine Menschenmenge Protestierender, wobei er Heather Heyer, eine 32-jährige Einheimische, tötete und mehrere andere Menschen verletzte. Trump weigerte sich anschließend, die Kundgebung kategorisch zu verurteilen, sondern beharrte darauf, dass da auch »gute Leute« mitmarschiert seien.[34]

In Amerika hat es eine lange Tradition, kleine Milizen zu unterstützen, und deren Recht, Waffen zu tragen, ist durch die Verfassung geschützt. Doch Trump zollte militanten Extremistengruppen mehr Lob und Bewunderung als jeder andere Präsident in der modernen US-Geschichte. Und zwar obwohl mehrere Bundesbehörden, darunter das FBI, das Ministerium für Heimatschutz, das Justizministerium und der Oberste Rechnungshof warnten, dass der Extremismus von White Supremacists und ganz rechten Gruppen eine »ständige Bedrohung tödlicher Gewalt« darstellten, wie es in einem gemeinsamen geheimdienstlichen Bulletin von FBI und Homeland Security hieß.[35] Die Zahl der aktiven Hassgruppen schoss während Trumps Präsidentschaft auf Rekordniveau. Das Southern Poverty Law Center berichtete von einem Höchststand mit über eintausend im Jahr 2018 und der Nähe zu »historischen Höchstständen« bis 2020.[36]

Obwohl einige große Nachrichtenmedien dieses Verhalten verurteilten, begrüßten konservative Medien wie u.a. Fox News und eine Vielzahl von Radiosendern, Podcasts und Webseiten Trumps harte Haltung. Mit moralischer Empörung über den Verlust von Amerikas Großartigkeit, Wut über die »soften« Politiker, deren Strategien uns schwächen würden, während im Hintergrund Bildmaterial von Gewalttaten bei progressiven Protesten zu sehen war. Dann das Versprechen, die Macht zu erobern und die Kontrolle zurückzugewinnen. Experten und Politiker ahmten Trump inhaltlich und stilistisch nach, produzierten sich oft als besonders maskuline Aufschneider. In den sozialen Medien waren die Seiten rechter Gruppen voller Gerede von Leuten, die schworen, jeden zu bekämpfen, der sie bedrohe, ob Migranten oder Minderheiten, Umweltschützer, demokratische Sozialisten oder schlicht Liberale. Die Linke reagierte, wenn auch in zahlenmäßig deutlich geringerem Umfang, indem Antifa sich organisierte, um *weiße* Nationalisten, Faschisten und Autoritäre zu bekämpfen, wenn diese auf den Straßen Amerikas demonstrierten.

In dem Moment, als zur Vermeidung einer Krise sozialer Zusammenhalt und kollektives Handeln gefordert war, wurden die USA radikalisiert. Man denke an Daniel Prestis Erfahrung in Staten Island. Die Regierung forderte von ihm, seine kleine Bar im Namen der öffentlichen Gesundheit zu opfern, doch statt finanzieller Unterstützung und Hilfe zeigte man ihm die kalte Schulter und drohte mit Strafen, falls er die Vorschriften verletzte. Presti fühlte sich von Staat und Gesellschaft im Stich gelassen, als Paria, wenn nicht gar Fremder im eigenen Land. Andere Menschen schienen wichtig zu sein, aber er und seine Familie nicht. Seiner Ansicht nach war die soziale Übereinkunft gebrochen worden. Je mehr Zeit er vor rechtsgerichteten Fernsehsendern verbrachte und sich in Gruppen in den sozialen Medien engagierte, die die Empörung anheizten, desto größer wurde seine Gewissheit, zurückschlagen zu müssen. Es half, dass so viele Menschen, die in seiner Umgebung wohnten, diese Weltsicht teilten und dass Aktivisten wie auch Politiker auf nationaler Ebene – inklusive des Präsidenten – Proteste gegen Gouverneure und in manchen Fällen unverhohlen Gewalt befürworteten.

Die Pandemie lieferte ein neues Schlachtfeld und auch neue Anlässe für Konflikte. Wie vorherzusehen, richtete Trump die erste Welle von Schuldzuweisungen und Wut gegen China. Und zwar mit einer Rhetorik, die eine antiasiatische Stimmung anheizte. Und wie Menschenrechtsgruppen gewarnt hatten, trat sie auch eine Lawine rassistischer Gewalt los. Als Nächstes säte das Weiße Haus Zweifel an den wissenschaftlichen Einschätzungen der führenden Experten für öffentliche Gesundheit auf Bundesebene. Man stellte deren Aussagen zur Gefahr des neuartigen Coronavirus infrage und schlug unerprobte, alternative pharmazeutische Heilmittel für die Therapie vor. Während des ersten Jahres der Pandemie entschieden die Trump-Regierung und deren politische Verbündete, eine bezeichnende Haltung zu vertreten und vorzumachen: Anstatt kollektives Handeln zu koordinieren, stellte man den US-Bürgern im Wesentlichen frei, zu tun, was ihnen gefiel.

Präsident Trumps erstes Statement zu den Vorgaben des Centers for Disease Control and Prevention (CDC) zum Thema Masken am 3. April war das maßgebliche Ereignis in der Ausprägung dieser Laissez-faire-Politik. Indem er zwar die Empfehlung der CDC bekannt gab, wonach Amerikaner in der Öffentlichkeit Masken tragen sollten, aber sofort sagte, »ich entscheide mich, das nicht zu machen«, ermunterte der Präsident jeden, individuell zu entscheiden, was er tun oder lassen würde.[37] Dieses Prinzip wurde praktisch auf alles angewendet, worum es während der Pandemie ging: Abstand halten, welche Medikamente man nahm, sich testen lassen, Kontaktverfolgung. Schließlich und vielleicht am folgenschwersten, ob man sich impfen ließ.

In Bundesstaaten mit Demokratischen Gouverneuren, die strengere Regeln für die öffentliche Gesundheit erließen, organisierten Konservative erbitterte Kampagnen gegen Lockdowns und Maskenpflicht. Rechtsgerichtete Gruppen demonstrierten vor Parlamentsgebäuden und Rathäusern im ganzen Land. Einige Protestierende trugen offen Waffen, und gelegentlich arteten die Aktionen in Gewalt aus. Mitte April organisierte der Michigan Freedom Fund, eine konservative Gruppe, die von der Bildungsministerin Betsy DeVos mitfinanziert wurde, die erste große Anti-Lockdown-Kundgebung in Amerika. Die Gruppe trat am 30. April wieder auf den Plan, als das Landesparlament dafür stimmte, den Notstand in Michigan zu verlängern. »Dutzende Männer mit Sturmgewehren füllten die Rotunde und näherten sich den verriegelten Türen, hinter denen die Legislative tagte«, berichtete der *New Yorker*. »Vor einer Kette von Polizisten grölten sie, ›Lasst uns rein!‹.«[38]

In anderen demokratischen Gesellschaften nahmen führende Politiker eine andere Haltung ein. So beharrte der konservative Premierminister Australiens, Scott Morrison, darauf, dass »es kein blaues und kein rotes Team mehr gibt ... keine Gewerkschaften und Bosse. Es gibt jetzt nur noch Australier, das ist alles, was zählt.«[39] Als Morrison Anfang April 2020 neue soziale und wirtschaftliche Einschränkungen erließ, sprach er vor dem Parlament und erinnerte an die Verpflichtung der Nation zum Erhalt der öffentlichen Gesundheit, appellierte ans Gemeinwohl und an den gemeinsamen Kampf gegen eine Bedrohung, die alle betraf. Das Recht jedes Einzelnen, nach eigenem Belieben zu handeln, erwähnte er nicht.

> Wir sind keine erzwungene Gemeinschaft. Wir handeln gemäß unserer Übereinkunft und unserer willentlichen Unterstützung des nationalen Interesses, durch unsere vielen Institutionen, darunter dieses Parlament und die vielen anderen überall in diesem Land. Und wir werden das nicht aufgeben ... Unsere Souveränität zeigt sich durch die Lebensqualität, die wir den Australiern bieten, mit einem Gesundheitswesen und einem Bildungswesen, die führend in der Welt sind, mit der Versorgung von behinderten und alten Menschen und einem sozialen Sicherheitsnetz, das Lebensnotwendiges garantiert und auf das die Australier sich verlassen. Das werden wir nicht aufgeben. Und in erster Linie wird unsere Souveränität davon getragen, was wir als Australier glauben, was wir wertschätzen und was uns das Liebste ist, unsere Prinzipien, unsere Art und Weise, Dinge zu tun. Das werden wir nie aufgeben. Also täuschen Sie sich nicht, heute geht es nicht um Ideologien. Die haben wir vor der Tür abgegeben. Heute geht es darum, Australiens nationale Souveränität zu verteidigen und zu beschützen. Das wird ein Kampf. Diesen Kampf werden wir gewinnen. Aber es wird kein Kampf ohne Kosten oder ohne Verluste. Unsere Souveränität zu verteidigen hat schon immer viel gekostet, egal, in welcher Form die Bedrohung sich präsentiert, und das wird heute nicht anders sein. Also werden wir uns heute darauf einigen, diesen Preis zu bezahlen, durch die wichtigen Maßnahmen, die wir heute erlassen. Aber als Regierung möchte ich mich heute allen Australiern gegenüber verpflichten, als Premierminister, dazu verpflichten, dass wir, sobald wir diese Bedrohungen überwunden haben, und das werden wir, beginnen werden, wiederaufzubauen und zurückzugeben, was auch immer der vor uns liegende Kampf uns genommen hat.[40]

Die meisten führenden westlichen Politiker verwendeten eine ähnliche Rhetorik, um während des ersten Pandemiejahres gesellschaftlichen Zusammenhalt, gegenseitige Verantwortung und ein gemeinsames Ziel zu propagieren. In einer Rede Ende März rechtfertigte der kanadische Premier Justin Trudeau soziale Restriktionen als einen Weg, vulnerable Mitbürger und systemrelevante Arbeitskräfte zu schützen: »Wenn Sie entscheiden, Leute zu treffen oder Orte mit vielen Menschen aufzusuchen, dann gefährden Sie nicht nur sich selbst. Sie gefährden auch andere. Ihre ältere Verwandte, die in einem Seniorenheim lebt. Ihren chronisch kranken Freund. Unsere Pfleger und Ärzte an vorderster Front. Unsere Arbeitskräfte, die die Regale im Lebensmittelladen einräumen. Sie sind darauf angewiesen, dass Sie die richtigen Entscheidungen treffen. Sie sind darauf angewiesen, dass Sie Ihren Teil der Verantwortung übernehmen.«[41] Sogar Boris Johnson, der anfangs eine eher individualistische Haltung zur Pandemie vertrat, bediente sich im Kampf nach einer Welle von Erkrankungen in Großbritannien der Sprache einer gemeinsamen Sache: »In diesem Kampf können wir uns keinen Zweifel daran erlauben, dass jeder Einzelne von uns unmittelbar verpflichtet ist. Jeder Einzelne von uns hat jetzt die Pflicht, sich einzubringen, um die Ausbreitung dieser Krankheit zu stoppen, um unseren NHS [National Health Service] zu schützen und um viele, viele Tausend Menschenleben zu schützen. Und ich weiß, dass sich die Bevölkerung dieses Landes, wie schon so viele Male in der Vergangenheit, dieser Herausforderung stellen wird. Wir werden das Coronavirus bezwingen, und wir werden es gemeinsam bezwingen. Und daher bitte ich Sie in diesem Moment eines nationalen Notfalls, zu Hause zu bleiben, unseren NHS zu schützen und Leben zu retten.«[42]

Die politische Führung in demokratischen Gesellschaften kann natürlich nicht diktieren, wie Menschen sich in einer Krise verhalten. Daher wäre es ebenso unfair, alle soziale Gewalt in Amerika dem Präsidenten zuzuschreiben, wie es unfair wäre, alle Kooperation in Australien und Kanada den Appellen ihrer Premierminister an Einigkeit und Verständnis zuzuschreiben. Doch wie sozialwissenschaftliche Forschung zuhauf belegt, spielen offizielle Vertreter eine einflussreiche Rolle bei der Meinungsbildung und dem direkten Handeln in unsicheren Zeiten. Ihre Bedeutung ist nicht hoch genug zu bewerten, wenn es darum geht, die Situation für Medien und Bevölkerung zu definieren. Und sie verfügen über unvergleichlichen Einfluss, wenn sie die Richtung für die Entscheidungsträger und die Agenda für die öffentliche Debatte vorgeben.[43] Im Wesentlichen hat Trumps COVID-Rhetorik jegliche Chance der Amerikaner untergraben, eine Basis für Solidarität zu finden. In einer plausiblen, kontrafaktischen Realität hätte ein Politiker vom Typ »starker Mann« wie Trump vielleicht versucht, das Land zu einen. Und zwar indem er von einem gemeinsamen Feind und einem großen Kampf gesprochen und militärische Metaphern benutzt hätte, die bei Konservativen wie Morrison und Johnson so gut funktionierten. Stattdessen delegierte er die Verantwortung an die einzelnen Bundesstaaten und Bürger. Die Regierung sollte dann zwar maßgebliche Investitionen vornehmen, um die Wirtschaft zu retten und die Produktion von Impfstoff zu subventionieren – beides in noch nie da gewesenem Umfang. Doch was Entscheidungen über den Umgang mit dem Virus betraf, blieben die Amerikaner auf sich allein gestellt.

Inzwischen ist die Kombination der Elemente, die damals an Amerikas geschwächtem sozialem Zusammenhalt genagt haben, besser sichtbar. Eine zugrunde liegende Kultur von Individualismus und Eigenverantwortlichkeit sowie eine Anfälligkeit für Gewalt förderten das von Misstrauen und Spaltung geprägte politische Klima. Der Präsident, der während des pandemischen Notstands ungewöhnlich viel Macht und Einfluss ausübte, forderte die Bürger auf, wissenschaftlichen Experten zu misstrauen, und erteilte stillschweigend die Erlaubnis, Richtlinien zur öffentlichen Gesundheit zu ignorieren, die den Leuten missfielen.[44] Seine Unterstützer in den Medien und in anderen politischen Ämtern befürworteten diese Sichtweise. Darüber hinaus tolerierten sie – und befürworteten in einigen Fällen sogar – eine gewalttätige Opposition gegen die Maskenpflicht, die Schließung von Betrieben, gegen öffentliche Lockdowns und andere Vorschriften, die sie »tyrannische« Verletzungen der individuellen Rechte nannten. In diesem Kontext gedeiht Feindseligkeit. Menschen verlieren das Vertrauen in die Idee der Zivilgesellschaft. Sie überleben, indem sie nur auf sich selbst schauen.

Die Geschichten von Menschen wie Nuala O'Doherty und Unterstützungsgruppen wie dem COVID Care Neighbor Network erinnern sehr deutlich daran, dass die amerikanische Gesellschaft sich im Jahr 2020 nicht völlig aufgelöst hat. In Kleinstädten, Vororten und urbanen Vierteln im ganzen Land traten gemeinschaftliche Organisationen auf den Plan, um Menschen in Not zu helfen. Doch zeigten Amerikaner eher die Bereitschaft, sich mit Leuten zusammenzutun, die ihr Weltbild, ihre politische Zugehörigkeit und ihre Identität teilten, als die Kluft zu denjenigen zu überbrücken, die anders waren. Während das Land auf die Präsidentschaftswahl zusteuerte, war die Verachtung für die jeweils andere Seite das, was die Amerikaner einte.

Ein gemeinsamer emotionaler Zustand – geprägt von Furcht, Hass, Verbitterung, Empörung und Wut – fachte die Flammen des amerikanischen Zorns an und beschleunigte die Entwicklung hin zu anomischer Gewalt.[45] Mit seinen bedrohlichen Zurschaustellungen von Wut und den Drohungen, sich an seinen Gegnern zu rächen, hat der Präsident das emotionale Register der Nation aus den Jahren vor der Pandemie neu justiert. Die Medien, abgestimmt auf die populäre Anziehungskraft wütender Stimmen, die vermeintlich böse Handlungen schlechtmachen, verstärkten den feindseligen Ton noch. Während Amerikaner in anderen historischen Momenten eher dazu neigten, Politik und provokative Konfrontationen zu vermeiden, suchten sie 2020 nach Anlässen, sich auszutoben.[46] Sie dekorierten ihre Autos und Trucks mit Begriffen aus der Kriegsführung. Auf den Straßen sah man immer häufiger Aufkleber auf Stoßstangen, die eine Klapperschlange zeigten und dazu die Warnung »Don't Tread on Me« [Geh mir nicht auf die Nerven]. Ebenso verbreitet war »Come and Take It« [Komm und hol's dir] unter der Abbildung einer Kanone oder eines AR-15 Sturmgewehrs. »Not My President« war eine häufige Botschaft an Fahrzeugen von Kritikern des Präsidenten, aber auch »TRE45SON« [Sperrt ihn ein] und »Resist« [Leistet Widerstand]. Es ist auch kein Zufall, dass mit mehr Rücksichtslosigkeit und Aggressivität Auto gefahren wurde.

An Universitäten beklagten konservative und moderat liberale Studierende, dass die »cancel culture« ein Klima der Furcht auf dem Campus erzeugt hätte, was die Möglichkeiten, die eigene Meinung offen zu äußern, verhindere. Von einer produktiven Debatte ganz zu schweigen. Ein politisch progressiver junger Erwachsener, den wir interviewten, erzählte uns, wie seine »woken« Altersgenossen ihn eingeschüchtert und zum Schweigen gebracht hatten. Und das, obwohl er an BLM-Demonstrationen teilgenommen hatte. »Ich habe Leute erlebt, die Memes über Christopher Dorner teilten, ihn anhimmelten. Das war der Ex-Cop in L.A., der in einer Mordserie Polizisten des LAPD und deren Angehörige erschoss, um seinen Ruf zu verteidigen. Eine Menge Leute, die ich kenne, betrachten ihn als Helden. Aber das ist seltsam, weil ich quasi auch von einem Cop abstamme. Mein Grandpa war Grenzpolizist, und meine Sicherheit in dieser Welt beruht darauf. Dann bin ich anscheinend auch ein Stück Dreck. Und es ist schon sehr seltsam, wenn ich mir vorstelle, dass ich für diese Leute ein legitimes Ziel darstelle, weil mein Grandpa ein Cop war, verstehen Sie?«

Die De-Pazifizierung des Alltags erstreckte sich auf fast jeden Ort, wo Menschen von beiden Seiten der gesellschaftlichen Kluft aufeinandertrafen. In Einkaufszentren machten Konservative sich unverhohlen über Maskenträger lustig, denen sie passiven Gehorsam unterstellten. Umgekehrt schrien Liberale diejenigen ohne Maske an, sie würden rücksichtslos alle in ihrer Nähe gefährden. Gelegentlich mündeten diese Auseinandersetzungen in Gewalt, manchmal in tödliche Angriffe. In Schulbezirken taten Eltern in gesicherten finanziellen Verhältnissen, die selbst im Homeoffice arbeiteten und ihre Kinder beim Online-Unterricht unterstützen konnten, die Sorgen von Familien aus einfacheren Verhältnissen ab, die darauf angewiesen waren, dass die Schulen wieder öffneten, damit sie finanziell über die Runden kamen. Bei Fluggesellschaften wurden »renitente Passagiere« für Flugbegleiterinnen und Mitreisende zur Plage. Streitereien über die Maskenpflicht waren häufigster Auslöser von derlei Problemen. So beharrte eine forsche Gruppe von Flugreisenden darauf, ihre Masken nach dem Start abzunehmen. Allerdings sorgten auch andere Rücksichtslosigkeiten, etwa Passagiere, die trotz ihrer COVID-Infektion flogen und andere in ihrer Umgebung ansteckten, dafür, dass Flugreisen zu einer stressigen und antisozialen Angelegenheit wurden. Je näher die Amerikaner denjenigen kamen, die nicht ihrer eigenen Community angehörten, desto stärker wollten sie sich von diesen Leuten distanzieren.

Nachwort

In der Geschichte, die sich die US-Amerikaner oft selbst erzählen, sind die Vereinigten Staaten eine große demokratische Gesellschaft. Seit dem Zweiten Weltkrieg, als die USA eine entscheidende Rolle beim Sieg über die Nazis und Faschisten spielten, bezeichnen die Amerikaner ihre Nation auch gerne als »Anführer der freien Welt«.[1]

Die Wahrheit war schon immer komplizierter. Das Wahlrecht gewährten die USA jahrhundertelang nur einer ausgewählten Gruppe von Bürgern. Frauen erhielten das Wahlrecht erst 1920, als der Kongress den 19. Zusatzartikel zur Verfassung ratifizierte. Vor dem *Voting Rights Act* von 1965 waren Schwarze, die zu wählen versuchten, häufig mit Wahlsteuern, Alphabetisierungstests, bürokratischen Hindernissen und gewaltsamer Unterdrückung konfrontiert. Auch nach diesem Erfolg sahen sich Schwarze Wähler in den Wahllokalen unzulässigen Behinderungen ausgesetzt, darunter unverhältnismäßig lange Wartezeiten und unbegründete Anschuldigungen wegen Wahlbetrugs.[2]

Ebenso durchwachsen ist die Bilanz der USA, was die Führung der freien Welt anbelangt. In einigen Ländern wie Deutschland und der Sowjetunion bekämpften die USA den Autoritarismus, während sie ihn in anderen Ländern wie Spanien, Argentinien und Paraguay tolerierten und sogar unterstützten. In mehreren lateinamerikanischen Staaten, von Guatemala bis Chile, verhalfen die USA bewaffneten Rebellen und militärischen Aufständischen zum Sturz demokratisch gewählter Regierungschefs.[3] Diktaturen waren akzeptabel, solange die Machthaber den US-amerikanischen Interessen entgegenkamen. Freiheit war, wie die Demokratie, ein an Bedingungen geknüpftes Gut.

Eine alarmierende Anzahl von US-Amerikanern sah in den letzten Monaten des Jahres 2020 sowohl die Freiheit als auch die Demokratie in Gefahr. Im November würden die US-Wähler ihren nächsten Präsidenten wählen, entweder Donald Trump oder Joe Biden, und entscheiden, ob Republikaner oder Demokraten den Kongress kontrollieren würden. Für die Parteichefs stand so viel auf dem Spiel wie nie zuvor. »Dies ist eine Abstimmung über die Demokratie!«, warnte Biden. Bei einer Bürgerversammlung in Pennsylvania erklärte der demokratische Kandidat den Zuhörern, Trumps Versagen im Umgang mit der Pandemie habe die Amerikaner ihrer Grundfreiheiten beraubt: »Ihr habt eure Freiheit verloren, weil er nicht gehandelt hat. Die Freiheit, zu dieser Sportveranstaltung zu gehen, die Freiheit eures Kindes, die Schule zu besuchen, die Freiheit, eure Mutter oder euren Vater im Krankenhaus zu besuchen. Die Freiheit, einfach nur in der Nachbarschaft spazieren zu gehen, weil er dabei versagt hat, verantwortungsbewusst zu handeln.«[4]

Trump äußerte ähnliche Warnungen. »Die Demokraten wollen euch die Waffen wegnehmen, sie wollen euch die Gesundheitsversorgung wegnehmen, sie wollen euch die Stimme wegnehmen, sie wollen euch die Freiheit wegnehmen. Sie wollen euch alles wegnehmen«, erklärte er – erstmals vor seinem Amtsenthebungsverfahren und 2020 bei Wahlkampfveranstaltungen in Variationen des Themas. »Wir können das niemals zulassen.«[5]

Die Stimmabgabe – der konkrete Vorgang der Registrierung, der Entgegennahme eines Stimmzettels, des Markierens, des Einreichens und des Sicherstellens, dass er korrekt ausgezählt wird – war bei US-Wahlen schon immer ein umstrittener Prozess. Die Pandemie fügte neue Probleme hinzu und verschärfte andere. Welche Vorkehrungen sollten die Bundesstaaten für Bürger treffen, die ihr Wahlrecht ausüben wollten, jedoch an öffentlichen Orten eine Ansteckung mit dem Coronavirus befürchteten? In welchem Maß sollten die Regierungen Alternativen zum herkömmlichen System der Stimmabgabe an einem festgelegten Abstimmungsort, wie Einwurfkästen oder Briefwahlen, fördern und in diese Maßnahmen investieren? Was mussten die staatlichen und lokalen Behörden unternehmen, um zu gewährleisten, dass bei ihnen eingehende Stimmzettel sowie die von ihnen eingesetzten Auszählungssysteme sicher waren?

Für die Wahlleiter auf staatlicher und lokaler Ebene war die Bekämpfung von Infektionskrankheiten beileibe nicht die einzige Herausforderung. Während des gesamten Jahres 2020 nutzte Präsident Trump die Macht seines Amtes, um die Legitimität des Wahlprozesses infrage zu stellen – genau wie er es bereits während und nach den Zwischenwahlen 2018 getan hatte. Im Juli 2020, als die einzelnen Bundesstaaten Pläne für eine erweiterte vorzeitige Stimmabgabe und Programme mit Einwurfkästen ausarbeiteten, schlug er vor, die Nation möge die Wahl verschieben und ihm eine längere Amtszeit erlauben. »Mit der Allgemeinen Stimmabgabe per Brief (nicht der Briefwahl, die gut ist) wird 2020 die UNGENAUESTE & BETRÜGERISCHSTE Wahl der Geschichte sein«, twitterte Trump. »Es wird eine große Blamage für die USA sein. Die Wahl so lange verschieben, bis die Menschen ordnungsgemäß, sicher und gefahrlos wählen können???«

Kein Präsident in der Geschichte der USA hatte je zuvor die Aussetzung einer Wahl gefordert, und Trumps Idee fand wenig Unterstützung, selbst bei den Republikanern, die ihm ansonsten folgten.

Obwohl Trump nicht mehr darauf drängte, die Wahl zu verschieben, wiederholte er seine Behauptung, die Demokraten würden alles tun, um in den umkämpften *swing states* Stimmen zu fälschen und die Wahl zu stehlen: Hierzu würden sie Software hacken, elektronische Auszählungssysteme manipulieren, ihre Anhänger zur Abgabe mehrerer Stimmen auffordern und Menschen, die keine Staatsbürger sind, zur Stimmabgabe aufrufen. Trump beharrte darauf, die Oppositionspartei nutze die Pandemie, um gegen den Willen der Bevölkerung die Kontrolle des Landes an sich zu reißen. Im August, als er den Umfragen zufolge weit hinter Biden lag, erklärte er: »Wir können diese Wahl nur verlieren, wenn sie gefälscht wird.«[6]

Die Demokraten hegten ihre eigenen Befürchtungen hinsichtlich einer manipulierten Wahl. Wie der Präsident sorgten sie sich um die Stimmabgabe per Brief. Trump warnte davor, dass der US-Postdienst (USPS) eine Verfälschung des Ergebnisses durch eine Unzahl rechtswidriger Stimmabgaben ermöglichen würde. Die Demokraten befürchteten hingegen, er werde das Gegenteil tun und die Zustellung verzögern, sodass die Stimmzettel nicht rechtzeitig ausgezählt werden könnten. Der Hauptgrund für diese Sorge war Louis DeJoy, ein republikanischer »Großspender«, den Trump zum Chef der US-Bundespost ernannte, zum *Postmaster General*, obwohl er keinerlei Erfahrung mit der Post oder einer anderen Behörde besaß. Zur Senkung der Betriebskosten nahm DeJoy im Spätsommer 2020 weitreichende Änderungen vor, die zu erheblichen Verspätungen bei der Zustellung führten. Der Zeitpunkt dieser Eingriffe – mitten in einer Pandemie und nur wenige Wochen vor einer Wahl, bei der Millionen von Amerikanern ihre Stimme per Post abgeben würden, erregte Verdacht. »Versucht Trumps neuer Postchef, die Wahl zu manipulieren?«, fragte eine Schlagzeile des *Guardian*.[7]

Im August kündigte DeJoy an, er werde einige der neuen betrieblichen Verfahren aussetzen, seine politischen Gegner waren jedoch skeptisch. Später im selben Monat hielt das Repräsentantenhaus eine öffentliche Anhörung zum Thema »Schutz der rechtzeitigen Zustellung von Post, Medikamenten und Briefwahlstimmen« ab. Dabei befragten die Demokraten den *Postmaster General* intensiv zu seinen offenkundig politischen Beweggründen und brachten ein 25-Milliarden-Dollar-Gesetz ein, um den Postdienst wieder auf den Stand vor DeJoys Amtszeit zu bringen.[8] Im September verhinderte ein Bundesrichter in Washington, dass DeJoy weitere Änderungen vornahm. Stanley Bastian, Richter am Bundesbezirksgericht, schrieb: »Es lässt sich unschwer folgern, dass die jüngsten Veränderungen bei den Postdiensten einen absichtlichen Versuch der derzeitigen Regierung darstellen, die Rechtmäßigkeit der auf lokaler, bundesstaatlicher sowie staatlicher Ebene bevorstehenden Wahlen zu stören und infrage zu stellen.« Die Maßnahmen, so fügte er hinzu, schienen auf eine »Entrechtung der Wähler« abzuzielen.[9]

Am 3. November 2020 gaben 155 Millionen Amerikaner, zwei Drittel der Wahlberechtigten, ihre Stimme ab; das war die höchste Wahlbeteiligung im 21. Jahrhundert.[10] Die Entrechtung schien kein großes Problem darzustellen, wohl aber die Verleugnung. Wahlen sind rituelle Veranstaltungen, und einer der heiligen Momente bei US-amerikanischen Präsidentschaftswahlen tritt ein, wenn das Ergebnis feststeht und der unterlegene Kandidat den Gewinner anruft, um dessen Sieg anzuerkennen. Seit Jahrzehnten ist dies der erste Schritt in einem Prozess, der zudem ein Markenzeichen der US-amerikanischen Demokratie und seit vielen Jahren eine Quelle des Nationalstolzes ist: die friedliche Machtübergabe. Trump tätigte 2020 jedoch keinen derartigen Anruf. Stattdessen wandten sich seine Berater an Führungskräfte von Fox News und einflussreiche Journalisten und forderten sie auf, ihre Prognosen zurückzuziehen. Jared Kushner rief Rupert Murdoch an, konnte ihn aber nicht zur Unterstützung überreden. Am 4. November um 2.30 Uhr nannte Trump die Wahlergebnisse in Arizona einen »Betrug«. Er forderte die Behörden auf, die Auszählung der Stimmzettel zu stoppen, und verlangte, der Oberste Gerichtshof solle über den Sieger entscheiden.[11]

Als erster großer Nachrichtensender sagte CNN am 7. November um 11.24 Uhr Biden als Sieger voraus.[12] Rasch folgten andere, darunter der rechte Sender Fox News. Biden hatte knappe Rennen in Schlüsselstaaten wie Arizona, Georgia, Michigan, Nevada, Pennsylvania und Wisconsin gewonnen. Bei den Wählerstimmen lag er um sieben Millionen vorne und errang 306 Stimmen im Wahlkollegium gegenüber Trumps 232 Stimmen. In jeder Hinsicht war das ein eindeutiger Sieg. Doch der Präsident weigerte sich, das Ergebnis zu akzeptieren. Binnen weniger Stunden erklärte sich Trump in den sozialen Medien zum Sieger. »ICH HABE DIESE WAHL GEWONNEN, MIT GROSSEM ABSTAND!«, twitterte er und ergänzte, das Rennen sei »noch lange nicht gelaufen«.[13] »Sie haben sie mir gestohlen«, behauptete er gegenüber der Vorsitzenden des

Republican National Committee, »ich werde einfach nicht gehen.«[14] Als Teil des umfassenden Bemühens, Wahlergebnisse in jenen Staaten zu kippen, die er verloren hatte, reichten Trump und seine Verbündeten in den folgenden Wochen 62 Klagen bei einzel- und bundesstaatlichen Gerichten ein. Bis Anfang Januar 2021 waren alle außer einer unbedeutenden gescheitert. Der Präsident blieb von den Entscheidungen unbeeindruckt. »Diese gefälschte Wahl kann nicht länger aufrechterhalten werden«, twitterte er im Dezember, als nur mehr die Prozedur der offiziellen Auszählung der Ergebnisse des Electoral College [dt. Wahlkollegium; Anm. d. Ü.] durch den Kongress am 6. Januar 2021 verblieb. »Setzt euch in Bewegung, Republikaner.«[15] In den letzten Tagen des Jahres 2020 taten Republikaner überall in den USA genau das.

Am 30. Dezember 2020 starben mehr als 3800 US-Amerikaner an COVID, es war der tödlichste Tag des ersten Pandemiejahres. Am selben Tag meldete die Volksrepublik China null Corona-Todesfälle, und auch der gemeldete Sieben-Tage-Durchschnitt für Corona-Todesfälle lag bei null.[16] Tatsächlich meldete China mit seinen mehr als 1,4 Milliarden Einwohnern auf nationaler Ebene seit März 2020 durchgehend zwischen null und einem Corona-Todesfall pro Woche. Obwohl sich dort der erste Coronavirus-Ausbruch ereignete, behauptete China, dass die gesamte COVID-Mortalität im Jahr 2020 unter 5000 lag. Forscher aus dem Ausland bezweifelten die Richtigkeit dieser Zahlen, doch angesichts des begrenzten Zugangs zu zuverlässigen chinesischen Gesundheitsstatistiken ist es schwierig, herauszufinden, was wirklich geschah. Analysen der Übersterblichkeit in den Jahren 2020 und 2021, die beispielsweise in *Lancet* und *Nature* veröffentlicht wurden, ergaben für China Zahlen, bei denen die Zahl zusätzlicher Todesfälle um 400 000 abwich.[17]

Wegen ihrer ehrgeizigen und wortwörtlich gemeinten Null-COVID-Politik blieb die Zahl Null für die chinesischen Gesundheitsbehörden jene, die es im Auge zu behalten galt. »Das derzeitige strategische Ziel besteht darin, keine oder nur eine minimale einheimische Übertragung von SARS-CoV-2 zuzulassen, bis die Bevölkerung durch die Immunisierung mit sicheren und wirksamen COVID-19-Impfstoffen geschützt ist. Zu diesem Zeitpunkt sollte das Risiko einer Corona-Infektion aus jeglicher Quelle auf ein Minimum reduziert sein«, schrieb ein Wissenschaftlerteam unter der Leitung des chinesischen Zentrums für Seuchenbekämpfung im Juli 2020. »Chinas Eindämmungsbemühungen haben die Morbidität und Mortalität durch COVID-19 markant verringert und die Übertragung innerhalb der Bevölkerung gestoppt.«[18] Die Herausforderung bestand darin, die Übertragung auch bei künftigen Wellen zu verhindern, unabhängig davon, wie ansteckend die Variante sein würde. Kritiker machten sich Sorgen darüber, was diese Maßnahmen den Menschen abverlangten. Wie lange konnten die Chinesen in ihren Häusern eingeschlossen bleiben und von sozialen und kulturellen Aktivitäten ausgeschlossen sein? Das Land war keineswegs demokratisch, doch es gab eine Grenze für das, was die chinesischen Bürger hinnehmen würden.

Im November 2022 starteten chinesische Aktivisten außergewöhnliche Proteste gegen die erfolglosen Bemühungen der Regierung, Null-COVID dauerhaft aufrechtzuerhalten. Für fast drei Jahre hatten die Einwohner der Volksrepublik lange Phasen des Eingeschlossenseins ertragen sowie obligatorische COVID-Tests für alle, die einen öffentlichen Ort betreten wollten. Jetzt wehrte sich eine lautstarke soziale Bewegung. In Städten im ganzen Land – Ürümqi, Shanghai, Chengdu, Wuhan und Beijing, wo der Preis für abweichende Meinungen erschreckend hoch sein kann – marschierten die Menschen stundenlang in der Kälte, skandierten »Wir wollen Freiheit!« und forderten Veränderungen.[19] Am 7. Dezember machte die chinesische Regierung einen überraschend schnellen Rückzieher, öffnete Schulen, die den Präsenzunterricht ausgesetzt hatten, stellte die verpflichtenden Tests ein und erlaubte Reisenden die Rückkehr ohne langwierige Quarantäne. Die Öffentlichkeit reagierte begeistert, dies jedoch nur kurz. Mangels Schutz durch mRNA-Impfstoffe oder frühere Kontakte mit COVID war Chinas Bevölkerung für eine Infektion empfänglich und anfällig für schwere Verläufe. Innerhalb weniger Wochen stiegen die

Fallzahlen sprunghaft an, waren die Notfallzentren überlastet, und die Leichen – auf Satellitenbildern sichtbar, nicht aber in den offiziellen Statistiken – stapelten sich vor medizinischen Einrichtungen und Bestattungsinstituten. Mitte Januar 2023 meldete Beijing, dass China in den fünf Wochen seit Aufhebung der Null-COVID-Beschränkungen 60 000 Corona-Tote zu beklagen hatte; außenstehende Beobachter schätzten, dass die tatsächliche Zahl um ein Vielfaches höher lag, nämlich bei Hunderttausenden, wenn nicht mehr.[20] Ein hochrangiger chinesischer Gesundheitsfunktionär ging davon aus, dass sich seit Aufhebung der staatlichen Beschränkungen mehr als eine Milliarde Menschen angesteckt hatten, und Mitte Februar 2023 schätzten vier verschiedene Gruppen von Forschern, dass seit Pandemiebeginn zwischen 1 und 1,5 Millionen Menschen an COVID gestorben waren.[21]

In China blieben die Fallzahlen auch über das Neujahrsfest hoch, als die Chinesen die Gelegenheit nutzten, im Land umherzureisen und wieder Verwandte zu besuchen. Als der Anstieg abflaute, konnte man sich des Eindrucks nicht erwehren, dass Chinas öffentliche Gesundheit 2023 wesentlich stärker derjenigen der USA im Jahr 2020 glich, als die Behörden zugeben wollten. Chinas Staatschef Xi Jinping hatte einen Weg gefunden, die Krankheit vorübergehend einzudämmen und zu kontrollieren, wenn auch auf Kosten der Freiheit und des Gemeinschaftslebens im Land. Doch seine Vision, der Krise zu entgehen, erwies sich als unrealistisch. Der starke Mann konnte die Nation nicht schützen, welche Geschichte auch immer er erzählte.

Auch in Australien sorgten die politischen Maßnahmen in den letzten Monaten des Jahres 2020 für Kontroversen. Dank umfassender Maßnahmen im Bereich der öffentlichen Gesundheit, einschließlich strikter Beschränkungen von Reisen und sozialen Zusammenkünften, war 2020 das Jahr mit den wenigsten Todesfällen in der jüngeren Geschichte. Für 2020 meldete das Australian Institute of Health and Welfare 8000 Todesfälle weniger als für 2019, und Männer wie Frauen hatten die höchste Lebenserwartung aller Zeiten – das genaue Gegenteil der Trends in den USA.[22]

Das Leben in einer globalen Pandemie zu schützen, war jedoch nicht genug, um alle zufriedenzustellen. Immer mehr Australier klagten, die Lockdowns würden einen hohen gesellschaftlichen und wirtschaftlichen Tribut fordern und manche Bundesstaaten würden sie zu häufig einsetzen. In Victoria waren die Lockdowns besonders einschränkend und von sehr langer Dauer: Einen ersten hatte die Regierung vom 30. März bis zum 11. Mai verhängt und einen zweiten vom 7. Juli bis zum 26. Oktober. Einige Menschen, die die Maßnahmen anfangs befürwortet hatten, fragten sich nun, ob das Heilmittel nicht mehr Schaden anrichtete als die Krankheit. Im Herbst widersetzten sich Hunderte von Menschen den Regeln für öffentliche Versammlungen. Sie gingen auf die Straße und forderten die flächendeckende Aufhebung. Verstärkt wurde ihre Botschaft von Gruppen, die Anti-Impf-Botschaften und Corona-Verschwörungstheorien verbreiteten. Als Reaktion darauf drang die Polizei in das Haus eines prominenten Aktivisten der Bewegung ein und verhaftete andere, die online zu Demonstrationen aufgerufen hatten.[23] Befürworter der bürgerlichen Freiheiten hatten Australien lange Zeit als »eine der freiesten Gesellschaften der Welt« bezeichnet; nun bezweifelten sie das Einstehen des Landes für grundlegende Menschenrechte.[24]

Auch in Großbritannien stellten Kritiker der gesundheitspolizeilichen Beschränkungen 2020 das Engagement der Regierung für bürgerliche Freiheiten infrage. Verglichen mit den Australiern waren die Briten außerordentlich frei beim Umgang miteinander und genossen Bewegungsfreiheit. Das galt auch für das Coronavirus. Dies wiederum war einer der Gründe dafür, warum die COVID-Delta-Variante im Dezember von Indien aus, wo man sie zu Monatsbeginn erstmals entdeckt hatte, ins Vereinigte Königreich gelangte. Delta war mehr als doppelt so ansteckend wie frühere Varianten und führte mit größerer Wahrscheinlichkeit zu einer Krankenhauseinweisung.[25] Während des ersten Pandemiejahres gehörte Großbritannien zu den gefährlichsten Gegenden, und zwar auch, weil es sich weigerte, wirtschaftliche Aktivitäten und gesellschaftliche Zusammenkünfte einzuschränken. Mit 85 000 überzähligen Todesfällen rangierte Großbritannien unter allen Nationen an dritter Stelle, hinter den USA und Italien, in puncto Übersterblichkeit an neunter Stelle.[26] Nach langen Monaten der Opfer, des Leids und der politischen Instabilität waren die Menschen bereits wütend und erschöpft. Angesichts der bevorstehenden Weihnachts- und Neujahrsfeiertage hatten Millionen Menschen Reisen geplant, um Freunde und Familie zu besuchen. Nun war alles wieder in Gefahr.

Bei einer am 19. Dezember abgehaltenen Pressekonferenz gab Premierminister Boris Johnson einen sprunghaften Anstieg der Delta-Fälle in Teilen Londons sowie im Südosten und Osten Englands bekannt und führte für diese sogenannten *tier 4 hotspots* neue Beschränkungen ein. »Die Bewohner dieser Gebiete müssen zu Hause bleiben, abgesehen von begrenzten, gesetzlich festgelegten Ausnahmen. Nichtsystemrelevante Einzelhandelsgeschäfte, Fitnesscenter und Freizeiteinrichtungen sowie aufsuchende Pflegedienste müssen ihren Betrieb einstellen. Menschen sollten sich nicht in Tier-4-Gebiete begeben oder diese verlassen, und Tier-4-Bewohner dürfen nicht außerhalb ihrer Wohnstätte übernachten.«[27]

Johnson war sich durchaus darüber im Klaren, dass diese Maßnahmen unpopulär sein würden. »Ich weiß, wie sehr den Menschen diese Zeit des Jahres am Herzen liegt und wie wichtig es für Großeltern ist, ihre Enkelkinder zu sehen, und für Familien, zusammen zu sein«, erklärte er. »Wir opfern die Möglichkeit, geliebte Menschen dieses Weihnachten zu treffen, damit wir eine bessere Chance haben, ihr Leben zu schützen, sodass wir sie an künftigen Weihnachten sehen können.«[28] Wenn Johnson hoffte, Großbritannien würde das Virus bald »zurückschlagen« und »besiegen«, dann deshalb, weil das Land am 8. Dezember als erster westlicher Staat begonnen hatte, einen nach klinischer Prüfung zugelassenen COVID-Impfstoff einzusetzen.[29] Innerhalb von zehn Tagen hatten bereits mehr als 350 000 Menschen ihre erste Dosis erhalten, und für die kommenden Monate plante die Regierung eine Massenimpfkampagne. »Jetzt besteht Hoffnung – echte Hoffnung –, dass wir das Virus bald los sind«, verkündete Johnson. »Wir werden unser Leben zurückgewinnen.«

Auch in den USA bestand echte Hoffnung, das Virus loszuwerden. Zwar hatten die USA im ersten Pandemiejahr nur wenig richtig gemacht, doch binnen eines Jahres nach dem Aufkommen des Virus einen sicheren und wirksamen neuen Impfstoff zum Schutz gegen COVID zu entwickeln, war eine bahnbrechende Leistung, eine der größten in der Geschichte der Medizin. Wie die meisten großen Erfolge hatte auch der Impfstoff viele Eltern. Dazu zählten die Wissenschaftler, die jahrzehntelang mit der mRNA-Technologie experimentiert hatten, Pharmaunternehmen, die ihre Forschung unterstützten, und die US-Bundesregierung, die vierzehn Milliarden Dollar in die Operation »Warp Speed« investierte. Dies war eine öffentlich-private Partnerschaft (deren Name, wie sich zeigte, kein Vertrauen bei Menschen weckte, die Befürchtungen bezüglich der Risiken neuer pharmazeutischer Interventionen hegten), welche die Herstellung von Corona-Impfstoffen und -Therapien beschleunigen sollte.

Zeitweise rechnete Trump sich die bemerkenswert schnelle Einführung der COVID-Impfstoffe in den USA als Verdienst an. »Ihr habt gesehen, dass nur sehr wenige Menschen dies für möglich gehalten haben«, verkündete er. »Leute, die nicht unbedingt große Fans von Donald Trump sind, sagen: ›Ob Sie ihn mögen oder nicht, dies ist eines der größten Wunder in der Geschichte der modernen Medizin‹ oder jeder anderen Medizin – in jedem anderen Zeitalter der Medizin.«[30] Laut einem Bericht des Unterausschusses des Repräsentantenhauses zur Coronavirus-Krise setzten Mitglieder der Trump-Administration die »Food and Drug«-Administration unter Druck: Noch vor den Präsidentschaftswahlen im November sollte sie eine Notfallgenehmigung für den Vertrieb des COVID-Impfstoffs erteilen – augenscheinlich in der Hoffnung, einen politischen Vorteil zu erlangen.[31] Als sie scheiterten und Trump die Wahl verlor, ließ die Begeisterung des Präsidenten für den Impfstoff nach.

Am 14. Dezember 2020 wurde mit Sandra Lindsay, einer Krankenschwester am Long Island Jewish Medical Center in New York, die erste US-Amerikanerin außerhalb einer medizinischen Studie geimpft. CNN übertrug die Impfung live im Fernsehen, und Gouverneur Andrew Cuomo zeigte sie bei seiner Pressekonferenz. Mehr als fünf Stunden später twitterte Trump um 14.24 Uhr: »Erste Impfung verabreicht. Herzlichen Glückwunsch, USA! Herzlichen Glückwunsch, WELT!« Die meisten Tweets des Präsidenten hatten an diesem Tag jedoch die Annullierung der Wahl zum Thema. Um 13.57 Uhr: »Warum haben die Swing States mitten in der Nacht die Auszählung eingestellt? @MariaBartiromo Weil sie gewartet haben, um herauszufinden, wie viele Stimmzettel sie vorlegen müssen, um die manipulierte Wahl zu stehlen. Sie lagen so weit zurück, dass sie Zeit brauchten, & einen vorgeblichen Wasserrohrbruch, um aufzuholen!« Um 14.38 Uhr: »Swing States, die massiven WAHLBETRUG festgestellt haben, und das haben alle, KÖNNEN NICHT RECHTMÄSSIG BESCHEINIGEN, dass diese Stimmen vollständig sind.«[32] Trump nutzte Twitter auch, um bekannt zu geben, dass er Justizminister Bill Barr, der früher am Tag seinen Rücktritt angekündigt hatte, durch Jeff Rosen ersetzen würde, den zweithöchsten Beamten im Justizministerium. Für seine Bestrebungen, im Amt zu bleiben, erhoffte sich Trump Unterstützung durch Rosen.

Am Vorabend der Impfkampagne machte die Trump-Administration eine wichtige Ankündigung bezüglich seiner Teilnahme. Ihre Nachricht war ein Vorgeschmack auf die ideologische Botschaft, welche die Konservativen für den Rest der Pandemie beibehalten würden. Ursprünglich hatte das Weiße Haus angekündigt, Funktionsträger aller drei Staatsgewalten würden ihre ersten Impfungen um den 14. Dezember erhalten. Doch in letzter Minute bestand der Präsident auf einer Änderung. »Personen, die im Weißen Haus arbeiten, sollten den Impfstoff etwas später im Programm erhalten, sofern nicht unbedingt erforderlich«, twitterte er. »Ich habe darum gebeten, dass diese Anpassung vorgenommen wird. Für mich ist keine Impfung geplant, ich freue mich aber darauf, sie zu gegebener Zeit zu erhalten. *Thank you!*«[33]

Trump, der im Oktober 2020 einen schweren Corona-Verlauf überlebt hatte, mag gute persönliche Gründe gehabt haben, die Impfung hinauszuzögern. Vermutlich besaß er noch Antikörper von der jüngsten Infektion und war zwei Monate später einem relativ geringen Erkrankungsrisiko ausgesetzt. Seine Entscheidung betraf jedoch alle Mitarbeiter des Weißen Hauses (unabhängig davon, ob sie bereits Kontakt mit dem Virus gehabt hatten oder nicht) und wurde weithin als Ausdruck der Unsicherheit gegenüber dem neuen Impfstoff interpretiert. Schließlich hatten der Präsident und seine hochrangigen Gesundheitsberater den größten Teil des Jahres damit zugebracht, Wissenschaftler des »tiefen Staates« zu verunglimpfen und infrage zu stellen, ob sie beurteilen konnten, wie sich Corona heilen oder seine Übertragung verhindern ließ.[34] Zudem hatte das Weiße Haus trotz seiner finanziellen Unterstützung für die Operation »Warp Speed« Pfizers dringende Aufforderung abgelehnt, die Regierung möge im Oktober hundert Millionen Impfstoffdosen ordern. Jetzt verfügte die Bundesregierung nicht über ausreichend Impfstoff, um alle gefährdeten Bürger sofort zu versorgen. Gab es einen Grund dafür, dass die Mitarbeiter des Weißen Hauses in der ersten Phase der Massenimpfungen außen vor blieben und nicht genug Impfstoff für alle, die ihn benötigten, bestellt worden war? Prominente konservative Experten erklärten, dies liege gewiss daran, dass die Trump-Administration die Impfung nicht für sicher hielt.

Über weite Teile des Jahres 2020 hatten rechte Aktivisten den Boden für einen Kampf gegen die Impfpflicht in den USA vorbereitet. Einige verbreiteten Desinformationen und behaupteten etwa, dass die Impfstoffe zum Tod oder zur Sterilisierung der Empfänger führten; dass sie Menschen zu Virusausscheidern machten, die COVID auf Ungeimpfte übertragen würden; oder dass die Impfstoffe Mikrochips enthielten, mit denen die Regierung jeden verfolgen würde, der dumm genug war, sich impfen zu lassen. Die letztgenannte Theorie war so verbreitet, dass jeder fünfte Amerikaner glaubte, es sei »definitiv wahr« oder »wahrscheinlich wahr«, dass »die US-Regierung den COVID-19-Impfstoff verwendet, um die Bevölkerung mit Mikrochips zu versehen«.[35] Andere behaupten, die Gesundheitsbehörden würden aus ideologischen Gründen unerprobte Impfstoffe fördern und »Wundermitteln« wie Ivermectin die Unterstützung versagen, welche – wie Dr. Pierre Kory dem Heimatschutzausschuss des Senats mitteilte – nachweislich die Übertragung von Viren verhindern und schwere Krankheiten bei »fast allen« verhindern, die sie einnehmen.[36] Eine andere Fraktion lehnte eine staatlich geförderte Impfkampagne aus libertären Gründen ab und argumentierte, jedes Individuum habe das Recht, selbst zu entscheiden, ob es sich impfen lassen wolle. »Wie steht es in dieser Angelegenheit mit ›Mein Körper gehört mir!‹?«, fragte Dr. Jane Orient, Geschäftsführerin einer Organisation, die Impfpflichten ablehnt und eine Corona-Therapie mit Hydroxychloroquin befürwortet.[37] Mächtige Republikaner im Kongress machten sich diese Positionen zu eigen. Trump, der sich stets gern im nationalen Fernsehen zeigt, weigerte sich, seine Impfung vor laufender Kamera vornehmen zu lassen. Unter den Konservativen wuchs die Skepsis gegenüber dem Impfstoff.

Es gibt berechtigte Gründe, über die Risiken eines mittels einer neuen Technologie hergestellten Impfstoffs besorgt zu sein. Besonders begründet ist die Skepsis in den Vereinigten Staaten, wo Regierung, Universitäten und Medizinbranche in der Vergangenheit Experimente an vulnerablen Bevölkerungsgruppen und ethnischen Minderheiten durchgeführt haben. Ein Großteil des Widerstands gegen den COVID-Impfstoff beruhte jedoch auf falschem Glauben. In den sozialen Medien waren Desinformationen über den Impfstoff weit verbreitet, und Fehlinformationen wurden ein regelmäßiger Bestandteil der Nachrichten rechter Kabelsender. Ein Teil der Desinformationen stammte von russischen Bots und Troll-Farmen, die im Verbund mit dem russischen Auslandssender RT nachweislich eine Anti-Impf-Stimmung fördern, um demokratische Gesellschaften zu destabilisieren.[38] Allerdings schufen die US-Amerikaner selbst eine erstaunliche Menge davon – und das nicht nur in Gruppen, die dem politischen Diskurs gewidmet waren. Gerüchte über geheime Motive von Regierungsvertretern und die korrupte Geschäftemacherei globaler Pharmakonzerne drangen bis in Social-Media-Gruppen vor, die sich mit Populärkultur, Kindererziehung, Ernährung und Sport befassten. Einige davon gingen viral, vor allem das kurze Video »Plandemic« von Dr. Judy Mikovits, das davor warnt, dass »mindestens fünfzig Millionen Amerikaner sterben würden, wahrscheinlich schon an der ersten Dosis«, sollte die Regierung die Impfung vorschreiben.[39] So wie 2020 ideologische Spaltungen die Überzeugungen der US-Amerikaner darüber prägten, welche Medikamente mehr oder weniger wirksam gegen COVID sind, entschied Ende 2020 bereits die Parteizugehörigkeit darüber, ob Menschen sich impfen lassen würden. Das Ergebnis war ein ungewöhnliches, wenn nicht gar typisch US-amerikanisches Phänomen: In einer Nation, in der lebensrettende Impfstoffe bald allgemein verfügbar sein würden, war fast die Hälfte der Bevölkerung geneigt, sie abzulehnen.[40]

In der Vergangenheit haben Epidemien und Pandemien große Veränderungen in Staaten und Gesellschaften ausgelöst. In manchen Fällen führen sie zu dramatischen Verbesserungen in den Bereichen Gesundheitswesen, wissenschaftlicher Fortschritt und Gemeingut, in anderen verursachen sie aber auch nur Schmerz, Leid und Verlust. Im 15. Jahrhundert erließen einige Regierungen im Mittelmeerraum Gesetze, die den Handel mit Händlern aus Gebieten untersagten, in denen die Pest gehäuft auftrat. Laut dem Medizinhistoriker Mark Harrison lösten sich die Oberhäupter der italienischen Staaten von der althergebrachten Auffassung, Infektionskrankheiten seien eine »Plage Gottes«: »In der Überzeugung, die Pest sei eine ansteckende Krankheit, der man vorbeugen kann, indem man ihre Übertragung verhindert«, schufen sie neue staatliche Stellen, »um Quarantänen und Lazarette zu verwalten«.[41]

Im 17. Jahrhundert richteten europäische Städte, die durch tödliche Ausbrüche von Infektionskrankheiten heimgesucht wurden wie Pest, Cholera und Pocken, Behörden ein, die Quarantäne- und Isolierungsmaßnahmen ausarbeiten sollten. In der Hoffnung, internationale Übertragungen zu verhindern, folgten Anfang des 18. Jahrhunderts mehrere neue US-Hafenstädte diesem Beispiel. In

Philadelphia tötete 1793 eine Gelbfieberepidemie einen von zehn Einwohnern der damals größten US-amerikanischen Metropole und trieb beinahe die Hälfte der Bevölkerung in die Flucht. Die Krise überzeugte die Gründerväter (darunter George Washington, Thomas Jefferson und Alexander Hamilton) davon, dass weitere Ausbrüche die junge Nation lähmen und das demokratische Experiment beenden könnten, bevor es Zeit hatte, sich zu entwickeln. Als Reaktion darauf legte Präsident John Adams Pläne für die Verhängung strikter Quarantänen bei künftigen Epidemien vor, und der Kongress verabschiedete den *Act for the relief of sick and disabled seamen*, aus dem sich der heutige nationale Public Health Service entwickelte:[42] In der jungen Nation nahm allerorten die Infrastruktur eines öffentlichen Gesundheitswesens Gestalt an.

Das 19. Jahrhundert, so der Yale-Wissenschaftler Charles-Edward Winslow, war durch das »große hygienische Erwachen« der Welt gekennzeichnet.[43] Zu diesem Zeitpunkt hatten medizinische Forscher den Zusammenhang zwischen Gedränge, Verschmutzung, Abfallbelastung und Krankheit erkannt.

»Krankheit sah man nun als Indikator für schlechte soziale und ökologische Bedingungen«, berichtet das Institute of Medicine, der Gesundheitsbereich der National Academy of Sciences, und diese neue Sichtweise bewirkte einen Wandel der Politik. »Der Gesundheitsschutz wurde zur gesellschaftlichen Aufgabe. Die Seuchenbekämpfung konzentrierte sich weiter auf Epidemien, die Art der Bekämpfung verlagerte sich jedoch von der Quarantäne und Isolierung einzelner Personen hin zu der Säuberung und Verbesserung des gemeinsamen Umfelds. Und die Seuchenbekämpfung ging von der Reaktion auf sporadische Ausbrüche zu kontinuierlichen Präventionsmaßnahmen über.« Die Städte begannen, das Trinkwasser zu säubern, tote Tiere von den Straßen zu entfernen und konsequenter Müll einzusammeln. »Mit der Hygiene wurde die Volksgesundheit zu einem gesellschaftlichen Ziel und der Gesundheitsschutz zu einer öffentlichen Aufgabe.«[44] Die Seuchenbekämpfung lieferte auch den Anlass für neue Formen der Diplomatie: Die erste Internationale Gesundheitskonferenz, die 1851 in

Paris stattfand, schuf einen Rahmen für die Zusammenarbeit bei der Eindämmung von Infektionskrankheiten, sogar zwischen rivalisierenden Staaten.[45]

Nicht bei allen Pandemien gibt es einen Silberstreif am Horizont. Die Spanische Grippe von 1918/1919 war in den Worten des Historikers Alfred Crosby »das größte Versagen der medizinischen Wissenschaft im 20. Jahrhundert oder, nimmt man die absolute Zahl der Toten als Maßstab, aller Zeiten«.[46] Die Grippe tötete fünfzig Millionen Menschen, davon 675 000 in den USA, und infizierte ein Fünftel der Weltbevölkerung. Allerdings fand die Katastrophe im Schatten des Ersten Weltkriegs statt, und, wie Crosby schreibt, »hat sie nie Schrecken ausgelöst, nicht 1918 und auch nicht danach, nicht bei den Bürgern irgendeines Landes und auch nicht bei den Bürgern der Vereinigten Staaten«.[47] Was änderte sich nach der Pandemie? Überall auf der Welt bauten Regierungen ihre Gesundheitsbehörden aus und investierten in die Grippeforschung. Die Leiter der Rotkreuz-Gesellschaften aus den USA, Großbritannien, Frankreich, Italien und Japan trafen sich 1919 in Cannes. Eine Gruppe, zu der Nobelpreisträger und wissenschaftlichen Koryphäen gehörten, gründete dort eine internationale Gesundheitsorganisation, die bei der Überwachung und Bewältigung medizinischer Krisen helfen sollte und als Vorläufer der WHO gilt.[48] »Aber all dies ist unbedeutend im Vergleich zu dem, was seither zur Bekämpfung von Bedrohungen wie Polio, Herzkrankheiten und Krebs geschah, und die Bemühungen waren unkoordiniert, unterfinanziert und schwach.« Weit davon entfernt, Staaten und Gesellschaften zu verändern, schlussfolgert Crosby: »Sie hat keinen großen Wandel bei den Strukturen und Vorgehensweisen von Regierungen, Armeen, Unternehmen oder Universitäten bewirkt. Sie hatte wenig Einfluss auf den Verlauf politischer oder militärischer Kämpfe.«[49] Statt den Blick nach innen zu richten, um zu sehen, wie man es besser machen könnte, ließen die meisten US-Amerikaner »die Pandemie ihrer Erinnerung entgleiten«.[50]

Seit Mitte des 20. Jahrhunderts haben neue Bedrohungen, darunter Atomwaffen und neuartige Infektionskrankheiten wie Ebola,

HIV/Aids und SARS, die politische Vorstellungskraft geprägt und das Aufkommen dessen befeuert, was die Anthropologen Stephen Collier und Andrew Lakoff als »Sicherheit lebenswichtiger Systeme« bezeichnen.[51] In diesem Rahmen investieren Städte, Staaten und nichtstaatliche Organisationen in Programme, die neuartige Notfälle vorwegnehmen und mögliche Reaktionen modellieren. Von entscheidender Bedeutung für dieses Projekt ist die Überwachung von Krankheiten, genau wie der internationale Datenaustausch und die Zusammenarbeit mit Organisationen wie der WHO. Es geht darum, das »Vorbereitetsein« zu verbessern, durch Vorräte an Medikamenten und persönlicher Schutzausrüstung sowie durch strategische Risikokommunikation. Entscheidende Rollen spielen dabei die Informationstechnologie, pharmazeutische Innovationen, kritische Infrastrukturen und die Logistik. Wie der Name bereits andeutet, räumt dieses neue Sicherheitssystem »lebenswichtigen Systemen« Vorrang ein und verlangt von den Regierungen, diese angesichts katastrophaler Bedrohungen aufrechtzuerhalten. Die Gesundheit der Menschen ist auf »Resilienz« ausgerichtet, die zu einem Kernziel der öffentlichen Politik geworden ist, was aber auch für einen anderen heiligen Wert gilt: den Strom globaler Handelsgüter und damit die Bewahrung des Wirtschaftslebens.

Die Coronavirus-Pandemie von 2020 brachte einige bemerkenswerte Durchbrüche mit sich. Verbesserte Technologien für Telearbeit und -beschulung ermöglichten es den Menschen, produktiv zu bleiben, ohne ihr Haus zu verlassen. Mit außerordentlichem Erfolg investierten die nationalstaatlichen Regierungen wohlhabender Gesellschaften beispiellose Summen in die Wirtschaft, stützten Unternehmen und bekämpften die Armut. In »Warp-Geschwindigkeit« getätigte staatliche Investitionen in die medizinische Forschung beschleunigten das Tempo der pharmazeutischen Entwicklung, sodass (zwar experimentell eingesetzte, aber noch nie allgemein zugelassene) mRNA-Impfstoffe an bürokratischen Hürden vorbeisausten und in die Arme der Menschen gelangten.

Keine dieser Veränderungen war jedoch uneingeschränkt positiv. Der Aufstieg von Telearbeit und Online-Unterricht war für den Technologiesektor und die Lieferdienste ein Segen, für die Innenstädte und Stadtzentren erwies er sich indes als verheerend. Zudem sind seine Auswirkungen auf die Gesundheit und Zufriedenheit der Menschen ausgesprochen gemischter Natur. Besonders schwierig war die Umstellung von Präsenz- auf Televeranstaltungen für berufstätige Mütter. Sie mussten einen Großteil der zusätzlichen Hausarbeit ihrer Familie übernehmen, ihre Kinder in Internet-Klassenzimmern beaufsichtigen und gleichzeitig ihrer normalen Arbeit nachgehen – oft alles zur selben Zeit. »Andere Länder haben Sicherheitsnetze«, argumentierte die Soziologin Jesica Calarco, »Amerika hat Frauen.« Für Millionen Menschen bedeutete die Telearbeit eine kaum zu schulternde Belastung durch intensive, oft auf persönlicher Ebene besonders fordernde Arbeit, und Frauen verließen in Scharen ihre bezahlten Arbeitsplätze.[52]

Auch die öffentlichen Ausgaben zur Rettung von Unternehmen und Arbeitnehmern zogen unterschiedliche Folgen nach sich. In manchen Ländern, darunter auch in den USA, war es für große Unternehmen viel einfacher, Leistungen zu beantragen und zu erhalten, als für kleine Unternehmen und Familien. Das führte zu einem weitverbreiteten Gefühl der Ungerechtigkeit und ließ bei Menschen wie Daniel Presti den Eindruck entstehen, das System wäre manipuliert. Bei der Einführung der Impfstoffe war die Ungleichheit sogar noch ausgeprägter. Die wohlhabenden Länder des globalen Nordens verfügten über die notwendigen Ressourcen und Institutionen, um sich das knappe neue Handelsgut zu sichern, und das war der Impfstoff: ein Handelsgut. Anders verhielt es sich mit den aufstrebenden Ländern des globalen Südens. Das Virus war bereit, sich weiter auszubreiten, zu mutieren und sich weiterzuentwickeln, bis jede Gesellschaft geimpft war. Doch die mächtigsten Regierungen der Welt taten wenig, um dieses Ziel zu erreichen. Ende 2020 war auch das Virus auf dem Vormarsch.

Auf das Konto der Pandemie gingen bis 2023 weltweit sieben Millionen gemeldete Todesfälle und zwanzig Millionen überzählige Todesfälle.[53] In den USA wurden mehr als eine Million Corona-Todesfälle und mehr als 1,7 Millionen überzählige Todesfälle registriert. »Im Vergleich zu anderen Ländern und bereinigt um die Bevölkerungszahl«, so die Kaiser Family Foundation in ihrer Untersuchung zur »vorzeitigen Sterblichkeit« während der Krise, »wiesen die USA für den Zeitraum 2020–2021 unter ähnlich großen und wohlhabenden Ländern die höchste Übersterblichkeit auf. Darüber hinaus verzeichneten die USA eine höhere Mortalität bei jüngeren Menschen und damit eine stärkere Pro-Kopf-Zunahme der vorzeitigen Todesfälle als vergleichbare Länder.«[54]

Die öffentliche Vorstellung davon, wie man ein besseres Land aufbaut, wurde in den USA jedoch nur in geringem Maße durch die Corona-bedingten Wellen von Krankheit und Tod beeinflusst. Das sämtlichen anderen Erwägungen übergeordnete Ziel, Leben zu retten, rechtfertigte in der ersten Phase der Pandemie weitreichende Notfallmaßnahmen wie Lockdowns, Grenzschließungen und Verbote von Versammlungen aller Art.

Die anfängliche globale Reaktion begründete laut Didier Fasson eine neue moralische Ökonomie mit »Werten und Affekten, Verpflichtungen und Normen«, die auf dem Gebot, die Schwachen zu schützen, basierte, und dies praktisch um jeden Preis. Doch Ende 2020 glaubte eine wachsende Zahl von US-Amerikanern, dass sie genug geopfert hätten – oder besser gesagt, sie handelten so, als hätten sie genug geopfert. Sie wirkten ungerührt von den Berichten über eine katastrophale Mortalität, die in anderen Zeiten gewiss Empörung und Angst ausgelöst hätten. Statt neue Maßnahmen im Bereich des öffentlichen Gesundheitswesens zu fordern, stumpften die US-Amerikaner gegenüber dem Massensterben ab und begnügten sich damit, die Leiden und Verluste ihrer Nachbarn hinzunehmen. Ihr Gefühl von gegenseitiger Verantwortung nahm in dem Maße ab, wie ihre Lebenserwartung sank. Es handelte sich weniger um einen Hobbes'schen Krieg »aller gegen alle« als vielmehr um einen kalten Krieg der kollektiven Zermürbung, gekennzeichnet durch Subversion, Propaganda, Feindseligkeit und Drohungen in den US-amerikanischen Communitys. Tag für Tag, einen einsamen Tod nach dem anderen, zeigte er sich in den Leichenschauhäusern.

Für den Historiker Adam Tooze war »2020 eine umfassende Krise der neoliberalen Ära. ... das Ende eines Bogens, dessen Ursprung in den 1970er-Jahren zu finden ist«, als freie Märkte und Hyperindividualismus die Ordnungsprinzipien einer neuen Weltordnung wurden.[55] Wie die Forscher des Centre for the Future of Democracy an der University of Cambridge schlussfolgern, stellte dies zudem auch eine Krise für Populisten und Populismus dar. »Einzelne populistische Führer weisen sinkende Zustimmungswerte auf, die Wahlunterstützung für populistische Parteien nimmt ab, und, was am bezeichnendsten ist, die öffentliche Zustimmung zu zentralen populistischen Ideen – wie der Glaube an den ›Willen des Volkes‹ oder die Auffassung, dass die Gesellschaft zwischen dem einfachen Volk und einer ›korrupten Elite‹ gespalten ist – ist dramatisch gesunken.«[56] Es stimmt, dass Neoliberalismus und Populismus im ersten Jahr der großen Corona-Pandemie katastrophal gescheitert sind. Führer, die für einen der beiden oder, wie in den USA und England, für beide Formen der politischen Organisation standen, förderten eine Politik, die den Blutzoll durch COVID erhöhte. Die US-Wahl verlor Trump 2020 vor allem aufgrund von Vorbehalten gegenüber seiner Führungsrolle bei der Pandemie. Zwei Jahre später musste Boris Johnson wegen der Partys, die er gefeiert hatte, während sich England im Lockdown befand, zurücktreten, und der Brasilianer Jair Bolsonaro erlitt ebenfalls eine Wahlniederlage. Der Neoliberalismus selbst scheint allerdings die Katastrophe zu überstehen, und der populistische Autoritarismus scheint widerstandsfähiger zu sein, als die Wissenschaftler in Cambridge vermuten.

Die gesellschaftliche Solidarität erlitt jedoch während der Pandemie einen schweren Schlag. Die politischen und ideologischen Spaltungen, die die US-Amerikaner vor der Krise trennten, haben das Land nicht zu Zerrissenheit oder Konflikten verdammt. Wie

Sozialwissenschaftler der Stanford University feststellten, nahm die affektive Polarisierung – »das Ausmaß, in dem Parteimitglieder der gegnerischen Partei gegenüber negativer eingestellt sind als gegenüber ihrer eigenen« – in den ersten Monaten der Krise nicht zu. Laut dem Wirtschaftswissenschaftler Matthew Gentzkow »verringerte sich die affektive Polarisierung mit dem Ausbruch der Pandemie sogar deutlich«, was das Forscherteam zu der »vorsichtig optimistischen Schlussfolgerung veranlasste, das Coronavirus könnte die Parteigänger angesichts der gemeinsamen Bedrohung wieder einander angenähert haben«.[57] Auch auf lokaler Ebene schlossen sich die US-Amerikaner zusammen, um sich gegenseitig zu helfen, äußerst belastende Situationen zu überstehen. Im ganzen Land, in republikanischen wie in demokratischen Bundesstaaten, entstanden Netzwerke für gegenseitige Hilfe, Lebensmittellager, Kühlschränke mit Spenden für die Allgemeinheit sowie kleine, kostenlose Bibliotheken. Auch die Menschen, die sich in diesen kollektiven Basisprojekten engagierten, empfanden einen vorsichtigen Optimismus in Bezug auf den sozialen Zusammenhalt als gerechtfertigt.

Im Spätsommer hatte jedoch kaum noch jemand in den USA die Hoffnung, dass die Nation wieder geeint würde. Während die Panik an Fahrt aufnahm und sich verstärkte, stritten sich die US-Amerikaner unterschiedlicher politischer Ausrichtung über fast jede grundlegende Frage, von Masken bis zu Medikamenten, von Schulschließungen bis zum Zugangsrecht auf Bürgersteigen, von gegenseitigen Verpflichtungen bis zu individuellen Rechten. Ein derartiges Ausmaß an Konflikten erlebte nicht jede gespaltene Nation. In einer im September 2020 durchgeführten Umfrage gab beispielsweise eine Mehrheit der Befragten in Dänemark, Schweden, Südkorea und Australien (alles Länder mit umstrittener Politik und heiß umkämpften Wahlen) an, dass ihre Nation »jetzt geeinter ist als vor dem Ausbruch des Coronavirus«. In der nächsten Gruppe von Ländern, zu der Frankreich, Deutschland, Japan und Großbritannien gehören, waren zwischen 39 und 47 Prozent der Befragten dieser Meinung. Die Vereinigten Staaten waren der einzige klare Ausreißer in der Studie, eine Klasse für sich. Lediglich 18 Prozent der Amerikaner gaben an, dass die Nation »jetzt geeinter ist als vor dem Ausbruch des Coronavirus«[58] – und das aus gutem Grund: Die sozialen Bande waren zerrissen.

Es sei daran erinnert, dass die USA seit Langem zu den individualistischsten Gesellschaften der Welt gehören. Es ist eine Nation, in der die Menschen glauben, dass sie und nicht der Staat oder die Gesellschaft für ihr eigenes Wohlergehen verantwortlich sind, in der Kontrolle uneingeschränkt als Tugend gilt, und persönliche Freiheit an erster Stelle steht.[59] Die US-Amerikaner schließen sich auch gern Freiwilligenorganisationen an und halten den von ihnen gewählten Gruppen die Treue. Allerdings können sie hart und abwertend gegenüber denjenigen sein, die andere Entscheidungen treffen oder sich mit anderen Menschen identifizieren. In den Jahren vor der Pandemie waren sie dazu übergegangen, diejenigen, die der gegnerischen politischen Partei angehörten, als »unmoralisch« und als »Feinde« zu betrachten. Ende 2020 waren diese Gefühle allgegenwärtig.[60] Experten und Professoren warnten, die Nation könnte auf einen Bürgerkrieg zusteuern.

Keine demokratische Gesellschaft kann ohne ein gesundes Maß an gesellschaftlicher Solidarität überleben. Wenn sie diese verliert, verschwinden die Reichen mit dem Reichtum der Nation und lassen die Armen ohne Obdach und mittellos zurück, die gesundheitlichen Ungleichheiten zwischen den sozialen Klassen werden größer, die Trennung der *Races* nimmt zu, und das Misstrauen steigt – die soziale Ordnung bricht zusammen. In Zeiten von Seuchen und Pandemien wird Solidarität umso wichtiger.[61] Das Eintreten für das Gemeinwohl statt nur für unsere eigenen Interessen hält uns davon ab, Medikamente zu horten, eine Erkältung am Arbeitsplatz durchzustehen oder ein krankes Kind in die Schule zu schicken. Es ist dieses Engagement, das uns dazu zwingt, ein Schiff voll Menschen in Not in unseren sicheren Häfen anlegen zu lassen oder an die Tür eines betagten Nachbarn zu klopfen.

Wie wir wissen, können Krisen einen Wendepunkt für Staaten und Gesellschaften darstellen. Völlig unabhängig davon wie schlecht die politischen Führer der Nation für die Herausforderung geeignet waren oder welches Ausmaß an Spaltung sich in der Bevölkerung ausgebreitet hat: Es bestand zumindest die Chance, dass die Pandemie den USA dazu verhelfen würde, ihr besseres, mehr am Gemeinwesen ausgerichtetes Selbst wiederzuentdecken. Das geschah nicht.

Zumindest derzeit scheinen die USA bereit zu sein, die Seuche des Jahres 2020 genauso zu behandeln wie die Spanische Grippe, nämlich als ein Nicht-Ereignis, als eine »vergessene Pandemie«, deren Auswirkungen angesichts des Ausmaßes an Todesfällen und Beeinträchtigungen, die sie verursacht hat, verblüffend gering sind.[62] »Ende 2021«, schreibt Atul Gawande, »starben die US-Amerikaner im Schnitt drei Jahre früher als vor COVID-19, und die Lebenserwartung sank von 79 auf 76 Jahre.«[63] Nach 2020 starben bis 2023 mehr US-Amerikaner an Corona als im ersten Pandemiejahr, und bis zu 94 Prozent der US-Bevölkerung hatten sich mit der Krankheit infiziert.[64] »Durch COVID-19 verloren 216 617 Kinder eine bei ihnen lebende Betreuungsperson; einen Elternteil verloren 77 283 Kinder, und mehr als 17 000 Kinder verloren die einzige Betreuungsperson, mit der sie zusammenlebten«, heißt es in einer Studie, die von dem Politikwissenschaftler Dan Treglia geleitet wurde. In New York erlebten 9000 Kinder, dass ein Elternteil an COVID starb.[65] Für sie, wie für so viele andere US-Amerikaner, ließ sich die Pandemie nicht einfach so überwinden.

Am 11. Mai 2023 ließen die USA den wegen COVID-19 erklärten Gesundheitsnotstand auslaufen, was das offizielle Ende der Pandemiekrise bedeutete. Eine Handvoll führender Mediziner und Politikexperten rief in den Medien zu Vorbereitungen auf die nächste Katastrophe auf, doch nur wenige Politiker traten für die Wiederbelebung des öffentlichen Gesundheitswesens ein. Während sich das Land auf die Wahl 2024 vorbereitete, hatte sich im politischen Raum der USA der Wille durchgesetzt, nichts über Corona wissen zu wollen oder über die gesellschaftlichen Rahmenbedingungen, die es so verheerend machten. »Die Maskenpflicht hat nichts gebracht«, titelte die *New York Times* im Februar 2023, obwohl die wissenschaftliche Forschung nichts dergleichen gezeigt hatte. Unter den vielen politischen Führern, welche die gesamte Reaktion des öffentlichen Gesundheitswesens auf COVID – von Masken über Lockdowns bis zu Impfkampagnen – als gefährlich fehlgeleitet bezeichneten, war auch Ron DeSantis, ein aussichtsreicher Trump-Gegenkandidat für die republikanische Präsidentschaftskandidatur. Er prahlte: »Machthungrige Eliten versuchten, das Coronavirus zu nutzen, um Amerika einen repressiven biomedizinischen Sicherheitsstaat aufzuzwingen, doch Florida stellte gegenüber derartigen Plänen ein unüberwindliches Hindernis dar.«[66] Die Demokraten, die sich davor hüteten, mit Coronavirus-bedingten Beschränkungen in Verbindung gebracht zu werden, waren bestrebt, das Thema zu vermeiden. Das Leugnen war allgegenwärtig. Dies galt auch für die Bedrohung durch eine andere Krise, die immer mehr Epidemiologen beunruhigte: eine sogar noch tödlichere Pandemie, diesmal durch einen mutierten Stamm des H5N1-Virus, auch bekannt als Vogelgrippe.

Trotz der Zeit, die seitdem verstrichen ist: Die Geschichte des Jahres 2020 ist noch lange nicht abgeschlossen, und ihr Potenzial, uns in neue Richtungen zu bewegen, ist noch nicht ausgeschöpft. »Die Pandemie«, schreibt Arundhati Roy, »ist ein Portal, ein Durchgang von einer Welt in die nächste.«[67] Heute besteht kaum noch ein Zweifel daran, dass sich die nächste Ära anbahnt. Das »amerikanische Jahrhundert« ist vorüber. Die demokratischen Gesellschaften in der ganzen Welt sind ins Wanken geraten. Autoritäre Kräfte gewinnen an Macht. Der Kampf um Gleichheit der *Races* und für soziale Gerechtigkeit wird immer intensiver. Der Planet schmilzt, der Boden unter unseren Füßen gibt nach.

Momentan besteht die größte Herausforderung darin, eine neue Vision für die Welt zu finden, die nun entsteht, eine bessere Art, die von uns ererbten oder geschaffenen Orte zu bewohnen. Das Jahr 2020 hat uns geholfen, die Dinge klarer zu sehen, doch letztlich hängt unser Schicksal davon ab, ob es uns gelingt, etwas Besseres und einen Weg dorthin zu entwickeln. Unsere Zeit ist kostbar.

Anhang

Anmerkungen zur Recherche

Öffentliche Angelegenheiten werden stets auf eine ganz persönliche Art erlebt; weder die Gesellschaft noch der Einzelne können losgelöst voneinander verstanden werden. Wir leben in einem Zeitalter des technokratischen Wissens, und heute, da uns Ozeane von Big Data für Analysen zur Verfügung stehen, drängen uns die »Super Cruncher« und »Quants« zur Skepsis gegenüber Berichten von menschlichen Erfahrungen und Ereignissen im kleinen Maßstab. Tatsächlich können Statistiken außerordentlich aussagekräftig sein. Für manche Arten von Erkenntnissen sind sie unverzichtbar, und deshalb verwende ich sie, um einige Fakten darüber zu ermitteln, was 2020 passiert ist, und zwar wo, warum und wem. Allerdings können Statistiken manchmal auch auf gefährliche Weise irreführend sein, insbesondere wenn sie als politische Waffe eingesetzt werden, um in strittigen Situationen die Realität zu definieren, oder wenn das Phänomen, das sie zu messen versuchen, sich nur schwer zählen und beobachten lässt. Unsere ausgefeiltesten Datenanalysetechniken sind nutzlos und sogar irreführend, wenn die Zahlen, die sie enthalten, auf Halbwahrheiten oder Lügen beruhen.

Corona-Erkrankungen und -Todesfälle lassen sich nicht gut belegen und in offiziellen Statistiken erfassen, woraus folgt, dass die meisten Regierungen die Prävalenz des Virus wahrscheinlich unterschätzt haben. In den ersten Monaten des Jahres 2020 verfügten nur wenige Staaten über Tests in genügender Menge, um die Infektionen bei Menschen nachzuweisen. Selbst in Ländern mit guter Verfügbarkeit der Tests blieben später unzählige Personen, die mit dem Virus infiziert waren, symptomfrei und dachten nicht daran, sich testen zu lassen. Andere wiederum, die Symptome aufwiesen, vermieden eine offizielle Untersuchung und ließen der Krankheit ihren Lauf. Mit größerer Wahrscheinlichkeit wurden Corona-Todesfälle richtig erfasst. Vielerorts klaffte jedoch eine beträchtliche Lücke zwischen den offiziellen Corona-Todesfällen, für die es eine spezifische Diagnose und Mortalitätszuordnung gab, und den »überzähligen Todesfällen«. Dies ist ein Maß für den Unterschied zwischen der typischen Mortalität in einem bestimmten Zeitraum und der tatsächlichen Anzahl der Menschen, die im selben Zeitraum in einer Phase mit erhöhtem Risiko gestorben sind. Wie eine einflussreiche Studie in *Lancet* zeigte, meldeten die Regierungen 2020 und 2021 weltweit 5,94 Millionen COVID-Todesfälle, die Zahl der überzähligen Todesfälle betrug indes 18,2 Millionen, lag also mehr als dreimal so hoch wie die offizielle Zahl.[1]

Noch unzuverlässiger sind die Corona-Statistiken von 2020 dort, wo Regierungen die COVID-Daten aktiv manipulierten, um die Zahl der Fälle herunterzuspielen, ihr öffentliches Image zu verbessern oder ihre eigene Agenda voranzutreiben. Die Volksrepublik China meldete den ersten Ausbruch des neuartigen Coronavirus nur zögerlich, und außenstehende Beobachter beharren darauf, dass das Land die ganze Pandemie über die Corona-Mortalität dramatisch untertrieb.[2] Forscher des Institute for Health Metrics and Evaluation an der University of Washington betonten, dass Brasilien, Indien, Mexiko und die Vereinigten Staaten »wahrscheinlich große Abweichungen zwischen den offiziell gemeldeten COVID-Todesfällen und den tatsächlichen Todesfällen aufweisen«. Ron DeSantis, der republikanische Gouverneur von Florida, und Andrew Cuomo, der demokratische Gouverneur von New York, wurden beschuldigt, bei den Corona-Todesfällen in ihren Staaten »die Bücher gefälscht« zu haben, um den Anschein zu erwecken, sie hätten die Krise erfolgreicher bewältigt als tatsächlich geschehen.[3] Die Trump-Administration leitete Krankenhausdaten über COVID-Patienten von der CDC an das Weiße Haus weiter, um die Kontrolle über wichtige Informationen zu behalten und die von ihr bevorzugten politischen Maßnahmen zu rechtfertigen.[4]

Angesichts der Kontroversen über die biopolitischen Basisdaten des Jahres 2020 ist es umso wichtiger, die Forderung des verstorbenen Soziologen C. Wright Mills nach einer Forschung zu beherzigen, die sowohl die Probleme von Individuen detailliert in den Blick nimmt als auch die größeren gesellschaftlichen Trends. »Keine Sozialforschung, die nicht auf die biografischen und die geschichtsbedingten Probleme sowie deren Überschneidungen innerhalb einer Gesellschaft eingeht, kann als umfassend angesehen werden«, betonte Mills.[5] Aus diesem Grund befasst sich dieses Buch mit den gelebten Erfahrungen von Einzelpersonen, die versuchen, über die Runden zu kommen und die Menschen um sie herum zu schützen, genauso wie mit Trends großen Maßstabs, die wir in einem Diagramm darstellen können. Es gibt Zahlen, und es gibt Erzählungen, und der Wechsel zwischen beiden verschafft uns ein fundiertes Wissen über die Welt, das wir auf anderem Wege unmöglich erlangen würden.

Sobald ich von dem neuen Coronavirus hörte, das rings um die Erde zirkulierte, wusste ich, dass dessen Auswirkungen und Verlauf gesellschaftliche Kräfte bestimmen würden, die nicht in den Zuständigkeitsbereich der Medizin fallen. Wie aber ließen sich diese untersuchen? COVID-19 war binnen weniger Monate nach seinem Auftauchen zu einem globalen Phänomen geworden. Es war unmöglich, eine standardisierte Umfrage zu erstellen, die alle mit der Entwicklung des Virus auftauchenden Probleme erfassen konnte, und es gab keine Möglichkeit, das gesellschaftliche Leben an jedem Ort zu verfolgen, an dem das Virus auftrat.

Ich beschloss, mich dem Thema auf zwei Wegen zu nähern. Zunächst konzipierte ich eine Reihe soziologischer Forschungsprojekte, die relativ weitreichende Fragen zu bedeutenden Unterschieden in Bezug auf die Pandemie-Erfahrung untersuchen sollten. Darunter waren verschiedene vergleichende Analysen: Wie reagierten zwei Gruppen von Nationalstaaten – die Volksrepublik China und die Republik China (Taiwan) sowie die liberalen angelsächsischen Länder Australien, die Vereinigten Staaten und das Vereinigte Königreich – auf die erste Corona-Welle, und warum unterschieden sich ihre Strategien für die öffentliche Gesundheit so sehr? Wie wirkte sich das Vertrauen – von Regierung, Wissenschaftlern und anderen Bürgern – auf die Fähigkeit von Staaten und Gesellschaften aus, sich selbst zu schützen? Warum wurde der Mund-Nasen-Schutz an einigen Orten zu einem belasteten Objekt, das kulturelle, politische und körperliche Auseinandersetzungen auslöste, während es an anderen Orten ohne größere Kontroverse oder Debatte weithin genutzt wurde? Was machte das *Social Distancing* so schwierig? Warum nahmen Gewalt und antisoziales Verhalten in den USA zu, während beides in den meisten anderen Gesellschaften zurückging? Was machte einige arme Stadtviertel so viel anfälliger für Corona-Todesfälle als andere, die demografisch vergleichbar sind? Wie gelang es manchen Nationen, 2020 Vertrauen gegenüber der Regierung, der Wissenschaft und den Mitbürgern aufzubauen, während bei anderen das Gegenteil der Fall war? Wie genau spielte *Race* beziehungsweise ethnische Zugehörigkeit eine Rolle bei der Pandemie? Wie wirkten sich die plötzlichen Veränderungen der persönlichen Lebensumstände auf junge Erwachsene und allein lebende Menschen aus? Inwiefern konnten sich die Mitglieder von Communitys gegenseitig beim Überleben unterstützen?

Zur Beantwortung dieser Fragen stellte ich ein Forschungsteam (aus Studierenden der Soziologie sowie einem in Kommunikation ausgebildeten Postdoktoranden) zusammen und führte anhand strategischer Stichproben eine Reihe formeller Analysen durch – manche quantitativ, manche qualitativ. Diese erlaubten es uns, verschiedene Erfahrungen Betroffener in unterschiedlichen Situationen zu verstehen. Bei den meisten dieser Studien wurden Tiefeninterviews geführt, wobei es die pandemiebedingten Beschränkungen erforderlich machten, die meisten aus der Ferne durchzuführen, per Telefon oder Zoom. Insgesamt führten wir mehr als 230 Interviews und wiesen den Teilnehmenden dabei Pseudonyme zu, wie es in der sozialwissenschaftlichen Forschung in diesem Rahmen üblich ist.

Der zweite Weg meiner Untersuchung verlief ganz anders. Als die Pandemie begann, arbeitete ich für den *New Yorker* am Porträt eines Landschaftsarchitekten und erwärmte mich für Mills' Erkenntnisse bezüglich des Werts von Geschichte und Biografie in der soziologischen Forschung. Ich beschloss, die Lebensgeschichten einiger ausgewählter Personen in das Zentrum von »2020« zu stellen, und zwar mit einer »Intensitätsstichprobe« von Personen aus jedem New Yorker Stadtbezirk. Abgesehen von der Tatsache, dass ich dort war, als alles begann, gab es mehrere Gründe, mich auf den Ort zu konzentrieren, an dem ich in den letzten zwanzig Jahren gelebt und gearbeitet habe. Über weite Strecken des Jahres 2020 war New York das Epizentrum der Pandemie, mit mehr bestätigten Corona-Erkrankungen und -Todesfällen als in jeder anderen Metropole. New York ist zudem (und nicht ganz unabhängig davon) auch eine der großen globalen Metropolen, mit mehr als drei Millionen Einwanderern (bei einer Gesamtbevölkerung von 8,5 Millionen) und einem ständigen Zustrom von Menschen und Waren aus der ganzen Welt. Doch wenn New York das Universum enthält, dann vermischt es auch alle Personen darin, oder trennt sie andernfalls voneinander und erschafft das, was der Stadtsoziologe Robert Park einmal als »ein Mosaik kleiner sozialer Welten, die sich berühren, einander aber nicht durchdringen« beschrieb.[6] In diesem Mosaik würde ich Menschen und Orte suchen, deren Erfahrungen auf größere soziologische Trends verweisen. Natürlich gibt es kein Individuum, dessen Erzählung ein Viertel perfekt charakterisiert, und keinen Ort, der für den Bezirk oder die Stadt insgesamt typisch ist. Die Menschen, die ich porträtiert habe, sind begreiflicherweise nicht repräsentativ für irgendetwas, und ihre Berichte über die Ereignisse im Jahr 2020 sollten nicht so interpretiert werden. Vielmehr wurden sie in dieses Buch aufgenommen, weil sie mit einer Intensität, die ungewöhnliche Einblicke zulässt, etwas Mächtiges und Wichtiges erlebt haben, was das soziale Leben während der Pandemie prägte. Jede der hier porträtierten Personen war bereit, an dem Projekt mitzuwirken und ausführlich mit mir zu sprechen, und zwar alle bei mehreren Gelegenheiten und einige sogar über ein Jahr hinweg mehrfach. Die von mir zur Verwendung vorgesehenen Zitate aus unseren Interviews habe ich allen Gesprächspartnern per E-Mail geschickt oder vorgelesen, ebenso wie den dazugehörigen Text, und ihnen gestattet, den Wortlaut zu ändern oder die Bedeutung klarzustellen. (Genauso bin ich mit Benjamin Bier verfahren, dessen Geschichte das Buch eröffnet.) Mit ihrer Erlaubnis verwende ich für meine Darstellung ihre echten Namen.

Die Auswahl der zu porträtierenden Personen beruhte neben meiner Analyse, welche Themen und Lebensbedingungen sich in den einzelnen Bezirken am besten aus historischer und biografischer Perspektive beleuchten ließen, auch auf der glücklichen Fügung, Menschen zu finden, die bereit waren, sich zu äußern. In Manhattan wollte ich zunächst eine Person ausfindig machen, die sich mit der Herausforderung der Schulschließungen auseinandergesetzt hatte. Schließlich besuchen 1,1 Millionen Kinder New Yorks öffentliche Schulen, und diese zu Hause zu unterrichten, bedeutete eine Umwälzung der sozialen Ordnung. Als Direktorin einer Grundschule in Chinatown musste May Lee nicht nur den Übergang zum Fernunterricht bewältigen, sondern musste darüber hinaus auch ihre Community vor der zunehmenden antiasiatischen Gewalt und Diskriminierung schützen. Zudem musste sie persönlich gegen eine weitere potenziell tödliche Krankheit ankämpfen.

Für die Bronx, wo sich die Schwarze, lateinamerikanische und einkommensschwache Bevölkerung der Stadt konzentriert, wollte ich jemanden mit einer exponierten Position im Kampf gegen COVID finden, ein Individuum, das so sehr in den Strudel der Pandemie verwickelt war, dass seine Geschichte das gesellschaftliche Drama zum Leben erwecken würde. Sophia Zayas, eine aus der Bronx stammende Frau, die im Jahr 2020 als regionale Vertreterin des Gouverneurs tätig war, hätte genauso gut von einer Casting-Agentur kommen können. Durch ihre Familie, ihr Umfeld, ihre Arbeit und schlussendlich ihren Körper hat sie die Pandemie vollständig repräsentiert, und zwar auf eine Weise, die offenlegt, wie viel die Bronx durchgemacht hat.

Staten Island ist der bei Weitem *weißeste* und politisch konservativste Bezirk von New York. Die Menschen dort stehen staatlichen Vorschriften oft skeptisch gegenüber und sind vor übermäßigen staatlichen Eingriffen auf der Hut. Nur wenige scheuen sich, ihre Meinung kundzutun. Obwohl der Bezirk für seinen hohen Anteil an Polizisten und Feuerwehrleuten bekannt ist, gibt es hier auch einen hohen Anteil von Inhabern kleiner Betriebe und Geschäfte sowie vor Ort tätige Unternehmer. Die meisten von ihnen mussten um ihr Auskommen kämpfen, als die Stadt stillgelegt wurde. Ich wollte jemanden finden, der im Zentrum all dessen lebte und arbeitete. Als ich einen Zeitungsartikel über Daniel Presti und den Kampf, Mac's Public House trotz der lokalen Lockdowns offen zu halten, las, wusste ich, dass er mein idealer Kandidat war. Prestis Geschichte erschien mir besonders wichtig, weil seine Erfahrung – sich schlecht behandelt, verlassen, stigmatisiert und dann von der Regierung bestraft zu fühlen – während der Pandemie so häufig vorkam, und zwar ebenso in rechtsgerichteten Teilen New Yorks wie in republikanischen Gegenden in den gesamten USA. Seine Wandlung von einem relativ unpolitischen lokalen Geschäftsmann zu einem radikalisierten, rechten Aktivisten war Teil eines gesellschaftlichen Wandels, der auf einer persönlicheren und menschlicheren Ebene verstanden werden muss, als es unsere herkömmliche politische Rhetorik hergibt. Presti ist die einzige Person in diesem Buch, die während der Recherchen nicht mehr auf meine Nachrichten reagierte. Er blieb jedoch eine öffentliche Persönlichkeit, die sich auf konservativen Kundgebungen zu Wort meldete und die sozialen Medien nutzte, um vor den Gefahren gesundheitspolitischer Auflagen und weiterer Einschränkungen zu warnen. Ich habe versprochen, seine Geschichte wahrheitsgetreu zu erzählen, damit die Leser seine Sichtweise nachvollziehen können und auch etwas über seine juristische Rehabilitierung erfahren.

In Queens suchte ich nach jemandem, der in einem dieser überfüllten Zuwandererviertel lebte, die während der ersten Krankheitswelle einen schrecklichen Anstieg an Krankheits- und Todesfällen zu verzeichnen hatte. Zugleich sollte es jemand sein, der alles tat, um seinen Nachbarn beim Überleben zu helfen. In der Anfangsphase meiner Recherchen, als ich wissen wollte, wie die Menschen in diesem Teil von Queens auf das Virus reagierten, folgte ich Netzwerken für gegenseitige Hilfe in den sozialen Medien und kontaktierte die Leitungen von Community-Organisationen. Der Name, der immer wieder auftauchte, war der von Nuala O'Doherty, einer pensionierten Staatsanwältin und Kandidatin für ein lokales Amt, die gerade von ihrem Wohnhaus in Jackson Heights aus das COVID Care Neighbor Network gegründet hatte. O'Doherty war so beschäftigt wie alle anderen in New York, quetschte mich aber für lange Gespräche in ihren Terminkalender und verschaffte mir Wissen über die Gegend aus erster Hand.

In Brooklyn suchte ich nach einer Person, deren Schicksal deutlich durch die *Race-* und Klassendynamik des Stadtbezirks geprägt war. Auf Enuma Menkiti stieß ich durch ein Interview, das sie der Brooklyn Public Library gegeben hatte. Menkiti ist eine Schwarze Frau, die in einer örtlichen Schule in freier Trägerschaft arbeitete und mit einem Schwarzen Mann verheiratet war, der als Gefängniswärter auf Rikers Island tätig war. Bei einem Kennenlerngespräch erzählte sie mir, dass man ihre Kinder aus einer fortschrittlichen Kindertagesstätte geworfen hatte, weil die Leitung ihren Ehemann, eine systemrelevante Arbeitskraft, als Krankheitsüberträger sah. Sie berichtete auch, wie ihr Menschen aus ihrem sozialen Netzwerk halfen, eine hochwertige medizinische Versorgung zu bekommen, als sie an COVID erkrankte. Ihre Erfahrungen waren einzigartig persönlich und ließen zugleich allgemeine Trends erkennen.

Sobald ich aus jedem Bezirk eine Person gefunden hatte, überprüfte ich die Themen, die in ihren Geschichten zur Sprache kommen würden. Zugleich überlegte ich, welche wichtigen Themen wohl keine Abdeckung durch ihre biografischen Profile erfahren würden. Zwei davon waren besonders wichtig: die Erfahrung, ein Familienmitglied durch COVID verloren zu haben, und die (durch Einschränkungen von sozialen Zusammenkünften verursachten) Schwierigkeiten, diesen Tod zu betrauern. Des Weiteren die Erfahrung, aus den pandemiebedingten Lockdowns auszubrechen, um an *Black Lives Matter*-Protesten teilzunehmen. Sandra Bloodworth, Leiterin der Abteilung Kunst und Design der Metropolitan Transportation Authority, zeigte mir das Bild von Thankachan Mathai vom MTA-Denkmal »Travels Far«, das sie mitinitiiert hatte. Ihre Kollegen machten mich mit Mathais Sohn Mathews bekannt, der mir freimütig von dem für seine Familie verheerenden Jahr berichtete. Sandra und Mathews sind sich nie begegnet und haben nie miteinander gesprochen, dennoch haben sie gemeinsam eine wichtige Geschichte über Arbeit, Tod, Trauer und Erinnerung erzählt. Für diesen Band erscheint sie mir unverzichtbar. Dasselbe gilt für Brandon English, auf dessen Geschichte ich durch Olutoyin Demuren stieß, die als wissenschaftliche Mitarbeiterin an diesem Projekt beteiligt war und Menschen interviewte, die an den *Black Lives Matter*-Protesten teilnahmen. Wie so viele Menschen in New York war auch English im Jahr 2020 Zeuge von Tod und Gewalt in erschreckendem Ausmaß. Allerdings findet seine Geschichte hierin Erwähnung, weil er sich etwas Lebenswichtigem widmete: dem Projekt, Gerechtigkeit herzustellen und die Welt wieder in Ordnung zu bringen.

Dank

Bei diesem Buch hatte ich viel Hilfe – ganz besonders durch die Menschen, die ihre Zeit und ihre Geschichten zur Verfügung stellten. Ich danke May Lee, Sophia Zayas, Daniel Presti, Nuala O'Doherty, Enuma Menkiti, Brandon English, Mathews Thankachan, Sandra Bloodworth und Benjamin Bier, die hier alle eine herausgehobene Rolle spielen, sowie den Hunderten Menschen, die anonym an den soziologischen Forschungsprojekten teilnahmen, die diesem Buch zugrunde liegen.

Isabelle Caraluzzi stand kurz vor ihrem Abschluss an der NYU und der Übernahme eines Traumjobs in Italien, als die Pandemie ausbrach. Das Coronavirus kümmerte sich jedoch nicht um ihre Pläne und zwang Isabelle zu einem Umdenken. Sie wagte sich an dieses Projekt, zog wieder nach New York und wurde rasch eine großartige Assistentin, Mitarbeiterin und Freundin. Ohne sie hätte ich dieses Buch nicht schreiben können. Besonders dankbar bin ich für die Interviews, die Isabelle für das Kapitel »Erwachsen werden« führte. Mittlerweile ist sie NYU-Doktorandin in Soziologie, und ich bin sehr gespannt auf das, was sie als Nächstes tut.

Dasselbe gilt für einige weitere Studenten und Nachwuchswissenschaftler, die an »2020« mitgearbeitet haben. Melina Sherman trat dem Team als Postdoktorandin bei und leistete hervorragende Forschungsarbeit zum digitalen Leben in der Pandemie. Jennifer Leigh, Doktorandin in Soziologie, führte Interviews und half bei der Analyse von Daten zu den Erfahrungen allein lebender Personen. Auszüge aus den gemeinsamen Arbeiten mit Melina beziehungsweise Jennifer erscheinen in diesem Band. Teile des Kapitels »Trust« wurden zuvor veröffentlicht in Eric Klinenberg und Melina Sherman, »Face Mask Face-Offs: Culture and Conflict in the COVID-19 Pandemic«, in: *Public Culture* 33, (2021) 3: 441–466. Teile des Kapitels »Allein zu Haus« erschienen zuvor in Eric Klinenberg und Jenny Leigh, »On Our Own«, in: *Social Problems* (2023). Den Herausgebern, Duke University Press und Oxford University Press, danke ich für die Erlaubnis, dieses Material hierin zu verwenden.

Wichtige Beiträge lieferten auch die Soziologie-Doktoranden der NYU Michelle Cera, Olutoyin Demuren, Jocelyn Pak Drummond und Sejin Um. Michelle und Sejin führten Befragungen für eine Studie über die Bedeutung von Masken durch. Olutoyin befragte Menschen, die sich an *Black Lives Matter*-Protesten beteiligten. Jocelyn berechnete die Zahlen, sodass wir sehen konnten, welche Entwicklung die New Yorker Stadtteile während der ersten Welle nahmen. Weitere Unterstützung erhielt ich von Studenten der NYU. Julia Kempton verdient besondere Anerkennung für die Tiefe und Intelligenz ihrer Forschungsmemos zu einer Reihe von Themen, von Pflegeheimen und Gefängnissen bis hin zur internationalen öffentlichen Gesundheitspolitik. Ebenfalls hervorragende Arbeit leisteten Jasmine Kwak, Sophia Santaniello, Manning Snyder und Jacob Mulliken (Student an der Brown University).

Ohne die großzügige Unterstützung zweier Förderer wäre all dies nicht möglich gewesen. Die Robert Wood Johnson Foundation stellte nicht nur den großen Zuschuss zur Verfügung, den ich brauchte, um ein Team zusammenzustellen und dieses Projekt im Frühjahr 2020 zu starten, sondern gab mir auf dem Weg dorthin auch substanzielles Feedback. Vielen Dank an Lori Melichar und Sharon Roerty für die Leitung dieser Arbeiten! Ich hatte das Glück, unmittelbar vor Pandemiebeginn die Public Spaces Fellowship der Knight Foundation zu erhalten. Es gelang uns zwar nicht, die ursprünglich geplante Arbeit durchzuführen, doch Lily Weinberg und ihre Kollegen waren offen für meinen Richtungswechsel. Dafür bin ich dankbar.

Seit mehr als zwanzig Jahren erhalte ich kontinuierliche Unterstützung durch die New York University. Das Institute for Public Knowledge und das Department of Sociology sind besondere Orte, und Kollegen aus beiden Bereichen haben mein gesamtes Handeln geprägt. Präzise Rückmeldungen zu verschiedenen Teilen von

»2020« gaben mir Lindsey Edwards, Ingrid Gould Ellen, Jacob Faber, Jeff Manza, Harvey Molotch, Dana Polan, Eyal Press, Rowan Ricardo Phillips und Matthew Wolfe. Außerhalb der NYU warfen Eric Bates, David Grazian, Ariel Kaminer, David Kirkpatrick, Andrew Lakoff, Patrick LeGales, Dylan McCormick, Patrick Sharkey, Stephanie Staal und Rona Talcott prüfende Blicke auf das Manuskript.

Andrew Miller, mein treuer Lektor, hat dieses Buch unendlich viel besser gemacht. Er stellte schwierige, aber wichtige Fragen und lieferte neue Sichtweisen zu Debatten, die ich vorschnell beendet hatte. Andrew war ein kluger, temperamentvoller Begleiter durch eine Krise, die sich als länger und schwieriger erwies, als einer von uns beiden erwartet hatte. Mein Dank gilt Andrew, Tiara Sharma, Reagan Arthur, Fred Chase, Nicole Pedersen und dem gesamten Team von Alfred A. Knopf, die dieses Buch zum Leben erweckt haben. Dank schulde ich auch Nicole Pasulka, meiner akribischen Faktenprüferin. Nicole tat alles in ihrer Macht Stehende, um die hierin aufgestellten Behauptungen zu überprüfen; alle verbliebenen Fehler sind mir zuzuschreiben.

Keinen Fehler habe ich hingegen gemacht, als ich beschloss, mit Elyse Cheney und dem Team der Cheney Agency zusammenzuarbeiten, darunter Beniamino Ambrosi, Grace Johnson und Isabel Mendia. Von Anfang an bestand Elyse darauf, dieses Buch sei der Mühe wert, selbst wenn es bedeutete, unablässig über eine Pandemie nachzudenken, die so viele andere ausblenden oder vergessen wollten. Wie stets hatte sie recht.

Soweit sich mein Inneres in den letzten Jahren von dem Thema 2020 löste, verdanke ich das meiner Familie. Kate, Lila, Cyrus: Keiner von euch ahnte, wie viel Zeit wir miteinander verbringen würden, während die Welt um uns herum erzitterte und zerbrach. Das Ausmaß, in dem ich bei alldem von eurer Liebe und eurem Lachen getragen wurde, lässt sich gar nicht hoch genug einschätzen. Singen. Fußballspielen. Lange Spaziergänge mit Coco. Kochen. Essen. Ausflüge. Spiele. Danke, dass ihr alles für mich seid. Dieses Buch ist euch gewidmet.

Bildnachweis

10 f.:	Patrick Spauster
55:	Patrick Chang
123:	mit freundlicher Genehmigung durch Sophia Zayas
169:	Eric Klinenberg
228:	Vanessa Ryan
285:	Patrick Chang
288:	New York City Health Department, NYU Furman Center
304:	New York City Department of Health and Mental Hygiene; erstellt von Jocelyn Drummond, New York University.
331:	Robert Hamada
370 ff.:	Marc A Hermann/MTA. TRAVELS FAR (2020) © MTA Arts & Design. Ein Denkmal zu Ehren der an COVID-19 verstorbenen MTA-Mitarbeiter. Sandra Bloodworth, Künstlerin; Tracy K. Smith, Dichterin; Chris Thompson, Komponist.

Anmerkungen und Quellen

Vorwort
Atmen!

1. Zum Zusammenhang zwischen sozialer Ungleichheit und Exposition gegenüber Corona siehe Steven Thrasher, *The Viral Underclass* (New York: Celadon, 2022).
2. Lauren Smiley, »27 Days in Tokyo Bay: What Happened on the *Diamond Princess*«, *Wired*, 30. April 2020.
3. Vgl. Chris Baraniuk, »What the *Diamond Princess* Taught the World About COVID-19«, BMJ 369 (2020), https://doi.org/10.1136/bmj.m1632.
4. Hitoshi Oshitani, »What Japan Got Right About COVID-19«, *New York Times*, 24. Januar 2022.
5. Kenji Mizumoto et al., »Transmission Potential of the Novel Coronavirus (COVID-19) Onboard the *Diamond* Princess Cruise Ship, 2020«, *Infectious Disease Modelling* 5 (2020): S. 264–70.
6. Thomas Fuller et al., »21 Coronavirus Cases on Cruise Ship Near California«, *New York Times*, 6. März 2020.
7. Catherine Kim, »The Trump Administration Doesn't Yet Have a Plan to Handle *Grand Princess* Coronavirus Cases, Officials Say«, *Vox*, 8. März 2020.
8. Donald Trump (@realDonaldTrump), »We have a perfectly coordinated and fine tuned plan at the White House for our attack on CoronaVirus«, Twitter, 8. März 2020, 8:45 Uhr.
9. Kim, »The Trump Administration Doesn't Yet Have a Plan to Handle *Grand Princess* Coronavirus Cases, Officials Say«.
10. Mario Koran, »From Paradise to Coronavirus: The *Grand Princess* and the Cruise from Hell«, *Guardian*, 14. März 2020.
11. Abigail Weinberg, »Total Isolation. No Testing. Communication Breakdown. Inside the Coronavirus Cruise Ship Evacuation«, *Mother Jones*, 13. März 2020.
12. Mark Berman und Faiz Siddiqui, »*Grand Princess* Passengers Were Quarantined on Bases. How Many Actually Have Coronavirus Will Remain a Mystery«, *Washington Post*, 23. März 2020.
13. Ebd.
14. Émile Durkheim, *Suicide* (New York: Free Press, 1951). Siehe insbes. Kap. 5, »Anomic Suicide«.

Kapitel 1
»Es war eine Schlacht«

1. Sarah Kramer, »Three Generations Under One Roof«, *New York Times*, 23. September 2011.
2. Yanzhong Huang, »The SARS Epidemic and Its Aftermath in China: A Political Perspective«, in *Learning from SARS: Preparing for the Next Disease Outbreak: Workshop Summary* (Washington, DC: National Academies Press, 2004).
3. David L. Roberts, Jeremy S. Rossman und Ivan Jarić, »Dating First Cases of COVID-19«, PLOS *Pathogens* 17, Nr. 6 (2021).
4. Wenjun Wang et al., »Using WeChat, a Chinese Social Media App, for Early Detection of the COVID-19 Outbreak in December 2019: Retrospective Study«, JMIR *mHealth and uHealth* 8, Nr. 10 (2020).
5. Kimmy Yam, »Anti-Asian Hate Crimes Increased by Nearly 150% in 2020, Mostly in N.Y. and L.A., New Report Says«, NBC News, 9. März 2021.
6. Ayal Feinberg, »Hate Crimes Against Asian Americans Have Been Declining for Years. Will the Coronavirus Change That?«, *Washington Post*, 13. April 2020.
7. Ann Dornfeld, »All Seattle Public Schools Closed for at Least Two Weeks Starting Thursday Due to Coronavirus Outbreak«, KUOW Public Radio, 11. März 2020.
8. Greg B. Smith, »How NYC Schools Officials Played Down the COVID-19 Threat«, *The City*, 11. Mai 2020.
9. Eliza Shapiro, »New York City Public Schools to Close to Slow Spread of Coronavirus«, *New York Times*, 15. März 2020.
10. *New York City's Digital Divide: 500,000 NYC Households Have No InternetAccess When It Is More Important Than Ever Before*, New York: Citizens' Committee for Children of New York, 2021.
11. Ebd.
12. Mark Lieberman, »Schools Should Prepare for Coronavirus Outbreaks, CDC Officials Warn«, *Education Week*, 25. Februar 2020.
13. Valerie Strauss, »Senators Press Betsy DeVos on Education Department's Coronavirus Response«, *Washington Post*, 10. März 2020.
14. Smith, »How NYC Schools Officials Played Down the COVID-19 Threat«.
15. Ebd.
16. Annalise Knudson, »Schools Closed: Here's Where NYC Students Can Get Free Meals«, SI *Live*, 22. März 2020.
17. »De Blasio Sounds Confident Note on Opening Schools, as Majority Plan In-Person Learning«, NBC News New York, 10. August 2020.
18. United States Centers for Disease Control and Prevention, *Delay or Avoidance of Medical Care Because of COVID-19 – Related Concerns – United States, June 2020;* Mark É. Czeisler et al., *Morbidity and Mortality Weekly Report* 69: S. 1250–57, Washington, DC: CDC, September 2020.
19. Eliza Shapiro, Dana Rubinstein und Emma G. Fitzsimmons, »New York City Delays Start of School to Ready for In-Person Classes«, *New York Times*, 1. September 2020.

Kapitel 2
Erste Reaktion

1 Zaheer Alam, »The First Fifty Days of COVID-19«, *Elsevier Public Health Emergency Collection* (2020): S. 1–7; Jeanna Bryner, »1st Known Case of Coronavirus Traced Back to November in China«, Live Science, 14. März 2020.

2 Carl Zimmer, Benjamin Mueller und Chris Buckley, »First Known Covid Case Was Vendor at Wuhan Market, Scientist Says«, *New York Times*, 18. November 2021.

3 Michael Worobey, »Dissecting the Early COVID-19 Cases in Wuhan«, *Science* 6572, Nr. 374 (2021): S. 1202–4.

4 Ebd.; Chaolin Huang et al., »Clinical Features of Patients Infected with 2019 Novel Coronavirus in Wuhan, China«, *Lancet* 395, Nr. 10223 (Februar 2020): S. 497–506.

5 Guobin Yang, *The Wuhan Lockdown* (New York: Columbia University Press, 2020), S. 10.

6 *Disease Outbreak News: COVID-19 China*, Genf: World Health Organization, Januar 2020.

7 Jon Cohen, »Chinese Researchers Reveal Draft Genome of Virus Implicated in Wuhan Pneumonia Outbreak«, *Science Insider*, 11. Januar 2020.

8 WHO *Statement on Novel Coronavirus in Thailand*, Genf: World Health Organization, Januar 2020.

9 Susie Neilson und Aylin Woodward, »A Comprehensive Timeline of the Coronavirus Pandemic at 1 Year, from China's First Case to the Present«, *Business Insider*, Dezember 2020. Zu Taiwan siehe Shao-Chung Cheng et al., »First Case of Coronavirus Disease 2019 (COVID-19) Pneumonia in Taiwan«, *Journal of the Formosan Medical Association* 3, Nr. 119 (2020): S. 747–51.

10 Greg Hunt, *First Confirmed Case of Novel Coronavirus in Australia*, Regierung von Australien, Ministerium für Gesundheit und Altenpflege, Januar 2020, https://www.health.gov.au/ministers/the-hon-greg-hunt-mp/media/first-confirmed-case-of-novel-coronavirus-in-australia; Ryan Rocca, »Canada's 1st Confirmed COVID Case Was Reported in Toronto 2 Years Ago Today«, *Global News Canada*, Januar 2022, https://globalnews.ca/news/8536383/canadas-1st-covid-case-confirmed-2-years-ago/; David Reid, »UK Confirms Its First Coronavirus Cases«, NBC News, Januar 2020, https://www.cnbc.com/2020/01/31/uk-confirms-two-cases-of-coronavirus.html.

11 Julia Merlot, »Die unglückliche Reise von Patientin null«, *Der Spiegel*, 16. Mai 2020.

12 Vgl. Howard Markel et al., »Nonpharmaceutical Interventions Implemented by US Cities During the 1918–1919 Influenza Pandemic«, JAMA 298/6 (2007): S. 644–54. Diese Arbeit ist eine der wichtigsten Studien über die Spanische Grippe 1918/19 und zeigt eindrucksvoll, wie Zeitpunkt und Dauer der Maßnahmen des öffentlichen Gesundheitswesens in Großstädten in den USA die Sterblichkeit beeinflussten. Die zentrale Erkenntnis der Studie, die erhebliche Auswirkungen auf die Reaktion auf COVID-19 hat, ist, dass es »einen deutlichen Zusammenhang zwischen der frühzeitigen, anhaltenden und mehrstufigen Anwendung nichtpharmazeutischer Maßnahmen und der Abschwächung der Folgen der Grippepandemie 1918 bis 1919 in den Vereinigten Staaten gab«.

13 Didier Fassin, »The Moral Economy of Life in the Pandemic«, in Didier Fassin und

Marion Fourcade (Hrsg.), *Pandemic Exposures: Economy and Society in the Time of Coronavirus* (Chicago: Hau, 2022), S. 155–75.

14　Sheila Jasanoff et al., *Comparative Covid Response: Crisis, Knowledge, Politics (An Interim Report)*, (Cambridge: Harvard School of Government, 2020).

15　World Health Organization (@WHO), »FACT: #COVID19 is NOT airborne. The #coronavirus is mainly transmitted through droplets generated when an infected person coughs, sneezes or speaks«, Twitter, 28. März 2020, 14:44 Uhr. Bis jetzt (8. Oktober 2023) hat der Tweet der WHO 38.166 Retweets und 42.795 Likes erhalten.

16　Gaston Bachelard, *Die Philosophie des Nein. Versuch einer Philosophie des neuen wissenschaftlichen Geistes* (Frankfurt am Main: Suhrkamp, 1980; 3. Aufl. 2015), S. 18.

17　Vgl. Gil Eyal, *The Crisis of Expertise* (Cambridge, GB: Polity Press, 2019).

18　John Horgan, »Will COVID-19 Make Us Less Democratic and More Like China?«, *Scientific American*, April 2020.

19　Danielle Allen, *Democracy in the Time of Coronavirus* (Chicago: University of Chicago Press, 2022).

20　Global Health Security Index, »About«, GHS Index, https://www.ghsindex.org/about/. Der Medizinethnologe Andrew Lakoff argumentiert, dass der GHSI eigentlich nicht dazu entwickelt wurde, die Pandemie-Bereitschaft von wohlhabenden, entwickelten Nationen zu messen. Stattdessen wurde er als Teil des Projekts der Internationalen Gesundheitsvorschriften der WHO zur Verbesserung der »Kernkapazitäten« globaler Gesundheitssicherheit in armen Ländern eingerichtet, um den Geberländern ein Bewertungsinstrument zur Beurteilung von Verbesserungen zur Verfügung zu stellen. Vgl. Andrew Lakoff, »Preparedness Indicators: Measuring the Condition of Global Health Security«, *Sociologica* 15, Nr. 3 (2021): S. 25–43.

21　Andrew Lakoff, »Preparing for the Next Emergency«, *Public Culture* 19, Nr. 2 (2007): S. 247–71.

22　Dass diese Länder ausgewählt wurden, folgt einer ganz bestimmten Logik: Während der Pandemie argumentierten politische Analysten immer wieder, dass es den Ländern Ostasiens besser gelingen sollte, das Virus einzudämmen, weil dort eine autoritäre politische Kontrolle herrsche und eine kulturelle Disposition, die die Unterdrückung abweichender Meinungen fördere. Die Unterschiede zwischen China und Taiwan zeigen jedoch, dass es um mehr geht. In ähnlicher Weise fasst die umfangreiche soziologische Literatur über Sozialstaaten und politische Kultur meistens die angelsächsischen Nationen (u. a. Australien, Großbritannien und USA) als Gruppe zusammen, in denen Liberalismus vorherrscht, sozialer Schutz wenig ausgeprägt und die staatliche Regulierung begrenzt ist. Alle drei Länder wurden von Konservativen regiert, als die Pandemie ausbrach, und es stand zu erwarten, dass sie ähnlich reagieren würden. Die überraschenden Abweichungen zwischen ihnen deuten auf entscheidende und folgenreiche Unterschiede im öffentlichen Gesundheitswesen hin.

23　Yang, *The Wuhan Lockdown*, S. 3.

24　Ebd., S. 4.

25　Andrew Green, »Li Wenliang«, *Lancet* 10225, Nr. 395 (2020): S. 682.

26　Edward Wong, Julian E. Barnes und Zolan Kanno-Youngs, »Local Officials in China Hid Coronavirus Dangers from Beijing, U.S. Agencies Find«, *New York Times*, 19. August 2020 (aktualisiert am 17. September 2020).

27　Katherine Mason, »Reflecting on SARS, 17 Years and Two Flu-Like Epidemics Later«, *Somatosphere* (blog), 16. März 2020.

28　Richard McGregor, »China's Deep State: The Communist Party and the Coronavirus«, *Lowy Institute*, Juli 2020.

29　Selam Gebrekidan et al., »Ski, Party, Seed a Pandemic: The Travel Rules That Let COVID-19 Take Flight«, *New York Times*, 30. September 2020.

30　Frank Snowden, *Epidemics and Society: From the Black Death to the Present* (New Haven: Yale University Press, 2019), S. 455–56. See also Frank Snowden, »Emerging and Reemerging Diseases: A Historical Perspective«, *Immunological Review* 225, Nr. 1 (2008): S. 9–26.

31　Paul Farmer, »Social Inequalities and Emerging Infectious Diseases«, *Emerging Infectious Diseases* 2, Nr. 4 (1996): S. 259–69.

32　Robert Webster, »Wet Markets – A Continuing Source of Severe Acute Respiratory Syndrome and Influenza?«, *Lancet* 363, Nr. 9404 (2004): S. 234–36.

33　Yang, *The Wuhan Lockdown*, S. 15.

34　Ebd., S. 14–16.

35　Marisa Taylor, »Exclusive: U.S. Slashed CDC Staff Inside China Prior to Coronavirus Outbreak«, Reuters, 25. März 2020.

36　Lawrence Wright, »The Plague Year«, *New Yorker*, 4./11. Januar 2021.

37　World Health Organization (@WHO), »Preliminary Investigations Conducted by the Chinese Authorities Have Found No Clear Evidence of Human-to-Human Transmission of the Novel #Coronavirus (2019-nCoV) Identified in #Wuhan, #China«, Twitter, 14. Januar 2020, 6:18 Uhr.

38　Yanan Wang und Ken Moritsugu, »Human-to-Human Transmission Confirmed in China Coronavirus«, AP News, 20. Januar 2020.

39　»Five Million People Left Wuhan Before the Lockdown: Where Did They Go?«, China Global Television Network, 27. Januar 2020.

40　Shengjie Lai et al., »Effect of Non-Pharmaceutical Interventions to Contain COVID-19 in China«, *Nature* 585 (2020): S. 410–13.

41　Javier Hernández, »China Spins Coronavirus Crisis, Hailing Itself as a Global Leader«, *New York Times*, 28. Februar 2020.

42　CECC *Held a Press Conference and Announced Its Latest Understanding on Developments of the Epidemic, While Urging Citizens to Refrain from Sharing Unsubstantiated Information and Hearsay*, Regierung von Taiwan, Ministerium für Gesundheit und Soziales, Dezember 2019.

43　C. Jason Wang et al., »Response to COVID in Taiwan«, JAMA 323, Nr. 14 (2020): S. 1341–42.

44　Ying-Hen Hsieh et al., »SARS Outbreak, Taiwan, 2003«, *Emerging Infectious Diseases* 10, Nr. 2 (2004): S. 201–6.

45　SARS *Experience*, Regierung von Taiwan, Ministerium für Gesundheit und Soziales, Mai 2020.

46　*Formalized the Definition of Coronavirus Cases and Reporting & Handling Procedures*, Regierung von Taiwan, Ministerium für Gesundheit und Soziales, Januar 2020.

47　Chih-Wei Hsieh et al., »A Whole-of-Nation Approach to COVID-19: Taiwan's National Epidemic Prevention Team«, *International Journal of Political Science* 42, Nr. 3 (2021): S. 300–315.

48 Wang et al., »Response to COVID in Taiwan«.

49 Cheryl Lin et al., »Policy Decisions and Use of Information Technology to Fight COVID-19, Taiwan«, *Emerging Infectious Diseases*, 26, Nr. 7 (2020): S. 1506–12.

50 »Taiwanese Man to Be Fined for Not Reporting Viral Symptoms«, *Focus Taiwan* CNA *English News*, 25. Januar 2020.

51 Lin et al., »Policy Decisions and Use of Information Technology to Fight COVID-19, Taiwan«.

52 Rory Daniels, »Taiwan's Unlikely Path to Public Trust Provides Lessons for the US«, Brookings Institution, 15. September 2020.

53 Lauren Gardner, »Update January 31: Modeling the Spreading Risk of 2019-nCoV«, Johns Hopkins Center for Systems Science and Engineering, 31. Januar 2020.

54 Lin et al., »Policy Decisions and Use of Information Technology to Fight COVID-19, Taiwan«.

55 Tsung-Mei Cheng, »How Has Taiwan Navigated the Pandemic?«, *Economics Observatory*, Dezember 2021; Chih-Wei Hsieh et al., »A Whole-of-Nation Approach to COVID-19«, S. 300–315.

56 Hsiang-Yu Yuan et al., »Assessment of the Fatality Rate and Transmissibility Taking Account of Undetected Cases During an Unprecedented COVID-19 Surge in Taiwan«, BMC *Infectious Diseases* 22, Nr. 1 (2022): S. 1–11.

57 Man beachte, dass die Analysten Taiwan mit OECD-Ländern verglichen, obwohl es kein OECD-Land ist. Vgl. Cheng, »How Has Taiwan Navigated the Pandemic?«.

58 Daten des Johns Hopkins Coronavirus Resource Center, abgerufen am 17. Februar 2023, https://coronavirus.jhu.edu/data/mortality.

59 Katharine Murphy, »Dear Michael McCormack: The Only ›Raving Lunatics‹ Are Those Not Worrying About Climate Change«, *Guardian*, 11. November 2019.

60 Waleed Aly, »Carefree Larrikin Is a Myth. Australians Are Obedient to Authority«, *Sydney Morning Herald*, 17. Dezember 2020.

61 Guardian Staff and Australian Associated Press, »Coronavirus: Foreign Arrivals from Mainland China Will Not Be Allowed into Australia, Scott Morrison Says«, *Guardian*, 1. Februar 2020.

62 Colin Dwyer, »Australia, New Zealand Closing Borders to Foreigners in Bid to Contain Coronavirus«, NPR, März 2020.

63 Grace Tobin, »Coronavirus Fires Up Production at Australia's Only Medical Mask Factory«, ABC News Australia, 26. März 2020.

64 Melbourne Law School, »VIDEO: COVID-19 – What Is Australia's National Cabinet?«, University of Melbourne, April 2020.

65 *Australian Health Protection Principal Committee (AHPPC) Advice to National Cabinet on 24 March 2020*, Canberra: Department of Health, 24. März 2020.

66 Colin Packham und Byron Kaye, »Australia Faces New Restrictions as Coronavirus Cases Jump«, Reuters, 23. März 2020.

67 Reuters Staff, »Australia Strengthens Self Isolation Rules for Returning Citizens as Coronavirus Spreads«, Reuters, 26. März 2020.

68 Damien Cave, »A Lucky Country Says Goodbye to the World's Longest Boom«, *New York Times*, 27. März 2020.

69 Colin Packham und Jonathan Barrett, »Growth in Australia Coronavirus Cases Slows, but Experts Urge Caution«, Reuters, 30. März 2020.

70 Damian Cave, »The Secret Powers of an Australian Prime Minister, Now Revealed«, *New York Times*, 16. August 2022.

71 Abbie Bray, »Good Morning Britain Flooded with Almost 300 Ofcom Complaints After Piers Morgan ›Mocks Chinese People‹«, *Metro UK*, 22. Januar 2020.

72 Sam Phan, »The Coronavirus Panic Is Turning the UK into a Hostile Environment for East Asians«, *Guardian*, 27. Januar 2020.

73 »Coronavirus Will Be Here for Some Months, Says Health Secretary«, BBC, 3. Februar 2020.

74 *Prime Minister's Statement on Coronavirus (COVID-19): 9 March 2020*, London: Office of the Prime Minister, März 2020.

75 »Explainer: ›Nudge Unit‹«, Institute for Government, März 2020.

76 Benjamin Mueller, »As Europe Shuts Down, Britain Takes a Different, and Contentious, Approach«, *New York Times*, 13. März 2020.

77 UK Behavioural Scientists, »Open Letter to the UK Government Regarding COVID-19«, März 2020.

78 Mark Landler und Stephen Castle, »Behind the Virus Report That Jarred the U.S. and the U.K. to Action«, *New York Times*, 23. März 2020.

79 Ed Yong, »The U.K.'s Coronavirus ›Herd Immunity‹ Debacle«, *Atlantic*, März 2020.

80 Mark Landler und Stephen Castle, »Britain Placed Under a Virtual Lockdown by Boris Johnson«, *New York Times*, 23. März 2020; »Coronavirus: Strict New Curbs on Life in UK Announced by PM«, BBC, 24. März 2020.

81 Angela Dewan und Sarah Dean, »Coronavirus Strikes UK Prime Minister Boris Johnson, His Health Secretary and His Chief Medical Adviser«, CNN, 27. März 2020.

82 »Coronavirus: Boris Johnson Moved to Intensive Care as Symptoms Worsen«, BBC, 7. April 2020.

83 Nick Paton Walsh und Mick Krever, »The UK's ›Coronavirus Dashboard‹ May be Under-Reporting Deaths Significantly«, CNN, 7. April 2020.

84 »UK Has Second-Highest Coronavirus Death Toll in Europe, New Figures Show«, CNBC, 29. April 2020.

85 Vgl. die Berichterstattung der BBC über den Bericht des House of Commons: Nick Triggle, »Covid: UK's Early Response Worst Public Health Failure Ever, MPs Say«, BBC, 12. Oktober 2021 sowie UK House of Commons, Health and Social Care, and Science and Technology Committees, *Coronavirus: Lessons Learned to Date*, Report Nr. 6, London: September 2021.

86 Nicholas Fandos und Michael D. Shear, »Trump Impeached for Abuse of Power and Obstruction of Congress«, *New York Times*, 18. Dezember 2019.

87 Ebd.

88 Matthew Belvedere, »Trump Says He Trusts China's Xi on Coronavirus and the US Has It ›Totally Under Control‹«, CNBC, 22. Januar 2020.

89 Bob Woodward, *Rage* (New York: Simon & Schuster, 2020), S. 17.

90 Philip Bump, »What Trump Did About Coronavirus in February«, *Washington Post*, 20. April 2020.

91 Ebd., S. 22.

92 Isaac Stanley-Becker und Laura Sun, »Senior CDC Official Who Met Trump's Wrath for Raising Concerns About Coronavirus to Resign«, *Washington Post*, 7. Mai 2021.

93 Philip Bump, »What Trump Did About Coronavirus in February«, *Washington Post*, 20. April 2020.
94 Bruno Latour, *Das terrestrische Manifest* (Berlin: Suhrkamp, 2018), S. 11.
95 Ebd., S. 15.
96 Jon Cohen, »The United States Badly Bungled Coronavirus Testing – But Things May Soon Improve«, *Science*, 28. Februar 2020.
97 Andrew Jacobs, Matt Richtel und Mike Baker, »›At War with No Ammo‹: Doctors Say Shortage of Protective Gear Is Dire«, *New York Times*, 19. März 2020.
98 Ebd.
99 Kerry Breen, »NYC Hospital Responds to Photos of Nurses Wearing Trash Bags as Gowns«, *Today*, 27. März 2020.
100 Jeanne Whalen et al., »Scramble for Medical Equipment Descends into Chaos as U.S. States and Hospitals Compete for Rare Supplies«, *Washington Post*, 24. März 2020.
101 Neil Irwin, »Coronavirus Shows the Problem with Trump's Stock Market Boasting«, *New York Times*, 26. Februar 2020.
102 Pippa Stevens, Maggie Fitzgerald, and Fred Imbert, »Stock Market Live Thursday: Dow Tanks 2,300 in Worst Day Since Black Monday, S&P 500 Bear Market«, CNBC, 12. März 2020.
103 »Trump Declares National Emergency over Coronavirus«, BBC, 13. März 2020.
104 Dan Mangan, »Trump Issues ›Coronavirus Guidelines‹ for Next 15 Days to Slow Pandemic«, CNBC, 16. März 2020.
105 Caitlin McCabe, Anna Hirtenstein und Chong Koh Ping, »Dow Plummets Nearly 3,000 Points as Virus Fears Spread«, *Wall Street Journal*, 16. März 2020.
106 Catie Edmondson, »5 Key Things in the $2 Trillion Coronavirus Stimulus Package«, *New York Times*, 25. März 2020.
107 Sarah Mervosh, Denise Lu und Vanessa Swales, »See Which States and Cities Have Told Residents to Stay at Home«, *New York Times*, 20. April 2020.
108 Maggie Haberman und David Sanger, »Trump Says Coronavirus Cure Cannot ›Be Worse Than the Problem Itself‹«, *New York Times*, 23. März 2020.
109 Chris Cillizza, »The Florida Governor Just Got Called Out over His Handling of Coronavirus«, CNN, 23. März 2020.
110 Griff Witte, »South Dakota's Governor Resisted Ordering People to Stay Home. Now It Has One of the Nation's Largest Coronavirus Hot Spots«, *Washington Post*, 13. April 2020.
111 Will Feuer, »US Coronavirus Cases Top 200,000 as Virus Spreads and Testing Ramps Up«, CNBC, 1. April 2020.
112 Kevin Liptak et al., »Trump Says He Wants the Country ›Opened Up and Just Raring to Go by Easter,‹ Despite Health Experts' Warnings«, CNN, 24. März 2020.
113 Aaron Rupar, »Trump's Dangerous ›LIBERATE‹ Tweets Represent the Views of a Small Minority«, *Vox*, 17. April 2020.
114 Mike Pence, »There Isn't a Coronavirus ›Second Wave‹«, *Wall Street Journal*, 16. Juni 2020.

Kapitel 3
»Rund um die Uhr«

1 *At Novel Coronavirus Briefing, Governor Cuomo Announces State Is Partnering with Hospitals to Expand Novel Coronavirus Testing in New York*, Video, Audio, Fotos und Eil-Transkript, New York State Office of the Governor, 2. März 2020.
2 Ross Barkan, »A Brief History of the Cuomo-de Blasio Feud«, *The Nation*, 17. April 2020.
3 Ezra Klein, »Coronavirus Will Also Cause a Loneliness Epidemic«, *Vox*, 12. März 2020.
4 Catherine K. Ettman et al., »Prevalence of Depression Syndroms in US Adults Before and During the COVID-19 Pandemic«, JAMA *Network Open 3, no. 9* (2020).
5 Alison Abbott, »COVID's Mental Health Toll: How Scientists Are Tracking a Surge in Depression«, *Nature*, 3. Februar 2021.
6 Luis Ferré-Sadurni und Joseph Goldstein, »1st Vaccination in U.S. Is Given in New York, Hard Hit in Outbreak's First Days«, *New York Times*, 14. Dezember 2020.
7 *Governor Cuomo and Mayor de Blasio Announce Mass Vaccination Site at Yankee Stadium to Open Friday*, New York State Office of the Governor, 3. Februar 2021.
8 Troy Closson, »Vaccination Rate Lags in N.Y.C. as Disparities Persist«, *New York Times*, 6. Mai 2021; Mihir Zaveri, »New Zip Code Data Reflects Disparities in N.Y.C.'s Vaccination Effort, Officials Say«, *New York Times*, 16. Februar 2021. Im Mai 2021 waren weniger als 30 Prozent der Bevölkerung in der Bronx vollständig geimpft: Rocco Vertuccio, »Bronx Vaccination Rates Still Lowest in the City«, *New York 1 News*, 13. Mai 2021.

Kapitel 4
Vertrauen

1 Gil Eyal, *The Crisis of Expertise* (Cambridge, UK: Polity Press (2019), S. 43.
2 Paul Karp und Ben Doherty, »Coronavirus: Mass Events and Foreign Travel Should Be Cancelled, Says Australian Government«, *Guardian*, 13. März 2020.
3 Luke Henriques-Gomes, »Australians' Trust in Governments Surges to ›Extraordinary‹ High Amid Covid«, *Guardian*, 16. Dezember 2020.
4 »Scott Morrison Defends Decision to Attend Rugby League Game During Coronavirus Outbreak – Video«, *Guardian*, 13. März 2020.
5 Caroline Overington, »Scott Morrison Enjoying a Beer at the Footy While Victorians Grapple with COVID Lockdown Is Not a Good Look«, *Australian*, 12. Juli 2020; Max Laughton, »›I'm Still Going to the Footy‹: ScoMo's Weird Take After Announcing Crowd Ban Plan«, Fox Sports, 13. März 2020.
6 David Speers, »Scott Morrison's ›F-Word‹ Misread the Public Mood on the Coronavirus Pandemic«, ABC News, 14. März 2020.
7 Ebd.
8 Dawn Kopecki, »CDC Recommends Cancelling Events with 50 or More People for the Next Eight Weeks Throughout US«, CNBC, 16. März 2020.
9 »March 2020: Dr. Anthony Fauci Talks With Dr. Jon LaPook About COVID-19«, *60*

Minutes, YouTube-Video, 1:27, 8. März 2020, https://www.youtube.com/watch?app=desktop&v=PRa6t_e7dgI&ab_channel=60Minutes.
10. Karl Weick und Kathleen Sutcliffe, *Managing the Unexpected: Resilient Performance in an Age of Uncertainty*, Hoboken, NJ (2011): John Wiley & Sons. Siehe auch Chris Ansell und Arjen Boin, »Taming Deep Uncertainty: The Potential of Pragmatist Principles for Understanding and Improving Strategic Crisis Management«, in: *Administration & Society* 51, Nr. 7 (2017): S. 1079–1112.
11. P. Sol Hart, Sedona Chinn und Stuart Soroka, »Politicization and Polarization in COVID-19 News Coverage«, in: *Science Communications* 42, Nr. 5 (2020): S. 679–697; Julie Jiang et al., »Political Polarization Drives Online Conversations About COVID-19 in the United States«, in: *Human Behavior and Emerging Technologies* 2, Nr. 3 (2020): S. 200–211.
12. Tamara Qiblawi und Caroll Alvardo, »Ukrainian Males Aged 18–60 Are Banned From Leaving the Country, Zelensky Says in New Declaration«, CNN, 25. Februar 2022.
13. Led By Donkeys (@ByDonkeys), »›Follow the rules‹«, Twitter, 25. Mai 2022, 11:54 Uhr.
14. Daisy Fancourt, Andrew Steptoe und Liam Wright, »›The Cummings Effect: Politics, Trust, And Behaviours During the COVID-19 Pandemic«, in: *Lancet* 396, Nr. 10249 (2020): S. 464–65.
15. Ebd.
16. Adrian O'Dowd, »COVID-19: Johnson Is On Back foot Over Next Steps to Control Pandemic«, BMJ 369 (2020): m2152.
17. Jon Gaskell et al., »Public Trust and COVID-19«, *Trustgov*, 29. Juli 2020.
18. »Partygate: A Timeline of the Lockdown Gatherings«, BBC News, 19. Mai 2022; Mark Landler, Stephen Castle und Megan Specia, »Johnson Says He's Humbled by ›Partygate‹ Report but Will Go On«, *New York Times*, 25. Mai 2022.
19. William Booth und Karla Adam, »U.K. ›Partygate‹ Investigation Ends with 126 Fines, No Further Citations for Boris Johnson«, *Washington Post*, 19. Mai 2022.
20. Martin Ferrer, »›Failure of Leadership‹: What the Papers Say About Johnson and the Sue Gray Partygate Report«, *Guardian*, 25. Mai 2022.
21. »Romania: Ministers Flout Protective Measures«, *Euro Topics*, 2. Juni 2020.
22. German Lopez, »Why New York Has 14 Times as Many Coronavirus Deaths as California«, *Vox*, 13. April 2020.
23. Ebd.
24. CPDH *Guidance for the Prevention of COVID-19 Transmission for Gatherings*, California Department of Public Health, Health and Human Services Agency, September 2020.
25. *Guidance for Private Gatherings*, California Department of Public Health, Health and Human Services Agency, Oktober 2020.
26. Miriam Pawel, »Opinion: Gavin Newsom, What Were You Thinking?«, *New York Times*, 25. November 2020.
27. Tejal Rao, »Why Was Newsom's French Laundry Moment Such a Big Deal? Our California Restaurant Critic Explains«, *New York Times*, 14. September 2021; Taryn Luna, »Photos Raise Doubts About Newsom's Claim That Dinner with Lobbyists was Outdoors Amid COVID-19 Surge«, *Los Angeles Times*, 18. November 2020.
28. »California Gov. Newsom Announces New COVID-19 Restrictions«, ABC News San Diego, 16. November 2020.

29 Pawel, »Opinion: Gavin Newsom, What Were You Thinking?«
30 Tucker Carlson: »Gavin Newsom's French Laundry Birthday Dinner Goes Beyond Mere Hypocrisy«, Fox News, 18. November 2020.
31 Meghan Roos, »What the French Laundry Has to Do with Gavin Newsom's Recall Election«, *Newsweek*, 9. September 2021.
32 Carla Marinucci, »French Laundry Snafu Reignites Longshot Newsom Recall Drive«, *Politico*, 25. November 2020; Mark DiCamillo, »Voters Now Much More Critical of Governor Newsom's Performance«, University of California Berkeley, Institute of Governmental Studies, Release #2021–01.
33 Jill Cowan, »How Much Was Spent on the Recall? One Estimate: Nearly Half a Billion Dollars«, *New York Times*, 15. September 2021.
34 Dali L. Yang, »Wuhan Officials Tried to Cover Up COVID-19 – and Sent It Careening Outward«, *Washington Post*, 10. März 2020.
35 Uri Friedman, »The Coronavirus-Denial Movement Now Has a Leader«, *Atlantic*, 27. März 2020.
36 Natalie Colarossi, »8 Times World Leaders Played Down the Coronavirus and Put Their Countries at Greater Risk for Infection«, *Business Insider*, 11. April 2020; »Governor Cuomo Admits to Withholding Nursing Home Deaths«, BBC News, 16. Februar 2021.
37 Sarah Evanega et al., *Coronavirus Misinformation: Quantifying Sources and Themes in the COVID-19 »Infodemic«*, New York: Cornell University, The Cornell Alliance for Science, 2020; *Novel Coronavirus (2019–nCov) Situation Report#13*, Geneva: World Health Organization, Februar 2020, S. 2.
38 Siehe Bob Woodward, *Wut* (München: Hanser, 2020), S. 17f.
39 Donald Trump (@realDonaldTrump), »we now have the lowest Fatality (Mortality) Rate in the World«, Twitter, 6. Juli 2020, 16:17 Uhr.
40 Christian Paz, »All the President's Lies About the Coronavirus«, *Atlantic*, 2. November 2020.
41 Evanega et al., *Coronavirus Misinformation: Quantifying Sources and Themes in the COVID-19 ›Infodemic‹«.
42 Lauren Egan, »Trump Calls Coronavirus Democrats' New Hoax«, NBC News, 28. Februar 2020.
43 Sheera Frenkel, »The Most Influential Spreader of Coronavirus Misinformation Online«, *New York Times*, 24. Juli 2021.
44 Barbara Feder Ostrov, »Cue the Debunking: Two Bakersfield Doctors Go Viral with Dubious COVID Test Conclusions«, *Cal Matters*, 27. April 2020.
45 Quint Forgey, »›Fauci's a Disaster‹: Trump Attacks Health Officials in Fiery Campaign Call«, *Politico*, 19. Oktober 2020.
46 Kate Bennett und Evan Perez, »Nation's Top Coronavirus Expert Dr. Anthony Fauci Forced to Beef Up Security as Death Threats Increase«, CNN, 2. April 2020.
47 Aaron Blake, »Republicans' Disregard for Doctors on the Coronavirus«, *Washington Post*, 7. Dezember 2021.
48 Kevin Vallier, »Why Are Americans So Distrustful of Each Other?«, *Wall Street Journal*, 17. Dezember 2020.
49 Cailey Griffin und Amy Mackinnon, »Report: Corruption in U.S. at Worst Levels in Almost a Decade«, *Foreign Policy*, 28. Januar 2021.

50 Kevin Vallier, *Trust in a Polarized Age* (New York: Oxford University Press, 2021).
51 Vallier, »Why Are Americans So Distrustful of Each Other?«.
52 »Partisan Antipathy: More Intense, More Personal«, Pew Research Center, 10. Oktober 2019.
53 Wendy Wang, »The Partisan Marriage Gap Is Bigger Than Ever«, *The Hill*, 27. Oktober 2020.
54 Cass Sunstein, *#Republic: Divided Democracy in the Age of Social Media* (Princeton: Princeton University Press, 2016).
55 Levi Boxell, Matthew Gentzkow und Jesse M. Shapiro, »Is the Internet Causing Political Polarization? Evidence from Demographics«, National Bureau of Economic Research, Working Paper Nr. 23258 (2017).
56 Beth Simone Noveck et al., »The Power of Virtual Communities«, GovLab at NYU Tandon School of Engineering, Februar 2021.
57 Sarah Perez, »Coronavirus-Related Facebook Support Groups Reach 4.5M in US as Misinformation and Comspiracies Spread«, *TechCrunch*, 21. April 2021.
58 Saiful Islam et al., »COVID-19-Related Infodemic and Its Impact on Public Health. A Global Social Media Analysis«, *The American Journal of Tropical Medicine and Hygiene* 103, Nr. 4 (2021): S. 1621.
59 Rebecca Storen und Nikki Corrigan, *COVID-19: A Chronology of State and Territory Government Announcements (Up Until 30 June 2020)*. Parliament of Australia, Department of Parliamentary Services, Research Paper Series, 2020–21, Canberra, Oktober 2020.
60 Michael McGowan, »Where ›Freedom‹ Meets the Far Right: The Hate Messages Infiltrating Australian Anti-Lockdown Protests«, *Guardian*, 25. März 2021.
61 Damien Cave, »How Australia Saved Thousands of Lives While Covid Killed a Million Americans«, *New York Times*, 15. Mai 2022.
62 Ebd.
63 Ebd.

Kapitel 5
»Nichts mehr zu verlieren«

1 Bill de Blasio (@BilldeBlasio): »Since I'm encouraging New Yorkers to go with your lives + get out on the town despite Coronavirus, I thought I would offer som suggestions. Here's the first: thru Thurs 3/5 go see »The Traitor"@FilmLinc. If »The Wire« was a true story + set in Italy, it would be this film.« Twitter, 2. März 2020, 20.16 Uhr.
2 New York Times Editorial Board, »New York City to Close Schools, Restaurants and Bars«, *New York Times*, 15. März 2020.
3 Dana Rubinstein und Scott Piccoli, »N.Y.C. Enters Phase 4, but Restaurants and Bars Are Left Behind«, *New York Times*, 20. Juli 2020.
4 Tanay Warerka, »A Timeline of COVID-19's Impact on NYC's Restaurant Industry«, *Eater*, 20. Juli 2020.
5 John Del Signore, »State Cracks Down on Staten Island Tavern Declaring Itself an ›Autonomous Zone‹ Free from COVID Restrictions«, *Gothamist*, 29. November 2020.

6   George Joseph, »›Autonomous Zone‹ Bar Ownwe Allegedly drove into Sheriff's Deputy while Evading Arrest. DA Doesn't Seek Bail«, *Gothamist*, 8. Dezember 2020.

7   Ganesh Setty und Leah Asmelash, »A Staten Island Bar Manager Hit a Deputy with His Car While Trying to Escape Arrest, NYC Sheriff's Office Says«, CNN, 7. Dezember 2020.

8   Kevin Sheehan, Tina Moore und Aaron Feis, »Lawyer Says Sheriff Allegedly Rammed by NYC Bar Owner's SUV Is Lying About Broken Legs«, *New York Post*, 7. Dezember 2020.

9   Daniel Presti (@DannyPresti), »It's just about time to nut up or shut up here in NYC. We're going to find out who really wants to fight for their freedom and what you're willing to sacrifice. This is where we make our stand. I'm all in«, Twitter, 21. August 2021, 8.41 Uhr; Daniel Presti (@DannyPresti), »School is about to start here in NY soon. If your child is healthy und you're complying with sending them in with masks, you are part of the problem. Don't tell me there are no options. We all have a choice ... Fight back«, Twitter, 30. August 2021, 13.44 Uhr.

10 Frank Donelly, »In Latest Battle with City, Grant City Bar's Manager and His Lawyer File Suit, Alleging Defamation and False Imprisonment«, SI*Live*, 9. Juli 2021.

11 Kimiko de Freytas-Tamura, »A Hospital Finds an Unlikely Group Opposing Vaccination: Its Workers«, *New York Times*, 22. August 2021.

12 Daniel Presti (@DannyPresti), »I am neither left nor right. Start seeing the problemes we have in life are manufactures from government, and it's both sides. How many more judges have to rule against us? How many more rigged elections do we have to witness? It's all decided ahead of time. Until we all say No«, Twitter, 16. September 2021, 16.55 Uhr.

13 Donelly, »In Latest Battle with City, Grant City Bar's Manager and His Lawyer File Suit, Alleging Defamation and False Imprisonment.«

14 Daniel Presti (@DannyPresti), »NYC is on the verge of collapse«, Twitter, 20. Oktober 2021, 11.44 Uhr.

15 Leeroy Johnson (@LeeroyPress), »At the protest against mandates held by the #FDNY at Gracie Mansion in NYC, the home of Mayor Bill de Blasio. Danny Presti from Mac's public house in Staten Island. Protesters brought bags of Garbage to Gracie Mansion and left it at the Doorstep of Mayor De blasio #NYC#NY, Twitter, 28. Oktober 2021, 13.57 Uhr.

16 Luis Ferré-Sadurni und Jonah E. Bromwich, »Andrew Cuomo Is Charged in Sexual Misconduct Complaint«, *New York Times*, 28. Oktober 2021.

17 Daniel Presti (@DannyPresti), »Too many People still think we worry about dying from covid«, Twitter, 4. Oktober 2021, 9.01 Uhr.

Kapitel 6
Die Bedeutung von Masken

1   Paula Trubisky, Stella Ting-Toomey und Sung-Ling Lin, »The Influence of Individualism-Collectivism and Self-Monitoring on Conflict Styles«, in: *International Journal of Intercultural Relations 15*, Nr. 1 (1991), S. 65–84, https://doi.org/10.1016–1767(91)90074-Q.

2 »Angehörige kollektivistischer Kulturen stimmen eher Aussagen zu wie ›Für gewöhnlich opfere ich meine eigenen Interessen dem Wohl meiner Gruppe‹ und ›Mein Glück hängt stark vom Glück der Menschen in meiner Umgebung ab‹, während Angehörige individualistischer Kulturen eher Aussagen zustimmen wie ›Oft mache ich mein eigenes Ding‹ und ›Was mit mir passiert, das liegt an mir‹.« Jackson Lu, Peter Jin und Alexander S. English, »Collectivism Predicts Mask Use During COVID-19«, in: *Proceedings of the National Academy of Sciences* 118, Nr. 23 (2021): e2021793118.

3 Jordan Sand, »We Share What We Exhale: A Short Cultural History of Mask-Wearing«, *Times Literary Supplement*, 1. Mai 2020.

4 Christos Lynteris, »Plague Masks: The Visual Emergence of Anti-Epidemic Personal Protection Equipment«, in: *Medical Anthropology* 37, Nr. 6 (2018), S. 442–457.

5 K.F. Cheng und P.C. Leung, »What Happened in China During the 1918 Influenza Pandemic?«, in: *International Journal of Infectious Diseases* 11, Nr. 4 (2007), S. 360–364.

6 Christine Hauser, »The Mask Slackers of 1918«, *New York Times*, 3. August 2020.

7 Brian Dolan, »Unmasking History: Who Was Behind the Anti-Mask League Protests During the 1918 Influenza Epidemic in San Francisco?«, in: *Perspectives in Medical Humanities* (2020).

8 Yella Hewings-Martin, »How Do SARS and MERS Compare with COVIS-19?«, *Medical News Today*, 10. April 2020.

9 Ellen Nakashima, »SARS Signals Missed in Hong Kong«, *Washington Post*, 20. Mai 2003.

10 *How SARS Changed the World in Less Than Six Months*, World Health Organization, News Bulletin 81/8, 2003.

11 Ebd.

12 Ebd.

13 Gil Eyal, »Futures Present: The Pandemic and the Crisis of Expertise«, New School India China Institute, 27. Januar 2021.

14 Ebony Bowden und Bruce Golding, »Trump Administration Weghs Legal Action over Alleged Chinese Hoarding of PPE«, *New York Post*, 5. April 2020; Yanqiu Rachel Zhou, »The Global Effort to Tackle the Coronavirus Face Mask Shortage«, US *News*, 18. März 2020.

15 »Japan to Give Two Masks Each to 50 Million Households to Fight Virus«, *Japan Times*, 2. April 2020.

16 E. Tammy Kim, »How South Korea Solved Its Face Mask Shortage«, *New York Times*, 1. April 2020.

17 Jacqueline Howard, »WHO Stands by Recommendation to Not Wear Masks If You Are Not Sick or Not Caring for Someone Who Is Sick«, CNN, 31. März 2020.

18 *Disease Outbreak News, Pneumonia of Unknown Cause – China*, World Health Organization, 5. Januar 2020.

19 *Disease Outbreak News, COVID-19 – China*, World Health Organization, 12. Januar 2020.

20 *Newsroom Questions and Answers, Emergencies: International Health Regulations and Emergency Committees*, World Health Organization, 19. Dezember 2019.

21 *Statement on the First Meeting of the International Health Regulations (2005) Emergency Committee Regarding the Outbreak of Novel Coronavirus (2019-nCoV)*, World Health Organization, 23. Januar 2020.

22 Michael Collins, »The WHO and China: Dereliction of Duty«, Council on Foreign Relations, 27. Februar 2020.

23 *Statement on the Second Meeting of the International Health Regulations (2005) Emergency Committee Regarding the Outbreak of Novel Coronavirus (2019-nCoV)*, World Health Organization, 30. Januar 2020.

24 Deborah Netburn, »A Timeline on the CDC's Advice on Face Masks«, *Los Angeles Times*, 27. Juli 2021.

25 Jon Cohen, »Not Wearing Masks to Protect Against Coronavirus Is a ›Big Mistake‹, Top Chinese Scientist Says«, *Science*, 27. März 2020.

26 Robert Tait, »Czechs Get to Work Making Masks After Government Decree«, *Guardian*, 30. März 2020.

27 Antonia Noori Farzan, »A Border City Is Handing Out $1000 Fines for Those Who Don't Cover Their Faces«, *Washington Post*, 3. April 2020.

28 Jacqueline Howard, »WHO Stands by Recommendation to Not Wear Masks If You Are Not Sick or Not Caring for Someone Who Is Sick«, CNN, 31. März 2020.

29 Abby Goodnough und Knvul Sheikh, »C.D.C. Weighs Advising Everyone to Wear a Mask«, *New York Times*, 31. März 2020.

30 Neeltje van Doremalen et al., »Aerosol and Surface Stability of SARS-CoV-2 as Compared with SARS-CoV-1«, in: *New England Journal of Medicine* 382 (2020), S. 1564–1567.

31 Colin Dwyer und Allison Aubrey, »CDC Now Recommends Americans Consider Wearing Cloth Face Coverings in Public«, NPR, 3. April 2020.

32 »Donald Trump Coronavirus Briefing Transcript April 3: New CDC Face Mask Recommendations«, *Rev*, 3. April 2020.

33 Dominique Petruzzi, »To What Extent Are Face Masks Effective for Preventing the Spread of Coronavirus?«, *Statista*, 2. Februar 2022.

34 Dan Diamond, »Pence Flouts Hospital Policy, Goes Maskless in Mayo Clinic Visit«, *Politico*, 28. April 2020.

35 Jun Lang, W. W. Erickson und Z. Jing-Schmidt, »#MaskOn! #MaskOff! Digital Polarization of Mask-Wearing in the United States During COVID-19«, PLOS ONE 16, Nr. 4 (2021): e0250817.

36 Claudia Dean, Kim Parker und John Gramlich, »A Year of U.S. Public Opinion on the Coronavirus Pandemic«, Pew Research Center, 5. März 2021.

37 Vicky McKeever, »Most Brits Just Won't Wear Face Masks – Here's Why«, CNBC, 15. Juli 2020.

38 Chris Anderson und Sara Hobolt, »No Partisan Divide in Willingness to Wear Masks in the UK«, London School of Economics, 18. November 2020.

39 Candice Jaimungal, »Mask Mandates Remain Popular Among Most Americans«, YouGov, 30. Juli 2020.

40 Émile Durkheim und Marcel Mauss, *Über einige primitive Formen von Klassifikation*, in: Émile Durkheim, Schriften zur Soziologie der Erkenntnis, Frankfurt a.M. 1987, S. 186.

41 Renyi Zhang et al., »Identifying Airborne Transmission as the Dominant Route for the Spread of COVID-19«, in: PNAS 117, Nr. 26 (Mai 2020), S. 14857–14863.

42 Apoorva Mandavilli, »W.H.O. Finally Endorses Masks to Prevent Coronavirus Transmission«, *New York Times*, 5. Juni 2020.

43 »Tucker Carlson: The Cult of Mask-Wearing Grows, with No Evidence They Work«, Fox News, 13. Oktober 2020.
44 »Howard Plays Viral Videos of People Refusing to Wear a Face Mask«, *The Howard Stern Show*, YouTube-Video, 3:17, 16. Juni 2020, https://www.youtube.com/watch?v7dFz4sJ5RPs.
45 »Home Depot Face Mask Dispute Turns Violent«, *NowThisNews*, YouTube-Video, 3:35, 9. Juli 2020, https://www.youtube,com/watch?v=u0F8_hIitpU.
46 »Video Shows Customer's Racist Mask Rant After Refusing to Cover Her Face in California Starbucks«, NBC News, YouTube-Video, 1:22, 20. Oktober 2020, https://www.youtube.com/watch?v=nZOh5bjYi0U.
47 »Lyft Passenger Goes on Racist Rant … After Being Asked to Wear a Mask«, TMZ, 19. Juni 2020.
48 »Customer Is Kicked Out of Costco for Refusing to Wear a Mask«, *Daily Mail*, Facebook, 21. Mai 2020, https://www.facebook.com/watch/?v=688506455271433.
49 »Personal Measures Taken to Avoid COVID-19«, YouGov, 17. März 2020.
50 Michael McGowan, »How Victoria's Covid Lockdown Protests Are Galvanising Australia's Right«, *Guardian*, 18. September 2020; Nicole Bogart, »Anti-Mask Rallies Held Across Canada Despite Increased Support for Mandatory Masks«, CTV News, 20. Juli 2020; »Coronavirus: Thousands Protest in Germany Against Restrictions«, BBC News, 1. August 2020.
51 Peter Wade, »Trump Campaign Staff: ›You Get Made Fun of If You Wear a Mask‹«, *Rolling Stone*, 10. Juli 2020; Daniel Victor, Lew Serviss und Azi Paybarah, »In His Own Words, Trump on the Coronavirus and Masks«, *New York Times*, 2. Oktober 2020.

Kapitel 7
»Meiner Seele ist etwas verloren gegangen«

1 Michael Winerip und Michael Schwirtz, »Rikers: Where Mental Illness Meets Brutality in Jail«, *New York Times*, 14. Juli 2014.

Kapitel 8
Das Problem mit dem Abstandhalten

1 Gagandeep Kaur, »Banished for Menstruating: The Indian Women Isolated While They Bleed«, *Guardian*, 22. Dezember 2015.
2 Eugenia Tognotti, »Lessons from the History of Quarantine, from Plague to Influenza A,« Emerging Infectious Diseases 19, no. 2 (2013): S. 254–59.
3 Tara John und Ben Wederman, »Italy Prohibits Travel and Cancels All Public Events in Its Northern Region to Contain Coronavirus«, CNN, 8. März 2020.
4 Aude Mazoue, »In Pictures: A Look Back, One Year after France Went into Lockdown«, France 24, 17. März 2020.
5 Robert Glass et al., »Targeted Social Distancing Design for Pandemic Influenza«, *Emerging Infectious Diseases* 12, no. 11 (2006): S. 1671–81.

6 Howard Markel, Harvey B. Lipman und Alexander Navarro, »Nonpharmaceutical Interventions Implemented by US Cities During the 1918–1919 Influenza Pandemic,« JAMA 298, no. 6 (2007): S. 644–54.

7 Transcript for CDC Media Telebriefing: Update on 2019 Novel Coronavirus (2019-nCoV), Atlanta: U.S. Department of Health and Human Services, Centers for Disease Control and Prevention, 2020.

8 Ebd.

9 Noah Higgins-Dunn und Will Feuer, »Cuomo Orders Most New Yorkers to Stay Inside – ›We're All Under Quarantine Now‹«, CNBC, 20. März 2020.

10 »Coronavirus Updates from March 28, 2020«, CBS News, 28. März 2020; Bill Mahoney und Josh Gerstein, »Rhode Island Ends Specific Restrictions on New Yorkers – By Making Them National«, *Politico*, 29. März 2020.

11 Wei Lyu und George L. Wehby, »Shelter-in-Place Orders Reduced COVID-19 Mortality and Reduced the Rate of Growth in Hospitalizations«, *Health Affairs* 39, no. 9 (2020); Charles Courtemanche et al., »Strong Social Distancing Measures in the United States Reduced the COVID-19 Growth Rate«, *Health Affairs* 39, no. 7 (2020); Oguzhan Alagoz et al., »Effect of Timing of and Adherence to Social Distancing Measures on COVID-19 Burden in the United States: A Simulation Modeling Approach«, *Annals of Internal Medicine* 174, no. 1 (2021): S. 50–57.

12 André Aleman und Iris Sommer, »The Silent Danger of Social Distancing,« *Psychological Medicine* (6. Juli 2020): 1–2; Katie Lewis, »Psychotherapy COVID-19: Preliminary Data on the Impact of Social Distancing on Loneliness and Mental Health«, *Journal of Psychiatric Practice* 26, no. 5 (2020): S. 400–404; Esther Crawley et al., »Wider Collateral Damage to Children in the UK Because of the Social Distancing Measures Designed to Reduce the Impact of COVID-19 in Adults«, BMJ Paediatrics Open 4, no. 1 (2020); Per Engzell, Arun Frey und Mark Verhagen, »Learning Loss Due to School Closures During the COVID-19 Pandemic«, Proceedings of the National Academy of Sciences 118, no. 17 (2021).

13 Pamela E. Klassen, »Why Religious Freedom Stokes Coronavirus Protests in the U.S., but Not Canada«, *Conversation*, Mai 2020.

14 Im April 2022 hatten sich zwei Männer schuldig bekannt, und zwei Männer wurden freigesprochen. Neil MacFarquhar, »Member of Extremist Group Pleads Guilty in Michigan Governor Kidnapping Plot«, *New York Times*, 27. Januar 2021; Mitch Smith, »Two Men Acquitted of Plotting to Kidnap Michigan Governor in High-Profile Trial«, *New York Times*, 8. April 2022.

15 Farhad Manjoo, »I Traced My COVID-19 Bubble and It's Enormous«, *New York Times*, 20. November 2020.

16 Kevin Quealy, »The Richest Neighborhoods Emptied Out Most as Coronavirus Hit New York City«, *New York Times*, 15. Mai 2020.

17 »Over 333,000 New Yorkers Have Left City Since COVID Pandemic Began in March«, CBS New York, 8. Januar 2021.

18 Die Department of Homeland Security-Verfügung lautet: U.S. Department of Homeland Security, Cybersecurity & Infrastructure Security Agency, Memorandum on Identification of Essential Critical Infrastructure Workers During COVID-19 Response, Washington, DC, März 2020. S. a. Andrew Lakoff, »›The Supply Chain Must Continue‹: Becoming Essential in the Pandemic Emergency«, *Items*, November 2020.

19 Ayman El-Mohandes et al., »COVID-19: A Barometer for Social Justice in New York City,« *American Journal of Public Health* 110, no. 111 (2020): S. 1656–58.

20 Y-H Chen et al., »Excess Mortality Associated with the COVID-19 Pandemic Among Californians 18–65 Years of Age, by Occupational Sector and Occupation: March Through November 2020«, PLOS ONE 16, no. 6 (2021): e0252454.

21 Zur Demografie der Landarbeiter: U.S. Department of Agriculture, Economic Research Service, Farm Labor, Washington, DC, März 2022. Zur Ethnie der Landarbeiter: The National Center for Farmworker Health, Agricultural Worker Demographics, Texas, April 2018.

22 Eugene Scott, »Trump's Most Insulting – and Violent – Language Is Often Reserved for Immigrants«, *Washington Post*, 2. Oktober 2019.

23 »US: New Report Shines Spotlight on Abuses and Growth in Immigrant Detention Under Trump«, Human Rights Watch, New York, NY.

24 United Farm Workers of America, Micaela Alvarado and Maria Trinidad Madrigal v. Foster Poultry Farms, Superior Court of the State of California, County of Merced, 18. Dezember 2020.

25 Josh Funk, »At Least 59,000 U.S. Meat Workers Caught COVID-19 in 2020, 269 Died«, PBS News, 27. Oktober 2021.

26 Chen et al., »Excess Mortality Associated with the COVID-19 Pandemic Among Californians 18–65 Years of Age, by Occupational Sector and Occupation: March Through November 2020.«

27 Ebd.

28 Anna Wilde Mathews et al., »COVID-19 Stalked Nursing Homes Around the World«, *Wall Street Journal*, 31. Dezember 2020.

29 Edgardo Sepulveda, »A Comparison of COVID-19 Mortality Rates Among Long-Term Care Residents in 12 OECD Countries« *Journal of the American Medical Directors Association* 21, no. 11 (2020): S. 1572–74.

30 Mathews et al., »COVID-19 Stalked Nursing Homes Around the World«.

31 Ebd.

32 Eine Studie des International Long-Term Care Policy Network zeigte, dass Pflegeheime bis 9. Juli 2020 nur 8 Prozent der COVID-Sterbefälle in Südkorea ausmachten, ein Bruchteil dessen, was andere Nationen in dieser Analyse angaben. Adelina Comas-Herrera et al., »Mortality Associated with COVID-19 Outbreaks in Care Homes: Early International Evidence«, International Long-Term Care Policy Network, CPEC, London School of Economics, 2020.

33 Julie Ireton, »Canada's Nursing Homes Have Worst Record for COVID-19 Deaths Among Wealthy Nations: Report«, CBC News, 30. März 2021; Canadian Institute for Health Information, »The Impact of COVID-19 on Long-Term Care in Canada: Focus on the First 6 Months«, Ottawa, Ontario, 2020, p. 6. Zu beachten ist, dass der Anteil der Sterbefälle in Pflegeheimen möglicherweise eine Untererfassung der Gesamtzahl der COVID-Sterbefälle in Kanada widerspiegelt. Bis 2021 deuten die Zahlen der Übersterblichkeit in Kanada darauf hin, dass es mehr Sterbefälle in den Gemeinden gab, als die Gesundheitsbehörden offiziell erfasst hatten. Dennoch gab es in keinem anderen Land eine so große Diskrepanz zwischen Sterbefällen in Pflegeheimen und in Gemeinden wie in Kanada.

34 Nathan M. Stall et al., »For-Profit Nursing Homes and the Risk of COVID-19 Outbreaks and Resident Deaths in Ontario, Canada«, medRxiv 2020.05.25.20112664.
35 Ebd.
36 Murray Brewster und Vassy Kapelos, »Military Alleges Horrific Conditions, Abuse in Pandemic-Hit Ontario Nursing Homes«, CBC News Canada, 26. Mai 2020.
37 Dan Bilefsky, »31 Deaths: Toll at Quebec Nursing Home in Pandemic Reflects Global Phenomenon«, *New York Times*, 16. April 2020.
38 Canadian Institute for Health Information, »The Impact of COVID-19 on Long-Term Care in Canada: Focus on the First 6 Months«, S. 6.
39 Kelsey Johnson, »›We Are Failing Our Grandparents‹ Canada's Trudeau Says as COVID-19 Hammers Nursing Homes«, Reuters, April 2020.
40 Sepulveda, »A Comparison of COVID-19 Mortality Rates Among Long-Term Care Residents in 12 OECD Countries«.
41 Eine JAMA Network Open-Studie schätzt, dass 2020, 592 629 Pflegeheimbewohner in den USA COVID hatten und 118 335 starben. 2022 räumte das Weiße Haus ein, dass die Sterblichkeit in den US-Pflegeeinrichtungen mehr als 200 000 Menschen betraf. S.: K. Shen et al., »Estimates of COVID-19 Cases and Deaths Among Nursing Home Residents Not Reported in Federal Data«, JAMA *Network Open* 4, no. 9 (2021): e2122885. See also »FACT SHEET: Protecting Seniors by Improving Safety and Quality of Care in the Nation's Nursing Homes«, The White House, 28. Februar 2022.
42 Bryant Furlow, Carli Brosseau und Isaac Arnsdorf, »Nursing Homes Fought Federal Emergency Plan Requirements for Years. Now, They're Coronavirus Hot Spots«, *ProPublica*, 29. Mai 2020.
43 Yuan Zhang et al., »Working Conditions and Mental Health of Nursing Staff in Nursing Homes«, *Issues in Mental Health Nursing* 37, no. 7 (2016): S. 485–92.
44 »Median Wages per Compensated Hour in U.S. Skilled Nursing Facilities as of 2018, by Occupation«, Statista, 7. März 2022.
45 UCLA und Yale-Volkswirtschaftler, die Geolokalisierungsdaten von Mobiltelefonen nutzten, um Personalnetzwerke und Arbeitsmuster US-amerikanischer Pflegekräfte während elf Wochen des Jahres 2020 zu verfolgen, kamen zu dem Ergebnis, dass während der Pandemie »Pflegeheime über ihre Mitarbeiter im Durchschnitt mit sieben anderen Einrichtungen in Verbindung stehen« und dass etwa »49 Prozent der COVID-Fälle unter Pflegeheimbewohnern auf Personalbewegungen zwischen den Einrichtungen zurückzuführen sind«. Keith Chen, Judith A. Chevalier und Elisa F. Long, »Nursing Home Staff Networks and COVID-19«, National Bureau of Economic Research, 2020.
46 Tanya Lewis, »Nursing Home Workers Had One of the Deadliest Jobs of 2020«, *Scientific American*, 18. Februar 2021.
47 Gabriel Winant, »What's Actually Going On in Our Nursing Homes: An Interview with Shantonia Jackson«, *Dissent Magazine*, Herbst 2020.
48 Ebd.
49 Ebd.
50 Mathews et al., »COVID-19 Stalked Nursing Homes Around the World«.
51 Vincent Mor et al., »Driven to Tiers: Socioeconomic and Racial Disparities in the Quality of Nursing Home Care«, *Milbank Quarterly* 82, no. 2 (2004): S. 227–56.

52 Derek Cantù, »Minority Residents in Illinois Nursing Homes Died of COVID-19 at Disproportionate Rates«, NPR Illinois, 3. Mai 2021.
53 Rebecca J. Gorges Und Tamara Konetzka, »Factors Associated with Racial Differences in Deaths Among Nursing Home Residents with COVID-19 Infection in the US«, JAMA *Network Open* 4, no. 2 (2021): e2037431.
54 James S. House, Karl R. Landis, and Debra Umberson, »Social Relation- ships and Health«, *Science* 241(1988): S. 540–45; Lisa Berkman and Thomas Glass, »Social Integration, Social Networks, Social Support, and Health«, Social Epidemiology 1/6 (2000): S. 137–73; Ichiro Kawachi and Lisa Berkman, »Social Ties and Mental Health«, *Journal of Urban Health* 78, no. 3 (2001): S. 458–67.
55 Christopher Cronin und William Evans, »Nursing Home Quality, COVID-19 Deaths, and Excess Mortality«, *Journal of Health Economics* 82 (2022): 102592.
56 Michael Levere, Patricia Rowan und Andrea Wysocki, »The Adverse Effects of the COVID-19 Pandemic on Nursing Home Resident Well- Being«, *Journal of the American Medical Directors Association* 22, no. 5 (2021): S. 948–54.
57 Julie Ward et al., »COVID-19 Cases Among Employees of U.S. Federal and State Prisons«, *American Journal of Preventive Medicine* 60, no. 6 (2021): S. 840–44.
58 Brendan Saloner, Julie Ward und Kalind Parish, »COVID-19 Cases and Deaths in Federal and State Prisons«, JAMA 324, no. 6 (2020): S. 602–3.
59 Neal Marcos Marquez et al., »Assessing the Mortality Impact of the COVID-19 Pandemic in Florida State Prisons«, medRxiv: 2021.04.14.21255512.
60 Maura Turcotte et al., »The Real Toll from Prison COVID Cases May Be Higher Than Reported«, *New York Times*, 7. Juli 2021.
61 Ebd.
62 Paulina Villegas, »A Rikers Island Inmate with Coronavirus Was Granted Emergency Release. He Died That Afternoon«, *Washington Post*, 18. Oktober 2021.
63 Emily Widra und Dylan Hayre, »Failing Grades: States' Responses to COVID-19 in Jails & Prisons«, Prison Policy Initiative, Juni 2020.
64 »California Profile«, Prison Policy Initiative, 2022.
65 »Texas Profile«, Prison Policy Initiative, 2022.
66 Widra und Hayre, »Failing Grades: States' Responses to COVID-19 in Jails & Prisons«.
67 Didier Fassin, »The Moral Economy of Life in the Pandemic« in Didier Fassin und Marion Fourcade, eds., Pandemic Exposures: Economy and Society in the Time of Coronavirus (Chicago: Hau, 2022), S. 167.

Kapitel 9
»Die Brücke«

1 Sara Krevoy, »MTA Shares Details of Queens Bus Network Redesign«, *Queens Ledger*, 30. Dezember 2019.
2 Ebd.
3 Jim Burke, »Op-Ed: MTA's Queens Bus Redesign Is Not Good for Jackson Heights«, StreetsBlog NYC, 7. Januar 2020.
4 Michael Kimmelman, »Jackson Heights, Global Town Square«, *New York Times*, 27. August 2020.

5   Which Neighborhoods Have More Nearby Park Space Per Capita?, New York City Independent Budget Office, 15. Juli 2020, abgefragt am 2. September 2022.
6   Overcrowding in New York City Community Districts, New York: Institute for Children, Poverty & Homelessness, 2016.
7   Brigid Bergin, »Two COVID-19 Deaths at NYC Board of Elections, and More Than a Dozen Sickened«, *Gothamist*, 3. April 2020.
8   Annie Correal und Andrew Jacobs, »A Tragedy Is Unfolding: Inside New York's Virus Epicenter«, *New York Times*, 9. April 2020.
9   Ebd.
10 Michael Rothfeld et al., »13 Deaths in a Day: An ›Apocalyptic‹ Coronavirus Surge at an N.Y.C. Hospital«, *New York Times*, 25. März 2020.
11 Together We Can Community Resource Center Inc., COVID Care Neighbor Network, https://www.togetherwecanrc.org/covid-care-neighbor-network, aufgerufen am 2. September 2022.
12 Winnie Hu, »The Pandemic Gave New York City ›Open Streets.‹ Will They Survive?‹«, *New York Times*, 9. August 2021.
13 Andrew Siff, »12-Year-Old Boy Pinned by Jeep in Front of Queens School: Police, Witnesses«, NBC New York, 28. März 2019.
14 Gersh Kuntzman, »UPDATED: De Blasio Commits to 100 Miles of ›Open Streets‹«, StreetsBlog NYC, 27. April 2020.
15 Gersh Kuntzman und Clarence Eckerson Jr., »WE FIRST! After Mayoral Announcement, Neighborhoods Demand Open Streets«, StreetsBlog NYC, 28. April 2020.
16 Hu, »The Pandemic Gave New York City ›Open Streets.‹ Will They Survive?«.
17 Ebd.
18 Gersh Kuntzman, »ANALYSIS: DOT Plan for ›Gold Standard‹ 34th Ave. Open Street Is a Step Forward, but Definitely Not a ›Linear Park‹«, StreetsBlog NYC, 19. Oktober 2021.

Kapitel 10
Stadtviertel

1   »State of the City«, New York University, Furman Center report, https://furmancenter.org/stateofthecity/view/state-of-new-yorkers-and-neighborhoods
2   Michael Schwirtz und Lindsey Rogers Cook, »These N.Y.C. Neighborhoods Have the Highest Rates of Virus Deaths«, *New York Times*, 18. Mai 2020.
3   Nancy Krieger et al., »Relationship of Political Ideology of US Federal and State Elected Officials and Key COVID Pandemic Outcomes Following Vaccine Rollout to Adults: April 2021–March 2022«, The Lancet Regional Health-Americas 16 (2022): 100384. Krieger und ihre Kollegen messen die Exposition des Konservatismus anhand von drei Faktoren: der politischen Ideologie der Kongressabgeordneten, dem Grad der Unterstützung für COVID-19-Hilfsgesetze und dem Umfang, in dem die Republikaner in den politischen Ämtern der Region vertreten sind.
4   Valeria Mogilevich et al., »Corona Plaza Es Para Todos! Making a Dignified Public Space for Immigrants«, Queens Museum, 2016.

5 Stadtviertel werden von Behörden und Wissenschaftlern oft unterschiedlich definiert und gemessen, und Corona bildet da keine Ausnahme. Die Daten, die ich hier für Corona verwende, stammen aus der Postleitzahl 11368 – eine gängige Methode zur Eingrenzung des Gebiets. Einige Forscher, darunter meine Kollegen am Furman Center der NYU, fassen Corona und Elmhurst zu einem größeren Raum zusammen. Die von mir zitierten Daten über die starke Überbesiedlung in Corona beziehen sich darauf.
6 »Neighborhood Profiles: Elmhurst-Corona,« New York University, Furman Center report, https://furmancenter.org/neighborhoods/view/elmhurst-corona
7 In früheren Studien wurden verschiedene Kategorien von Berufen und Branchen untersucht, um ein ungefähres Maß für den Status der systemrelevanten Arbeitskraft oder die Möglichkeit, von zu Hause aus zu arbeiten, zu erhalten. Jocelyn Drummond, Doktorandin der Soziologie an der NYU, die mich bei der Untersuchung in Queens unterstützte, erstellte eine Liste hybrider Berufen, die sowohl auf der Liste der systemrelevanten Berufe New Yorks stehen (gemäß der staatlichen Executive Order 202.6) als auch weniger wahrscheinlich zu Hause ausgeübt werden. Anhand dieser Daten haben wir eine Rangliste aller Postleitzahlen von New York City erstellt, um zu sehen, wo der Anteil der Arbeitnehmer, die nicht zu Hause arbeiten können, am höchsten ist. Dabei belegte Corona (Postleitzahl 11368) den ersten Platz. Siehe Jonathan Dingel und Brett Neiman, »How Many Jobs Can Be Done at Home?«, National Bureau of Economic Research, Working Paper no. 26948 (2020).
8 Rivka Galchin, »A New Doctor Faces the Coronavirus in Queens«, *New Yorker*, 20. April 2020.
9 Michael Rothfeld et al., »13 Deaths in a Day: An ›Apocalyptic‹ Coronavirus Surge at an N.Y.C. Hospital«, *New York Times*, 25. März 2020.
10 »Coronavirus, New York Hospitals«, *New York Times*, 14. Mai 2020.
11 Bradley Jones, »The Changing Political Geography of COVID-19 Deaths over the Last Two Years«, Pew Research Center, 3. März 2022.
12 Daniel Carrión et al., »Neighborhood-Level Disparities and Subway Utilization During the COVID-19 Pandemic in New York City«, *Nature Communications* 12, no. 1 (2021): S. 1–10.
13 Serina Chang et al., »Mobility Network Models of COVID-19 Explain Inequities and Inform Reopening«, *Nature* 589, no. 7840 (2021): S. 82–87.
14 Ebd.
15 Die Daten betreffen die Postleitzahl 11368.
16 Hier, wie auch in Corona, stütze ich mich für Daten über Flushing auf eine Postleitzahl: 11355. Eine benachbarte Postleitzahl, 11354, wird ebenfalls häufig in die Messungen für das Gebiet Flushing herangezogen, aber aus Gründen des Vergleichs verwende ich in dieser Darstellung nur Daten aus 11355. Es ist erwähnenswert, dass die Postleitzahl 11354 in den ersten beiden Monaten der Pandemie eine extrem hohe COVID-Mortalität aufwies. Ein Grund dafür ist, dass es in diesem Gebiet ungewöhnlich viele Pflegeheime, Altenwohnungen und sehr alte Bewohner gibt. Tatsächlich ist der Anteil der Bewohner im Alter von achtzig und mehr Jahren in der Postleitzahl 11354 fast doppelt so hoch wie in der gesamten Metropolregion. Diese Anomalie in der Postleitzahl 11355, in der die Bevölkerung zwar relativ alt, aber nicht annähernd so alt wie in 11354 ist, ermöglicht einen besseren Vergleich mit Corona.

17 Daten der Volkszählung belegen, in Flushing leben 2,9 Personen pro Haushalt, in Corona 3,8. https://censusreporter.org/profiles/86000US11355-11355/ und https://censusreporter.org/profiles/86000US11368-11368/
18 Vera Haller, »Downtown Flushing: Where Asian Cultures Thrive«, *New York Times*, 5. Oktober 2014.
19 Gil Eyal, The Crisis of Expertise (Cambridge, UK: Polity Press, 2019).
20 NYC Chinese Supermarket Closure March/April 2020, https://docs.google.com/spreadsheets/d/1zcMeOqeNeX0aeY807KESo2Ytq3sIaeCiKWfWO XRfbDQ/edit#gid=0
21 Ann Choi and Josefa Velasquez, »Early Precautions Draw a Life-and-Death Divide Between Flushing and Corona«, *The City*, 3. Mai 2020.
22 David Brand, »COVID-19 Has Killed More Than 200 People in 10 Queens Nursing Homes«, *Queens Daily Eagle*, 17. April 2020.
23 Peter Kropotkin wird zugeschrieben, dass er den Begriff »mutual aid society« in einer Sammlung von Aufsätzen entwickelt hat, Mutual Aid: A Factor of Evolution, 1902 veröffentlicht. Kropotkin, Naturforscher und anarchistischer Philosoph, zeichnet die Wurzeln der ehrenamtlichen Kooperation von den Tierarten bis zu einer Reihe menschlicher Gesellschaften nach und argumentiert, dass die Tendenz zu Kollektivismus und gegenseitiger Unterstützung ebenso ein Motor der Geschichte ist wie die Tendenz zu Wettbewerb und Konflikt. »Geselligkeit«, schreibt er, »ist ebenso ein Naturgesetz wie der gegenseitige Kampf. Wir behaupten, dass Geselligkeit unter allen Umständen der größte Vorteil im Kampf ums Leben ist. Die Arten, die sie freiwillig oder unfreiwillig aufgeben, sind dem Untergang geweiht.« Peter Kropotkin, Mutual Aid: A Factor of Evolution (Montreal: Black Rose Books, 1902; 2021), Kapitel 1. Einen kurzen Überblick über die Geschichte der Hilfe auf Gegenseitigkeit und einen Leitfaden für jene, die eine solche Gruppe aufbauen wollen, finden Sie in Dean Spade, Mutual Aid: Building Solidarity During This Crisis (and the Next) (New York: Verso, 2020).
24 Quoctrung Bui und Emily Badger, »In These Neighborhoods, the Jobless Rate May Top 30 Percent«, *New York Times*, 5. August 2020.
25 Kimiko de Freytas-Timura, »How Neighborhood Groups Are Stepping In Where the Government Didn't«, *New York Times*, 3. März 2021.

Kapitel 11
»Corona war nicht meine größte Sorge«

1 Ashley Southall, »Scrutiny of Social-Distance Policing as 35 of 40 Arrested Are Black«, *New York Times*, 7. Mai 2020.
2 Ebd.
3 Meine Darstellung dessen, was die Polizei George Floyd antat, stützt sich auf einen Bericht der *New York Times*, die den Vorfall anhand von Videobeweisen rekonstruierte: »How George Floyd Died, and What Happened Next«, *New York Times*, 19. Mai 2020.
4 Dieses und die folgenden Zitate aus dem Bericht sind auf einer Website zu finden, welche die ursprüngliche Erklärung von <www.insidempd.com> archiviert hat: Minneapolis Police Department, *Investigative Update on Critical Incident,* John Elder, Report no. 20-140629, Minneapolis Police Department, 2020.

5　Ebd.
6　Elizabeth Alexander, »The Trayvon Generation«, *New Yorker,* 15. Juni 2020.
7　Ray Sanchez, Joe Sutton und Artemis Moshtaghian, »4 Minneapolis Cops Fired After Video Shows One Kneeling on Neck of Black Man Who Later Died«, CNN, 26. Mai 2020.
8　Ebd.
9　Ebd.; Derrick Bryson Taylor, »George Floyd Protests: A Timeline«, *New York Times,* 5. November 2021.
10　»George Floyd: Timeline of Black Deaths and Protests«, BBC, 22. April 2021.
11　Émile Durkheim, *The Elementary Forms of Religious Life,* übersetzt von Karen E. Fields (New York: Free Press 1912, 1995).
12　Tracey Porpora, »George Floyd Protests Continue Across U.S.; Another Planned for Sunday on Staten Island«, SIL*ive*, 31. Mai 2020.
13　Das Projekt »Armed Conflict Location and Event Data« untersuchte in Zusammenarbeit mit der »Bridging Divides Initiative« der Princeton University Aufzeichnungen von mehr als 10 600 Demonstrationsveranstaltungen in den USA zwischen dem 24. Mai und dem 22. August 2020. Sie berichten, dass »bei mehr als 10 100 davon – oder fast 95 Prozent – die Demonstranten friedlich waren. Bei weniger als 570 – also etwa 5 Prozent – nahmen auch gewalttätige Demonstranten teil. Armed Conflict Location & Event Data Project, *Demonstrations and Political Violence in America: New Data for Summer 2020,* 2020.
14　Ali Watkins, Derek M. Norman und Nate Schweber, »Shattered Glass in SoHo as Looters Ransack Lower Manhattan«, *New York Times,* 1. Juni 2020.
15　Armed Conflict Location & Event Data Project, *Demonstrations and Political Violence in America: New Data for Summer 2020.*
16　Neil MacFarquhar, »Minneapolis Police Link ›Umbrella Man‹ to White Supremacy Group«, *New York Times,* 28. Juli 2020.
17　Christine Ferretti, George Hunter und Sarah Rahal, »Man Shot Dead, Dozens Arrested as Protest in Detroit Turns Violent«, *Detroit News,* 29. Mai 2020.
18　Michael Wilson, »Why Are So Many N.Y.P.D. Officers Refusing to Wear Masks at Protests?«, *New York Times,* 11. Juni 2020.
19　Taylor, »George Floyd Protests: A Timeline«.
20　»Bronx Neighborhood Profile«, New York University, Furman Center.
21　Human Rights Watch, *»Kettling« Protesters in the Bronx: Systemic Police Brutality and Its Costs in the United States* (New York, 2020: Human Rights Watch); Interview mit Andom Ghebreghiorgis bei 02:25 in: Human Rights Watch, US*: New York Police Planned Assault on Bronx Protesters,* 30. September 2020, Video, 12:43. Ein Großteil des folgenden Abschnitts beruht auf Berichten von Human Rights Watch.
22　Human Rights Watch, *»Kettling« Protesters in the Bronx.*
23　Human Rights Watch, »US: New York Police Planned Assault on Bronx Protesters«.
24　Ebd.
25　Ebd.
26　Maria Cramer, »New York Will Pay Millions to Protesters Violently Corralled by Police«, *New York Times,* 1. März 2023.
27　Thomas Sugrue (@TomSugrue), »As a historian of social movements in the U.S.«, Twit-

ter, 6. Juni 2020, 17.40 Uhr; Thomas Sugrue (@TomSugrue), »We have had some huge one-day demonstrations«, Twitter, 6. Juni 2020, 17.45 Uhr; Thomas Sugrue (@Tom Sugrue), »But the two together- very unusual«, Twitter, 6. Juni 2020, 17.46 Uhr.

28 Larry Buchanan, Quoctrung Bui und Jugal K. Patel, »Black Lives Matter May Be the Largest Movement in U.S. History«, *New York Times*, 3. Juli 2020.

Kapitel 12
Race

1   Boris Johnson (@BorisJohnson), »Over the last 24 hours I have developed mild symptoms and tested positive for coronavirus«, Twitter, 27. März 2020, 7.15 Uhr.
2   Kelley Benham French, »Coronavirus: We're in This Together«, USA *Today*, 9. April 2020.
3   United Nations Department of Global Communications, COVID-*19 Photo Essay: We're All in This Together,* New York: Secretariat of the United Nations, 2020, <https://www.un.org/en/coronavirus/COVID-19-photo-essay-we%E2%80%99re-all-together>, letzter Zugriff am 19. August 2022.
4   Adia Benton, »Risky Business: Race, Nonequivalence, and the Humanitarian Politics of Life«, in: *Visual Anthropology* 29 (2016) 2: S. 187–203.
5   WHO *Issues Best Practices for Naming New Human Infectious Diseases,* Genf: Weltgesundheitsorganisation, <https://www.who.int/news-room/detail/08-05-2015-who-issues-best-practices-for-naming-new-human-infectious-diseases>, letzter Zugriff am 19. August 2022.
6   Morgan Gstalter, »WHO Official Warns Against Calling It ›Chinese Virus‹, Says ›There Is No Blame in This‹«, *The Hill,* 19. März 2020.
7   Katie Rogers, Lara Jakes und Ana Swanson, »Trump Defends Using ›Chinese Virus‹ Label, Ignoring Growing Criticism«, *New York Times,* 18. März 2020.
8   Associated Press, »Pompeo, G-7 Foreign Ministers Spar over ›Wuhan Virus‹«, *Politico*, 25. März 2020.
9   Rogers, Jakes und Swanson, »Trump Defends Using ›Chinese Virus‹ Label, Ignoring Growing Criticism«; und »President Trump Calls Coronavirus ›Kung Flu‹«, BBC, 24. Juni 2020.
10 Jingqui Ren und Joe Feagin, »Face Mask Symbolism in Anti-Asian Hate Crimes«, in: *Ethnic & Racial Studies* 44 (2021) 5: S. 746–758.
11 Natalie Escobar, »When Xenophobia Spreads Like a Virus«, *Code Switch*, NPR, 4. März 2020, Podcast, 25:12.
12 Ebd.
13 »Stop AAPI Hate Report: 3.19.20–5.13.20«, San Francisco: Stop AAPI Hate, April 2021.
14 United States Federal Bureau of Investigation, *Crime Data Explorer*, <https://crime-data-explorer.fr.cloud.gov/pages/explorer/crime/hate-crime>, letzter Zugriff am 19. August 2022.
15 Center for the Study of Hate & Extremism, California State University, San Bernardino, *Fact Sheet: Anti-Asian Prejudice March 2021*, März 2021.

16 Amanuel Elias et al., »Racism and Nationalism During and Beyond the COVID-19 Pandemic«, in: *Ethnic and Racial Studies* 44, Nr. 5 (2021): S. 783–793.

17 Neil G. Ruiz, Khadijah Edwards und Mark Hugo Lopez, »One-Tird of Asian Americans Fear Threats, Physical Attacks and Most Say Violence Against Them Is Rising«, Washington, DC: Pew Research Center, April 2021.

18 Human Rights Watch, *COVID-19 Fueling Anti-Asian Racism and Xenophobia Worldwide: National Action Plans Needed to Counter Intolerance*, New York: Human Rights Watch, Mai 2020.

19 Ebd.

20 Ebd.

21 Migrant-Rights.org, *The COVID-19 Crisis Is Fueling More Racist Discourse Towards Migrant Workers in the Gulf*, 5. April 2020.

22 Human Rights Watch, *COVID-19 Fueling Anti-Asian Racism and Xenophobia Worldwide*.

23 Salem Solomon, »Coronavirus Brings ›Sinophobia‹ to Africa«, VOA *News*, 4. März 2020.

24 Zinzi D. Bailey et al., »Structural Racism and Health Inequities in the USA: Evidence and Interventions«, in: *Lancet* 389 (2017) 10077: S. 1453–1463.

25 U.S. National Institutes of Health, *Life Expectancy in the U.S. Increased Between 2000–2019, but Widespread Gaps Between Racial and Ethnic Groups Exist*, 22. Juni 2022.

26 Merlin Chowkwanyun, »What Is a ›Racial Health Disparity‹? Five Analytic Traditions«, in: *Journal of Health Politics, Policy and Law* 47 (2022) 2: S. 131–158.

27 Annice Kim et al., »Coverage and Framing of Racial and Ethnic Health Disparities in US Newspapers, 1996–2005«, in: *American Journal of Public Health* 100, (2010) S. 224–231.

28 Latoya Hill, Samantha Artiga, und Sweta Haldar, »Key Facts on Health and Health Care by Race and Ethnicity«, Kaiser Family Foundation, 15. März 2023.

29 Latoya Hill und Samantha Artiga, »COVID-19 Cases and Deaths by Race/Ethnicity: Current Data and Changes over Time«, Kaiser Familiy Foundation, 22. Februar 2022.

30 Arline Geronimus et al., »›Weathering‹ and Age Patterns of Allostatic Load Scores Among Blacks and Whites in the United States«, in: *American Journal of Public Health* 96 (2006) 5: S. 826–833; Arline Geronimus, »The Weathering Hypothesis and the Health of African-American Women and Infants: Evidence and Speculations«, in: *Ethnicity & Disease* (2006): S. 207–221.

31 Matthew Desmond, *Poverty, By America* (New York: Crown 2023).

32 Andrew Cuomo (@NYGovCuomo), »This virus is the great equalizer«, Twitter, 31. März 2020, 12.13 Uhr.

33 Zadie Smith, *Intimations* (New York: Penguin, 2020), S. 15.

34 Kimiko de Freytas-Tamura, Winnie Hu und Lindsey Rogers Cook, »»It's the Death Towers‹: How the Bronx Became New York's Virus Hot Spot«, *New York Times*, 26. Mai 2020.

35 Juliana Maantay, »Asthma and Air Pollution in the Bronx: Methodological and Data Considerations in Using GIS for Environmental Justice and Health Research«, in: *Health & Place* 13 (2007) 1: S. 32–56.

36 Sue A. Kaplan et al., »The Perception of Stress and Its Impact on Health in Poor Communities«, *Journal of Community Health* 38 (2013) 1: S. 142–149.

37 Amanda Dunker und Elisabeth Ryden Benjamin, »How Structural Inequalities in New York's Health Care System Exacerbate Health Disparities During the COVID-19 Pandemic: A Call for Equitable Reform«, Community Service Society of New York, 4. Juni 2020.

38 Office of the New York State Comptroller, »Recent Trends and Impact of COVID-19 in the Bronx«, New York: Office of the Comptroller, Juni 2021.

39 Das »COVID Tracking Project« von *Atlantic* (online), *New York: All Race & Ethnicity Data*, <https://covidtracking.com/data/state/new-york/race-ethnicity>, letzter Zugriff am 19. August 2022.

40 Usama Bilal et al., »Spatial Inequities in COVID-19 Testing, Positivity, Confirmed Cases, and Mortality in 3 US Cities: An Ecological Study«, in: *Annals of Internal Medicine* 174 (2021) 7: S. 936–944.

41 Douglas Massey und Nancy Denton, *American Apartheid: Segregation and the Making of the Underclass* (Cambridge: Harvard University Press, 1998); Patrick Sharkey, *Stuck in Place: Urban Neighborhoods and the End of Progress Toward Racial Equity* (Chicago: University of Chicago Press 2023); Richard Rothstein, *The Color of Law: A Forgotten History of How Our Government Segregated America* (New York: W.W. Norton, 2017).

42 Samrachana Adhikari et al., »Assessment of Community-Level Disparities in Coronavirus Disease 2019 (COVID-19) Infections and Deaths in Large US Metropolitan Areas«, in: JAMA *Network Open* 3 (2020) 7, e2016938.

43 Katherine Mackey et al., »Racial and Ethnic Disparities in COVID-19-Related Infections, Hospitalizations, and Deaths: A Systematic Review«, in: *Annals of Internal Medicine* 174 (2021) 3: S. 362–373.

44 David Greene, »Sen. Bill Cassidy on His State's Racial Disparities in Coronavirus Deaths«, NPR *Morning Edition*, 7. April 2020, Podcast, 07:26.

45 Ebd.

46 Mackey et al., »Racial and Ethnic Disparities in COVID-19-Related Infections, Hospitalizations, and Deaths«.

47 Eduardo Bonilla-Silva, »Color-Blind Racism in Pandemic Times«, in: *Sociology of Race and Ethnicity* 8 (2022) 3: S. 343–354.

48 Ibram X. Kendi, »Stop Blaming Black People for Dying of the Coronavirus«, *Atlantic*, 14. April 2020.

49 Zinzi D. Bailey et al., »Structural Racism and Health Inequities in the USA: Evidence and Interventions«, in: *Lancet* 389 (2017) 10077: S. 1453–1463.

50 Dalton Conley, *Being Black, Living in the Red: Race, Wealth, and Social Policy in America* (Berkeley: University of California Press 2010); Jamila Michener, »George Floyd's Killing Was Just the Spark. Here's What Really Made the Protests Explode«, *Washington Post*, 11. Juni 2020.

51 Fabiola Cineas, »Senators Are Demanding a Solution to Police Stopping Black Men for Wearing-and-Nothing-Masks«, *Vox*, 22. April 2020.

52 Larry Buchanan, Quoctrung Bui, und Jugal K. Patel, »Black Lives Matter May Be the Largest Movement in U.S. History«, *New York Times*, 3. Juli 2020.

53 Ontario Health, *Tracking COVID-19 Through Race-Based Data*, Canada: Ontario Health, Government of Ontario, August 2021.

54 Kate H. Choi et al., »Studying the Social Determinants of COVID-19 in a Data Vacuum«, in: *Canadian Review of Sociology/Revue Canadienne de Sociologie* 58 (2021) 2: S. 146–164.

55 John Paul Tasker, »More Racially Diverse Areas Reported Much Higher Numbers of COVID-19 Deaths: StatsCan«, CBC News Canada, 10. März 2021.
56 Allison L. Skinner-Dorkenoo et al., »Highlighting COVID-19 Racial Disparities Can Reduce Support for Safety Precautions Among White US Residents«, in: *Social Science & Medicine* 301 (2022): 114951.
57 Institute for Strategic Dialogue: *COVID-19 Desinformation Briefing No.1*, London: Institute for Strategic Dialogue, 27. März 2020.
58 David Klepper und Lori Hinnant, »Far-Right Using COVID-19 Theories to Grow Reach, Study Shows«, *Associated Press*/PBS News, 17. Dezember 2021.
59 Institute for Strategic Dialogue: *COVID-19 Desinformation Briefing No.1*.
60 Janell Ross, »Coronavirus Outbreak Revives Dangerous Race Myths and Pseudoscience«, NBC News, 19. März 2020.
61 Ciarán O'Connor, *The Conspiracy Consortium Examining Discussions of* COVID-19 *Among Right-Wing Extremist Telegram Channels*, London: Institute for Strategic Dialogue, 2021.
62 Nomaan Merchant, »U.S. Accuses Zero Hedge of Spreading Russian Propaganda«, Associated Press/Bloomberg, 15. Februar 2022.
63 O'Connor, *The Conspiracy Consortium Examining Discussions of* COVID-19 *Among Right-Wing Extremist Telegram Channels*.
64 Klepper und Hinnant, »Far-Right Using COVID-19 Theories to Grow Reach, Study Shows«.
65 Jason Wilson, »The Rightwing Groups Behind Wave of Protests Against COVID-19 Restrictions«, *Guardian*, 17. April 2020.
66 Alex Newhouse, Adel Arletta und Leela McClintock, »Proud Boys Amplify Anti-Vax and Coronavirus Disinformation Following Support for Anti-Quarantine Protests«, Middlebury College Center on Terrorism, Extremism, and Counterrorism.
67 Rebecca White, »Group Claims Responsibility for Taking Down COVID-19 Crosses at City Hall«, (Spokane) *The Spokesman-Review*, 18. Mai 2020.
68 Associated Press, »Trump Tells Proud Boys: ›Stand Back and Stand By‹«, YouTube-Video, 30. September 2020, 01:29.

Kapitel 13
»Travels Far«

1 The Organization of Staff Analysts Union, MTA *Memorandum: Frequently Asked Questions Regarding COVID-19*, New York City: Metropolitan Transit Authority, März 2020.
2 Gabrielle Fonrouge und David Meyer, »Subway Conductor First Known MTA Worker to Die from Coronavirus«, *New York Post*, 26. März 2020.
3 Georgett Roberts, »Cortlandt Street Subway Station Reopenens 17 Years After 9/11«, *New York Post*, 8. September 2018.
4 Christina Goldbaum, »41 Transit Workers Dead: Crisis Takes Staggering Toll on Subways«, *New York Times*, 8. April 2020.
5 Ebd.

6   Christina Goldbaum, »N.Y.C.'s Subway, a 24/7 Mainstay, Will Close for Overnight Disinfection«, *New York Times*, 30. April 2020; Annie Correal, »What the ›Invisible‹ People Cleaning the Subway Want Riders to Know«, New *York Times*, 26. März 2021.
7   Robyn Gershon, *Impact of* COVID*-19 Pandemic on NYC Transit Workers: Pilot Study Findings*, New York: New York University School of Global Public Health, Oktober 2020; Metropolitan Transit Authority, »Remembering the Colleagues We Lost to COVID-19«, Januar 2021.
8   Sandra Bloodworth bat mich, die folgende Erklärung zur Würdigung ihrer MTA-Kollegen einzufügen, die an Travels Far mitgearbeitet haben: »Der Vorsitzende und CEO der MTA, Patrick Foye, sowie die Präsidenten der Agentur, Sarah Feinberg (Interim, NYCT), Catherine Rinaldi (MNR) und Phillip Eng (LIRR) hatten ein Denkmal zu Ehren der verstorbenen MTA-Mitarbeiter angeregt. Neben ihrer Rolle als Künstlerin war Sandra Bloodworth für die kreative Leitung von TRAVELS FAR verantwortlich; technische Beiträge lieferten Cheryl Hageman und Victoria Statsenko vom MTA Arts & Design Team. Monica Murray leitete gemeinsam mit Andrew Wilcox die Schnittstelle zwischen der Agentur und der NYC Transit Family Liaison Unit zwecks Beteiligung der Familien. Grafische und digitale Unterstützung leisteten Connie dePalma, Gene Ribeiro, Gary Jenkins und Jessie Mislavsky; das Webdesign stammt von Hannah Birch. An der Realisierung von TRAVELS FAR waren viele weitere Mitarbeiter der MTA beteiligt.«
9   »TRAVELS FAR« (2020) © Tracy K. Smith, im Auftrag der Metropolitan Transportation Agency für TRAVELS FAR, eine Gedenkstätte zu Ehren unserer durch COVID-19 verstorbenen Kollegen. Travels Far / What you gave / brief tokens of regard, / soft words uttered / barely heard, / the smile glimpsed / from a passing car. / Through stations and years, / through the veined chambers / of a stranger's heart / what you gave / travels far. Ins Deutsche übertragen von Anke Wagner-Wolff.
10 Barack Obama (@BarackObama), »Here's an example of the incredible risks and burdens that our essential workers have been facing. And even as we move toward vaccinating our population, we all need to remain vigilant until we've beaten this pandemic«, Twitter, 26. Januar 2021, 6.31 Uhr.
11 Chana Joffe-Walt, »Goodbye Mr. Facey«, *This American Life*, Folge 738, 28. Mai 2021.
12 Emily Drooby, »MTA Memorial ›Travels Far‹ Honors NYC Transit Employees Lost to COVID-19«, Net TV New York, Februar 2021.

Kapitel 14
Allein zu Haus

1   Ezra Klein, »Coronavirus Will Also Cause a Loneliness Epidemic«, in: *Vox*, 12. März 2020.
2   Eric Klinenberg, *Going Solo* (New York: Penguin, 2012).
3   Julianne Holt-Lunstad, »The Double Pandemic of Social Isolation and COVID-19: Cross-Sector Policy Must Address Both«, in: *Health Affairs*, 22. Juni 2020.
4   Feifei Bu, Andrew Steptoe und Daisy Fancourt, »Loneliness During a Strict Lockdown: Trajectories and Predictors During the COVID-19 Pandemic in 38,217 United Kingdom Adults«, in: *Social Science & Medicine* 265 (2020): 113521.

5   Martina Luchetti et al., »The Trajectory of Loneliness in Response to COVID-19«, *American Psychologist* 75, no. 7 (2020): S. 897–908.

6   Thomas Hansen et al., »Locked and Lonely? A Longitudinal Assessment of Loneliness Before and During the COVID-19 Pandemic in Norway«, in: *Scandinavian Journal of Public Health* 49, no. 7 (2021): S. 766–73.

7   Helen Landmann und Anette Rohmann, »When Loneliness Dimensions Drift Apart: Emotional, Social and Physical Loneliness During the COVID-19 Lockdown and Its Associations with Age, Personality, Stress and Wellbeing«, in: *International Journal of Psychology* 57, no. 1 (2022): S. 63–72.

8   Die Interviewten waren zwischen 20 und 86 Jahre alt (20–44 = 28, 45–64 = 17, 65+ = 10). Knapp zwei Drittel (34) waren Frauen. 22 der Interviewten waren *Weiße*, elf Schwarze, sechs Hispanics/Latinos, sechs aus Süd- oder Südostasien, vier aus Ostasien und sechs gemischter Herkunft. Sieben hatten wegen COVID ihre Jobs verloren, drei waren zum Zeitpunkt des Interviews in Zwangsurlaub, und sechs arbeiteten in systemrelevanten Bereichen. Die große Mehrheit wohnte während der Pandemie allein, weil sie das auch schon vor dem Ausbruch in New York City getan hatten. Manche waren aber auch deshalb während der Pandemie allein, weil ein oder mehrere Mitbewohner die Stadt verlassen hatte(n). Einige Teilnehmer lebten allerdings allein, weil der Partner oder ein Angehöriger vor der Pandemie verstorben war. Ein Teilnehmer verlor seine Partnerin innerhalb der ersten Wochen nach Ausbruch der Krankheit, weil sie an COVID starb.

Wegen der Beschränkungen hinsichtlich der Anwerbung und Durchführung des Forschungsprojekts zum Zeitpunkt der Studie rekrutierten wir die Teilnehmer*innen hauptsächlich über Verteiler lokaler Organisationen und Facebook-Gruppen, die es für die meisten Stadtviertel von New York City gibt. Wir posteten Informationen über die Studie in fünf bis acht Vierteln jedes Stadtbezirks, in Bezirken mit mehr Einwohnern auch in mehr Gruppen. Bei der Auswahl der Gruppen achteten wir auf Viertel mit unterschiedlicher demografischer Zusammensetzung, um eine von Herkunft und Lebensstandard möglichst diverse Stichprobe zu erhalten. Teilnehmende über Facebook-Gruppen der Stadtviertel zu rekrutieren ist nicht ideal, da diese schon durch die Mitgliedschaft in den Gruppen ein gewisses Maß an sozialer Verbindung haben. Angesichts der Herausforderungen persönlicher Anwerbung während der ersten Corona-Welle war die Rekrutierung über Social Media die sicherste Methode, sowohl für das Forschungsteam als auch für die Teilnehmenden.

9   John Cacioppo und William Patrick, *Loneliness: Human Nature and the Need for Social Connection* (New York: W. W. Norton, 2008).

10 Gregory Pratt et al., »As Illinois Sees Largest Daily Increase in Coronavirus Cases, Chicago Mayor Lori Lightfoot Bans Contact Sports; Closes Popular City Parks, Beaches and Trails«, *Chicago Tribune*, 26. März 2020.

11 Tom Stienstra, »Bay Area Parks During Coronavirus: What's Open, Closed This Week«, *San Francisco Chronicle*, 8. April 2020; Dyer Oxley, »Seattle Parks Will Close Under Order of Mayor Durkan«, KUOW, 9. April 2020.

12 Corey Kilgannon, »Summer Is Coming. Don't Count on N.Y.C.'s Beaches for Relief«, *New York Times*, 16. Mai 2006; Anna Sanders, »NYC Outdoor Pools Closed for Summer 2020 Due to Coronavirus Pandemic, Beaches Likely Shut Down Too«, *New York Daily News*, 16. April 2020.

Kapitel 15
Erwachsen werden

1. Glen Elder Jr., *Children of the Great Depression: Social Change in Life Experience;* 25th Anniversary Edition (Chicago: University of Chicago Press, 1974).
2. Siehe Richard Setterstein et al., »Understanding the Effects of COVID-19 Through a Life Course Lens«, *Advances in Life Course Research* 45 (2020) und Dennis Tamesberger und Johan Bacher, »COVID-19 Crisis: How to Avoid a ›Lost Generation‹«, in: *Intereconomics* 55 (2020): S. 232–38.
3. F. Glowacz und E. Schmits, »Psychological Distress During the COVID-19 Lockdown: The Young Adults Most at Risk«, in: *Psychiatry Research* 293 (2020): 113486; Autumn Kujawa et al., »Exposure to COVID-19 Pandemic Stress: Associations with Depression and Anxiety in Emerging Adults in the United States«, in: *Depression and Anxiety* 37, no. 12 (2020): S. 1280–88; Anjel Vahratian et al., »Symptoms of Anxiety or Depressive Disorder and Use of Mental Health Care Among Adults During the COVID-19 Pandemic – United States«, August 2020–February 2021, in: MMWR *Morbidity Mortality Weekly Report* 70 (2021): S. 490–94.
4. Den an dieser Studie Teilnehmenden wurde Anonymität zugesichert, daher verwende ich Pseudonyme für sie.
5. Francesca Fiori et al., »Employment Insecurity and Mental Health During the Economic Recession: An Analysis of the Young Adult Labour Force in Italy«, in: *Social Science & Medicine* 153 (2016): S. 90–98.
6. Richard Fry und Amanda Barosso, »Amid Coronavirus Outbreak Nearly Three-in-Ten Young People Are Neither Working nor in School«, Pew Research Center, 29. Juli 2020; J. Gao et al., »Mental Health Problems and Social Media Exposure During COVID-19 Outbreak«, PLOS ONE 15, no. 4 (2020).
7. Kate Power, »The COVID-19 Pandemic Has Increased the Care Burden of Women and Families«, in: *Sustainability: Science, Practice and Policy* 16, no. 1 (2020): S. 67–73.
8. Changwon Son et al., »Effects of COVID-19 on College Students' Mental Health in the United States: Interview Survey Study«, in: *Journal of Medical Internet Research* 22, no. 9 (2020): e21279; Alyssa Lederer et al., »More Than Inconvenienced: The Unique Needs of U.S. College Students During the COVID-19 Pandemic«, in: *Health Education & Behavior* 48, no. 1 (2020): S. 14–19; Madeline St. Amour, »Survey: Pandemic Negativity Affected Grades This Fall«, in: *Inside Higher Ed*, 5. Januar 2021.
9. Lederer et al., »More Than Inconvenienced: The Unique Needs of U.S. College Students During the COVID-19 Pandemic«.
10. Sumitra Pokhrel und Roshan Chhetri, »A Literature Review on Impact of COVID-19 Pandemic on Teaching and Learning«, in: *Higher Education for the Future* 8, no. 1 (2021): S. 133–41.
11. Caitlin Zaloom, *Indebted: How Families Make College Work at Any Cost* (Princeton: Princeton University Press, 2019); Jacob Hacker, *The Great Risk Shift: The New Economic Insecurity and the Decline of the American Dream;* 2nd edition (New York: Oxford University Press, 2019).
12. Kelly Reilly, »Applying to College Was Never Easy for Most Students. The Pandemic Made It Nearly Impossible«, *Time*, 31. März 2021.

13 Jeffrey Arnett, »Emerging Adulthood: A Theory of Development from the Late Teens Through the Twenties«, in: *American Psychologist* 55, no. 5 (2000): S. 469–80.

14 Michael Rosenfeld, *The Age of Independence: Interracial Unions, Same-Sex Unions, and the Changing American Family* (Cambridge: Harvard University Press, 2009).

15 Neil Gleason et al., »The Impact of the COVID-19 Pandemic on Sexual Behaviors: Findings from a National Survey in the United States«, in: *The Journal of Sexual Medicine* 18, no. 11 (2021): S. 1851–62.

16 Mark Czeisler et al., »Mental Health, Substance Use, and Suicidal Ideation During the COVID-19 Pandemic – United States, June 24–30, 2020«, in: *Morbidity and Mortality Weekly Report* 69, no. 32 (2020): 1049; Christine Lee, Jennifer Cadigan und Isaac Rhew, »Increases in Loneliness Among Young Adults During the COVID-19 Pandemic and Association with Increases in Mental Health Problems«, in: *Journal of Adolescent Health* 67, no. 5 (2020): S. 714–17; Cindy Liu et al., »Factors Associated with Depression, Anxiety, and PTSD Symptomatology During the COVID-19 Pandemic: Clinical Implications for US Young Adult Mental Health«, in: *Psychiatry Research* 290 (2020): 113172; Vahratian et al., »Symptoms of Anxiety or Depressive Disorder and Use of Mental Health Care Among Adults During the COVID-19 Pandemic – United States«, S. 490–94.

17 Arlie Hochschild mit Anne Machung, *The Second Shift: Working Families and the Revolution at Home* (New York: Viking Penguin, 1989); Kate Power, »The COVID-19 Pandemic Has Increased the Care Burden of Women and Families«, in: *Sustainability: Science, Practice and Policy* 16, no. 1 (2020): S. 67–73.

18 Elder, *Children of the Great Depression*; Suzanne Mettler, *Soldiers to Citizens: The G.I. Bill and the Making of the Greatest Generation* (New York: Oxford University Press, 2005); Mattias Lundberg und Alice Wuermli, *Children and Youth in Crisis: Protecting and Promoting Human Development in Times of Economic Shocks* (Washington, DC: World Bank Publications, 2012).

19 Lilly Shanahan et al., »Emotional Distress in Young Adults During the COVID-19 Pandemic: Evidence of Risk and Resilience from a Longitudinal Cohort Study«, in: *Psychological Medicine* 52, no. 5 (2022): S. 824–33.

20 Jeffrey Arnett, *Emerging Adulthood: The Winding Road from the Late Teens Through the Twenties* (New York: Oxford University Press, 2004).

21 Elder, *Children of the Great Depression*.

22 Stanley Cohen, *States of Denial* (Cambridge: Blackwell, 2001).

Kapitel 16
Amerikanische Anomie

1 Brittany Kriegstein und Larry McShane, »›He Did Not Deserve to Die‹: Heartbroken Family of New Dad Killed by Stolen Truck Driver Left to Weep and Wonder Why«, *New York Daily News*, 1. Juli 2020.

2 »Bronx Resident Charged in Hit-and-Run Box Truck Crash That Killed Man and Damaged Numerous Vehicles«, Pressemitteilung der Bezirksstaatsanwältin Melinda Katz, New York: Queens District Attorney, 2020.

3 Kriegstein und McShane, »›He Did Not Deserve to Die‹«.

4   Brad Boserup, Mark McKenney und Adel Elkbuli, »Alarming Trends in US Domestic Violence During the COVID-19 Pandemic«, in: *The American Journal of Emergency Medicine* 38, no. 12 (2020): S. 2753–55; Kenneth A. Dodge et al., »Impact of the COVID-19 Pandemic on Substance Use Among Adults Without Children, Parents, and Adolescents«, in: *Addictive Behaviors Reports* 14 (2021).
5   Martin Savidge und Maria Cartaya, »Americans Bought Guns in Record Numbers in 2020 During a Year of Unrest – and the Surge Is Continuing«, CNN, 14. März 2021.
6   Peter Nickeas und Priya Krishnakuma, »›It's a Disturbing Trend.‹ Cities See Large Increases in Carjackings During Pandemic«, CNN, 23. Januar 2022; FBI National Press Office, *Hate Crime Statistics, 2020*, Washington, DC: Federal Bureau of Investigation, 2021.
7   »Attorney General Schmitt Warns of Medical Supply Chain Price Gouging«, Missouri: Office of the Attorney General, 16. März 2020.
8   Tonya Riley, »The Cybersecurity 202: Cybercrime Skyrocketed as Workplaces Went Virtual in 2020, New Report Finds«, *Washington Post*, 22. Februar 2021.
9   Simon Romero, »Pedestrian Deaths Spike in U.S. as Reckless Driving Surges«, *New York Times*, 14. Februar 2022.
10 Olga Khazan, »Why People Are Acting So Weird«, *Atlantic*, 30. März 2022.
11 Franklin Zimring und Gordon Hawkins, *Crime Is Not the Problem: Lethal Violence in America* (New York: Oxford University Press, 1999).
12 John Gramlich, »What We Know About the Increase in U.S. Murders in 2020«, Pew Research Center, 27. Oktober 2021.
13 United Kingdom Office for National Statistics, *Homicide in England and Wales: Year Ending March 2021*, Wales: Office for National Statistics, Februar 2022.
14 »Australia Murder/Homicide Rate 1990–2022«, *Macrotrends*, <https://www.macrotrends.net/countries/AUS/australia/murder-homicide-rate>; »Number of Homicide Cases in Taiwan from 2010 to 2020,« *Statista*, 2021, <https://www.statista.com/statistics/937681/taiwan-number-of-homicide-cases/>; »Hong Kong Murder/Homicide Rate 1990–2022«, *Macrotrends*, <https://www.macrotrends.net/countries/HKG/hongkong/murder-homicide-rate>.
15 Wallis Snowdon, »Homicide Rate in Canada Surges – Driven by Gun Violence in Alberta and N.S. Mass Shooting«, CBC News Canada, 25. November 2021.
16 »Rate of Homicide in South Korea from 2010 to 2020«, *Statista*, Januar 2022, <https://www.statista.com/statistics/1232149/south-korea-homicide-rate/>.
17 David Leonhardt, »Vehicle Crashes, Surging«, *New York Times*, 15. Februar 2022.
18 *The Impact of Lockdown on Reported Road Casualties Great Britain, Final Results: 2020*, United Kingdom Office for National Statistics, September 2021.
19 Lee Hyo-jin, »Korea Sees Largest Decrease Rate in Traffic Accident Casualties Due to COVID-19«, *Korea Times*, 9. Juli 2022.
20 *Traffic Report 2020*, Hong Kong: Hong Kong Police Force, Traffic Branch Headquarters, 2020.
21 *Canadian Motor Vehicle Traffic Collision Statistics: 2020*, Ottawa: Transport Canada, 2020.
22 Australian Associated Press, »Australia's Road Toll Falls Only Slightly Despite Coronavirus Lockdowns«, *Guardian*, 31. Dezember 2020.

23 Richard Slotkin, *Regeneration Through Violence: The Mythology of the American Frontier, 1600–1860* (Norman: University of Oklahoma Press, 2000).

24 Richard Nisbett, »Violence and U.S. Regional Culture«, in: *American Psychologist* 48, no. 4 (1993): S. 441–49.

25 Marshall Meyer, »COVID Lockdowns, Social Distancing, and Fatal Car Crashes: More Deaths on Hobbesian Highways?«, in: *Cambridge Journal of Evidence-Based Policing* 4, no. 3 (2020): S. 238–59.

26 Claude S. Fischer, »Paradoxes of American Individualism«, in: *Sociological Forum* 23, no. 2 (2008): S. 363–72.

27 Alexis de Tocqueville, *Democracy in America: And Two Essays on America* (London: Penguin, 1838, 2003); Robert Bellah et al., *Habits of the Heart: Individualism and Commitment in American Life* (Berkeley: University of California Press, 1985).

28 Fischer, »Paradoxes of American Individualism«.

29 Philip Bump, »Most Republicans See Democrats Not as Political Opponents but as Enemies«, *Washington Post*, 10. Februar 2021.

30 Ruth Ben-Ghiat, *Strongmen: Mussolini to the Present* (New York: W. W. Norton, 2020).

31 *Vox* stellte eine lange Liste der Vorfälle zusammen, bei denen Trump zu Gewalt gegen seine Gegner aufrief und White Supremacists oder andere extremistische Gruppen unterstützte. Siehe: Fabiola Cineas, »Donald Trump Is the Accelerant«, *Vox*, 9. Januar 2021.

32 David Graham, »Trump Brags About Groping Women«, *Atlantic*, 7. Oktober 2016.

33 Christopher Morrison et al., »Assaults on Days of Campaign Rallies During the 2016 US Presidential Election«, in: *Epidemiology* 29, no. 4 (2018): S. 490–93.

34 Cineas, »Donald Trump Is the Accelerant«.

35 United States Congress, Senate, *Domestic Terrorism Prevention Act of 2019*, S. 894, 116th Congress, 1st Session. Im Senat vorgestellt am 27. März 2019.

36 *The Year in Hate and Extremism 2020*, Alabama: Southern Poverty Law Center, 2021, S. 2.

37 »Donald Trump Coronavirus Briefing Transcript April 3: New CDC Face Mask Recommendations«, in: *Rev*, 3. April 2020.

38 Luke Mogelson, »The Militias Against Masks«, in: *New Yorker*, 17. August 2020.

39 Government of Australia, Prime Minister of Australia, *Press Conference – Australian Parliament House, Act*, 2. April 2020.

40 Parliament of Australia, House of Representatives, *Ministerial Statements – COVID-19*, 4. August 2020.

41 Kathleen Harris, »Go Home and Stay Home, Trudeau Tells Canadians as Government Warns of COVID-19 Enforcement Measures«, CBC News Canada, 23. März 2020.

42 Government of the United Kingdom, Office of the Prime Minister, *Prime Minister's Statement on Coronavirus (COVID-19):* 23. März 2020.

43 Harvey Molotch und Marilyn Lester, »News as Purposive Behavior: On the Strategic Use of Routine Events, Accidents, and Scandals«, in: *American Sociological Review* 39, no. 1 (1974): S. 101–12; Shanto Iyengar und Donald Kinder, *That Matters: Agenda-Setting and Priming in a Television Age* (Chicago: University of Chicago Press, 1987); Shanto Iyengar und Adam Simon, »News Coverage of the Gulf Crisis and Public Opinion: A Study of Agenda-Setting, Priming, and Framing«, in: *Communication Research* 20, no. 3 (1993): S. 365–83.

44 Paul Rutledge, »Trump, COVID-19, and the War on Expertise«, in: *The American Review of Public Administration* 50, no. 6–7 (2020): S. 505–11.

45 Steven Webster, *American Rage: How Anger Shapes Our Politics* (New York: Cambridge University Press, 2020).

46 Nina Eliasoph, *Avoiding Politics: How Americans Produce Apathy in Everyday Life* (New York: Cambridge University Press, 1998).

Nachwort

1 Dominic Tierney, »What Does It Mean That Trump Is ›Leader of the Free World‹?«, *Atlantic*, 24. Januar 2017.

2 Stephen Pettigrew, »The Racial Gap in Wait Times: Why Minority Precincts Are Underserved by Local Election Officials«, in: *Political Science Quarterly* 132 (2017) 3: S. 527–547; Keith Chen et al., »Racial Disparities in Voting Wait Times: Evidence from Smartphone Data«, in: *The Review of Economics and Statistics* (2019): S. 1–27; Stephen Ansolabehere und Nathaniel Persily, »Vote Fraud in the Eye of the Beholder: The Role of Public Opinion in the Challenge to Voter Identification Requirements«, in: *Harvard Law Review* 121 (2007): S. 1737.

3 Greg Grandin, *Empire's Workshop: Latin America, the United States, and the Rise of the New Imperialism* (New York: Metropolitan Books, 2006).

4 Katie Gluck, »Biden, Facing Voters in a 2020 Rarity, Attacks Trump from a Battleground State«, *New York Times*, 17. September 2020.

5 Jorge Fitz-Gibbon, »Trump Says Democrats ›Want to Take Away Your Freedom‹ in Twitter Video«, *New York Post*, 29. September 2019.

6 Tal Axelrod, »A Timeline of Donald Trump's Election Denial Claims, Which Republican Politicians Increasingly Embrace«, ABC News, 8. September 2022.

7 Jake Bittle, »Louis DeJoy: Is Trump's New Post Office Chief Trying to Rig the Election?«, *Guardian*, 17. August 2020.

8 United States House of Representatives, *House Committee on Oversight and Reform, Hearing: Protecting the Timely Delivery of Mail, Medicine, and Mail-in Ballots*, 24. August 2020.

9 Sam Levine und Alvin Chang, »Revealed: Evidence Shows Huge Mail Slowdowns After Trump Ally Took Over«, *Guardian*, 21. September 2020.

10 Etwa 550 000 Menschen gaben an, dass sie wählen wollten, dies aber aufgrund von Bedenken wegen COVID nicht taten. United States Census Bureau, *Presidential Election Voting and Registration Tables Now Available*, 29. April 2021.

11 Annie Karni und Maggie Haberman, »Fox's Arizona Call for Biden Flipped the Mood at Trump Headquarters«, *New York Times*, 4. November 2020.

12 Ted Johnson und Dominic Patten, »The Moment When Networks Called the Presidential Race for Joe Biden«, *Deadline*, 7. November 2020.

13 Donald Trump (@realDonaldTrump), »I WON THIS ELECTION, BY A LOT!«, *Twitter*, 7. November 2020, 22.36 Uhr, Wikimedia Commons, <https://upload.wikimedia.org/wikipedia/commons/6/6a/Trump_tweet_-_I_won_this_election.png und https://www.npr.org/sections/live-updates-2020-election-results/2020/11/07/932062684/far-

from-over-trump-refuses-to-concede-as-ap-others-call-election-for-biden>, letzter Zugriff am 11. November 2022.

14 Maggie Haberman, *Confidence Man: The Making of Donald Trump and the Breaking of America* (New York: Penguin, 2022).

15 Tim Elfrink, »After Electoral College Backs Biden, Trump Continues Falsely Insisting He Won: ›This Fake Election Can No Longer Stand‹«, *Washington Post*, 15. Dezember 2020.

16 National Health Commission of the People's Republic of China, Chinese Center for Disease Control and Prevention, *Tracking the Epidemic (2020): National Health Commission Update on December 31, 2020*.

17 Haidong Wang et al., »Estimating Excess Mortality Due to the COVID-19 Pandemic: A Systematic Analysis of COVID-19-Related Mortality, 2020–21«, in: *Lancet* 399 (2022) 10334: 151336; David Adam, »The Pandemic's True Death Toll: Millions More Than Official Counts«, in: *Nature*, 18. Januar 2022.

18 Zhongjie Li et al., »Active Case Finding with Case Management: The Key to Tackling the COVID-19 Pandemic«, in: *Lancet* 396 (2020) 10243: S. 63–70.

19 Keith Bradsher, Chang Che, und Amy Chang Chien, »China Eases ›Zero Covid‹ Restrictions in Victory for Protestors«, *New York Times*, 7. Dezember 2022; Vivian Wang, »A Protest? A Vigil? In Beijing, Anxious Crowds are Unsure How Far to Go«, *New York Times*, 28. November 2022.

20 »China's True Death Toll Estimated to Be in Hundreds of Thousands«, *Bloomberg*, 16. Januar 2023.

21 »China Says COVID Deaths Top 12,600 and More Than One Billion Infected«, *Bloomberg*, 22. Januar 2023; James Glanz, Mara Hvistendahl und Agnes Chang, »How Deadly Was China's Covid Wave?«, *New York Times*, 15. Februar 2023.

22 Matt Woodley, »Australian Death Rate in 2020 Lowest on Record: AIHW«, The Royal Australian College of General Practitioners, *News GP*, 9. Juni 2022.

23 »Coronavirus: Arrests at Australia Anti-Lockdown Protests«, BBC News, 5. September 2020.

24 Conor Friedersdorf, »Australia Traded Away Too Much Liberty«, *Atlantic*, 2. September 2021.

25 Kathy Katella, »5 Things to Know About the Delta Variant«, *Yale Medicine*, 1. März 2022.

26 Nazrul Islam, Vladimir M. Shkolnikov, und Rolando J. Acostal, »Excess Deaths Associated with COVID-19 Pandemic in 2020: Age and Sex Disaggregated Time Series Analysis in 29 High Income Countries«, in: BMJ 373 (2021): S. 1137.

27 *Prime Minister's Statement on Coronavirus (COVID-19): 19 December 2020, Prime Minister's Office*, 19. Dezember 2020.

28 Ebd.

29 »COVID-19 Vaccine: First Person Receives Pfizer Jab in UK«, BBC News, 8. Dezember 2020.

30 Yasmeen Abutaleb, Laurie McGinley und Carolyn Y. Johnson, »How the ›Deep State‹ Scientists Vilified by Trump Helped Him Deliver an Unprecedented Achievement«, *Washington Post*, 14. Dezember 2020.

31 Katherine Ellen Foley, »Trump White House Exerted Pressure on FDA for COVID-19 Emergency Use Authorizations, House Report Finds«, *Politico*, 24. August 2022.

32 Donald J. Trump, 45. Präsident der Vereinigten Staaten. *Tweets of December 14, 2020*, University of California, Santa Barbara, American Presidency Project.

33 Annie Karni und Maggie Haberman, »Trump Delays a Plan to Fast Track Vaccines for White House Staff Members«, *New York Times*, 13. Dezember 2020.

34 Abutaleb, McGinley und Johnson, »How the ›Deep State‹ Scientists Vilified by Trump Helped Him Deliver an Unprecedented Achievement«.

35 Jenna Romaine, »Alarming Number of Americans Think Vaccines Contain Microchips to Control People«, *The Hill*, 19. Juli 2021.

36 U.S. Senate Committee on Homeland Security & Governmental Affairs, *Zeugenaussage von Pierre Kory, MD Homeland Security Committee Meeting: Focus on Early Treatment of COVID-19*, 8. Dezember 2020.

37 Sheryl Gay Stolberg, »Anti-Vaccine Doctor Has Been Invited to Testify Before Senate Committee«, *New York Times*, 6. Dezember 2020.

38 Steven Lloyd Wilson und Charles Wiysonge, »Social Media and Vaccine Hesitancy«, in: BMJ *Global Health* 5 (2020) 10: e004206.

39 Reuters-Mitarbeiter, »Fact Check: Unfounded Claim That 50 Million Americans Would Die from COVID-19 Vaccine«, Reuters, 23. Juni 2020.

40 Ende November gaben 18 Prozent der von Pew Research befragten Amerikaner an, sie würden sich »definitiv« nicht impfen lassen, und 21 Prozent erklärten, sie würden sich »wahrscheinlich« nicht impfen lassen. Cary Funk und Alec Tyson, »Intent to Get a COVID-19 Vaccine Rises to 60 % as Confidence in Research and Development Process Increases«, Washington, DC: Pew Research Center, 3. Dezember 2020; Warren Cornwall, »Just 50 % of Americans Plan to Get a COVID-19 Vaccine. Here's How to Win Over the Rest«, *Science*, 30. Juni 2020.

41 Mark Harrison, »Disease, Diplomacy and International Commerce: The Origins of International Sanitary Regulation in the Nineteenth Century«, in: *Journal of Global History* 1 (2006): 197–217.

42 Jeanne Abrams, *Revolutionary Medicine: The Founding Fathers and Mothers in Sickness and in Health* (New York: New York University Press, 2013).

43 Charles-Edward Winslow, »The Evolution and Significance of the Modern Public Health Campaign«, in: *Journal of Public Health Policy*, South Burlington, VT, 1923.

44 Institute of Medicine, *The Future of Public Health* (Washington, D.C.: National Academies Press, 1988).

45 Harrison, »Disease, Diplomacy and International Commerce«.

46 Alfred Crosby, *America's Forgotten Pandemic: The Influenza of 1918* (Cambridge: Cambridge University Press, 1989, 2003, 2. Aufl.), S. 10.

47 Ebd., S. 312.

48 Norman Howard-Jones, »International Public Health Between the Two World Wars-The Organizational Problems«, in: *History of International Public Health* 3 (1978), Genf: WHO.

49 Crosby, *America's Forgotten Pandemic*, S. 323.

50 Ebd., S. 315.

51 Stephen Collier und Andrew Lakoff, *The Government of Emergency: Vital Systems, Expertise, and the Politics of Security* (Princeton: Princeton University Press, 2021).

52 Titan Alon et al., »This Time It's Different: The Role of Women's Employment in a Pandemic Recession«, National Bureau of Economic Research, Nr. w27660, 2020.

53 »The Pandemic's True Death Toll«, *The Economist*, 21. Mai 2023; Charlie Giattino et al., »Excess Mortality During the Coronavirus Pandemic (COVID-19)«, Our World in Data, Mai 2023; Jennifer Kates und Josh Michaud, »Ten Numbers to Mark Three Years of COVID-19«, Kaiser Family Foundation, 6. März 2023.

54 Matt McGough et al., »Premature Mortality During COVID-19 in the U.S. and Peer Countries«, Kaiser Family Foundation, 24. April 2023.

55 Adam Tooze, *Shocked: How Covid Shook the World's Economy* (New York: Viking, 2021), S. 22.

56 Centre for the Future of Democracy, *The Great Reset Public Opinion, Populism, and the Pandemic*, Cambridge: University of Cambridge, Januar 2022, S. 16.

57 Matthew Gentzkow, »Did COVID-19 Bring Americans Together?«, *Tech Policy*, 6. Oktober 2021; Levi Boxell et al., »Affective Polarization Did Not Increase During the Coronavirus Pandemic«, National Bureau of Economic Research (2020), Working Paper no. 28036.

58 »While Many Say Their Country's Coronavirus Response Has Been Good, Publics Are Divided over COVID-19's Impact on National Unity«, Pew Research Center, 10. September 2020.

59 Claude S. Fischer, »Paradoxes of American Individualism«, in: *Sociological Forum* 23 (2008) 2: S. 363–372.

60 Philip Bump, »Democrats Have Joined Republicans in Calling Their Opponents ›Enemies‹«, *Washington Post*, 1. August 2022.

61 Wie Camus es ausdrückte: »Aber was heißt das schon, die Pest? Es ist das Leben, sonst nichts.«, Albert Camus, *Die Pest* (New York: Alfred A. Knopf, 1948).

62 Crosby, *America's Forgotten Pandemic*.

63 Atul Gawande, »The Aftermath of a Pandemic Requires as Much Focus as the Start«, *New York Times*, 16. März 2023.

64 David Wallace-Wells, »Apparently the Pandemic Emergency Is Over«, *New York Times*, 6. Mai 2023.

65 Dan Treglia et al., »Parental and Other Caregiver Loss Due to COVID-19 in the United States: Prevalence by Race, State, Relationship, and Child Age«, in: *Journal of Community Health* 48 (2022) 3: S. 1–8; Liz Donovan und Fazil Khan, »The Pandemic Robbed Thousands of NYC Children of Parents. Many Aren't Getting the Help They Need«, *The City*, 26. Januar 2023.

66 Bret Stephens, »The Mask Mandates Did Nothing. Will Any Lessons Be Learned?«, *New York Times*, 21. Februar 2023; Ron DeSantis, *The Courage to Be Free* (New York: HarperCollins, 2023).

67 Arundhati Roy, »The Pandemic Is a Portal«, *Financial Times*, 3. April 2020.

Anhang
Anmerkungen zur Recherche

1 Haidong Wang et al., »Estimating Excess Mortality Due to the COVID-19 Pandemic: A Systematic Analysis of COVID-19-Related Mortality, 2020–21«, in: *Lancet* 399 (2022) 10334: S. 1513–1536.
2 George Calhoun, »Part 1: Beijing Is Intentally Underreporting China's Covid Death Rate«, *Forbes*, 2. Januar 2022.
3 Richard Luscombe, »Florida Governor Under Fire over Claims State Is ›Cooking the Books‹ on COVID-19«, *Guardian*, 26. Juni 2020; J. David Goodman, Jesse McKinley und Danny Hakim, »Cuomo Aides Spent Months Hiding Nursing Home Death Toll«, *New York Times*, 28. April 2021.
4 Sheryl Gay Stolberg, »Trump Administration Strips C.D.C. of Control of Coronavirus Data«, *New York Times*, 14. Juli 2020.
5 C. Wright Mills, *The Sociological Imagination* (New York: Oxford University Press, 1959), S. 226.
6 Robert Park, »The City: Suggestions for the Investigation of Human Behavior in the City Environment«, in: *American Journal of Sociology* 20, Nr. 5 (1915): S. 577–612.